世界传世藏书

【图文珍藏版】

世界名人百传

王书利⊙主编

线装书局

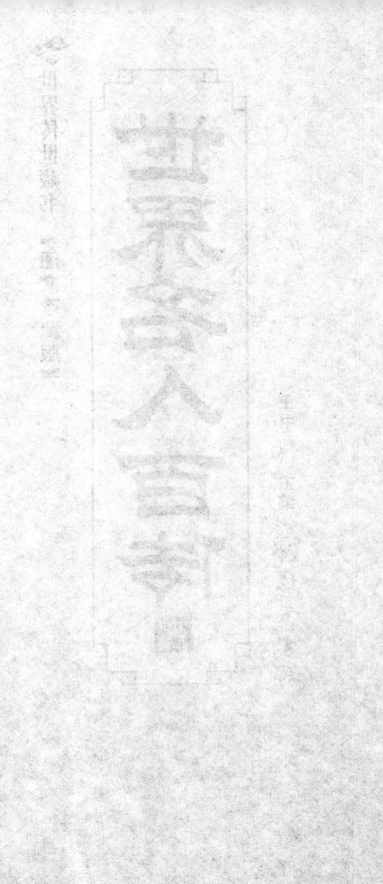

目 录

世界传世藏书

世界名人百传

目录

四

世界传世藏书

世界名人百传

目　录

七

世界名人百传

思想圣哲

王书利⊙主编

导　读

　　考察一个人的成长历程,思想智慧起着极其重大的无可替代的作用,"思想决定行动,思想决定成败。"这句话早已成为耳熟能详且真切指导人们生活的至理名言。考察一个社会的发展历程,众多思想圣哲们的智慧之火和责任品格,构成了社会进步的强大推动作用和思想之源。

　　思想圣哲们一代一代在努力思考着解答着人类的种种困惑,他们把探索万物的本原是什么?把探求善与恶的本质是什么?把回答人类存在的意义是什么等等一系列问题,作为毕生追求的目标,他们苦苦思索,破解着每一个问号,权衡着每一种思想与每一种理性的选择。可以肯定地说,他们生来就属于少数,但他们却为全人类活着。

　　思想圣哲们不仅思考人从何处来,更关注人类向何处去。他们以关怀人类为己任,用一生探求真理。

　　走近思想圣哲们,他们的精神是高贵的,他们是真理的发现者,是思想的解放者,是文明的启蒙者,是科学的传播者。他们拨开迷雾,戳穿画皮,让人们看清事物的本来面目,把自由科学的思想带给人们。

　　走近思想圣哲们,他们的品格是高尚的,面对强权,他们宁可蒙受屈辱也不会亵渎自己的信念,宁可一无所有也不会改变自己的原则,宁可抛弃生命也不会放弃真理。如苏格拉底、亚里士多德、哥白尼、伽利略、休谟、亚当·斯密、康德、马克思、弗洛伊德……思想圣哲们无不经受着精神的折磨或肉体的考验。

　　走近思想圣哲们,常常会感到他们是痛苦的,因为他们是天生的叛逆者,永远也学不会随声附和,更不屑迎合权贵;思想圣哲们又是不安分的,他们总想着如何破旧立新;思想圣哲们手无寸铁,却如同无畏的斗士,总是把愚昧和专制视作终身的敌人。为了追求真理,亚里士多德本着"我爱我师,我更爱真理"的信念,尖锐批判老师的唯心主义理念论,为了追求真理,哥白尼敢于冒犯神灵……所有这些,构成了人类的最宝贵的精神。首次提出万物的本原是水开始,历经数千年,思想圣哲们为我们揭开了种种思想谜团。

　　努力使自己成为有思想、有智慧、有责任和有品格的人,这是企望走向成功的人们热切追求并奋力实现的目标。怎样才能成为并迅速成为一个有头脑有思想有责任有品格的人呢?本卷将为您提供了几十位人类历史上最有思想有智慧的思想圣哲,也许从他们身上您会获取最有用的东西。

古希腊伟大的哲学家

——柏拉图

人物档案

简　　历：古希腊伟大的哲学家、思想家、教育家，客观唯心主义的创始人，和其老师苏格拉底、学生亚里士多德并称为"希腊三贤"。出身富裕的雅典奴隶主贵族家庭，自幼聪明好学，七岁入学听荷马诗作，十八岁如骑兵，参加过三次战役，二十岁师从苏格拉底学习，二十八岁时其师苏格拉底受审被处死，遂游历地中海周边意大利、西西里、埃及诸国。四十岁在雅典城外西北创办了"阿基达米"学园，即著名的"柏拉图学院"，由此诞生了闻名西方的柏拉图思想和柏拉图主义。此后的柏拉图热衷政治活动，一边教学，一边游说自己的思想学说。直到七十岁，才彻底放弃政治活动，专心著书立说，一直活到八十岁才离开人世。

生卒年月：公元前 427 年~公元前 347 年。

安葬之地：雅典城外的"阿基达米"学园。

性格特征：内秀型，早慧、敏感，颇具诗人气质。

历史功过：写下多部巨著，如《理想国》《对话录》等，开创柏拉图学派。

名家评点：黑格尔对柏拉图的评价说："柏拉图的著作，无疑是命运从古代给我们保存下来的最美的礼物之一。"

成长环境

公元前 427 年柏拉图生在雅典一个显赫而富有的家庭。父亲阿里斯同的先祖是雅典古老的王室，母亲的家族可以追溯到梭伦，这种光荣通过显赫的政绩与有效的联姻得以发扬光大，代代相传，在伯罗奔尼撒战争结束后短暂而混乱的三十僭主时期威震一时的克力锡亚斯和查米迪斯就是柏拉图的舅父。柏拉图幼年丧父,母亲再嫁皮里兰佩斯——权倾一时的执政官伯里克利的知己和政治同僚。由于有好学的兄长阿得曼托斯与格拉康的关爱,柏拉图的成长并未受很大影响,而生父在他的心目中幻为一尊至善的偶像。姐姐波顿妮生有一子斯彪西波,后来是柏拉图名副其实的衣钵传人,在他死后主持阿卡德米学园的工作。另一个兄弟安蒂丰在这个修养甚好的家庭里显得特殊些,放弃了哲学而去玩马。

一个平庸的时代往往以伟大为疯狂,指个性为叛逆,而称赞盲从是明智,逃避是洒脱,怯懦是务实,卑鄙是机敏,这样的时代外强中干,浮华热闹,但产生不了骄人的功绩,只有阴沟里暗自流淌的罪恶。智慧在地下运行,时代的精神寂寞地游荡在唯一自由的风中。人类历史总是一个又一个平庸时代接踵而至,而柏拉图有幸生在屈指可数的伟大时代之一,那是一个人可以因其智慧获得幸福的时代,并因他的存在,使这伟大成为不朽。

公元前五世纪的希腊世界创造了空前的统一,也领略了混战的苦涩。分别有两次重大的战争标志着希腊政治地图的戏剧性变化,先是公元前490年至前479年的希波战争,以雅典和斯巴达为首的希腊城邦团结一致,共御外侮,成功击退了入侵的波斯帝国,挫败了波斯人使希腊成为亚洲帝国殖民地的企图。

这次战争使零落的希腊统一,更为雅典赢得了财富与光荣,它一跃成为海上霸主,提洛同盟政治和经济资源的支配者,它梦想着要建立一个帝国,不仅拥有整个爱琴海,而且要控制科林斯湾和维奥蒂亚,雅典的战士们仅一年之中就同时征战塞浦路斯、埃及、腓尼基、伯罗奔尼撒、爱琴海和麦加拉。比雷埃夫斯港是地中海商业贸易的中心,白帆巨樯,熙来攘往,阿提卡的橄榄,米洛斯的大理石,皮帕瑞图斯的葡萄酒,精美的陶器,炫目的珍宝都在这里成交,输出的是货物,收获的是繁荣与强盛。

冷峻的斯巴达人则退居内陆,继续实践自己俭朴刻板的小国寡民的政治理念。但这些勇猛而缺乏安全感的战士始终警惕着阿提卡半岛上兴高采烈的雅典人。权重生嫉,新仇旧恨一旦发作,所有的人都认为战争已不可避免,旷日持久的伯罗奔尼撒战争遂在公元前431年爆发。纠集了各自的盟国,雅典和斯巴达认认真真地进行了一场内讧,以冒险为天职的雅典水手难敌不知花花世界为何物的拉哥尼亚武夫。

在外患内乱的情况下,公元前429年伯里克利因染时疫撒手归西。时无英雄,遂使竖子成名,政坛被巧言令色的投机分子占据,雅典政治地位急剧逆转。数十年后,公元前404年,雅典被迫签订屈辱的城下之盟,在政治上再也没有出现伯里克利时代的霸主气象。

与政治上的辉煌相伴,并且比政治实力的起伏更引人注目的,是雅典对人类文明无与伦比的贡献。在两个世纪中,雅典孕育了梭伦、庇西斯特拉图、底米斯托克利、阿里斯泰德、伯里克利等政治家,他们创立了法律,完善民主制度,建立了一个真正的希腊帝国,有一支强大的海军与一名卓越的指挥官福尔米翁。这些雅典人还是修养很高的艺术鉴赏家,以埃斯库罗斯、欧里庇得斯、索福克勒斯和阿里斯托芬为首的戏剧家创造了精妙绝伦的大众娱乐,神灵被赞颂,人性被揭露,讽刺剧则以一切外表庄严的事物为靶子,以模仿与调侃的方式在笑声中扯下其伪装,让他们赤裸裸地站在哄堂大笑的人民面前。自由与勇气同样注入了雅典卫城的建筑师姆奈西克里和伊克蒂诺以及雕塑家菲狄亚斯和普拉克西特利斯的作品中,显得和谐而完美。而修普底德,在他记录雅典和希腊的光荣历程时,成了历史学家中最优秀的一个。苏格拉底和柏拉图则代表着雅典哲学的巨大转折和发展。

成长于此时此地,柏拉图自小受到了良好的教育,他是一个伟岸强壮的青年,优秀的军人,出色的运动员,由于他敏感的心灵和语言的天赋,他还是一个诗人与剧作家。除了资质出众以外,他与雅典其他世家子弟并无二致。雄心勃勃地等待着在政坛大展身手的那一天。

直到20岁时,柏拉图开始追随苏格拉底,一个全新的世界便在这个少年面前徐徐展开,他乐于看到苏格拉底以排山倒海的雄辩术揭露那些简单常识的武断和臆想,并投身其间,在苏格拉底的指导下,从为论辩而论辩进而至于条理清晰的讨论。所以,后来柏拉图常说:"感谢上帝,我生为希腊人而非野蛮人,生为自由人而非奴隶,生为男子而非女人,尤其是,我生逢苏格拉底时代。"

追随名师

在苏格拉底以前,古希腊自然哲学已有骄人的成就,苏格拉底本人也曾对物理世界进行研究,但很快就失去了兴趣,宣称从树木和石头那里学不到什么,与其玄而又玄地讨论世界的构成,不如研究人类自己。人生各个方面,如战争、婚姻、友谊、爱情、家政、艺术、伦理、道德,都成为他探寻的课题。因此,苏格拉底是古希腊哲学发展史上一个重要的转折点。

另外一个公认的事实,就是这个矮胖、秃顶、突眼睛、朝天鼻的哲学家在粗陋的外表之下有某种和蔼可亲的东西使他成为雅典城最优秀的青年衷心爱戴的导师,这些青年有贫有富,有贵有贱,有不同的思想信念与政治抱负,但他们都被苏格拉底了无牵挂、自由自在的世界所吸引,无数后人争论不休的一些题目也曾激动过这些热爱论道的思想者。

雅典的每一条道路、每一块石头都异常熟悉苏格拉底健行不倦的身影。他见多识广,让人很难相信他70年的岁月几乎全部消磨在雅典城的街头巷尾与路人谈天上。他是节制的典范,他是教导的美德最好的实践者。他薄有资产,战时能够负担重甲步兵的装备,但从不工作,不考虑明天的事情,永远不知道下一顿饭在哪里,却随时随地会陷入沉思冥想,物我两忘,很少念及对妻儿的责任。妻子桑西普不得不独自抚养三个儿子,不免时时作河东狮吼,故而与苏格拉底流芳百世相比翼,做了历史上最著名的悍妇。

不著一字,尽得风流。清谈是苏格拉底唯一的授课方式,思维与论辩的乐趣是他最乐意的报酬。德尔斐神庙的先知说,苏格拉底是最聪明的人,但他总是谦逊地宣称自己一无所知,对人所公认的知识持普遍的怀疑态度,而且宣称只有知道自己无知者,才是人类中最聪明的人。和号称教人以所谓"有用"知识的智者们不同,苏格拉底四处请教关于人的知识,什么是勇气,什么是快乐,什么是正义,等等。在德谟克利特万物流变的思想和普罗塔哥拉"人是万物的尺度"的说法影响深远的情况下,苏格拉底坚持认为,如果不能用全面完整而绝对的方式给某一件事物下定义,你就并不真正知道它是什么。他的谈话总是在和和气气的请教中开场,对一个习以为常的东西,请你下一个明晰的定义和绝对的判断吧!但任何人想当然的定义都会被苏格拉底以事实分析步步进逼,在排山倒海般的追问下这个可怜人的脑袋和舌头都麻木了,而且发现自己走到了最初立场的反面。此时,苏格拉底仍然谦虚地称自己几乎什么都不知道,只是知道自己不知道而已。这种近乎自大的自谦令德高望重的希腊人如坐针毡,气得发疯,却受到天生叛逆的青年们打心眼里的赞许。

对传统的有力否定、对民主政治的敌视、对他所属的中下层平民阶层的鄙视、对大多数雅典人智力和知识的多次嘲弄和对自己才智毫不脸红的高度评价,使苏格拉底在公元前423年就成为喜剧插科打诨的对象。天性快乐的雅典人从不放过任何笑料,而苏格拉底本人也乐于看到自己被表现为一个温和而机敏怪诞的老头子,取笑别人也被别人所取笑。但他令人不安的言谈在各个阶层的雅典人中都引起了不满,日积月累,终于成为一种敌意。

尤其是他的一些年轻的朋友在伯罗奔尼撒战争后期反民主的倾向越来越浓,他们将雅典的失败归咎于吵闹不休的民主制度,而把斯巴达粗鄙的武夫和强悍的寡头统治当作疗疾的良药。人们称他们是"拉哥尼亚迷","留着长发,半饥饿,不洗澡,学苏格拉底。手中拿着羊皮纸裹的棍棒",在公元前411年的四百僭主专政和公元前404年的三十僭主专政时期肆虐雅典。这些青年与1933年柏林街头狂热的法西斯冲锋队其实非常相似,梦想建立一个有秩序的暴政,给予公民以尽可能少的权利与自由,毫不留情地清除一切阻止他们的人,在克勤克俭的表象下却往往掩盖独裁者的荒淫无耻。亚西比德是苏格拉底亲密的弟子与友伴,像颗流星一样划过雅典的民主政治,他在政治挫折中投向了雅典的死敌斯巴达,成为人人得而诛之的卖国贼。柏拉图的舅父克力锡亚斯与查密迪斯,是三十僭主专政时期呼风唤雨的人物,在短短八个月的独裁期内,屠杀了1500个希腊人,甚至超过了斯巴达在伯罗奔尼撒战争后十年杀人的总和。

苏格拉底一生都在谈论和宣讲美德,他的弟子的行径严重损害了老师的声望。他说美德就是知识,最有德性的人就是那个最知道的人。可是聪明而多才多艺的亚西比德是民主政体时期最荒淫、最骄横和最强暴的人,阿提卡散文大师克里锡亚斯文风纯正优雅,许多个世纪以后还是罗马皇帝奥勒留学习希腊文的宗师，同时却是寡头专政时期最贪婪、最阴险的一个恶棍。他们在很多方面都属于那少数的最知道的人，却毫无美德可言。

雅典民主政体很快复苏。民主派的政策相对很温和，颁布了大赦令，宽容了许多政治犯。但是，与雅典民主政治相比较，雅典的社会思想是守旧落后的，民主派对雅典人思想中的混乱忧心忡忡。苏格拉底这个七旬老翁仍然喋喋不休地与又一代雅典青年谈笑风生，虽然他是作为公民的忠诚是有名的，但他对民主制度的批评更为显著。在雅典惨败，寡头制肆虐的痛苦经验之下，民主派对他的玩笑已经笑不出来了，他们显然认为，打倒苏格拉底远比改正他所指出的罪恶要容易得多。尽管有大赦令，可欲加之罪，何患无辞，公元前399年，以渎神罪的名义，雅典民主派开始了对苏格拉底的审判。这是有史以来人类对思想家的第一次有名的审判，罪名却并不陌生，不久之前，为了在政治斗争中击败伯里克利，伯里克利本人的好朋友、出色的哲学家阿那克萨哥拉被驱逐出雅典时，罪名就是他居然胆敢公开宣称，太阳是一块燃烧着的大石头，因而冒犯神灵，罪不可恕。

但是，这审判远非后世的许多次迫害那样卑鄙无耻，他们给予苏格拉底申诉的权利。是苏格拉底自己选择了死亡。作为曾经存在过的人们中最高贵的一个，他不属于任何逃避或者言行不一。他既不肯让哭哭啼啼的妻儿来到法庭引起审判者的怜悯，也不肯降低自己的尊严去迎合某种口味，他不愿意终生享受雅典法律的保护却在此刻逃避它的惩罚。他自由自在地活过了，也气势如虹地走向死亡。

这时，在28岁的柏拉图心中，有些东西永远地破碎了。

世代官宦的环境本来使柏拉图有早慧的政治敏锐性和比大多数人优越得多的起点，而且柏拉图确实一直有从政的念头。可是三十僭主时期的暴政和民主政体处死苏格拉底相继打消了他对雅典政坛曾经有过的幻想。苏格拉底的言传身教为他注入了一种我们今天或可称之为知识分子的意识的观念，其持有者具有"自由之精神，独立之人格"，也使他们永远站在一个客观冷静的理性立场，批判性地分析现实社会，因此苏格拉底会敌视民主体制。对两万多雅典男性公民而言，那是一种彻底的直接民主制度，但与20多万的奴隶、贵族和平民妇女根本无干，所以在运行中它的片面性是显而易见的，在这样一个制度中，诡辩者以其富有煽动性和欺骗性的演说就可以左右政治决策，政治家需要口才来增强他的说服力，一个附带的后果就是传授修辞术的职业教师生意的兴隆。而出于时代的局限，苏格拉底并未想过民主的扩大，斯巴达为他提供了一个很好的样板。他所向往的政治制度，差不多相当于20世纪纳粹德国所试图建立的那种体制。二战后逃出法西斯炼狱的欧洲人发自内心地说，民主政体绝对不是完美无缺的，可也绝对是人类迄今为止所能找到的最好的制度。但苏格拉底和其他雅典人生而处于最彻底的直接民主体制之下，他们所看到的是它的缺点带给雅典社会的不稳定和不合理，智者们纷纭的意见已经置疑了雅典传统信仰，他自然而然地充当了社会的良心，超越地思考着什么样的国家是好的。

公元前 404 年,伯罗奔尼撒战争以雅典的失败而告终。在斯巴达人的庇护下,三十个雅典贵族接手统治这个城市。他们中有柏拉图母亲的堂表兄弟克里底亚斯以及母亲的弟弟查密德斯:"凑巧的是,这些人中间有的是我的亲戚,而且很熟。他们马上要求我参加国家的管理,这正合我意。"

一开始,柏拉图对三十人团的统治抱有很大的希望。不久他便看出,他们胜任不了。正是认识到这一点,苏格拉底的行动肯定通过新政府而起了特别的作用:"因为我已看到,要不了多久这些人就会使过去成为黄金时光;此外,他们派遣一位我的友好长者苏格拉底,这位我会毫不犹豫地称之为当时所有人中最为公正的一位,不管他愿不愿意,使其参加他们的行动,同其他人一起以暴力将另一位市民押赴刑场处决,但他拒绝了他们的命令,将自己置身于外,拒不参加他们的罪恶行径。由于我看到这一切以及某些类似情况意义不一般,我表达了我的不满并同当时的恶政决裂。"

公元前 401 年,民主派回到雅典。克里底亚斯和查密德斯在战斗中阵亡。柏拉图开始怀着新的希望:"此后不久,三十人团统治和当时整个国家体制遭到推翻。我又一次感到,尽管是一种渐渐的,使自己参与共同的公共事务的欲望。再说当时发生了混乱,甚至还出现了一些会引起一些人不满的事情。尽管当时返回的民主派已经采取了许多缓和的措施,但当发生了一些变化的时候,他们对自己敌人的复仇有时会超过限度,那是不足为奇的。"

公元前 399 年发生的事件彻底地摧毁了柏拉图与其父邦的关系。有几位执政者再一次将苏格拉底送上法庭,他们将苏格拉底根本不可能相信的一大罪行与其联系在一起,因为一些人控告他渎神,另一些人认为他有罪,并且处死了一个男人,这个人过去曾经以罪恶方式对待过他们中间的某一位。当他们做出了流放的不幸裁决之后,被驱逐的朋友不愿接受这一裁决。

这种独立使他成为雅典民主制的敌人,但同样使他远离寡头们的暴政。在三十僭主时期他拒绝为克里底亚斯服务,市坊间到处流传着他对克力底亚斯暴政的不满议论,他运用人们所熟悉的比喻方法,讽刺僭主们像不称职的牧人那样,使羊群越来越少,鲜明地揭露了僭主们滥杀无辜的事实和雅典人的不满。但除此而外,在暴政面前他显得异乎寻常的沉默。这沉默使他在当时人的审判和后人的疑问中难保清白,为什么他不能够劝导他的弟子们向善呢?为什么他终日歌颂美德却不曾在雅典遭受蹂躏的时刻挺身而出呢?这样发问的现代人不要忘记一战后的欧洲自由主义知识分子,随着战争将最文明的欧洲变成最野蛮的欧洲,极度失望之中,他们将文明复兴的希望寄托在像生气勃勃的纳粹党这样的极权主义新国家身上,尽管洁净的街衢、热情的集会下面似乎有一种令人不安的东西,但甚至希特勒日甚一日的侵略行为都被这些知识分子当作迈向新生活的代价接受了下来。那么为什么要苛责苏格拉底为一个开放社会的敌人呢?他尽了自己知识分子的本分,为了理想和心目中更美好的生活将自己的生命献出。

公元前 399 年，尽管有柏拉图等人多方奔走，尽管迟归的航船推后了永别的时刻，苏格拉底仍被鸩死于雅典。

在柏拉图心中，苏格拉底虽死犹生。他的家族与苏格拉底是世交，见于史册的从柏拉图的外祖父时期就很密切，苏格拉底的友伴中也有不少是柏拉图家的亲戚。他自己经过八年如影随形的学习，在精神上早已不是科林斯地峡运动会上那个强壮的冠军，也不再是抒情的诗人和激越的剧作家，政治的雄心渐渐让位于求索智慧的哲学理想，眼见得雅典遭受屈辱的战败，亲友厮杀在阴谋的旋涡，师尊被雅典人的敌意鸩死，几度心碎，几多波折，人，就这样成长起来了。

壮游四方

狄奥根尼·拉尔修的记载强调以赫尔莫多为依据，柏拉图二十八岁时，也就是在苏格拉底死后，与其他的一些苏格拉底门生逃到墨伽拉的哲学家欧克莱德斯那里。接着他在居勒尼拜访了数学家特俄多鲁斯并在意大利毕达哥拉斯的门徒斐洛劳斯和欧律图斯，最后前往埃及朝拜先知。在苏格拉底死后，柏拉图与苏格拉底的其他弟子一样，不管他是否已经没有能力，还是有害怕其他迫害的原因，他们在雅典都待不长。尤其可以理解的是，他首先就近去了墨伽拉的挚友、苏格拉底的弟子欧克莱德斯那里。在苏格拉底死的那天，欧克莱德斯参加了谈话。在对话录《泰阿泰德篇》（Theaitetos）中柏拉图将他作为讨论的伙伴来赞扬。如果允许我们相信狄奥根尼·拉尔修的说法，那么这次旅行对特俄多洛斯而言，是到居勒尼的，特俄多洛斯是数学家。特俄多洛斯参加了泰阿泰德和索菲斯特斯的谈话，在泰阿泰德篇的开始就强调指出了他在数学上的发现。对于在埃及的逗留，这些对话录中有无数的提示都涉及了这个国家。柏拉图拜访了毕达哥拉斯的弟子。

柏拉图所做的长途旅行，显示出他与苏格拉底大不相同，苏格拉底是一个地地道道的雅典城市的人。对苏格拉底来说，从城市前散步走过已是不寻常，显然，离开城门，除非是市民的义务召唤他奔赴疆场。相比而言，柏拉图也是一位大希腊国人，一位地中海人，今天我们要说，是一位属于大世界的人。

柏拉图的所有旅行中最具有意义的无疑是前往叙拉古的三次旅行。

公元前八世纪已形成了一系列繁荣的希腊城市：公元前八世纪下半叶的纳克索斯、墨西拿、叙拉古、林地尼、墨伽拉、卡塔纳，公元前七世纪的高卢、塞利努斯。公元前 580 年前后有阿克拉伽、阿格立真托。公元前六世纪起就开始了与占领该岛西部的迦太基人的斗争。公元前 480 年叙拉古的高卢人和阿克拉伽的铁拉人在希腊决定性的战胜了迦太基人。叙拉古在古希腊城市中拥有头等重要的意义，特别是公元前 414 至 413 年赫摩克拉底领导叙拉古人成功地打退了雅典军队的进攻并消灭了他们。紧接着不久，迦太基人又开始了他们的进攻,他们占领了西部诸城市,特别是他们摧毁了阿克拉佃城(公元前406年),当他们向叙拉古进逼时,叙拉古人选出了一位年轻的军官为统帅。就在同一年(公元前405年),他成了叙拉古的僭主,史称狄奥尼修一世,一直执政到公元前367年去世。在与迦太基人的斗争中,他懂得将军事手段灵活地与外交手段结合起来,尽管有时候是不择手段。每一次他都成功地将迦太基人力量的影响限制在岛的西部。在他的帝国里,他常常采取血腥和残暴的方式实行统治,例如处决亲人和朋友对他来说是一种可行的政治手段。他甚至不惜摧毁希腊城市,例如纳克索斯(公元前403年)直至今日还是一片废墟。该城的居民在被摧毁的城市废墟附近又修建了一座新城,今日称为陶尔米纳。在叙拉古起重要作用的还有狄昂,他是阿丽斯托玛赫,狄奥尼修一世第二妻子的兄弟,同时又是他们女儿的丈夫。他陷入了与狄奥尼修二世的冲突之中。二世即一世与多丽丝所生的儿子,一世连同阿丽斯托玛赫一起娶了多丽丝。二世在其父亲死后,继续在叙拉古实行残酷的统治。狄昂与二世的冲突使他自己不得不在公元前366年离开这座城市前往雅典。在那里网罗自己的信徒。很显然,学园的圈子也在他收罗的范围之内,同他们一起建立了一支军队从事反对狄奥尼修二世的斗争。公元前357年他首先攻占了叙拉古城,后来又攻占了城堡。公元前354年,狄昂被卡利浦斯,也是一位朋友和战友,显然也是柏拉图学派的学生下令所谋杀。经过数年无政府混乱状态,狄奥尼修二世接管了政权。公元前347年,在叙拉古开始了他的第二次执政。但三年之后被建立民主的科林斯的提摩勒昂再次赶走。关于狄奥尼修二世接管政权的情况,柏拉图作了下述记载:"自从战争爆发以来,持续统治你们并且多半通过敌视你们的人来统治你们的是一群乌合之众,他们过去也受过你们父亲的统治,当最大的危险降临到西西里岛上希腊人的居住地时,由于被卡尔查顿人赶出家园,这个地区就听命于野蛮民族了。当时为了拯救西西里,他们选了狄奥尼修,作为一个年轻好战的男人,为了采取适合于他自己的军事行动,选了西帕利诺斯做他的顾问和年长的支持者赋予他们僭主的称号,使他们拥有无限的权力。至于现在是否有人认为,神的安排,一个神或者统治者的干练或是这二者得到了当时市民的支持导致了拯救,听凭任何一个人去断定,当时的确是因此而进行了拯救,按理说,在事情的这样一种过程中,人人都必须知道感谢拯救过自己的人们。在以后的时间里,如果独裁统治没有正确使用由国家赋予他们的权力,他已经为此受到惩罚并且还将受到惩罚。"

最后西西里的希腊城市陷入了罗马人与迦太基人的争夺之中。在第一次布匿战争中,罗马人攻占了除叙拉古王国以外的整个西西里岛。第二次布匿战争中,罗马人于公元前212年攻占了整个城市。同时柏拉图已经看到了来自西部和北部的威胁:"整个西西里,在那儿就要发生的,很可能又是人们所不希望的,是希腊语言的灰飞烟灭……"

在这多变的历史上,有柏拉图前往叙拉古的三次旅行。第一次西西里旅行的日期是柏拉图自己说明的。

这次旅行的首要目的是南下意大利及其西西里岛希腊诸城邦,即他与毕达哥拉斯学派学者建立接触的地方。这些城市中,柏拉图首先访问了塔伦特,当时阿尔基塔这位著名的毕达哥拉斯学派的哲学家和数学家起着重要的政治作用。柏拉图和他结下了友谊。他的哲学中强烈的毕达哥拉斯的影响,肯定源于这段友谊。阿尔基塔和塔伦特的名字不断地出现在他的文章和书信中。

柏拉图不仅自己和阿尔基塔结下友谊,甚至他对阿尔基塔与狄奥尼修二世的联合也产生过影响:"……因为在我启程之前,我在阿尔基塔以及塔伦特的那些人与狄奥尼修之间促成了好客的联系与友谊……"

最后的旅程穿过西西里东岸的希腊城邦到达叙拉古。在那里,当时的狄奥尼修一世正处于权力的巅峰。

本来意义上的邀请似乎就不存在,但是,巩固了权力地位的狄奥尼修力图吸引哲学家和艺术家前往叙拉古,以进一步扩大他的影响。于是,这位不仅只是雅典贵族家庭成员,而且又是杰出的哲学家的柏拉图受到了他的热烈欢迎。柏拉图与年龄相仿的狄奥尼修之间的关系发展得并不是一帆风顺的。在希腊城邦中,尤其是叙拉古的奢侈生活,根本就不是柏拉图的事情,"当我到达那里时,当地人称之为幸福生活的极为丰盛的意大利和西西里美食告诉我,无论如何不能这样生活下去,人们一天两次将自己塞得饱饱的,没有一个晚上是独自安寝,某些习惯就与这样一种生活联系了起来。"

但是,与青年狄昂的会见具有决定性的意义,使柏拉图赢得了一位最可靠的学生和最亲密的朋友。

在一些耸人听闻的历史记述中,柏拉图据说曾被极为专权的叙拉古君主戴奥尼索一世绑架,几乎沦为奴隶。柏拉图在漫游西西里的时候,叙拉古是一个繁荣的商业城邦,名义上的选举每年进行一次,戴奥尼索一世垄断了叙拉古的政权,据说他嘲笑苏格拉底和柏拉图之流的哲学为"无聊老人对无知青年的谈话"。但他既不残忍,更不愚昧,所谓的绑架事件没有多少可信性。不过柏拉图倒真的在叙拉古得到一位才华出众的青年人的衷心敬爱——戴奥尼索一世本人的女婿狄翁,他与柏拉图同样厌恶民主政体,推崇强有力的个人专政,在以后的岁月里,他们将要共同面对一些棘手的问题。

岁月流逝,倦鸟思归。屈指一算,离开雅典 12 年了,28 岁的翩翩少年如今已是持重的中年。十多年的岁月里,柏拉图浪迹天涯,领略了行万里路的艰辛,好学不倦,享受了读万卷书的舒畅,去掉了青年的生涩和狂热,畅游于一个广阔而深邃的思想王国。出于对亡师的怀念之情,追忆着苏格拉底的音容笑貌,柏拉图在游历中写成记录苏格拉底的生活、追求和死亡的早期作品,如《申辩篇》《克里多篇》《查米迪斯篇》《普罗塔哥拉篇》《高尔吉亚篇》等。不知不觉中,他为自己创造了一个独特的体裁——对话,哲学家的天职并未遏止他诗人的才华,这种文体生气勃勃,势如破竹,严密的推理结合热烈的诗情,融汇于美丽的辞藻之中,任何人都难以抵御它的诱惑力和说服力。

建立学园

公元前 388 年,雅典。

叫卖声此起彼伏,满脸谄笑的商人熟练地对付着犹豫不决的顾客。见钱眼开的小市民照例怕仆人揩油,亲自采买,心满意足地把蔬菜、肉都塞到衣服的交叠处。仿佛什么都没有变,贵族的妇女在女奴陪同下步履匆匆地走过与 12 年前就存在的街道,自然如此强硬,时间的流逝催白了青年的两鬓,却不能撼动帕台农神庙一丝一毫。

回到家园,最初的兴奋之后,柏拉图渐渐觉察到雅典精神的重大转变。城邦制度实际上在公元前五世纪末就宣告终结了,希腊人不约而同地迈向新的思维和生活方式。贫富差距拉大,失去产业的雅典人沦为乞丐、罪犯,曾经遍及天下的雅典公民军自然而然地萎缩了,被柏拉图称之为"一群外国来的杂色雄蜂"的唯利是图的雇佣军越来越常见,雅典人倦怠而冷漠,毫不关心公共事务,这个民族的气质发生了根本性的转化,多样的个体特征取代了共同的理想信念。雕塑作品中完美的希腊英雄被内省而多变的普通人所代替,人们坦然接受并欣赏这普通,曾经悲情澎湃的戏剧也远离了重大的主题,雅典人尽管仍然喜欢交际,仍然保持积极的创造精神,但他们追求的趣味已经开始变化了。

40 岁的柏拉图在漫长的准备期之后,建立了阿基达米学园。这是他一生真正的工作,是生命的重大转折。此前已有伊索克拉底主持的另一个学园,教授"见解""观点"和动听得体的言辞,但柏拉图学园是一个主要从事科学研究的机构,是雅典青年求知的摇篮,要造就纯正科学的学习者和探索者,使理想主义和热爱政治生活结合为一体。

学园是求智的中心,爱智者的乐园,历代的弟子为科学与哲学的发展做出了不可磨灭的贡献。基督教兴起后,学园是欧洲异教主义的孤岛,一直到公元 529 年才最后被虔诚而顽固的罗马皇帝查士丁尼关闭,标志着欧洲文明史上的所谓黑暗时代降临。但是学园精神影响到了中世纪和近代欧洲的无数个大学,它们的宗旨就是要培养干练的法律专家和行政官员,并凭着对真理无私的追求,使这些人的智力和知识获得增益。在这个意义上,柏拉图是西方高等教育的先驱。

柏拉图的学园也并非空穴来风之物。游历时他就向往海外诸多学派有宗旨,有组织,各据一方,在思想精进的同时共享同志相伴的快感,尤其是,在他看来,西西里岛上博学而俭朴的毕达哥拉斯学派非凡的成果与严明的纪律之间有着明显的因果关系,因此阿基达米学园思想原则是柏拉图式的,管理却是毕达哥拉斯式的,固定的宿舍和严格的规章制度必不可少。

成为学园成员的柏拉图的学生和朋友们,虽然明显地准备将观念理论作为这种例如美的思想接受下来,也就是说承认这种思想,但是,他们现在急于要弄明白的是美的思想对美的事务的关系。该如何看待这种关系呢？作为美的事务中的美的思想的存在来看待？或作为拥有美的事务的美的思想的共同体来看待？这个问题后来通过亚里士多德成为关于观念理论讨论中的主要问题。在这种早期研究中，柏拉图没有给予回答，而是颇为生气地拒绝了这个问题："……因为我只会被其他的一切弄糊涂——我使自己保持单一，质朴，或许还有我自身方面的单调。"柏拉图以其拒绝回答的方式，不得已认了，甚至连自己的单调乏味也认了。他坚持一条基本的原则："因为美，一切美的东西将是美的。"美使美的东西为美，这就是美的思想。

柏拉图在以讨论的形式讲授观念理论，美的思想是使所有美的东西为美。没过多久，朋友们和学生们就开始提问，应以何种方式来看待这种关系，这样的问题早年他拒绝回答。但是，作为探索观念理论的问题随着时间的推移而越来越经常和激烈地提出，他渐渐地相信，一个关于这方面的讨论是必要的。对这个问题越来越活跃的讨论是通过亚里士多德而实现的。

在学园生活中，属于狭义上的观念理论和"Dihairesis 一方法"的还有第三个领域，也就是我们今天所要说的辩证法。辩证法从矛盾的角度否定句子的绝对有效性并从反面认为，在可能的情况下，相互矛盾的谓语可以同时适用于同一个主语。在诡辩家们那里，一个经常玩弄的辩证法已经起着一个非常大的作用。指出同一个人可能同时年老和年轻，如果不考虑所涉及的对象是两个不同的相互比较的人，事实上是很容易的事。巴门尼德的学生芝诺(Zenon)，认识到辩证法的严肃性并讲了两条理由，第一个运动的概念，一旦人们试图用静态的概念去理解动态的过程，必定会引起自相矛盾。自相矛盾的第二个理由是整体概念，例如"全世界"。在这里，如果试图用属于世界的各个部分的概念去理解世界的全部整体，辩证法就能够成立。

柏拉图在一个对话录中发展了创建人巴门尼德所命名的辩证法。这是一次在天赋极高的巴门尼德和他的学生以及小青年苏格拉底之间进行的对话。在芝诺宣读了他发现的关于自相矛盾的文章之后，对话就开始了。苏格拉底首先讨论了已提出的自相矛盾的意义，然后要求提出一个更为基本的辩证法："如果有人像我刚才说的那样，首先分离出相似性与非相似性，多样性与统一性，动态与静态以及所有这一类型的概念，然后指出，这些概念之间也会相互混合并且能够相互分离，那么，哦，芝诺，他说道，这将给我带来巨大的快乐。"

与阿基达米学园相对立，雅典城内还有许多教授修辞术的教师和学校。在民主政体之下，任何人只要能够说服大家，就有可能在政治上成功，在诉讼中取胜。所以，辩论术才是雅典的显学，阿基达米学园的几何学、哲学、天文学等在雄心勃勃的雅典人眼中远不及伊索克拉底学园的说话的艺术有效。但这也正是柏拉图学园突出的和取得历史地位的原因，真正的科学发展对眼前的利益是盲目的。

60 岁的时候，柏拉图进行了一生中重大的冒险活动。叙拉古的戴奥尼素一世去世了,他30岁的儿子继位,是为戴奥尼素二世,没有受过多少教育,朝政实际掌握在其姐夫,20年前曾经强烈仰慕过柏拉图的狄翁手中。西西里岛西部的希腊文明正受到地中海对岸迦太基人扩张的威胁,狄翁对柏拉图将科学与政治结合的观点非常信仰,希望由他亲自调教这个国家未来命运的主宰者。

二世祖一般不仅无能,而且善妒,柏拉图对这个任务很不乐观。但迦太基的威胁近在眼前,学园一贯以修齐治平号令天下,如果不能在这种时刻挺身而出,就如同自掴其面,必将贻笑大方。

柏拉图以几何学开始塑造戴奥尼素二世的心灵。起初还颇为灵验,师生之间亲密无间,宫廷内上下人等开口几何闭口几何,一门纯粹科学竟成了众人争光追随的潮流,可是任何东西一旦流行就成为媚俗的垃圾了,何况是流行在宫廷这种权力中心。戴奥尼素的教育被忽视得太久,君主的天性又朝三暮四,专一而单调的科学实在对他没有太大的吸引力,他窥到了智慧的灵光,从柏拉图以后奚落他的文字中我们甚至知道他还编过哲学教科书,但是,他对狄翁固有的戒心由于智力差距造成的嫉妒心的催化,变成了敌意和政治迫害。两人的矛盾造成国内局势不稳,柏拉图在几年间多次往返雅典和叙拉古,为叙拉古的前途,也为希腊世界的安全,试图缓和两人的关系。但戴奥尼素二世身边旧势力的影响太大了,柏拉图一度自身难保,历经艰难,于公元前360年返回雅典,他对西西里政局的个人介入至此方休。

丧失了一切的狄翁决心用武力一决胜负,在阿基达米学园群情激昂的年轻学生们积极帮助下广募兵士,并一战告捷。但局势最终与柏拉图的悲观预计相同,狄翁作风强硬,缺乏应变的机智和圆滑的处世技巧,在对敌作战中取胜,却死于同僚的相互残杀,西西里分裂,并历史地造成东、西欧洲的文化分裂。

现在,柏拉图是希腊世界最有声望的哲学家和教师,在授业解惑的同时,他继续写下新的作品,如《会饮篇》《斐多篇》《理想国篇》《泰阿泰德篇》《巴门尼德篇》《智者篇》,等等。这些文章保留了对话体裁,苏格拉底仍然是每一篇对话的主角,人物栩栩如生,结构严谨,语言华美机智,思想深沉。引人注目的是,有些作品充分运用备受柏拉图推崇的辩证法,把内容弄得十分晦涩难懂,而对难以自圆其说的地方,就用比喻和神话,避重就轻,借以推销自己的说法。

但缺陷也不过如此而已,柏拉图最杰出的一些作品,如《理想国》,自诞生以来就是世界上最受欢迎的哲学和文学读物。其中可以看到柏拉图的形而上学、神学、伦理学、心理学、教育学、政治学和美学观点,甚至现代的女权主义、优生学、精神分析学说等等都被柏拉图讨论过,这是一个思想的宝库,像所有流传千古的巨著一样超越了时空的界限,见仁见智,则因人而异。

究其思想渊源,影响柏拉图最多的是毕达哥拉斯、巴门尼德、赫拉克利特和苏格拉底。

毕达哥拉斯给柏拉图的思想带来神秘主义色彩，宗教的、出世的倾向，以及对数学的热爱；赫拉克利特说，万物处于流变状态，柏拉图因此得出结论，感觉世界中没有任何东西是永久的，而巴门尼德宣称，世界是永恒的，于是柏拉图创造了两个世界，动荡不羁的感觉世界与只能显示于理智的永恒世界；从苏格拉底那里，他继承了对于伦理问题的关切，以及美德对于人类社会的意义。

柏拉图所建立起来的包罗万象的唯心主义哲学体系中，最突出的是他的政治社会理想、理念论、宇宙生成论、不朽论和知识论。

在《理想国篇》最后一卷，苏格拉底论证至善所得的最大报酬时，出乎格拉康意料之外，提出灵魂不朽论。希腊人思想中本来就有灵魂不生不灭的见解，柏拉图则在《斐多篇》中进而对"灵魂"进行了一番详尽而有趣的解说。

《斐多篇》与《申辩篇》《克利多篇》一起描写了苏格拉底在他最后的日子中在雅典人面前所做的自辩，以及审判结束后苏格拉底不顾柏拉图等人为他策划的逃亡计划，慷慨就死的过程。他设想自己与雅典的法律有一场对话，最后法律请他先想到正义，清白无辜地死去，而不要以怨报怨，成为阳世和阴间的法律的敌人。苏格拉底说，那声音"仿佛是在我的耳中嗡嗡作响，好像是神秘者耳中的笛声"。结合苏格拉底为人熟知的经常性失去知觉般的沉思，可以通宵达旦一动不动地站在路上，对时间的流逝和行人的好奇全无反应，等等。一个具有现代医学知识的人可以认为苏格拉底具有某种神经性疾病，但苏格拉底将只有自己能够听见的声音视作神启，因此，尽管天性温和，苏格拉底却是雅典自我评价最高的一个人，他与神的这种特殊的关系也为他带来杀身之祸。

在《斐多篇》中，苏格拉底送走了哭哭啼啼的桑西普，开始与朋友们的谈话。他说，真正的哲学家是视死如归的人，死是一种更美好的状态的入场券，但自杀是犯罪，因为在上帝适时地打开门之前，我们不可破门而入。死首先意味着是要到智慧而善良的神那里去，其次是与已经先行故去了的亲人相聚，因此，死，就是灵魂从肉体中"释放"，灵魂获得独立。

这里就带出了柏拉图的二元论，区分了实在与现象、理念与感觉对象、灵魂与身体，有形的、可感的世界是虚妄的，理念世界则是永恒，在实在性和优越性方面，这几组事物中前者总是优于后者。因此，世人不理解哲学家的死的含义，认为他在尘世中是超越尘世，是活着的"幽灵"，但实际上，世俗之徒才"虽生犹死"。

因此，哲学家终身所关注的，就是照看灵魂，力求使之完满地独立于肉体的命运之外。在这一前提下，他不大重视物质欲望的满足，他当然应当吃必需数量的食品，但不应该成为日常生活的奴隶，去操心漂亮的衣服，或其他与灵魂无关的东西。在他追求知识的过程中，绝对的真善美是存在的，但只能由理智的眼力看见，肉体所体会到的刺激，无论是愉快的还是令人痛苦的，都干扰了对真理的研究，而肉体的各种感官在真正的用途上显得迟钝而不可靠，反而造成了一种障碍，所以他只能信赖思考而不依靠感觉。实际上，哲学家所应关注的至高无上的实在,都是感官所不能察觉到的东西。

这样,哲学家最理想的生活就是沉思的生活,而不是行动的生活。但与后世消极遁世的基督教神秘主义者不同,苏格拉底和柏拉图本人都积极地为使命和理想而奔波。甚至主流基督教本身在干涉他人灵魂方面,也是一个喋喋不休的不识趣的说客,在语言和威吓都不管用的时候,就拿起枪炮消灭顽固的异教徒,近代中国人对此相当熟悉。

柏拉图关于死亡与"照看灵魂"的高尚生活的论点的通俗化,就是后世的禁欲主义和宗教苦行。基督教的教义在很多方面继承了柏拉图的不朽论,僧侣阶层离开凡俗社会、弃绝人间快乐的苦行生涯,以便照看自己和众生的有罪的灵魂,在短暂的生存范围中充分实现永恒的善的生活,向死而生。

于是,一个人如果在死亡来临时表现得懦弱,那么他就不是真正热爱智慧的人,而是一个爱肉体的人。哲学家的标志就是非凡的勇气和坚强的对物质欲望的自我克制,但与单纯无知的人不同,真正的美德不是牺牲世俗的快乐去得到比较多的快乐。只有智慧才是真正的收获,所以一个人眼中有德的人如果没有知识,那么他的德行不过是出于习俗,既不牢靠,也不高尚。

柏拉图的理念论提出了现实世界与理想世界的划分。如前所述,自然界中个别对象是理念的复制品,则二者的关系该如何理解?理念的纯粹、完善和不变的原则对不完备和永远变化的感官世界起什么作用?这里存在另一种基质,它是构成现象世界的基础,它是不真实和不完备的非存在。事物有实在性,全部来自理念,而同时同一名称的许多不同对象的差异和不完善,乃因非存在而引起,它是盲目而无理性的必然的原因。所以就有精神和物质两种要素,精神是实在,是宇宙中法则和秩序的要素,而物质是第二位的、无理性的、顽强的力量,是精神不驯服的奴隶。显而易见,柏拉图哲学的这一部分表明它是唯心主义或唯灵主义的,彻底反对唯物主义和机械论。他后来在《蒂迈欧篇》中,试图说明自然的起源,提出一种宇宙生成论,其中带有浓厚的神话色彩,是对苏格拉底以前的希腊自然哲学的一种综合发展。《蒂迈欧篇》曾被西塞罗译成拉丁文,连同查尔西迪尤斯的评注一起,经历了"黑暗时代",是中世纪唯一一篇为西方人所知的对话。在十三世纪亚里士多德的形而上学和自然科学著作重新出现以前,这是西欧影响最大的一部希腊哲学著作和自然科学的总纲。它在哲学上并不显要,但机缘使之成为一篇具有相当历史地位的对话。

据柏拉图介绍,蒂迈欧是生于意大利南部的一个声名卓著的科学家和政治家,在其毕达哥拉斯数学学说中杂糅了恩培多克勒的生物学和医学。这篇对话首先由苏格拉底重述《理想国篇》的前五卷作为导言,从而展示了一幅优良社会的图景,但是他不能"使社会中的人物行动起来",因为他毕竟没有政治生活的实际经验。接着发言的克力锡亚斯是三十僭主时期同名执政者的祖父,亦即柏拉图本人的外曾祖父,他讲述了雅典人打败传说中的大西岛的英雄事迹,随后,蒂迈欧就叙述了世界的生成与人类的产生。

不容置疑,人们从没有足够的认清柏拉图与希腊和雅典的关系。希腊的语言、希腊人的思想和行为、希腊的艺术、政治、希腊的神明,都是柏拉图亲身经历过的。要弄懂柏拉图的那些哲学家们也不可能得到语言学家,历史学家和考古学家们的大力帮助。希望弄清那个时代的柏拉图的伟大功绩在我看来只是一个梦想。被我认为是柏拉图哲学的中心的理念学说大约起草于公元前390年到公元前380年之间,到现在为止还没有人试图解释过理念学说产生的时代背景。即使有人曾有过这样的企图,但也未能如愿。

如果人们从柏拉图对他自己那个时代的意义方面去理解柏拉图,还能够希望弄懂一些事情。人们知道,柏拉图在舒拉古斯的一次奋斗毫无结果,没有人否认,柏拉图身边的政治情况更是糟糕。在雅典他没有什么名气,充其量被看成是一个纠缠不休的怪人。他与这个城市的表面关系也是气候性的,很多时候他都在旅游途中,即使回到家中他也不会待在房子里,而是照看他的田产。因此在雅典柏拉图被看成是一个不可思议的拘谨人,学园则被看成是一个祭礼团体。从他那个时代或者从他对其时代的意义的角度解释柏拉图同样也没有许多东西期待。

在两千多年历史中,对柏拉图的诠释已经形成固定的观念。首先确定了三个重点:柏拉图学说的中心在人文学说、科学学说和国家学说中。按照我的见解,每种可能诠释的前提必须结合两个准则:一是使其学说成为重点的一系列事实,二是学说的历史作用。鉴于这种见解,我认为科学学说足以是最重要的,而国家学说,还有人文学说相比不怎么重要。

如果首先解释人文学的意义,没有人会否认,柏拉图这个哲学观念始终受到关注。文艺复兴时期对柏拉图的爱戴正是源于人文学。在现代,维兰莫维兹、莫伦道夫的对柏拉图的诠释可以是一个伟大的榜样。这部诠释地地道道受人文学的影响,但有一点值得怀疑,今天人文学对于评价柏拉图是否还与从前一样的重要?

在此阐述国家学说的问题。这一学说常常被看成是柏拉图哲学的中心。人们甚至敢用这样的措辞,柏拉图喜欢论述国家而且只论述国家,他原本只是违心地当了哲学家。按盏格鲁撒克逊的见解,柏拉图是由于他的国家学说而显示出重要性,因为《理想图》的十卷书和《法律篇》的两部柏拉图的重要著作都涉及国家。《理想国》中描绘完美理想的国家形式,而《法律篇》中主要为国家提出切实的建议。两部著作的共同之处就是从哲学的观念提出国家的设想。人们不禁会问,按照柏拉图的这两部伟大的著作,国家是否真的实现了它的富有和理想之境呢? 也许地由于这个原因在盏格鲁撒克逊近几十年的对柏拉图的诠释中越来越着重地强调知识和科学理论的重要性。而罗曼·古内特所著的《柏拉图的知识理论》一书使其发展到一个新的高度,此书清楚地解释了柏拉图的知识学说。

泽被后世

知识系统化通常不得不以思想的停滞不前为代价。柏拉图对构造思想体系不感兴趣,对他来说,秉着向善求真的信念,无时或止地享受思辨的乐趣,有条理地从事创造性工作,远胜苦心孤诣建造一个精致而僵死的思想体系。实际上,在他的对话录中也可以看出他不止的追求,例如很多对话录就某一问题进行广泛而深入的讨论之后,并未达到公认的和一致的答案,结果本身永远无法达到原型的完美无缺,柏拉图只是告诉了后人,我们在思考什么,如何思考,以及可能的答案是什么,再进一步的修改起点在哪里,等等。

在长篇累牍的对话录中,柏拉图不仅是一个哲学家和论辩学家,而且表现出了伟大戏剧家的天才和诗人、神秘主义者的魅力。他以罕见的程度把逻辑分析和抽象思维的巨大力量,同令人惊奇的诗意的想象和深邃的神秘情感结合起来。除了晚期的对话以外,苏格拉底都是主要的发言人,表现出他独有的鲜明特征,柏拉图本人则游离于对话之背后,以其技巧操纵着一幅幅精彩的场面。是柏拉图使苏格拉底获得了他在历史上目前的地位,这是受惠于他的学生最好的回报。柏拉图本人的思想则体现在后期的著作中,不倦求知之心,千秋可鉴。

与专业化时代的哲学家不同,柏拉图的时代是一个人可以在他感兴趣的领域投入精力而有所收获的幸福年代,苏格拉底在做士兵的时候可以研究物理学,柏拉图本人则不仅是后世意义上的哲学家,他所追求的善的生活,不仅有今天的伦理学的意义,更有求索物理世界和理念世界的终极情怀,对他来说,最有吸引力的学科是数学。在他的影响下,从学园创立到以后亚历山大时期诸学派兴起之间,几乎所有的几何学成就都与阿基达米学园有着密不可分的关系。在柏拉图自己的一生中,他见到了博大精深的欧几里得几何学体系的准备阶段和渐渐形成,也体会到了毕达哥拉斯学派数学中严重的逻辑缺陷,对算术学自身进行了修订从而保持了几何学与算术的平行。柏拉图认为,"点"没有自己的量值,而是有量值(长度)的直线的"开端",因此,算术中与点对应的不是 1 而是 0;点通过流动——而不是增加或积累——变成直线或曲线;数的级数不是由各单元加在一起的,3 不是"一个 2 加一个 1",而是"紧跟在 2 后面的整数级数的项",所以没有数的形式,每一个数本身就是一个形式,而整数的有次序的数级不是一个形式,而是一系列的形式。数学是柏拉图心爱的领域,也是以后亚里士多德对他进行批评的一个根源。

柏拉图兴趣无限,精力充沛,他活跃的思想和开阔的视野为他的思想继承人留下了极大的活动空间。在柏拉图身后,留下了一个桃李三千,硕果累累的学园和一个历史悠久的柏拉图学派。最初执掌学园的是他的外甥斯彪西波,继之以色诺克拉提和波莱莫,直至公元前 247 年,这一时期被称作老学园,承袭了柏拉图晚年的毕达哥拉斯学派思想,认为理念就是数,而且注重伦理学的研究。从克拉提的继承人阿塞西劳斯开始,蒂孟的怀疑主义在经过一些改造之后,被代表柏拉图传统的学园接受下来,在其后的两百年中影响了整个学园的思想和气氛,带来了一种论辩的机敏和对真理的漠然。第三期的学园在公元前二世纪由卡尔内亚德建立,他用聪明破坏了一切严肃,他在罗马的青年中获得了拥戴,却更多地沾染了希腊式的放纵和轻率。在他身后不久,学园就从怀疑主义转向斯多噶主义。在多灾多难的公元三世纪中,普罗提诺把注意力从现实转向一个善与美的和值得献身的永恒世界,作为新柏拉图主义的创始人,他的学说和柏拉图本人的思想在十三世纪阿奎那推崇亚里士多德之前是基督教神学思想的正统宗师。

柏拉图具有高贵的气质和派头,鄙视一切卑下的东西,他在学园中倡导开放的学习和宽容的心胸,在他的弟子中,就有一个在学术理趣、思想体系和个人性格等方面与他极不一致的亚里士多德,然而却在学园的良好环境中成长为与乃师并峙的伟大的思想家。在这个意义上讲,柏拉图是一个优秀的教师和成绩骄人的青年导师。放眼同样曾在公元前五世纪开始经历思想史上辉煌期的东方人,同样有人才辈出的丰收,同样有思想竞进百舸争流的灵气逼人,但最后,曾经鲜明动人的学说被摆上了祭坛,夫子成为不可逾越的万古典范和僵死的偶像,世世代代的志士皓首穷经,只是要为祖师爷的几本旧书增添又一份注释。用神圣的光环窒息曾经独立的思想,这是治术的高明,却是文明的悲哀。对比亚里士多德"我爱我师,但更爱真理"的平静与忘我,今日苦苦探寻为什么是西方最终垄断了世界的不服气的东方人,或许能够放弃无意义的过于泛滥的民族主义和根深蒂固的实用主义,把对人的机智换作对事的执着,而追寻真善美的至高目标。

公元前360年以后,柏拉图的生活就其表象而言极为平静,没有任何可靠的记录描述他的经历,有一两个传说也被证明是无稽之谈。他一定是在热爱他的学生中愉快地生活着,思考着,像苏格拉底那样做学生的导师和朋友,他的爱好无拘也无束,他的追求至死不休。

记忆中仿佛还在雄心万丈的青年,要建功立业,征服世界,而后在红尘中打磨到中年,于名于利,薄有积蓄,似足以弥补灰白的双鬓与拍翅而去的青春,却难按捺心底的苍凉,不知不觉间宁静的生命之河就走到了丧失其存在的人海口。如普通人一样,柏拉图必定会觉得一生是如此匆匆,均匀而无情的时间流逝而去,却有那么多未知的领域在纷杂的现象背后若隐若现,但他更渴望在天堂里做一个悠然自在的灵魂,与朋友师长共赏最完美的真实。他知道肉体的限制既不曾拘束他的灵魂,也不会局限后世无数爱智的心。

有一天,80岁的柏拉图被邀去参加他的一个学生的婚礼,一起共享欢乐的时光。盛宴持续到了深夜。但他毕竟年老了,疲倦了,于是退出欢歌欲狂的人群,就歇息在一旁的长椅上。第二天一大早,人们去叫醒他时,发现他已经进入了永远的沉睡,留给人们最后的安详和恬静。

古代最伟大的思想家

——亚里士多德

人物档案

简　　历:世界古代史上最伟大的哲学家、教育学家,西方科学史上第一个对运动进行分类的科学家。柏拉图的大弟子。曾担任亚历山大的宫廷教师。总结了古希腊哲学发展的成果。开创了逻辑学、伦理学、政治学和生物学等学科的独立研究。

生卒年月:公元前384年~公元前322年。

安葬之地:马其顿王国优卑亚岛(位于今希腊)

性格特征:聪慧睿智,思维敏捷,求知欲强,胸襟开阔。

历史功过:写下了多部著作,如《工具论》《物理学》《形而上学》《伦理学》《政治学》等。创建人类文化史上第一个动物园,建立图书馆、博物馆,创立哲学、政治学。

名家评点:康德称亚里士多德逻辑"是一门完整的科学",被称为逻辑学之父。马克思曾称亚里士多德是古希腊哲学家中最博学的人物,恩格斯称他是古代的黑格尔。

从师柏拉图

　　希腊的北方,气候比较严酷。苍蓝的天空,深沉得近乎阴郁。北爱琴海的冷风徐徐吹来,夕阳渐渐黯淡了。在枝丫舒展的橄榄树下,一位少年一动不动地端坐着。他好像沉醉了,又好像在思索什么。他手中拿着一卷柏拉图对话录的手抄本,正摊开在膝盖上。他这样痴迷地诵读已经有好几天了。这时,他自言自语道:"我一定要去寻找他……"

　　这位少年叫亚里士多德。他以后的卓越成就使他和他的老师柏拉图、柏拉图的老师苏格拉底齐名,被称为古希腊三大思想家。亚里士多德对后来西方哲学和自然科学有极深远影响,因而被认为是"古代最伟大的思想家",是古希腊"最博学的人物"。

公元前384年,亚里士多德出生于希腊北方的小城斯达吉拉。当时希腊北方在马其顿的统治下。亚里士多德的父亲尼各马可斯是马其顿国王阿敏塔斯的宫廷医生,与国王有较深友情。母亲家族在优卑亚岛的卡尔基斯城广有财产。亚里士多德的家庭不光富有,而且还很有地位。亚里士多德幼年丧父,由他的叔父普罗克塞米抚养长大。

亚里士多德身材颀长,有一双聪慧睿智的眼睛。像当时希腊最流行的风尚一样,他非常注重体育锻炼。尽管由于肠胃消化不良,他的身体显得比较瘦削,但总的来说,还比较强壮。由于家庭环境的影响,他自幼受到良好的教育,并开始接触到医学、解剖学、生物学和文学。这对他后来从事科学研究在知识和方法上都打下了很好的基础。他对于任何事情都有一种穷根究底的探索精神,又非常注重实际的观察和研究,因此,培养成了一种头脑清楚,思维敏捷的思考习惯。

最近,他从朋友那里得到了一卷柏拉图对话录。这是从雅典柏拉图学园传出来的讲稿。他看得津津有味。柏拉图所演说的人生哲理,所讲述的关于苏格拉底的灵魂不朽的学说,都是他闻所未闻的。这对他来说,既新鲜,又深刻。他的心被鼓荡得不能自持,他的热血好像在沸腾。

于是,他来到叔父那里,激动地说:

"亲爱的叔叔啊!我想到雅典去。我想到柏拉图学园去学习。"

普罗克塞米看见侄儿那么兴奋的样子,笑着安慰说:

"学习是件好事情,我当然应该支持你。不过你现在才17岁,还小了一点,出远门独立生活的能力还不够,是不是过一二年以后再去。"

"叔叔,您老人家不知道,我读了柏拉图老师的作品以后,恨不得马上就能见到他,向他请教学问。我甚至愿意舍弃一切财产,将我整个灵魂和生命投入到柏拉图式的生活中去。希望您能理解我的这种强烈愿望,请您答应我吧!"

普罗克塞米看到亚里士多德这样坚决,也就同意了。他深深知道这位侄儿不同寻常的禀赋和智慧,他的思想如同长了翅膀的鸟儿正想翱翔飞舞,斯达吉拉小城已不能满足他的求知欲望,如果能到希腊的中心城邦雅典去学习,前途将是不可估量的。但是,他还是叮嘱自己的侄儿,不要忘记家乡和马其顿。

公元前367年,刚刚17岁,求知欲极强的亚里士多德告别姐姐、姐夫,离开故乡,负笈游学,到了当时的文化中心雅典,投入正处在鼎盛时期的阿加德米学园,师从柏拉图。当时的雅典,虽然在政治、经济方面已不是繁荣地区,但在文化上仍然是全希腊的中心。这是每一个期望受到最高文化熏陶,以期在政治上一鸣惊人的希腊青年所向往的地方。

亚里士多德到来之时,雅典有两所著名的学校,一所是由著名演说家伊苏格拉底所创办的修辞学校,另一所是柏拉图所创办的哲学学校。这两所学校相互竞争着,但它们的目标是相同的，都是为全希腊各个城邦培养从事社会政治活动、管理国家的人才。只不过两个学校的教育方法不一样。伊苏格拉底偏重实用，向学生讲授修辞方法，训练论辩技术；柏拉图则注重理论培养，他全部哲学的核心，孜孜以求的目标，就是想"使哲学家成为君主，或者使这个世界上的君主王公具有哲学的精神和力量。"但为了满足学生的需要，阿加德米也开设修辞、论辩之类的课程。不过柏拉图更重视的还是理论问题的探讨，培养人们自我反思的素质，发展学生的抽象思辩能力。

柏拉图（公元前427—前347年），是古希腊的大哲学家、大思想家苏格拉底（公元前469—前399年）的学生。美国出版的《世界名人大辞典》和英国1985年出版的《人民年鉴手册》都把柏拉图和亚里士多德列入世界十大思想家之中。柏拉图出身于贵族世系、经济富裕的家庭。富裕的生活没使他沦入纨绔子弟追逐声色犬马的恶行之中。在少年时，就表现出了聪颖的禀赋和多方面的才能。他风流倜傥，气度不凡，严肃深思，勤于探索，才学兼优。哲学问题、政治伦理、科学进展、战争风云，无一不是他深感兴趣的领域。因受苏格拉底的影响，后来成了哲学家。他的名言是"哲学家是那些喜欢洞见真理的人"，"哲学家在任何时候都热爱真理"。他本想从事政治活动，但看到雅典贵族政治堕落为寡头政治，民主政治也是江河日下，特别是他所敬重的老师苏格拉底被处死，这使他痛心疾首，感到政治生活里到处都充斥着不义、罪恶和丑行。于是他重新选择了自己的人生道路，放弃了仕途，走上学者之路，要用哲学理想来改造社会。

柏拉图一生做了两件大事：一是创立学园，开办教育；二是弘扬理性，推崇哲学。柏拉图有如中国的孔丘，二人有某些相似之处。孔丘是中国历史上首创私人办学的教育家，柏拉图是西方历史上首创学园教育的教育家；孔丘对中国传统文化的发展有极其深远的影响，柏拉图在西方传统文化的发展上占有崇高地位。

柏拉图于公元前387年创办了学园。他办的这所学园位于雅典城外西北方，取名为"阿加德米"（意为学园）。这所学园历经沧桑，久盛不衰，直到公元529年东罗马帝国皇帝查士丁尼下令关闭为止，前后持续长达916年之久。这所学园可以称得上是欧洲历史上第一所固定的学校，为晚期希腊和罗马时期的文化发展做出了杰出的贡献，抚育了不少在西方文化史上占有卓越地位的学者，甚至对近代欧洲形成和发展起来的学院和大学都有影响。当年，这所学园主要是讲授哲学，对数学也很重视，据说在讲堂的门前写着这样的话："未学几何学者不得入内"。学园没有教学大纲和课程表留下来，亚里士多德说，他的老师讲课从来没有准备好的讲稿，他从来没有写过一本教科书，也一再拒绝为他的哲学建立一个体系。他认为，整个世界太复杂了，难以压缩到一个预先想好的书本模式里面去。所以学生们在学园学习了哪些课程，后人无从知晓。如果把柏拉图在《国家篇》第7卷中提出的培养哲学生的教学规划看作是学园所实施的课程的话，可以推断，学生们要学习算术、平面几何、立体几何、天文学、声学等（按柏拉图的说法，数学由于其抽象性和普遍性，能把人的心灵拖离可感世界去思考永恒存在），此外还要学习社会、政治、伦理等方面的知识。当然,这些课程只是为学习辩证法奠定基础,是学习哲学的前奏曲。在柏拉图看来,最高深、最高尚、最根本的学科是哲学。

亚里士多德初入学园时,柏拉图正在西西里岛访问。据传,柏拉图返园后,见到这位文雅、英俊的青年,已有几分喜爱,攀谈后就更加喜欢了。亚里士多德衣冠楚楚,举止文雅,风度翩翩,长于口才,头脑清晰,思维敏捷,喜好争论,谈话时富于说服力,机智锋利,妙趣横生,来学园不久就显示出惊人的多方面的才能。大约在公元前360年,学园与伊苏格拉底学校进行了一场论战。伊苏格拉底学派批评柏拉图学园崇尚虚谈,徒托空言,无益于政治和法律这类实际事务。亚里士多德作为柏拉图学园的代表,在论战中崭露头角,有力地批驳了伊苏格拉底学校过分注重实用的观念,指出对方在理论上思想贫乏,强词夺理,以唇舌争一时之胜负,难登学术大雅之堂,从而为柏拉图学园争得了荣誉。他勤奋好学,学业精湛,才华横溢,超群拔萃,是一个思想深刻、抽象思维能力极强的人。他的头脑容纳了让人难以置信的知识,对政治学、伦理学、修辞学、逻辑学、历史、心理学、生物学、物理学、数学、医学、天文学、自然史、戏剧、诗歌等都有研究,且有成就。柏拉图很赏识亚里士多德的才学,誉为"学园之精英",并在他的住处题上"读书人之屋",后来提他为学园的教师,讲授修辞学。不过对他奔放不羁的思想也不放心,对其要用"缰绳"加以驯服。

柏拉图学园设在雅典近郊凯菲索区的阿卡德米体育场。这里的环境优美怡人,树木葱茏,溪流潺潺。阿卡德米原是一位希腊传奇英雄,后人为了纪念他,才将体育场、学园用他的名字命名。因此柏拉图学园又被称为阿卡德米学园。柏拉图是在40岁之后,有感于以往坎坷的生活,没有能够实现他的政治理想,故而仿照他的老师苏格拉底的做法,在雅典创办学园,广收门徒,试图通过教育,传播自己的学说。

柏拉图学园的学生大多是贵族子弟。主要课程是数学和哲学。教学方式是讲演、对话和考问等等。这个学园在柏拉图的主持之下,盛名远播,成为当时希腊文化的中心。

亚里士多德刚到雅典,一下子便感到这里的生活与北方完全不一样。这里气候温暖,土地肥沃。地中海的热风暖雨使这里的大麦、小麦、橄榄、柠檬、棕榈都能得到茂盛的成长。雅典地区好像没有冬天,一年四季都是夏天的景色。湛蓝透明的天空,明净纯真的空气,还有那终年柔和的阳光,浓绿覆盖的山峦,这一切总是那么清新怡人。亚里士多德常和同伴到海边去看日出日落,领略那幻而灿烂的光照,水晶似的浪花,宝蓝色的海水,这里的山山水水使他心醉神迷,仿佛置身在仙境。

美好的自然环境使希腊人感到这好像是神明特别的钟爱和恩赐。古希腊人所崇尚的自由的学术空气,使得他们在哲学、科学、文学、艺术等方面取得了辉煌的成果。所以诗人欧里庇得斯就说:"你们从古代起就是幸福的,极乐的神明把你们当作亲爱的孩子……你们从乡土得到的果实就是光辉灿烂的智慧;你们走在阳光底下永远感到心满意足……"

柏拉图学园的课目内容和教学方式，是使学生在听课之外有相当时间独立进行研究和思考，同时在师生之间、学生之间也经常展开广泛深入的探讨。希腊人本来就喜欢探幽索微，讲玄论道。他们把那种热心探索研究哲学的精神看作人和野兽的区别之一，希腊人与别的落后民族的区别之一。他们对于学问的研究就像一个喜欢打猎的人并不在乎猎获，喜欢旅行的人并不在乎明确的目的地一样。更何况雅典人还习惯于把公众的事情交给公众自由讨论，人们经常聚合在广场上听那些哲人学者的演说和舌战。这种普遍关心社会生活的管理就形成了希腊早期的民主政治。

亚里士多德在这样良好的自然环境和学术环境中学习、研究。亚里士多德禀赋很高，智力过人，思维敏捷，谈话机智雄辩，用词清晰明畅，虽然有点口吃，但平时讨论问题时，他总有一种很强的说服力。他的求知欲特别强，学习非常刻苦用功。在柏拉图学园期间，他就已开始独立研究各种学问，并且卓有成就。

亚里士多德常常和同伴们在练身场上，在廊庑下，在林间小道上，三三两两讨论问题，孜孜不倦。那些在智力和学识上远逊于亚里士多德的人中间，有的因为在讨论中输了理，有的因为嫉恨，就攻击他是个夜郎自大的家伙，傲慢而蛮横。但是更多的朋友赞赏他，理解他，因此他也拥有更多的友情，并对自己的研究充满信心。

亚里士多德因为家庭富裕，平常很讲究衣着打扮，注意仪表修饰，因此在生活上也很惹人注意。当时一般希腊人的穿着很简单，男人们平时光着头，赤着脚，穿一件单袖的短褂，或披上一件长袍。据说以前的苏格拉底也只有赴宴时才穿便鞋。而亚里士多德却是另一副模样，他蓄着一头卷曲的短发，这是当时最流行的新潮发型，戴着戒指首饰，穿着华丽的衣服，英俊聪慧，风度翩翩，一派贵族子弟的气派，在学园里招摇而过。虽说他是一个温文尔雅、和蔼可亲的人，但有人却把他看成是花花公子，惹得他的老师柏拉图也很不满意，批评他说：

"你呀！太注意衣饰打扮了，都超过你对智慧学识的爱好了。"

但是柏拉图又特别欣赏他的这位高足的不凡才华，因此又幽默地说：

"看来，我的学园是由两部分构成的：一部分是我的学生的身体，一部分是亚里士多德的头脑。"

亚里士多德在柏拉图学园的研究工作，渐渐博得老师和同学们的好感。齐诺克拉特斯和从小亚细亚的阿塔尼斯来的赫米亚斯都是他在这个学园里结识的至交，他们经常在一起切磋学问。这是一些聪明而又醉心于思辨探索的？

求知本性

我们说亚里士多德是古希腊哲学的集大成者，并不是说他建立了一个无所不包的科学体系,宣示了几条永恒不变的真理,而是因为他把希腊哲学爱智慧、尚思辨的精神,也就是追求知识、探索真理的精神充实了,具体化了,发扬光大达到高峰。亚里士多德的哲学尊重经验,跟随现象,最后归于理智和思维。他认为,求知是人的本性。正是他这一思想,使他成为世界上著名的大思想家。

不求仕途,专心学问的学者,其著作、学术成就就是他的历史,他追求的结果。亚里士多德的名言是:"求知是人的本性。"这反映了他的人生态度,也反映了他的人生历程。亚里士多德终其一生都受一个不可遏止的欲望——求知的欲望所支配。他的整个生涯和各种活动都表明他最为关注的是发现真理、增加人类的知识量,同时他认为求知不只是他个人的欲望,他真诚地认为爱好知识,寻求真理乃是人所共有的本性。在他看来,理智的活动即是生活,"获得智慧是愉快的;所有人都在哲学中感到自由自在,希望花时间研究它而将其他事情搁于一旁"。这就是说,在亚里士多德看来,哲学并不是在学园中所研究的抽象科学,而是对知识的追求。爱因斯坦说过:"如果把哲学理解为在最普遍和最广泛的形式中对知识的追求,那么,哲学就可以被认为是全部科学之母。"亚里士多德正是这样理解哲学的。他坚信,人类光辉灿烂的未来,只有通过持久不懈的学术研究,逐渐积累知识才能达到。他告诫人们说,按求知的欲望行事,实现自我乃是人生最崇高的目标,从事理智活动,进行思辨的生活才是真正幸福的生活。

亚里士多德说,人们都喜好感觉,因为它最能使我们识别事物并显示出区别。比感觉高一级的认识是记忆。感觉是一切动物都有的,记忆只是部分动物才有,这些动物更为聪明,更善于学习。由记忆获得经验,经验产生技术。技术高于经验,懂技术的人"之所以更有智慧并不是由于实际做事情,而是由于懂得道理,知道原因"。(《形而上学》)这个一级比一级高的认识阶段,还不是真正的智慧,还没真正体现出人的本性。智慧是关于原因的知识,是关于第一的、最普遍原因的知识。它不像技术是为了实用,而是为知识而知识,是理性。人之所以为人,就在于有理性,不受任何限制和束缚。这种思想发展到黑格尔那里就成了"绝对理性"。所谓绝对,就是无条件,不受限制。

什么样的知识才是智慧?亚里士多德指出:①通晓一切;②知道最困难的东西;③最明确地讲述原因;④为自身而求取,而不为结果而求取;⑤在诸科学中占据主导地位。这样的知识实际上就是哲学。追求这样的知识必须是在有了温饱,有了闲暇之后才能进行。由于对某些事物好奇而去探讨,开始是对身边不懂的东西感到好奇,继而是对重大的事情,如月亮的盈亏,太阳和星辰的变化以及事物的生成等表示惊异。一个感到困惑或好奇的人,会觉得自己知识不足,为摆脱这种困境就要进行哲学思考。显然,这是为了知识而去追求知识,而不是为了其他的效益。

为求知而求知,这是最纯正的古希腊精神。它与中国传统知识分子以做学问为手段,以做学问为当官的敲门砖是大不相同的为求知而求知,是显得单调,因而有人就此说哲学枯燥无味,谴责哲学无用,甚至把哲学作为贫穷的代名词,搞哲学求学问就意味着贫穷。亚里士多德反对这种观点，他在《政治学》一书中讲了一个故事，说明搞哲学同样可以富有。故事说，米利都学派创始人、古希腊哲学家泰勒斯通晓天象，有一年还在冬天的时候就预测到来年橄榄要大丰收，于是他将自己的钱租来了丘斯和米利都的全部橄榄榨油器。由于当时没有人和他争价，所以租金很低。到了第二年收获季节，橄榄真的大丰收，自然需要很多榨油器来榨油。泰勒斯就按自己定的高价转租榨油器，从而他获得丰厚的利润。这样他就向世界证明哲学家要富起来是极容易的，如果他们想富的话，然而这不是他们的兴趣所在。西方世界第一个哲学家就这样严肃地把哲学与钱分成互不相干的两件事。苏格拉底提出"德性就是知识"，把"知"与"德""无知"与"恶"相等同，认为人的头等大事就是"认识自己"，这样就会达到"我自知我无知"的境界，从而舍弃世俗，心无旁骛，专心求知。柏拉图推崇哲学，说哲学家是那些喜欢洞见真理的人，同样把知识看作比一切都重要。亚里士多德在先人思想的基础上提出"求知是人的本性"这一响亮口号。他把人生的意义归结为知识，把求知当作人性的表现，人格高低的象征，这深刻地影响了西方人的求知态度。无疑，这是古希腊哲学家对西方文化所做出的巨大贡献。

热爱真理

柏拉图是一位德高望重的大师。他学识渊博，在哲学、政治、经济、教育、伦理、美学等方面都有重要论述。他在 20 岁时拜年逾六旬的苏格拉底为师，专心致志学习哲学。师生之间感情深厚，出入形影不离，直到苏格拉底遇害，他们一起度过 8 年。他对老师非常敬仰，曾激动地说："我感谢上帝，使我生活在苏格拉底时代，使我做了苏格拉底的学生。"

柏拉图是苏格拉底学说的继承人，并加以进一步的丰富和发展，成为与老师齐名的古希腊哲学大师。他对青年人很厚爱，他曾说："青年人好像一匹献给神明的战马，人们要任凭他们在草场上随意游荡，让他们按照自己的本性去寻找智慧与真理。"

现在，柏拉图的最优秀的弟子亚里士多德对于老师的理论提出不同意见的事情发生得愈来愈多了。柏拉图学园里隐隐出现一种不安的气氛。有人好心劝说亚里士多德，不要再和老师过不去了，总是和老师这样辩论是不好的。也有风言风语，说亚里士多德学了柏拉图的学问，现在回过头来那么无情，故意非难老师，这不是做人的正道。

亚里士多德是一个把追求知识看成生命一样的人。他只是喜欢研究学术问题，对于老师，丝毫不存半点芥蒂，所以听了这些传言，觉得很无聊，但他还是很诚挚地对他的朋友们说：

"虽然柏拉图和真理都是我所尊重的，但神圣的职责使我更尊重真理。"

这句话传播开来以后，就是我们后来所熟悉的"我爱我师，我更爱真理"这句名言。

亚里士多德怀着这种坦荡的精神，继续孜孜不倦地在吸收老师学说的同时，不断地进行新的探索。

柏拉图最著名的作品就是流传千古的《理想国》。这是一部长达23万字的著作，用对话体的形式，借苏格拉底之口，阐述他的政治理想。

当时希腊有200多个城邦，一个城邦就是一个独立的国家，互相间经常征伐攻打，经济和政治的矛盾很深刻，社会动荡不安。柏拉图对此非常不满，希望建立一个没有贫穷，没有暴虐，没有战争的社会。他认为国家的兴衰主要靠人的品质，主张根据人的不同智慧、意志、欲望分别担任不同职务，组成国家。他反对当时希腊的寡头政体、平民政体和僭主政体，主张贤人政治，造就一个至善至美的正义城邦。依照这个中心思想，他对国家的政治、经济、文化、家庭都有许多具体的设想。

亚里士多德对老师这样一个精心设计的"理想国"也发起了"诘难"。

他像柏拉图一样，真诚希望建立一个完善合理的社会。他系统考察了国家的起源、希腊已有的各种政体。他认为，人类的历史最初是由两性结合成为家庭，再由家庭组成村社，最后发展成为城邦国家。人天生是政治动物，人不能离开社会单独生活，城邦比个人更重要。他主张最好由中等阶级掌握政权。人的因素固然应当重视，必须由贤明的统治者来治理国家，但还要制订法律加以限制。因为法律是按照理性来规定的，是以知识为基础的。

亚里士多德对于理想国家的设想基本上是小国寡民的思想，反对城邦的联合，只求每个城邦自身合理的治理。

他把自己这些看法在柏拉图学园演讲。"人天生是政治动物"的名言更是传播久远，引起后来学者的重视。他公开批评柏拉图的政治理想不切实际。因为把一个城邦搞成完全公有的划一的社会是不可能的，搞财产公共和共妻共子的制度必将引起纠纷和争斗，出现各种罪恶，城邦就会不得安宁。

柏拉图听到弟子们的报告，感慨极了。他一向主张让青年像战马一样去自由驰骋。这次，他却说：

"如果齐诺克拉特斯需要马鞭的话，那么亚里士多德需要的却是缰绳。"

显然，柏拉图认为亚里士多德走得太远了。

公元前348年的一天，柏拉图高兴地接受一位弟子的邀请，去赴婚宴。柏拉图已是80岁高龄的老人了。柏拉图年轻时很注意体育锻炼，还曾参加过科林斯地区运动会的摔跤比赛，得到优异成绩。现在年纪虽大，但平时身体还很健康。许多弟子看见老师到来，都很兴奋。于是在向新郎新娘祝酒以后，又纷纷来向老师祝酒。

"'学园的智慧'，你过来！"柏拉图是一位充满幽默机智的学者，平日戏称亚里士多德是"柏拉图学园的智慧"。这时，他看见亚里士多德端着酒杯站在旁边，想到一件事，就说道："我最近正在写一部新的作品《法律篇》。我已考虑了你的一些意见,放弃了以前《理想国》中的财产公有、妻子公有等观点。马驹踢母马,总是因为吃饱了奶水之故吧!"老师的宽容、谦虚和真诚,使全场的人都非常感动。亚里士多德更是激动,心想,"多么高贵的人啊!在他身上,善良和德性体现得多么完美啊!"

也许因为过于兴奋,多喝了几杯酒,年老的人经受不住,在大家的嬉笑声中,柏拉图发出一声窒息的呼喊就倒下了。一代宗师就此与世长辞。

柏拉图去世后,亚里士多德写了一篇动人的挽歌,称颂"柏拉图的一生与他的思想成就证明他是世上绝无仅有的完人"。他是真心爱戴自己老师的。

可能由于财产继承的原因,柏拉图学园由柏拉图的侄子斯皮优西帕斯继任第二任主持人,斯皮优西帕斯的学术观点与柏拉图、亚里士多德都不相同,他按照自己的设想,要把学园改造成数理流派的场所,亚里士多德很不同意这样的做法。

就在柏拉图去世的那一年,传来了马其顿王腓力南下占领了奥林图斯的消息。腓力将当地居民变为奴隶,将人和财产或卖或赏赐给自己的部下。这对希腊各城邦是很大威胁。雅典与马其顿的矛盾由来已久,这时雅典城内反马其顿与亲马其顿两派势力的对立十分尖锐。由于腓力大军压境,作为希腊的中心城邦雅典,城中反马其顿的空气更为紧张。

亚里士多德面临自己前途的选择。

有些亲近亚里士多德的同事和学生对斯皮优西帕斯继任学园主持人很不满意。从学术成就来说,无疑应该由柏拉图的高足亚里士多德来担任。因此也有人劝亚里士多德不要退让,要争取。

另外也有些谣传,说亚里士多德出身北方,家族与马其顿国王关系较深。现在马其顿成了希腊诸邦的敌人,亚里士多德的态度很可疑。

亚里士多德对于这些议论和传说都不以为然。他很平静地对朋友们说:

"什么事情都要有一个适当的度,过犹不及,都不可取。在情绪方面的道德是勇敢,它的不及是怯懦,过就是鲁莽;在欲望方面的道德是节制,它的不及是寡欲,过就是纵欲;和荣誉有关的道德是高贵,它的不及是自卑,过就是虚夸;和社交有关的道德是友谊,它的不及是乖僻,过就是吹捧。一个人的幸福可以有诸种因素,但最重要的还是灵魂的活动,理性的沉思,以达到一种悠闲自适、持久不倦的境界。现在,担任不但任柏拉图学园的主持人对我并不重要。我不同意斯皮优西帕斯的观点和做法。我可以另去别处研究创造。马其顿侵入希腊与我无关,但是如果很多人暂时不理解我,我也可以离开雅典。只要我坚持对于知识的追求和理性的沉思,我总是快乐和幸福的。"

亚里士多德又说:"一只燕子并不代表整个春天的到来。一天或一段时间的行善,也上不了天堂,得不到幸福。"

亚里士多德的朋友们听到他这番胸襟开阔的话,都很钦佩。这时有一位同学对亚里士多德说：

　　"当年学园同学赫米亚斯回到故乡小亚细亚后，听说现在已是阿塔尼斯的国王了。既然你现在有离开柏拉图学园和雅典的意思，何不去投奔他。"

　　亚里士多德考虑以后，觉得在雅典住了20年。现在出去开拓一下视野也好，既能接触更多的社会实际，又可摆脱眼前的困境。于是就派人先去联系。赫米亚斯听到这个消息，非常高兴，马上派特使专程邀请亚里士多德去阿塔尼斯。

　　亚里士多德要去阿塔尼斯的消息传开后，许多同学和朋友要求同去。亚里士多德只选择了少数同伴，其中有他的同学齐诺克拉特斯等。

亚里士多德雕塑

　　在柏拉图去世后的第二年，公元前347年，亚里士多德和同伴们从雅典启程，东渡爱琴海。像透明的蓝宝石一样的海水，在船尾飞舞追随的海鸟，纯净浓密的海雾，使长期住在雅典城里的学者，不由豁然开朗，感到生机勃勃，充满希望。希腊的航海事业那时已相当发达。从雅典到小亚细亚这条航线经常有船只往返。沿线的岛屿犹如露出浅水之上的一块块形状怪异的宝石。天气晴朗的时候，几乎随时可以看得到海岸。

　　在爱琴海漂泊了数天之后，到了阿塔尼斯，赫米亚斯用很高礼遇来接待亚里士多德一行。赫米亚斯对亚里士多德尊重而恭敬，因为当年在学园时就是好朋友，赫米亚斯还听过亚里士多德讲课。赫米亚斯本人既是马其顿的朋友，又是哲学爱好者，对亚里士多德的学问和为人从来就是非常敬仰和钦佩的，阿塔尼斯又与亚里士多德的家族有渊源关系。由于这许多原因，赫米亚斯对于亚里士多德的到来显得特别高兴。

　　过了几天，赫米亚斯与亚里士多德商量后，就安排他们一行人在阿苏斯城定居。阿苏斯在阿德拉米蒂海湾的北海岸，当时属于希腊的特洛亚特，现属土耳其，是一个环境优美的海港城市。亚里士多德在这里重新办起一所学园，招收了一批门徒，讲授自己的学说。他和同伴们一起研究学问，也经常在庭院里自由讨论，一切生活需要都由赫米亚斯负责派人供给。

　　有一天，赫米亚斯专门宴请亚里士多德。他要把自己的侄女琵蒂亚斯嫁给亚里士多德。琵蒂亚斯是一位年方20的女孩子，颇有小亚细亚人的风情美貌。亚里士多德高兴地答应了。这位学究先生今年37岁了。他对此还有一番讲究。他从生物学原理出发，研究了男女生殖能力和种族繁衍的关系，认为男子最佳结婚年龄就是37岁，然后娶一个

20 来岁的少女作妻室是最理想的婚配,既有益于男女健康,又能使后代更为强健。

赫米亚斯听了哈哈大笑,说:"你真是一个书呆子,什么事情到了你的手里,都有一套理论。"

亚里士多德结婚以后,夫妇相敬如宾,感情很深。他们常常到阿苏斯城那条长长的防波堤上去散步,爬到山顶上的智慧女神雅典娜神庙去游览,在凝重典雅的廊柱之间,发思古之幽情。亚里士多德长期过着紧张而寂寞的书斋生活,现在远离正在动乱喧闹的雅典城邦,在这个几乎与世隔绝的小城,有了一个温暖的家和温柔体贴的妻子,日子过得平静和美,精神上感到从未有过的放松和宁静。

亚里士多德有一个基本思想,认为人天生有所不同。主人和奴隶的关系,就像灵魂与躯体一样,应该是灵魂统治肉体,理性统治情欲。有的人赋有理智和远见卓识的才能,生来就是主人;有的人有一副强壮的体魄,可以从事体力劳动,天生就是奴隶。但是,他又说:"奴隶和自由人在本性上是没有区别的,所以,以暴力为基础的主奴关系是不公道的。"

他对琵蒂亚斯说:"我详细考察了男女的区别,男子天生比女子强壮,而女子天生柔弱,所以,男人领导,女人被领导。这个道理也同样必然地适用于整个人类。"

琵蒂亚斯说:"亲爱的丈夫,你就是我的主人。我将终生侍奉你,为你生儿育女,做你的好妻子。"

亚里士多德这种主张今天看来当然是过时了。但是,这个平时耽于沉思的学者对妻子却充满热情和挚爱。后来琵蒂亚斯生了一个女孩,取母名也叫琵蒂亚斯。亚里士多德在那里开始大规模地考察海洋生物,并进行更为详细的分类和研究工作。

光辉学说

亚里士多德是百科全书式的学者,他的天才表现在相当广博的领域中,但使他素负盛名的还是由于他在哲学上的突出贡献。亚里士多德认为哲学高于其他各门具体科学,哲学是"爱好智慧"的意思,所以是智慧之学。在他之前,没有人明确提出哲学要研究什么,是他最早提出了一些哲学应研究的问题。

亚里士多德第一次明确规定了哲学的对象。在《形而上学》第 4 卷中,他说有一门科学专门研究"作为存在的存在"。"作为存在的存在"即是指一般的普遍的存在,是存在自身,而一切存在的中心点就是"本体"。在《形而上学》第 6 卷中他还指出哲学的对象是"不动的、可以分离的奉体",这就是通常所谓的"神学"。这样,亚里士多德就认为哲学研究有两个分支:一是以研究独立的、不动的存在为对象,即神学;二是以"作为存在的存在"为对象。这两个分支是可以等同的,因为神学是首要的、普遍的。总之,亚里士多德的意思是说哲学所研究的乃是其他科学当作出发点的终极本体,是集一切经验科学知识的全体。从巴门尼德的"存在"到亚里士多德的"作为存在的存在",哲学终于确立了自己的专门领域。亚里士多德功不可没。

作为一门独立的学科,哲学必须先搞清楚自己的基本问题。在亚里士多德看来,讨论本体的人如果不知道这些问题就无法进步。它们像一个个死结,只有理解了它们的性质,才能解开这些死结,促进认识。这些问题是哲学必须探讨的。在《形而上学》中,他提出了哲学应探讨和解决的 13 个问题(有人分成 14 个问题)。

亚里士多德在哲学史上占据重要位置,与提出哲学的必须回答的这些问题有直接关系。这些问题中,有许多一直是西方哲学所争论的话题。

亚里士多德有着丰富的朴素辩证法思想,恩格斯对此给予了充分的肯定:"古希腊的哲学家都是天生的自发的辩证论者,他们中最博学的人物亚里士多德就已经研究了辩证思维的最主要的形式。"亚里士多德是"古代世界的黑格尔","辩证法直到现在还只被亚里士多德和黑格尔这两个思想家比较精密地研究过。"亚里士多德在《物理学》中讨论了事物运动变化的形式、空间和时间、有限和无限等辩证法的问题,在《形而上学》中讨论了矛盾对立等问题,在其他著作中也讲到了不少辩证法思想。列宁在《哲学笔记》中举了亚里士多德的有关辩证法观点。

亚里士多德对运动、有限无限、时间空间等问题都做了辩证的分析,他的思辨达到了古希腊哲学的高峰。

但当他探索运动的永恒性时,又抛弃了辩证法。这就是我们在前面提到的,运动的最终原因是第一推动者——不动的动者。之所以陷入反辩证法泥潭,是因为他不懂运动的根源在事物的本身,而总是到事物之外去找原因。

亚里士多德的哲学学说,就当时的科学和社会发展情况来说,其成就已达到很高的水平,其中许多理论、观点就是在今天看来仍有其一定的科学价值和认识论价值。他所以能够达到如此高的成就,客观原因指当时的理论思想基础和自然科学条件。

亚里士多德的哲学学说,继承了他以前哲学家的研究成果。他说,我们受益于前人,不但要感谢那些与我们观点相同的人,就是对那些较浅薄的思想家,也不要忘记他们的好处,因为他们的片言只语正是人们思考问题的先导,这对于后人仍是一个贡献。

哲学并非与人类俱来,而是文明时代的产物,这表明哲学的产生和发展需要一定的基础和条件。就人类思维的发展而言,哲学的产生是以人类具备一定的抽象思维能力,能对世界形成整体的概念的认识为基础的。哲学的发展除了这个条件之外,继承前人的思想是必不可少的。希腊哲学以面对外部世界,注重探索事物的本质,以求真为目的而著称古今。由于特定的自然环境以及由此形成的海洋文明的影响,使得希腊哲学逐渐形成了注重人与自然的区分,崇拜外部世界,推崇力量,重视技术,进而导致对解释力量秘密的知识的崇拜。追求知识、重视智慧,探索事物的原因和内在本质是古希腊哲学家的传统,亚里士多德在这方面表现更突出,"我爱老师,更爱真理"是这一思想的典型表现。这种探索追求精神使古希腊哲学充满了怀疑、批判和超越精神,哲学家们都是根据自己的研究得出自己的结论。他们不囿于传统,不慑于权威,而是推陈出新,独抒己见。集古希腊哲学之大成者的亚里士多德,在前人的基础上形成了自己的哲学体系,在批判与超越精神的指导下,继承和发展了前人的成果,使古希腊哲学达到前所未有的高度。

当时自然科学的发展对亚里士多德哲学体系的形成也起了很大作用。公元前5世纪,希腊城邦奴隶制发展到一个繁荣时期。随着经济的繁荣,自然科学,如数学、天文学、医学、生物学、地理学等也得到迅速发展。天文学计算出一年为365日8时57分,并编制了希腊的历法;哲学家德漠克利特创立了原子论,用原子的不同结合说明物质的构造;数学家欧多克斯研究过比例论,创立了不可通约数关系式的理论;医学家希波革拉底研究了病理学、外科医术;恩培多克勒认为血液流向心脏,并由心脏流出,人们的健康有赖于人体中四种元素(土、水、气、火)的正确平衡,初步提出有机物起源的学说。亚里士多德对一切领域都有兴趣,都有涉猎,并进行了独到的研究。对生物、天文、动物等收集了大量资料,取得了许多重要成果。自然科学的研究使亚里士多德哲学在更高的基础上发展。

亚里士多德是西方哲学史上第一个提出哲学"范畴"这个词并对它进行研究的哲学家。当然,由于当时的历史条件的限制,他不可能十分明确范畴的意义,不可能像今天这样给范畴下定义,更不会有列宁那样的深刻解释,而且他对范畴的意义的了解还有含糊和不正确的地方,更有不确切之处。但总的看,贡献是大的,在哲学史上的意义和作用是一般人所不能比的。从他对具体范畴的论述中,我们可以看到:第一,他是从范畴和客观事物的关系上来揭示范畴的实质和意义的;第二,尽管他对范畴的了解是建立在本体论的基础上,但不少地方也涉及以认识论的思想来把握。所以他把范畴看作是对客观事物的不同方面的规定和反映,他从对范畴的这种理解出发,对范畴作了首次的分类,并研究了不少的具体范畴。尽管这种研究还说不上很完美,但在两千多年前已达到在今天看来仍有相当科学价值的研究水平,是不易的,其成果是令人敬佩的。因此可以说,亚里士多德对范畴的意义以及对许多具体范畴的内容带有独创性的探讨和所取得的成果,的确是人类认识的历史长河中,大放光彩的真理颗粒。

亚里士多德把"实体"范畴看成是对客观独立存在着的具体事物的一种规定,并且作为理解其他范畴的根据。就是说,他认为实体是中心,其他范畴都附属于实体,是实体的数量、性质,"因为除了实体之外,没有一个别的范畴能独立存在,所有别的范畴都被认为只是实体的宾词"。(《物理学》)实体是一切范畴的基础,这是贯穿在亚里士多德整个范畴论中的一条主线。

亚里士多德的范畴学说具有较高的理论价值和学术价值,至少体现在以下几个方面。首先,体现了逻辑学、本体论和认识论相一致的思想萌芽。他把范畴看作是事物存在形式的逻辑规定,并试图以一个范畴系统对客观事物的多方面做全面的逻辑规定,这也就是他一再强调的范畴的种类和存在的种类一样多的意思。他不仅从逻辑学的角度揭示范畴的含义,而且从范畴和客观存在的关系上来了解和把握范畴的内容和实质。同时,还试图把范畴的排列和顺序同人们对事物认识的程序一致起来,把"实体"列在十范畴的首位,并明确指出实体不论在时间上还是在认识程序上都是第一的。这是符合人们认识规律的。

其次,体现了变化和运动的思想。亚里士多德是古希腊详尽地论证了运动这个范畴的哲学家,他不仅批判了以芝诺为代表的否认运动的错误观点,而且还论述了运动和事物的联系。就具体事物来说,其运动是有限的,有生有灭;就整个运动来说,是无限的,无生无灭。因此,每个范畴以及每对范畴之间,就从运动着的存在中获得了自己的内容和联系。他把运动、变化看成是联系质料和形式、潜能和现实的中间环节,指出从质料到形式,从潜能到现实是一种变化过程,这个过程就是运动。

第三,体现了联系和相对性思想。亚里士多德严格区分了范畴之间的界限,同时也强调了各种范畴之间的联系。他在《关系》这一范畴中,十分明确地表达了关于范畴联系和相对性的思想。

亚里士多德一生写过许多逻辑著作,主要的是《工具论》,包括《范畴篇》《解释篇》《前分析篇》《后分析篇》《论题篇》《辨谬篇》。在《形而上学》《物理学》《修辞学》《论灵魂》等著作中也有一些关于逻辑的论述,据说还有一些失传。

逻辑是关于思维形式及其规律的科学,研究概念、判断和推理及其相互联系的规律、规则,以帮助人们正确地思维和认识客观真理。远在公元前 7 世纪,古代中国、印度、希腊的思想家就研究了有关的逻辑问题。亚里士多德的逻辑研究更具系统,学术界公认为他是逻辑学的创始人。

亚里士多德创立了形式逻辑,但他自己并没有用过"逻辑"这一术语。他关于逻辑这门科学所用的术语是"分析的"或"由前提继随的"。他的"分析"一词,最初是指把推理分析为三段论的格,把三段论分析为命题,把命题分析为词项。这种分析就是现在讲的逻辑。

亚里士多德的逻辑学是以苏格拉底和柏拉图在这方面的成果为基础的。传统形式逻辑的基本内容,他都确定下来,后来增添的东西不多。黑格尔很推崇亚里士多德的逻辑学:"他是被人称为逻辑学之父的;从亚里士多德以来,逻辑学未曾有过任何进展。亚里士多德所给予我们的这些形式,一部分是关于概念的,一部分是关于判断的,一部分是关于推理的——它是一种至今还被维持着的学说,并且以后也并没有获得什么科学的发挥。""这个逻辑学乃是一部给予它的创立人的深刻思想和抽象能力以最高荣誉的作品。"

他是西方科学史上第一个对运动进行分类的科学家。他的分类法就是上面谈到的实体、性质、数量、地点的运动变化。这种分类不是凭空想象,也不是随意拼凑而成,他认为"有"有多少种,运动变化就有多少种。他的这种分类,并没有把事物运动变化只归结为机械的位置移动,而是看作多种多样的运动形态,同时把运动看作是个过程,这都体现了辩证法思想。他的分类也不是一种猜测,而是在一定程度上反映了他的研究水平和结果。应该说,就当时的科学发展水平来说,对运动做这样的分类,已达到相当完备的程度,也可以说是古希腊运动观的高峰。这样说,并不表示我们充分肯定他的分类法,也不表明他的分类就是完全科学的,而是说要以历史的观点看问题,要站在科学史的角度分析问题,给历史上的科学成就以应有的位置。

亚里士多德在运动观上探讨了时间和空间问题。他把空间方面的运动(位移)看作是最基本的运动。空间是物质存在的一种客观形式,由长度、宽度、高度表现出来,实际上是包围着物体的内部界限。一切物体都有空间。由于具体的物体都有边界,所以宇宙在空间上是有限的。时间也是物质存在的一种客观形式,由过去、现在、未来构成的连绵不断的系统,是物质运动变化连续性的表现。时间是计量运动的尺度,不能脱离运动和变化,离开具体事物,也就说不上什么是时间,通过运动体现时间。时间是永远存在的,现在是过去时间的终点,又是将来时间的起点,从任何一个事件出发,无论向前追溯多少年,总还有别的事件发生过,总不会遇到时间的"起点";无论往后延续多少年,总还有别的事件将要发生,总不会遇到时间的"终点"。亚里士多德在《形而上学》中这样论证时间的无限性:如果你说时间是生成的,就应该承认时间生成之前没有时间,可实际上并非如此,"在此之前"已经有时间了,所以时间不是"生成"的,不然就不能有"在此之前"和"在此之后"了。亚里士多德从时间的无限性上探讨了运动的无限性。

亚里士多德在天文学、气象学、化学、物理学、生物学、心理学等领域都做过深入的探讨,进行了大量的观察并收集到许多资料。相比起来,在生物学方面成就更突出。他的声望除了是建立在哲学研究上之外,还建立在动物学和生物学研究上。策勒尔说,亚里士多德用了相当的精力"对有机界的研究,虽然为了这一目的,他无疑利用过许多自然科学家和医学家的研究成果,比方说德谟克利特的那些研究成果,但从各种迹象看来,他自己的成就大大超过了他的前辈,以致我们可以毫不犹豫地说,在希腊人中,他不仅仅是比较动物学和系统动物学的杰出代表,甚至还是主要奠基者。"他的生物学理论后来由林耐的植物分类说和达尔文的进化论所发展,直到他死后二千多年其学说才被取代。

虽然他的生物学仍有一定的价值,也许是由于内容简单、陈旧,只有生物史才去研究,而作为一个课题来研究的在中国不是很多,一些文章只是点到即止,未做进一步的分析。国外有些学者在他们的著作中做了一些论述,如德国学者 E.策勒尔,英国学者乔纳逊·伯内斯都是这样做的。

自然界的无穷奥秘使他心醉神迷,由此渐渐悟到一个道理。他把世上各种各样生物,依据复杂程度排成一个长串,就可以观察到,随着动物身体构造的复杂,运动方式的增多,生物的智慧也相应增进。同时,分工渐趋专门,神经系统出现了,大脑显著了,生物的心灵渐渐能控制环境了。这种从最低级的有机体进步到最高级的有机体,亚里士多德不只做了描述和探讨,还用科学方法作了分类。他把生物分成植物、动物和人,把动物分成有血和无血的两种,继而又细分为属和种。他认为,胎生是最完美的动物,人又是其中最完美的。因为人是具有理性的,这是人不同于其他动物的地方。

有些人讥笑亚里士多德把精力放在观察研究这些大大小小的生物身上,不做思想哲学研究,甚为可惜。因为当时人们把后者看得最为神圣。

亚里士多德回答说:"我讲一个小故事给你们听。有一些陌生人玄拜访希克利特斯,看到他正靠着厨房的火炉取暖,他们停住了。希克利特斯说:'不要怕,请进,这里也有神明。'我们对每一种动物的研究也应持同一态度,没有必要感到羞愧。因为在每一样东西背后,都有其天性及美。很明显,自然界中的一切没有一样是偶然发生的,都是有目的的,为了某种目的造成美的事物。"

亚里士多德的"天生万物必有用"这句话后来又成为传世名言。但他对生物的有些考察和经验可能带着一些主观的臆测,甚至是荒诞不经的,因而经常被人引为趣谈。有一次,他对人们讲述他对欧洲野牛的观察,他说,人们为了吃肉去猎杀野牛,"野牛的自卫是以踢脚或将排泄物排泄至大约8米远的范围来防卫自己。而这些排泄物是如此炙烫,以至能将猎犬的毛都烫掉。"

他的话引起人们的哄笑,亚里士多德自己却仍是那么认真和自信。

亚里士多德在自然科学研究上的成就,在当时是无人能与之相比的。他观察、收集有关天文学、气象学、化学、物理学、心理学的种种资料,成为这些学科的创始人和奠基者。他的最重要成就还是在动物学与生物学方面,影响所及,直到二千年后才为新的理论取代。这些伟大的研究成果的一部分是在阿苏斯和累斯博斯岛居住期间进行的。

亚里士多德在马其顿朝廷担任亚历山大的教师大约3年时间。公元前340年,亚历山大16岁,腓力宣布当他本人不在朝廷时由亚历山大摄政,主持处理国家事务。亚里士多德就在这时离开培拉,重返故乡斯达吉拉。他的妻子琵蒂亚斯病逝,他续娶海尔比里亚为妻。

亚里士多德在政治学上的主要贡献是分析研究了当时希腊各个城邦的各种政治制度,指出其利弊,做出了评价。

据说亚里士多德曾搜集了希腊158个城邦的政治法律制度及其历史沿革,并进行了详细的分析。可惜这些资料都遗失了。苍天不负有心人,1880年(也有说1890、1891年的)英国贝尔父子在埃及一农业庄园中发现了一堆故纸,内有一叠旧账本,每页背面都写有希腊文。经考证,系亚里士多德的158种中重要的一种——《雅典政制》69章的全文抄本。这部手稿详细记载了雅典政治演变的历史,从早期的军事执政官开始直到亚里士多德晚年时期止,包括从公元前7世纪开始的雅典政治制度史和对公元前4世纪雅典政治制度的记述,还阐述了当时雅典的法律和选举制度。这是我们了解当时雅典政治历史的

创造性贡献

亚里士多德在雅典主持吕克昂学园 12 年,也是他在学术上最有成就的时期。他的大部分重要研究和著作都是在这里完成的。

吕克昂学园有充分的经费,也有丰富的学术资料来源。亚里士多德过去就有大量的资料积累,现在又得到亚历山大大帝的支持。亚历山大东征期间,从更广泛的地区有意识组织大批人力搜集政治、历史、生物、地理等资料,源源不断地送到雅典吕克昂学园,这对亚里士多德和吕克昂学园所有师生的研究工作具有十分重要的作用。

亚里士多德在吕克昂学园创建了一个相当规模的动物园。这在人类文化史上还是第一个。

他爱好收集、积累书籍资料,在柏拉图学园学习研究时,就已开始从事这方面的工作。他的寓所里总是堆满了各种书籍,他自己则被后人看成历史上第一位图书收藏家。现在,他为学园创建了一所藏书很丰富的图书馆。亚历山大死后,他的部将托勒密在埃及称王,也建立了一所很大的图书馆——亚历山大图书馆,就是依照亚里士多德的模式建立的。

他还为吕克昂学园建立了一个博物馆。

这些文化设施的创建都是亚里士多德对人类文化所做的创造性贡献。

亚里士多德在吕克昂学园就像在科学知识的海洋中游泳,是那样从容自由。他的许多研究成果都是带有创始性的。

世界上第一个将哲学当作一门独立的学科,和其他科学区别开来,并且给予很高地位的,是亚里士多德。

政治学的创始人,也是亚里士多德。他对国家起源的阐释,"人天生是政治动物"这样的经典性定义,对于后世都具有极大的影响。在广泛考察了希腊各城邦的政治法律制度及其历史沿革之后,亚里士多德提出了自己的政治理论:主张小国寡民,由贤能的君主来统治,同时又要制定相应的法律,以保证权力不至于过分集中。

动物学在当时是一门崭新的学科。亚里士多德的动物学研究为他的生物学研究奠定了基础,直到他死了二千年之后,才为新的学说取代。

逻辑学中著名的"亚里士多德三段论",被人们推崇为"形式逻辑的核心"。十八世纪德国哲学家康德称亚里士多德逻辑"是一门完整的科学"。

第一个用科学的观点和方法来阐释美学概念、研究文艺问题的人,是亚里士多德。他在《诗学》中提出文艺的"模仿说"(认为艺术是模仿或表现人类的生命活动或现实世界的),有关悲剧的经典性解释以及古典戏剧中的"三一律"(事件、地点、时间的统一性)等等,对后来的文艺理论和创作都有极为深刻的影响。

他在天体物理学、心理学、生理学、伦理学、修辞学等方面都有创造性的发现和贡献。

亚里士多德是一位科学的巨人。他是在运动不息的世界中不断有所发现和创造的一代宗师。他的知识成果是一个庞大的丰富的科学体系。不但整个古代文明在他的俯视之下,而且对于未来文明的发展也有着巨大推动作用。当时的希腊人已经开始认识到亚里士多德的杰出贡献。

公元前 330 年,亚里士多德应邀为希腊戴尔菲城撰写名人录。该城每隔四年都要在阿波罗神庙前举行一次运动会,优胜者的事迹将被记载下来。该城为感谢亚里士多德等的工作还特地立碑于神庙内。碑刻称:"他们在此碑中记载着那些菲底安比赛的胜利者以及开创这些竞赛的人们。因此,让亚里士多德及卡利斯山尼斯享受赞美并接受冠冕吧!"

但是,当人们对亚里士多德谈到他的贡献时,亚里士多德总是说:

"我们身为个体生命,所知有限,但我们每一个人多少都会谈及自然的一些性质,而且从各种可以接触到的成果中,多少可以得到一些知识上的长进。但是,我们不但要对前人的贡献存着感激之情,即使那些观念错误或肤浅的人,我们也要予以感谢。因为他们同样有其贡献,因为他们为我们提供了许多经验与事实。"

他还以当时的诗人提摩苏斯的作品为例,说:

"没有他,我们可能缺少了许多美丽的抒情诗。但是,如果没有以前的菲瑞尼斯,那么提摩苏斯也可能写不出如此美丽的情诗。这道理对我们研究学问的人也是一样的,我们从前辈那里获得一些好的意见,我们的前辈又从前人那里发现一些真理。开始的研究可能只提供了一些很少的进展,但往往是最根本最重要的,而这正是最容易为人们所忽视的地方。这就是最初研究尤其困难的原因。"

亚里士多德关于科学研究自身的特点讲的是这样的精辟,大家十分敬服。

后世影响

公元前 323 年,亚历山大大帝在巴比伦去世,死时只有 33 岁。他的部将为了争夺继承权,互相混战,威赫一时的马其顿帝国对于希腊世界的统治面临崩溃。

当亚历山大死讯传到雅典时,全城几乎像爆炸了似的。街上都是议论纷纷的人群,人们欢欣庆祝。反马其顿势力的首领德谟斯梯尼是一位雄辩家,同时也是一位坚定的反马其顿者,他到处发表煽动性的演说,把人们的热情更加鼓动起来。自由成性、曾经做过希腊各城邦的霸主的雅典人,一直对于马其顿的统治怀着反抗情绪,现在正是最好的时机，他们决心准备战争，最终摆脱马其顿的统治。

雅典城里反马其顿的紧张气氛很快传到吕克昂学园，弟子们都非常着急，匆匆来向亚里士多德报告：

"街上已有人指控老师是亲马其顿党，是亚历山大的老师，要把你当作马其顿势力来治罪。现在街上很混乱，人们情绪很激动，没有可能向他们去做解释。老师，你还是避一避吧！"

接着，又有另一个弟子慌慌张张来报讯：

"祭司长欧里米顿已经正式控告老师了，罪名是说老师不敬神。看来，他们没有抓到老师与马其顿朝廷有联系的证据，只好罗织这么一个罪名来迫害老师了。老师，你看怎么办呢？"

亚里士多德在廊后上来回踱步沉思。不错，他与马其顿的关系是很深的，但是他从来没有在马其顿朝廷做官。亚历山大上台后在政治、军事上的所作所为，从根本上说，他是反对的。他没有做过对不起雅典的事情。他在雅典人们喜欢他崇尚自由和学术的那种富有朝气的性格。他是清白的，对雅典人是问心无愧的。他想起几年前，雅典人还为他树碑立传，记录他对雅典的友情和功绩。碑文说他"对雅典贡献良多，全心为雅典人服务，尤其为了雅典人的利益，而在腓力国王面前加以斡旋、解释"。

当他把这些想法与弟子们交谈时，他的最得力的助手泰奥弗拉斯托斯说：

"老师，你说的都是事实，我们也都这样认为，但现在不是说理的时候。在那些情绪狂乱的人们面前根本没有可能对话、解释。当年苏格拉底老师的死不也是这样的吗？人们随意诬告不正是上次事件的重演吗？"

泰奥弗拉斯托斯的话提醒了亚里士多德。他知道，指控"不敬神"比说与马其顿的关系更容易煽动群众。对于老百姓来说，嘲笑神或亵渎神的人更为可怕，更不能容忍。这种莫须有的罪名加诸科学家的头上又最方便。当年苏格拉底就是以"不敬神"的罪名而被下狱毒死的。

"雅典人啊！崇尚自由和学术的雅典人啊！我不愿看到你们对哲学再犯第二次罪过。"亚里士多德深深地叹息着。他经过慎重考虑，决心离开雅典，离开这个他创建、主持了10多年的吕克昂学园。这对他来说，无疑是一件痛苦的事情，因为这个科学园地不只灌注了他的全部心血，而且也是寄托着他的感情和生命的地方。

亚里士多德将学园托付给泰奥弗拉斯托斯，请他继续主持吕克昂学园。他自己带了家属和少数几个同伴离开雅典，来到优卑亚岛的卡尔基斯城。

优卑亚岛是爱琴海的第二大岛，卡尔基斯城与希腊半岛隔水相望。海岛风景优美，环境幽静。亚里士多德母亲的家族在此颇有财产。但这一切对他来说已毫无意义。公元前323年春天，亚里士多德一行来到这里居住。他深深知道自己离开雅典，失去和吕克昂学园的联系，实际上已成为世隔绝的孤独老人，住在这里等于过着被放逐的生活。

63 岁的亚里士多德常常到海边漫步,朝着西南方向远眺雅典,以排遣内心的寂寞和忧伤。在优卑亚岛还不到一年时间,这位古希腊最伟大的学者就悄悄地与世长辞了。

亚里士多德的学说包罗万象、博大精深,照亮着后人前进的道路。亚里士多德在探究宇宙奥秘的过程中不断展示自己强有力的学术生命和丰富的心灵。他的高贵的学术品格和创造性的贡献,证明他是人类古代文明史上的一位科学文化巨人。

英国唯物主义和整个现代实验科学的真正始祖

——培根

人物档案

简　　历：培根是英国 15 世纪新哲学的代表人物。童年时成为伊丽莎白一世的宠臣；12 岁进入剑桥大学，获得正式律师资格，后作为汤顿的代表进入国会。1613 年之后先后成为总检查长，掌玺大臣、大法官，受封外如兰男爵和阿尔本斯子爵。

生卒年月：1561 年 1 月 22 日~1626 年 4 月 9 日。

安葬之地：赫特福德郡圣奥尔本斯的圣迈克尔教堂。

性格特征：体弱多病，少年老成，智慧。

历史功过：主要著作有《新工具》《自然的解释》《论科学的增进》以及《学术的伟大复兴》《学术的进步》《新大西岛》《培根随笔》《论说文集》《论人类的知识》《论事物的本质》《小林子》等。

名家评点：马克思、恩格斯称培根是"英国唯物主义的第一个创始人"；是"整个实验科学的真正始祖"，这是对培根哲学特点的科学概括。

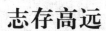

志存高远

弗兰西斯·培根，一个新哲学的代表人物，是出生在一个新世界里的。当时英国已经脱离了封建的欧洲，并且正在变成一个拥有国家教会的民族国家。亨利第八分配修道院土地的政策，是反教皇反僧侣的改革的一个部分。这次改革是由国会中的非僧侣阶层的力量所实行的,结果使大部分的地产由僧侣手中转入非僧侣手中。这种以教会为牺牲的非僧侣权力的增长,也反映在政府方面。

尼古拉·培根,弗兰西斯的父亲,是这些俗家出身的新大臣之一。尼古拉的父亲曾为伯里·圣·爱德蒙资大寺院的僧侣担任过管家。伯里·圣·爱德蒙资大寺院提供给了尼古拉上剑桥大学、研究法律和参加政治的机会。在寺院解散以后,尼古拉把属于他父亲任过管家的那座大寺的几处庄园买下来了。

在弗兰西斯出生前几年,尼古拉已经当了英国的掌玺大臣。他在城里的时候,就住在临河街的约克府。临河街原义就是河岸,这在当时是名副其实的,因为那还不算一条街,也没有一排的房舍把它从泰晤士河岸分开。弗兰西斯就降生在那里。他的母亲叫安尼,为安东尼·科克男爵之女。她是尼古拉的继室,生了两个儿子,长子安东尼比在 1561 年 1 月 22 日降生的弗兰西斯大两岁。这位母亲是当时以学问影响于世的三姊妹之一。她们都长于拉丁文、希腊文和希伯来文。也许安尼不懂希伯来文,但是她能用希腊文写信,而且在 1564 年,弗兰西斯三岁那年,她发表了她对玖埃尔主教以拉丁文所著的《辩解》一文的英译本。这是当时著名的为英国教会辩护的一部书。

安尼是一个虔诚的加尔文派清教徒,重视对自己两个儿子的教育,除了普通的慈母之爱,更有作为教育者的严格和睿智。她本身就是个出色的语言学家和神学家,因此亲自调教儿子,费尽心血。既要使安东尼和弗朗西斯有渊博的知识、虔诚的信仰,处世待人有进有退,又担心沉湎于学习与思想会损害儿子们宝贵的健康,用心良苦,好在儿子们也颇伶俐乖巧。在这样求知爱智的家中,父母常相唱和,吟诗作文,孩子们则在硕大的图书室里自由阅读,讲述科技进步和人类生活改善的书籍像磁石一样吸引了小弗朗西斯。

虽然体弱多病,培根却自小就有一个"伟大的默想",要在以后颂扬学术。除了家庭得天独厚的条件以外,也有社会影响的因素。此时的英女王伊丽莎白一世同她的父亲亨利八世一样,对宗教没有兴趣,致力于将英格兰变成最强大的近代国家。世界贸易中心随着新航路的开辟,此时已从地中海移到大西洋沿岸,伊丽莎白以准确无误的先见之明将人民的精力引向海洋,英国人首先步哥伦布后尘来到北美洲,考察和远航活动受到女王的支持,也把英国国旗和女王的光荣传遍全球。伊丽莎白终身未婚,把一生的时间与热情都投入到令英国国库和英国商人的钱袋装满的任何事情中去。她热爱英格兰,珍视头上的英国王冠。英国人因而也热爱她,甚至容忍她有时不合身份的轻佻和作为女性的神经质,她是全英格兰所有成年男子宣誓效忠的对象。她具有对人的敏锐的判断力,英国最忠心耿耿的才智之士为她献计献策,如塞西尔、莱斯特和沃辛厄姆。她的时代也是莎士比亚和本琼森的时代,文学和艺术在戏剧、诗歌中结出累累硕果,女王本人就精通拉丁文、希腊文、法语和意大利语,通晓文艺复兴时代的高雅文化。

当培根还在童年的时候,他的父亲常带他到宫廷里去。他成了女王的宠臣之一。伊丽莎白喜欢他答问时所表现的少年老成的智慧,时常叫他"小掌玺大臣"。他除了进剑桥之外,还能有什么别的道路呢？牛津大学保留了较多的古老传统和浓厚的封建气氛,而当时的非僧侣的新教徒的国家大臣却都是在剑桥大学里造就的。培根在 1573 年 4 月入了三一学院,当时青年都很早就入大学。虽然如此,如果他的家庭不是很早就把他培育成熟的话,他是否能在 12 岁入大学那是令人十分怀疑的。在大学里他终于下定一个重大的决心。但是,更令人惊异的是,当他在 1575 年圣诞节结束学业时,他离 15 岁还差 1 个月。

后来这个决心终于在他的最出名的著作《伟大的复兴》一书中由他赋以最终的形式,可是这时他已经度过了他一生的大部分了。这本书在 1620 年始行出版,而且甚至在那时也只是片段,还不是全部。不过,他始终没有放弃他的理想。只有在他死后他的文稿逐渐地发表之后,特别是在 19 世纪很多编辑与评注者相继研究了它们以后,他的主导思想的广度,才大见分晓。

因此,当他上大学并开始研究亚里士多德的逻辑学和形而上学以及圣·托马斯的神学时,他就遭到了一种不可避免的幻灭的痛苦。希腊和中古时期的哲学以惊人的巧妙讨论了动词"是"的一切可能的意义,并且十分合逻辑地把他们所承认的存在的一切形式加以分类。"本质"与"偶然性""必须的存在"与"偶然的存在""必然性"与"可能性""内容与形式""动因"与"终极原因",对于这些观念,简直没有什么可说的了。不过现在工业革命接近了,人类希望从地里掘出矿物而用之于各种用途上。在这方面旧逻辑是无能为力的,而毕龄古乔却能帮助人们。他确实晓得如何从地里得到矿物,如何熔炼金属而根据需要把它们变成教堂的钟或是大炮。实践哲学对培根已经有了一种不可抗拒的吸引力,这也就使他对文字的哲学起而强烈反对。

弗兰西斯·培根本人总是坚持说,不要把他的哲学看作是他个人的天才的产物,而要看作是他的时代的产物。因此,当他第一次拟定他的著作的主旨时,他把他的论文定名为《时代最伟大的产儿》。这个著作遗失了,而他的既谦虚又有宏图的书名,清楚地表明,他对于他所生人的世界的性质对他的影响是意识到的,他的志向就是要宣传他的时代的一些需要和希望。

正当培根在法国孜孜不倦地为未来事业打好基础的时候,不幸的消息自海峡对岸传来,培根的父亲尼古拉勋爵弃世。是年,培根刚刚 18 岁。风华正茂,习惯了锦衣玉食的生活,却发现自己不仅丧失了政治上的靠山,更成了再也负担不起奢华生活的穷人,五个兄弟之中只有他没有稳定的经济来源,天之骄子的他忽然要面对空前困难的局面。

他住进了葛莱公会,开始加紧法律学习,1582 年获得正式律师资格。次年作为汤顿的代表进入国会,其后又连选连任了好几届。他辩才出众,演说简洁生动,锋芒毕露。虽然国会议员没有任何报酬,年轻气盛的培根还是踌躇满志,充满了大任在肩的慷慨激昂。他敢作敢为,在国会中提倡民权与君权的相互兼顾,甚至还公开反对女王的财政计划。

培根对于自己的政治才能实在很是自信,同时他自认有比他人优越得多的政治关系。父亲在朝 20 年，口碑甚好，伊丽莎白总会念及老臣的功业，施恩于后生。何况他的姨父和表弟在伊丽莎白朝中都是炙手可热的红人，母亲安尼夫人也向姐夫代培根求官。培根书信的优雅的文笔和近年乞求的语气体现了他的杰出才能和望眼欲穿的企盼。

宦海沉浮

在女王伊丽莎白统治期间，培根的经历是一个长期的失望者的经历。他曾经指望得到晋升，但没有如愿。

在 1589 年他获得了御前会议秘书地位的继承权，但这个位置 20 年没有出缺。1589 年以后又几年，他碰到了一个双重挫折。他希望能得到首席检察官的职位，可是在 1594 年 3 月他发现寇克得到了这个任命。这使副检察长出缺，可是甚至这个较低一级的职位，也没给培根，而在 1595 年 10 月给了托马斯·弗列明大律师。艾赛克斯就是在这个时期，坚决要送给他的朋友和导师一块在退肯南附近的土地，作为慰藉。不过，当然，价值 1800 镑的一笔财产，是并不能代替一笔数目大约相等的年收入的，而培根所需要的正是这样的一笔收入。

到了詹姆士即位的时期，培根想放弃做官生活而致力于著作，但他仍然想获得国王的支持。不过他所求于国王的并不是官职而是对他所计划的哲学改革的赞助。詹姆士本人是很有学问的，因此可以希望他当一位学术界的恩主。不过一位由于自满于传统的学问因而有些学究气的国王，对于创立一种新的哲学以代替旧哲学的提议会发生什么兴趣，这是没有保证的。

为了得到更高的官职，他先是投靠桑末塞伯爵，不久伯爵露出衰像，他如同那在房屋倒塌前就离开的老鼠一样机警，转而扶持后来大红大紫的威里尔兹，即白金汉公爵。这一步棋走得果断而且很有远见，桑末塞伯爵失势后，威里尔兹极为受宠，并对培根的栽培进行了报答。1613 年他升任总检查长，1617 年，做了他父亲曾经荣任的掌玺大臣，1618 年升至权力的顶峰——大法官，并先后受封为维鲁兰男爵和圣奥奉斯子爵，他的年收入从 5000 镑增至为大法官时的 15000 镑。天底下还有谁比居高位享美名、君恩在上娇妻入怀的培根更富有、更幸福呢？

巧妇有米自然局面阔绰，1620 年 1 月培根在约克府的家中很高兴地迎来了前来贺寿的朋友们，著名诗人本琼森也以诗为颂，参加和见证了这次盛会。

可是得意之中也该记得为了谋取高位所做的可耻的事，比如昧着良心赞同对无辜横遭猜忌的罗利爵士处以极刑，赞同与西班牙的联盟，允许剥盘人民的各项专卖权法案，听任白金汉公爵滥权干涉司法，等等。当反对的矛头瞄向他的朋友时，他就背弃了朋友的利益，他以实用的目光看待友谊，却自信到不曾想到自己也有被打击而且缺乏援手的那清算的日子终于来到,1621 年詹姆斯一世为了筹集款项,不得不召开国会。国会在培根的死敌科克爵士的鼓动下反对国王的专卖权法案,进而要求改变司法界贿赂公行的黑暗现状,并以曾向当事人索贿的理由,要求弹劾缺乏自律的大法官培根,以图正本清源,走向司法公正。

培根并不否认受贿的事实,但将其归为时代的普遍风气与大胆妄为的仆人自作主张,而且竭力说明受贿的事实并未影响他最后的判决。

培根明白自己只是议会与国王权力斗争的牺牲品,他警告詹姆斯一世"现在打击你的大法官的人,恐怕将来也会这样打击你的王冠"。一语成谶,20 多年后詹姆斯的儿子查理一世果然就被送上了断头台。

詹姆斯也有心要帮助培根,希望组成一个专门委员会来审理这桩案子。但议会拒绝了,国王不愿意与议员们闹得太僵,培根无奈,转而请求国王从中调停,从轻发落。当年春暖花开的五月,上院在只有白金汉公爵反对的情况下,通过了对培根的判决:罚金40000 镑,囚禁伦敦塔,永远不得接近宫廷,永远不许进入国会和出任公职。

判决初下,培根还未丧失自信,他说"我是英国 50 年来最公正的法官",不过,他也承认,"这是国会 200 年来最公正的判决"。而且,许多被囚伦敦塔的人最后都重回政坛,例如伊丽莎白的宠臣莱斯特伯爵,培根那亲爱的姨父塞西尔等。政治人物是不可以一时之荣辱来定论的,培根不甘心从此寂寂无闻。

培根被囚两天即获释,罚金也被国王赦免,他也获准可以进入宫廷,只是尽管培根幻想东山再起,而且他出事之后,以前所判决的案件也没有当事人认为不公而要求平反,但不得进入国会和出任公职的禁令却不曾改动,他的政治生涯从此宣告结束。

幸福的家庭生活也结束了。失去了公职,丰厚的收入突然断绝,惯于挥霍的培根总是寅吃卯粮,此时负债累累,妻子的脸色也越来越难看,全不顾年过六旬的夫君体弱多病。培根搬回葛莱公会,度过了他生命中清静而成果卓著的最后几年。

培根在这一时期学术成果之多简直是个奇迹。此前他的作品如《论说文集》《学术的进展》《新工具》已使他在欧洲学者中享有盛名,下台后五个月就完成了《亨利七世》,同时又开始写《亨利八世》和大不列颠史的纲要等一些政治历史著作,增补《学术的进展》并译作拉丁文。他后悔没有早日回到学术事业中来,身居高位使他没有时间和行动的自由,此时他广泛的百科全书式的兴趣已超出了体力与人生剩余时间所允许的范围。

培根的个性是多方面的,他的天才同样在多个领域流淌,他是法学家和政客,又是科学家、哲学家、历史学家和文学家,罗素评价他为近代归纳法的创始人和给科学研究程序进行逻辑组织化的先驱。因此,尽管在伏尔泰的时代培根最知名的一些作品已经完成了为近代哲学大厦搭架子的历史使命,很少有人再读,但仍旧占有永远的重要地位。

培根有这样一种信念,如果要使人们有勇气与进取精神向下一阶段迈进的话,必须先让他们具有一种新的心理状态。他晓得除非把人们从习以为常的忍受中拉出来，否则的话，他们是既不能改善他们的科学也不能改善他们的物质生活的。因为培根深信他是受命于天来传这种新的"道"的人，所以他才以普罗米修斯那篇神话里的令人振奋的先知口吻来发言。这里他还只是把先知的衣钵给我们看了一看，要过了 11 年之后，他才正式接受了这个衣钵。在《伟大的复兴》一书付印之前，培根把这 11 年的工夫眼看着过去了。

在两本著作之间的 11 年的沉默，只有在 1612 年他的《论说文》的第二版问世时才被打破。这些论说文此时已由 10 篇增至 38 篇了。这个长期的沉默是由于他又自陷于他一部分心理总想逃脱的官职的网罗之故。1613 年他被任命为首席检察官，1616 年任枢密顾问官，1617 年任掌玺大臣，1618 年任大法官，不久又受封为外如兰男爵。关于他在这些职务内的行为我们是不能写的，要写这些东西就必须不为作者作传记而去为他的国家作史。不过很清楚，公务的压力阻碍了他个人的梦想的实现，而当他自觉年事已长因而他的宏伟的计划的出版不能再事延缓时，所发表的却只包含着他想写成的著作的片段而已。

水猛兽的无神论被培根认为比迷信要好得多，因为"无神论把人类交给理性，交给哲学，交给天然的亲子之情，交给法律，交给好名之心，……无神论从来没有扰乱过国家，因为无神论使人谨慎自谋。"无神论形成的原因是宗教分为多派和僧侣的失德，以及亵渎神圣的顽固风习，生当太平盛世、在人间可以得到幸福的人们也不太热衷于宗教。无神论危害则在于毁灭了人较之于兽类的尊贵，无助于人性的提高。但是，迷信在当时社会更为盛行，1484 年教皇英诺森三世颁布反巫术令，结果引起了欧洲长达数百年的搜巫狂潮，愚昧、迷信和妄想使这场丧心病狂的大迫害夺去了众多无辜者的生命和尊严，迟至 17 世纪 60 年代，一位颇有文名的布朗医生还作证使两个妇女被当作女巫处死。培根认为迷信压抑了人的本性，易使人屈服于教会和其他形式的专制势力，使人产生杂乱的狂想而丧心病狂，使宗教成为传播谬论的工具，杀戮与暴乱的理由。因此，既存在天启的真理，得自于上帝向他的选民吹吐的光明，又有见诸于科学与哲学的真理，可以为人类福祉而服务，值得人去追求。

《论说文集》体现了培根对禁欲主义的反对，"天性常常是隐而不露的，有时可以压服，而很少能完全熄灭的。"对于天性不可以压抑，而应以习惯变化气质，约束天性，不过也不能过高估计教化的功能，因为人的天性能够长期潜伏，在受到诱惑时就复活起来，就像《伊索寓言》中变作文静少女的猫一样，看见老鼠跑过就忍不住原形毕露了，所以人们在选择职业和修习学问时都应尽量顺应自己的天性，通过教育培养良好的习惯。

人不可过度节制的同时，同样不可以放纵，否则就会妨碍养生。一个人可以通过自己的观察，知晓事物是否有益，从而指导正确的行为，"因为少壮时代的天赋的强力可以忍受许多纵欲的行为，而这些行为是等于记在账上，到了老年的时候，是要还的。"

特殊的条件也会产生特别的人。《论残疾》表现了培根对人的心理的惊人的洞察力，他无疑对他那"天性凉薄"的驼背表弟罗伯特心怀怨恨,开篇首句就是"残疾之人多半是和造物扯平了的,因为造物固然待他们不仁,他们对造物也同样地不良。"但是残疾不是一种必然如此的标志,而只是一种可能的原因,残疾者因为要解救自己,往往既勇敢又勤勉,而且不容易引起别人的戒心,反而易于升迁,只要有魄力,"他们一定要努力把自己从轻蔑之中解放出来,而解放的途径不出于美德即出于恶谋。"

培根对困厄、虚伪、嫉妒、勇敢、善、美、狡猾等人们所熟知的习性和境况一一进行探讨,留下了许多隽永清秀的警句,比如"幸运所生的德性是节制,厄运所生的德性是坚忍",比如"过度的求权力的欲望使天使们堕落;过度的求知的欲望使人类堕落;但是为善的欲望是不会过度的",比如"思想中的疑心就好像鸟中的蝙蝠一样,永远是在黄昏中飞的;疑心使君王倾向专制,丈夫倾向嫉妒,智者倾向寡断和忧郁"。在基督教的旗帜之下,培根的道德哲学闪烁着马基雅维里式对于事物本质毫不留情的剖析,他认为对于恶行不应避而不谈,只有具备蛇的才智才能维护鸽子的纯洁。

科学体系

人是自然的解释者,他所能做的只是对自然进程进行观察和思想。"要支配自然就必须服从自然",不知道原因就不能产生结果。可是,培根认为人们煞有介事的沉思、揣想和诠释等等实在是离题太远,为了在经院哲学摇摇晃晃的旧址上建立新的哲学大厦,他不容分说,以排山倒海般的魄力对准自柏拉图、亚里士多德以降的"作伪的哲学家",进行了严厉的批评,说他们"以赝品取代真实","败坏人的心智",使人无法获得真理。

在《时代的勇敢产儿》中,培根称人们奉若神灵的亚里士多德为"诡辩家",可是,自然的精微又岂是最精微的论辩所能比拟的,因此,"由论辩而建立起来的原理,不会对新事功的发现有什么效用"。亚里士多德首创的逻辑流行至今,"与其说是帮助着追求真理,毋宁说是帮助着把建筑在流行概念上面的许多错误固定下来并巩固下来"。因此,培根称亚里士多德的《逻辑学》是一本"疯病手册",他的形而上学则是毫无价值可言的蜘蛛网;柏拉图也在劫难逃地被封为"狡猾的诽谤者""浮夸的诗人"和"见鬼的神学家",希波克拉底则是一个"胡吹乱夸"的人。这些过甚其词的批评并不是对古希腊人智慧的全面否定,在当时,精密细微的经院哲学已经衰落,但仍是科学发展的障碍,经院哲学家们坐而论道,脱离实际,把古人的思想成果变成束缚知识发展和普及的教条。因此,矫枉过正,培根的批判既不公允也不宽容,也正因此,他的批判具有特别猛烈的火力。培根后来在《新工具》序言中指出,"古人所应有的荣誉和尊崇并未由我而有所触动或有所降减",因为"我的目的只是要为理解力开拓一条新路,而这条新路乃是古人所未曾实行、所未曾知道的"。亦即,新时代的新科学是不以古人为对手的新起点上的产物,建立在全新科学发展的基础之上，与古人没有可比性。

在对旧哲学无情批评的同时，培根没有忽视他那个时代对古人的尊崇，文艺复兴的浪潮复活了黄金时代的梦想，因此他选取了一个非常独特的角度来颂扬古时的智慧，以图在遥远的过去找到证明自己理论的论据。他认为古人由于抽象思维能力较差，因此选择寓言和神话来说明和表达思想，在《论古人的智慧》中，他从古希腊诗歌中选取了 31 个神话故事，一一分析，剥离出可以他所需要的教诲。

虽然不可能像他宣称的那样找出古老神话的最初内涵，但是培根以新颖的构思和丰富的想象赋予了这些神话以全新的意义，古为今用，为英国思想史的进程作了有意义的贡献。

旧的东西被砸碎了，新的科学该如何建立？培根在《论学术的进展》中详述了知识的重要性和新学科体系。

在《论学术的进展》第一卷中培根大力颂扬了知识的功能与价值。他讲到，即便在古代，科学技术发明的意义也远在君主的文治武功之上，人们把发明家尊为神明，而对建邦立国者、立法者、推翻暴君者等只不过给予英雄或半神的称号。这反映出了古人的明智，因为后一种功业不过是一时一地的效力，前一种人的功德如上天的德化，是永久而普通的恩德。

即便是君主的征伐事业，知识同样扮演着重要的角色。亚历山大大帝是亚里士多德的弟子，学识广博，又任用许多文人做幕僚，以勇猛的征服者青史留名。即便一般资质平庸的君主，只要有知识的德化和随时提醒，也会"免于元恶大错，而不至败国亡家"。

知识不仅是促进国家强大、实现人性自我完善的动力，更重要的是，知识是认识和驾驭自然的力量。可是现实情况是，人们被所谓的知识导向思维的混乱而不是清晰。真正的知识领域被弃荒一旁，无人理睬。培根在《论学术的进展》第二卷中的主要工作就是对现在杂草丛生的知识领域进行划界定义，他提出了新的科学分类原则和知识体系新结构。

按照人类的精神能力可分为记忆、想象和理性三种，相应地，科学作为人的一种具体精神活动，也应分为历史、诗歌和哲学。正如人的精神能力不可能割裂开来一样，科学也是一个统一的知识体系。他认为，使各门学科彼此独立，老死不相往来，脱离其公共源泉、共同父祖，正是各门学科贫血而肤浅、荒谬的原因。同时，培根也强调，科学分类原则不是绝对的和唯一的，人们可以因不同的需要和不同的视野角度来采取不同的分类原则。

在三大分类之下，各自包括许多子目。

历史包括自然史、政治史、教会史和学术史。关于自然的历史，根据自然自身的力量和条件分为自由的自然历史、失误的自然历史和被束缚的自然历史。自由的自然历史包括天文学、动物学、植物学等；失误的自然历史包括怪异史和奇变史；而所谓被束缚的自然历史则是指自然被人改造而转化,即技艺史或机械史。

政治史分为纪事杂录、完全历史和古史简零等,教会史则分为记载教会发展过程的普通教会史和记述预言本身及其应验的预言史。

学术史是培根认为应当建立的一门学科,应当把学术的起源、学派、发明的传授、研究程序、兴旺之因、失没之由、变迁之迹等按照年代顺序加以记述,使学者有所借鉴,从而有利于学术的发展和学者的交流。

诗歌分为叙述诗、戏剧诗和寓言诗。叙述诗只是历史的模本,戏剧诗把历史以给人观看的形式表现出来,寓言诗则出于某种特殊的目的而表达某个特殊的观点。

培根最为重视的当然还是哲学。在哲学中有一门学科是一切科学的公共父祖,培根将其称为"第一哲学",几何学和逻辑学的公理就是应探讨的问题,它"专门研究各种学科所共有的那种普遍的原则和公理","凡哲学或科学的特殊部分所不能完全包括的那些较普遍、较高级的有效观察和公理,都可以归在第一哲学内。"

再根据人类思维的朝向,分为深入至上帝的自然神学、观察自然的自然哲学和反省自身的人类哲学三种哲学。

关于自然神学,培根着墨不多,他主要强调人类可以借助自然之光,通过观察和思考而得到关于上帝的基本知识,从而驳斥无神论,因为"一点点儿哲学使人倾向于无神论,这是真的;但是深究哲理,使人心又转回宗教去。"但这种观察和思考也不足以建立宗教,因为这门学科不能提供关于上帝的完善的知识,不能使人的理性达到天国的神秘。

自然哲学分为理论和实践两部分,前者研究原因而后者产生结果。物理学和形而上学构成研究原因的自然哲学,其实践部分则分为实验的、哲学的和幻术的三部分,后来又将三部分依其来源合并为来自物理学的机械学和来自形而上学的幻术。

由于培根对于当时科学发展新的成果并不清楚,他甚至反对哥白尼的学说,对于他的私人医生哈维的血液循环理论也似乎并不了解。他所注重的科学成果其实主要是与改善人类生活的一些新技术、新发明,加之他对基础科学懂得很少,因此,他虽然大力倡导科学之昌明,但他对自然科学的论述中有许多根本性的错误。相比较下来,培根对人类哲学的阐述意义比较重大。

人类哲学分为人类个体和人类群体两部分。前者包括对人身体和心理的研究,后者包括道德哲学和处世哲学等。

医学以健康为对象,是人体功能的调音师。但当时医生们过于依赖个人经验,培根认为为了让医学摆脱旧时代的落后面貌,医生们应当多做实验,解剖尸体甚至进行活体解剖,并将实验记录在案,这样,医学的进步就不是口手相传的老一套。

心理学研究心灵的机能和作用,知性、理性、想象、记忆、欲望和意志等。同时,"哲学家应孜孜不倦地考察风俗、习惯、教育、范例、模仿、竞争、交际、友谊、赞扬、谴责、规劝、荣誉、法律、书本、学问等的力量和能量;因为这些是支配人类道德的东西;人类心理是靠这些力量来形成与驯服的。"不知不觉间，培根为后来的社会学家、社会心理学家、历史学家、教育家和政治家们开列了一个学科目录，成为17世纪以来社会科学发展的指向标。

作为一个讲求实际和仕途得意的人，培根不厌其烦地对"处世的智术"详加讲解，像一个唠叨而不失其精明的老人，对关于如何识人与如何自知，如何处人与防人，如何掩盖不足之处等，都有不少忠告。这是一门在人群中生存和取得成功的言行手册，表现了培根对社会与人生深刻的认识。

伟大复兴

在1622年的一篇未发表的著作前边所加的致兰西罗特·安德鲁斯主教的献词中，培根描写了《伟大的复兴》和他以前的著作之间的区别。他把《广学论》称为启开《伟大的复兴》之门的一个准备信息物。可是关于《伟大的复兴》他说："它把新的想法毫不掺杂地说出来了"，并说那是他所"最重视的"著作。他也曾说他"很有理由认为这本书飞得太高，飞越人们的头上了。"

在1620年《伟大的复兴》一书终于出版了，那时的培根可以说是才第一次有信心地而且公开地接受了先知的衣钵。这本书是由十个项目构成的一种综合性的著作。在我们考察它的内容以前，让我们先听他的秘书劳莱对他的意见："我总是有这种想法，如果有一道知识之光由上帝那里落到现代任何人的身上的话，那就必然是落在他身上的。因为他虽然是一个博览群书的大读书家，可是他的知识不是来自书本的，而是来自他本身的理由和见解的，不过这些东西他是小心谨慎地吐露出来的。他的著作《伟大的复兴》，据他自己说，是他的著作中最主要的。这本书一点也不是他的脑子里的无价值的空想，而是一个固定了的、考虑成熟的概念，是多年的辛勤的产物。我本人至少看见过《伟大的复兴》的十二种不同的本子，都是年复一年的修改过的，这书的结构、次序就是这样年年一遍又一遍的经过了修改、补正，然后才达到付印时的那个样子的。"

书名页告诉我们，这本书是英国大法官外如兰的弗兰西斯的《伟大的复兴》。这样便较以前寒微时代的"培根先生对学术的赞美"好像堂皇得多了。培根所要传之于世的"大义"到了公布的时候，能用这样显贵的身份来发表，当然对于过去那漫长的拖延可算是一种补偿，对于争取更多的注意的读者也可算是一种保证。书名页上的插图描绘的是当时的一只三桅船正在扬帆前进，要通过两根狭窄的柱子，一般解释为世界的尽头，即所谓"赫寇立斯的柱子"。不过这只是它们意义的一部分，作者在他的"序言"的开头几句，对它们有更充分的说明。他说，人们对他们的现状估价过高，而对于他们改善现状的能力却估计过低，这就是两根不祥的柱子，它们好像注定了要把人们封锁在一片被陆地包围的内海中，使他们永远不敢到知识的大洋上去遨游。在图片下面的铭语小框中用拉丁文写着从"但以理书"（第 12 章，第 4 章）里摘录的一句话："必有多人来往奔跑，知识就必然增长。"在书的正文《新工具》第 1 卷，93 页里解释说，圣经上的这个预言简直就是说，知识的增长将与因横渡大洋的航行而全球互通往来的时期相吻合。这幅插图的每一个细节都是经过仔细选择用以尽量代表作者的寓意的。我们对于书名页底下的铭语小框中的题词——"教育促成进步"，已经做过评论了。

接着就是一个简短的说明，共约五六百字，是以培根在他的《几种想法与几条结论》一书中所试验的第三人称的体裁写的。在这里他把拉丁文"复兴"一字的意义交代清楚了。他说，世界上的事情最重要的莫过于把意志和事物的交易恢复到原有的完善的程度或者至少有所改进。书中强调了为何不能凭借旧哲学来达到这个目的，并且宣布把科学、艺术以及人类的一切知识加以整个的改造的必要性。

以下就是致国王詹姆士的一篇书信体的献词。和谭尼森博士说的一样，培根着手了"一项需要一位千手千眼的人来和的工作。"他知道这不是一个臣民的工作，而是一位国王的工作。因为培根所打算做的并不只是一件逻辑方法上的改进而已，这是一个人可以担任的。他所要作的用谭尼森的话就是"是决定于一部清楚而全面的自然史的。"他希望国王能够提倡并资助一部关于自然及技术的百科全书的编辑工作。若没有这部书，他深知他的计划无成功的希望。同时他也知道他计划中的这样规模的一项著作只有由世界上许多国家的成百上千的人们在统一领导下通力合作若干年，甚至也许要若干代，才能编辑成功。

在"献词"之后就是"序言"，是一篇长约三四千字的非常有力的文章。正像"献词"是向国王进言的一样，"序言"是向人民说话的。文章里面有教育，有警告，有劝诫，还有诱导。对于那些相信旧逻辑的人他说："逻辑学决不能精细到足以应付自然的地步。"为了鼓励别人，他谈出他自己的弱点。他说："只有依靠神的援助，他才能坚定自己的意志以抵抗敌对意见的打击，和抵神的援助，他才能坚定自己的意志以抵敌对意见的打击，和抵抗他自己本人私下和内心的迟疑和顾虑，更不必说那些天性中的不明智之处了。"他表示最主要的希望是工作要以仁爱的精神来做。"最后，我向大家做一个普遍的忠告。就是大家要考虑知识的真正的目的何在，希望大家追求知识既不是为了自娱心志，也不是为了争论取胜，或是为了凌驾他人，或是为财，为名，为权力，或是为了任何这些卑的东西；而是要为了人生活的利益和用途，并且要以仁爱的精神充实和使用知识。因为我们知道有些天使们被打入地狱是由于对权力的过分欲望，人类的被逐出乐园是由于对知识的过分欲望；但说到仁爱，那是永无过分之事的，也从来没有一位天使或者一个凡人因为仁爱而遭到危险的。"

这篇精彩的"序言"完成以后，培根就开始进行他所谓的"著作的计划"——就是如果《伟大的复兴》这本书能完成的话，他所打算包括在里边的六个部分的描写。计划中的这六个部分如下：

1.《各种科学的分类》。

2.《新工具》，或《关于自然的解释的指示》。

3.《宇宙的现象》，或《作为哲学基础的自然和实验的历史》。

4.《智力的阶梯》。

5.《先驱者》，或《新哲学的预测》。

6.《新哲学》，或《能动的科学》。

关于这六个部分，培根告诉我们第一部分还是缺少的，不过他的《广学论》第二卷可以被认为是能暂时补充了这个缺口。

这六个部分的第二部分是《新工具》，共两卷，构成现在所谓的《伟大的复兴》一书的主体。

《伟大的复兴》的六个部分中的第三部分原定为《自然和技术的百科全书》，他在该书中写了一篇关于这本书的简单描述，内有关于该书编辑的一些原则。这部分叫作"节日前夕"培根意谓当这个伟大的"百科全书"编成的时候，人类将开始进入一个新时代，一种安息日。

因为这个部分需要相当的时间，也许需要若干代，所以他又为《伟大的复兴》计划了第四部分，称之为《智力的阶梯》。这部分一点也没有印出来，不过它的目的已经很明白了。它是要表明在某种有限的但特别重要的领域内，逻辑学（《伟大的复兴》的第二部分）将如何用以解释在《百科全书》（《伟大的复兴》的第三部分）中所搜集的一些事实。

第五部分，即他称之为《先驱者》或《新哲学的预测》的部分，也是一点也没有发表过的。它的用意是要预示《伟大的复兴》完成之际行将属于人的新知识和权力的味道。这些令人先尝的"味道"可以说是在走向新哲学的道路上所拾起来的被风吹落的果实，既不可轻视，也不可把它们误认为是成熟的哲学所结的成熟的果子。

《伟大的复兴》的第六部分，即《新哲学》或《能动的科学》必须让培根本人来描写。"我的著作的第六部分是一个主要的部分，其他部分只是给它做准备的。它将显示出我所传授和准备好的一套合理的、纯洁的、严肃的调查研究方法所产生的那个哲学。不过要把这最后的一部分彻底完成是一件我的力所不及，也是我所不敢想象的事情。我希望我以前所做的，是一件不太微不足道的开端的结果如何将由人类的命运提出，这个结果也许是人们以他们目前的生活情况和他们的理解力不容易掌握和衡量的。因为问题所关系者并不仅是一种精神上的满足，而是人类幸福的真实性和人类行动的一切力量。我是大自然的助手和说明者，人的行动和理解只能用他在对自然进行工作和观察时所看到的自然的组织安排为范围，超过了这个范围，人是既无知识又无权力的。因为没有一种力量能够打破这个因果的锁链，要征服自然，就只有靠服从它的规律这个方法。因此，这两个双生的目标，人类的知识和人类的权力，在最后是合而为一的。要是不了解原因，那么就要在行动中败挫。"

这就是《伟大的复兴》的计划。它的大部分当时还没有写出来。与整个计划相较,后来培根所写出来的也并不多。

《伟大的复兴》的宗旨不仅是对哲学文献做一个贡献而已,它还是生产革命的一张蓝图。《新工具》或《自然解释指南》是构成该书的逻辑学的部分的,和从来发表过的任何其他逻辑学的书不一样。如果把这书从《伟大的复兴》的设计背景里抽出,而只把它当作一本逻辑学的著作来看,那它是很难理解的。培根著作的编辑者们有时使这种混乱更加严重。例如弗勒编的《新工具》是已出版的培根著作中最精的版本,而这部书正就是犯了这样错误。弗勒列举了培根影响后人代的十条途径,只有在第八项中他才提到"人类的生活的改善以及对于人生的安适与方便的支配力的增强。"这就是说,弗勒把培根放在榜首的事情放在接近榜尾的地方了。但是除此之外,他还犯了曲解的过错。他以责备的口气说:"培根如何坚持一定要科学的研究服从实际的目的。"这是一个严重错误。培根曾一再坚持科学的真理和实际的效用实质上的一致性。"在实践上最有用的,在理论上就是最正确的。"(《新工具》第2卷,4页)"人的心智的改进和他的生活的改进是一回事。"(《几种想法与几条结论》)。

这部书其实主要公布了培根的庞大的工作计划,至于其完成则需要世界各国的成千上万的人通力合作。培根写出来的仅是其中的第二部分《新工具》,即一种新的解释自然的方法。

《新工具》全书以箴言形式写作,第一卷有130条,第二卷有52条。第一卷的破坏性部分批判旧哲学的种种弊端,第二卷的建设性部分,培根提出了他本人唯物主义经验论的哲学立场和他的科学方法的主张。

培根再次表现了他惊人的敏锐和三言两语就建立一门新学科的本领,他对语言与思想的关系的论述正是现代自罗素、维特根斯坦开始的分析哲学的中心问题。剧场假象"是从各种各样的教条以及一些错误论证法则移植到人们心中的"。这一类假象"不是固有的,也不是隐秘地渗入理解力之中",一切公认的学说体系"只不过是许多舞台戏剧,表现着人们自己依照虚构的布景的式样而创造出来的一些世界"。剧场假象其实就是学说体系的假象,虽然比历史上的真实故事更为紧凑和雅致,但却远离了真理。依其体系不同,培根将哲学家分为诡辩的、经验的和迷信的。

亚里士多德属于这样一类哲学家,他选取过于微小的实例为权威来做判定,他并不是从经验中构建原理,"而是首先依照自己的意愿规定了问题,然后再诉诸经验,却又把经验弯得合于他的同意,像牵一个俘虏那样牵着它游行"。他是诡辩的哲学家的典型,只从经验中攫取普通事例,不加核实和考察,"一任智慧的沉思和激动来办理其余一切的事情"。

经验派哲学家进行少量实验之后,就大胆抽引和构造各种体系,将事实捏合成奇形怪状以适应其体系。培根认为炼金家就是这一类人,他们的教条得自于少数实验之狭暗，而无普遍概念之光亮。

至于第三类哲学家，把哲学与神学或传说杂糅起来，甚至要在精灵鬼怪当中去寻找科学的起源，他们的哲学是幻想的、浮夸的和半诗意的。比如古人中的毕达哥拉斯和柏拉图，培根的同代人中还有人沉溺于这种虚妄，以至于竟幻想要从圣经的某几部分上建立一个自然哲学的体系，结果不是荒诞的哲学，就是异端的宗教。培根指出，"要平心静气，仅把那属于信仰的东西交还给信仰"。在培根的时代这是新奇到几乎讲不通的发聋振聩之作，培根以此震撼了后来震撼世界的那些伟人们，以至于当年的叛逆被今人视作老生常谈。

因此，第一步工作就是"刷洗、打扫和铲平心的地面"，以便把心放在一个好的或者说是便利的位置上。追求和发现真理，只能有两条道路，"一条道路是从感官的特殊的东西飞越到最普遍的原理，其真理性即被视为已定而不可动摇，而由这些原则进而去判断，进而去发现一些中级的公理。这是现在流行的方法。另一条道路是从感官和特殊的东西引出一些原理，经由逐步而无间断的上升，直至最后才达到最普通的原理。"

这两条道路中，现有的作为心之工具的逻辑已经害多于益了，三段论式"不是应用于科学的第一性原理，应用于中间性原理又属徒劳"，它抓不住事物本身；且三段论式为命题所组成，命题为字所组成，而字则是概念的符号，概念本身如果是混乱的而且是过于草率地从事实中抽出来的，那么其上层建筑物就不可能坚固，这正是独断的演绎所造成的必然的困难。因此，最后"还剩下单纯经验这一条道路。这种经验，如果是自行出现的，就叫作偶遇；如果是着意去寻求的，就叫做实验"。真正的经验的方法应该是"首先点起蜡烛，然后借蜡烛为手段来照明道路"，亦即，不是从漫无定向的经验出发，而是首先适当地整理、摆列和类编经验，抽获原理，再由所确定的原理进至新的实验，因此，必须要有归纳法。

归纳法与人的生活经验关系密切。但作为科学方法的归纳不是无止境的简单枚举，而必须包括对材料分类和对假设筛选的技法。比如，什么是热？为了要找出发生热的原因，培根首先列出了热存在的27种论证，如太阳的光线、带火的流星、一切火焰、燃烧的固体、冬天地下洞穴的气体、燧石与钢猛烈撞击而产生的火花、生石灰浇上水，等等。其次，列出一个各种情况的反面事例，或者补充的观察和实验，培根的实验受到他的科学知识的局限。比如认为酒精的火焰温和而柔弱，认为衣物的摩擦起电是由于浆洗时形成了硬膜，等等，因此，第二表中的32个否定的事例中并不全都符合事实。第三表被培根称作"程度表或比较表"，作用在于比较热这一性质在事物中的多少，"一个性质若非永远随着讨论中的性质之增减而增减，就不能把它当作一个真正的法式"。

经过三表的整理，归纳法自身就开始拒绝与排除的工作了，所有与形式不符的非本质的性质被排拒了之后，所剩下的便是一个"坚定的、真确的、界定得当的正面法式"，热的性质可以简要表述为"热是一种扩张的、受到抑制的、在其斗争中作用于物体的较小分子的运动"。这一定义与现代热力学的结论非常接近,可以说是培根对自然科学的特殊贡献。

在从事科学工作的人当中,历来可分为实验家和教条家两类,培根喻前者为蚂蚁而后者像蜘蛛,蚂蚁只会采集和使用,蜘蛛只凭自己的材料来织丝网。真正的哲学家和科学家应该像蜜蜂那样,从花朵中采集材料进而加以消化,要更紧密和更精纯地结合起来实验的和理性的机能,让理论与实践携起手来,"我们就会有很多的希望。"

生命终结

弗兰西斯·培根于 1618 年 1 月被任命为大法官,同年 7 月受封为外如兰男爵。《伟大的复兴》是在 1620 年出版的。次年 1 月,他受封为圣阿尔本斯子爵。以前他时时悔恨不该把政治家和哲学家的双重任务集于一身,但是在这个时期,恐怕他有时电感觉他毕竟还是对了。他在朝中的事业是相当成功的,而他所要对人类的命运进行的革命,其计划总算是写在一本书里而且公开出版与世人见面了——不管这本书是如何的不完备。不过他的屈辱之日就在眼前。这以前他是尝到了成功的滋味,现在却要尝尝耻辱的味道了。

1622 年春,有人向上议院的司法部门告发大法官贪污案多款。关于这些告发早已有传闻,而且风声颇大。培根在最初对此颇不重视。大有付之一笑的意思。他在致巴金汉侯爵的信中写道:"我晓得我有两只干净的手和一颗纯洁的心,同时我敢说我有一所可供朋友或仆人居住的干净的住宅。不过约伯本人或任何人作最公平的法官,如果遇到有人对他们搜求罪状一如人们对我的时候,那他们也会暂时显得十分丑恶的,特别是在一个矛头指向高位,控诉成为时髦的时代为甚。"

这好像是一个无辜而负屈的人的呼声。然而培根知道,他并不是没有罪的,而且不久也就承认了。他身为法官,却曾接受过诉讼人的馈赠,有点习以为常。诉讼人的馈赠可能是没有什么的,这点任何人也不会否认。不过什么时候一件礼物才算贿赂呢? 如果依照社会习惯按时送礼,以之表示崇敬之意,这种礼物或许可以算作没有什么别的其他意思的,并且也许是难以谢绝的。如果在一个案子判决之后,胜诉者送礼,那就大可怀疑了。那是对于审判公允的一种受之无愧的感谢的表示呢,还是作为对有利于自己的判决的报酬呢? 一个严谨的人是不会让自己处于这样的嫌疑之中的。可是,如果礼物是在等待判决的时间送的,那就无论是道德上或法律上都是无法为之辩护的了。做法官的也许仍然可以辩白说,他的判决并未因接受了礼物而受到影响。他这话也可能是对的,不过,他仍然是处在一种无法辩解的地位。培根接受馈赠时,上述的一切情况都有过,甚至包括最后的那一种情况。

当他看清告他的人一定要把案子进行到底、上议院很可能对他判罪时,培根在致巴金汉的私信中为自己辩护时更深刻地考虑了自己的行为,最后他写了一篇坦白书。"因此,现在我只有毫无掩饰地承认,我在了解了对我的控诉的详情以后(这些详情不是从上院正式领来的,而是通过其他渠道知道了一些内容,这些内容足以激发我的天良,促醒我的记忆的),我发现有足够的材料,使我放弃辩护,并请求各位贵族对我定罪并加申斥。"在这封坦白书中,他也认为应该提出当时的贪污之风,以稍减自己的咎戾。他说,"各位也不会忘记,不仅有个人的罪恶,也还有时代的罪恶。"

他自认有罪。国会也判了他的罪。

培根在伦敦塔内被幽禁了几天,罚款也在最后为英王豁免。这些特许意味着他仍可以从事去追求私人的志向。不过他的垮台是肯定了的。

在等待审讯和判决期中,培根身染疾病。他在此时所写的文件也证明了他的思想上和精神上的痛苦。他作了一个最后的遗嘱和遗言。他在此时所写的一篇祷文,阿迪生曾说这篇祷文简直是代表一个天使的虔诚而不是一个凡人的虔诚的。

恢复健康和工作能力以后,培根鼓起生活的勇气并对他的失败作了一些典型性的公平的判断。他一面承认曾受过不正当的馈赠,但他也否认他曾有过任何枉法的行为,而我们也确实没听说过在他下台以后他所判的案子有翻案的事情发生。他说,他是"50年来英国最公平的法官";不过他说这话的意思只是为自己要取得一个相对的廉洁的名声而已,因为他也承认他的时代的贪污风气以及改革这种风气的必要"这是近二百年来在国会中最公平的谴责。"

这时培根可算是在道义方面还清了积欠。他的健康也恢复了,他并且终于摆脱了公务之劳。于是他就投身于他的本分事业——著作之中了。在几个月之内,他就写完了"亨利第七本纪"(1622年)。这是他的第一篇关于政治历史的尝试,也是他能够有时间来完成的这种体裁的唯一的一部作品,同时这本东西也成为近代史学著作的里程碑。它写得很出色。著者完全掌握了他的材料。他还能深入到事实中所隐藏的原因里去。看了他的书,我们好像跨过许多世纪而回到史学发源的第五世纪的希腊去了。

继此之后,在同年11月又出版了《风的历史》,这是被认为是《百科全书》按月出版的第一分册。这里他又是过分乐观了。按照第一期的质和量,要每年出版十二卷是不可能的。当然,第二分册《生与死的历史》的出版,仅延期了一个月。不过那本书就是注定培根最后所能完成的一册书了。

阻碍他的并不是死亡。当时他正在努力进行《伟大的复兴》的各主要部分的写作。1623年全年,他的主要的力量是用在该书的第一部分的。他的意图是把这部分作为一项关于"科学分类"的著作,一种知识的世界的地图。以前他想以《广学论》来担当这一部分的任务。现在他因为感觉到完成这个题目的新著作已无希望,他就决心修改《广学论》以补空隙。他把全部译成了拉丁文;他删去了可能触怒欧洲大陆上信天主教的读者的词句;他增加了许多新材料,以致原来的两卷现在变为九卷了。于是出现了《广学论》(拉丁文本)。这是一本气象万千的书。

它的范围极广,书中的新材料丰富而且重要。译成拉丁文的工作有些部分是他亲自动手的,他自己没有著的部分也是亲自监督的。有些地方可以看出这部书是"速成"的,不过,它能这样快地著成是令人惊异的。它于1623年10月出版。

这部书的总目的是要对人类知识的全部领域做一番普查并带回一个关于它的成就与限制的报告来。在书的结尾处培根拟就了一个表,列举他所发现的尚付阙如的知识部门。

在1626年3月底的一个冷天,他坐车经过积雪覆盖的海革特地区。他就决定不失这个良机。于是这位老头就下了车,从一位乡下妇女那里买了一只母鸡宰了,并亲自帮忙把雪填满鸡的肚子。他马上就感到是着了凉,于是就投奔阿伦德尔爵士,因为他在附近有一所住宅。主人不在家,但他的仆人们接待了培根。看来他们对来客的尊敬使他们做了一个糊涂的决定。他们非让客人睡宅中最好的一张床不可,可是这床既没有弄热,又没有好好地透过气。培根起初还十分清醒,能够给不在家的主人写一封很有礼貌而且很活泼的感谢信,在信里没有露出对他的病情严重的感觉。他描写了他对母鸡的试验,并且愉快地把他为了科学真理而冒风寒的举动和老普林尼要在维苏威火山附近看它爆发的决心相比——这个决心要了老普林尼的命。然而,也许是床太潮湿,也许是原来的风寒较他所想的更为严重,与普林尼相比证明是太巧合了。培根是得了支气管炎,在1626年4月9日复活节礼拜日的早晨逝世了。

德国古典哲学创始人

——康德

人物档案

简　　历：康德是拉脱维亚裔德国作家和古典哲学创始人,其学说深深影响近代西方哲学,并开启了德国古典哲学和康德主义等诸多流派。康德是启蒙运动时期最后一位主要哲学家,是德国思想界的代表人物。他调和了勒内·笛卡儿的理性主义与弗朗西斯·培根的经验主义,被认为是继苏格拉底、柏拉图和亚里士多德后,西方最具影响力的思想家之一。

生卒年月：1724 年 4 月 22 日~1804 年 2 月 12 日。

安葬之地：俄罗斯加里宁格勒哥尼斯堡大教堂东北角。

性格特征：右肩膀高于左肩膀,小个子,消瘦,风趣幽默。

历史功过：星云说的创立者之一。主要著作有：《纯粹理性批判》《判断力批判》《实践理性批判》《未来形而上学导论》《实用人类学》等。

名家评点：恩格斯评价说："康德在这个完全适合于形而上学思维方式的观念上打开了第一个缺口,而且用的是很科学的方法。"被称为"哲学领域的哥白尼"。

情感经历

　　1724 年 4 月 22 日清晨。康德出生在东普鲁士的首府哥尼斯堡(哥尼斯堡在第二次世界大战后,归属苏联,改名为加里宁格勒)一个虔诚的新教徒家庭,因而康德幼年的精神世界受新教影响很深。直到上小学,学校的人文主义教育才改变了其宗教态度。

康德在 16 岁之前一直就读于腓特烈公学,接受宗教课程的学习,同时学习的科目还有拉丁语和文学。这时期康德最喜欢读的著作是古罗马哲学家卢克莱修的《物性论》。

1740 年,康德进入哥尼斯堡大学哲学院学习,毕业后任家庭教师 9 年。

在当时,哥尼斯堡的年轻女士们的眼光一直追逐着穿着雅致的康德,他是社交场合的灵魂。他虽然个子不高,但眼睛炯炯有神,谈话风趣、幽默。但他对女性总是保持着一定的距离,不管哪个女孩多么狂热地追求他,康德都不会越雷池一步。

实际上,康德心里一直暗恋着凯塞林伯爵夫人,而他自己则是伯爵儿子的私人教师。这位中年丧偶的伯爵夫人端庄美丽,气质洒脱。康德每天都到凯塞林伯爵夫人家去上课,以便能看一眼他心中的情人。但由于世俗的禁锢,一个伯爵夫人怎可能下嫁一个平民?

1763 年,这位伯爵夫人又嫁给了另一个贵族,康德不得不悲伤地辞去了私人教师的工作。现在已无法证实他们之间是否产生过真正的爱情,但有一个事实是,伯爵夫人对康德起码有爱慕之情,在伯爵夫人的私人沙龙里,夫人在自己的座位旁边一直为康德保留着一个空位子。

在康德的心目中,伯爵夫人的形象不能被任何人所取代。从此后康德没有再与任何女性有过接触。他的后半生没有性生活,没有紧张疲劳,没有悲伤,但他有自己热衷的哲学。

在担任家庭教师期间,康德获得了丰富的人生阅历和教学经验,授课读书之余研究自然科学,留下了相当数量的自然科学手稿。这些工作为后来构建博大严密的思想体系奠定了基础。

哲学革命

1755 年,康德提交了博士论文《对于火的形模的考察》,获哲学博士学位,后任哥尼斯堡大学讲师、教授、哲学院院长和校长。他先后从事过逻辑学、形而上学、道德哲学、自然法学、自然神学、教商学等 278 门学科的教学工作,撰写了 70 多部(篇)专著和论文。康德的教学生涯共持续了 40 余年,直至 1797 年退休。

获得博士学位后,康德得到了在本校私人授课的权利,成为编外教师。编外教师没有薪水,收入全靠学生的听课费。所以,做编外讲师要么家庭富裕,要么讲课出众,能吸引众多的学生前来听课。康德家境贫寒,只得把课讲精彩,否则就得离开讲坛。学校不给编外教师提供教室,教室一般都设在教师家里。康德当时寄宿在一位教授家,教授同意他在家里开课。康德讲的第一节课,给人的印象是有些不知所云。但从第二堂课开始,他思维敏捷、逻辑严谨、学识渊博的讲授,很快受到了学生们的钦佩。后来,课讲得多了。康德的口才越来越好，课程也越来越精彩，吸引了众多的学者，康德的著述和讲课使他成为一个受人尊敬的哲学家，他的影响开始走出哥尼斯堡，很多学生慕名而来成为他的弟子，其中最著名的便是与歌德和席勒一起成为魏玛古典派顶梁柱的赫尔德。尽管如此，康德很长时间里没有得到教授职位，期间他拒绝了哥尼斯堡提供给他的诗学艺术教授聘书。他还拒绝了来自埃尔朗根大学和耶拿大学的教授聘书，他只愿意在哥尼斯堡大学担任哲学教授，因为他不愿意离开家乡，而且身体状况也不允许他迁居他乡。

1770年，康德在46岁时终于获得了哥尼斯堡大学逻辑学与形而上学教授一职，他的就任报告题目是《感性与知性世界的形式与根据》。当上教授以后，康德沉寂10年没有发表一篇文章，而是潜心研究他的批判哲学。1781年。康德发表了《纯粹理性批判》，这一部著作奠定了他在哲学史上的不朽地位。

在他的批判哲学体系中，贯穿着一个恢宏的主体性原则，成为近代哲学发展方向和本质规定。康德阐发了主体能动性是构成科学知识论的根本条件，他颠倒传统的认识论中主体与对象的关系，使主体居于主导地位，使主体的认识形式成为对象必然所从属的条件。他提出"先天综合判断如何可能"，把先前唯理论和经验派研究过的知识归结为先天分析知识与后天综合知识，提出了第三种知识类型，即"先天综合知识"，追问它的可能性，提出"对象必须与我们的知识形式一致"的假说，从而转向先验论。这是康德哲学中最具有开创性的部分，他自己比之为哲学中的"哥白尼革命"。康德的"三大批判"哲学——《纯粹理性批判》（1781年）、《实践理性批判》（1788年）、《判断力批判》（1790），最后就是确立人类作为主体而处于中心地位，并且人类理性的终极目的，就是精神与自然的最高统一。

1793年，康德的《完全在理性范围内的宗教》出版后被指控为滥用哲学，歪曲、蔑视基督教的基本教义。政府当局要求康德不得在讲课和著述中再谈论宗教问题。但坚持思想自由的康德在1798年发表的最后一篇重要论文《学院之争》中，重新论及这一问题，显示了一个学人和哲思者的魅力和勇气。

康德还是一名天文学家，星云说的创立者之一，有着重大贡献的自然科学家。康德在前批判时期曾埋头于自然科学研究。1754年，康德发表论文《论地球自转是否变化和地球是否要衰老》，对"宇宙不变论"提出了质疑。1755年，康德出版《自然通史和天体论》一书，首先提出太阳系起源星云说，还提出了"关于潮汐延缓地球自转"的假说。

康德的假说从物质自身的运动和发展来解释自然现象，摒弃了神学创世说和自然界永恒不变的观点。恩格斯评价说："康德在这个完全适合于形而上学思维方式的观点上打开了第一个缺口，而且用的是很科学的方法。"

康德的星云说发表后，并没有引起人们的注意，直到法国著名天文学家、数学家、天体力学家拉普拉斯（1749—1827）从数学、力学角度独立提出星云说，发展、充实了康德提出的星云说之后，人们才重新注意到作为哲学家的康德在天文学上的贡献。

平静离世

康德终身未娶，深居简出，直到 1804 年去世为止，从未踏出过出生地半步。康德是一个没有传奇故事的传奇人物。难怪德国大诗人海涅说过："康德的生平履历很难描写，因为他既没有生活过，也没有经历什么。"

1804 年 2 月 12 日上午 11 时，康德在家乡哥尼斯堡去世。康德去世时形容枯槁，瘦得只剩下一把骨头，遗体就像是一个木乃伊。而且他的遗体也确实像一个木乃伊那样被展览：哥尼斯堡的居民排着长队瞻仰这个城市的最伟大的儿子。当时天气寒冷，土地冻得无法挖掘，整整 16 天过去后康德的遗体才被下葬。

去世时的康德似乎仅仅是自己的一个影子。在死前的若干年里，他的身体和精神都极为衰弱，作为哲学家的康德也只剩下了一个影子，那时德国哲学界的风云人物是费希特、谢林和黑格尔等人，他们作为德国唯心主义的领军人物已经誉满天下。1799 年，康德发表了生前最后一篇文章——《论与费希特科学学之关系》。在这篇封笔之作中，康德对费希特的科学哲学给予的评价是：一钱不值。这是康德作为哲学家的最后一句话，从此他就告别了哲学舞台，他完成了自己的使命。

杰出的启蒙思想家

——卢梭

人物档案

简　　历：卢梭出身于瑞士日内瓦的一贫苦家庭，当过学徒、仆役、私人秘书、乐谱抄写员。一生颠沛流离，备历艰辛。1762年因发表《社会契约论》《爱弥儿》而遭法国当局的追捕，避居瑞士、普鲁士、英国，1778年在巴黎逝世。

生卒年月：1712年6月28日~1778年7月2日。

安葬之地：法国巴黎先贤祠。

性格特征：早慧、自行其是，难与他人相处，生性敏感。

历史功过：出版发表多部论文及著作，如《社会契约论》《论科学与艺术》《爱弥儿》《忏悔录》《新爱洛漪丝》《植物学通信》。提出"社会契约论"思想。

名家评点：英国诗人拜伦评价说："他能把疯狂的性格描绘得美丽端庄，把不规的行为涂上灿烂的色彩，他的言语就像眩眼的日光，使人的眼睛流下同情的泪水"。德国文学家歌德对卢梭的评价是："伏尔泰结束了一个旧时代，而卢梭开创了一个新时代。"

漂泊异乡

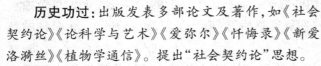

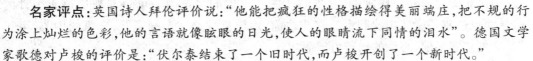

1712年夏，卢梭出生在日内瓦一个钟表匠家庭。不幸的是，他的母亲在生了他之后就弃世而去了，留下一个悲伤的丈夫，一个七岁的男孩和这个气息奄奄的小婴孩。他的全名叫让·雅克·卢梭。卢梭的出生让母亲付出了生命，情感热烈的父亲又从未减少过对亡妻的怀念,多少次父子对位,使卢梭幼年的心感觉罪孽深重,自卑又自怜。

父亲不得不完全承担起教养之责,这对大多数男子来说很困难,对卢梭的父亲更是如此。他多愁善感,喜爱读书、漫游、易与人争吵,向来不以为父的义务约束自己的行为,完全不是一个有条理的教育者。卢梭很早就开始读书了,从母亲留下的一些小说开始,父子俩经常通宵达旦地阅读不辍,以后在回忆这段往事时,卢梭不无遗憾,因为虽然他借此获得了娴熟的阅读和理解能力,但了解感情世界过多,澎湃而混乱的激情造成了他对外部世界奇特而荒诞的看法,使他的知识结构极不均衡。不正常的生活方式和不正规的阅读方式即使卢梭早慧,也使他一辈子在个人生活是自行其是,难与他人相处,思维视野与成果与众不同。

不知疲倦的阅读又转向历史和政治作品,久远的历史和陌生的世界深深地迷住了年仅七岁的卢梭。其中他特别喜爱普鲁塔克的《名人传》,阿格拉西斯、布鲁图斯提德这些古代的英雄占据了他的心,这颗心因其敏感而痛苦,因其痛苦而以丰富的想象力为自己制造避难所,遥远的古代、充满阳刚之气的英雄成了他心灵的安慰。每当父亲开始工作时,卢梭就把这样的书拿到工作室来念给他听,一遍又一遍地读,一遍又一遍地为自己描绘那个只存在于想象中的雄壮宇宙,把自己当作了某个威武不屈的罗马人,为了共和的理想忠贞不贰。

在法国人眼里,日内瓦的音乐品位粗陋,极为糟糕,但卢梭的音乐启蒙正是在这里开始的。孩子有一个姑姑个性开朗,嗓音清澈如水,常用动人的小调驱走怅惘与忧愁,柔曼的旋律深深嵌入卢梭的记忆,终生难忘。

卢梭生活在失母的阴影下,大他七岁的哥哥却实在地感受到爱的真空,他还记得亲切和婉的母爱,因此尤其反感父亲对他的忽视与淡漠。十几岁的少年还不能说是个独立的男子汉,却隐约与父亲成抗衡之势,发展到最后,他离开了家,也离开了一无牵挂的日内瓦,从此身如浮萍,杳无音信。

更沉重的打击在卢梭刚刚10岁时来临了。他的父亲因一场争斗被迫逃离了日内瓦,从而也逃避了做父亲的职责。在此之前,卢梭自觉是父亲的宠儿,全家的中心,可是父亲居然离弃了他,心灵的痛苦可想而知。

作了孩子监护人的贝纳尔舅舅把卢梭送往一个名叫教包塞的乡村,跟通情达理的朗拜尔西埃牧师学习拉丁文。

学习任务并不繁重,卢梭在这里尽享乡村的宁静,从此终生热爱纯朴的田园生活。在与表兄同窗共读的两年里,两个男孩在亲情之上又建立了友情。卢梭生性敏感,对于表扬坦然接受,对于羞耻的事则坐立不安,他心底强烈的愿望就是让身边的人都喜欢他,爱他。

贝纳尔舅舅要把自己的孩子培养成工程师,兴趣广泛的卢梭却被送到法院书记官那里,学作"诉讼承揽人"。

这是一项需要耐心和时间的工作，完全不通世道人情和不曾受过严格约束的卢梭最后被斥为无能，赶出事务所。接着，13岁的少年又被送到一个雕刻匠的铺子里去学手艺。

那个时代的学徒生活是难得见到阳光的炼狱，对其他孩子是黎明前的黑暗，对素无拘束的卢梭则是灾难。他眼睁睁地看着粗鲁师傅独自享受美味佳肴，与朋友们开心玩乐，自己一天到晚忙个不停，辛苦有份，享受无缘，还不时受到呵斥。嫉恨在这颗心里发了芽，像许多受到不平等待遇的少年一样，卢梭学会了撒谎以逃避惩罚，学会了偷窃以满足贪欲，打骂不仅没有打掉他的坏毛病，反而使他有了继续偷窃的理由。只有搞到一本新书时，他才会忘记偷窃的快意，全神贯注于其中，甚至在上班时间也不例外，引得师傅一次次的责打。

现实的种种不如意使这个孩子耽于幻想，为自己建造了各种虚无缥缈的空中楼阁。他追忆书中最感兴趣的环境，再自行改造它们，然后把自己放在其中最称心如意的地位，比如，在一所宅第中作领主和领主夫人的宠人，小姐的恋人，少爷的朋友和邻居的保护人。在幻想中完全忘记了现实，结果，这个想象力丰富、热情洋溢的人竟成了一个爱好孤独的愤世者，热衷于幻想而不思行动。

像他的父亲一样，卢梭对回归自然的漫游特别钟爱，星期日做完礼拜后他喜欢与朋友一起到城外散步，追风逐月，其乐陶陶。可是暮色渐深，日内瓦城关门的号角悠悠响起，城门关闭前不能赶回的话就会受到师傅的严责。终于有一次，卢梭又被紧闭的城门留在郊外无边的黑暗中，这次他不愿再受镂刻匠的责骂了，他已经长大，可以独立，不必受任何人的束缚。

带着轻轻地行囊，卢梭踏上了惬意的旅程，稚弱无知的年龄还不会为自己操心太多，碧草香木，柳绿花红，幸福仿佛唾手可得。

这时，卢梭已经16岁半，"我虽然不能说是一个美少年，但是我那小小的身材却很匀称，腿脚纤小玲珑，神态洒脱，容貌清秀，嘴小而可爱，乌黑的眉毛和头发，一双小而微陷的眼睛有力地放射出热血中烧的光芒。"他因自尊而胆怯，也因渴望而胆怯，他需要奇遇，深信自己可以建立丰功伟绩，可是却时时为下一餐饭而犯愁。为了混一顿饭食，卢梭甚至跑到萨瓦的一个天主教神父家里去，耐心地听他抨击日内瓦的异教徒，赞美圣母教会的权威。

日内瓦新教徒的简单饭餐显然比不上天主教徒醇美芳香的葡萄酒，卢梭一边竭力看低神父的智力、学识和品德，一边忍不住按照他的指点，去附近的安讷西拜访一名著名的背教者华伦夫人。

这位夫人心地善良，为人慷慨大方。像卢梭一样，她生下来就没有了母亲，所受教育漫无条理。她喜好炼金术和经验医学，总是不断失败又不断规划新的宏伟蓝图。在年轻的时候，她轻率地放弃了家庭和宗教，投奔到撒丁国王膝下，并得到年金赏赐，使她成为一个著名的背教者，而且始终是一个非常虔诚的天主教徒。但是她的信条很特殊，认为保持内心的虔敬最重要,而不在于遵守教规和教义,这使她具有一种独特的洒脱却不失其虔敬。

在华伦和其他人的操办下,卢梭被送往撒丁国首都都灵市的公教要理受讲所,那里专门收容和训练准备行洗礼的新人教者。当他踏上旅途,怀着对华伦夫人的依依不舍,为即将登临阿尔卑斯山而激动万分时,来自旧世界的他的父亲与舅父追踪到了安讷西,听说卢梭已经离去,只有叹息着回到各自的家。父亲已经另建新家,有一个妻子和一群新的亲戚,在那里没有卢梭容身之处。多年之后,卢梭仍为父亲的轻易放弃耿耿于怀,以至于认为父亲不仅不思父责,而且意欲巧取卢梭兄弟二人的遗产。

年轻的心还不懂得前路的艰辛,而且由于华伦夫人的出现,情感的饥渴得以稍稍舒解,一向飘摇无定的想象有了现实的对象,因此,沿着古人踩踏过的山路,卢梭满心豪气,美景当前,思念却只系着那位美丽仁慈的夫人。

领受洗礼的当天。卢梭就被推出了宗教裁判所的大门,带着20多个法郎和神父们的谆谆教导,发现自己又成了一个漫无所依的流浪儿,他甚至不如日内瓦的学徒了。现在,新教徒痛斥他的背叛,天主教徒接纳了他却打心眼里瞧不起他,背教者成为两方共同排拒的边缘人。所幸这是一个繁华富庶的大都会,卢梭还在希望被某个阔人看中,一逞才华,所以他兴致勃勃地参观全城,瞻仰王宫,参加王室的弥撒,观看教会的宗教游行,既满足好奇,享受自由,等待着好运降临。

本来就干瘪的钱袋只出不进,很快就成了卢梭的心病,尽管他厌恶受人呵斥指挥,也不得不稍稍降低自己的愿望,奔走于都灵的铺子之间,巴望有人能够长期地雇用他。一位美丽的女店主在丈夫回来之前收留了他,可是很快就心有余而力不足,不得不听任专横的丈夫把卢梭打发走。

好心的女房东终于替卢梭找到了在一位伯爵夫人家当仆人的差使。伯爵夫人已届不能以容貌来评价的年龄,据说风度高雅,才华出众,可惜卢梭只在她的身边待了三个月,她就因病去世了,没有留下子女,也没有分配一点恩赐给卢梭。

虽然去来匆匆,卢梭却背上了一个沉重的精神负担。在夫人故去后的混乱中他顺手牵羊,拿了一条银色与玫瑰色相间的小丝带,打算送给一位可爱善良的女仆。还没有来得及掩藏好,就有人发现了卢梭的小猎物。严辞追问之下,他竟然诬陷那位他喜欢的女仆玛丽永,说是她送的。众目睽睽之下,玛丽永有口难辩,卢梭暂时逃离了窘境,却使一位无辜少女从此陷入名誉扫地的境地,偷窃、撒谎和诱惑小孩子,她不可能再找到一个好的工作了。

卢梭将这段难言之隐深深埋入心底。躁动不安的心灵和青春的活力需要一个释放能量的出口。与他交往的人中间有一位人称盖姆先生的萨瓦神父,为天性激烈、易走极端的卢梭作了几番苦心教导,使他理智、实际从而安分守己。

最后站在华伦夫人面前的卢梭,又像第一次那样风尘仆仆、衣物破旧,眼底的期待遮不住几丝焦灼。好心的夫人这次收留他住在自己家,卢梭暂时安定了下来。这是一段充满乐趣的生活,华伦夫人的大屋坐落在绿色田野和潺潺小河之间,推窗揽月,景明风清,使热爱田园风光的卢梭始终沉浸在愉快而自由的气氛中。

从重逢的第一天起,卢梭就与华伦夫人以"妈妈""孩子"相称。这是卢梭心理变态的关键时期。这个在感情的饥渴中被风干的心灵自小就"经常用一双贪婪的眼睛注视着漂亮的女人",10岁的小男孩受到30岁的年轻女人温柔体罚时,在痛楚和耻辱中竟夹杂着受虐的快感。混乱的激情使卢梭始终燃烧着肉欲的烈火,但日内瓦严厉的道德说教又先入为主地压抑了天生的欲念,从而使色念更形强烈。加上卢梭天性腼腆,不善辞令,自称一辈子"在最心爱的女人面前垂涎三尺而不敢吭声",只好以想象甚至自戕获得满足。

也曾经有过同龄女友的倾心相知。在一个初夏的黎明,天光分外美丽,卢梭在城外的小溪边漫步的时候,与两位年少的姑娘相遇,结伴到乡间的古堡度过了愉快的一天。这一天卢梭少有的能说会道,却始终不敢越雷池一步。他的情感浸淫在细腻温婉的阴性气质中,宣称自己不钟情于使女、女裁缝之类,而喜欢保养得比较柔润的肌肤、美丽的手和雅致的衣饰,当然还要举止大方,谈吐优雅,可是这样一尘不染的形象只会出现在卑微的浪人不可企及的梦中,多少次魂牵梦萦的相遇最后都无果而终,无限的思慕只好化作沉重的叹息和年老时珍藏在心底的一缕阳光。

安讷西古老的大屋因华伦夫人而光彩夺目,卢梭就是那只追逐光热的飞蛾。他对华伦产生了无法言传的亲密情感,"这种感觉或许没有爱情那么强烈,但却比爱情甜蜜千百倍,它有时和爱情连在一起,但往往又和爱情不相关。这种感情也不是单纯的友情,它比友情更强烈,也更温柔",而且它不存在于同性朋友之间。卢梭追随着华伦的身影,在她驻足停留过的地方流连忘返,浮想联翩,把她看作一位慈爱的母亲,一个可爱的姐姐,一个迷人的女友。

年近20的青年正该胸怀天下、壮志凌云,卢梭却反而转过身去,留恋一位母亲般呵护他的女友。他进过神学院,修习过音乐,还试图进行剧本写作,可是精神上他是一个长不大的孩子,在恋母的情结中迟迟不能摆脱依恋。

撒丁王国政局动荡,为了保住自己的年金,华伦夫人离开了安讷西,因而暂时与卢梭失去联系。在失望与希望中反复煎熬,卢梭漫游的足迹沿着崎岖的小路踏上高山之巅,幽暗的森林,激扬的水流,深谷壁立,动人心魄,这是他喜欢的景色,被悬崖峭壁弄得头晕目眩是他喜欢的情调。他在漫游中接触了一些善良朴实的下层人,与表面上温情脉脉,实际上自私冷漠的上流社会恰成对比,从来都不善交际的卢梭在这些粗鄙胆怯的人中间获得了前所未有的放松,而他以后也将是为向被人排斥的不入流的第四等级大声疾呼的勇士。

追逐着华伦的足迹,卢梭终于来到尚贝里,得与华伦夫人重聚,这年他已19岁。华伦夫人帮助他在撒丁国的土地登记处找到一份工作,从而使他能自食其力。

30 岁而立，卢梭终于离开华伦夫人，前往巴黎打天下。

伟大著作

在外省人看来，巴黎好像一个蚂蚁窝！法国总共 1500 万人，其中有 50 万到 60 万人拥挤在首都。街上人群熙攘，马车来来往往，川流不息；在大大小小的商店里和摊棚里，挤得水泄不通，有买东西的，有看热闹的，还有掏腰包的；在咖啡馆里，有弹琴的，卖唱的，讲故事的，还有阔论国事的政客和下围棋的高手；在杜伊勒利宫塘外，小道消息满天飞，千奇百怪的新闻天天有；在王家花园里，有吊膀子的，有拉客的，毫无廉耻的妓女专找寻花问柳的闲人；此外，还有贫民窟、强盗窝、破破烂烂的圣马索，又脏又窄的街道十年前就给了卢梭一个恶劣的印象。

1749 年夏天，特别炎热，到监狱有好几里路，卢梭手头拮据，只能步行去看望狄德罗。他随身带着一本书，以便走累了时消遣。有一天，他带了一本《法兰西信使》杂志，在路上边走边读，突然看到第戎学院的有奖征文公告，征文题目是《科学和艺术的进步是否有利于敦风化俗》。

卢梭的应征论文题为《论科学与艺术》。他从研究人类发展史着手，从人类的良知觉醒时期开始，分别叙述了东西方古老帝国及欧洲的兴起，论述了人类社会所经历的变化，从而得出了这样的结论：人生来就是平等的、自由的、自然是美好的，科学艺术的发展没有给人类带来好处，只是造成社会道德的堕落和种种罪恶。

这篇论文，蕴含着卢梭以后的一些思想，如"天赋人权"说和"自然状态"说的萌芽，还表现了他早期的反封建思想，对 18 世纪法国封建专制制度下上层社会的虚伪与腐朽进行了有力的抨击。指出当时的社会是建筑在不平等的基础上的，贵族阶级的豪华生活是以人民的贫困为前提的，文化是为腐朽的贵族阶级服务的。在这种"社会秩序"中所见到的，只有压迫和苦难。他把文明社会和自然状态完全对立起来，认为人天生是自由平等的，但文明社会却处处没有自由，没有平等。在文明社会中，由于科学、艺术和文学同财富和奢侈密切联系在一起，它不但无助于敦风化俗，反而会伤风败俗。他痛斥贵族的富有、奢侈和腐化，赞扬劳动者的淳朴和美德。在他看来，奢侈无不与科学艺术相伴而行，无不与善良的风化和德行背道而驰；与其有知识或科学艺术而无道德，还不如有道德而无知识或科学艺术。卢梭这种完全否认科学艺术的观点是偏激的，缺乏全面分析的。但他在谈论科学艺术的背后，揭露了贵族、富人的奢侈生活是法国社会罪恶的根源，而且在人们普遍对科学与艺术持乐观态度的时候，看到其负面效应，多少可唤起人们的一些警觉，是有积极意义的。

《论科学与艺术》，以其论点新奇、论证有力、文笔优美而获奖后，卢梭的名声大振，很快成为法国文坛上风靡一时的著名人物,这也是他一生中的重大转折。他感到自己童年时代被灌输的那种英雄主义与道德观念的原始酵母开始起作用了,从而觉得做一个自由的有道德的人,无视财富与物欲而傲然自得,才是最伟大、最美好的。因此,他决定改变自己的生活方式,放弃对财富和荣誉的追求,而献身于思想的自由创造。

1753 年冬季,卢梭才被一件大事所吸引,那就是第一学院又公布了以《人类不平等的起源》为题的征文章程。卢梭对这个题目很感兴趣,因为它也正是卢梭想要探讨的问题,于是他又一次决定应征。

为了静下心来深入思考这个问题,他和戴莱丝及他们善良的女主人到圣日耳曼风景区做一周的旅行。其间,卢梭每天钻到风景区那层层叠叠树林的深处,在那里感受原始时代的景象,触发他去描写原始时代的历史,把文明人和自然人对比,从中发现人类不平等的起因。

经过较长时间的思考和研究,卢梭又完成了他的第二篇应征论文,题为《论人类不平等的起源和基础》。这篇论文,后来成为卢梭最重要的理论著作之一,就其思想的深度和影响来说,远远超过了第一篇论文,标志着卢梭思想的初步成熟。

文章解剖了人类历史文明的过程,从经济和政治上挖掘出社会不平等的根源。雄辩地证明了文明社会的贫困、奴役和全部罪恶,都是建立在私有制之上的,所以说私有制是一切罪恶的根源,并明确地指出,用暴力推翻罪恶的封建专制政权是合理的。

这样的理论,具有撼动封建统治根基的巨大力量。正是这些论述,为行将到来的资产阶级政治革命提供了理论依据,卢梭也正是靠他这些出色的理论而奠定了他作为当时最激进的启蒙思想家的地位。

卢梭写好了《论人类不平等的起源和基础》,就寄给了第一学院。此文虽为应征而写,但他从政治的角度料定这样的文章是很难得奖的,能够出这样一个题目已经很不简单了。

1755 年,《论人类不平等的起源和基础》在荷兰出版后,这个构成了卢梭整个思想理论体系的核心和全部世界规的基础的名著,一下子震动了整个欧洲,其影响远远超过第一篇获奖征文,而他的论敌因此也就更多了。

1756 年 4 月 9 日,他正式移居退隐庐的第一天。这天天气还冷,不过紫罗兰和迎春花已经开了,树木的苞芽也开始微绽。当天晚上,他就从毗连住宅的一片林子里听到了夜莺的歌唱,他情不自禁地叫道:"我全部的心愿终于实现了!"他急于欣赏周围乡村的景色,房间都顾不上布置就出去散步。他越观察这媚人的幽境,就越觉得这一切都是为他而设的。这地方僻静而不荒野,使他恍如遁迹天涯,当置身其中时,难以相信它距巴黎只有几里之隔。

他的心几天之后才平静下来。上午抄乐谱,下午带着笔和小本出去散步,出门不远的蒙莫朗西森林成了他的书房,在那里继续构思几本已经开了头的作品。

其中有他构思时间最长、最感兴趣的《政治制度论》。十几年前在威尼斯的时候他就想写这部书了。当时他看到被人夸耀的政府也有那么多毛病,通过对伦理学历史的研究,发现一切都从根本上与政治相联系;不管你怎样做,任何一国的人民都只是他的政府的性质将他们造成的那样。因此他想,什么是最好的政府?什么样的政府性质能造就出最有道德、最开明、最聪慧,总之是最好的人民?由此又产生出另一个问题——哪种政府在性质上最接近于法?进而什么是法及一连串同样重要的问题,都出现在他脑子里。卢梭感到,探讨这样一些问题,正在把他引导到伟大的真理上去,而这样的真理有利于自己的祖国和全人类的幸福。卢梭在这一时期完成的《社会契约论》,就是他计划写作的《政治制度论》的一部分。

他写这部作品已经好几年了,一直在悄悄地进行。他不想把这个计划告诉任何人,连当时和他关系很好的狄德罗也不知道。他认为这个计划就他写书的时代和国度来说是极其大胆的,别人知道了会惊慌,而这惊慌无疑会影响他的写作,所以只能悄悄地进行。他觉得,他以日内瓦公民的资格生活在法兰西,是十分有利于放胆说出真理的,而在他业已完成的《社会契约论》里他就是这样做的。

他的另一项工作,就是摘选圣皮埃尔神父的遗著,将其编纂成书。这件事是马布利神父通过杜宾夫人向他提出的,杜宾夫人是圣皮埃尔神父的崇拜者,而作为她的秘书,卢梭也不好拒绝这项工作。

圣皮埃尔神父的遗稿中有不少绝妙的思想,但表达得不好,使人很难读下去。卢梭面对这个苦差事,既勇敢又兴奋,因为一方面能从文稿中搜寻出伟大的思想,另一方面他想让自己认准的真理披着圣皮埃尔的外衣钻到作品里去,这比以自己的名义表达出来更妙。他先把神父手稿中摘取出来的精彩思想编成了《永久的和平》一书,再把自己的意见和评语另编成一本,这样既忠于作者,又能借题发挥。

这期间,他还思考着一部作品,叫作《感情伦理学或智者的唯物主义》,想探讨人们在生活中为什么会变成几乎完全不同的人。他通过观察研究发现,人们的生活方式大部分是由外界事物的先人印象决定的。人们不断地被自己感观和器官改变着,并不知不觉地在自己的意识、感情乃至行为上受这些改变的影响。因此,他感到有必要根据自然科学的原理,提供一种外在的生活准则,这种准则随环境而加以变通,就能把我们的心灵置于或维持于最有利于道德的状态。尽管这部作品最终没有完成,但其中的一些基本思想在后来《爱弥儿》中得到了反映。

《爱弥儿》是一部关于教育的哲理小说,它一问世就给卢梭带来了灾难。

卢梭习惯于散步中构思作品,他的大量的写作准备都是在室外走动时完成的。遇到下雨不能外出时,他就在室内编写《音乐辞典》,这也是他以变换工作来消除疲劳、提高效率的一种方法。早年,他对音乐知识的广泛涉猎和深入研究,使他具备了编写《音乐辞典》的能力。音乐的独特魅力,使他产生了编写《音乐辞典》的兴趣。他在退隐庐写完了

第一部分,最后在莫蒂埃完成了此书。它是卢梭在音乐领域留给人类的一份财富。

1761 年初,《新爱洛伊丝》在巴黎出版,引起了极大的轰动。其实还在印刷中时就已广为人知了。卢森堡夫人在宫廷里谈过它,乌德托夫人在巴黎谈过它,圣朗拜尔还把手抄本读给波兰,国王听,他欣赏之至。全巴黎都急于要看这部小说,许多地方的书商被打听消息的人包围起来了。它终于出版了,被许多人视为是部绝妙的佳作。

《新爱洛伊丝》和《给达朗贝论戏剧的信》的成功,改善了卢梭的经济状况,使他在生活上摆脱了财源枯竭的窘境,他可以安心地投入《爱弥儿》的写作,《社会契约论》,也正是在此之后不到两年的工夫整理出来的。

完成这两部著作之后,卢梭一边整理其他几部次要的作品,一边筹划着它们的出版。尽管《社会契约论》稍晚于《爱弥儿》写成,但还要先出版,而《爱弥儿》的出版则碰到了麻烦,使他的生活发生了重大逆转。

沥心著述

1763 年,他着手对他已经搞了十来年的《音乐辞典》进行修改和誊请。同时,朋友陆续带来和寄来的有关资料也差不多备齐,卢梭打算集中精力搞一部自己的回忆录。在这之前,他的朋友莫顿也曾想为他写一部传记,卢梭就此表达过他对自己传记的原则。他告诉朋友:“如果你开始写,请以一种适合我的方式进行,丝毫不要带有愤恨、讥讽以及赞颂,而是以公平的态度、庄严而有力的方式撰写。简单地说,是用一种适合一个富有正义感的作家,而不是一个被迫害者的立场去写。”

现在是自己给自己写自传了。四处遭受迫害,到了晚年竟过着颠沛流离的逃亡生活,使卢梭饱尝了人间的辛酸,更有无端的诬蔑和诽谤,使他感到要为自己的存在而辩护。他需要世人了解起初的卢梭,所以他认为自己所进行的是一项既无先例,将来也不会有人仿效的艰巨工作,那就是把自己的真实面目赤裸裸地揭露在世人面前。他要在自传里以真诚坦率的态度讲述自己的全部生活和思想感情、性格人品的各个方面,既不隐瞒丝毫坏事,也不添加任何好事。当时是卑鄙龌龊的,就写自己的卑鄙龌龊;当时是善良忠厚、道德高尚的,一就写自己的善良忠厚、道德高尚。他自信这样一个真实的自我,要比那些攻击和中伤他的大人物、“正人君子”们更高尚纯洁,诚实自然。

所以,他把自己的回忆录取名为《忏悔录》。

《忏悔录》是卢梭晚年的重要著作,是一部最具有个性特点的自传,它记述了卢梭从出生到 1766 年被迫离开圣皮埃尔岛之间五十多年的生活经历。卢梭在叙述这些经历时,也展示了自己同情平民的感情和追求自由平等的思想,体现着自他发表第一篇论文起逐渐成熟起来的理论和观点。它不仅是卢梭的生活的历史,也是他对这种生活进行思考的历程，是他的情感和思想发展的历史。这部极富思想性和艺术性的作品，被后人看作一首抒情的诗，一首世界文学中最美的诗，它成为文学史上独树一帜的标志，并进一步凸现了他作为浪漫主义抒情文学大师和开拓者的地位。当然这部作品的缺陷也是明显的，那就是对朋友过于尖刻和不宽容，这对于一个屡遭迫害而又思维敏感的人来说，也许是很难避免的。

《忏悔录》是卢梭又一部影响巨大的作品。本来是他晚年遭到诬蔑、诽谤后被迫写的自传，因为写得坦率，"完全按本来面目把自己表现出来"。这种大胆把自己的隐私公之于众，承认自己产生过卑劣念头，有过下流的行为，把他着手写这本书之前的50年的经历如实道来，结果书中的主角便成为世界上绝无仅有的一幅完全依据本来面目和全部事实描绘出来的人像。人能够坦诚至此，仅此一点，便抓住了读者。何况他是文章的高手，书中对自然美景的描绘，对坎坷经历的述说，对内心世界的剖析，使这部自传成为极富思想性和艺术性的文学作品，被后人看成是一首抒情诗，一首世界文学中最美的诗，它成为文学史上独树一帜的标志。

《漫步遐想录》是卢梭最后一部文学作品，是《忏悔录》的续篇，是最能反映他孤独的晚年那种既宁静又有些飘忽不定心境的随笔。共10篇，从漫步之一到漫步之十，无预定顺序，内容不连贯，或叙事、或回忆、或申诉、或表达内心感受、或抒发情怀，但都是他漫步时遐想的记录，是他心灵的声音。正如罗曼·罗兰所说："这部最后的《遐想》，很像一只老而忧郁的夜莺在森林的寂静中唱出的美丽的歌曲。"的确，卢梭已入老境，他这个"被排除于人类社会之外的不幸者"，很像落入寂静森林的夜莺，仍然唱出美丽的歌曲。他在《漫步之七》中写道："……任何与我肉体的利害有关的事，都不会在我心中占据真正的位置。只有当我处于忘我的境界时，我的沉思、我的遐想才最为甜美。当我跟天地万物融为一体，当我跟整个自然打成一片时，我感到心醉神迷，欣喜若狂，非语言所能形容。""有时，我的遐想最终转为默想，但更多的时候则是默想转为遐想；在这样的神游之中，我的心乘想象之翼在宇宙间徜徉翱翔，欣喜若狂，其乐无穷。"由此可以看到，在这部作品中的卢梭是处于最纯真状态中的卢梭。这部作品是他跟自己的心交谈的产物，是对自己心灵的分析和解剖。作品中他不加修饰的淳朴，无可怀疑的真诚，不再被论战和热情所激动的才智，都是它的魅力所在。

卢梭的文学作品具有鲜明的个性特色，他崇尚自我，抒发感情，热爱自然，被公认为19世纪欧洲浪漫主义文学的先驱。许多著名诗人、作家都受到《漫步遐想录》的影响，诸如歌德、雨果、乔治·桑，甚至连俄国大作家托尔斯泰也声称是他的门徒。

《社会契约论》终于出版了，一切都很顺利，只不过不允许运进法国销售。马尔泽尔布禁止此书进入法国；雷伊寄出的几大包《社会契约论》在鲁昂被扣压了好几个月才发还。

《爱弥儿》的命运糟糕透了。冉森教派教士抓住了他们的宿敌耶稣会教士的一件大经济丑闻，利用这个机会要求法院审查耶稣会的章程，结果发现耶稣会强迫其成员干了一些向王室挑衅的事。1762 年 8 月 25 日耶稣会被取缔，会址被查封。狄德罗写信给苏菲·沃朗说这是一次大胜利，哲学家们都感到高兴。不过，人们不要以为冉森派教士与哲学家是站在同一方作战。到此为止！教士们说那些不信宗教的人休想我们妥协，搞什么折中主义。法院在打击耶稣会教士的同时，还做出一副坚决维护宗教信仰的样子，把矛头对准宣扬自然宗教的让－雅克，说他宣扬的学说是"犯罪的"。到 6 月 15 日卢梭明白了法院的目的，他说："它不仅恨我，还将对我有极不公正的处置。它追究了耶稣会之后，为了堵住虔诚的信徒们的嘴，还将不顾我可怜的处境，让我受更大的酷刑，并打着法律的名义重我于死地，因为，只有这样，才能解除它的困境。"

6 月 1 日，马尔泽尔布的父亲大法官拉穆瓦尼翁下令查禁《爱弥儿》；6 月 3 日警察把书店里的《爱弥儿》全部没收；6 月 7 日，索尔邦神学院严厉谴责这部著作。

在众人的催促下，卢梭决定逃到瑞士，到伊弗东；住在丹尼尔·罗甘家，那里离日内瓦很近，可以随时了解到人们对他将采取什么态度。元帅帮助他检查来往信件和书稿，把可能牵连朋友的信全部烧掉。当然，他心里很清楚，他这一烧，也烧掉了他的信念的保证，只能一个人独自去面对打击。这时候，法院的大厅里人们正在听典默尔若利·德·弗勒里宣读起诉书。起诉书说："《信仰自白》是宣扬自然宗教的邪恶文章，它否认神的奇迹和启示，而且否认耶稣基督的神性和教会的权威。罪证成立！该书应当众撕毁和焚烧，其作者应予以监禁"。

行动要快。派人把黛莱丝找了来，她已泪流满面；卢梭嘱咐她要留在蒙路易，收拾一下他们的小家当，然后到他那里去。他拥抱她，并告诉她说："从今以后，他们的生活将灾多难，困难无比"。现在，时间已是 4 点钟，太阳已经偏西。卢森堡夫人和布弗勒夫人拥抱着他泣不成声，元帅默默地站在一旁，脸色煞白。他领着卢梭到饮马的水槽那里，已经给他预备好了一辆有篷的二轮轻便马车和一名车夫。他和元帅紧紧地拥抱在一起，两个人都知道从此以后他们就永别了。

1762 年 6 月 11 日，当《爱弥儿》在法院台阶前被众烧毁化作一阵灰尘之时，卢梭像逃犯似的偷偷离开了蒙莫朗西。他隐姓埋名，但是，到了第一住店，他决定仍然用自己的真实姓名登记，只不过少写了一个名字的着字母缩略词。

日内瓦政府非常着急。6 月 11 日它开始查禁《爱弥儿》和《社会契约论》，18 日，小议会举行会议，严肃批评《爱弥儿》鼓吹自然神论，并指出《社会契约论》的"论点旨在破坏政府的威信，对我们的政府尤其有害"。因此决定当众烧毁这两本书，如果作者来到日内瓦就马上逮捕。

卢梭的政治学说主要包含在《社会契约论》中。卢梭不是一个书斋中的经院式学者，他讨论政治权利原理是为了解决社会问题。此书第一卷开头就阐明了作者的意图，即探讨在社会秩序中，是否可能存在某种公正、合理的政权规则，他追问的是国家的绝对根据：什么是国家的基础？人们是凭着什么权利役属和兼并、保持秩序、统治和被统治、服从权威的。卢梭认为"人是生而自由的"但由于文明的进步,私有制的产生,少数人奴役多数人,而为了使这种奴役成为合法的行为,多数人被强迫订立契约,国家的统治机构因而产生,人民由此戴上了枷锁。契约的制定是不平等的,所以人民需要重新制定契约,如果少数人阻止新契约的制定,人民则有权用暴力推翻他们。新契约的最终目的是自由和平等,这也是公意的体现。公意概念的提出,表明了卢梭的人民主权思想,公意实际上成为以后民主共和国理论的灵魂。

在西方思想史上,提出社会契约论的并非始于卢梭。本来是卢梭很早就构想的《政治制度论》的一部分,后来他感到完成此书需要好多年时间,就放弃了原定的计划,把《社会契约论》作为相对完整的著作出版。

契约论,系统地阐述了他的社会契约学说的基本原理,提出了人民主权思想和激进的资产阶级民主理论。因此,我们可以认为社会契约学说主要是和卢梭的名字联系在一起的。在《社会契约论》中,卢梭提出了如何改造社会,建立什么样的国家制度,才能恢复和保障人们在不平等的社会中所丧失的自由和平等的权利。

卢梭写道:人生来是自由的,但他到处都被锁链拴住。他认为我们因受人压迫而遭到种种约束,为了恢复天赋的自由,也可以用暴力来挣脱各种束缚,然而暴力毕竟是无止境的,所以为了维护人类的平等自由,人类间的契约非常重要。

卢梭指出,任何人都不具有统治自己同类的自然权利,合法权利的基础是契约,它只能是人民自愿订约的结果。社会契约既是合法权利的必要条件,也是正常的政治制度的必要前提。它的根本任务和目的,就是通过人民以社会契约形式组成的政治共同体,保障每个组合者的利益和权利。

卢梭还认为,真正的社会契约既不是个人与个人之间订立的,也不是统治者与统治者订立的,而是人民同由他们组成的政治共同体订立的。契约是人民自由协议的产物,合法的国家只能是由基于人民自由意志的社会契约而产生的,个人与国家的关系就是一种社会契约的关系。选令契约本身要求人们在订立契约时,每个结合者都把自己和自己的全部权利毫无保留地转让给整个集体,没有任何人可以例外,其条件对所有的人都是相同的。这样,社会契约的本质就可以归结为:我们每个人都以其自身及全部的力量共同置于公意的最高指导之下,并且我们在共同体中接纳每一个成员作为全体之不可分割的一部分。

尘埃落定

1762 年卢梭逃出法国,从此开始了颠沛流离、几无容身之处的晚年。巴黎和日内瓦的两个通缉令使欧洲舆论开始集中向他开火,没有几人去研究他的作品,正像以后他的信徒也不怎么读它们一样,但他们有足够的罪名控诉这位逃亡的哲学家,反教分子、无神论者、狂人、疯子、狼人病者，甚至干脆就是个豺狼。后人的评价或许能多一分公正："他是一个无系统的思想家，没有受过严格的逻辑训练；他是一个无所不读的读者，却没有足够的消化能力；他是个容易动感情的热心人，说话却不考虑影响；他是个不负责任的作家，天生具有出口警句的才华"。他主张师法自然，人应该顺从内心情感的召唤而不是理性的推敲，这触犯了启蒙运动的根本；他否认原罪说，主张人性本善，只是在社会发展中才丧失了淳朴，增添了恶德，他赞美自然宗教发自内心地对上帝的虔诚，质疑教会在救赎灵魂方面的权威，认为只有保有内心的确信，不必有外在的仪式和行为；他主张按照人一生各个阶段不同的心理特质实施自然的、均衡的教育，应该及早培养儿童的独立自由观念和吃苦耐劳精神，并将他们与社会的罪恶隔绝开来，避免污染，从而触怒了以天主教耶稣会为代表的传统教育界。总之，他在教会眼中是个大逆不道的无神论者和不折不扣的斯多噶，在哲学阵营中是个不合时宜的、可恶的有神论者，在王室眼中是个否认君权神授的契约论者，在高等法院那里是鼓吹民主政治的危险分子。他在法国众叛亲离，自从1754年回日内瓦途中戴莱丝可疑地哭诉他的朋友对她不老实以后，他那只颗的心就被疑神疑鬼的猜想所困扰，勒瓦瑟尔母女俩把他看作摇钱树，尽力在他和他的朋友之间挑拨离间。要么就是亲密无间的朋友，要么就是横眉立目的敌人。卢梭一旦感觉到朋友的冷淡和友情的变质，就以更激烈的报复来回应。他与伏尔泰闹翻了，以更激烈的程度与格里姆、狄德罗反目，与霍尔巴赫为敌，与埃皮奈夫人结怨，甚至对他后来非常依恋的卢森堡元帅夫妇也有一种深厚又矛盾的情感。

心底的骄傲不容他有任何妥协，但日渐衰老的肉体和苦于妄想的精神已不堪忍受经年的折磨。可以依赖的都是些死人，现实生活中仿佛只有一些居心叵测的预谋家，竭力要掩盖可疑事件背后那只神秘的手，它带来致命的打击，却无影无形，无人知晓它的存在。

从两个通缉令开始，卢梭在欧洲一再逃亡，伯尔尼也拒绝收容他，不得已，他在普鲁士的弗雷德里克的恩准下暂时安顿在讷沙泰尔邦。他穿上亚美尼亚人的长袍和圆帽，与邻居和来自四面八方出于好奇或仰慕的人交往，编撰《音乐辞典》，可是却逃不掉地方教会的敌意和当地居民恶意的攻击。

来自"北方雅典"爱丁堡的休谟再次向他发出邀请，此时休谟是英国驻巴黎的使馆人员，与巴黎的哲学家们有愉快的交流。卢梭接受邀请时认为他是一个言行一致、把道德与天才结合在一起的人物，而他初到英国也颇得志，英王乔治三世还给了他一份年金。

英国阴阴郁郁的天气使英国人也显得那样暧昧不清，卢梭蜗居在厚厚的心茧之下，来自外界的任何一点刺激都被扩大为震荡。热度的离开与到来一样迅速无形，他开始讨厌英国的天气和人物，卢梭与英国社交界和思想界的蜜月被他的妄想狂症破坏殆尽。休谟与他的交情最长久，但是他始终怀疑休谟与他的法国仇敌结合在一起，努力要把他推向那个神秘的阴谋，头脑清醒的时候他也会给休谟最亲爱的拥抱，但最终妄想迫使他逃离了英国，自以为逃离了迫害。

路易十五平和无事的王朝已经快到尽头，黑暗时代即将降临，巴黎这座不眠的都市却在国泰民安的表象中继续着太平盛世的狂欢。卢梭在这个社会中找不到自己的位置，他醉心于友谊却留不住朋友，痛恨吸纳全法国精髓而独自光彩四射的巴黎，却又被宁静正统的小城居民中伤甚至迫害。1770 年，他被允准回到巴黎，重操旧业，为人抄写乐谱，闲时进行植物学研究，并成为人数渐增的敬仰者和崇拜者朝圣的目标，日后曾让法国乃至全世界为之颤抖的罗伯斯庇尔曾描述过老年卢梭的"庄严的面容"和种种加诸其身的不公正的"深切忧伤"的痕迹。

他的声名与不幸都来自手中的笔，他在最悲哀的时候把写作看成是不祥的职业，但胸中的不平促使他继续以笔的帮助完成对社会的控诉。在流亡过程中，他完成了《忏悔录》，在四面受敌的情况下为自己辩护。这部书从名字到内容都让人联想到圣奥古斯丁的同名作品，但多了几分渲染自夸，少了一些深刻内省，卢梭清新的文笔描绘了转瞬即逝的美景和一厢情愿的良辰。

不朽开始

1776 年 10 月 24 日，卢梭和往常一样到郊外散步，在漫步中遐想。大约晚上 6 点钟，他从山冈上走下来，看到走在前面的几个人突然闪开，只见一条高大的丹麦狗在一辆马车前飞奔，向他扑来。卢梭已来不及躲避，只得腾空一跳，想让飞奔的狗在他跳起的瞬间穿过去，但狗还是撞上了他的双腿，使他头朝下栽倒在地，顿时失去了知觉。幸亏马车夫及时煞住了车，不然还会有更大的灾难。直到天黑，卢梭才苏醒过来，发现身上流着血，但并不感到疼痛，心底里反而有一种奇妙的宁静的感觉。他谢绝了车夫的帮助，还坚持步行回家，不知怎么走完的两公里一路程，在黑暗中摸上楼梯，一进屋就摔在地上，又一次失去了知觉，戴莱丝见状发出了尖叫…第二天卢梭才知道他受的伤比他想象的重多了，上唇内侧撕裂；四颗牙齿嵌入上腭，整个上腭都肿了；右手大拇指扭伤，肿得厉害；左手大拇指也受了重伤；左胳臂和左膝盖也都肿了。卢梭疼痛难忍，饱尝皮肉之苦。

事故发生后不几天，消息便传遍了巴黎。有的报纸在报道这个消息时，加上个意味深长的标题:《卢梭被狗践踏!》还有的对事实歪曲篡改，甚至从中演变出谣言，说卢梭已经摔死。所以当卢梭康复后出外散步时，有几个人看到他出现惊诧的神色。有人写信告诉卢梭，一家报纸公布这一"喜讯"时，还以向他致悼词的形式，预言人们在卢梭死后献给他的祭品是痛恨和辱骂。

这些半是谣传半是诅咒的消息，在卢梭的心中煽起了阵阵恐惧，已经麻木了的警觉又被惊醒了。他更加相信自己从前的结论——他个人的命运和名声，已经被这一代人盖棺论定，自己所做的任何努力都是无济于事的。

想到这些,他感到自己的那些敌人都由于命好而步步高升,他们又因为和他结仇而异乎寻常的团结一致,只要有一个人拒绝当同谋,只要有一件加以阻挠的事发生,就可以使反对他的阴谋归于失败。但是这种事情一件也没有发生,所以他深信这绝非出于偶然,而是一种宿命,是早已写在神谕上的。

他这样想下去,不仅没有感到痛苦,反而得到了安慰,使他的心安静下来,去俯首听命于上帝的安排。他崇拜至善至美的上帝,他相信上帝是公正的,他要自己去受苦受难,然而他知道自己是清白的。

卢梭要用自己的信仰抚慰自己受伤的心灵,任凭别人如何如何,自己则要学会无怨无艾地忍受,他相信世人公正看待他的那一天迟早会到来。

卢梭虽然对"充满了欺骗、诽谤与谎言"的这一代人已经不抱任何希望了,但他还希望他的作品能够"传到一个较好的下一代人手中",也就是说,他对下一代人还是抱有希望的。所以他相信世人公正看待他的那一天迟早会到来。有了这个信念,他的心又平静下来了,他又恢复了每天散步、遐想、采集植物标本、写作、做他自己愿意做的事。

1777 年底至 1778 年初那个冬天,卢梭很少外出,他的生活好像不那么有规律了。

1778 年 4 月 12 日,是复活节前的又一个宗教节日——圣枝主日。这天清晨,卢梭听到了教堂的钟声,立刻想起 50 年前的这个节日,他初次见到华伦夫人,当时的情景一下子浮现在眼前,使他先是一阵激动,接着便是怅然长叹。思索了片刻,他便拿起笔来,写下对她的追思:

今天是圣枝主日,同华伦夫人初次见面,至今已经整整 50 年了。她当时只有 28 岁,而我还不到 17 岁……

我没有哪一天不在愉快地、怀着深情回忆起那段时期,这是我不受干扰、没有阻碍地充分体现我自己的时期,现在可以理直气壮地说这是我真正生活的唯一而短暂的时期。

5 月 20 日,应朋友吉拉丹侯爵的盛情邀请,卢梭离开巴黎,迁到了侯爵在埃尔姆农维尔的别墅去居住。他住在这里非常安闲,几乎不和任何人来往,也不再写作,每天散步、闲游和寻觅标本,在植物花草中寻求乐趣。

7 月 2 日,卢梭还是按照老习惯一清早就外出采集植物标本,但这次因为脚痛很快就回家了。喝完咖啡,他对戴莱丝说要去吉拉丹侯爵家,给他小女儿讲音乐,并嘱咐她给锁匠付款。

戴莱丝找到锁匠付完款后回到家时,听见卢梭呻吟说:"我感到胸口一阵阵疼痛,大脑也像被敲打似的。"这时是 7 点钟,外面天气晴朗,卢梭说他想看看美丽的阳光,戴莱丝便扶他到窗前,只听他说道:"全能的主啊!天气如此晴朗,没有一片云,上帝在等着我了。"说完,他便失去了知觉。到充满阳光的地方去了。后经医生诊断,写下了"由于严重的尿毒症而引起的中风"的记录。

对卢梭来说,死亡不是结束,而是不朽的开始。

德国古典哲学的集大成者

——黑格尔

人物档案

简　　历：德国近代客观唯心主义哲学的代表、政治哲学家。18 岁时，他进入图宾根大学（符腾堡州的一所新教神学院）学习，在那里，他与荷尔德林、谢林成为朋友，同时，为斯宾诺莎、康德、卢梭等人的著作和法国大革命深深吸引。1801 年，30 岁的黑格尔任教于耶拿大学，直到 1829 年，就任柏林大学校长。1831 年 11 月 14 日在德国柏林去世。

生卒年月：1770 年 8 月 27 日～1831 年 11 月 14 日。

安葬之地：柏林市中心的墓地，他的近旁安息着费希特和布莱希特。

性格特征：规矩、勤勉，有较高天分，安分守己，枯燥无聊。

历史功过：发表《精神现象学》《法哲学》。建立了世界哲学史上最为庞大的客观唯心体系，极大地丰富了辩证法。

名家评点：恩格斯评价黑格尔是"第一个想证明历史中有一种发展、有一种内在联系的人，尽管他的历史哲学中有许多东西现在我们看来十分古怪，如果把他的先辈，甚至把那些在他以后敢于对历史做总结的人同他相比，他的基本观点的宏伟，就是在今天也还值得钦佩"。

少年时代

1770 年，黑格尔（全名格奥尔格·威廉·弗里德里希·黑格尔）出生于德国符登堡省斯图加特城的一个税务官家庭。黑格尔曾说过，每个人都是他那个时代的产儿，而哲学则是被把握在思想中的它的时代。他本人就生逢一个令人激动的时代。在他出生的时候，法国启蒙运动已经达到顶峰，而他的大学时期正值法国大革命风云激荡的岁月。黑格尔是在处于风暴边缘的落后的德国经历这一切的。

启蒙运动标志着人类理性的觉醒，人们对传统和现实的一切，从政治到宗教，从制度到思想，从生活方式到风俗习惯，都重新进行思考。它们都必须在人类的理性法庭面前为自己的合法性辩护。在人们觉醒了的头脑中，一个理性王国的轮廓已经形成。在那里，人类的尊严和平等得到承认，个人的权利得到保障，国家由人民集体治理，政府的权力受到限制。黑格尔称启蒙运动为"以头立地的时代"。的确，启蒙运动给法国以至整个欧洲的精神世界造成了一个巨大的断裂，从此以后，人们已经不可能再按旧的方式来思维了。中世纪的暗夜已经消退，新的精神世界已经降临。

位于德国西南部的符堡公国是四分五裂的德意志帝国众多邦国之一。这里西与法国为邻，南与瑞士接壤，所以法国启蒙运动和大革命的影响在这里自然表现得更强烈、更深刻。这使它成为德国较为开化的地区之一。那个时代德国有众多的文化名流都出生或生活于这里。

也许不无巧合，注定承担了将法国启蒙精神德国化任务的黑格尔，就出生在法国启蒙思想新潮流与德国民族文化传统相交汇的这个地区。他的家庭世代笃信路德新教，其远祖就由于信仰新教而在 16 世纪末被从狂热信仰天主教的奥地利驱逐出来，迁居于符登堡。其祖父是一位新教牧师，著名诗人席勒诞生时就是由他主持洗礼的。也许是新教的家庭环境和传统，塑造了黑格尔凝重深沉的气质。

黑格尔在少年时代所经受的磨难是几次身患致命的传染病，一次次死里逃生。但他却享受着温馨的家庭生活，他的母亲是一个有多方面教养的女性，承担了对小黑格尔的启蒙教育。在 1783 年她因患传染病去世。黑格尔深爱着他的母亲，对母亲的早逝深以为痛。直到 1825 年母亲逝世的纪念日，他还写信给妹妹："今天是我们母亲去世的日子，这个日子我永远记得。"他与妹妹也感情甚笃。他妹妹终生未婚，在黑格尔去世一年后，因疾病和精神苦恼而自杀身亡。死前留下一封给黑格尔夫人的信，记载着黑格尔的童年生活和其他一些经历。当黑格尔后来成为一个哲学家的时候，在其著作中给予家庭和家庭关系高度的评价。他以爱为家庭的基本规定，认为爱是精神对自身统一的感觉。他还谈到兄妹之间的爱是最真挚、最纯洁的感情，等等。有理由认为，当他写下这些文字的时候，涌现在他心头的就是早年家庭生活的温馨情景。

少年黑格尔起初入拉丁学校学习，后到市立文科中学就读。中学时代的黑格尔规矩、勤勉，表现出较高的天赋，尤其倾心于古典文学。从这个时期的日记中，人们发现少年时代的黑格尔的性格和志趣特点：第一，他养成了做读书笔记的习惯。在笔记中，他客观地记载着日常所见的周围事物，同教师散步时的谈话，特别是花大量时间摘录读过的书;第二,他表现出对学习和思考历史问题的特殊兴趣;第三,他留心观察和发现矛盾的现象。日记中记载了他在一次散步中产生的想法:"每一件事都有它坏的一面。"比如,少年人对樱桃垂涎三尺,而老年人则无动于衷。从这件事中他悟出一点道理:"年轻时想吃不得吃,年老时则有吃不想吃。"同一样东西可以给各个不同的人以各种不同的印象,等等。这里已经预示了这位少年将对辩证法思想做出他的贡献。中学时代的黑格尔已经表现出对哲学的兴趣,他大段大段抄录洛克、休谟和康德的著作。他还专门准备了一个笔记本,从1785年起,专门搜集各种定义,包括迷信、美、哲学、逻辑、变化、国家等的定义,似乎无意识中在为他未来的哲学百科全书做准备。

十五岁那年,他进了斯图加特市立文科中学,他尽管威廉把各门学科都学得很出色,升级考试的成绩总是优良,父亲却认为,儿子在学校里上点课是不够的,所以还是为他聘请了家庭教师。

黑格尔读书读得很多,把零用钱都买了书。他常常到公爵图书馆里去看书,认为这是一桩很大的乐趣。黑格尔第一次逛到这里,借了巴托的《美学导论》德译本,读完了其中论叙事诗一章。图书馆每逢星期三、六开放。在一个大房间里有一张长桌,上面摆着钢笔、墨水和纸张,供读者使用。读者想看什么书,只要把书名写在纸片上,交给图书管理员,他马上就会把书给找来。

他爱读严肃的书,读这些书的时候,还养成了一个独特的习惯。那就是,把读过的东西详细地摘录在一张张活页上,然后按照语言学、美学、面相学、算学、几何学、心理学、史学、神学和哲学等项目加以分类。每一类都严格地按照字母次序排列,所有摘录都放在贴有标签的文件夹里。这样,不论需用哪一条摘录,都可以马上找到手。这些文件夹将伴随这位哲学家一辈子。

黑格尔为人循规蹈矩,安分守己。黑格尔的传记作者库诺·菲舍尔写道:"当时谁也不曾预料到,这个陶醉于如此一部通俗小说的平庸少年竟会脱胎换骨,成为一个深刻的思想家,他还将孜孜不倦,力图上进,有朝一日作为当代第一位哲学家而出现。"

然而对年轻的黑格尔来说,情况并非完全像菲舍尔所记述的那样。在文科中学最后一年,黑格尔有一篇作文,《论古诗人的若干特征》,得到了这样一个评语:"大有后望"。尽管黑格尔对近代文学很不熟悉,他却以通晓古典文学而见长。如果写一篇赞美古代诗人的文章,对他来讲绝非难事。因为他一度醉心于索福克勒斯和欧里庇得斯的悲剧,翻译过爱比克泰德和隆各司的作品。一年前,他已在《论希腊人和罗马人的宗教》一文中表达了他对于古代的纯理性主义的观点。他认为,希腊人的迷信是由于缺乏启蒙知识。在那篇文章的结尾,还附带地批评到现代。而在这篇论古代诗人的文章中,黑格尔进一步阐发了这个论题,对时新的文学作了批判。据他看来,近代诗人再也起不到古代诗人那样大的作用了。古代作家的优秀品质和无可争辩的长处就在于纯朴。他们所关心的,是为真理服务,而不是取悦于读者。他们的思想不是取自书本,而且直接源于生活和自然。

这当然并不是什么创见。在温克尔曼,莱辛和赫尔德之后,古典热已成为德国知识界的共同特点,黑格尔这个学生不过是把他读过的东西转述了一遍,但是他转述得头头是道,令人信服。黑格尔对于古代语言和古代诗人毕生倾慕不已。

年轻的黑格尔就要从文科中学毕业了,但他必须做一次演讲。他挑选的题目是土耳其人治下艺术与科学之衰落。黑格尔从前对近东没有发生过任何兴趣,这次选定土耳其人做讲题,也不过是借题发挥而已。

他在讲演中一面描绘奥斯曼帝国的悲惨状况,一面呼吁大家回顾一下自己的家乡符登堡。对比是令人触目惊心的。"……因此,我们将会认识到自己的幸运,将会珍惜天意让我们出生在这样一个国邦,本邦君主深信教育之重要,深信科学用途之广泛,对这两点优先予以关怀,从而赢得了荣誉,为自己树立了一个永垂不朽的、供后世景仰的纪念碑。"这里讲的是卡尔·欧根,也就是那个派人迫害席勒和舒伯特的专制暴君。黑格尔举出自己的母校——那个文科中学——作为本邦教育事业发达的例证。他一味赞美学监们,感谢老师们。然后他呼吁朋友们和同学们深思一下,他们由于玩忽老师和学监的教导,给自己带来了怎样的恶果。

1788 年 10 月,他开始进图美根修道院的神学院学习。

黑格尔学习勤奋刻苦。他在 1788 年 12 月写的大学时代的第一篇作文,再一次重复了几个月前在文科中学所写的内容。文章的题目是:论希腊罗马古典作家的著述给予我们的若干教益。他的论点没有变化,他仍旧认为古代诗人是直接从自然获得灵感的,他还批判了当代人的书本知识。古典作家的长处就在于语言惊人地丰富。古典文学是培养鉴赏力的学校,美育的学校。读一读古代史学家的作品是特别有益的,这些作品是记载历史的典范,极有助于理解人类所走过的道路。

在神学院第一学年结业时,黑格尔获得了一张特优证书:"智力强,勤勉,品行优良"。在以后十个学期中,智力一栏的评语总是"强"。而在品行一栏,则从"优良"降到"及格。"有时甚至是个"劣"字。黑格尔已不再是那个循规蹈矩的文科中学学生了。新的兴趣闯进了黑格尔的生活,政治使他着了迷。他没有成为一个放肆的酒鬼,尽管这类酒鬼在图宾根多得很,而且黑格尔本来也完全可以成为其中一员,但值得庆幸的是这并没有成为事实。

1789 年春天,警报从法国传到了德国。饥饿和骚乱笼罩着法国,国王被迫召开三级会议,第三等级不再服从国王的权威,人民代表宣布召集国民会议。7 月 14 日,巴黎人攻占了巴士底狱,革命之火燃遍全国。8 月 26 日,制宪会议通过了"人权宣言",这个文件在当时的精神生活中——在这整个时代——起了决定性的作用。

同德国的其他城市一样,法国革命在图宾根也受到进步力量的热烈欢呼,并且也出现了一个政治俱乐部。人们在那儿交流有关法国事件的新闻,阅读法国报纸,谈论德国的命运。图宾根人学法国人的样,栽了一棵自由树。据说,黑格尔和他的朋友谢林一起,也参加了这项活动。

黑格尔是俱乐部的积极成员,他在会议上发表政治演说,受到了朋友们的喝彩。在哲学家当时的纪念册中,可以找到这样一些革命口号:"反对暴君!"——"打倒坏蛋!"——"打倒妄想绝对统治心灵的暴政!"——"自由万岁!"——"卢梭万岁!"还有一条摘自《社会契约论》的语录:"如果天使有个政府,那么这个政府也会实行民主管理的。"

卢梭是对社会罪恶和封建奴役勇敢提出控诉的人,他的革命思想吸引了黑格尔。卢梭也是最先洞察资产阶级进步有其缺陷的人们中的一个,他的口号是:"回到大自然去!"他写道,经济的繁荣和科学的发达,并没有给人类带来幸福,而人类为这些成就所付出的代价却是自由和道德的沦丧。在黑格尔看来,法国的事件正是卢梭思想的实践。

大学时代,他与同窗荷尔德林和谢林结为至交。他们都是天赋极高的人,也是同学中独具慧眼、识得外平内秀的黑格尔的价值的人。荷尔德林在 30 出头的时候,就显露出惊人的才华,当代学者把他视为可以和歌德和席勒并列的伟大诗人。而谢林少年成名,15 岁入图宾根神学院,23 岁时就荣登耶拿大学的哲学讲坛。他虽然小黑格尔 5 岁,比黑格尔晚入学两年,但却早于黑格尔成为德国哲学界耀眼的新星。他们都是法国大革命的热烈拥护者。荷尔德林向往大革命开创的新生活,后来曾亲赴法国实地考察体验。谢林则把最鼓舞人心的"马赛曲"译成德文。如黑格尔后来所说,理性和自由是他们永远的共同口号,而无形的教会则把他们联系到一起。

一般认为,黑格尔当时对哲学并不感兴趣。虽然他在法国爆发革命那一年就开始读康德的著作,但当时他还领会不了批判哲学的革命精神。那时,神学院学生们组织了一个研究《纯粹理性批判》的团体,年轻的谢林积极地参加了这个团体的活动,黑格尔则对它不闻不问。

但是二十岁的黑格尔仍然获得了哲学硕士的头衔。因为按照神学院规定,学生在头两年首先应当研究哲学,接着还应为硕士论文进行答辩。为了获准参加答辩,又得先写两篇简短的哲学论文,通过一次考试并参加辩论。学生用不着提交篇幅较大的独立论文,因为真正的论文是由教授撰写的,学生只需进行答辩。黑格尔的两篇文章没有保存下来。《论义务的界限》这篇论文是奥古斯特·伯克教授写的。该文申述了沃尔夫的道德观。作者认为,德行的基础在于理性,也在于感情。

为这篇论文进行答辩的,同时有四个学生,其中就有黑格尔和荷尔德林。

黑格尔在图宾根的最后三年便专门用来学习神学了,结业时他答辩了一篇关于符登堡教会史的论文。除了黑格尔,还有八个学生参加。1793 年秋季的宗教考试,是黑格尔向图宾根神学院所做的最后一次贡献。

1793 年深秋,23 岁的黑格尔告别了著名的图宾根神学院,踏上了人生新的旅程。在他的纪念册里,同学们给他画了一幅漫画:青年黑格尔驼着背,弯着腰,手拄两根拐杖。旁边的题词是:"愿上帝保佑这位老头儿。"在同学们的心目中,这位"小老头"是个可爱的伙伴。他为人循规蹈矩,安分守己。一部充满惩恶劝善说教和描写市民琐碎日常生活的乏味小说竟使他陶醉不已。他对文学的鉴赏力不超过中等水平,口才也平庸无奇,喜欢把读过的书按学科门类详细地摘录在活页纸上,并严格地按字母顺序排列。在日记中,他不厌其烦地叙述着无聊的琐事,发表的见解也难见惊人之语。人们从中看到的是一个少年老成、谨小慎微、一肚子陈芝麻烂谷子的庸人。可谁会想到,在这庸人的外表下埋藏着一颗杰出的心灵。日后令那些同学们瞠目结舌的是,这个"小老头"竟然脱胎换骨,在人类思想领域里成就了非凡的伟业。他以那严整而深邃的哲学体系征服了思想界。晚年荣登作为德国学术界领袖的柏林大学校长宝座。作为德国古典哲学的集大成者,黑格尔身后荣显。他的巨大身影遮掩了一个多世纪的哲学发展历程。从那时起,人们或者继承黑格尔,或者批判黑格尔,但难以避开黑格尔。黑格尔给人类思想的历程刻下了他深深的印记。

求索之路

1793 年,正当法国革命如火如荼地进行的时候,黑格尔经过两年神学和三年哲学的学习,完成了学业,以第四名的成绩从图宾根神学院毕业了。在他的毕业文凭上写着这样的评语:健康状况不佳,中等身材,不善辞令,沉默寡言,天赋高,判断力健全,记忆力强,文字通顺,作风正派,有时不太用功,体质一般,神学有成绩,虽然尝试讲道不无热情,但看来不是一名优秀的传教士,语言知识丰富,哲学上十分努力。

但不知什么原因,黑格尔没有去当牧师,而是到了卢梭的故乡瑞士做了一名家庭教师。也许确如毕业文凭所说,他由于口才不佳而不具备一个优秀牧师的条件。也有人解释说,由于当时大学里笼罩着一种气氛,好像在修道院和兵营里一样,这才使黑格尔产生了厌恶教会的情绪,而法国革命和卢梭的影响使他形成的激进的政治倾向也起了一定作用。无论如何,他没有进入教会献身于上帝,也没有留在德国谋生,而是来到较为开化的瑞士。

告别大学校园的时候,在黑格尔内心深处仍燃烧着火一般的激情。在他的脑海里,萦绕着与同学们分手时相互勉励的一句口号:"上帝之国"。对于一位出身于虔敬的清教徒世家和毕业于神学院的大学生来说,这句口号的意蕴是显而易见的。那是对终极理想的炽热向往和追求,那是法国启蒙思想家所提出的"理性王国"在德国的翻版。几年后在给同窗好友荷尔德林的信中,黑格尔为这个口号作了注脚。他说,那"是对真理和自由全无保留的献身,是对禁锢思想戒律永不妥协的誓言"。可以说,启蒙运动给这颗年轻的心灵植入了最初的火种,而大革命使他燃烧成熊熊的激情。这激励着他一生不懈地探索和追求,也是他最终登上哲学的奥林匹斯山的能量源泉。

在幽静的伯尔尼，黑格尔成了一个贵族家庭三个孩子的家庭教师。1797 年，他又转到美丽的莱茵河上的法兰克福做家庭教师。对他来说，这项为生计的工作不需花费太多的时间和精力，这正好使他能够埋头读书、思考和写作。

他的思考最初集中于宗教问题。这对一个神学院的毕业生来说，显然是顺理成章的。在这里，黑格尔把理性宗教和民众宗教与传统的权威宗教对立起来，指出教会与专制政治是沆瀣一气的，而传统教会体系就是一个把人不当人的体系。在他看来，希腊罗马的宗教本是自由人民的宗教，随着自由的消失，这种宗教也消失了，而基督教则是专制的产物。不久，黑格尔又对政治经济学发生了兴趣。研读英国经济学家的著作时，他开始思考财产问题，并推断出社会冲突的根源在于财产。通过对经济学的研究，也使黑格尔对新产生的市民社会，即资本主义社会，有了一定的认识。

这期间，他对康德著作的理解日益加深。在写给朋友的信中他说，"我从极其丰富的康德体系中，期待着在德意志大地上出现一场革命。"也许他这时还不敢奢望最终撷取康德发起的这场哲学革命的最终果实的竟是他自己。但他已经看出对康德哲学的必然发展在人们面前展示的前景：许多人会为它的必然结论大吃一惊，"人们仰望着把人抬举得这样高的，全部哲学的顶峰感到头晕目眩。为什么，到这样晚的时候，人的尊严才受到尊重？为什么，到这样晚的时候，人的自由禀赋才得到承认"？他认为，肯定人类本身是如此值得尊重，乃是这个时代的最好标志，它说明压迫者和人间上帝们头上的灵光消逝了。

这时，他那才华横溢的同学谢林打着"清除陈腐教义"的旗帜，已经在批判正统神学的激流中起锚扬帆。在耶拿大学，谢林作为新思潮的领袖，成为大学生们所崇拜的对象，学生们把他的课堂挤得水泄不通。面对谢林的成功，黑格尔却不急不躁，默默无闻地摸索着自己的道路。他觉得自己还不能与谢林相提并论，不敢发表他的批评意见。谢林显然很看重黑格尔，他请黑格尔谈谈自己的学术研究，黑格尔只是谦逊地回答说，"我的作业不值一提"。

不过，黑格尔绝没有虚度光阴，他在这个时期思考了许多问题。但是他觉得，由于缺少书籍，并且时间有限，他还无法把在头脑中萦回的那些观念充分地发挥出来。也许是思之越深，越彻底，而言之越慎吧！但他对成功的信念是坚定的："我坚信，只有不间断的努力，从各个方面进行探索，总有一天会获得有分量的成果，有志者事竟成。"他有时引用谢林的口号勉励自己："我们决不甘落后！"

1800 年 11 月，已届而立之年但仍默默无闻的黑格尔在写给已经名噪一时的谢林的信中表示："我不能满足于人类低级需要的科学教育，必须攀登科学的高峰。我必须把青年时代的理想转变为反思的形式，也就是化为一个体系。"他深知营造这个体系是一项艰巨而严肃的工作，他为此而甘于寂寞。随着新哲学体系的轮廓在哲学家面前日益明朗，黑格尔喜不自禁：上帝之国来临了，我们加紧工作吧！

当黑格尔已届而立之年的时候，命运有了转机。由于父亲去世，他得到了一笔不大不小的遗产,约 3000 古尔盾。有了这笔钱,黑格尔认为自己在经济上已经能够独立,不需再为生计而奔波,他甚至感觉自己是富有的。有了金钱作后盾,他决定要过一种悠闲的绅士生活,要到一个有好书和上等啤酒的地方定居。他举目四顾,选中了耶拿。

耶拿是普鲁士的一个大学城,也是普鲁士大学城中最活跃的一个。著名文学家席勒和哲学家费希特都曾执教于这里。在黑格尔到来时,德国一批才华出众的年轻知识分子聚集在这里,包括他的密友谢林。他们讲授哲学、历史和希腊语,传播着法国的新观念。一时间耶拿成了德国文化复兴和自由思想的中心。

1801 年 1 月,黑格尔来到耶拿。8 月 31 日,适逢他 31 岁生日,他成功地通过了授课资格答辩,成为耶拿大学一名编外讲师。所谓编外讲师,就是获得开课资格,但不领薪俸的教师。除了从听课的学生那里收取一点听课费外,他必须另有财路补充生活所需。

初登大学讲坛,黑格尔并不算成功。第一学期,选他课的学生只有 11 人,就是到后几个学期也难得超过 30 人。作为一个教师,他的风度和口才都不出众,尤其不善于深入浅出地讲解艰深的哲学问题。人们形容他呆坐在讲台前像坐在自家的写字台前一样,翻着讲义,寻找着自己要讲的段落,吸吸鼻烟,又打喷嚏又咳嗽。语调低沉,费劲地斟酌着字眼,他因此而得到“木头人黑格尔”的雅号。只是在讲到得意处时,他才显得从容不迫,嗓音洪亮,双目炯炯发光。但即使这时,他的发音、手势和表情也常与所讲的内容不协调。

不过,选他课的学生都是他的知音。他们对老师的评价与其他人形成强烈的反差。这些人理解老师思辨智慧的深奥之处,在他们心目中,黑格尔是一位圣哲,他的天才使其他人都黯然失色,渺然无光。他们崇拜黑格尔,简直把他视为真理的化身。虽然这些真理有时费解,但却无可辩驳。人们只要懂得其中一部分,就会感受到获知真理的极大满足。学生们对他讲的话如饥似渴地聆听,并苦思冥想,以求弄懂每个词所包含的深奥意蕴。一个学生要到维尔茨堡去,黑格尔顺便说,那里有他的一个朋友,学生马上问:“朋友”一词究竟应该按通常的意义来理解,还是另有深意?

黑格尔常常陷入忘我的沉思,这时他便会进入超脱而宁静的境界。有一次,他竟心不在焉地提前一个小时进了课堂。坐在教室里的是另一班学生,他浑然不觉,有板有眼地开始讲他的课。一个学生暗示他弄错了,他也未予理睬。一个小时后,他自己的学生们来到教室门口,他们知道他搞错了,好奇地站在外边看黑格尔怎样收场。思想家以自己的方式来摆脱这尴尬的局面。黑格尔说:“诸位,感官可靠性是否真正可靠,首先取决于关于自身的意识经验。我们一直以为感官是可靠的,本人在一个小时前却对此有了一次特别的经验。”他的嘴角掠过一丝微笑,但迅即消失,一切照常进行。

一位学生这样描绘黑格尔的形象:“容貌端庄……一双大眼睛闪烁不定,可以看出他是个内向的思想家,这种眼光使人望而生畏,即便不把人吓退,也会使人敬而远之。然而他说话和气,待人友善,很得人心,这又使人愿意与他接近。他的微笑富有特点,是我们在别人身上没有见过的。在微笑时,他在善意中夹着些锋利、尖刻和讥讽的味道,这是他具有深邃的内心世界的表征。"

在耶拿期间,除了学生们外,还有一位伟大的诗人成为他的知音,那就是歌德。两人结成忘年之交。歌德那时担任魏玛公国主管教育文化的大臣。他利用其名望与权位,在1805年为黑格尔谋得副教授的头衔,次年又使他得到一笔微薄的薪俸。父亲的遗产毕竟有限,这笔薪俸加上学生的听课费,黑格尔也只能过着节俭的生活。

在耶拿期间,黑格尔专注于后来令他一举成名的大作《精神现象学》。眼看只剩最后几页了,然而风云骤变,打破了哲学家的宁静思考。1806年10月30日,拿破仑率大军占领了耶拿,粗野的法国大兵们冲进哲学家的住所。哲学家友好地招待了他们,客气地说,希望他们不要辱没自己的荣誉,尊重一位普通的德国学者。他的态度对第一拨士兵起了作用,但接着别的士兵不断来到。黑格尔不堪其扰,把未完的书稿塞进衣袋,走上了街头。就在躲避战乱的临时居处,他借着营地和炉灶的火光,完成了最后几页书稿。

经过这场战乱,黑格尔的家被洗劫一空。然而哲学家是以自己特有的方式亲身感受这一事变的。他抛开个人甚至祖国目前所罹战祸的痛苦,从世界历史发展的高度来看待这次事变的意义。在他心目中,拿破仑继承了法国革命的事业,承担着摧毁旧秩序,为德国开辟新道路的历史使命,因此他的同情心在法军一边。在写给朋友的信中,他喜不自禁地讲到他亲眼看见拿破仑的心情:"我见到拿破仑皇帝——这位世界精神——骑着马出来在全城巡察。看到这样一个个体,他掌握着世界,主宰着世界,却在眼前集中于一点,踞于马上,令人有一种奇异的感觉。"

"世界精神",这是后来黑格尔历史哲学中的一个核心概念。在黑格尔那里,人类历史是"世界精神"——绝对精神在世界史领域中的体现——演进的历史,也是人类自由的发展史。"世界精神"发展的每一阶段,都有一个民族作为其承担者或体现者,而后它又被继起的民族所取代,这个更替过程往往是通过战争实现的。因此,黑格尔的历史哲学颂扬战争,认为就如风的吹动能防止湖水的腐臭一样,战争有利于民族的健康。当20世纪的人们饱受德国人发动的战争之苦的时候,黑格尔的这些思想遭到许多人的唾骂。

在历史哲学中,黑格尔具体描述了"世界精神"演进的轨迹。在那里,"世界精神"与自然界的太阳一样,首先从东方初露曙光,自东向西运行。它依次经过中国、印度、波斯、埃及、希腊、罗马等,然后栖止于日耳曼民族这里。当他看见拿破仑的那一刻,呈现在他眼前的无疑是一幅"马背上的世界精神"的生动景象。不过,成熟的黑格尔哲学追求对法国革命的超越,他不再把拿破仑的法国,而是把经过拿破仑大军扫荡过的普鲁士作为"世界精神"在当代的承担者,并且还曾瞩望北美,预言在那里会看到新世纪的日初。

1807年春,经过长期劳苦,在耶拿战役前夕仓促完成的巨著《精神现象学》问世。黑格尔以15年心血熔铸而成的哲学体系,终于莽莽然耸入云天,以夺目的光彩呈现于世间。在这部著作的序言里,黑格尔含蓄地批评了谢林,从此,这两个青年时代曾信誓旦旦,要在共同的道路上携手并进,永不分离的朋友,如今终于分道扬镳了。两人的分手彬彬有礼,江郎才尽的谢林在最后一封信里不无伤感地说:"但愿还值得继续做您的真正朋友。"是的,黑格尔从此如日中天,遮掩了英才早露的谢林的微弱星光。

不过,《精神现象学》的发表并没有立刻给哲学家的生活带来多大变化。这年3月,黑格尔离开了大学城,来到班堡,当起了一家日报的编辑。是什么原因使他放弃了大学教授生涯呢?人们认为有三个原因:第一,前面提到的经济拮据,这在遭到法军洗劫后就更严峻了;第二,耶拿大学在战后一时还不能复课,自称"一向热爱政治"的黑格尔萌生了投身实践活动的念头;第三,在耶拿期间,哲学家在他的沉思生活之外,还惹上了一点麻烦。他与房东妻子的恋情产生了一个不幸的私生子。这件事弄得沸沸扬扬,使他在耶拿当一名正教授的希望泡了汤。

介入现实就免不了麻烦。尽管黑格尔谨慎从事,但仍然在无关紧要的地方获罪于当局。他很快就对办报失去了兴趣,希望尽快摆脱这一苦差。1808年底,黑格尔就任纽伦堡一所文科中学的校长。这所中学以古典文化的教育为主,这正投合了黑格尔的所爱和所长。他终生偏爱古典文化并且有着深厚的造诣。在他看来,如果不懂得古典文学,就白活了一辈子,就不懂什么是美。他总是推崇希腊社会个人与国家浑然一体的范例。不过他的政治哲学却把希腊城邦视为个人与国家统一的低级阶段,它需要经过个人与国家的分离(近代社会),而后在承认个人自由和权利的基础上实现新的更高层次的统一。

在中学校长任上,黑格尔一干就是八年。不过,他显然并不安于这个清贫的职位,一直寻求重返大学讲坛。这时,他的个人生活发生了重大变化,使他的要求更加迫切了。

黑格尔的一位传记作者说,黑格尔是一个"秋性子"的人。他不仅作为一个学者成熟得很晚,就是作为一个人,成熟得也很晚。到40岁的时候,他感到了孤独和寂寞,觉得需要有个家。他先是求助于朋友为他物色一位生活伴侣,他说在这件事上他不能相信他自己,但结果还是他自己发现了意中人。那是比他小20岁的富有教养的玛丽·封·图契尔小姐,她出身于纽伦堡的一个著名贵族家庭。玛丽为黑格尔的才华、学识和丰富的阅历所倾倒,允肯了哲学家的求婚。但是,玛丽的双亲看不起这个穷酸的中学校长,他们希望女儿能嫁给一位大学教授。大学教授?这对黑格尔来说并不难,他费尽心机地向玛丽的双亲证明,他的教授职位指日可待。于是,在1811年9月,两位有情者终于喜结良缘。

哲学家的家庭生活看来异常愉悦和幸福,因为婚后他曾踌躇满志地写信给好友,表白他那庸人的心志:"我实现了我的尘世夙愿,一有公职,二有爱妻,人生在世,夫复何求?"他对家庭俗务也像对他的哲学体系那样地投入。他亲自主持家政,心甘情愿地操持着柴米油盐之类的琐事。家庭生活被他安排得也像他的哲学体系那样井井有条。他亲自主管的流水账,分门别类地记载着各项家庭收支,到月底结账时,账面的结余与手头的现金很少会有出入。一位传记作者不无揶揄地写道:黑格尔太精明了,哪怕是变成市侩也不在乎。

但黑格尔不是市侩,温馨的家庭生活从没妨碍他对哲学体系的思考。相反,爱情也许更激发了他的灵感,使他进入超常发挥的状态。他自己曾得意地说,在婚后不到半年的时间里,他就写出了一本 30 个印张的、内容最深奥的书,实在非同小可。那是指他的《大逻辑》。

黑格尔的两部著作面世后,他作为一位学者已经名声远播了。他急不可待,想重返大学讲坛。但耶拿时期他讲课"才能"的口碑一直是他受聘于大学的障碍。黑格尔向人们表明,经过中学教学经历锻炼,他已不再像耶拿时期那样照本宣科、呆板木讷了。一位专程拜访过他的学者也发誓说,他与黑格尔的交谈表明,这位学者能够流畅清晰地表达他的思想,他不相信他在课堂上就没有这份才能。于是,在 1816 年秋,黑格尔终于在海德堡大学获得了教授头衔。

梦寐以求的愿望终于变成现实。黑格尔就要当上海得堡的哲学教授了,但这时又出现了一个新障碍。他还没来得及递交他的辞职书,巴伐利亚政府却于 8 月 30 日授予他以埃尔兰根大学"多才多艺、能言善辩、精通希腊罗马古典文学"的教授头衔。在慕尼黑,人们终于明白他们将要失去一位什么样的人物,应当立即采取措施来挽留这位哲学家。大家记得,他本人当时曾经准备来讲授古代语言学。于是,官方指令埃尔兰根马上聘请黑格尔。大学评议会却不甘屈从,埃尔兰根的教授们写信写得很客气,但也很冷淡。黑格尔同样冷淡地回答了他们,感谢他们给他的荣誉,但不得不奉告,他已应允另一所大学。

10 月下半月,黑格尔离开了纽伦堡。10 月 28 日,他在海得堡上了第一堂课。他在第二学期举办了两个讲座:哲学金书讲座和哲学史讲座。1817 年夏季,黑格尔讲授了逻辑学和形而上学,人类学和心理学。起先课堂里只有四个学生,后来才有二、三十人来听他讲课。1817 年夏季报名听逻辑学的学生已达 70 名。

人们都很尊敬黑格尔,尽管他的心不在焉的神情和古怪行径一直是学生们的笑料。例如,据说黑格尔教授先生有一次思考问题,在同一个地方站了一天一夜。还有一次,他一面沉思一面散步,天下雨了,他的一只鞋陷进了烂泥里。但他没有发觉,还是继续往前走,一只脚穿着鞋,另一只脚只剩下袜子。

法哲学论

1820 年,黑格尔正努力从事撰述法哲学。这本书在 1819 年就已脱稿,一直搁在检查官手里。它并没有被禁止,也没有得到出版许可证。拖了一年,克服了官僚机构的重重障碍,到 1820 年 10 月,这部新著才得以出版。黑格尔如释重负地松了一口气,他不仅给阿尔腾施泰因大臣,而且还给哈登贝尔本人分别呈送了几本刚出版的样书。

同年夏季,黑格尔的朋友们却证实了他的一次完全异乎寻常的举动。黑格尔让人拿来一瓶香槟酒,说是为庆祝今天而把它干掉。在座者不明缘由,纷纷猜测,因为今天似乎是个平常的日子;没有人诞生,没有人逝世,也没有人晋升;柏林大学也好,普鲁士王国也好,这一天都没有发生什么惊人事件。最后黑格尔才郑重其事地宣布,今天是 7 月 14 日。为纪念攻破巴士底狱干掉这一杯。这位为普鲁士君主国服务的哲学家,竟然每年要庆祝一番法国大革命。

在法哲学的序言中,黑格尔提到,出版本书的直接动因,乃是有必要为他根据自己职务所作讲演的听众,提供一部能够加深理解的入门浅说。同时,他的任务并不限于拟订一个提纲,仅仅汇集和整理一下那些早已被公众认同并十分熟悉的内容。黑格尔说,一种质料转化为另一种质料,其过渡方式必须是哲学的,是思辨的;只有这样,才能把哲学从它所处的衰微境地拯救出来。所以,有必要掌握一种科学的方法,使作品不论在整体上还是在局部的构成上都有逻辑精神做基础。任务就在于克服这样一种错误见解,即认为在伦理问题中和国家事务中,凡属人们发自肺腑、诚心诚意地加以首肯的一切,都是真实的。

黑格尔引述了他在瓦特堡大会上的讲话,声称反对把国家即理性几千年的劳动结晶变为心灵、友谊和热情的大杂烩,反对把伦理世界委之于各自为政,各行其是的主观偶然性。政府终归有理由对此加以关怀,因为哲学不是私事。而是一个公共的……存在,主要是或者仅仅是为国家服务的。所以,那种所谓哲学稍微同现实碰一下,就一败涂地,出乖露丑,这一点不得不看作科学界的一大快事。黑格尔这样说,是暗讽弗里斯和他的朋友们的命运,他们都被解除教职了。

这段文字读起来令人感到愤慨,但更令人愤慨的却是在序言中占主要地位的著名警句:凡是合理的就是现实的;凡是现实的就是合理的。这句话可以被理解为,同时也是被误解为替当时的普鲁士国家作辩护,替现存的社会关系作辩护。诚然,这句话包含着这种辩护,但同时却远不止于此,甚至恰恰相反。黑格尔本人也意识到这句格言有些含混不清,于是他在 1827 年写的哲学全书导言中进一步阐明了这个思想。他指出,只有上帝才是真正现实的,现存的事物不过是现实的一部分。在日常生活中,人们惯于把一时的兴致、错误、邪恶等等称作现实,但事实上这种偶然存在并不配具有现实这个强有力的名称。

从法哲学序言的上下文来看,黑格尔的这个思想当然令人觉得保守。黑格尔要求人们在暂时性和无常性的假象背后,看到不朽的实体,看到眼前存在的永恒性。把眼前一切都只看作虚幻,而一味独断专行,自己说了算数,这本身就是虚幻。把现存的东西当作理性来理解,把每个人理解为他的时代的产儿,把哲学理解为它的时代在思想中的表现,这就是哲学的任务所在。认为哲学能够超越其所处的时代是愚蠢的,正如想按照世界应有的样子建立一个世界是幼稚的一样,因为这样一个世界只能存在于创造者的想象之中。想按照世界的本来面目去说明世界,哲学也往往失之过迟,因为关于世界的想法总是在世界业已形成之后才出现的。

所以,法学力求把国家作为特定的、合乎理性的实体来理解。它无意按照国家的本来面目去说明国家,它的任务在于研究国家这个伦理宇宙应当如何来认识。

黑格尔批判了那些企图恢复早已过时的封建关系的邦议员们。他把他们的态度比作这样一个地主,他的田地被淹没了,变成了一片贫瘠的沙地,而他仍然照老法子耕种。

黑格尔斥责符登堡的邦议员们在政治上死亡了。这表现在他们缺乏议会制度的传统,表现在他们身上因袭了几百年的惰性和奴性。黑格尔阐述了议会制度的原则,特别强调了反对派在国家中的作用。

同时,黑格尔并没有把资产阶级民主理想化。因为在这种民主制度下,公民宛如孤立的原子,选举大会形同大杂烩;作为整体的人民消失在一大群个别人之中。黑格尔认为,在资产阶级制度下,个人的价值并不取决于年龄和才能,而是通过官职、等级、一种为社会所承认的手艺(或者作为名师,或者带有其他头衔)显示出来的。封建专制必将为合乎理性的、有组织的国家机构所代替。国家就是社会共同体的体现者。这些见解后来在法哲学中得到完全的发挥。

黑格尔考察了具体的历史事件及其政治意义,得出若干普遍的理论性的结论,而没有逐一分析历史过程。

黑格尔就此确立了历史必然性的观念,这种必然性是通过一系列互相矛盾的偶然性为自己开辟道路的。在拿破仑失败之后,黑格尔确信,军事胜利并不能倒转历史的车轮。反动派耀武扬威于一时,却阻挡不了人类前进的步伐。这些意见为制订一种彻底的哲学一历史概念奠定了基础。这个观念当时还处于萌芽状态,后来才得以完成。

海德堡时期的主要著作——哲学全书出版于1817年夏季。这部作品第一次体现了黑格尔哲学的整个体系。哲学家在世期间。这部著作再版过两次。尽管后来的版本同初版出入颇大,但是基本概念和结构仍旧保留原样。章节略有增加,但都做了详细注释。

本书第一部分写的是逻辑学。这里扼要地阐述了将在逻辑学中详细考察的观念。第二部分写的是自然哲学,第三部分写的是精神哲学。

黑格尔的自然哲学给人留下了双重印象。它既包含以实验为依据的自然科学的成果,同样也包含他自己的思想,其中天才的猜测是和幻想交错在一起的,往往很难把二者区别开来。黑格尔认为,自然是理念的异在,是外化了的精神。因此,不能把自然神化,不能把星辰、动物和植物置于人的业绩之上。自然界显然有一个由相互继承、连续不断的诸阶段组成的体系,生命则是其中最高的一个阶段。但是,黑格尔既不赞成进化论,同时也反对按照目的论的观点来观察自然,这种观点认为,评价天地万物,均应视其对于人的实用性而定。

黑格尔把自然看作一个体系,但他绝不想承认自然界处于运动状态中。这位辩证法大师闭眼不看辩证法的这个最有力的证据,他甚至否定生命的自然起源。如果说他在哲学全书的初版中把这一点说得非常绝对，那么在以后各版中便作了微小的让步，他承认一个适逢其会而又转瞬即逝的生命现象的自我繁殖，但仍不把它看作发展，而称之为偶然发生。

真正的生命活动发端于植物界。但是，只有在动物界，有机个体才达到主观性的阶段。动物有机体是以感受性、激应性和再生性（自我保存）为其特征的。这些特征表现在三个系统之中：神经系统、循环系统和消化系统。有机体得以生存，是由于同无机界密切相连。如果这种密切关系遭到破坏，有机体便产生了匮乏的感觉，产生了冲动、需要。有机体的活动就是为了满足需要而进行的永恒的斗争，动物在这种斗争中为感觉所支配。这是一个界限，超越了这个界限，便进入精神的范围。

理念最终在精神的阶段达到了自我认识。精神哲学包括主观精神、客观精神和绝对精神的学说。我们已经从精神现象学中熟识了这些术语，它们指的就是个体意识、社会活动和社会意识的诸形式。

哲学家认为，工业和人口的增长并不能解决，而只能加剧社会矛盾。社会即使再富，也不能完全制止贫困。这个辩证法迫使公民社会超越了自己的界限。对外实行殖民化，对内则实行公司化。于是伦理达到了最后的阶段—国家。

国家被颂扬为伦理观念的现实，具体自由的现实，本身具有理性的东西，它是必然的，永恒的。诚然，黑格尔也承认可能会有一个腐败的国家。

对于各种不同的国家形式，黑格尔表示拥护把统治者的个人属性对国家命运的影响缩减到最低程度的那一种。尽管如此，他对君主立宪制却比对民主共和制更为赞赏。

法哲学的出版引起了不同的反应。阿尔腾施泰因大臣祝贺作者说："……我们认为，您使哲学具备了对待现实的唯一正确的态度，因此您一定能够使您的听众不致染上那种有害的狂妄心理。那些狂妄之徒对于现存事物毫无认识，竟一概弃置不顾；特别是在有关国家方面，他们满足于随心所欲地鼓吹空洞的理想。"

其论敌对于这部著作则直言不讳地表示愤慨。弗里斯为法哲学前言中的人身攻击所触怒，他以非书面形式做出如下回答："……黑格尔的哲学毒菌不是长在科学的花园里，而是长在阿谀奉承的粪堆上。到 1813 年为止，他的哲学先是吹捧法国人，后来为符登堡王室服务，而今则拜倒在坎普茨爵士的皮鞭之下。……对于这个托庇于狱吏的预言家，不值得以科学的严肃性为武器。"但是，在哈勒出版的《文学汇报》上，有一篇关于黑格尔法哲学的匿名评论，却是这样结尾的："就我们所知，弗里斯先生运气不佳，作者对他的态度无异于嘲弄和存心折磨一个本来已经屈服的人。尽管这样一种行为并不高尚，评论者仍愿隐姓埋名，而让有心的读者来判断。"

黑格尔暴跳如雷，他抄下了评论文章中他认为带侮辱性的那一段，转送文教部，要求保护他不再受到这类讥讽。他说，一位普鲁士官员竟然在报刊上，而且是在一家在普鲁士国家出版的报刊上，遭受如此严重的攻讦，实在骇人听闻。由此可见，过分的出版自由将导致什么样的结果！

尽管黑格尔要求对报界采取压制措施，文教部并未就此做出决定。阿尔腾施泰因指示哈勒的文学报编辑部，今后应当更严格地审阅所发表的评论文章，如果他愿意经由法庭要求赔偿，或者在报端向读者进行辩解的话，他答应给予黑格尔大力的支持，这两着均遭黑格尔拒绝。

黑格尔1822年开始做世界历史哲学讲演，并且成功地重复讲演了四次。历史哲学是黑格尔学说的重要一环。首先，辩证逻辑、特别是对立统一的观念在这里得到了阐述和运用；迄今为止，这个观念一直使形式思维的追随者们狼狈不堪。这里出现了发展的观念；这里凝聚着思想家的政治原则。历史过程作为统一的、全世界的过程，作为世界历史，在黑格尔时代才开始形成，所以他关于过去的认识仍然是支离破碎、七拼八凑的：历史过程之本质的发现，材料的系统化、事实的解释，都还没有通过研究得以完成。因此，不足为奇，黑格尔的哲学—历史概念贯穿着十分尖锐的矛盾：其中并存着天才的预测和惊人的浅见，并存着科学的推论和明显的神话创作。

黑格尔认为，经验历史的基础乃是绝对理念、世界精神的发展。黑格尔把这个概念加以具体化，他谈到一个民族的精神，说它就是法制、宪法、宗教、艺术、科学、技巧和从业方向等方面所共有的特征。世界历史中的进步往往是通过一个民族来实现的，这个民族的精神就是世界精神在其发展的一定阶段上的体现者。

还有一些民族，它们从来没有成为最高观念的体现者，他们在世界历史中只起着从属的作用。

世界历史的目的就是作为世界精神之自我认识的认识。任何个别的民族精神都追逐着这个目的：它本能地要求知道它是什么。

但是，如果一个民族退出了它的位置，它所创造的果实却不会因此而丧失。果实产生种籽，但这是为另一个业已成熟的民族所准备的种籽。

黑格尔从这个观念出发，为社会进步规制了一个十分明确的准则，并以这个准则为基础把历史加以阶段化。这就是对自由有所意识的进步。发展着的人类逐渐对自由有了越来越深刻的理解。在东方世界，各民族还不知道精神或者人本来是自由的。正因为他们不知道，所以他们不自由。他们只知道一个人是自由的，唯其如此，这样一种自由只能是情欲的放纵、粗暴和麻木不仁，只能是自然变故或者心血来潮。因此，这个人只能是专制暴君，其本身绝不是一个自由的人。只有希腊人才意识到自由，所以他们是自由的。但是，他们只知道少数人是自由的，而不知道人人都是自由的。连柏拉图和亚里士多德也不知道这一点。正是因为这个缘故，希腊人不仅占有奴隶，全靠奴隶来维持他们的生活，保存他们美好的自由，而且这种自由本身也多少只是一种偶然的、粗拙的、短促的和偏狭的精华。只有日耳曼民族从基督教中才意识到，人作为人是自由的，而精神的自由乃是他最独特的本性。

以上所述并不能表明,黑格尔的历史哲学观念是以具有不能重复的个性的人格为中心。因为这里所说的人仅仅是人类的抽象的代表,即一般的人。个人根本不是目的,而是手段——是普遍理念的手段,具体地讲,是国家发展的手段。世界精神的权力高于一切个别权力。历史恰恰是从国家的形成开始的,并随着理想的、"真正的"国家体制的建立而"完成自身。"

学说演进

黑格尔认为,希腊艺术是古典理想的真正体现。希腊人并未停留在东方专制主义的阶段上(具有伦理与国家的一般实质的人在这一阶段上会遭到毁灭),他们也没有达到基督教欧洲的主观主义。希腊的自由被认为是个别与一般的巧妙的和谐,而希腊的诗和雕塑则是这种和谐最完美的体现。雕刻是以美的人体为形式表现古典理想的最适当的形式。

但是,古典主义的诸神像本身包含着衰颓的萌芽。它们只是在石头和古铜中才进入实际存在。希腊诸神像的拟人化缺乏精神上的个性,它们的规定性是偶然的,这种有限性因素同它们的实存的高尚、尊贵和美相矛盾。在它们所不得不屈从的命运面前,它们显得十分窘迫。只有基督教才具备真正的整体性,因为人的精神在基督教中才开始回复到内在生活的无限性。

黑格尔认为,不可能有也不会有比古典艺术更美的东西了。但是,却存在着比具有直接感性形象的美更高的精神现象,尽管这个形象是由精神本身作为一种与之相适应的形象创造出来的。美既然被提高了,它便变成精神美。古典主义艺术于是为浪漫主义艺术所替代。

黑格尔的美学是一座宏伟的建筑,它虽然已经化为废墟,今天仍因其意图与成就的庞大而令人惊叹不已。弗里德里希·恩格斯劝告康拉德,施米特阅读黑格尔著作时,特别提到过他的美学:"只要您稍微读进去,就会赞叹不已!"黑格尔关于美的积极性格、关于这个范畴对于艺术的普遍意义的意见,他对艺术的历史见解,他对各种不同艺术形式的成长、繁荣和衰落的考察,至今仍然十分新鲜,能够激起读者的灵感。这部著作不仅以其系统性和逻辑历史性结构,而且还有对于细节而贴切的分析,证实了作者渊博的知识,同时证实了他对艺术一往情深的热爱。但是,尽管黑格尔对于法国古典文学,尤其是对于莎士比亚和歌德有深邃的理解,他的美的理想基本上还局限于古代。正如他的整个辩证法一样,黑格尔的美学也专门面向过去,这是非常符合他的模式的。就是这个思想家,一方面顽强地鼓吹艺术进步的思想,同时却把这种进步局限于过去的时代。不能说黑格尔不懂得他那个时代的新兴艺术,但是他却无法摆脱根深蒂固的偏见,那个偏见是由一整套观点所支持的:艺术的世纪已经过去,宗教与科学的时代已经来临。黑格尔给艺术宣布了死刑,但这个死刑并没有执行。

黑格尔的宗教哲学引起了我们的兴趣,首先因为它是他的学说的最弱一环。说它弱,是指它的体系的铁链就在这一环上裂断了。黑格尔的学生们主要把注意力放在宗教问题上。这个问题在哲学家逝世以后引起了激烈的争论,这场争论的逻辑成果就是黑格尔主义的对立面——费尔巴哈的无神论的广泛传播。这是必然会发生的,正如黑格尔的宗教理论必然会代替启蒙时期的朴素无神论一样。

几百年来,反对宗教信仰的自由思想家认为,宗教乃是聪明的骗子用以诱惑和驾驭愚人的一种手段。启蒙主义者所走的道路并不能导致宗教的消亡。为了解决这一任务,必须放弃宗教是个人私事的看法,而把宗教意识作为一种社会风尚来研究。黑格尔的宗教哲学的意义就在这里。令人难以置信,他的神学观念竟成了无神论历史中一个重大而必要的要素。

黑格尔早在精神现象学中就写过,把对上帝的信仰视为江湖术士的戏法是愚蠢的,因为宗教必然会产生,并在"精神"即社会意识的发展过程中不断变化。对宗教采取历史的态度,这是黑格尔概念的第二个重要的特色。

黑格尔所达到的成果,在这里如在哲学的其他领域一样,同他的先驱者相比较,同时也多少有些浪费力气。康德已经批判地分析了一切关于上帝的逻辑论证,并且驳斥了它们。黑格尔又努力把它们恢复过来。

黑格尔同康德进行论战,是从所谓宇宙论的证据开始的。这个证据的基本要点可归纳如下:正如世界万物一样,世界本身也应当有其根源,它就是上帝。用康德的说法,就是:倘若某物存在,那么一个绝对必要的,最真实的本体也一定存在。"辩证"一词对于康德还具有一个最恶劣的意义,那就是说,它是使人的理性狼狈不堪的——逻辑上的——矛盾的领域。他在宇宙论证据中发现了许多从逻辑观点来看大有争议的地方。康德说,关于普遍的因果依存性的判断,可以应用于感性经验方面,但没有理由把它们应用于超感性的世界。更加没有理由否认,可能存在着无限系列的偶然因果。认为有原因必有结果,那是理性的盲目自满。

康德这个见解的理论基础,同样也有一个弱点,就是把现象的感性世界同"自在之物"的超感性世界对立起来。黑格尔毫不迟疑地利用了这个弱点。神绝不是不可认识的"自在之物",因为一切都是可以认识的。康德拒绝超越经验世界的理性推断,他便贬低了理性,理性的真正领域恰恰不是感性世界,而是可以为精神掌握的世界。黑格尔的第一个反驳就是这样。

第二个反驳辉煌地表现了康德没有理由不害怕的那种"辩证技巧"。黑格尔问道,怎么可以那样把偶然性和必然性相互对立起来呢?凡是偶然性的地方,也有必然性和实体性,它们本身就是偶然性的前提。关于必然性和偶然性的关系的思想是矛盾的;但黑格尔认为，一个现象的矛盾性绝不是否认其存在，黑格尔进而谈到目的论的上帝论据。整个世界都证实了创造者的智慧，因为世界上的一切都是井然有序、合乎目的的。其中没有任何缺陷，因为维持生命所必需的营养物、水和空气都是现成的。世上所有事物相互作用的链条是太复杂了，不可能设想它不是按照一个有理性的计划创造出来的。康德说，目的论的论据因此值得小心地对待：它是最清楚、最适应普通知性的论据。康德的反论据是自然的合目的性和和谐性涉及事物的形式，并不涉及其质料、其实体，因此借助物理神学的论据，充其量只能证明存在着一个世界造型者、一个制造现成质料的大师，而不能证明存在着一个创世者。

黑格尔又运用辩证法来反驳康德。难道形式可以脱离内容来观察吗？谈论一个没有形式的物质是废话。目的同样也不可以同样手段割裂开来。目的不能独自存在。在自然中有许多合乎目的东西，但也有不少不合乎目的，而且毫无意义的东西。数百万粒种子消灭了，并没有转化为有生命的本质；一个东西的生命以另一个东西的死亡为根据；即使追求高尚目标的人，也有过无数次不合乎目的的行动；他创造，同时他也毁坏。理性是辩证的，设想世界上的一切甚至虫蚁瓦砾都被思考过，是天真可笑的，难道上帝是为了提供瓶塞才创造软木树的吗？

最后，第三个上帝证据是本体论的证据。从年龄来说，它是最新的证据，可简述如下：我们设想上帝是最完善的本体。假如这个本体不具备"有"的属性，这就意味着，它不是完善的，我们便陷入了自相矛盾；我们既然设想上帝是最完善的本体，这一点就已经意味着这个本体的存在。要在这个证据中找出形式上的错误是很容易的——"有"不是什么属性。从许多特征来看，真实的事物和被想象的事物并无不同之处。康德说，一百个真实的塔拉，按概念而言，一点也不比一百个可能的塔拉更多，区别仅在于它是否装在我的口袋里。把这两者混为一谈，也正是前两个"证据"的基础，它们也会回到这个问题上来。

黑格尔第三次援引了逻辑学的章节。首先，关于一百塔拉的想法根本不是什么概念，它是一个抽象的想法，是知性活动的一个结果；真实的概念是具体的，它是理性的产物。至于概念和"有"的关系，只要看看辩证范畴的体系，就足以说明问题。"有"是出发点，而概念则使逻辑得以完成，它包含前面所说的一切规定，"有"也在其中。人们惯于把概念看作某种同客体与现实相对立的主观物。对于唯心主义者黑格尔，概念却是客观的，它是独立的存在。

很显然康德是对的：上帝的存在不可能证明。但他所依据的逻辑是形式逻辑。黑格尔把上帝证据恢复过来，从而使得问题的发生辩证的深化，这种深化反过来又有利于青年黑格尔派对他的宗教哲学发动攻击，有利于马克思主义克服任何神学。

黑格尔的上帝，如果按照本质转化为概念，就是自身发展着的世界，人的能动性在其中占有重要的地位。关于神性的传统观念，黑格尔不论在青年还是在老年时期，都是加以拒绝的。在关于上帝证据的讲义中,他曾经嘲笑过那些信神的庸人。黑格尔把基督教称为比什么宗教都好的绝对而完善的宗教。在基督教中,黑格尔说,最终发生了神和人的和解。宗教是神的自我意识,神同自身区别开来,在有限意识中以自身为对象,但在这种区别中又绝对地与自身相统一。即使在基督教中也还存在着发展。黑格尔企图阐明,为什么天主教、基督教的一种错误形式能够主宰几百年。这里又出现了天启性这个概念。

圣经就是天启性的,其中所记述的奇迹不是为理性而存在的。单纯的知性试图把奇迹解释得自然而然;理性的立场则是:宗教、精神性不可能通过非精神性、外表事物来加以证实。

发展的制高点或终点是真理与自由的宗教。黑格尔这里抛弃了历史的叙述方式,开始按照逻辑—概念的方式说下去。他把神圣的三位一体解释为作为他的哲学体系之基础的三段论法。“父国”是神在创造世界之前的存在,是纯理想性,是逻辑范畴的领域。“子国”是被创造的世界;基督死在这个世界里,又在“灵国”中复活,“灵国”是前两个“国”的合成,是信徒们的精神教区,这个教区是通过伦理生活和政治生活的统一原则而在尘世中被实现的。但是,这些原则一依据·黑格尔的见解———又是哲学知识的对象。那么,哲学克服了信仰吗?

黑格尔的宗教哲学讲演录,包括他那个时代相当辉煌的宗教历史概要。他大概为了模式的缘故,“忘记”了伊斯兰教,伊斯兰教进入世界舞台比绝对宗教——基督教要迟些,因此并不适合哲学家的理论体系。他也没有把神的“人化”过程贯彻到逻辑的终点,即一般也否定宗教。但是,任务毕竟提出来了,方法也具备了。不要把宗教看作个别人的骗局,而要把宗教作为社会现象从历史上进行研究。黑格尔的后继者首先就来解决这个任务。

神的呼唤

1830 年 6 月 25 日,黑格尔以校长身份做了一次拉丁文演讲。那一天是宗教改革高潮三百周年纪念日。黑格尔这次讲了新教如何消除天主教在人与上帝之间所设置的鸿沟,从而取得宗教自由。黑格尔将近六十岁了,他再一次称赞路德教是宗教意识的最高发展阶段。

为了庆祝黑格尔六十大寿,他的学生们定制了一种纪念章。纪念章的正面铸有哲学家的侧面像,背面则是一幅象征画:画的正中是守护神,右边是一个女性,手执体现宗教信仰的十字架;左边是一个埋头读书的老学究,他头顶上还有一只象征智慧的猫头鹰。据解释,这幅画的真谛是信仰与智慧的结合。

1831 年 1 月,黑格尔荣获国家奖——三级红鹰勋章。这时他已卸任校长一职,但这一荣誉却肯定了他在任期间所取得的成就。大家之所以特别器重他,是因为他当校长以来,柏林大学没有发生过一宗反政府的案件,尽管当时在法国正在酝酿并爆发了七月革命。只有一个大学生被警方监禁过,因为他佩戴着一枚法国帽徽。其实,是他弄错了,他还以为自己挂着一个爱国的德国徽章呢!此外,有十二名大学生在不准吸烟的场合吸烟,三名决斗,十五名斗殴,三十名扰乱秩序。所有这些违反纪律的行为,都不是出于政治上的动机,虽然也遭到警方的干涉,却没有引起任何严重的后果。只有十四个学生被关了禁闭,但没有一个受到开除的处分。黑格尔没有辜负当局对他的信任。

1831 年夏天,霍乱在柏林肆虐一时。黑格尔带着全家从城里迁往克罗依茨贝格。他们避而不去柏林,连黑格尔六十一岁的寿辰也是在柏林城外的"提沃利"剧场庆祝的。前来道贺的友人寥寥无几(好象人被霍乱吓坏了,都远远地离开了首都)。大家还没来得及坐在咖啡桌旁喝上一杯香槟,骤然一场暴风雨袭来,一下子都抱头四散。这可不是个吉兆。

夏季和秋季,黑格尔着手再版逻辑学。他对该书做了许多增补和修订,但并没有根本性的改动。他写完新序,想起了柏拉图撰写论国家一书时曾七易其稿。一个现代作家如果有更深刻的原则,更艰难的主题和更丰富的材料,那他一定会把稿子改上七十七遍,要这样做,时间当然不够。那么试问,当今世界如此熙熙攘攘,忙忙碌碌,又哪能有充裕的空间让人从事无动于衷的纯思维的认识活动呢?他只能在这样的条件下来完成这部著作,于是他心安理得地把它出版了。那篇前言写于 1831 年 11 月 7 日。

这时黑格尔已回到了柏林。霍乱渐渐平息,大学开始复课。黑格尔宣布在第二学期开设两个讲座——法哲学和哲学史。黑格尔来到系里,发现甘斯教授出的一份关于开讲普通法律史的布告,其中建议学生们去听黑格尔的这个演讲。原来事情是这样的:黑格尔已有几年不讲法哲学了,他把这门课程全部交给了甘斯。上峰对甘斯教授颇不满意,认为"他……把所有学生都造就成了共和主义者。"于是文教部提出,这一门责任重大的课程必须由黑格尔亲自担任。1830 年,黑格尔曾经宣称和甘斯同时讲课,但结果只有 25 名学生来报名,他便鉴于健康缘故推脱了这门课。而今,1831 年第二学期,黑格尔宣布重开法哲学讲座。甘斯担心去年的故事重演,所以劝告学生们去听他老师的课。黑格尔认为这个做法很恶劣,便给甘斯写了一封信,措辞如下:"最尊敬的教授先生,您想出了这样一个办法,就是出一份通告,把我们的竞争情况公布在学生面前,并自作主张向他们推荐我的讲演。这样,显然就会使我的同事们和学生们产生误解,以为您的通告和推荐一事(虽然没有引用我的原话,但一眼便可看出),是我所希望的,是由我引起的,以为我赞成您这样做。您的这个办法——我只能称之为歪主意——造成了这样的假象,弄得我非常难堪,我觉得我也应该出一份通告,来澄清一下事实真相。但是,为了尽量使认识我的人不至于把这种做法算在我的账上,同时又不想使您陷于新的尴尬境地,我就不出自己的那份通告了，而只写上这几行，以说明我对您的通告的看法。"这封信的日期和地点是1831 年 11 月 12 日于柏林。一天后。黑格尔便去世了。

11 月 13 日，星期日，黑格尔早上就感到很不舒服，又胃痛又呕吐，应邀共进午餐的客人们只得回家。请来的医生没有诊断出什么危险，这样猝发的病况，过去也是有过的。黑格尔夜里难以入睡。黑格尔的夫人给他的妹妹克里斯蒂安娜写信这样说："他在床上难受得翻来覆去，还一再恳求我去睡觉，让他一个人折腾。我没有走开，还是坐在他的床边，帮他把被子盖好。他的胃痛已不是一般所谓够呛了，'而是到了和牙疼一样不可救药的地步，痛起来简直就坐卧不安。'——星期一早晨他想起床，我们就把他扶到隔壁的起居室去，但他实在太虚弱了，还没走到沙发跟前，就几乎瘫倒了。我叫人把他的床移到旁边来，大家把他抬上了床，给盖上暖烘烘的被子。他一个劲儿埋怨自己弱不禁风。这时，疼痛和呕吐已完全消失，他甚至说：'但愿今晚能好好消停一个钟头，他说他需要安静，叫我别再接待来客。我想摸摸他的脉搏，他便深情地握住我的手，仿佛想说，放心吧！——医生天刚亮就来了，还是同前几天一样，叫在下腹给敷芥末膏。上午，他因排尿困难，憋得哭起来了。虽然如此，他还是安静了下来，体温不太高，汗也不多，神志十分清醒，我原以为不必担心什么危险的。第二次请来的医生霍恩博士，给他全身敷了芥末膏，随后盖上在甘菊煎剂里浸过的法兰绒巾。这一切并没有使他感到心烦意乱。三点钟左右，气喘了一阵，接着就安详地入睡了。但是，脸庞左半边已经冰凉，两手也变得又青又冷。我们大家在他床前跪了下来，听着他奄奄一息。五点十五分，黑格尔与世长辞了"。

科学社会主义的创始人

——马克思

人物档案

简　历:伟大的革命家、科学家、科学共产主义的奠基人。1818 年 5 月 5 日出生于德国普鲁士莱茵省特里尔城的一个律师家庭。1835 年考入波恩大学,次年转入柏林大学,攻读法律和哲学。1841 年在耶律大学获博士学位。1842 年进入《莱茵报》当编辑,该报被查封后移居法国。1845 年迁居布鲁塞尔,在此期间与恩格斯建立了深厚的友谊。1847 年与恩格斯一起加入正义者同盟,并将该同盟改为共产主义者同盟。1849 年移居伦敦,1864 年成为第一国际的创始人和领导人,1883 年 3 月 14 日逝世于英国伦敦。

生卒年月:1818 年 5 月 5 日~1883 年 3 月 14 日。

安葬之地:伦敦北部的海格特公墓。

性格特征:是一个充满生活光彩的人。他诙谐幽默,性格坦诚直率,喜欢说俏皮话。丢开书本和稿件时,他会与朋友聚会,且喜欢作"机敏的答辩"。他的黑眼睛似乎总是在浓密的眉毛下"快活地嘲弄地闪动"。

历史功过:创刊《德法年鉴》,出版《资本论》《共产党宣言》。发起科学社会主义,创立马克思主义,创建第一国际,发现人类社会历史发展的客观规律。

名家评点:习近平主席对马克思作了高度评价:"马克思是全世界无产阶级和劳动人民的革命导师,马克思主义的主要创始人,马克思主义政党的缔造者和国际共产主义的开创者,近代以来最伟大的思想家。"

青少年时代

1818年5月5日，卡尔·亨利希·马克思诞生在普鲁士莱茵省特利尔城的一个律师家庭，他的父亲亨利希·马克思是一位犹太人，担任特利尔高等上诉法院的律师，在当地受到人们的尊敬。亨利希学识渊博，熟悉法国启蒙思想家的学说，马克思的女儿爱琳娜在回忆她的祖父时，称亨利希·马克思"是一个真正的18世纪的'法国人'……他能背诵伏尔泰与卢梭的作品"。另外，他对洛克、莱布尼茨、莱辛等人的著作也十分熟悉。亨利希·马克思向往国家统一，崇尚宪政和代议制，其政治思想带有明显的自由主义倾向。他虽然出身于一个拉比的家庭，但由于启蒙思潮的影响，持宗教自由的思想。他原先信奉犹太教，在卡尔·马克思出生前不久，即放弃犹太教，改信路德教。

在马克思的心目中，父亲是一位令人崇敬的人。因为他不仅在生活上关心马克思的成长，而且在知识、思想和人格上也给予马克思以深厚的影响和恩泽。所以，马克思后来在追忆自己的父亲时，称其为一个"以自己的纯洁品格和法学才能出众"的人。马克思"异常推崇他的父亲"（据爱琳娜的回忆），对父亲始终怀有深深的敬意，父亲去世后，他把父亲的一张照片珍藏在自己贴胸的口袋里，直到马克思逝世，恩格斯才把这张马克思生前所一直钟爱的照片放入马克思的棺内。

马克思的母亲罕丽达·普勒斯堡是荷兰人，一生养育了9个孩子，是一位典型的贤妻良母。她没有学问，却把全部精力都用于操持家务，照顾家人的日常生活。尽管她没有在思想和学问方面成为马克思的启蒙者，但正如马克思的父亲在给马克思的信中所说的："她的一生整个儿的贡献给了爱与忠诚。"

马克思共有3个兄弟和5个姐妹。长兄莫里茨·大卫在马克思出生第二年就夭折了。两个弟弟和两个妹妹也死得很早。只有姐姐索菲亚、妹妹埃米莉和路易莎活得比他长久。马克思同她们一直保持来往。

马克思自幼聪慧可爱，深得家人的宠爱。他是一位讲故事的能手，常常讲述或编造一些充满想象力的故事或童话，成为小伙伴们的中心。他还喜欢玩一些富有创造力的游戏。在童年伙伴中，有一位美丽的小姑娘，她就是后来成为马克思的恋人和夫人的燕妮。她是马克思邻居、马克思父亲的密友、枢密顾问官路德维希·冯·威斯特华伦的爱女。父辈的友谊充当了两个家庭的子女之间友谊的桥梁和纽带。童年的马克思经常到威斯特华伦家的大花园去同燕妮和她的弟弟埃德加尔一起玩耍。燕妮的父亲同亨利希·马克思一样，也是一位学识渊博的人。他非常喜欢这些孩子，经常给他们讲一些古典神话故事，谈他对荷马和莎士比亚的惊人知识，对孩子们心智的发展产生了深远影响。马克思正是从威斯特华伦那里第一次接触到空想社会主义者圣西门的思想和学说。后来，马克思就把自己的博士论文献给了这位"父亲般的朋友"。

1830 年 10 月,12 岁的马克思到特利尔中学读书,1835 年 8 月中学毕业。在中学阶段,马克思的学习成绩不算出众,但在需要独立思考和发挥创造力的地方,他总是表现得出类拔萃。毕业证书说马克思能够很好地翻译和解释古典作品最艰深的地方,特别是那些在内容和思想的逻辑关系方面极其复杂而深邃之处;他的拉丁文作文表现出丰富的思想和对题意的深刻理解。马克思的数学成绩良好,而且显示出语言的天赋。他学习并基本掌握了希腊语和拉丁语,另外还学了法语。

中学时代的马克思就已经有了自己的远大志向和宏伟抱负,甚至孕育着后来思想的萌芽。这集中体现在他的中学毕业作文《青年在选择职业时的考虑》之中。这篇作文反映了马克思强烈的拯救意识和牺牲精神。马克思写道:"在选择职业时,我们应该遵循的主要指针是人类的幸福和我们自身的完美。……人们只有为同时代人的完美、为他们的幸福而工作,才能使自己也达到完美。"而"如果一个人只为自己劳动,他也许能够成为著名学者、大哲人、卓越诗人,然而他永远不能成为完美无疵的伟大人物"。这位 17 岁的青年人在作文的最后揭示了这种牺牲和拯救的力量源泉:"如果我们选择了最能为人类福利而劳动的职业,那么,重担就不能把我们压倒,因为这是为大家而献身;那时我们所感到的就不是可怜的、有限的、自私的乐趣,我们的幸福将属于千百万人,我们的事业将默默地、但是永恒发挥作用地存在下去,而面对我们的骨灰,高尚的人们将洒下热泪"。马克思的一生,可以说是真正实践了他的这一选择。马克思最喜欢说的一句名言就是:"为人类工作。"

尤其值得注意的是,这篇中学毕业作文,不仅确立了马克思的人生志向和崇高理想,而且透露出马克思未来思想的端倪和天才萌芽。例如,马克思写道:"我们并不总是能够选择我们自认为适合的职业;我们在社会上的关系,还在我们有能力对它们起决定性影响以前就已经在某种程度上开始确立了。"对这种限制的自觉,乃是马克思后来在思想上实现由"天国"回到"人间"、由"彼岸性"回到"此岸性"、由"理想主义"转向现实批判的契机。而且这种社会关系对人的存在的制约的见解,也构成后来的社会存在决定社会意识思想的开端。特别值得指出的是,在这篇作文中,马克思明确提出了"精神原则"和"肉体原则"之间的斗争问题。这实际上意味着马克思已经把人的存在的二重化的悖论揭示出来了。从某种意义上说,马克思一生的思想都不过是为了消解人的存在悖论所做的尝试和努力而已。

1835 年秋天,马克思离开特利尔城,来到波恩大学求学,主攻法学。进入大学后,马克思如饥似渴地吸收知识、钻研学问。他除了学习法律方面的课程外,还修文学艺术课程。马克思的父亲在给他的信中对马克思的用功表示关切,担心"超过身体和精力所能支持的限度"。当然,青年马克思也有玩世不恭的时候,他甚至因在夜间酗酒喧闹而被大学法庭判处禁闭一天。这除了反映马克思当时的苦闷心情之外,是否也折射出他的叛逆性格呢?有一次,波路西亚同乡会的一个成员对马克思进行侮辱和挑衅,马克思同他进行了决斗。马克思的父亲对此感到担心和忧虑,在第二个学期结束时就决定让马克思到柏林继续求学。1836年10月,马克思来到柏林大学学习,继续攻读法学。但他对那里的课程似乎不感兴趣。在9个学期里,他只选修了12门课程,主要是法学必修课。马克思主要对历史和哲学有浓厚的兴趣,认为这些课程才真正值得用功。但即使这类课程,马克思也主要是通过自学来掌握。可以说,早在大学时代,马克思就已经具备独立思考和研究问题的能力,并独自开始严肃的学术探究了。

大学时代的马克思表现出对诗歌的特别偏好。这实际上不过是他的诗人气质的自然流露而已。在这一点上,他同恩格斯存在着很大的差异。按照李卜克内西的说法,"恩格斯明哲智慧,丝毫没有浪漫和温情的色彩"。恰恰与恩格斯的这种性格相反,根据马克思的女婿拉法格的回忆,"马克思具有丰富的诗意的想象力。他最初在文学上的尝试就是诗。他的夫人曾小心地保藏着她丈夫少年时代的诗作,但不给任何人看"。早在波恩求学时期,马克思就开始写诗,并加入大学的诗歌小组,这个小组同哥廷根大学的诗歌小组有着通信联系。来到柏林大学之后,他的诗歌创作进入了一个高潮。他写了3本十四行诗献给他的恋人燕妮,除此之外,还写有大量的其他题材的诗歌,如叙事诗、抒情诗、讽刺诗等,甚至还写过剧本和小说。1841年初,马克思在1837年写的题为《狂歌》的两首诗《小提琴手》《夜恋》,发表在《雅典娜神殿》杂志上。新发现的布鲁诺·鲍威尔在给马克思的信中曾经谈道:"我祝贺你荣获《法兰克福会话报》授予的诗坛桂冠,你的卓越才能值得嘉奖!"

马克思与燕妮的爱情,也是马克思大学阶段生活的一个组成部分。马克思与燕妮可谓青梅竹马。燕妮1814年2月出生,比马克思大4岁。她是一位端庄秀丽、聪明智慧,且富有古典美的女性。马克思为她的美丽动人所倾倒。马克思后来从特利尔城给燕妮的信中写道:"做丈夫的知道他的妻子在全城人的心目中仍然是个'迷人的公主',真有说不出的惬意。"他写给燕妮的大量爱情诗可谓情真意切。其中一首这样写道:"燕妮!笑吧!你一定会觉得惊奇:为何我的诗篇只有一个标题,全部都叫作《致燕妮》!须知世界上唯独你才是我灵感的源泉,希望之光,慰藉的神。这光辉照彻了我的心灵,透过名字就看见你本人。"燕妮年轻貌美,出身于名门望族,周围不乏追求者。以世俗眼光看来,她无疑应寻求与贵族结合。然而,燕妮却唯独钟情于马克思。这不仅是由于她与马克思从小就建立了纯真的友谊,而且是由于她对马克思的才华由衷地钦佩,更是由于他们两人志同道合。1836年暑期,马克思在去柏林之前,回家乡度假期间,同燕妮秘密订婚。因为这对恋人的婚事受到女方贵族亲属的阻挠,他们订婚后过了7年才结婚。那时他们的父亲都已离开人世。

马克思在柏林大学读书期间,除了研究法学、历史、艺术理论和学习外语,还开始认真钻研哲学。柏林作为普鲁士王国政治、经济、文化的中心,各种社会矛盾都集中于此。

马克思切身感受到了容克地主的飞扬跋扈、资产阶级在政治上的软弱无能、人民群众生活的艰辛困苦……而对法学的深入研究，使马克思也越来越感到对哲学前提加以清算的必要。现实和理论的双重需要，使得马克思把目光投向了哲学。当时的柏林大学是黑格尔哲学的中心。黑格尔在这里讲过学。尽管马克思到来时，黑格尔已经去世，但他的影响仍然巨大。马克思一开始对脱离现实生活的思辨哲学反感，所以并不喜欢黑格尔的思想。然而，由于进一步深入的了解，他终于被黑格尔哲学那巨大的逻辑力量所征服，成为黑格尔的信徒。虽然马克思在来柏林读书之前对于黑格尔的思想已有所了解，但系统地阅读黑格尔的著作却是从 1837 年开始的。由于马克思的勤奋，他的健康状况变得糟糕起来，以至于不得不在 1837 年暮春开始休养。马克思离开柏林，来到斯特拉劳，在那里度过了整整一个夏季。这正好为马克思研读黑格尔提供了机会。此间他把黑格尔的著作从头到尾地读了一遍，还读了他的许多门徒的著作。随着对黑格尔哲学了解的加深，马克思参加了"博士俱乐部"，是其中的活跃成员，不久之后就成为这个组织的精神领袖之一，尽管这位大学生在其中的年龄最小，但他的知识和智慧征服了俱乐部的其他成员，赢得了大家的尊重。"博士俱乐部"是由青年黑格尔派的知识分子组成的，其宗旨是通过思辨的批判来实现对现实的改造。这种批判由宗教批判进一步过渡到政治批判，最后被归结为针对普鲁士专制制度的意识形态批判。由于马克思致力于实践和现实批判，所以他同青年黑格尔派终于分道扬镳。但马克思与俱乐部的关系，毕竟为马克思后来思想的发展提供了必要的资源和准备。正如马克思后来所坦率承认的："对宗教的批判是其他一切批判的前提。"马克思当时在哲学上所达到的水准，得到了人们的高度评价。例如，青年黑格尔派学者莫泽斯·赫斯 1841 年在给他朋友奥艾尔巴赫的信中写道："……请准备认识这位伟人，也许是当今现有的唯一的伟人，真正的哲学家……我所崇拜的马克思博士还是一个很年轻的人（他大概不到 24 岁），他将要给中世纪的宗教和政治以最后的打击。在他身上既有最深奥的哲学的严肃性，也有最机敏的智慧；请你想象一下，卢梭、伏尔泰、霍尔巴赫、莱辛、海涅和黑格尔结合成一个人；我所说的结合不是机械的混合——这将会使你得到一个关于马克思博士的概念。"

1839 年初，马克思开始撰写他的博士论文。他选择的题目是《德谟克利特的自然哲学与伊壁鸠鲁的自然哲学的差别》。马克思对晚期希腊哲学的兴趣，主要是受青年黑格尔派影响的结果。马克思研究晚期希腊哲学的动机，主要在于寻求自由的真谛，揭示哲学与现实世界的关系，论证自我意识在变革世界中的作用，批判宗教意识形态。晚期希腊所处的时代，乃是一个自由个性被蔑视的时代。伊壁鸠鲁主义主张人们在普遍压抑中保持个体的精神自由和心灵宁静，以对抗外在力量的支配。这恰恰吻合了马克思当时对德国基督教和封建主义专制进行批判的需要，因而引起了他的共鸣。马克思在古希腊哲学中找到了两个典型——德谟克利特和伊壁鸠鲁。在马克思看来，前者从自然科学的实证立场出发，按照知识论的要求，发现的只能是世界的必然性，从而未能给人的自由意志提供可能性的根据;后者则从哲学的视野出发,在承认偶然性的基础上为自由意志保留地盘。所以,他们作为两个相反的形象,代表了两个相反的方向。"德谟克利特不满足于哲学而投身于经验知识的怀抱,而伊壁鸠鲁却轻视实证科学,因为按照他的意见,这种科学丝毫无助于达到真正的完善。"马克思认为,伊壁鸠鲁提出的"原子偏斜说",实际上就意味着偶然性的存在,而"'偏离直线'就是'自由意志'"。所以,"自为存在是伊壁鸠鲁哲学唯一的、直接的原则"。马克思通过对哲学史的研究,事实上提出了经验与超验及其关系问题。在他看来,对于确立哲学视野而言,超验性带有优先地位。因此,马克思认为,尽管伊壁鸠鲁的学说在实证科学的意义上是不合理的,但这并不妨碍人们从他的物理学说的不合理中去探索哲学上的合理性。因为"他的解释方法的目的在于求自我意识的宁静,而不在于自然知识本身"。在《博士论文》的序言中,马克思援引普罗米修斯的话说:"老实说,我痛恨所有的神。"因为"这些神不承认人的自我意识具有最高的神性",所以"不应该有任何神同人的自我意识相并列"。而普罗米修斯则成为马克思心目中的偶像。马克思甚至称"普罗米修斯是哲学日历中最高尚的圣者和殉道者"。在这篇论文中,作者还进一步确立了哲学的最高理想:"哲学的世界化同时也就是世界的哲学化,哲学的实现同时也就是它的丧失。"可以说,这构成了贯穿马克思一生孜孜以求的崇高目标。

1841 年春天,马克思完成了自己的博士论文。当时在柏林大学占统治地位的是为官方所御用的意识形态,加上答辩程序复杂,需要花费不少钱,所以马克思把自己的论文送到耶那大学答辩。论文受到高度评价,"该博士论文证明该候选人才智高超、见解透彻、学识渊博"。1841 年 4 月 15 日马克思获得博士学位。

思想酝酿

拿到博士学位的马克思回到了自己的故乡特利尔。出于生计的考虑,马克思与燕妮推迟了婚期。他只在家乡逗留了两个月,就前往波恩。这位年轻的博士踌躇满志,打算到大学谋得一个教席,开始学者生涯,这也符合他父亲的愿望。然而,由于形势的变化,马克思未能如愿以偿。这主要是因为普鲁士国王弗里德里希·威廉四世对自由的压制,使得学术空间日益缩小。青年黑格尔派的骨干成员鲍威尔甚至被柏林大学革除教席。普鲁士王朝专制统治的加强,使青年黑格尔派对宪政改革的理想幻灭了。这一背景构成马克思由学术转向政治的契机,它使马克思担当起战士的角色。

马克思以反对普鲁士专制制度和争取民主自由为己任,积极投身于对现存政治的揭露和批判。他写了大量政论文章,发表在当时的反对派报纸《莱茵报》上。后来,马克思由这家报纸的普通撰稿人成为该报的主编。马克思的文章主要涉及对书报检查制度的抨击,对有关法律制度虚伪性的揭露,对政治上和社会上备受压迫的贫苦大众利益的同情与捍卫。这种对现实问题的关注和研究,使马克思越来越感到整个国家都是保护私有制的。马克思自己就承认,他对林木盗窃法和摩塞尔河地区农民处境的研究,推动了他由纯政治转向研究经济关系,并进而走向社会主义。

《莱茵报》的批判姿态,使普鲁士政府极为恼火,1843 年 4 月该报被勒令停刊。于是,马克思决定离开德国,打算到巴黎同卢格一起合办一份杂志。按照马克思的想法,这份杂志的宗旨应当是"对现存的一切进行无情地批判",而且应当是把这种批判同政治批判和实际斗争结合起来,把它和实际斗争看作一回事。在动身前往巴黎之前,他先来到莱茵省的一个小镇克罗茨纳赫,因为他的未婚妻燕妮和她的母亲此时正住在这里。燕妮·冯·威斯特华伦也无时无刻不在思念她的恋人。在马克思到来之前,她曾写信给马克思,信中写道:"你现在对于我是比以往任何时候都更为亲切可爱和珍贵,可是,每当你和我告别时,我总是万分激动,我多么想把你叫回来,以便再次告诉你,我多么爱你,我如何全身心地爱着你……我真不知道,在我心灵的深处你是多么珍贵。如果你此刻能在这里,我亲爱的小卡尔,你在你的调皮而又可爱的姑娘身上会感受到多少幸福啊!"1843 年 6 月 19 日,马克思与燕妮这对相互倾慕已久的恋人在克罗茨纳赫举行了婚礼。他们沿着莱茵河做了一次短暂的新婚旅行,然后回到克罗茨纳赫,一直住到是年 10 月。可以说,这段短暂时光是马克思的一生中难得的安宁幸福的时光。但马克思并没有沉湎于新婚的幸福之中,而是以更加勤奋和积极的姿态从事创造性的劳动——思想活动。其成果就凝结在他的著作《黑格尔法哲学批判》当中。马克思深深感到,要对他在《莱茵报》工作期间所获得的种种见解做出科学的说明,就不能不对黑格尔的国家哲学和法哲学进行批判性的反省和清算。为此,他除了对历史进行广泛的研究之外,还仔细阅读了马基雅弗利、卢梭、孟德斯鸠、兰克、费尔巴哈等人的著作。在此基础上,马克思写了 5 本笔记,即《克罗茨纳赫笔记》。这些工作为马克思弄清国家和法、国家与市民社会的关系提供了必要的准备。马克思的结论是:不是国家决定市民社会,而是市民社会决定国家。"家庭和市民社会是国家的前提,它们才是真正的活动者;而思辨的思维却把这一切头足倒置"。这标志着马克思开始从理论框架和视角的层面上摆脱黑格尔的影响,向唯物主义历史观迈进。

为了筹备出版德国和法国民主主义者的机关刊物《德法年鉴》,马克思偕新婚夫人燕妮于 1843 年 10 月从德国的克罗茨纳赫来到法国首都巴黎,过上了政治流亡者的艰苦生活。马克思原本打算写一部经济学巨著,所以来到巴黎后研究了英国古典经济学家亚当·斯密和大卫·李嘉图以及其他经济学家的学说。同时,他继续阅读空想社会主义者圣西门、傅立叶、欧文等人的著作。马克思还用大量的时间来研究法国革命史特别是议会史。

1844 年 2 月,经过马克思苦心筹备的《德法年鉴》第一、二期合刊号终于问世了。这一期杂志发表了马克思的两篇论文:《论犹太人问题》和《〈黑格尔法哲学批判〉导言》。

另外，还刊登了恩格斯的《政治经济学批判大纲》和《英国状况》以及其他的文章。

马克思的《论犹太人问题》探讨了"人类解放"与"政治解放"的关系，重要的是提出了"人类解放"的问题。这篇著作表面看来是马克思同"博士俱乐部"成员、青年黑格尔派首领布鲁诺·鲍威尔的论战之作，实质上它涉及一个更深刻更广泛的问题。鲍威尔认为被剥夺政治权利的德国犹太人只要摆脱了宗教的桎梏，就意味着他们的真正解放。马克思认为这种观点仍然带有思辨哲学的局限性，因而是不能接受的。马克思进一步从对犹太人解放问题的考察出发，提出了人类从政治压迫和社会压迫中解放出来这样一个更本质的问题。马克思认为，"政治解放"不过意味着人们从封建制度的束缚中解脱出来，实现了资产阶级的民主和自由。同前资本主义社会相比，这无疑是一大进步。但"政治解放"本身还不是"人类解放"。因为这种"政治解放"并没有触动资本主义私有制，相反是以维护和捍卫私有制为其前提和特征的，从而具有很大的历史局限性。因此，"政治解放"是不彻底的。在马克思看来，人类要想获得真正的解放，就必须打破"政治解放"的局限，消灭私有制，扬弃人的异化。只有这样，"人类解放"才能最后完成。

在《〈黑格尔法哲学批判〉导言》中，马克思进一步揭示了"人类解放"的历史途径和力量源泉。如果说《论犹太人问题》主要提出了"人类解放"的必要性问题，那么《〈黑格尔法哲学批判〉导言》则主要提出了"人类解放"的可能性问题。实现人类解放的历史使命究竟由谁来承担呢？马克思认为，它有赖于形成一个被彻底的锁链束缚着的阶级，而这个阶级就是无产阶级。因为在马克思看来，无产阶级如果不从其他一切社会领域解放出来并同时解放其他一切社会领域，它就无法解放自己。也就是说，无产阶级只有解放全人类，才能最后解放自己。由此决定了只有无产阶级才能担负解放全人类的历史使命。因此，马克思得出的结论是："哲学把无产阶级当作自己的物质武器，同样地，无产阶级也把哲学当作自己的精神武器。"因为"批判的武器当然不能代替武器的批判，物质力量只能用物质力量来摧毁；但是理论一经掌握群众，也会变成物质力量"。

由于《德法年鉴》的无产阶级立场和共产主义倾向，普鲁士政府唆使法国基佐政府查封杂志并逮捕编辑。尽管这一阴谋没有得逞，但马克思毕竟遇到了极大的困难。加上马克思同他的合作人卢格在根本立场上的分歧，《德法年鉴》只是出了第一、二期合刊后就夭折了。在这一挫折面前，马克思没有丧失信心，而是继续他的理论思考。这个时候，马克思已经揭示了市民社会与国家的关系，那么市民社会的实质究竟是什么呢？他认为，理论只要彻底就能说服人，而所谓彻底就是抓住事物的根本。对市民社会及其本质的解剖应当到政治经济学中去寻找。于是，从1844年春天开始，马克思把研究的重点转移到了经济学领域。这一时期，马克思的研究成果主要体现在1844年4月到8月写的3篇未完成的经济学和哲学手稿当中。这些手稿马克思生前没有出版，直到1932年才以《1844年经济学哲学手稿》的名义全文发表。

这部《手稿》虽然没有完成，但却包含着马克思鲜活的思维创造和重要理论贡献，在马克思新世界观的创立过程中占有非常重要的地位。贯穿其中的一个根本思想,就是马克思的劳动异化学说。这个学说构成马克思当时全部思想的基础。因为在他看来,人的解放就是异化的扬弃。异化的历史生成和历史扬弃,乃是马克思说明人类社会发展的根本框架。

"异化"这个范畴并不是马克思的创造,它在西方思想史上早就有了。甚至有人追溯到原始的基督教观念。应当承认,作为一个哲学概念,"异化"只是到了黑格尔那里才真正被使用。在黑格尔看来,异化就是客体作为主体的产物与主体相分离并反过来控制和决定主体。在《精神现象学》中,黑格尔揭示了主体(绝对精神)异化为世界历史的过程。费尔巴哈在《基督教的本质》中,则继承了黑格尔的有关思想,描述了主体(现实的人)异化为上帝的过程。在《1844年经济学哲学手稿》中,马克思向人们揭露了主体(劳动者)异化为物的力量这一市民社会的基本事实。

在市民社会也就是资本主义社会条件下,存在这样一个普遍现象,即工人本来是社会财富的创造者,其结果竟然是工人创造得越多,他们得到的反而越少。马克思从这一现象出发,逐步揭开了其中的奥秘。所以,马克思的异化劳动学说不是从思辨逻辑出发,而是从现有的经济事实出发得出来的。这鲜明地体现了马克思思想的一贯风格和特点。

马克思认为,人们只要从事劳动创造产品,就必然实现对象化。在这个意义上,任何劳动过程都是对象化的过程。问题在于,在资本主义制度下,这种对象化总是表现为异化。这就是工人同他的劳动产品之间的异化。原本是工人创造的产品,结果不再属于工人,而是沦为一种对于工人来说是异己的、反过来支配和压抑工人的敌对力量。这就造成了这样一种后果:"工人生产得越多,他能够消费得越少;他创造价值越多,他自己越没有价值、越低贱;工人的产品越完美,工人自己越畸形;工人创造的对象越文明,工人自己越野蛮;劳动越有力量,工人越无力;劳动越机巧,工人越愚钝,越成为自然界的奴隶。"马克思由这种产品的异化也就是物的异化,进一步过渡到人的自我异化,即工人同自己的劳动过程本身的异化。劳动者的自我异化表明,工人自己的体力和智力、他的个人生命,变成不依赖于他、不属于他,而是反过来反对他的东西,劳动产品的异化,归根到底不过是劳动过程本身异化的必然结果。马克思认为,劳动产品的异化和劳动过程本身的异化,标志着人的类本质同人相异化。因为人的类本质就是人的自由自觉的活动,它通过人的实践活动来得到表达和确证。然而,劳动产品的异化使人无法在对象中肯定自己,以便实现其本质。同样,劳动过程的异化也使得人的自由自觉的活动被降低到了维持肉体生存的手段。这就意味着人的类本质同人相分裂、相异化。马克思指出:"人同自己的劳动产品、自己的生命活动、自己的类本质相异化这一事实所造成的直接结果就是人同人相异化。"

马克思在提出异化劳动的思想时,还指出了异化的根源,这就是私有财产。他认为,私有财产制度,既是异化的基础,又是异化的表现和结果。但是,在《1844年经济学哲学手稿》中，马克思并没有充分揭示异化与私有财产之间的关系及其具体机制。然而，马克思毕竟已经把异化的扬弃同共产主义的实现及人的彻底解放内在地联系起来。

从某种意义上说，不了解恩格斯和他同马克思的交往，特别是两个人之间的思想交往，就不能够更深入更全面地理解马克思。因为他们在思想上的友谊，共同缔造了一个伟大的学说。1844 年 8 月底，恩格斯在从英国回德国时，绕道巴黎会见了马克思。这是他们的第二次会面。与 1842 年在科伦的冷冰冰的会见不同，这次会见是建立在他们的思想日益接近的基础上的。正如恩格斯后来所回忆的："当我 1844,年夏天在巴黎拜访马克思时，我们在一切理论领域中都显出意见完全一致，从此就开始了我们共同的工作。"从这个时候开始，马克思和恩格斯这两位伟人就一起并肩战斗了。

恩格斯也是普鲁士莱茵省人，1820 年 11 月 28 日生于巴门市，比马克思小两岁。他的父亲是一位纺纱厂主，笃信宗教，思想保守。按照父亲的要求，恩格斯中学未毕业就来到父亲的营业所里工作，后来又被派往不来梅的一个商行当练习生。经商赚钱并不是恩格斯的志向，年轻的恩格斯充分利用业余时间，刻苦自学历史、哲学、文学、语言学和外国语，并在 19 岁时就为报纸撰稿，抨击封建专制制度和宗教蒙昧主义。1841 年 9 月，恩格斯到柏林服兵役，在闲暇时间去柏林大学旁听哲学课，与青年黑格尔派有接触。1842 年 3 月，他开始在《莱茵报》上发表文章，显示了他的民主主义立场。同年 11 月，恩格斯来到英国的曼彻斯特，到他父亲经营的纺纱厂所属的一个公司工作。通过对工人阶级生活状况的亲身了解，加上恩格斯对英国的经济和国家制度的研究，以及对经济学的刻苦钻研，写出了《政治经济学批判大纲》，发表在《德法年鉴》上。马克思对于这部著作给予很高评价，并在自己的著作中大量援引。

马克思和恩格斯在巴黎的历史性的会见，为他们的友谊和合作奠定了基础。他们在巴黎合写了一本书，叫作《神圣家族》或《对批判的批判所做的批判——驳布鲁诺·鲍威尔及其伙伴》，于 1845 年 2 月出版。这本书主要是由马克思完成的。在这本书中，马克思和恩格斯借助于费尔巴哈进一步清算了青年黑格尔派，特别是布鲁诺·鲍威尔的观点，为马克思已经揭示的市民社会与国家的关系，提供了一种哲学的说明。鲍威尔等人把整个世界看作是人的自我意识的产物，对世界的变革取决于自我意识的改变。在马克思看来，这就完全颠倒了存在与意识的关系。马克思认为，历史的谜底不在于人的观念和意识之中，而是在于特定历史时期的工业和生活本身的直接的生产方式之中。这一思想已经包含着唯物史观的内在特征了。

新世界观诞生

1845 年 2 月，马克思来到布鲁塞尔。不久，恩格斯也从巴门来到这里，与马克思一起并肩战斗。

马克思曾经打算写一部系统论述新世界观的哲学著作,并拟定了一份提纲。这就是马克思于 1845 年春在布鲁塞尔撰写的《关于费尔巴哈的提纲》。尽管这是他为了进一步研究的需要而写的仅供自己使用的笔记,但却是马克思对自己的哲学思想所做的首次概括,因而在马克思主义哲学史上具有里程碑性质和划时代的意义。正如恩格斯所指出的:"这些笔记作为包含着新世界观的天才萌芽的第一个文件,是非常宝贵的。"因此,恩格斯非常重视马克思的这个《提纲》,经过修改,把它作为自己写的《路德维希·费尔巴哈和德国哲学的终结》一书的附录,以"马克思论费尔巴哈"为题于 1888 年公开发表。

从某种意义上说,《提纲》是介于马克思《1844 年经济学哲学手稿》和《德意志意识形态》之间的一个内在的思想环节。如果说马克思在《1844 年经济学哲学手稿》中主要是清算黑格尔,那么《提纲》则主要是清算费尔巴哈。所以马克思和恩格斯后来在《德意志意识形态》中明确指出:"我们这些意见正是针对着费尔巴哈的,因为只有他才多少向前迈进了几步,只有他的著作才可以[认真地]加以分析。"只有这两个方面的批判完成之后,新的世界观才能够真正诞生。它的成果集中体现在《德意志意识形态》之中。

可以说,《提纲》是马克思所有重要著作中篇幅最短的一个,但它的重要性和丰富性丝毫不因此而逊色,相反,它包含的内容极其丰富。

《提纲》首次确立了"新唯物主义"亦即"实践的唯物主义"的基本立场和视野。马克思基于人的实践这一立场,一方面深刻地批判了以费尔巴哈为代表的旧唯物主义的致命缺陷,另一方面,又充分揭露了唯心主义哲学的根本错误,向人们昭示了扬弃这二者外在对立的前提和途径。马克思认为,从前的一切唯物主义的主要缺点是:对对象、现实、感性,只是从客体的或直观的形式去理解,而不是把它们当作感性的人的活动,当作实践去理解,不是从主体去理解。如此一来,就必然造成旧唯物主义的根本局限性。因为它既无法显示出人在掌握世界的方式上超越动物的特质,也无法真正反驳来自唯心主义的挑战。与此相反,唯心主义则过分夸大人的精神的作用,从而把能动的方面抽象地发展了。显然,只有立足于实践,才能真正超越旧唯物主义和唯心主义各自的偏执。一旦脱离了实践这一基本立场,就有可能陷入旧唯物主义的误区,或者陷入唯心主义的误区。因此,马克思确立的"把感性理解为实践活动的唯物主义",不仅超越了旧唯物主义和唯心主义的对立,而且从理论基因上杜绝了陷入这两种误区的可能。

在实践的基础上,马克思进一步揭示了环境的改变与人的改变的辩证统一。应当指出,18 世纪法国启蒙思想家和唯物主义哲学家已经自觉地提出了人与环境的关系问题,并做了初步的哲学反思。但从总体上说,他们只是提出了问题,却未能真正解决问题。孟德斯鸠作为"地理环境决定论"者,不仅认为地理环境决定人的性格,而且认为地理环境通过对人的性格的影响进一步决定一个国家的法律制度。爱尔维修进一步认为,人们在精神上的差异,是由他们所处的不同环境和所受的不同教育所决定的。同孟德斯鸠相比,爱尔维修更注重社会环境和文化环境对人的塑造。然而,当法国唯物主义者进一步追问人类历史发展的动因和动力时,却陷入了一个循环论证的怪圈:他们忘记了自己曾经作为前提肯定的"环境决定意见"的观点,又提出"世界为意见所支配"。因此,18世纪法国唯物主义者必然导致二律背反:人们的意见为环境所决定;环境又为意见所决定。这一难题只有在马克思那里才获得解决。马克思明确指出:人创造环境,同样环境也创造人。马克思的真正贡献,不在于指出了人与环境之间的互动关系,而在于揭示了消解人与环境之间悖论的契机和基础。在马克思看来,要走出这一怪圈,就必须诉诸于人的现实活动,即人的实践。所以他说:环境的改变和人的活动或自我改变的一致,只能被看作是并合理地理解为革命的实践。因为只有实践才是在逻辑上比环境与人及其关系更原始的范畴,而且只有在实践那里,环境所体现的外在尺度和所体现的内在尺度才能真正达到统一,也只有实践才能使人与环境的对立通过人类历史的无限发展而得到彻底扬弃。

马克思从实践出发,进而合理地说明了人的本质。《提纲》明确指出:人的本质不是单个人所固有的抽象物,在其现实性上,它是一切社会关系的总和。马克思之所以能够把人的本质归结为人的一切社会关系的总和,归根结底是由于他的哲学的基础与其他哲学不同。按照马克思的说法,旧唯物主义的立脚点是市民社会。而新唯物主义的立脚点则是人类社会或社会的人类。我们知道,从西方历史发展的进程看,典型的市民社会是由商品经济塑造而成的。商品经济作为人在肉体层面上的自我肯定方式,它所凸显和强化的不过是人的物质利益和动物学的需求。同时,作为商品经济赖以存在的绝对前提之一的社会分工,也日益使人走向片面化和抽象化;商品交换所实现的价值和使用价值的剥离,造成了作为现实活动的抽象,所有这些都掩盖了人的丰富的社会关系,使人沦为日益单向度发展的贫乏的抽象符号。旧唯物主义既然立足于这种市民社会来展开对人的本质的分析,那么就不可避免地导致人的抽象化和生物学化。所以,尽管费尔巴哈试图发现活生生的人,但却无法避免唯物主义的庸俗化。例如他把人解释成一种抽象的孤立的人的个体,而且把人的本质归结为人的肉体属性和纯粹的自然联系。马克思则通过人的实践及其所形成的交往,揭示了人的本质的历史生成,从而真正标识出人之所以为人的特质。

另外,马克思还通过回到人的实践,说明了哲学的真正功能。《提纲》的最后一条指出:哲学家们只是用不同的方式解释世界,问题在于改变世界。这一论断实际上揭示了实践唯物主义的最后归宿。马克思以前的哲学不乏对世界的解释,也不乏对世界的批判,但唯一缺乏的就是对世界的"改变"。青年黑格尔派一贯主张批判,但他们所谓的批判仅仅是一种思辨的逻辑批判。他们痛恨宗教异化对人的否定,认为只要置换几个逻辑范畴,那么整个现存世界就会为之改观,焕然一新。马克思认为,这种批判是苍白无力的,只要不铲除派生宗教的社会根源和物质基础,而是仅仅就作为结果的宗教加以否定和批判，是永远也无济于事的。因为物质的东西只能用物质的力量才能摧毁。要扬弃产生宗教的物质根源，就必须通过实践的物质力量才能真正实现。这也正是马克思何以同青年黑格尔派分道扬镳的一个重要原因。与这种逻辑批判不同，还有一种道德批判，主要是空想社会主义和费尔巴哈的人本主义所采取的哲学立场。空想社会主义对资本主义的控诉、揭露，可谓淋漓尽致，但却无法向人们揭示一条现实的解放道路；费尔巴哈的人本主义由于陷入了单纯的道德谴责，同样沦为"爱的梦呓"，在现实面前缺乏真正的力量。所以，马克思主张由"说"回到"做"，他特别强调实践的批判，也就是实际地反对和改变现存的一切。只有通过实践批判，才能真正实现实践唯物主义所追求的"世界的哲学化和哲学的世界化"这一哲学理想。

1845年11月至1846年8月间，马克思和恩格斯一起，又投入到一部新的著作的写作之中。这就是《德意志意识形态》。正是在这部著作中，马克思主义的历史观才首次得到系统而完备的表述，因此它标志着马克思主义哲学作为一个完整的科学体系的真正诞生。从一定意义上说，《德意志意识形态》的思想乃是马克思《关于费尔巴哈的提纲》的进一步丰富、发展和完善。这本书共分两卷，第一卷是"对费尔巴哈、布·鲍威尔和施蒂纳所代表的现代德国哲学的批判"，第二卷是"对各式各样先知所代表的德国社会主义的批判"。

在《德意志意识形态》中，马克思和恩格斯提出了关于"交往"的思想。在他们看来，交往就是人的存在方式，因而是一个广义的范畴，包括物质交往和精神交往、国际交往、普遍交往、民族内部交往和外部交往、个人与个人的交往、世界交往，甚至包括战争和征服在内。可见，"交往"涵盖了人的存在的所有层面。正因为这样"交往"在马克思主义学说中第一次成为哲学范畴。它在马克思和恩格斯的哲学建构中，具有举足轻重的地位和意义。首先，交往对于生产力的保存和发展起着积极的作用。马克思认为，某一地方创造出来的生产力，特别是发明，在往后的发展中是否会失传，取决于交往扩展的情况。因此，只有在交往具有世界性质，并以大工业为基础的时候，只有在一切民族都卷入竞争的时候，保存住已创造出来的生产力才有了保障。这也正是后来马克思提出俄国跨越"资本主义卡夫丁峡谷"建议的一个重要理由。因为在马克思看来，它在生产力层面上可以通过移植资本主义的一切"肯定成果"而不必完全重演资本主义所经历的一切过程。其次，世界范围内的普遍交往的形成，乃是共产主义赖以实现的历史前提。马克思指出：共产主义只有作为占统治地位的各民族"立即"同时发生的行动才可能是经验的，而这是以生产力的普遍发展和与此有关的世界交往的普遍发展为前提的。

通过对意识形态的揭露和批判，马克思和恩格斯还进一步揭示了人的"异化"的历史生成和历史扬弃的内在必然性。他们认为，旧式分工是导致这种异化的最深刻的历史根源。因为当分工一出现之后，每个人就有了自己一定的特殊的活动范围，这个范围是强加给他的，他不能超出这个范围。这种分工的外在强制性通过私有制的强化，使人们不仅日益从属化和片面化,沦为单向度的人,而且日益受制于一种异己的外在力量的钳制。也就是马克思和恩格斯所说的:只要分工还不是出于自愿,而是自发的,那么人本身的活动对人说来就成为一种异己的、与他对立的力量,这种力量驱使着人,而不是人驾驭着这种力量。这就是马克思所说的"异化"。而意识形态则是异化的典型表现。马克思主义认为,意识形态是一种本末倒置的"虚假意识"。所以,马克思和恩格斯指出:如果在全部意识形态中人们和他们的关系就像在照相机中一样是倒现着的,那么这种现象也是从人们生活的历史过程中产生的,正如物象在视网膜上的倒影是直接从人们生活的物理过程中产生的一样。从历史上看,意识形态对自身物质根源的遮蔽,恰恰是人的本质、历史的真实被异化所扭曲和掩盖的一种折射和反映。因此,不批判意识形态,就不可能完成人的解放和自由的使命。而这种意识形态批判,在马克思和恩格斯那里,不再是思辨的批判和道德的批判,而是实践的批判。它一方面通过哲学的反思,把意识形态的真实根源揭示出来,另一方面又通过人们的现实活动,来实际地改变现存事物,从而在前提意义上彻底消解派生意识形态的物质基础和历史条件。唯其如此,才能真正在逻辑和历史双重意义上扬弃异化,从而使人能够以一种全面的方式占有自己的全面的本质。

在马克思那里,"共产主义"是一个哲学概念。它标志着人的彻底解放、人的自由的充分实现和人类历史的最后完成。作为目标,马克思和恩格斯强调它的理想性。他们把共产主义理解为"自觉社会"。他们明确指出:只有在共产主义这个阶段上,自主活动才同物质活动一致起来,而这点又是同个人向完整的个人的发展以及一切自发性的消除相适应的。因为各个个人的全面的依存关系、他们的这种自发形成的世界历史性的共同活动的形式,由于共产主义革命而转化为对那些异己力量的控制和自觉的驾驭。只有彻底消除了异己规定的外在强制,人们才能实现自己支配自己,从而达到自律状态,也就是既自然而然、又自由自觉。这不仅表现在个体的人的存在方式上,更重要的是表现在整个社会的宏观层面上。作为过程,马克思和恩格斯把共产主义理解为一种"现实的运动"。正如他们说的:我们所称为共产主义的是那种消灭现存状况的现实的运动。这既是指这个运动的条件是由现有的前提产生的,同时又是指共产主义的实现不是一种逻辑完成,而是一种历史的完成。它只有通过人们的现实的历史活动才能变成"经验的存在"。所以,马克思和恩格斯特别强调:实际上和对实践的唯物主义者,即共产主义者来说,全部问题都在于使现存世界革命化,实际地反对和改变事物的现状。因此,马克思首先是一位革命家,他的一生的革命实践恰恰是他的这一哲学信念的践履。在"共产主义"问题上,马克思和恩格斯坚持"过程"与"目标"的内在统一,充分体现了逻辑的东西与历史的东西相统一的原则,从而使他们既超越了空想社会主义、浪漫主义只固守于空洞的价值理想,而找不到通往理想境界的现实解放道路的局限性,又超越了实证主义、经验主义、黑格尔的逻辑宿命论片面强调具体途径及其必然性,而遗忘了合理价值目标建构的偏执。

据考证,在《德意志意识形态》中,马克思和恩格斯首次也是唯一一次提出了"实践的唯物主义"这个概念。这个概念的提出,意义重大。因为它意味着马克思主义哲学视野和立场的确立。只有抓住实践唯物主义,才能真正理解马克思在人类思想史上实现的伟大变革所具有的真实含义。马克思和恩格斯在描述自己的哲学立场时指出:这种历史观和唯心主义历史观不同,它不是在每个时代中寻找某种范畴,而是始终站在现实历史的基础之上,不是从观念出发来解释实践,而是从物质实践出发来解释观念的东西。所以,马克思所说的"实践的唯物主义"中的所谓"物",不再是旧唯物主义意义上的那种与人的存在无关的抽象的孤立的客观实在,而恰恰就是表征人的现实存在的人的实践活动本身所固有的客观实在性。按照实践唯物主义的立场,马克思和恩格斯认为:意识在任何时候都只能是被意识到了的存在,而人们的存在就是他们的实际生活过程。正是这一立场,使马克思和恩格斯发现了意识形态的秘密,找到了意识形态批判的切入点。实践本身所固有的生成性和创造性特征,内在地要求实践唯物主义者不能局限于"达到对现存事实的正确理解",而是应当进一步通过实践活动来"推翻这种现存的东西"。这种实践的批判,既是实践唯物主义的逻辑前提,同时又是它的确证和表征。

马克思和恩格斯着重论证了物质生活资料的生产在人类社会发展中的最终决定作用,指出:"人们为了能够'创造历史',必须能够生活。但是为了生活,首先就需要衣、食、住以及其他东西。因此第一个历史活动就是生产满足这些需要的资料,即生产物质生活本身。"在此基础上,他们进一步考察了生产力与交往方式之间的辩证运动及其在历史进程中的展开。马克思和恩格斯得到的结论是:"一切历史冲突都根源于生产力和交往形式之间的矛盾。"这种矛盾"每一次都不免要爆发为革命,同时也采取各种附带形式——表现为冲突的总和,表现为各个阶级之间的冲突,表现为意识的矛盾、思想斗争等等、政治斗争等等"。正是这种矛盾运动,推动了人类历史走向共产主义。

人格的力量

马克思的恒久魅力不仅仅在于他的思想和学说的博大精深,更在于他的人格力量。因为马克思真正是他自己的理论和信念的忠实践履者和体现者。在这个意义上,他首先是一位革命家和实践家,然后才是一位思想家和学者。正如恩格斯所说的:"马克思首先是一个革命家。以某种方式参加推翻资本主义社会及其所建立的国家制度的事业,参加赖有他才意识到本身地位和要求,意识到本身解放条件的现代无产阶级的解放事业,——这实际上就是他毕生的使命。……他进行斗争的热烈、顽强和卓有成效,是很少见的。""知"与"行"的内在统一、为学与为人的完美一致,恰恰是所有真正的伟人和大师所共有的特征。马克思的传记作家梅林说得好:"无疑的,马克思之所以无比伟大,主要是因为思想的人和实践的人在他身上是密切地结合着的,而且是相辅相成的。同样无疑的是,在他身上,作为战士的一面是永远胜过作为思想家的一面的。"

马克思为了把自己的学说诉诸实践,十分注重理论与工人运动的实际相结合。马克思认为,为了使工人阶级由自在阶级变成自为阶级,仅仅有理论上的准备还是不够的,除此之外,还必须建立一个强有力的工人阶级政党。这个政党应当是摆脱了民族局限性的国际组织。为此,马克思和恩格斯同各国的社会主义者建立起广泛的联系,最大限度地结识志同道合者。

1846年2月,马克思和恩格斯一起,在布鲁塞尔建立了共产主义通讯委员会。它的目的是要让德国的社会主义者同法国和英国的社会主义者建立联系,使外国人经常了解德国不断发展的社会主义运动,并且向德国国内的德国人报道法国和英国社会主义运动的进展情况。通过这种方式,可以发现意见分歧,从而得以交流思想,进行无私的批评。马克思认为,这是文字形式的社会运动为了摆脱民族局限性而应当采取的一个必要的步骤。

马克思和恩格斯以及比利时的共产主义者菲利普·日果共同组成布鲁塞尔共产主义通讯委员会的领导核心。该组织的其他主要成员有:约瑟夫·魏德迈、威廉·沃尔弗、斐迪南·沃尔弗、埃德加尔·威斯特华伦、载勒尔、海尔堡等人。有一个时期,威廉·魏特林也曾是布鲁塞尔委员会的成员。

布鲁塞尔共产主义通讯委员会成立以后,开展了大量的工作。首先,他们试图扩大自己的影响,加强同其他地方共产主义者及其组织的联系,先后同英国宪章派、正义者同盟在伦敦的领导人、正义者同盟巴黎支部,以及德国的科隆、爱北斐特、威斯特伐利亚、西里西亚等地的共产主义小组,建立了通讯联络。经过马克思和恩格斯的努力,各地纷纷成立了自己的通讯委员会。在他们的领导下,布鲁塞尔共产主义通讯委员会成为当时共产主义运动的思想中心。对于工人阶级思想觉悟的提高,以及工人阶级政党的建立,发挥了重要作用。

在为建立工人阶级政党而奋斗的过程中,马克思展开了同以魏特林为代表的空想社会主义和宗派主义的斗争。布鲁塞尔委员会成立伊始,马克思就觉察到,这些思潮的存在,妨碍了革命世界观的传播,造成了工人运动中的思想混乱。显然,不可避免的是,马克思主义"在其生命的旅途中每走一步都得经过战斗"。

裁缝工人出身的魏特林是德国早期工人运动的活动家,是正义者同盟的领导人之一。他在1842年出版的《和谐和自由的保证》一书,揭露和控诉了资本主义私有制给人间带来的不平等和奴役,主张财产公有,平均分配,使整个社会达到"和谐与自由"。马克思曾给予高度评价,称其为"史无前例光辉灿烂的处女作"。然而,魏特林不懂得社会发展的客观规律,否认在德国进行资产阶级革命的必要性,反对德国工人阶级同资产阶级民主主义者结成同盟,甚至为自己的平均主义的共产主义披上宗教外衣,打上神秘色彩。

1846 年他来到布鲁塞尔后,马克思和恩格斯曾竭力挽救他,但此时的魏特林刚愎自用,拒绝任何批评和帮助。在 1846 年 3 月的一次布鲁塞尔委员会上,马克思同魏特林的分歧公开化了。魏特林在会上听到人们对他的批评后,发言谴责"书房里的理论家",对此,马克思反驳说:"无知从来没有帮助过任何人!"这标志着他们之间的彻底决裂。

在批判魏特林的空想主义的同时,马克思和恩格斯还同"真正的社会主义"思潮展开了针锋相对的斗争。这种斗争早在《德意志意识形态》一书的写作时就已经开始了。"真正的社会主义"把费尔巴哈的抽象人道主义和法国的空想社会主义结合起来,宣扬抽象的"人性"和"爱的宗教",鼓吹"我们都是兄弟,我们都是朋友,我们都是人",企图用"爱的梦呓"代替工人运动的阶级斗争。这种思潮的主要代表人物有卡尔·格律恩、赫尔曼·克利盖、莫泽斯·赫斯、奥特·吕宁、赫尔曼·皮特曼等。1846 年 5 月,马克思和恩格斯写的反对克利盖的通告,就是他们批评所谓"真正的社会主义"的重要成果。

后来,马克思还同普鲁东主义进行了论战。普鲁东作为一个小中产阶级的改良主义者,反对社会革命。早在 1840 年写的《什么是财产?》一书中,提出了"财产就是盗窃"的口号。但他反对对私有制采取革命的方式,而是主张用"文火烧毁私有制","从而使私有制获得新的力量"。显然,这些观点同科学社会主义的立场相去甚远。普鲁东于 1846 年出版了他的《贫困的哲学》一书,宣传他的观点。为了清除普鲁东主义的消极影响,马克思写了《哲学的贫困》一书,于 1847 年 7 月出版。在这本著作中,马克思对唯物史观的基本原理,再次做出了经典表述。就经济学方面而言,马克思后来也承认:"在该书中还处于萌芽状态的东西,经过二十年的研究之后,变成了理论,在《资本论》中得到了发展。"《哲学的贫困》在马克思的思想发展进程中,占有重要地位。恩格斯称之为"我们的纲领"。

马克思和恩格斯开展的同种种非马克思主义和反马克思主义思潮的斗争,进一步扩大了他们学说的影响。对于工人运动的健康发展起到了积极作用。正是在这一背景下,正义者同盟领导人及其他成员的思想发生了变化。正义者同盟原本是侨居巴黎的德国工人于 1836 年成立的一个组织。1840 年以后,这个组织的中心转移到英国的伦敦,成为一个国际性的工人组织。它提出的口号是"人人皆兄弟",其宗旨是"使世上一切人享受自由,使任何人都不比别人生活得好些或坏些"。这个组织深受魏特林空想主义、"真正的社会主义"、普鲁东主义的影响。随着马克思主义的日益深入人心,加上马克思和恩格斯的耐心帮助,正义者同盟发生了性质的改变。1847 年 6 月 2 日至 9 日,正义者同盟在伦敦召开了第一次代表大会。马克思因经济原因没有出席这次会议,但是恩格斯作为巴黎支部的代表参加了。恩格斯按照他同马克思事先商定的方针,对会议发挥了决定性的影响,为大会起草了《共产主义信条草案》,阐述了科学共产主义的基本思想。在这次大会上,正义者同盟易名为"共产主义者同盟";原来的"人人皆兄弟"的口号被"全世界无产者,联合起来"所代替。这次代表大会之后,马克思和恩格斯进一步开展革命活动。

1847年8月在布鲁塞尔成立了共产主义者同盟的支部和区部,马克思亲自担任这两个组织的领导人。另外,为了加强同工人群众的联系,还建立了德意志工人协会。马克思经常参加协会会员的聚会,利用这一机会向工人们宣传共产主义思想,工人们亲切地称这位29岁的青年为"马克思老爹"。工人协会的成立,从组织上进一步强化了共产主义运动。

为了促进共产主义者同民主主义者的团结与合作,使他们并肩战斗,马克思和恩格斯参与了布鲁塞尔民主协会的创建工作。1847年9月,协会正式成立。马克思当选为协会的副主席。马克思和恩格斯还试图创办一份刊物,但未能如愿。后来经过马克思的努力,把《德意志—布鲁塞尔报》改造成共产主义者同盟的喉舌,实际上相当于同盟的机关报。

1847年10月,共产主义者同盟中央委员会决定于是年11月29日召开第二次代表大会,以通过同盟的章程和纲领,从思想和组织上加强同盟的凝聚力。后来的大会经过讨论,通过了共产主义者同盟章程。另外,大会还委托马克思和恩格斯起草一个打算公布的同盟纲领。这就是后来马克思和恩格斯撰写的《共产党宣言》。这部《宣言》于1848年出版。它运用唯物史观,深刻地考察了无产阶级的历史命运及它所肩负的历史使命,昭示了共产主义理想社会的合法性。正如列宁所评价的:"这部著作以天才的透彻鲜明的笔调叙述了新的世界观,即包括社会生活在内的彻底的唯物主义、最全面最深刻的发展学说辩证法以及关于阶级斗争、关于共产主义新社会的创造者无产阶级所负的世界历史革命使命的理论。"可以说,《宣言》乃是科学社会主义的第一个纲领性文献。

当时的欧洲正孕育着一场大规模的资产阶级革命。反对封建专制制度,摆脱异族压迫,建立民族国家,成为欧洲资产阶级民主革命的基本任务。由于形势的需要,共产主义者同盟中央委员会决定将权力移交布鲁塞尔区部,这将有利于及时指导欧洲大陆的革命。马克思担任在布鲁塞尔新成立的新中央委员会负责人。马克思的革命活动,引起了比利时政府的反感,警察当局在3月3日勒令马克思离境。马克思也希望早日来到革命的中心,于是在3月5日马克思抵达巴黎。3月10日,马克思同沙佩尔、莫尔、亨·鲍威尔、威·沃尔弗等人一起,又建立了新的中央委员会,马克思任主席。3月18日,柏林的工人、手工业者和其他小资产者发动革命,成立了资产阶级内阁。为了指引革命的正确方向,马克思和恩格斯代表共产主义者同盟中央委员会,提出了一个行动纲领,叫作《共产党在德国的要求》。

1848年4月,马克思和恩格斯回到德国,直接参与革命。马克思在科伦想创办一份报纸,再就是建立一个德国工人党,以便组织和领导这次革命。5月31日,《新莱茵报》问世,马克思亲自担任主编。该报的副标题是《民主派机关报》,这显示出马克思在特定历史条件下的必要灵活性。报纸的使命是:"向公众介绍当前形势、研究变革的条件、讨论改良的方法、形成舆论、给共同的意志指出一个正确的方向。"巴黎工人6月起义失败后,欧洲革命的形势进入低潮。1849年5月，《新莱茵报》停刊。由于形势的变化，马克思建议解散共产主义者同盟。1852年11月17日，同盟做出决议，接受了马克思的建议。

19世纪50年代末60年代初，欧洲工人运动走出低迷状态。出现了一次新的高潮。在马克思的参与下，"国际工人协会"于1864年9月在伦敦成立。马克思为协会写了《成立宣言》和《章程》。马克思和总委员会领导国际工人协会开展了一系列实际活动，如支援欧洲各国工人罢工、声援被压迫民族的解放运动、开展反对巴枯宁的无政府主义的斗争等等。虽然马克思只是协会的一般委员、德国和俄国通讯书记，而不是首脑，但他事实上却发挥了一个真正领导者的作用。恩格斯甚至这样说："叙述马克思在国际中的活动，就等于编写这个协会本身的历史。"

1870年7月19日，普法战争爆发。仅仅一个多月的时间，法国军队战败，拿破仑被俘虏。这引起了法国人民的强烈不满和愤怒，从而诱发了国内矛盾的激化。9月4日，巴黎燃起了革命烈火，其结果是法兰西共和国的成立。法国临时政府实际上是一个卖国政府。巴黎人民很快就认清了它的真实面目，曾先后举行过3次起义，最后获得了胜利。1871年3月18日，巴黎人民接管了旧政府，成立了公社。这就是历史上有名的"巴黎公社"。这是人类发展史上第一个无产阶级的政权，它的意义的深远可想而知。所以，马克思对于巴黎的起义者给予高度赞扬："这些巴黎人，具有何等的灵活性，何等的历史主动性，何等的自我牺牲精神！……历史上还没有过这种英勇奋斗的范例！"他认为巴黎公社是一个"具有世界历史意义的新起点"。

马克思始终关注巴黎公社的命运，并对它提出建议和进行指导。然而，巴黎公社的领导人并没有认真听取和采纳马克思的意见。在凡尔赛政府军的反攻倒算下，仅仅存在了不到三个月的巴黎公社失败了。马克思写的《法兰西内战》一书，科学地总结了巴黎公社的经验教训，揭示了它的性质以及它的历史地位和历史意义。马克思写道："公社的真正秘密就在于：它实质上是工人阶级的政府，是生产者阶级同占有者阶级斗争的结果，是终于发现的、可以使劳动在经济上获得解放的政治形式。"

巴黎公社失败后，梯也尔政府实行白色恐怖政策，对巴黎公社成员进行血腥镇压和残酷迫害。不少人不得不流亡国外。在那腥风血雨的日子里，国际工人协会自身的活动也日益艰难。在十分困难的情况下，马克思和恩格斯仍然尽全力帮助流亡者。马克思不仅组织捐款资助受迫害者，而且想尽一切办法为公社成员逃往国外提供方便。马克思和恩格斯一起，在一些国家争取流亡者的政治避难权。

贫病交加

马克思一生几乎大部分时间都受到贫困和疾病的困扰和折磨。正是在这种常人难以忍受的生活磨难中，我们清晰地看到了一个真正的普罗米修斯形象。他牺牲了个人的健康和幸福，把自己的一切统统奉献给了人类解放事业，自己却没有得到一丝一毫的世俗享乐。所以，马克思的力量不仅仅是来自他的思想，更是来自他的人格和境界。这一点，就连他的敌人也不得不承认。

马克思一生没有固定职业，因而没有固定收入。他要么依靠撰稿挣得一点非常有限的稿费，要么依靠朋友主要是恩格斯的接济，来维持最低的生活需要。为了解决燃眉之急，马克思有时不得不放下手头的理论研究，而去赶写其他的著作，以换取一点稿费。其实，马克思得到的稿费是十分有限的。有一次他曾对拉法格说："《资本论》甚至将不够偿付我写作它时所吸的雪茄烟烟钱。"而且由于政治的原因，马克思的许多著作被拒绝出版或发表。在许多关键的时候，幸亏得到恩格斯的无私资助，马克思才能渡过物质匮乏的难关。恩格斯的慷慨解囊，使马克思能够不至于因生活的窘迫和拮据而中断自己的思想和事业。马克思一家 1845 年初来到布鲁塞尔后，遇到了严重的生活困难，贫困的阴影伴随着马克思的全家。恩格斯在莱茵省他的朋友当中为马克思募捐，甚至把自己写作《英国工人阶级状况》一书的稿费寄给马克思，使马克思一家暂时渡过了生活的难关。恩格斯写信给马克思说："至少，不能让那帮狗东西因为用卑劣手段使你陷入经济困境而高兴。"直到 5 月初，马克思全家才在工人住宅区同盟路 5 号找到了一所固定房子，安顿下来。列宁曾经说过："如果不是恩格斯经常在经济上舍己援助，马克思不但不能写成《资本论》，而且定会死于贫困。"这句话丝毫也不带有夸张的成分。

对于马克思的一家来说，生活上最困难的时期也许是他们流亡伦敦的那些日子。当时，马克思的夫人病了，大女儿也病了，他家的保姆琳衡得了一种神经热。由于手头紧张，马克思请不起医生。他们全家有时一连几天甚至一周都只是靠一点有限的面包和马铃薯勉强度日。而且是否能弄到这些东西，也并没有保障。对于马克思一家来说，赊账几乎是家常便饭。马克思常常是不得不在负债中艰难度日。有时甚至把日常生活必需品包括衣物、鞋子都送进了当铺。马克思甚至因为把自己的礼服当掉而无法出门。他在寄手稿的附信中说："小册子的作者因无裤子和鞋子而被囚禁在家里，他的一家人过去和现在每分钟都受到确实极端贫困的威胁。"马克思还经常因负债而受到干扰。有一次，他在给恩格斯的求援信中写道："……现在，四面八方都在袭击我了。……最好和最理想的是能够发生这样的事：女房东把我从房子里赶走。那时，我至少可以免付一笔二十二英镑的款子。但是，未必能够指望得到她这样大的恩典。此外，还有面包铺老板、牛奶商、茶叶商、蔬菜商，还有欠肉铺老板的旧账。怎样才能还清所有这些鬼账呢？"马克思有时甚至受到债主的起诉。

马克思常常因经济困难而订不起报纸，买不起稿纸和邮票，有时以至于连邮寄稿件的邮费都支付不起。1859 年初，马克思在写完《政治经济学批判》一书之后，写信给恩格斯，希望他能够寄来些钱，以便把书稿寄走。马克思在信中说："倒霉的手稿写完了，但不能寄走,因为身边一分钱也没有,付不起邮资和保险金;而保险又是必要的,因为我没有手稿的副本。"即使在如此困难的境况下,马克思也不失幽默地说:"未必有人会在这样缺货币的情况下来写关于'货币'的文章!"人们很难想象,马克思的那些伟大著作是在如此艰难的条件下诞生的。

经济困境经常使马克思不得不停下手中的工作,这是令马克思最为苦恼的事情。有一次马克思曾经这样写道:"我在泥沼中已经挣扎了八个星期,而且,由于一大堆家务琐事毁灭了我的才智,破坏了我的工作能力,使我极端愤怒;像这样的泥沼,甚至是我最凶恶的敌人,我也不希望他在其中跋涉。"

1849年秋到1850年4月,马克思全家在伦敦西南郊彻尔西区安德森街4号租到一所小套间,全家人挤在这个狭小的空间里。即使这样,还是由于未能及时支付房租,而被房东赶了出来。燕妮,马克思在给魏德迈的信中描述了当时凄惨的情景:"由于我们手头没有钱……于是来了两个法警,将我不多的全部家当——床铺衣物等——甚至连我那可怜的孩子的摇篮以及眼泪汪汪地站在旁边的女孩子们的比较好的玩具都查封了。他们威胁说两个钟头以后要把全部家当拿走。那时忍受着乳房疼痛的我就只有同冻得发抖的孩子们睡光地板了。我们的朋友施拉姆赶忙进城去求人帮忙。他上了一驾马车,马狂奔起来,他从车上跳下来,摔得遍身是血,被人送回我们家来……第二天我们必须离开这个房子。天气寒冷,阴暗,下着雨。我的丈夫在为我们寻找住处,但是他一说有四个孩子,谁也不愿收留我们。最后有一位朋友帮了我们的忙,我们付清了房租……当我们卖掉了一切家当,偿清了一切债务之后,我和我的可爱的孩子们搬到了莱斯特广场莱斯特街1号德国旅馆我们现在所住的这两间小屋。在这里我们每星期付五个半英镑才凑合住下来了。"后来,马克思一家不得不又多次搬迁。1850年6月他们搬到第恩街64号。半年后,他们又搬到28号的一个有两个小房间的住宅里。这里的条件十分简陋,而且处于人口稠密的市区,加上霍乱流行,并不适合居住。然而,马克思一家在这里一住就是近6年的时间。只是到了1856年秋,燕妮·马克思得到了母亲的一笔微薄的遗产,才有条件在伦敦最好地区的哈佛斯托克小山梅特兰公园格拉弗顿坊9号租到了一所住房。在这里一直住到1864年春。即使是这里,条件也并不尽如人意。由于这里是新建区,垃圾成堆,没有路灯,一遇雨天,道路泥泞,甚至无法通行。

对于马克思来说,物质生活的贫困同失去孩子相比,也许还是可以忍受得了。由于生活极端困难,马克思的7个孩子中只有3个得以幸存下来。孩子的夭折,乃是马克思和他的家庭所遭遇的最大的不幸。马克思家庭的不幸接踵而至。1850年11月,刚满一周岁的男孩亨利希·格维多死于肺炎。使人感到特别不幸和悲痛的是,这个孩子成了家庭生活困难的牺牲品,他的死是由于物质上的原因,而不是由于照顾不周。1852年4月,马克思的小女儿弗兰契斯卡也因病去世。小女儿去世后,马克思一家甚至连给她买棺材的钱都没有。马克思的夫人曾痛苦地回忆说:"1852年复活节,我们可怜的小弗兰契斯卡得了严重的支气管炎。可怜的孩子和死亡搏斗了三天，受了许多痛苦。失去生命的小尸体停放在后面小房间里。我们都搬到前面房间来，晚上我们睡在地板上——三个活着的孩子同我们睡在一起，我们都为停放在邻室的冰冷而苍白的天使痛哭。可爱的小女儿在我们生活上最穷困的时期死去了。我们的德国朋友们这时候无力帮助我们。当时经常在我们家待很久的厄内斯特·琼斯曾答应帮助我们。但连他也没有办法……当时我迷惘地跑到一个住在附近、不久前曾拜访过我们的法国流亡者那里，求他接济我们。他立刻极友善而同情地给了我两英镑。这样才付清了小棺材的钱，现在可怜的孩子安然地躺在里面。小女孩出世时没有摇篮睡，而死后也好久得不到小棺材。当我们把我们的小女儿送进坟墓时，我们是多么伤心啊！"3 年后，马克思的 8 岁的儿子埃德加尔又因患严重的胃病不幸去世。埃德加尔聪明、好学、很有天分，深受马克思夫妇的宠爱。这个孩子的死给马克思带来的巨大悲痛，使他再也难以承受。他在给恩格斯的信中写道："我已经遭受过各种不幸，但是只有现在我才懂得什么是真正的不幸。"

其实，马克思也并不是没有改善生活窘境的机会和能力，但他却拒绝了。因为他不愿意为此而放弃一个思想家的独立人格和一个战士的角色和姿态。从某种意义上说，恰恰是马克思为了高尚的目标而主动选择了贫困。这才是一种名副其实的牺牲、一种无私的奉献。马克思说过："我必须不惜任何代价走向自己的目标，不允许资产阶级社会把我变成制造金钱的机器。"例如，在英国，马克思曾有谋得一个有固定收入的中等职位的机会，这个职位可以给他带来比较丰厚的收入，但马克思在征得夫人的同意之后坚决地放弃了。这使得很多人感到惋惜和不理解。马克思之所以做出这样的选择，是因为一旦接受这个职位，他就难以继续全身心地投入他所热爱的事业。马克思从来也不后悔他所做出的选择。正如他自己所说的："我已经把我的全部财产献给了革命斗争。我对此一点不感到懊悔。相反地，要是我重新开始生命的历程，我仍然会这样做。"

为了丈夫的理想和事业，燕妮·马克思同样做出了巨大的奉献和牺牲。然而，她对此毫无怨言，相反，这位高尚而伟大的女性同马克思一起分担并承受了马克思所面临的严峻挑战。在那些不堪回首的岁月里，她始终坚信："苦难磨炼我们，爱情给我们以支持。"

由于生活条件的恶劣，加上勤奋的工作，马克思的身体健康受到了严重的摧残。长期以来，马克思处于病痛的折磨之中。马克思患有严重的肝病，另外还有痔病、痉挛性的胸痛、风湿病、胆囊炎、失眠症、慢性支气管炎、脑充血症等。特别是由于过度疲劳，马克思的肝病和痔病经常发作，使得他不得不暂时中断工作，给马克思带来了极大的苦恼。马克思在撰写《资本论》第二卷的过程中，就受到身体健康状况的极大限制。例如，他在给丹尼尔逊的信中，就曾提道："我的医生警告我，要我把我的'工作日'大大缩短，否则就难免重新陷入 1874 年和以后几年的境地，那时我时常头晕，只要专心致志地工作几小时就不能再坚持下去。"

然而,各种各样的疾病并没有征服马克思。马克思忍受着病魔的巨大折磨,仍然投身于紧张而艰苦的理论研究之中,而且还亲身参与实际斗争。这需要怎样的毅力和勇气啊!

伟大与平凡

马克思的伟大,来自他的人格、学问、思想和智慧。马克思虽然是一位了不起的思想家和革命家,但却仍然保持着常人的一面,仍然具有平民的立场。

马克思在思想的劳作之余,经常同孩子们做各种游戏。其中有一种是当时德国和英国很流行的"自白"游戏。马克思对自白游戏中的问题所做的回答,从一个侧面反映出马克思的性格、志向和品质。我们从中不难看出马克思的伟大的一面。问题和答案是这样的:

您最珍重的品德:对一般人来说——朴实,对男人来说——刚强,对女人来说——柔弱;您的主要特点——目标始终如一;您对幸福的理解——斗争;您对不幸的理解——屈服;您最能原谅的缺点——轻信;您最不能容忍的缺点——奴颜婢膝;您最讨厌的人——马丁·塔波尔(英国诗人,马克思认为他是鄙俗的化身);您喜欢做的事——啃书本;您所热爱的诗人——莎士比亚、埃斯库罗斯、歌德;您所热爱的散文家——狄德罗;您所热爱的英雄——斯巴达克、刻卜勒;您所热爱的女英雄——甘泪卿;您所热爱的花——月桂;您所喜欢的颜色——红色;您所喜欢的名字——劳拉、燕妮;您所喜欢的食品——鱼;您所喜欢的格言——人所具有的我都具有;您所喜爱的座右铭——怀疑一切。在这些答案中,可以折射出马克思的人格魅力。

马克思对于自己的一生做出的选择从来都是无怨无悔,充满自信。他曾援引但丁的诗:"走你的路,让人们去说吧!"唯其如此,他才能够应对来自各个方面的各种压力,才能够做出常人所难以成就的伟大事业。

马克思的天才和伟大,在很大程度上是来自他的勤奋。马克思有时风趣地对朋友说:"我们在努力争取8小时工作制,可是我们自己却常常一昼夜做超过两倍于8小时的工作。"为了掌握更多的第一手资料,马克思非常重视对外语的学习。他甚至说:"外国语是人生斗争的一种武器。"所以,马克思常常挤出时间学习外语。他在青年时代就对希腊语和拉丁语有了相当熟练地掌握。他精通德语、法语和英语,另外还能阅读俄文、西班牙文和意大利文的著作。这固然表现出马克思的语言天赋,但离开了勤奋要想掌握如此多的语言却是不可想象的。为了写作《资本论》,马克思还到当时藏书最为丰富的大不列颠博物馆图书馆去查阅大量资料。马克思几乎每天从上午9点到下午7点都在博物馆阅览室里搜集第一手资料,他除了紧张地阅读之外,还做了许多摘录、提要和札记。研究的内容十分广泛，主要涉及政治经济学、经济思想史、科学技术史、殖民统治史，甚至包括人口问题、农业化学、地质学等方面。有一天，图书管理员好奇地问马克思："博士先生同时可以研究好几十种科学吗？我们的教授通常只能攻读一种专业！"马克思风趣地回答说："亲爱的朋友，所以也有很多教授戴着遮眼罩呀！如果人们要认识世界和改造世界，人们就不要只在一块草原上去赏花啊！"除了研究各种各样的历史和理论，马克思还十分重视资本主义在当时的最新进展。所以，他特别关注英国的现状。马克思每天都注意阅读报刊，甚至包括交易所的报告和国会的"蓝皮书"，以追踪资本主义经济的动向。据说英国上院和下院的许多议员们只是把这些"蓝皮书"当作手枪射击的靶子，看子弹一次能够穿透多少页纸张，以检验手枪的威力；还有的议员竟把"蓝皮书"当废纸按斤两卖掉。可是马克思却从这些书中寻找出十分有用的数字和资料。让我们看一下李卜克内西当年的感受吧："学习！学习！这就是他经常向我们大声疾呼的无上命令。他自己就是这方面的榜样，你只要一见这位伟大的智者永不停息的顽强的学习精神，也会有这样的感觉。"

马克思经常是通宵达旦地工作，工作起来可以废寝忘食，以至于达到忘我的境界。正如拉法格所说的："工作变成了马克思的一种癖好，他是如此专心工作，以致废寝忘食。他常常要被呼唤好几遍才下楼到餐室去，而且不等咽下最后一口饭就又回他的书房去了。"马克思在给恩格斯的信中也说："我现在发狂似的通宵总结我的经济学研究。""我的工作量很大，多半都工作到早晨四点钟。""我经常夜间工作，工作时虽然只喝些柠檬水，但是抽了大量的烟。"

马克思的博学是有名的。拉法格在他的回忆录中曾经说过："无论何时，无论任何问题都可以向马克思提出来，都能得到你所期望的最详尽的回答……他的头脑就像停在军港里升火待发的一艘军舰，准备一接到通知就开向任何思想的海洋。毫无疑义，《资本论》向我们展示了一颗最有魄力和学识方法的心灵。但是在我看来，也像一切熟知马克思的人看来一样，无论《资本论》或是他的其他任何著作，都不能把他的天才和学识的伟大完全表现出来。"马克思对数学情有独钟。从 19 世纪 50 年代开始，他就研究数学。这除了经济学的需要，还是马克思的一种积极的休息方式。后来他竟在微积分领域有了独到贡献。马克思还十分喜爱文学，在他的著作中有着对文学名著的大量援引。阅读文学名著也是马克思的业余爱好。繁重的工作之余，他常常倚靠在沙发上读小说或其他文学作品。马克思非常喜欢荷马、但丁、歌德和海涅的作品，甚至能够大段地背诵。另外，他还推崇古希腊的埃斯库罗斯、英国莎士比亚的作品，认为这些作品的作者都是极其伟大的剧作家。他也爱读现实主义的作品，如法国的巴尔扎克、英国的狄更斯和菲尔丁的小说。文学爱好不仅使马克思保持了他的诗人气质，而且使他从这些文学作品所反映的社会生活中得到了他所解剖的对象。

真诚和坦率是马克思人格的一个重要特点。马克思最厌恶的就是虚伪和做作。在自己的理论研究中，马克思从不埋没他人的工作和成绩。这体现了一个真正思想家的风范和境界。这在一个唯利是图的资产阶级社会,更显示出马克思人格的魅力。不管是否著名的作者,只要他的著作对于人类认识的发展做出了贡献,马克思发现后都要加以援引并注明出处。马克思认为,一个喜欢在科学上招摇撞骗的人,在政治上也往往是不坚定的、无原则的,这种人渴望虚荣,追求眼前的成功,一时的风头。

无论是生活的艰辛,还是工作的紧张,抑或是身体的病痛,这一切都没有压垮马克思,没有使马克思消极低沉。相反,马克思心中充满乐观主义的坚定信念。"在任何时候,甚至在最可怕的时刻,他从来不失去对未来的信心,仍然保持着极其乐观的幽默感。"在他的感染下,马克思一家洋溢着乐观的气氛和温馨和谐的氛围。这一点,给马克思的同志、战友和朋友留下了极其深刻的印象。

马克思非常喜欢同孩子们交流,尽可能与家人共享天伦之乐。马克思既是孩子们的慈祥的父亲,同时又是他们的良师益友。和孩子们在一起,马克思会感到特别愉快。他们因为马克思的黝黑的脸庞和乌油油的头发而称他为"摩尔"(希腊文"黝黑"之意)。马克思的夫人和孩子们还亲昵地称其为"老尼克"或"山神"。在孩子们的眼里,马克思是他们"最好的游伴"和"理想的朋友"。他们喜欢同马克思一起玩骑马和马拉车的游戏。孩子们轮流骑在马克思的肩上,要么就让马克思把自己套在椅子上当马车,给他们带来了无穷的乐趣。令孩子们难忘的,再就是星期天的郊游了。有时,马克思一家利用周日的空闲,一起步行来到伦敦郊区的汉普斯泰特的山丘,他们在这里尽情地玩捉迷藏、赛跑、摔跤等游戏,还有骑毛驴、摘野花、打毛栗子等,真是其乐无穷。

马克思还注意引导孩子们培养学习和思考的兴趣,常常给他们讲一些故事。正如爱琳娜所回忆的那样:"摩尔不光是一匹出色的马,他还有更大的本领。他是一位了不起的讲故事的能手……他一面散步一面讲故事给姐姐们听。(我当时还很小)这些故事不是以题来分段而是以里来计算的。两个小姑娘要求他说:'再给我们讲一里吧!'至于摩尔讲给我听的那些无数的奇异故事中,最奇妙的要算'汉斯·吕克尔'了。这个故事一个月一个月地继续下去,成为一整套故事了。"除此之外,马克思还经常给孩子们朗诵文学名著,如《一千零一夜》《尼伯龙根之歌》《唐·吉诃德》,还有荷马和莎士比亚的作品。爱琳娜说:"至于莎士比亚的作品,那是我们家必读的书,我们常常阅读并谈论这些作品。我六岁的时候就已经能背诵莎士比亚剧本中许多场的台词了。"这些故事和文学作品陶冶了孩子们的情操,在他们幼小的心灵中培养了爱憎分明的是非观念,同时也开阔了他们的视野,增长了历史和文化知识。

马克思不仅关爱自己的子女,而且对穷人的孩子也给予了同样的爱护和同情。马克思在同自己党内同志一起走访贫民区住宅时,他就会马上被那里的孩子们包围起来,因为他们对这位长着长头发、大胡子、有一双慈祥的淡褐色眼睛的大朋友有着最真挚的好感。马克思对待穷人的孩子,总是和蔼可亲,就像磁石一样把他们吸引到自己的周围。这充分反映出马克思所具有的博大胸怀。

思想界巨人

马克思一生写了大量的著作,但最具代表性的莫过于《资本论》这部巨著了。这是马克思穷几十年之心血写出来的一部划时代的著作。正是这部著作,奠定了马克思思想巨人的地位。为了撰写这部著作,马克思付出了沉重的代价。马克思在给友人的信中这样写道:"我一直在坟墓的边缘徘徊。因此,我不得不利用我还能工作的每时每刻来完成我的著作,为了它,我已经牺牲了我的健康、幸福和家庭。"

《资本论》的写作,充分反映了马克思严谨的科学态度。马克思在《资本论》法文版序言中指出:"在科学上没有平坦的大道,只有不畏劳苦沿着陡峭山路攀登的人,才有希望达到光辉的顶点。"正是马克思自己真正实践了这一点。为了使《资本论》尽快问世,恩格斯曾建议马克思把《资本论》手稿分期分批地寄给出版商,但马克思没有采纳这一建议。马克思的理由是:"我不能下决心在一个完整的东西还没有摆在我面前时,就送出任何一部分。不论我的著作有什么缺点,它们却有一个长处,即它们是一个艺术的整体;但是要达到这一点,只有用我的方法,在它们没有完整地摆在我面前时,不拿去付印。"马克思的严谨工作态度由此可见一斑。

其实,马克思早在《莱茵报》时期,就已开始关注社会经济问题。因为那时他需要对物质利益问题发表意见。到了1844年,为了解剖市民社会的秘密,马克思开始研究国民经济学。后来他打算写一部经济学巨著,并定名为《政治和政治经济学批判》。1857年7月至1858年5月,在不到一年的时间内,马克思写出了《资本论》的第一稿,约有50个印张的篇幅。在这部草稿中,马克思首次建立了剩余价值理论。按照恩格斯的说法,马克思一生有两个最重要的发现,即唯物史观和剩余价值理论。如果说,唯物史观的基本原理是在《德意志意识形态》中确立起来的话,那么,剩余价值理论则是在《资本论》草稿中提出来的。因此,《资本论》草稿在马克思的思想发展中占有重要地位。从1861年到1863年,马克思又写出了第二稿,篇幅约有200个印张。接着,马克思于1863年到1865年写了《资本论》的第三稿。这时,全书3卷的理论部分的草稿已全部完成。1866年1月,马克思对这部草稿的第一卷进行了最后一次加工润色。1867年9月14日,《资本论》第一卷终于出版了。作者在给朋友的信中指出:这本书"无疑是向资产者(包括土地所有者在内)脑袋发射的最厉害的炮弹。"

马克思完成《资本论》第一卷之后,希望在一年后完成第二卷和第三卷。但由于马克思投身于实际的革命斗争,忙于《资本论》第一卷德文版的修订和法文版的校改工作,加上马克思对待自己著作的严肃科学的态度,马克思并没有实现他的这一计划。恩格斯说:"只要列举一下马克思为第二卷留下的亲笔材料,就可以证明,马克思在公布他的经济学方面的伟大发现以前，是以多么无比认真的态度，以多么严格的自我批评精神，力求使这些伟大发现达到最完善的程度。正是这种自我批评的精神，使他的论述很少能够做到在形式和内容上都适应他的由于不断进行新的研究而日益扩大的眼界。"因此，马克思为了使自己的作品臻于完善，不得不一再推迟出版时间。例如，在撰写"地租"这一章的时候，马克思为了了解俄国土地所有制的特点，他又学习了俄语，以便阅读并掌握第一手俄文资料。

遗憾的是，马克思生前没有能够完成《资本论》第二卷和第三卷的写作和定稿工作。马克思在逝世前不久，让他的女儿爱琳娜把《资本论》的未完成的手稿移交给恩格斯，委托这位他最信赖也最有资格接受这一任务的战友来完成《资本论》的整理和出版。恩格斯放下自己手头上的工作，把主要精力用于《资本论》的整理和润色，出色地完成了这一任务，实现了马克思的夙愿。1885年《资本论》第二卷出版；1894年第三卷出版。

在《资本论》中，马克思把商品这个资产阶级社会的经济细胞作为分析和考察的起点，揭示了商品的二重性即价值和使用价值，进而发现了生产商品的劳动本身的二重性，也就是抽象劳动和具体劳动。马克思认为，这是理解政治经济学的"枢纽"。商品价值的大小是由生产商品的劳动时间决定的。这是古典经济学已经得出的结论。马克思的新发现在于揭示了商品的价值不是由个别劳动决定的，而是由社会必要劳动决定的。在此基础上，马克思已经昭示了个人劳动同社会劳动之间的矛盾。这是商品生产所蕴含的基本矛盾。在资本主义生产方式中，它表现为雇佣劳动和资本之间的矛盾、生产的社会性和生产资料的资本主义私人占有性之间的矛盾。所以，凡是资产阶级经济学家看到物与物之间关系的地方，马克思在《资本论》中都揭示了被物的关系所掩盖着的人与人之间的关系。

马克思把商品流通中的价值增殖额也就是超过原价值的余额叫做剩余价值。马克思进而发现了剩余价值的来源和秘密。马克思以前的经济学家无法解释商品流通过程中的价值增殖现象。贱买贵卖和供求关系的变动都不足以合理地说明商品流通中货币以增殖的方式回流这一事实，因为从社会经济的总体着眼，无论是贱买贵卖还是供求关系变动，都不可能使财富在总量上得到增长。那么，剩余价值究竟来源于哪里呢？马克思敏锐地发现，劳动不等于劳动力。劳动力是一种特殊的商品，因为它本身能够创造价值。也就是说，"这样一种商品，它的使用价值本身具有成为价值源泉的特殊属性"。资本家支付给工人的工资所购买的不是工人的劳动，而只是劳动力。劳动力在生产过程中所创造的价值总是大于劳动力本身的价值，而超出的部分就是马克思所谓的剩余价值。马克思依据他对剩余价值秘密的揭露，科学地揭示了资本的本质。在马克思看来，资本归根结底并不是物，而是以物为载体并通过物所表现出来的人的特定社会关系。马克思指出，生产资料本身并不是资本，只有当它被用来作为榨取工人剩余劳动时间，从而形成剩余价值时，生产资料才具有资本的规定和功能。在这个意义上，资本不过是资本家与雇佣劳动者之间历史地形成的一种生产关系而已。

除了揭示剩余价值的本质，马克思还用定量分析的方法考察了剩余价值的数量关系。这不仅揭露了资本主义生产方式的贪婪本性，而且揭露了它的残酷无情。他指出："资本是死劳动，它像吸血鬼一样，只有吮吸活劳动才有生命，吮吸的活劳动越多，它的生命就越旺盛。"由此就决定了资本主义生产越发展，那么两极分化就会越严重，最后导致雇佣劳动者同资本家这两大阶级之间对抗性矛盾的爆发，它预示着资本主义丧钟的敲响和社会主义革命时代的来临。

马克思还从历史发生的角度进一步揭示了劳资关系赖以形成的发生学前提，即资本的原始积累。马克思认为，所谓原始积累不过是使生产者同生产资料相分离的历史过程。这种"分离"是通过"剥夺"来实现的。因此，马克思说：原始积累"这种剥夺的历史是用血和火的文字载入人类编年史的"。这就戳穿了资产阶级学者所塑造的资本家靠勤俭节约而致富的神话。

以上这就是马克思在《资本论》第一卷中告诉我们的主要结论。

在《资本论》第二卷中，马克思接着考察了资本的流通过程，发现了资本流通所采取的3种形式，即货币形式、生产形式和商品形式。货币是资本的最直观也是它的最原始的形式。它是生产过程的前提。然而，任何一个生产周期，都必须依次经历货币资本、生产资本、商品资本这三种形式。通过对资本的循环和周转的考察，马克思进一步揭示了资本主义经济危机的内在机制。而《资本论》第三卷的主要目的则在于"揭示和说明资本运动过程作为整体考察时所产生的各种具体形式"，如产业资本、商业资本、金融资本等等，以便了解资本运动过程的具体表现形态和剩余价值在不同的资本家集团中所做的分配。特别值得指出的是，马克思在《资本论》第三卷中，提出了他的理想社会目标，这就是"自由王国"。在这样一种理想社会，由于人的异化被历史地超越了，人们不再受到外在必然性的支配和奴役，而是完全回到自身的内在尺度上来，达到那种既自由自觉又自然而然的境界。因此，在社会的宏观层面上，就消除了自发性的束缚，实现了由必然王国向自由王国的历史性转变。按照马克思的设想，这种社会也就是"自由人的联合体"，即共产主义社会。

事实上，马克思的《资本论》不仅仅是一部经济学著作，它同时还是一部哲学著作。列宁曾经评论说："虽说马克思没有遗留下'逻辑'（大写字母的），但他遗留下《资本论》的逻辑……在《资本论》中，逻辑、辩证法和唯物主义的认识论[不必要三个词：它们是同一个东西]都应用于同一门科学，而唯物主义则从黑格尔那里吸取了全部有价值的东西，并且向前推进了这些有价值的东西。"其实，在马克思那里，哲学和经济学是没有什么严格界限的。在马克思的许多重要著作中，我们很难明确划分哲学、政治经济学、科学社会主义的界限，相反，它们是融会贯通、高度整合的。这恰恰构成了马克思方法论的一个鲜明特色。谁又能够分清马克思的《1844年经济学哲学手稿》《资本论》之类的重要经典著作,究竟是哲学的,还是经济学的,抑或是科学社会主义的? 正是这一特点,使马克思一方面超越了英国古典经济学的局限性,同时又超越了德国古典哲学的局限性。同古典经济学相比,马克思的研究可能不如亚当·斯密、大卫·李嘉图他们研究和描述得那样细致,但却比他们更具有哲学的洞察力和形而上学的睿智。同古典哲学相比,马克思的研究又比黑格尔的思辨哲学更具有历史感和现实感,更具有实证的功夫。就此而言,马克思同时超越了这两者。这正是马克思以前的思想家难以企及的地方,是马克思比他们高明的地方。

永远不朽之人

长期以来的紧张而艰苦的工作,加上生活的颠沛流离,以及因经济拮据而带来的营养不良,严重摧残了马克思的身体。晚年的马克思一直受到多种疾病的折磨和困扰。不仅如此,马克思在暮年还经受了多次失去亲人的折磨。

与马克思患难与共的燕妮·马克思因患肝癌,于1881年12月2日病逝。燕妮·马克思的死,给了马克思以致命的打击,无论是在精神上还是在身体上都是这样。因为马克思与燕妮之间的深厚感情,恰恰是支撑和维系马克思以坚韧的毅力应对一切艰难困苦并坚定地活下去的巨大力量。可想而知,这对相依为命的伴侣一旦永远地分手,将会给活着的那一位带来怎样的痛苦和悲伤啊! 恩格斯在参加完燕妮·马克思的葬礼之后,见到马克思的时候说:"摩尔(马克思的昵称)也死了。"

燕妮·马克思去世后,马克思的身体越来越虚弱。1881年秋天,马克思就患了胸膜炎,并发支气管炎和肺炎。这对于一位孱弱的老人来说,不啻是最危险的信号。安葬了燕妮之后,由于身体的原因,医生甚至禁止马克思走出自己的房间。燕妮去世后,马克思夫妇的同志和朋友纷纷发来唁函,表达了真挚的悼念之情,特别是恩格斯不仅亲自料理燕妮的后事,而且在《社会民主党人报》上撰写悼念文章,称燕妮是"无产阶级社会主义、革命社会主义的老战士队伍"中的代表。《平等报》上还发表了恩格斯在燕妮墓前的讲话。恩格斯在讲话中说:"我们将不止一次地为再也听不到她的大胆而合理的意见(大胆而不吹嘘、合理而不失尊严的意见)而感到遗憾。"所有这一切,都给了马克思以莫大的安慰。尽管如此,巨大的悲痛还是极深重地摧残了马克思的身心健康。

为了尽快恢复工作,恢复正常的思考和理论研究,马克思企盼着自己的身体状况能够迅速好转。他的慢性支气管炎引发的剧烈咳嗽,加重了他原本就已十分严重的失眠症。1882年初,马克思和女儿爱琳娜来到威特岛的文特诺尔,希望来自海洋的湿润而清新的空气有助于马克思身体的恢复。

马克思健康状况稍有改善,他就回到伦敦,投入到紧张的工作中去。然而,伦敦的恶劣气候对马克思的健康十分不利,医生不得不让马克思到外地去休养。按照医生的建议,马克思于 1882 年 2 月 20 日来到阿尔及尔,但在旅行途中患了重感冒。阿尔及尔的天气令人失望,那里并不是风和日丽,而是狂风和暴雨,加上寒冷。马克思在给长女的信中说:"最近十年来,阿尔及尔从没有过这样糟糕的冬季。"糟糕的天气不仅没有改善反而进一步损害了马克思的身体。马克思的支气管炎更加严重了,胸膜炎也越来越恶化。

当然,疾病的折磨和恶劣的天气,并没有妨碍马克思发现大自然的美。这从一个侧面反映出马克思的诗人气质和浪漫情怀。阿尔及尔的自然风光,使马克思想起了《一千零一夜》的神话。只要身体状况许可,马克思就外出散步,把自己投入大自然的怀抱。他尽情地欣赏阿尔及尔港湾的景色和临海起伏的山峦,远眺高耸的雪峰。在给恩格斯的信中,马克思写道:"再也没有比这里早晨八点钟的景致、空气、植物——欧洲和非洲奇妙的混合——更迷人的了。"他还参观了阿尔及尔的植物园,赞赏那里的"非常美丽的……大林荫路"。

然而,马克思并没有完全陶醉于阿尔及尔的自然景色之中,而是亲身体验到了这个法国殖民地所特有的社会矛盾和民族矛盾。马克思的人文关怀,使得他对周围的社会环境总是有着一种特别的敏感。这也是一个革命家和思想家所应有的素质和优势。他同老共和主义者、被放逐到阿尔及尔的政治犯费莫法官的交谈,使马克思了解到当地土著居民的受奴役状况。马克思对殖民主义者造成的悲剧表现出强烈的憎恶和愤慨。

到了 4 月中旬,在阿尔及尔医生的努力下,马克思的胸膜炎症状竟然消失了,但支气管炎仍未能彻底好转。阿尔及尔的气候越来越不适合马克思。于是,马克思决定遵从医生的意见离开那里,到法国的里符耶腊去。5 月初,他抵达蒙特卡罗。也许是由于旅途的劳顿,他的胸膜炎又发作了。马克思不得不在摩纳哥接受一个月的治疗。

6 月初,马克思离开蒙特卡罗,来到阿尔让台同他的大女儿和外孙们团聚。这期间,马克思由劳拉·拉法格陪同,到瑞士过了一段时间,参观了日内瓦湖,并同老朋友贝克尔会了面。9 月底,马克思又返回了阿尔让台。马克思急于投入工作,在医生的许可下,他回到了英国伦敦。在那里,马克思继续埋头理论研究,考察原始社会史、俄国的土地关系以及其他一些问题。整个 10 月份,马克思几乎都是在梅特兰公园路自己的家里度过的。随后,他又来到威特岛,继续从事研究工作。

1883 年 1 月,又一个不幸的消息降临在马克思的头上。在文特诺尔,他得到了大女儿燕妮病重的消息。马克思的咳嗽越来越严重,甚至出现了危险的痉挛。1 月 12 日,马克思获知 38 岁的心爱的大女儿燕妮已于前一天病逝了。垂暮之年的马克思再也承受不起这样的打击了。在极端悲痛的心境中,马克思再次回到了伦敦。马克思深知,上苍留给他的时间已经不多了。

回到伦敦后,马克思一度曾试图校对《资本论》的清样,然而由于健康状况日益恶化,他只好打消这个念头。马克思的支气管炎更加严重,喉头炎使他出现吞咽困难,很长时间以来只能靠喝点牛奶维持生命。2月,医生又诊断出肺脓肿。马克思的身体日益消瘦,越来越虚弱。尽管家人及恩格斯还有医生尽了最大努力,但还是没有能够挽救马克思的生命。

1883年3月14日,65岁的马克思与世长辞。这天下午两点半钟,恩格斯照例来到马克思家探望马克思的病情。一进家门,恩格斯就发现马克思的家人都在掉泪。马克思从这天早晨开始出血,接着就出现身体衰竭。海伦上楼到他的房间时,看到马克思坐在安乐椅上处于半睡状态。她马上下楼请恩格斯到病人那里去。恩格斯后来回忆说:"当我们进去的时候,他躺在那里睡着了,但是已经长眠不醒了。脉搏和呼吸都已停止。在两分钟之内,他就安详地、毫无痛苦地与世长辞了……医生或许还能保证他勉强拖几年,无能为力地活着,不是很快地死去,而是慢慢地死去,以此来证明医术的胜利。但是,这是我们的马克思绝不能忍受的。眼前摆着许多未完成的工作,受着想要完成它们而又不能做到的唐达鲁士式的痛苦,这样活着,对他来说,比安然地死去还要痛苦一千倍。"

马克思去世后,得到世界各地来自不同国度、不同阶层、不同职业的人们的高度评价。马克思以其人格、思想、事业,赢得了人们的爱戴和崇敬。哪怕是与马克思的立场和观点相左的人们,同样表达了对马克思的尊重。例如,澳大利亚的资产阶级报纸《新维也纳日报》1883年3月17日强调指出:"卡尔·马克思应该列为当代最重要和最杰出的人物。"资产阶级激进主义者毕斯理在给爱琳娜·马克思的信中写道:"他是个真正杰出的人;虽然我不同意他的观点,但我高度评价他的动机,并且非常尊重他。"

对于马克思的逝世,恩格斯悲痛而惋惜地说:"人类却失去了一个头脑,而且是它在当代所拥有的最重要的一个头脑。"恩格斯还说:"我们之所以有今天,都应归功于他;现代运动当前所取得的一切成就,都应归功于他的理论的和实践的活动;没有他,我们至今还会在黑暗中徘徊。"在马克思的葬礼上,恩格斯指出:"这个人的逝世,对于欧美战斗着的无产阶级,对于历史科学,都是不可估量的损失。这位巨人逝世以后所形成的空白,在不久将来就会使人感觉到。""他的英名和事业将永垂不朽!"

就马克思的思想和学说对人类历史进程的改变、对人类历史命运的影响、对人类思想史的重建而言,马克思都具有恒久的魅力。马克思的思想和事业早已融入了当代的历史进程。在20世纪末,人们纷纷回眸马克思,这绝不是偶然的。这一事实意味着马克思的思想仍然具有当代价值。即使过去了一个多世纪,人们仍不得不从它那里汲取智慧和寻求启示。在这个意义上,马克思是不朽的。

马克思与中国

马克思诞生在西方,他的思想也是西方文化发展的产物。然而,由于马克思的"世界历史"的眼光,他同样以极大的热情和严谨的科学态度关注东方、关注中国。例如,马克思晚年曾经对东方社会的特点进行研究,并在给俄国女革命家查苏里奇的回信中,提出俄国有可能利用东方社会的独特性质,跨越资本主义的"卡夫丁峡谷",直接进入理想社会,以避免资本主义所曾经历过的痛苦。同样,马克思对鸦片战争给中华民族带来的灾难表示深深的同情,对侵略者的强盗行径表示强烈的谴责,对这场战争给中国传统社会的变革注入的活力也给予充分的肯定。马克思与中国的关系不仅仅表现在这里,更重要的是在于马克思的思想和学说通过自身在中国的广泛传播,直接地改变了中国社会发展的轨迹,参与了对中国现当代历史进程的建构和塑造。

对于中国来说,马克思的学说属于"舶来品"。随着近代"西学东渐"之风的日益强盛,马克思及其思想也开始传入中国。

根据有关考证,中国人最早知道马克思的名字,大概是在1898年。这年夏天,英国来华传教士李提摩太托人将英国人克卡朴写的《社会主义史》一书译成中文,并以《泰西民法志》之名由上海广学会出版。该书专设"马克思"一章,指出:"马克思是社会主义史中最著名和最具势力的人物,他及他同心的朋友昂格斯(即恩格斯——引者注)都被大家承认为'科学的和革命的'社会主义派的首领。"1899年2月和4月,英美传教士在中国创办的中文刊物《万国公报》第121号和123号出版,上面发表了《大同学》,系李提摩太摘要翻译的英国社会学家颉德写的《社会演化》一书。其中多次提到马克思的名字及其学说,如"以百工领袖著名者,英人马克思也";"试稽近世学派,有讲求安民新学之一派为德国之马克思立于资本者也";"德国讲求养民学者有名人焉,一曰马克思,一曰恩格斯"。在中国最早系统介绍马克思和他的思想的,是日本人福井准造著、中国人赵必振翻译的《近世社会主义》一书,该书于1903年3月由上海广智书局出版。它比较系统地介绍了卡尔·马克思(书中译作"加陆马陆科斯")的生平和思想,以及他的革命活动。重点介绍了《哲学的贫困》《政治经济学批判》《资本论》等著作,称《资本论》是"一代之大著述,为新社会主义者发明无二之真理"云云。

中国人自己写的著作中最早提到马克思及其思想的,要数梁启超了。1902年9月,梁氏在《新民丛报》第18号上发表《进化论革命者颉德之学说》一文,简单介绍了马克思:"麦喀士(即马克思——引者注)日耳曼人,社会主义之泰斗也。"后来,梁启超在一些著作中陆续提到并进一步介绍马克思的生平和学说。

另一种更重要的介绍方式,乃是直接翻译马克思和恩格斯的著作。早在五四新文化运动之前,就有人翻译《共产党宣言》《资本论》等著作的片段。五四时期,以《新青年》《每周评论》《国民》《晨报》副刊等杂志为代表的进步刊物,刊登了不少马克思和恩格斯著作的译文,对于马克思主义在中国的传播发挥了重要作用。当时,流行于中国的思潮和学说可谓多种多样,如无政府主义、实用主义、基尔特社会主义、三民主义、合作主义、托尔斯泰泛劳动主义、新村主义等等,为什么只有马克思主义被逐渐选择下来,成为中国社会发展的主导思想呢？从历史和文化背景以及社会发展的大趋势看，这种选择并不是偶然的。

　　尽管在俄国十月革命爆发前，马克思的学说已经被介绍到中国，但是并没有产生什么实质性的影响。毛泽东曾经指出："十月革命一声炮响，给我们送来了马克思列宁主义。"重视"效验"的中国传统文化，特别看重一个理论的历史效果。由于俄国十月革命的成功，证明了马克思主义的实践威力，所以，中国的先进分子选择了马克思主义。五四新文化运动时期，成为马克思主义在中国传播的第一次高潮。在马克思主义中国化的过程中，李大钊、陈独秀、瞿秋白等人发挥了重要作用。他们都是中国马克思主义的先驱。马克思说得好："理论在一个国家的实现程度，决定于理论满足这个国家的需要的程度。"马克思主义从学理上为中国社会变革提供最有说服力的合法性，恰恰适应了现代中国的内在需要。可见，中国选择马克思主义，也就是顺理成章的事情了。这是历史发展所造就的势所必至的结果。

　　当然，马克思主义在中国的传播也不是没有遇到阻力和挑战。即使在五四时期，就展开了问题与主义、社会主义问题、无政府主义问题的论战。20世纪20年代，又出现了科学与玄学、国家主义问题、戴季陶主义的论战。到了30年代，又爆发了中国社会性质问题、唯物辩证法问题、形式逻辑问题等的争论。这些论战不仅没有妨碍马克思主义在中国的进一步传播，反而通过论战更加扩大了马克思主义的影响。在中国共产党内，毛泽东写出了《实践论》《矛盾论》，批评了对马克思主义的教条主义和经验主义的理解。

　　大规模地对马克思和恩格斯思想和著作的介绍，还是中华人民共和国成立之后的事情。通过中共中央马恩列斯著作编译局的系统翻译，《马克思恩格斯全集》中文版共50卷和《马克思恩格斯选集》中文版共4卷由人民出版社出版。它极大地促进了人们对马克思主义的系统学习、宣传和研究。

　　总之，从实践上说，马克思的思想构成中国共产党的指导思想和根本的理论基础，在马克思主义的正确指导下，建立了新中国，使社会主义制度在东方这片古老的土地上变成现实。从理论上说，马克思主义同中国革命的具体实践相结合，形成了毛泽东思想；而马克思主义同中国建设的具体实践相结合，则诞生了建设有中国特色的社会主义理论。正是这个理论指引着我们的现代化之路，昭示着中国社会在21世纪的光明前景。

马克思主义的创始人之一

——恩格斯

人物档案

  简　历:德国思想家、哲学家、革命家、教育家、军事理论家,是全世界无产阶级和劳动人民的伟大导师和领袖、马克思主义创始人之一。生于普鲁士莱茵省巴门市一个纺织工厂主家里。他的父亲一心想要恩格斯继承自己的事业。1837 年恩格斯中学还未毕业,父亲就强迫他弃学经商,到本城商业营所当办事员,一年后又送他到不莱梅一家大公司供职。然而恩格斯却喜爱哲学、文学和历史,对商业活动完全没有兴趣。恩格斯是马克思的亲密战友,1895 年 8 月 5 日,恩格斯因病逝世。

  生卒年月:1820 年 11 月 28 日~1895 年 8 月 5 日。

  安葬之地:骨灰撒入英国伊斯特勃恩海。

  性格特征:性格刚毅,决策果断,胆略过人,勇于突破难关,克敌制胜。

  历史功过:和马克思共同撰写了《共产党宣言》,共同创立了科学共产主义理论,参加了第一国际的领导工作。马克思逝世后,他承担整理和出版《资本论》遗稿(第二、三卷)的工作,还肩负领导国际工人运动的重担。除同马克思合撰著作外,他还著有《自然辩证法》《家庭、私有制和国家的起源》《反杜林论》等。领导建立了第二国际,同各种机会主义进行斗争,捍卫和发展了马克思主义,使国际工人运动得到了广泛的发展。

  名家评点:弗·梅林评价说:"马克思和恩格斯的一个完全不能低估的功绩是他们把我们从哲学行话中解放出来,这种哲学行话曾盛极一时,但在(一些)马克思主义者(指教条主义者)的著作中就显得是完全陈腐的东西了——那就会完全像海涅在歌德之后用高特舍特的语言写诗一样。"

放弃经商

弗里德里希·恩格斯,德国人,马克思主义的创始人,与马克思并驾齐驱的伟大思想家、理论家、科学家、革命家,世界无产阶级和被剥削被压迫群众的伟大导师。

恩格斯 1820 年 11 月 28 日生于普鲁士莱茵省巴门市一个纺织工厂主家里。他的父亲一心想要恩格斯继承自己的事业。1837 年恩格斯中学还未毕业,父亲就强迫他弃学经商,到本城商业营所当办事员,一年后又送他到不莱梅一家大公司供职。然而恩格斯却喜爱哲学、文学和历史,对商业活动完全没有兴趣。在不莱梅的三年间,其主要精力都用在了研究思想学术和实际问题上,1839 年发表《乌培河谷来信》。

1841 年秋,恩格斯去柏林服兵役,服役期间与"青年黑格尔派"建立了联系。当时柏林大学学术气氛非常活跃,恩格斯时常抽空到柏林大学旁听,并写了《谢林和启示》等文章,对该校哲学教授谢林的反动的神秘主义观点进行了批判。

伟大合作

1842 年,恩格斯服役期满到英国曼彻斯特的父亲与人合办的工厂去任职,途经科伦,在《莱茵报》编辑部第一次会见马克思。在曼彻斯特的近两年中,除了经商,恩格斯着力考察英国的社会政治状况,还与流亡在英的正义者同盟建立了联系。他经常深入到工人当中了解研究他们的生活状况,还研究了古典政治经济学、空想社会主义等理论问题。1844 年,他在马克思主办的《德法年鉴》上发表《政治经济学批判大纲》,表明他已由唯心主义转到唯物主义,由革命民主主义者转为共产主义者。这年 8 月底,恩格斯回国途经巴黎第二次会见马克思,两人拟订了合作计划。他们合作写的第一部著作是 1845 年 2 月出版的《神圣家族》。同时,恩格斯又于 1845 年 3 月写成了《英国工人阶级状况》。

马克思迁居布鲁塞尔后不久,恩格斯也到了那里。他们一起到伦敦和曼彻斯特做了短期考察,返回布鲁塞尔后合写了《德意志意识形态》。翌年,他们共同建立了共产主义通讯委员会,并对蒲鲁东主义、平均共产主义和"真正的共产主义"进行了斗争。

1847 年,恩格斯和马克思一起参加共产主义者同盟,共同起草了"同盟"的纲领,这就是科学共产主义纲领性文献《共产党宣言》。

德国革命爆发后,恩格斯与马克思一起回普鲁士参加斗争,他任《新莱茵报》的副总编。革命失败后,德国南部和西部各省又发生武装起义,恩格斯亲身参加了巴登一普法尔茨的起义。他负责筹集军粮和弹药,训练战士,并英勇地参加了四次战斗。

恩格斯后来到英国伦敦与马克思重建了"共产主义同盟"的各级组织。为了在经济上资助马克思进行理论研究工作,他于 1850 年重返曼彻斯特从事商业活动。在这之后 20 年间,他几乎每天同马克思通信,讨论理论和现实中的各种问题。为了总结 1848 年革命的经验教训,恩格斯写了《德国农民战争》和《德国的革命和反革命》两书。1864 年"第一国际"成立,恩格斯未参加领导工作,但他和马克思一起,同蒲鲁东派、巴枯宁派、工联派、拉萨尔派进行了原则性的斗争。

1870 年,恩格斯回伦敦与马克思一起领导第一国际。恩格斯从 1877 年起至 1878 年,发表一系列文章对杜林的反动观点进行全面批判,这些文章汇集成书,便是著名的《反杜林论》。

1883 年马克思逝世后,恩格斯担负了整理和发表马克思的文献遗产和继承领导国际工人运动的重任。1885 和 1889 年,分别整理出版了马克思《资本论》的第二、三卷。1884 年写了《家庭、私有制和国家的起源》,1888 年写了《路德维希·费尔巴哈和德国古典哲学的终结》。

1889 年,"第二国际"建立。恩格斯指导它的活动,同其中形形色色的机会主义进行了坚决斗争。1891 年又写了《爱尔福特纲领草案批判》。晚年,他给各国活动家写了大量书信,进一步发展了唯物主义原理。

1895 年 8 月 5 日,恩格斯在伦敦因病逝世。

西方现代哲学的开创者

——尼采

人物档案

简　　历：。德国著名哲学家,西方现代哲学的开创者,语言学家、文化评论家、诗人、作曲家、思想家。出生于普鲁士萨克森的洛肯村,父亲卡尔·尼采是一个路德教的牧师。他的著作对于宗教、道德、现代文化、哲学、以及科学等领域提出了广泛的批判和讨论。

生卒年月:1844 年 10 月 15 日~1900 年 8 月 5 日。

安葬之地:德国莱比锡城南部的洛肯小镇。

性格特征:性情孤僻,多愁善感,自卑。

历史功过:主要著作有:《权力意志》《悲剧的诞生》《不合时宜的考察》《查拉图斯特拉如是说》《希腊悲剧时代的哲学》《论道德的谱系》等,尼采的著作对于宗教、道德、现代文化、哲学、以及科学等领域提出了广泛的批判和讨论。他的写作风格独特,经常使用格言和悖论的技巧。尼采对于后代哲学的发展影响很大。

名家评点:著名心理学家弗洛伊德曾评价尼采是"最独特且最伟大的思想家之一"。鲁迅评价尼采是"个人主义之至雄桀者"。

求学之路

弗里德里希·尼采 1844 年 10 月 15 日出生于普鲁士萨克森的洛肯村。父亲卡尔·尼采是一个路德教的牧师。

卡尔的父亲也是一个神职人员,曾担任教区监督,勤勉尽职。为消除法国大革命、康德哲学和无神论带给宗教的不良影响,他写过不少东西来安抚和教诲信徒们。如果他老人家得知自己的孙子成了天下第一的反基督主义者,一定无颜在上帝的天国那里安息下来。

卡尔曾当过阿尔滕宫廷四位公主的家庭教师，他的牧师教职是弗里德里希·威廉四世国王恩准的。由于身体不好，常有头痛症状和神经质，他要求到一个乡村任职，于是来到洛肯。这里偏僻而贫穷，但他喜欢这地方，喜欢过一种安静的与世无争的生活。

小尼采是卡尔的第一个孩子。这时牧师先生已经年过30岁了，中年得子，乃人生一大喜事。更让他高兴的是，孩子竟生在国王诞辰这一天，这真让一向性格沉稳、不苟言笑的牧师欣喜若狂。他以国王的名字"弗里德里希·威廉"为孩子命名，并在教区登记册上写下他此时激动的心情："啊！十月，神圣的十月！总是让我沉浸在欢乐之中！在所有这些欢乐中，最深沉、最美好的莫过于我为我的第一个孩子作洗礼。我的孩子——弗里德里希·威廉，这将是你的名字，以纪念与你同日诞生的高贵的国王恩主！"

尼采的父亲是一个文弱可亲的人，在教民中很得人心，可惜体质虚弱，天生多病，他出生于轰轰烈烈的拿破仑战争席卷欧洲的1813年，在1848年风云再起的革命浪潮中患脑软病，不久死去，遗下高堂老母与一双儿女。

新寡的母亲披上了黑衣，带着尼采和小他两岁的妹妹伊丽莎白，靠着每年不到两百马克的抚恤金供养全家人的生活，祖母和两个姑姑也与他们住在一起。六口人中，五岁的小男孩从此成了家中唯一的男丁，因而自小即有与众不同之感，父亲更在女人们的描述中变成一尊男性的偶像。

不久，祖母决定迁往附近的小城瑙姆堡，但那里的人群和声响令尼采不适。遗传自父亲一方的虚弱体质暗示着不祥的预兆，他眼睛近视，头痛症不时发作，母亲想尽千方百计给他治疗，常常带他到安静的草地树林去散步放松。孤独而自尊、静默而内蕴，小小年纪的尼采已经注定与人群的喧嚣无缘。

在女人飘摇的衣袂和轻柔的细语中尼采渐渐长大，体弱而聪慧，由母亲教他读书，罗莎丽姑姑给他上宗教课。虔诚的女人们把宁静生活中所有的期盼都寄托在尼采身上，疼爱而不娇纵，在把知识、信仰灌输给他的同时，也把善良、深沉传给了他。

六岁那年，尼采到镇上的一间私立学校念书。谁能想象得到一个来自柔弱虔诚的女性家庭的男孩子，为了要适应喧闹顽皮的同龄人要付出多大的代价？当这些又脏又闹的小淘气们忙于爬树捉鸟、斗殴说谎时，尼采更愿意独自一人去读圣经，或者激情满怀地朗诵其中庄严的篇章给大人听。但不管怎么说，尼采在学校里还是交了两个好朋友，其中一位在几年后的自传中把尼采描写为一个忧郁早熟的孩子，喜欢独处深思，常常沉溺于自己发明的游戏，思考一些与年龄不相宜的严肃问题。

生活在平静地流淌着，似乎没有什么波澜，不过仍有一些事件发生。1855年夏，姑姑奥古斯特因肺病去世。第二年，76岁的祖母也去世了，她在遗嘱中把自己的财产留给了尼采和妹妹伊丽莎自。家里又少了两口人，母亲带着两个孩子搬到一个公寓里住。

时间过得飞快，1858年暑假到了，尼采已经读完小学，即将度过他的14岁生日，要成为一个大孩子了。这个假期他还跟往常一样,同妹妹到乡下外祖父母家。这个村子就在萨勒河旁,每天早晨他都到河里洗澡,清冽的河水让他有说不出的畅快,可以减轻头痛病和眼疾,也可以满足他喜好洁净的习惯。

1858 年 10 月,尼采进入瑙姆堡附近的普夫塔文科中学学习。这是一所著名的学校,历史悠久,学风严谨,有着修道院式的规章制度。学校出过不少杰出人物,大哲学家费希特就在这里读过书。

尼采很高兴自己能进入这所名校。不过这里要求住宿,从此他就主要生活在学校,开始脱离家中那个以女性为中心的环境。新到乍来,学校要求严格,又处在由清一色的男性组成的社会之中,自然有一种不适应。

每个星期他只能在星期天下午获准外出,母亲、妹妹和小学的两个朋友宾德、克鲁格在校门口等着他,然后他们一同去附近的小饭馆。这情景真有点类似在军营探亲。拿现在时髦的话说,普夫塔学校搞的是封闭式教学。

普夫塔中学重视古典文化教育。在六年时间里,每星期都有六节希腊文课程;拉丁文课程,在前三年是每星期十一节,后三年是每星期十节。这样分量大而扎实的课程训练,为尼采以后的古典文化研究打下坚实的基础。

进中学前,尼采就学过拉丁文和希腊文。开始他感到困难,特别是希腊文,后来逐渐克服了困难,并且通过学习,开始对荷马产生兴趣。根据荷马的史诗,他还和朋友宾德合写过一个短剧"奥林匹斯山上的众神",由他和宾德、克鲁格扮演其中的主角。

尼采在宾德家常常见到宾德的父亲,这是一个很有文学修养的人。他向尼采推荐歌德的作品,向他讲解德语作品的诗韵之美。从这时起,尼采对歌德的喜爱和尊崇就再也没有改变。

尼采也接触到了歌德的作品,初次领略到了德国诗歌之美。另一样新宠则是音乐,尼采欣赏到了门德尔松和贝多芬的杰作,母亲特地为他买了一架钢琴,请当地最好的一名女琴师向他教授演奏。因此,尼采进入瑙姆堡附近知名的古典主义教育中心普福塔中学时,14 岁的他已经具备了一定的古典文学与音乐素养,这所学校因培养过浪漫主义诗人和剧作家诺瓦利斯、梵文研究专家及莎士比亚作品的翻译家施莱格尔和哲学家费希特而名噪一时。尼采在六年学习期间如鱼得水,奠定了以后作为古典语言学者和诗化哲学家的基础。

然而,疾病与死亡一直在威胁着这个家庭,祖母和奥古斯塔姑姑先后去世,尼采本人又困于眼疾、头痛。在生之困顿的压抑之中,勃发的青春活力使本性温良的尼采竟然屡屡爆发出叛逆之举,他像粗鲁的水手一样畅饮烈酒,整夜不睡,用拉丁文撰写和誊抄冗长的论文,争强好胜,不守校规,完全不像昔日宁静谦逊的洛肯少年。生命中长期缺失的男性的声音越来越强烈地刺激着他,使他产生出神经质的自我考验的欲望,他折磨自己的身体,以肉体的痛苦修炼精神的忍耐,他越感到自己的柔弱善良,就越希望得到希腊英雄般的神力。其实,连他这种神经质的自我折磨,也带有一种女性歇斯底里的气质,正因为如此,他才更渴望像个真正的威猛男儿。

宗教是这个反叛少年的第二个目标。他热爱文学,熟知古代英雄不合道德规范的悲剧故事,倾心于从暴烈到澄明的歌德的那片天空,享用席勒的睿智,拜伦的激情,和莎士比亚的壮美。文学告诉他生之伟大与人之独特,从而使他对基督教的热情渐渐淡化,对所谓上帝、灵魂不死、彼岸等教义产生怀疑。上帝禁绝了思考,上帝代表着粗鲁专横的强权,强加给人们以所谓的原罪,因而良心上的忏悔是不必要的,人生的经验与宗教的教条是两码事。总之,与家族传统对立,他决定将来不再献身于宗教了。

1864 年,尼采从普福塔中学毕业,来到波恩大学注册学习哲学与神学。他在这里热心于社交,自由探索的大学生活更使他远离了路德派宗教信仰。第二年四月,他回到瑙姆堡与母亲、妹妹共度团聚时,拒绝按照传统仪式领受复活节圣餐,甚至深爱他的母亲也不能够使他有稍许妥协。

年轻时的岁月似乎总可以分一些出来,奢侈地耗费在饮酒作乐的放纵生活中。尼采在波恩大学一度热心于交友,和一大帮普福塔中学的校友们纵情享受,把过剩的精力慷慨虚掷。

人群中原来最寂寞,风流云散时才痛感内心的空荡,不久尼采就又回到了惯常的孤单中。其实只有这时,生命才倍显充盈,孤单却不孤独。他钟爱寒夜孤灯下诵读悲剧诗篇的古今同情,也沉湎于黑白琴键上即兴演奏时的个性张扬,素福克勒斯和埃斯库罗斯是他古代的先驱,瓦格纳则是现代最令他神清气爽的艺术家。

尼采原想在莱茵河畔过一种无忧无虑的"正常的"大学生的生活,但这一企图以失败而告终。而在莱比锡,他作为一个离群索居者,更加专心于自己的研究,回到了他所喜欢的生活方式上来。宁可离群索居,而又不失傲气。不久,他就在导师李奇尔的指导下获得了令人瞩目的佳绩,成了一名合格的语文学家。李奇尔希望成立一个语文学协会,得到了尼采的响应。他中学时代就渴望成立"日耳曼尼亚"的想法,现在在大学的天地里又变成了现实。没有多久,尼采就能够在大学的一个小范围里授课了。1866 年,他第一次(后来还进行过多次)开讲梅格拉的泰奥格尼斯的诗作新版本。讲演很成功,在此事的激励之下,尼采把论泰奥格尼斯的著作送李奇尔过目,受到嘉许,并建议把原稿加工出版。

尼采是幸运的。在波恩的年华逝去以后,他遇到了一位恩师,这个人不仅具有很高的威望,而且对他恩宠有加。但尼采之所以会接受这一威望,是由于根本说来李奇尔并不是一个专业庸人,而更是一个艺术型人士。他的学术著作显示某种火花和美学意义。正是由于这个特点,尼采对自己的导师抱有好感,可以说,尼采受教的主要部分,都要归功于他。尼采所做的另一个报告,讲的是有关亚里士多德著述的目录。根据李奇尔的建议,大学为这项研究设立了基金。尼采获得了这项基金,后来文章又在《莱茵博物馆》上连载了若干期。接着,其他作品也相继问世。

这样一来,尼采的大名在本专业的学术界很快传开,并因此而获得了合格的年轻的学术家的声名。1869 年大学毕业以前,也是由于李奇尔的建议,被推荐到巴塞尔大学任副教授。

对泰奥格尼斯残稿的研究,所收获的不仅仅是语文学上的成果。尼采开始把已经属于古代的古希腊诗人理解为贵族。他在泰奥尼格斯那里找到这样一句话:

"在高贵的人那里,你可以学到高贵的东西;假如混迹于庸众之中,则会丧失你占有的真意。"

这句出自公元前 8 世纪的格言,若同尼采联系起来,那简直就等于《查拉图斯特拉如是说》的序言中主人思想的模式。因此,我们可以认为,对泰奥尼格斯的研究和得了奖的关于亚里士多德的论文,必然为导致与第欧根尼·拉尔修的邂逅,这唤起了尼采对哲学的嗜好。至少,这些东西在尼采求学时期,使他对哲学问题情有独钟。在莱比锡大学的第一个学期,由于阅读了叔本华的著作,这导致了尼采与哲学的决定性汇合。李奇尔和语文学给他提供了不可少的时而令人喜悦而多数是难啃的劳作,然而叔本华却唤起了尼采的天才。如果冷静分析一下,这种激励是把这位大学生抛到了要创立自己的世界观的境地,他立论的基础是叔本华的思想,但开始还很不成熟,很幼稚。

如果说,对尼采来说瓦格纳是音乐先锋的代表人的话,那叔本华的著作就可以看成是合乎时宜的世界观的表现,因为当时尼采对除柏拉图以外的其他伟大哲学家的著作尚未拜读过。他之所以如此并不是认真的研究使然,而是纯个性的、沉埋于他天性中的各种条件促使其进行这一发现的。他原来想利用对语文学的钻研,来克制自身的浪漫主义倾向,可后者却对这种克制施以报复,通过对叔本华著作的研究益发不可收拾了。

至高信仰

在尼采看来,信仰某种东西要比探究真理容易得多,信仰总是被亲友和许多杰出人物视为真理,无论它是否真是这样;它植根于我们的生活,是我们习惯的东西,给我们带来安慰。

而对真理的探究却是一条艰难的道路。我们在怀疑和孤独中斗争:由于精神苦闷,由于一反平素习惯的东西。我们往往将自己置于绝望的境况。即使这样,我们仍须不停息地探索通往真善美的新的道路。

尼采认为,一个真正的探索者,不应该去恢复那些我们熟悉的关于上帝、现世与赎罪的种种观念,而应该指向某些全然不同的东西;他要获得的不是安宁与幸福,而是真理,哪怕这真理是痛苦的、可怕的。

最后尼采对妹妹说:"人生的道路就有这样的不同,如果你祈求灵魂的安宁与幸福,就去信仰吧;如果你要做一个真理的追求者,就得去探索!"

显然,尼采本人是坚定不移地走探索者的道路,决不会成为一个盲从的信仰者,即使他早已经知道走这条路的艰险。这就注定他今后一生要饱受种种常人不堪忍受的磨难。

大学的第一年就要过去了。尼采已经决定离开波恩,转学到莱比锡大学。直接的原因是他的导师李奇契尔教授要去莱比锡大学任教,他不想离开这位学业上的导师,准备随导师一同去那里。

李奇尔之所以要离开波恩大学,是因为他跟另一个学术带头人扬的矛盾很大,彼此的激烈争吵几乎成了大学里人人皆知的丑闻。正所谓一山不容二虎,李奇尔教授要去莱比锡另打码头。

跟随他而去的学生尼采,离开波恩的深层原因同样是人际关系问题。他来这里整整一年,竟没有结交上一个知心朋友。在小学有宾德和克鲁格,在中学有杜森和戈斯多夫,而在波恩什么人都没有。越是离群索居的人,越是需要一两个知心密友。尼采在大学的第一年感受的是一片友谊的沙漠。

尼采坐船离开了生活一年的波恩。这是他临离开时的心境:"一切都干涉我,我无法有效地主宰周围的一切。我觉得自己对于科学无所作为,对于生活无所事事,只是以各种谬误充塞自己,想到这些,我感到心情沉重。轮船驶来,载我离去。在潮湿阴暗的夜色中,我一直站在驾驶台上,注视着那些勾勒出波恩城河岸的小灯渐渐消失,一切都给我一种逃亡的感觉。"

尼采一来到莱比锡就马上去莱比锡大学注册。他来的这天正好是学校的校庆日,校长正在向学生们训话,他告诉学生们,在一百年前的今天,歌德曾经和他们的前辈们一起在这里注过册。"天才自有其各自的道路,"这位谨慎的校长随即补充说:"沿着这些道路走是危险的。歌德不是一个好学生;在读书时代,你们不要以他为榜样。""嗬!嗬"!青年人欢快地高呼,被人群淹没了的尼采恰好在这样一个纪念日到达莱比锡,这种巧合使他感到十分快活。

他烧掉了一些夹在作业本里的诗,重新投入学习,并训练自己以极其严密的方法研究语言学。可是,唉,厌倦不久就卷土重来。他害怕波恩那一年的情形重演,他的书信和笔记里又写满了大段大段相同的抱怨。好在过了不长时间发生了一件解救他灵魂的大事。从而结束了这些抱怨。他在书摊上偶尔看到一本书,这是当时对他来说还很陌生的亚瑟·叔本华所写的一部著作《作为意志和表象的世界》。他看了几页,就被那文章的风格、美妙的词句所感染。他写道:"我不知道是什么精灵在对我悄悄耳语:'带上那本书回家去吧!'刚跨进房门我就打开这本这样得来的宝贝,并渐渐感受到那种充满激情而又极其忧郁的天才之强大力量。"

这本书的序异常丰富,其中包括那位被忽视的作者在间隔较长的时间里分别为1818年、1844年和1859年三个版本所写的三篇序。这些序文傲慢而尖刻,但是没有丝毫焦虑不安,它们富于深刻的思想和辛辣的讽刺,呈现出歌德诗歌的抒情风格与俾斯麦敏锐的写实主义相结合的倾向,它们具有那种在德国文学中罕见的典雅而富于韵律的美。尼采被书中的高尚气质、艺术情感以及纯粹的自由精神打动了。

在其后的两个星期中,他一直陷于对叔本华哲学的反复阅读和思考。这个狂傲而不幸的人,这个被家庭、学院抛弃而他以更激烈的语言和更彻底的方式疏离社会的人,这个地地道道的德国人却不放过任何机会抨击德国,他的一切都如磁石般吸引着尼采。

叔本华是这悲惨世界的代言人,而尼采在他的书中也观照出内心忧郁的本质,在一段时间内,他与要好的朋友一起研读叔本华哲学,并放弃了生活中的享乐,节衣缩食,律己甚严,以至于不许自己每天睡眠超过四个小时。

其实叔本华这种阴沉的基调一直存在于尼采心中,即便他以后否定了叔本华的隐忍放弃,而把悲观主义弘扬为悲剧英雄主义,但是哲学家的平静心绪始终与他无缘。也同叔本华一样,尼采始终认为音乐是最有哲学深度的艺术门类,音乐解放精神,为思想添上双翼,"抽象概念的灰色苍穹如同被闪电划破;电光明亮足以使万物纤毫毕露;伟大的问题伸手可触;宛如凌绝顶而世界一览无遗。"

尼采是个天生的布道者。在他的宣传下,妹妹伊丽莎白、戈斯多夫、杜森都成了叔本华哲学的信仰者。这位叔本华迷几乎可以在一切地方看到他所敬仰的大师的踪迹。当朗格的《唯物主义史》出版时,尼采十分兴奋,认为它是为叔本华哲学张目的,在哲学史上具有划时代意义。其实朗格在这书中宣扬的是康德哲学,一种新康德主义,同叔本华的东西区别很大。

这一年复活节尼采回到瑙姆堡,他的心中充满欢乐。在给戈斯多夫的信中他描述了自己的心境:"有三件事成了我的安慰,多么难得的安慰啊!这就是叔本华、舒曼的音乐以及孤独的散步。"

尼采从叔本华的哲学中获得一种类似佛教的顿悟。虽然在大约十年以后,他开始与叔本华彻底分手和决裂,把叔本华视为最大的颓废者,但直到他有理智生活的最后两年,在谈到叔本华时,他仍然承认叔本华是自己的先驱,自己是他的继承者:"我的先驱是叔本华。我深化了悲观主义,并通过发现悲观主义的最高对立物才使悲观主义完全进入我的感觉。"当然,他同时又是彻底的批判者。他对于叔本华的批判是一种扬弃,而不是简单的抛弃。原因就是,在骨子里,他和这位悲观主义大师有着无法分割的同一性。

由于叔本华,原先枯燥单调的语言学课程再也不是不可忍受的了。尼采以愉快的心情投入到这种专门的研究活动之中:

李奇尔教授向他的学生提出一个建议:成立一个由爱好语言学的学生组成的语言学研究会,以此来推动这一方面的学术活动的开展。尼采积极响应导师的号召,参加了筹备工作。

1866 年初,语言学研究会成立,共有 11 名成员。在尼采的感觉中,这个组织有些类似他在中学自发建立的"日耳曼尼亚",是可以视为由一批志同道合的朋友在一起进行自由精神活动的场所。

尼采的书斋生活在语言学与哲学之中消磨,他是李奇尔教授非常赏识的一个学生,然而又像被叔本华勾走了魂一样迷恋他的哲学。当他准备攻读博士课程时,来自军方的一纸命令将这个文弱书生招入军队。

由于尼采骑马出了事故,军训提前结束了。他前胸受伤,痊愈很慢。因此,直到服役期满,尼采都在休病假。现存一帧摄于那时的照片,他满身戎装,手握一柄出鞘的军刀,这模样可能很适合当时的照相习俗。这是一位乔装打扮的学者的留影。尼采可以利用他的病假去学习紧张的语文学专业。1868 年秋,他胸有成竹地又回到莱比锡度过了最后一个学期。他的学业已近结束,然而李奇尔的嘉许仍然惠顾于他,他展望将来有一个教学生涯。正如他对罗德所承认的,他对此没有任何"奢望"。当然,他视在大学授课的前程为一种能使自己有闲暇进行研究的生活,也会在政治上、社会上得到保障。

尼采不仅理所当然地抱有这种希望,而且比他预期的时间来得更加迅速。1868 年至 1869 年的冬季,当他计划同罗德一起到巴黎旅行的当儿,在李奇尔的倡导下,他被推荐到巴塞尔大学担任古典语文学副教授。

1869 年 2 月,在尚未取得博士头衔之时,他就接到了去巴塞尔大学就职的正式聘书。于是,莱比锡大学据尼采已发表的著述,未经其他考试就授予他博士头衔,同时还免去了去巴塞尔大学任教资格的种种手续。这样,尼采以 34 岁半的年龄,在大学学习过后未经任何过渡就出任了副教授之职,一年之后转为正教授。

初识瓦格纳

1869 年 4 月,尼采来到巴塞尔大学,就任语言学副教授之职。巴塞尔是瑞士的城市,尼采很自然地加入了瑞士国籍,成为一个瑞士公民,他对于此点没有什么不安。在他的印象中,他既属于德国,也属于整个世界。他的先祖就是一个斯拉夫民族的波兰人。

正像以前每到一个新环境一样,开始时尼采努力适应新情况,参加各种社交活动,宴请、舞会、拜访同事,但不久他就感到厌烦,满目所见都是无聊和庸俗。他对同事的态度渐渐冷淡了下来,别人自然对他也热乎不起来。于是他又把自己放在一个孤独的境况之中。

到巴塞尔不久,在给洛德的信中反映出他此时的心绪:"除了您以外我再没有更亲近的人可以谈心了,我生活在一片孤独的灰云里,特别是在聚会的时候,我无法拒绝人情应酬的压力,不得已在会场上和形形色色的手拉在一起。在这样的聚会里,我总是听到吵吵嚷嚷的声音,而找不到自己的知音。这些人称呼我教授,他们自己也被这头衔冲昏了,他们以为我是太阳底下最快乐的人。"

为了排遣心中的烦闷，尼采常常一个人去附近的峡谷和森林散步，在大自然的环境中，他的心情稍稍感到好一些。童年在乡村度过的那一段美好幸福的时光浮现在回忆中，成为对孤寂生活的一种抚慰。

5月2日，尼采在巴塞尔大学博物馆主厅作了就职演讲，题目是《荷马与古典语言学》。在这里，他一开始就提出了自己以后一直坚持和努力深入的基本学术思想:语言学不是一门纯科学，而是与艺术紧密交织重叠在一起的。它的新颖性给听众留下了印象，反响是热烈的，这次演讲奠定了他在巴塞尔大学的教师地位。尼采每星期有六次课，关于古希腊文，但选修这门课的学生并不特别多。

作为教师，尼采在巴塞尔人学是受到欢迎和尊重的。一年后他被提升为正教授，以后又给他加了薪水。1872年由于他拒绝受聘到另一所大学，作为回报，巴塞尔大学又把他的薪水提高到四千法郎。

年轻的尼采教授现在已经有了一个人们通常会羡慕的地位和前程。如果他安于现状，循此渐进，就会有一个安稳、舒适、受人尊敬的生活条件，在学术界也会像他的恩师那样成为这个专业的权威——李奇里契尔教授在给巴塞尔入学的推荐信中所预言的那样。

但尼采没有顺应这个预言，他的天性使他注定要走另一条道路，那是充满孤独、坎坷、困苦的道路。他从来不是一个肯安分的人。

对尼采来说，这期间比较重要的友谊是同比他年长31岁的理查·瓦格纳的交往。当时瓦格纳住在卢塞恩·的特里普森，不久有了同瓦格纳重叙友情的机会。1869年，尼采到瓦格纳家中做客，当时为瓦格纳操持这个非同寻常家务的是考西玛。考西玛·冯·比洛夫是李斯特的女儿，是瓦格纳一个任乐队指挥的朋友之妻，尚未与瓦格纳成亲。1866年，瓦格纳的前妻去世，为躲避经济、政治及社会诸方面的困境（这种情形曾发生过多次）由慕尼黑迁居瑞士。紧随其后，考西玛带着她的孩子达尼拉和布兰迪内·冯·比洛夫，又带上她与瓦格纳所生的伊佐尔德来到瑞士。1867年，他们二人又生下了女儿埃娃，两年之后又生下儿子齐格弗里德。

理查·瓦格纳和考西玛对这位年轻的学者颇有好感，双方很快密切起来。没有多久，尼采就在一定程度上成了这个家庭的一员，而且可以长期使用两个房间，随时随地进进出出，留居悉听尊便。在这里，他不只是接近了这位备受尊敬的音乐天才，而且也在这个非小市民家庭气氛中感到十分惬意。早在学生时代，尼采就崇拜瓦格纳的音乐作品，这时则对瓦格纳的为人也很醉心。

尼采被这种友谊弄得着了迷。他自童年到现在第一次有了宾至如归的感觉，他陶醉了。瓦格纳的性格有着阴暗的一面:专横跋扈，自私自利，肆无忌惮，挥金如土，可尼采则没有觉察。

这种宾至如归的幸运，对尼采来说持续到了1872年的4月，也就是说将近三年时光。

后来,瓦格纳迁居拜罗伊特。尼采于同年5月22日为参加音乐节大剧场的奠基仪式才又在那里拜访了瓦格纳。这种相处在1870年8月至10月才告中断。这短短几年却是尼采生命中弥足珍贵的记忆,他分享瓦格纳儿子出生的喜悦,还应邀在瓦格纳家度过了他在巴塞尔的第一个圣诞节,参加了拜律特剧院的奠基仪式,在音乐与哲学的欣赏中共同探讨艺术与人生,愉快的时光,可爱的人们,这样的快乐为什么总是不长久呢?

思想的凝聚

在对希腊文化和瓦格纳越来越深厚的情感中,尼采构思着他的第一部著作,关于悲剧艺术的古代辉煌与现代重生。对古籍的分析加深了他对现代文化的做作虚伪的反感,而他选择的领域是德国人相当熟稔的希腊文化。18世纪以来,相继出土的古代遗址备受关注,温克尔曼《古代艺术史》开启了哲学家与艺术家研究美学问题的新视野,歌德、席勒均以人与自然、理性与感性的和谐来解说希腊艺术繁荣的原因。尼采则另辟蹊径,指出希腊人看清了人生的悲剧意义,其内心的矛盾冲突激荡不已,方才产生了作为调和的艺术。

艺术的持续发展是同日神与酒神的二元性相关的。日神阿波罗是光明之神,是一切造型力量之神,同时是预言之神,支配着内心幻想世界的美丽外观。酒神狄奥尼索斯的精神体现在春日照临、万物欣欣向荣的激情之中,物我两忘、沉醉狂欢的境界。日神如梦,酒神如醉,梦与醉的艺术世界结合起来,产生了阿提卡的悲剧作品。

在《悲剧的诞生》中,尼采将日神与酒神的美进行对比又对等视之"像玫瑰花从有刺的灌木丛里生长开放一样",希腊民族如此敏感,欲望又如此强烈,因而特别容易痛苦,酒神的护伴西勒诺斯对找寻世间最好的东西的国王说,那最好的东西是世间众生根本得不到的,这就是"不要降生,不要存在,成为虚无",而次好的就是"尽快去死"。因此,唯有在日神精神的明丽阳光下,人才会渴望生存下去,像荷马的英雄一样悲叹与生命的分离。静穆柔和的梦境,时刻保持着美丽光辉的尊严,日神本身被看作个体化原理的神圣形象,他的表情和目光向人们表现着外在的全部喜悦、智慧及美丽。日神文化体现为希腊的史诗、雕刻和绘画艺术,这完美的静观世界诞生于苍茫的宇宙,升起了一个幻觉般的新的世界,"它闪闪发光地飘浮在最纯净的幸福之中,飘浮在没有痛苦的、远看一片光明的静观之中"。

《悲剧的诞生》是尼采对古籍深入钻研后的一部学术著作,文学味十足,毫无学究气息,其想象力与洞察力被20世纪英国古典主义学者称为"整整一代的学术所望尘莫及之作"。然而当时一般古典学者对此书都表现冷淡,其中第二部分大谈悲剧的重生与瓦格纳的音乐,招来许多人不满,标新立异、才高招嫉的现象再一次出现于尼采身上。一时间,他陷于孤立被动的局面,虽然有朋友为他出面辩护,哲学界却敌意难消,尼采的学生甚至也被动员不来上课。表现最兴奋的则是瓦格纳自己,尼采把艺术的理想寄托在他的身上,认为他的歌剧是德国文化的希望,《悲剧的诞生》的现实意义即在于此,所以,瓦格纳在看到这部书后,在给尼采的信中高度评价这部书:"我从来没有读过一本像这样好的书,简直伟大极了!"

在《悲剧的诞生》的基础上,循着对于科学和知识问题的思路,尼采深入探讨了哲学的功能、性质和特点。

尼采认为,哲学的主要功能就是对知识冲动进行约束和控制。自苏格拉底以来,人类求知的欲望形成了一股狂潮,知识被滥用为可以解决一切、压倒一切的东西,由此给人类带来错觉和灾难。科学不惜任何代价冲向一切可认识之物,而哲学思维总是立足于对事物本质和核心的认识。它说:"只有这才是伟大的,只有这才值得认识!"由此来提升人类超越自身盲目无羁的求知欲,把它限制在一定的范围内。

尼采并不一般地反对科学和知识,而只是在它们遮蔽了生命本能的情况下他说:"为了反对中世纪,历史和自然科学曾是必不可少的;知识反对信仰。我们现在用艺术来反对知识:回到生命! 控制知识冲动! 加强道德和美学本能! 在我们看来,德意志精神将由此获得拯救,从而再次成为拯救者。"

哲学凭借什么来控制知识冲动? 凭借它的体系中的艺术因素。一个哲学体系只是一个幻想,一个骗过知识冲动和仅仅暂时满足它一下的非真理;在这种满足中,哲学的价值与其说来自知识王国,不如说来自生命世界。生命意志利用哲学以达到更高形式的存在,哲学仅仅证明了幻想的必要性和艺术的必要性。

哲学的性质介乎艺术和科学之间。就目的和结果说,它是艺术;但它又与科学使用同一种手段——用概念表述。因此,哲学有时是科学,有时是艺术。

不仅如此,就哲学是超越经验的创造、神秘冲动的继续而言,它与宗教也有血缘关系。哲学同宗教一样,有着自我消费的功能,也就是可以在内部得到一种满足,而这在科学和艺术中是完全不可能的。

哲学与这几种因素都有不可分割的关系,同时对它们实行制约:它用艺术控制知识冲动,反对科学独断论,又用概念控制宗教的整体冲动,反对宗教造成的自然形象的混乱。

真理问题显然是哲学的根本问题,尼采对此做了大量思考,而且有许多非同一般的见解。在尼采看来,世界上唯一的真理就是根本没有真理这回事。世界作为一个盲目的意志的体现,人类根本无法参透它。存在的形而上学意义、伦理意义和美学意义全部都是不能证明的。我们平素所说的真理,根本不是指的这个。

我们通常说的真理,只不过是我们已经忘掉其为幻想的幻想,或忘掉其为谎言的谎言。它们实际上是一种人类关系,或是共同的约定,或是通行的隐喻,在长期存在之后,由于无意识和健忘，人们把它们当成了真理。它们与人类其他的幻想和谎言没有任何实质的不同。

但人总是感觉到自己有一种寻求世界真理的欲望，相信自己最后总会找到真理。其实他渴望的不是真理本身，而是对真理的信仰，因为这种信仰可以给他带来的快乐。一个人如果不相信自己拥有真理，就不可能有纯洁和高尚的生活，因此他需要信仰真理。人的真理冲动具有明显的道德因素或起源。

从这个意义上说，根本就没有什么真理和知识冲动，实际上只有对真理信仰的冲动。尼采指出，人在本质上是不诚实的，因为他是乐天的，作为个体他具有必然毁灭的命运，而他竭力逃避这一不可避免的结局；他永远也不可能知道世界的真谛，而他却深信通过认识能够达到真理；但认识不过是使用最称心的隐喻，是一种不再被认为是仿制的仿制，它无法达到真实的深处。他需要对真理的信仰；没有这个，就既不会有社会，也不会有文化。

人类一切信以为真的东西，都是幻想，都是谎言，不过在这些幻想和谎言之间还是有区别的。尼采对艺术特别推崇，尽管它也是一种幻想，因为艺术家是把幻想当作幻想，而不是把幻想误认为真理。艺术家仿佛是对睡梦中的人说："让他继续把梦做下去吧！不要去叫醒他！"因为人既然已经活在这个世界上，他就得继续活下去。

然而哲学却把幻想当作真理，充满真理感的哲学家仿佛在对睡梦中的人喊道："快醒来吧，不要再做梦了！"其实当他相信自己是在唤醒沉睡者时，哲学家本人却在沉入更深的奇异睡眠中：他也许梦到了不朽或理念。而这不朽或理念，恰恰与人的最根本的真实——人终有一死——相反。

视幻想为幻想，视谎言为谎言，这才是唯一的真实；而这，只有当人处于酒神状态，以悲剧来观照人生时，才可能做到。只有把整个世界都当作一个幻想来思考的人，才有资格不带任何愿望和冲动看待它。尼采的真理观同他的整个哲学思想是一致的。

通观尼采这一时期的哲学研究，与写《悲剧的诞生》的时候相比，深入了许多。有不少是属于自己独创性的见解。当然，这种研究也继续发挥了以前的若干基本思想，如酒神意识，反科学主义等等。不过有一个方面似乎没有什么新的发展，这就是对于艺术的态度。在这一时期，如同以前一样，尼采仍然相信，艺术是体现了生命本质的活动，是人唯一的形而上的慰藉。

1872 年，作为尼采生活中的一个转折点，不仅在于他在精神上开始求变、求新，完全跳出了语言学专业的束缚，还在于由此开始，他的身体健康也每况愈下了。此外在瓦格纳离开托里普森后，尼采的人际关系也发生了许多变化。

5 月 22 日，尼采出席了拜洛特举行的奠基仪式。在这个活动中他最大的收获就是结识了一个新朋友玛尔维达·冯·梅森布格。玛尔维达五十多岁，也是瓦格纳的崇拜者。7 月，瓦格纳的《特立斯坦》在慕尼黑公演，尼采去了，再次同玛尔维达见面，一起度过愉快的几天。通过深入的交谈，他们成了知心的朋友。玛尔维达是尼采唯一的女性挚友，像大姐姐那样关心和帮助着他。他们的友谊一直保持到尼采去世。

10月，尼采休假后回到巴塞尔。这时他同大学的同事奥弗贝克和罗蒙特的关系已经十分密切了。在给洛德的信中他写道："奥弗贝克和罗蒙特是我生活和思想的同伴，是我世界上最好的朋友，和他们在一起我不再感到忧伤和愤怒。奥弗贝克是极其严肃和没有偏见的哲学家，也是最单纯可亲的人。他有那种激进的勇气，而一旦人们缺乏这一点，我就无法同他友好相处。"

转眼到了1873年，尼采准备写他的题为《不合时宜的思想》系列论著的第一部，材料都弄得差不多了，做了大量笔记。5月初，正要开始动笔写的时候，突然身体变得很坏：头痛剧烈发作、眼睛不能经受任何光线，几乎成了瞎子。他完全无法工作。

在众口一词的颂歌声中，尼采写作了著名的《不合时宜的思想》，由四篇很长的论文组成，对现代德国文化进行了深入的剖析和尖刻的批评，矛头直指向普法战争以来德国人当中弥漫的那种粗俗的傲慢。

第一篇《耶稣传》曾经传诵一时，作者施特劳斯以因果关系来研究圣经故事，由其中的逻辑矛盾说明，耶稣的神性并不可靠，他的所谓独特性、完满性、绝对性等说法也不成立，《耶稣传》历史地考证圣经文书，不再赋予它神化色彩，在基督教国家中引起了轰动。然而岁月流逝，昔日活跃的思想纳入了寻常的轨道，沸腾的血温凉了，1872年，施特劳斯出版了他的最后一部著作《旧信仰与新信仰》，宣称要建立一种积极的有教养的人的世界观，提出"以艺术代宗教"，通过艺术欣赏来获得感化与提高，为此他用很大的篇幅向人推介"我国的伟大诗人""我国的伟大音乐家"。在尼采看来，施特劳斯的广泛影响在教育上造成了平庸化，以庸俗化为代价拉近了艺术与人生的距离，在德国人心中造成了一种呆笨的自以为是，扼杀了活力洋溢的思想，德国的教育"无意义、无实体、无目的"，是一种纯粹的所谓"公共舆论"。

这部书的第二部分《历史对人生的利弊》之不合时宜在于它"指明了我们科学活动方式的危险性"，现时代的非人化齿轮装置、工人的非人格化、劳动分工毒害了生命的因素，而德国知识界仍然埋头于烦琐的历史文物当中，兢兢业业地证明每个时代所谓固有的权利和条件，以便为这个现实世界将来要面临的审判做好准备。但是，历史的研究应当回应挑战，尽管让弱者经受不住历史的考验，随时间流逝如灰飞烟灭去吧，却要促进强者的发展和人格的升华。

第三篇《教育家叔本华》把矛头对准了各所国立大学，叔本华的遭遇证明了一点，哲学的发展一贯是在学院高墙以外进行的，而国立大学支持低劣的哲学家已成习惯，御用的大学教授只知致力于低劣的人生价值的灌输。在这种管理机构之下，学者只剩下了政治狂热症患者和形形色色的写作匠，在呼吁提高群众整体水平的同时反而降低了个人的价值。

《瓦格纳在拜律特》是这本书中最富激情的部分。尼采分析现代文化的危机,指出人类的语言因为"远离那种它本来在完全的质朴性中能够加以满足的强烈感情冲动",而变得成为一种"自为的暴力",没有人能朴素地说话,人们成了词语的奴隶,尤其在现代教育体制下,很少有人能保持住自己的个性。音乐与人生的关系不但是一种语言与另一种语言的关系,而且是以完美的听觉世界对全部视觉世界的关系,现代人的生活贫乏而枯竭,外表却五光十色。

尼采的身体每况愈下,他曾在 1870 年作为瑞士公民参加了救护工作,结果染上赤痢,很久才恢复过来,失眠症、眼疾、头痛和胃病,几乎从来没有离开过他。造成疾病的一个重要原因是过度劳累,他在巴塞尔大学的课业很繁重,每周要在大学和附属高中共代课 13 个小时,还要忙于准备新的讲座,以及从事著述。另一个原因或许是孤独,他有一些朋友,可以切磋思想,讨论问题。可是他没有爱情的阳光,他的目光太深邃了,似乎没有女子可以照亮它。他没有财产,没有健康,没有经验,更没有勇气去承受一个女人。他爱过,可是失败了,对方像是森林中受惊的小鹿一样逃离了这个其实更纤细的心灵。

1876 年,尼采在病中口述完成了关于瓦格纳的论文,之后就去拜律特去会见瓦格纳,参加了《尼伯龙根的指环》的彩排。由于眼疾,他只能闭目欣赏,结果极为失望,整个剧都充满了基督教的气息,一部初创时具有革命精神的剧作成了作者费尽心机制造戏剧性效果的成功典型。彩排还没有完,他就退出了,独自徘徊在幽静的森林中,承受着偶像破灭的打击,构思着批判瓦格纳的纲要,几天后,他又回到了拜律特,这里已经成了瓦格纳新崇拜者的圣地,皇家贵族和悠闲的富人是拜律特主人的座上宾,在尼采看来,这些人有着同样的逻辑:"谁让我们躺倒,谁就是强大的;谁把我们举起来,谁就是神圣的;谁让我们忐忑不安,谁就是深刻的。"四年前,拜律特奠基礼时,尼采参加了,一些真正理解和喜爱瓦格纳的人参加了,那时的参加者是不合时宜者,四年后,拜律特光彩焕发,向全欧洲的有产阶级敞开大门。而尼采重又做了一回不合时宜者,他从拜律特逃走了,一个字也没有留给瓦格纳。

尼采随后获准到意大利去休病假。在索伦托,他又碰到了瓦格纳,后者已经是德国乐坛的大师了,津津乐道于他正在创作的新剧《帕西法耳》,还表现出对宗教活动的积极热情。作曲家已经衰老了,叛逆的齐格飞换成了圣徒帕西法耳,正如年轻时的革命精神一变而成为基督徒的救赎情怀,一系列激烈反犹的言论表明他的思想已经中毒很深,而尼采方才在彻骨的心痛中清除了一厢情愿的幻想,向着属于自己的巅峰进发。

在意大利期间,尼采完成了《人性的,太人性的》,尼采称这部书是"危机的里程碑",也是"无情自我驯化的纪念碑",开始摆脱叔本华哲学的影响,从而迈出了走向自我的重要一步。这书正好在伏尔泰逝世百年的纪念日发行,尼采认为这不仅仅是个巧合——伏尔泰是一个精神贵族,而他本人也是。从此之后,这种精神贵族的语言态度就成了尼采作品的一大特色。

正是从《人性的，太人人性的》开始，尼采达到他的思想的完全成熟期。他让自己最终从叔本华的形而上学、瓦格纳的美学、基督教的信条中解放出来，获得精神上的充分自由和完全独立。

此后，他几乎在每部重要著作里都要批判瓦格纳，在精神崩溃前夕还发表了两本专门与瓦格纳为敌的小册子《瓦格纳事件》和《尼采反对瓦格纳》。他称瓦格纳是解剖现代病的"难得案例"，瓦格纳的艺术是颓废的、病态的，而尼采自认为是这个时代的颓废产儿，因此对瓦格纳的批判也是他的"自我克服"。尼采后来写道："在我一生中最大的事是恢复健康，瓦格纳是我唯一的病痛。"

当尼采寄给拜律特两册《人性的，太人性的》时，他也收到了瓦格纳的一本精美的《帕西法耳》，两本书交相互赠，像是两柄剑在空中交锋，发出不祥的响声。尼采与瓦格纳自此绝交，在瓦格纳，这不过是一个忠实门徒的消失，在尼采，却不仅与瓦格纳一刀两断，而且由此看穿了名利，看到了自己的天赋绝不止是在巴塞尔做一个兢兢业业、皓首穷经的学究。属于聪明人的路，永远坎坷而寂寞，但是尼采已经走出偶像的阴影，他的王国在风光无限的峰顶。

1888 年 11 月，已经遭到精神病侵袭的尼采在自传中还这样写道："因为在这里忆及我生活中的某些安慰，我应该对那件给我带来最深刻、最可爱的欢乐的事情——即我和瓦格纳的亲密关系说句感激的话。我与其他人之间的关系可以姑且不论，但我根本无法把在托里普森的那段日子，那些充满信任、欢乐，闪耀着崇高的思想异彩的时光——那些最深沉的幸福的时光从我的生活中抹去。我不知道在别人眼里瓦格纳是谁，但我们的天空中可从来没有过一丝阴云。"

这一时期，病毒无止无休。尼采不得不一再请假停止授课。由于结婚终成泡影，余下只有他曾提出过的第一条路了，即请辞巴塞尔的教职。另外，1878 年夏，尼采的生活变得更加艰难。6 月底，设在巴塞尔的家解体了，其妹去了瑙姆堡母亲那里，长期不能回来。1879 年年初，尼采健康状况更加恶化。剧烈的头痛、眼痛和呕吐经常发作。这样，尼采在 5 月 2 日不得不向巴塞尔行政当局提出辞呈。六周之后宣布去职，大学以真诚的惋惜之情免去了他的职务。尽管困难很多，但人们仍对尼采取得的成就予以很高的评价，并每年发给他 3000 法郎的退休金。他在 1878~1879 年冬季学期做了最后两次授课，内容是《希腊的抒情诗人》和《柏拉图研究导论》。尼采先是携其妹到伯尔尼附近的布雷加滕宫旅行。不久，伊丽莎白又不得不回到母亲那里，由奥弗贝克住在苏黎世的岳母照顾他。

在生命中最暗淡的日子里，尼采完成了《漫游者及其影子》，第二个冬天，他的身体未有好转，但伴随着极度虚弱而来的愉快和灵性促成了《朝霞》的问世。在热那亚的海滩上，像安详而愉快的海兽在岩石间享受着温暖的阳光，尼采沐浴着海风，与海洋秘密地交谈。孤独是可怕的，而"我仍要重归于孤独，独与清朗的天空，孤临开阔的海洋，周身绕经午后的阳光。"

南方明快亲切的阳光使《快乐的科学》同样语调温和,流露出生命之喜悦,在第三部分中,尼采以寓言的方式,借狂人之口宣告"上帝死了"。原来上帝早已毁灭,只是人们还不知道罢了。于是,狂人大清早提个灯笼跑进街市里,不住地嚷着:"我要找上帝,我要找上帝!"他的话引起了一片哄笑,不信神的人们喧笑着:他迷路了吧,还是他怕我们,藏起来了?狂人于是跳到人们中间,叫喊着:"上帝死了!上帝死了!我们杀死了他!"可是这件可怕的事尚在途中,还没有到达人们的耳中,人们沉静着,望着他,于是狂人说,"我来得过早,我的时间还没有到。"

但是尼采的新人即将诞生,当尼采穿过瑞士西尔瓦波拉纳湖边宁静的林带,注视着兀立不语的高山岩石,在一张纸上写下"距离人与时间的彼岸 6000 尺"时,查拉图斯特拉的影子忽然像飞鸟一样掠过。不久之后,尼采爱上一位年轻美貌的女士莎乐美,却不幸陷入了一场三角恋爱,最后莎乐美与他的朋友一起离开了罗马。为了追求莎乐美,尼采还与妹妹伊丽莎白发生了冲突,伊丽莎白不喜欢看到尼采的思想染上了莎乐美的影响,而尼采对她的骄傲自大同样不能容忍,两人一度中断通信联系。

清风了无痕

1882 年冬,尼采独自一人来到热那亚附近的拉帕罗海湾。这年冬天,南方的阳光几乎不见踪影,霪雨霏霏,天气寒冷,他在海边的小饭店里居住,在大海的怒潮中夜不能寐,总之一切状况都与愿望相反,然而就在这"逆境"中产生了最伟大的作品。每天上午和下午,尼采都沿着两条不同的路线漫步到可以看得见海的高山松林,漫步到静谧的海湾岬角,在孤独而悠长的路程中,他不时掏出笔记本,记录下来一闪即逝的灵感。

"孤独者的岁月悠悠过去,他的智慧与时俱增,终于因着过多的智慧而感到痛苦。"

我这殷切的爱泛滥如洪流,下注于朝阳与落日:自寂静的高山与痛苦的风雷中,我的灵魂冲向溪谷。

"从高崖倾注之流的激响,我将以我的言辞投向深谷。"

1883 年 2 月 14 日,尼采在极大的快慰中完成并誊好寄出《查拉图斯特拉如是说》第一卷,得知瓦格纳已于前一日去世。他离开意大利,到瑞士风光秀丽的西尔斯玛丽亚完成了第二卷书。秋天回到瑙姆堡,却发现妹妹伊丽莎白追随著名的反犹分子佛斯特,帮助他收集 25 万人签名的反犹请愿书,两人还准备结婚,并将去南美巴拉圭建设殖民地。在极为反感的情绪中他只待了四周,就去尼斯过冬,最终在 1884 年冬天完成了《查拉图斯特拉如是说》全部四卷书的写作。这是一部杰作,尼采认为在自己的所有著作中它真正散发着高山冰雪之气,这是书中至尊,从无限光辉之源和幸福之源缓缓流溢出来。

然而,书的第一部分被推迟印刷,出版商正忙于交付大量的《圣歌集》,接着又要印许多反犹太人的小册子，至于第四卷，尼采只好自费印刷了 40 本，七本送了人，没有一个人肯称赞。像尼采说的，这真的是一本"写给所有人的书，也是无人能读的书"，这世上没有什么人对他是至关重要的了，他下定决心保持独立到生命的最后一刻，而他的身体状况使他相信那一刻就在不远的前方。于是他继续在瑞士和意大利之间游荡，在经历了查拉图斯特拉的袭击之后，他的使命就是要重估一切价值。他在尼斯安顿下来，构思写作《善与恶的彼岸》，这是对当时科学、艺术乃至政治的批判，指责基督教理想是奴性种族的产物，尼采自己提出了一套颇为奇异的道德体系。

这本书一印出就遭到了学者们的攻击，甚至他的朋友们也不能容忍他反对一切的狂热劲头：在空前的孤独和病痛中，他自知死期将至，反而在生命力极衰弱的一年间连续写成了《偶像的黄昏》《反基督》和讽刺性自传《瞧！这人》在他的文稿中还留下大量散乱的格言，都是为尚在计划中的《强力意志》和《重估一切价值》做准备。

可是，偏偏是这些著述和有争议的《权力意志——重估一切价值的尝试》，对醉心尼采的信徒们，一直具有神奇的吸引力。因此，尼采如同荷尔德林，受到不少误解。如荷尔德林的崇拜者，就曾把他最后的诗作看作是一种特殊的启示。纯臆测的诠释在哲学上可能是合法的，但在描绘一幅生活图景时，则是要求严谨的。

他死于 1900 年 8 月 25 日，葬于洛肯镇墓地，埋在他父亲身边。

近代科学的始祖

——勒内·笛卡尔

人物档案

简　　历:法国哲学家、数学家、物理学家。他对现代数学的发展做出了重要的贡献,因将几何坐标体系公式化而被认为是解析几何之父。他还是西方现代哲学思想的奠基人,是近代唯物论的开拓者提出了"普遍怀疑"的主张。他的哲学思想深深影响了之后的几代欧洲人,开拓了所谓"欧陆理性主义"哲学。

生卒年月:1596年3月31日~1650年2月11日。

安葬之地:瑞典。1667年,他的遗骸(或者说,至少是他遗骸的一部分)被运回了法国,直到1819年2月26日才最终埋葬在巴黎圣日耳曼·德佩教堂的一所附属小礼拜堂内。

性格特征:好学,聪慧,有着沉思的习惯与孤僻的性格。

历史功过:西方近代资产阶级哲学奠基人之一。创立了解析几何,首次对光的折射定律提出了理论论证;力学上发展了伽利略运动相对性的理论,发展了宇宙演化论、漩涡说等理论学说。近代二元论和唯心主义理论著名的代表

名家评点:黑格尔称他为"近代哲学之父"。笛卡尔死后,他的墓碑上刻下这样一句话:"笛卡尔,欧洲文艺复兴以来,第一个为人类争取并保证理性权利的人。"

人物生平

勒内·笛卡尔,法国数学家、科学家和哲学家。他是西方近代资产阶级哲学奠基人之一。他的哲学与数学思想对历史的影响是深远的。人们在他的墓碑上刻下了这样一句话:"笛卡尔,欧洲文艺复兴以来,第一个为人类争取并保证理性权利的人。"

笛卡尔出生于法国,父亲是法国一个地方法院的评议员,相当于现在的律师和法官。

1 岁时母亲去世，给笛卡尔留下了一笔遗产，为日后他从事自己喜爱的工作提供了可靠的经济保障。8 岁时他进入一所耶稣会学校，在校学习 8 年，接受了传统的文化教育，读了古典文学、历史、神学、哲学、法学、医学、数学及其他自然科学。但他对所学的东西颇感失望，因为在他看来教科书中那些微妙的论证，其实不过是模棱两可甚至前后矛盾的理论，只能使他顿生怀疑而无从得到确凿的知识，唯一给他安慰的是数学。在结束学业时他暗下决心：不再死钻书本学问，而要向"世界这本大书"讨教，于是他决定避开战争，远离社交活动频繁的都市，寻找一处适于研究的环境。1628 年，他从巴黎移居荷兰，开始了长达 20 年的潜心研究和写作生涯，先后发表了许多在数学和哲学上有重大影响的论著。在荷兰长达 20 年的时间里，他集中精力做了大量的研究工作，在 1634 年写了《论世界》，书中总结了他在哲学、数学和许多自然科学问题上的看法。1641 年出版了《行而上学的沉思》，1644 年又出版了《哲学原理》等。他的著作在生前就遭到教会指责，死后又被梵蒂冈教皇列为禁书，但这并没有阻止他的思想的传播。

伟大贡献

也许笛卡尔哲学的最有趣之处来自他的方法。笛卡尔十分留心被普遍接受的大量错误的概念，决定要达到恢复真理的目的，就须得从零开始做起。因此他开始怀疑一切——老师教给他的一切，他的所有最崇高的信仰，所有的常识观念，甚至外部世界的存在，连同他自己的存在——总之是一切的一切。

这自然就引出了一个问题：怎样才能消除如此普遍的怀疑来获得一切事物的可靠知识呢？笛卡尔用形而上学观点进行了一系列创造性的推论，证明出使自己满意的结果：由于他自己的存在（我思我在），上帝才存在，外部世界才存在，这就是笛卡尔学说的起点。

笛卡尔方法具有双重意义。第一，他把"什么是知识"这个认识论的基本问题置于他的哲学体系的中心。早期的哲学家力图描写世界的本质，但是笛卡尔教导我们这样的问题若不和"我怎么能知道？"联系在一起，就得不出满意的回答。第二，笛卡尔认为，我们不应该从信仰开始而是从怀疑开始（这恰好与圣奥古斯丁及大多数中世纪神学家的看法相反，他们认为信仰第一）。这样笛卡尔确实得出了正统神学的结论。但是他的读者对他的倡导方法远比对他得出的结论还要更为重视（教会担心他的著作会起破坏性作用不是没有理由的）。

笛卡尔在他的哲学中强调精神和物质之间的区别，在这方面他提倡彻底的二元论。这个区别以前就有人提出过，但是笛卡尔的论著引起了对该问题的哲学讨论。他所提出的问题从那时以来就引起了哲学家的兴趣，但是尚未得到解决。

笛卡尔的物质宇宙观也很有影响。他认为整个世界——除了上帝和人的心灵之外——都是机械运动的,因此所有的自然事物都可以用机械原因来解释。他否认占星术、魔法以及其他迷信形式,同样否认了对事物所做的一切目的论的解释(也就是他寻找直接的机械原因,否定事物的发生是为了某种遥远的终极目的的认识)。由笛卡尔的观点可以看出,动物从本质上讲就是复杂的机械,人体也受通常的力学定律所支配。从那时起,这就成了现代生理学的基本观点之一。

1649 年,笛卡尔接受了瑞典女王克里斯蒂的慷慨之邀,来到斯德哥尔摩做她的私人教师。笛卡尔喜欢温暖的卧室,总是习惯晚些起床。当得知女王让他清早 5 点钟去上课,他深感焦虑不安。笛卡尔担心早上 5 点钟那刺骨的寒风会要了他的命。果不出所料,他很快就患了肺炎,1650 年 2 月,在他到达瑞典仅 4 个月后,便被病魔夺去了生命。

笛卡尔是近代科学的始祖,是欧洲近代哲学的奠基人之一,黑格尔称他为"现代哲学之父"。他自成体系,熔唯物主义与唯心主义于一炉,在哲学史上产生了深远的影响。同时,他又是一位勇于探索的科学家,提倡科学上的怀疑精神,他所建立的解析几何在数学史上具有划时代的意义。笛卡尔堪称 17 世纪的欧洲哲学界和科学界最有影响的巨匠之一,被誉为"近代科学的始祖"。

西方哲学的奠基者

——苏格拉底

人物档案

简　　历：古希腊著名的思想家、哲学家、教育家。
和他的学生柏拉图，以及柏拉图的学生亚里士多德并称
为"古希腊三贤"，被后人广泛地认为是西方哲学的奠基
者。身为雅典的公民，据记载苏格拉底最后被雅典法庭
以侮辱雅典神、引进新神论和腐蚀雅典青年思想之罪名
判处死刑。尽管苏格拉底曾获得逃亡的机会，但他仍选
择饮下毒堇汁而死，因为他认为逃亡只会进一步破坏雅
典法律的权威。

生卒年月：公元前469年~公元前399年。

安葬之地：雅典。

性格特征：勤奋好学，性格中天生就有着自信与智慧。

历史功过：主要作品有《克堤拉斯篇》《泰阿泰德篇》《智士篇》《政治家篇》，其哲学思
想对后世影响巨大且深远。

名家评点：黑格尔评价说："他的哲学活动绝不是脱离现实而退避到自由纯粹的思想
领域中去"。黑格尔将苏格拉底之死视为"雅典的悲剧，希腊的悲剧"。

家境贫困

　　苏格拉底，古希腊著名的唯心主义哲学家和教育家。公元前469年，苏格拉底出生
于雅典的一个手工业者家庭他的父亲是雕刻匠，母亲是助产士。

　　苏格拉底在幼年时期，作为雅典奴隶制国家中一个自由民的子弟，曾经受到一定的
教育。长大之后，由于家境比较贫困，苏格拉底曾继承父业，以雕刻维持生计。

广收门徒

苏格拉底勤奋好学,尤其喜爱哲学研究。当时雅典是希腊文化的中心,古典唯物主义和唯心主义的斗争大多在这里展开。许多学者在公共场合发表演讲,在公民大会上展开辩论,对辩论术、语法和修辞学等都有研究,从而出现所谓的"诡辩派"。他们四处游历,广收门徒,培养有志于学习他们知识的人。苏格拉底青年时就师从于诡辩派学者,后来逐步形成自己完整的唯心主义哲学观点,成为当时雅典最有名的哲学家之一,不少有名望的人都拜他为师。著名的主观唯心主义哲学家柏拉图和雅典专制主义执政者克里提阿斯都是他的学生。

苏格拉底的门徒中,有不少人出身于贵族奴隶主家庭。苏格拉底认为,"与其自己去治人,不如训练能够治人的人更为有用"。在教授过程中,他既不直接地向学生传授他认为是真理的科学知识,也不直接地向学生讲述现成的科学原理和结论,而是用"问答法"进行教学,启发听众自己去寻找正确的答案。他经常先向学生提出问题,然后引导学生做出回答。如果答案错了,也不立即给予纠正或指出错误所在,而是根据不正确的答案提出补充的问题,使对方的答案显出荒谬,或迫使对方承认自己的无知。苏格拉底说自己像助产婆一样,虽年老不能生育,但能接生,即能帮助别人获得知识。所以人们称这种方法为"苏格拉底法",也叫"产婆术"。

公元前431年,伯罗奔尼撒战争爆发。苏格拉底曾参加了三次战役,并在波提狄亚一役中救了他的弟子——著名将领西亚比得的生命。公元前404年,伯罗奔尼撒战争以雅典彻底失败而告终。在斯巴达扶植下,以克里提阿斯为首的三十个大贵族在雅典实行专制统治,这就是历史上有名的"三十暴君统治"。从政治上来看,苏格拉底是当时雅典农业贵族思想的代表者,他拥护专制制度,坚决反对民主。因此他支持他的学生克里提阿斯的统治。"三十暴君统治"时期,施行恐怖政策,迫害民主派;当权八个月后被雅典民主派推翻,克里提阿斯本人战死。

暴君统治垮台后,苏格拉底被雅典民主政权逮捕。公元前399年,他在雅典受审。法庭以传播异说、毒害青年、反对民主的罪名判处他死刑。按照雅典法律的规定,被判死刑的人可以选择流放徒刑来代替死刑。此外包括柏拉图在内的他的几位有钱的学生多方营救,并买通了看守,如果苏格拉底愿意,他就可以逃走。但苏格拉底不肯这样做,他做好了随时去死的准备。临刑前,几个学生到监狱去看他。学生们围坐在敬爱的老师周围,苏格拉底给他们讲述关于生与死和灵魂不朽的思想。随后,他安详地喝下了刽子手给的毒酒离开了人世。

研究伦理

　　苏格拉底生前好谈论而无著作。他的哲学观点和教育观点多见于与其弟子柏拉图的一些对话,如《自辩篇》《克里多篇》《斐多篇》等。在色诺芬的《苏格拉底言行回忆录》中,也记述了苏格拉底的思想。通过这些,苏格拉底的主张为人们所熟知,并一直流传到今天。

　　苏格拉底对自然科学不感兴趣,而把全部注意力放在伦理性问题的研究上。他认为,哲学应当从怀疑开始,要把人对于物质自然也即是客观世界的求知,转化为对于内在自我也即是主观世界的求知。知识只是一种"自我认识"。教育的目的也正在于此,他认为有知识的人才有美德。苏格拉底的思想对后代有巨大的影响,是人类宝贵的精神财富。

佛教创始人

——释迦牟尼

人物档案

简　　历：佛教创始人。鹿苑讲法,创建第一个佛教团体。45 年传教。

生卒年月：公元前 565 年~公元前 485 年。

安葬之地：舍利塔。

性格特征：天生聪慧,才华卓越,能读善写,兴趣广泛。

历史功过：宣扬佛法、普度众生。学习哲学、韵文、占学、数学、历法、祭法、祈祷学、妖怪学、技艺、蛇学等多种知识与技能。

名家评点：鲁迅评价说:"释迦牟尼真是伟大的圣哲,我平常对人生有许多难于解决的问题,而他居然大部分早已明白启示了。"

佛陀出世

　　释迦牟尼本名乔达摩·悉达多,他的父亲净饭王是迦毗黎国国王,居住在喜马拉雅山的南麓,释迦牟尼就诞生在这里。因为释迦牟尼已被神化,在印度文学中,他的诞生也就带上了一定的神话色彩。关于释迦牟尼的诞生,以《阇多伽》这本专讲佛陀前生故事的书介绍得最为翔实。以下便是它的叙述:

　　在迦毗黎城里,公布了满月的节日。摩耶皇后在满月节前七日,要举行庆典,不用具有麻醉性的酒,而用大量的花环与香料等。第七日的一早她就起来,先用加了香料的水沐浴,并捐赠了一大笔为数 4 万件的赠品。盛妆之后,她选吃食物,并许下心愿,再进入装饰过的卧室，倒卧在床上，遂得一梦：

据《因果经》记载，当时善慧菩萨从兜率天宫降神于母胎，此时摩耶皇后正在睡觉。她看见善慧菩萨骑着一头长着六只牙的白象腾空而来，从右肋进入自己的身体，而且菩萨的身体能从外面看见，就好像装在透明的琉璃中一样。夫人的身体感到十分的安稳快乐，就好像喝下了甘露水，再看自己的身体，就如同日月照耀一样。

皇后醒来，向国王说出她的梦来。国王召集了64位杰出的婆罗门祭师，遵奉他们，并用美好的食物与其他礼品来接待，使他们皆大欢喜，任情享受。当他们酒醉饭饱之后，国王将梦中情况告诉他们，并请他们圆梦。婆罗门僧侣们说：不必焦急，陛下，皇后定已怀孕，是男孩而非女婴。你将得弄璋之喜。如他居住在屋内，即将成为国王，一个宇宙的君王；如他离开住屋远去尘世，他将变为释迦，在尘世里的一个除去面罩的人。

摩耶皇后怀胎十月，有如油在碗里，将临盆时，她想到亲戚的住地去，并向净饭王说："王啊！我想去 Devadaha 城，那是我的娘家。"国王当即允许，并下令将迦毗黎到 Devadaha 这一条道路的路面修平，并装饰着插满车前草、旌旗与标帜的车辆，让皇后坐在一个金质的轿子里，并派出一大队的护卫。在这两城中，有属于两城市居民的一个供游乐的小丛林，种满了婆罗义树，名叫岚毗尼园。当时，从树根到桠枝的顶端，长出一大堆花朵。皇后看见这些花时遂产生了一个欲望。她到一棵大的婆罗义树下，想去摘下树枝来。这树枝像一束柔嫩的茅尖垂下来，让皇后伸手抓到。当她伸手抓到树枝时，竟因产前阵痛而抖动身体。护从人员立即设置坐垫让皇后休息。当手还抓握着树枝的片刻，她即告生产。其他人在生产时，定有不洁之物流染，但释迦牟尼的出生却没有这些。他像是一个宗教教义的传教士一样，从教义的座位上走下来，也就像是一个人从楼梯上走下来一样，伸展他的两手两脚，屹立在非土地之上，一尘不染，像在圣城的服装上镶的宝石一样明亮，从他母亲那里降临下凡。

四出城门

释迦牟尼出生七日后，他的母亲便逝世了。因为体恤他还在褴褓之中就失去了母亲，所以净饭王对他极为钟爱。释迦牟尼天生聪慧，他的卓越才华在童年时就已显露出来，他不但能读善写，而且兴趣广泛，天文、地理、典籍、议论、射御、算术等技艺无一不爱。15岁时，释迦牟尼即被立为太子。

从小锦衣玉食、生活无忧无虑的释迦牟尼王子在父亲净饭王的溺爱中长大，几乎从未出过王宫大门，也从来不知什么人间疾苦，因此，当他四出城门，亲眼目睹普遍存在于天地间的弱肉强食的悲惨现实及人生老病死的痛苦景象后，他从心理上感到无法承受，便产生了脱离苦海、寻求解脱的想法，从而走上了出家修道的道路。

根据佛门传说，一次在征得父亲的同意后，释迦牟尼到田野中视察，无意间看到一只受伤后正在痛苦挣扎的小虫被鸟儿吃掉的情景，不觉心生怜悯，并由此想到天下生灵都逃不过互相残杀、弱肉强食的悲惨命运，更是悲伤不已，便产生了出家的念头。他的这一念头被净饭王察觉。为了断绝儿子出家的念头，净饭王便为他举办了婚事。娶了端庄贤淑、德貌双全的耶输陀罗为妻后，释迦牟尼暂时忘记了先前的烦恼，他与耶输陀罗极为恩爱，二人尽情游戏享乐，几乎形影不离，度过了许许多多甜蜜美好的幸福时光。

一天，释迦牟尼出宫游玩，当他走到城东门的时候，看到一位满头白发、步履蹒跚的驼背老人，便问这是什么人。随从回答是老人。他又问为什么称作老。随从向他解释，老是人生必然要经历的一个阶段，每个人在经历过婴儿、童年、少年、壮年等人生阶段后，一定会变老，变得气力衰竭。听完随从的解释后，释迦牟尼顿时生出了无限的苦恼，想到人生苦短，世人都无法逃避衰老的命运，更是痛苦万分，没有心思出去游玩了，于是便返回了皇宫。

净饭王得知此事后，害怕他出家学道，便送给他许多艺女供他娱乐。不久后，释迦牟尼第二次出游，当他走到南门时，看到路边躺着一个瘦骨嶙峋、面色憔悴、痛苦呻吟着的病人，便问随从什么叫作病。随从向他解释，病一般由嗜欲引起，人生病之后会全身无力、浑身酸痛、饮食减少、睡眠不安，所以生病是一件很痛苦的事。释迦牟尼又问是否每个人都会生病。随从给了他肯定的回答。得到这一答案后，释迦牟尼立刻感慨万千，顿时失去了出游的兴致，便随即返回了王宫，独自沉思，闷闷不乐。

这次出游后不久，释迦牟尼便向净饭王请求再次出游。这次，为了不再让上两次的情况发生，净饭王命令随从从西门走，并且事先清除了所有的老人与病人，以为万事大吉了。岂料，百密一疏，他们疏忽了死去的人。当释迦牟尼走到西城门时，正好看到一家送葬的。看着死尸，释迦牟尼问随从什么叫作死。随从没有作答，但经不住他的再三追问，便向他解释说："无论贵贱，每个人都必然经历死亡。人死之后，神志即不复存在，留下的只是不会有任何感觉的躯壳而已。人在世上辛苦赚钱，为生计而奔波，却不知道每个生命都有变异毁灭的过程。人一旦死去，不但不会带走一生为之奔波操劳的钱财，反而给亲人带来了难以割舍的痛苦，实在是很可悲的一件事。"这番话引起了释迦牟尼的深思，他一想到人生不但有老苦、病苦，而且有死苦，不禁有些惨然，不愿继续出游，于是便返回了王宫。

时隔不久，释迦牟尼又第四次出游了。与其他三次不同，这次他没有要随从跟着，而是满怀心事地独自骑马出了城北门。他坐在一处园林的树下休息，苦思冥想着人生老病死之事。这时一位出家人向他走来，见此情景，便对他说："世间万物都非常脆弱，都逃不开最终毁灭的命运。我所修学的正是圣人之道，可以做到不受声色所诱惑、不为食欲所困扰，永远脱离苦海。"语毕便飘然而去。这番话无疑给早就想要出家修道的释迦牟尼指点了迷津。一时间，释迦牟尼豁然开朗，积蓄在心中的愁苦也顿时消散了。他高呼善哉善哉,兴高采烈地起身上马,返回了王宫。

净饭王一直担忧的事情终于发生了,释迦牟尼提出了要出家修道的请求,令净饭王老泪纵横,断然拒绝了他的请求。为了防止释迦牟尼再次出宫,净饭王命令耶输陀罗和宫人们注意加强警戒。但无奈释迦牟尼出家修道的决心已定,再强的戒备也无济于事。在一个深夜里,释迦牟尼终于找到机会逃出了王宫,断然地离开了年迈的老父、娇美的妻子、天真的儿子,成了漫游于沙漠间的一个苦行僧。

关于释迦牟尼在深夜里悄悄潜入他妻子耶输陀罗的房里,与他的妻子和孩子默默地道别的故事,被佛教的信徒们奉为圣经。

这天晚上,夜深人静,释迦牟尼悄悄起身准备逃出王宫。他偷偷地来到他妻子的房间,此时一盏点着香油的灯正燃着。他走近耶输陀罗的床前,看着正在熟睡的妻子及儿子,想要抚摸他们,但又怕惊醒他们,使自己的出逃计划失败,于是他便向门外走去,途中透过沉睡中的宫女们的睡姿,使他彻底参透了人体的丑恶。他牵着自己的爱马从北门出了城,离开了养育了自己多年、给自己带来过无数欢笑的家乡迦罗卫城。出城后,释迦牟尼向天起誓:如果不能够看破生死,不能够斩断情丝,不能够成为佛陀,就绝对不会再回王宫,不会再与父亲、乳母及妻儿相见。他的仆人紧紧跟着他,苦劝他回城。而为了表示出家修道的决心,释迦牟尼决然地用利剑剃掉了自己的须发,孑然一身走向林子深处。相传,邪恶王曾经想用伟大的王国来诱使释迦牟尼放弃修道出家的决心,但释迦牟尼抵挡住了他的诱惑。

可以说,作为佛教创始人的释迦牟尼四出城门,见到生灵互相残杀,见到生老病死,产生人生是苦海的想法,且迫切想寻求解脱是他走上出家修道道路的个人主观因素。

当然,除了主观因素外,释迦牟尼走上出家修道的道路还有其客观因素。释迦牟尼生活的年代正是印度各种矛盾极其尖锐、社会动荡不安的时期。残酷的社会环境使人们整日提心吊胆、惶惶不安。为了逃避社会现实、躲避战乱,许多人躲进了深山老林,借修道来寻求精神上的解脱,这些人当中不乏公子王孙与达官显贵,释迦牟尼就是其中的一个。因此,可以说动荡不安的社会环境是释迦牟尼走上出家之路的客观原因。

苦行修道

婆罗门教在印度曾一度具有神权地位,统领着人们的精神领域。但到了释迦牟尼的时代,婆罗门教已逐渐失去了它的统治地位,人们不再信奉它,于是"沙门"思潮蔚然成风。修道方式也层出不穷,多以苦行修道方式为主,如披树皮、吃草木、睡荆棘,或自饿、水淹、卧尘、火烧、暴晒等。释迦牟尼开始修道之时也采取了当时盛行的苦行修道方式。

释迦牟尼首先来到了跋伽仙人的修行处。在这里,他看到了许多正在苦行修道的出家修道者。释迦牟尼问这些苦行修道者如此修炼想得到什么样的回报。他们都说想脱离人间苦海,升入天界为仙。而在释迦牟尼看来,这样根本无法逃脱轮回之苦,无疑是在以苦行求苦报。于是,他便辞别了这些苦行僧,继续寻找得道高僧。

经过一路跋涉之后,释迦牟尼来到了摩揭陀国。摩揭陀国素来文化发达,数论派的先驱郁陀迦罗摩子与阿罗逻迦罗摩就住在此地。释迦牟尼当然不会放过任何求取佛理的机会,于是,他便拜访了阿罗逻迦罗摩。阿罗逻迦罗摩更是倾心相授,他告诉释迦牟尼要想解脱生死痛苦就必须修炼禅定。但当他讲到脱离苦海所要达到的"离于种种相,入非想非非想处"的最高修炼境界时,释迦牟尼产生了疑义,他并未因为阿罗逻迦罗摩很权威而一味听取,而是提出了自己的看法。他认为只有把"我和自我的所想"全部抛开,舍弃一切,才能得到真正的解脱。就这一问题,他又请教了郁陀迦罗摩子,但是仍旧没有得到使他心悦诚服的答案。

虽然没有得到满意的答案,但释迦牟尼仍旧依照阿罗逻迦罗摩的指点来学习禅定与苦修。他来到了一个叫 Vravela 的四周都是草堆及村庄,内有溪水流过的美丽的树林里,开始了他极其严格的苦行生活。当时,印度正流行瑜伽功,于是他便练起了瑜伽功,一练就是六年。他拒绝了净饭王送来的粮食,借青草和果子为生。有一段日子里,甚至靠吃粪便度日。他开始以自饿的苦行方式修道,逐渐减少食物。开始时每天吃一点点饭,到后来七天才吃一点点饭,以至于骨瘦如柴。他还采用其他苦行方式来修道。他卧在荆棘上,长期地站立,穿毛布,并不惜忍受拔去胡须及毛发的痛苦来折磨自己,以求得到解脱。

经过六年的苦行修道,释迦牟尼不但没有得到解脱,反而使身体日渐衰弱,大不如前了。也许是因为过度的饥饿,或者是一些寂寞的回忆萦绕在他心头,释迦牟尼突然意识到自我苦修的修道方式也许并不得当,因为它在磨炼人的意志的同时,可能磨灭了一些原本可能产生的神圣,于是他决定停止苦练修行,另辟蹊径。当然,他的首要任务是养好身体。于是他便走入林中的小溪里洗净了全身,上岸之后他便开始进食。不久,他的身体便恢复了健康,同时,他也恢复了往日旺盛的精神。一天,他来到了菩提伽耶这个地方,在一棵毕波罗树下静坐。他平心静气,一动不动,陷入了沉思。他下定决心,如果悟不出大道的话,他就要一直坐在这个地方。他自问,人们为什么会忧愁,为什么要受苦受难,为什么会有衰老、疾病甚至死亡?突然之间,在他的脑中出现了生与死不断延续的幻想,每一个死亡都被一人新生所代替,而新的欲望、新的忧伤、新的失望则被每一个平静与喜乐所平衡。就这样,在经过了七天七夜的苦思冥想之后,他终于想明白了人生的真谛,真正地大彻大悟,修成了正果。释迦牟尼在这七天七夜的苦苦思索中,总结了他 35年来对人生真谛的领悟,于总结中豁然开朗,悟出了道的真谛,终于"功行圆满",得道成佛。而菩提伽耶的毕波罗树,后来便被人们称为菩提树,作为释迦牟尼顿悟成佛的象征,被佛门中人视为佛教圣树。

舍利传世

　　释迦牟尼在菩提树下悟出人生真谛,得道成佛之后,便在印度北部恒河流域一带广收门徒,传布佛法。他以慈悲的胸怀向人们传道,到他80岁逝世为止,历时45年之久。

　　在菩提树下坐地成佛后,释迦牟尼首先在波罗奈城的鹿苑中宣讲佛法。多年前被净饭王派来追随照顾释迦牟尼的骄陈如等五人成了他的第一批听众。他向这五人讲解了他所悟出的"无上正觉"中最基本的教义——人生"四谛",讲了生老病死等四苦及求不得苦、爱别离苦等等。

　　他讲完第一遍,骄陈如便悟出其中道理,成了释迦牟尼的第一弟子。在释迦牟尼讲完第三遍时,其余四人也纷纷觉悟,成为释迦牟尼的座下弟子。佛门中称这五位弟子为"五比丘"。后来人们常称的"初转法轮"或"三转法轮"最初指的就是这次鹿苑宣法。在此,释迦牟尼创建了僧伽,第一个佛教团体诞生了。

　　鹿苑讲法之后,释迦牟尼便游走四方,开始了他长达45年之久的传教生涯。他全心向善,慈悲为怀。他的主张为当时饱受战乱之苦的不同阶级的人提供了精神出路,因此极受欢迎。一时间,无论王公贵族,还是穷苦农民都纷纷信奉佛教,皈依佛门。在传教的过程中,释迦牟尼广收门徒,声望日增,被人们视为圣哲。他的声望逐渐传遍了印度北部的各城市。曾经因他的出走而悲痛欲绝的净饭王获知释迦牟尼的成就后也颇感欣慰。在佛教经典里有一幅释迦牟尼的神情愉悦的画像,据传这幅画画自他返回家乡,见到亲人之后。当释迦牟尼回到迦毗黎国传教时,净饭王便派使者请他回故乡暂居一日。从父亲的口中,释迦牟尼得知了妻子的忠贞,原来自他出走之后,他的妻子就一直厮守在家中,一直默默地与释迦牟尼保持一致,同甘共苦。现在,妻子更是将他奉为神明,在他返回之前因兴奋而跌伤了脚踝,见到释迦牟尼后则跪倒在地,头碰到了他的脚,以示尊重。释迦牟尼非常高兴,祝福她后,便到另外一个城市继续传教了。

　　释迦牟尼的施教方法相当独特,他常常采用苏格拉底式的询问方式、礼仪上的抵触或简洁的公式来传教,并于幽默之中,向弟子们言传身教。释迦牟尼共收500入门弟子,号称"五百罗汉"。他主张平等,宣传人生苦海以及因果报应、生死轮回,影响了后世。释迦牟尼四处云游、沿路化缘、坐禅及宣讲佛法等活动内容,成为佛门的生活规则。

　　公元前485年,释迦牟尼逝世于拘尸那迦城郊娑罗林中,享年80岁。他给他的信徒们留下了最后的遗言:"啊!众徒们,我告诉你们,顺服于死亡就是众生,当为真实而奋斗。"释迦牟尼死后,佛身被众弟子火化后结成白、黑、红三色的舍利。后释迦牟尼的舍利被分成数千份,送给包括中国在内的八个国家。迄今为止,他的舍利仍被世界各地的人建塔供奉着。

基督教创始人

—— 耶稣

人物档案

简　　历:基督教创始人。

生卒年月:(约公元前4年~公元33年)。

安葬之地:耶路撒冷的"圣墓教堂,又称"复活大堂"。

性格特征:是一位充满爱心、慈悲和宽容的人,他总是关心他人的需要,并以自己为榜样去帮助和鼓励他们。他的谦虚和顺从使他在人们中间赢得了尊重和信任,他总是以自己的生命为代价去拯救他人。耶稣也是一位非常有智慧和见识的人,他的话语总是充满启示和教诲,他的思想也影响了整个世界。

耶　稣

历史功过:创建基督教、传教。

名家评点:法国思想家卢梭评价说:"耶稣的生与死就属神的境界了。耶稣的一生是伟大的,是一个奇迹;倘若谁能够虚构这样一个伟大的故事,除了出现比耶稣还大的奇迹,是办不到的。"

大彻大悟

耶稣的父亲约瑟是一个木工,而他的母亲玛利亚则是在一家旅店的马槽里生下了他的。

犹太人有个"逾越节"。每到这一天,父母都要带耶稣到耶路撒冷,按宗教习惯祭拜上帝。耶稣12岁那年,照例随父母去耶路撒冷。节日期满后,父母随着人流回家,走了一天也没找到耶稣,只好又用一天时间返回耶路撒冷寻找。一直到第三天才在圣殿中见到耶稣，他居然正坐在祭司中间谈论高深的宗教学问。母亲问他为何单独留在这里让父母担心不已。耶稣说："为什么找我呢？难道你们不知道我应当以我父的事为念吗？"当时父母也不理解他的话，把他带回家中。

耶稣渐渐地长大了。他已经是一个很有技巧的木匠、很有思想的青年。

在犹太人的旷野里，住着一个名叫约翰的人，是祭司撒迦利亚的儿子。成年后，他来到约旦河一带传道，宣传救世主即将降临，劝人悔罪，为人施礼。此时的耶稣已有 34 岁了。他得知这一消息，决心也要去参加这个宣传悔改与天国的运动。他的兄弟姐妹都已长大，可以维持生活、供养母亲，所以他辞别了母亲和亲戚，单身南行。

耶稣来到约翰的面前，要受他的洗礼。约翰谢绝说："我当受你的洗，你反倒上我这里来了。"耶稣回答说："你暂且许我，因为我们理当这样尽诸般的礼。"约翰只得答应了他，为他施洗礼。耶稣从水里上来，获得了一个不可思议的、心体通明的大觉悟。

天上的晓日照射着他，好像上帝的心向着他开启了。他觉得上帝降临在他心中，像鸽子一般凭空飞下来。耶稣豁然贯通，了无疑惑，脸上充满了光辉。

耶稣既已大彻大悟，便向着荒山走去，要作一番透辟的思考。他一步一步地独自向山的深处行。这一带高山峻岭，人迹罕至，峭岩怪石，便是山羊的踪迹也没有，只有旷野与寂静。耶稣走了好久，觉得乏了，就坐在岩墙之下的磐石上。他觉得自己是上帝的儿子，孤独便是自己的权利。他不停地想，上帝会如何引导他的儿子去拯救以色列民族，通过这个民族去教化天下呢？以色列应当怎样做才能自救、才能担负这拯救世界的责任呢？

就这样，耶稣在旷野中绝食了 40 昼夜，思考了 40 昼夜。终于，他战胜了心魔，取得了最后的胜利。那时，耶稣累极了，可是心中有无穷的光明，有无穷的快乐。他下山的时候，容貌上有至善纯爱的上帝的光辉。

十二门徒

耶稣开始在加利利一带传教。他一边行走，传天国福音，一边为百姓医治各种疑难杂症。耶稣想把自己的理想传授给几个最有悟性、最有希望的门徒，使他们将其传播得更广。

于是，耶稣选出十二门徒，命他们常与自己做密切的配合，又给他们权力以宣传自己的思想。这些人都各有特点：有的暴烈急躁，有的精明干练，有的老成持重，有的果敢沉毅，有的平淡无奇，有的历尽沧桑而安然无恙，有的热诚蓬勃但缺乏经验。

彼得是耶稣最喜爱的门徒。他赤诚，最有才能，最有主见，也最能理解耶稣的心思，冲锋陷阵时总是自告奋勇，耶稣视其为心腹。其次是雅各，他矫捷刚毅，非常勇猛，但成见颇多,国家民族的观念也极深。雅各的兄弟约翰年纪最小,温文可爱而又慷慨激昂。耶稣很器重这兄弟俩,称他们为"雷之子"。安得烈与腓力都是交际人才,但前者稳重,后者奔放。马太曾服务于税关,深知世态的炎凉、人情的忠伪,颇能识人。门徒中最精明的是多马,他不妄信人言,有科学家的头脑,也很虔诚。革命党西门威烈剽悍,但能联络他党里的有志青年。犹大倒是一个上等的人才,头脑灵活,思维敏捷。然而,此人较自负,且好名,野心勃勃,爱做领袖。耶稣既爱其能,又忧他的私心,知道此人非担一点重要的事务不可,因此派他管钱囊。

耶稣选定了门徒,心中十分高兴,即在山上对他们细谈自己的主张,叫他们明白奥义,可以去做天国的传播者。而门徒听了耶稣的训诲,心潮澎湃,为耶稣颇有权威的话所震动。自此,十二门徒潜心协助耶稣传道。

教训门徒

犹太人的逾越节将近,耶稣立志要亲自去耶路撒冷。他再进加利利,这可是一件极危险的事,因为到处都是祭司长与希律的党羽,随时都会逮捕他。可耶稣相信上帝的旨意,所以只是一直往前走,并小心提防着。

在迦伯农稍做逗留的时候,雅各和约翰的母亲,也就是耶稣的姨母来找耶稣,请求耶稣往后重用他的两个儿子。因此,雅各和约翰沾沾自喜。而其他的 10 个门徒见了,既妒忌又怨愤,对这两个想捷足先登的兄弟很有意见。

耶稣见了便婉转恳切地劝告他们说:"你们知道世俗的观念是:人民的君主是主人,可以治理他们,且有大臣掌权管束他们。只有你们不可这样,你们中间谁愿为大,就当作你们的仆人;谁愿为首,就当作你们的奴才。正如人的儿子生来不是要受人的服侍,而是要服侍人,并且要舍性命,做众人得救的代价。"

门徒们听不明白,面面相觑。于是耶稣领来一个小孩,叫他站在他们中间,说:"凡以我名义,接待一个像这样的小孩子就是接待我;凡接待我的不是接待我,而是接待那派我来的上帝。"

耶稣一行来到撒马利亚的一个村庄,那里的人不愿接待他们。雅各与约翰便像脱羁的怒马一样,生气地对耶稣说:"主啊,你要我们吩咐火从天上降下来烧死这些人,像以利亚所做的吗?"耶稣转身责备道:"你们的心如何,你们根本不知道! 人的儿子来,不是要灭人的性命,而是要救人的性命。"约翰又说:"主啊,我们看见一个人,奉了你的名义赶鬼。我们禁止他,因为他不跟从我们。"耶稣说:"别禁止他! 因为没有人奉我的名义行异能,反会轻易诽谤我的。不抵挡我们的,就是帮助我们的。"

耶稣默默地一个人走在前面,十二门徒在后面跟着,虽觉得有诧异,惊惶恐惧,却不敢发问。闷闷地走了好几里,耶稣站定,等十二门徒聚齐了,说:"看哪,我们上耶路撒冷去,人的儿子将要被交给祭司长和文士,他们要定他的死罪,把他交给外邦人。他们要戏弄他,在他脸上吐唾沫,鞭打他、杀害他。可是过了三天,他便要复活!"

此番上耶路撒冷真是千辛万苦,撒马利亚人不容纳,希律的党羽和文士与法利赛人不放松,耶稣所依靠的门徒们不理解,而且风声鹤唳,处处皆惊。最令耶稣痛苦的便是门徒的不觉悟。看这种情形,他们如何能分担他的忧虑,共同担当他的患难?耶稣自己决心以身殉国,以死救世,这是无所逃于天地之间的了。可是自己离弃人间之后,他的理想,当有继承发扬的人去传布。他必须使得自己的门徒明白,此番的事是一种激烈的争战,是一次九死一生的冒险。同时,他也要他们知道自己辞世之后,应当如何继续努力,使天国得以实现。

在希腊化的城市里,有许多富庶的犹太人。其中有一个年轻的资产者,虽有钱,但不忘祖国。他兢兢业业,守法律,信上帝,从不曾越出犹太人的规范。他一见耶稣便跪下问道:"善良的夫子,我应当做什么事,才可以承受永生?"

耶稣问:"你为什么称我是善良的呢?除了上帝之外再没有善良的了。诫命你当然是晓得的:不可杀人,不可奸淫……' '

富翁没等耶稣说完,便抢着回答说:"夫子,我从小就遵守这一切。"

耶稣看着他,心中喜爱他,因为他诚恳迫切,有心向上。他觉得,可能是财产殷厚堵塞了富翁的心,因此只有超脱金银的束缚才能救他。于是,耶稣说:"还有一件事你没做。去变卖你所有的家产,分散给穷人,然后有财宝在天下,并且你还要来跟随我。"

富翁面有难色。耶稣便告诉他自己所处的危险,须想法子解脱,告诉他天国如何需要他的辅助,民众如何穷困,又告诉他若然要求得永生,非跟着耶稣一同冒险不可。他打量了一番,又思考了一番,脸上红一阵、青一阵的,始终下不了决心。最后他说了句"再见吧",忧愁地走了。

耶稣看看周围的门徒说:"有钱的人进上帝之国是何等的难哪!"

在伯大尼有个得过大麻疯的人,名叫西门,请耶稣吃饭,并请十二个门徒同席。那是公元31年4月1日,安息日的晚上。他们入席之后,有一个女人悄悄地拿来一瓶最贵重的香膏,打破了玉瓶,把香膏浇在耶稣头上,芬芳扑鼻,竟压倒了酒肴的气味。门徒们中间有几个人看了这不顺眼的事,很不高兴,尤其是加略人犹大。他愤愤地说:"这香膏为什么不卖三十两银子周济穷人呢?"

耶稣心知肚明。他知道人力无法违背上帝的旨意,便平淡地说:"由她去吧!她在我身上做的是一件美事,是在预备我的安葬。你们常有穷人与你们同在,随时可向他们行善。只是你们不常有我。"

耶稣的声音中有无穷的悲怆。他的话只有伤心的人才能透彻地了解。

犹大卖主

逾越节再过两天就到了。祭司长和文士们焦虑万分,再不除了耶稣,怎能度过这个重要的节日呢? 不能庄严地度过这个大节日,犹太国哪里还有文士长和祭司的地位? 而民众现在又如此拥护耶稣,看来为今之计便是从耶稣的从者中弄出一个奸细来。

他们想到了犹大,他这几天老是口出怨言。耶稣斩钉截铁地拒绝了加利利人要他做王的请求,这令犹大恼怒不已。他牺牲了自己俗世上的所有产业,追随耶稣,可他发现他跟从的人却连一个先知应该具备的基本才智都没有。在他看来,耶稣简直就是在浪费最后的仍然可能采取有效行动的时间。

既然他的夫子还在消极等待,那他就自己积极行动起来。为什么非得苦苦等待,不自己来结束这不可忍受的压抑呢? 就在这时候,祭司派来的人找到了犹大,而犹大当然答应了他所提出的要求。

耶稣为逾越节在城里定了一只羊,希望履行自己的责任。他要在耶路撒冷吃一吃过逾越节用的羊,这是第一次,当然也是最后一次。

太阳下山的时候,耶稣与使徒们都聚集在楼上,犹大当然也在其中。耶稣说:"我很愿意在受害之前和你们吃这逾越节的筵席。可是我不能在逾越节与你们团聚,在上帝之国里的事成就之前,我不再吃这筵席了。"

其实耶稣早已知道犹大的阴谋,他既然爱使徒们,就决意爱他们到底。他站起身,把长衣脱掉,取来水倒进盆里,到使徒们面前为他们洗脚。这一举动把使徒们吓得手足无措,既不敢说话,又不敢推辞。耶稣说:"我所做的,你们以后都将明白。若不让我洗,你们就与我没有缘分了!"说完,便为使徒们挨着洗脚,当然包括犹大。

晚餐的时候,耶稣明白即使是上帝也不能改变犹大的心意了。他心里忧苦,哀哀地说:"我告诉你们,你们中间有一个人要出卖我了!"

门徒们大吃一惊,面面相觑,互相问道:"是我吗?"他们显得那么谦卑,那么相信耶稣的话,就连犹大也跟着这样发问。可是耶稣只是说:"是你们十二个门徒中,和我一同伸手在盘子里蘸的那个人。人之子必定要去世,经书上就是这样写的。但是出卖人之子的人有祸了! 那个人从未出生,倒更好!"

这顿饭吃得很郁闷,话头都堵住了。这天晚上,耶稣一再说起死亡的逼近。在听其自然的认命状态中,他多么渴望能够和他的几个挑选出来的门徒身心融合。

耶稣拿起饼来,祝谢完,掰开来,分成碎片,递给门徒们,说:"拿着,吃吧,这是我的身体。"他又举起杯来,祝谢完,递给使徒们,要他们喝了。耶稣说:"这是我与你们立约的血,是为许多人流出来的。我告诉你们我不再喝这葡萄汁,直到我在上帝之国喝新酒的日子。"

使徒们心中都有无法诉说的感激与忧愁。

犹大终于领着殿里的祭司、巡警找到了耶稣。他心里横梗着自己的荣誉和仇恨，一不做二不休，鬼迷心窍似的。但他不想伤害他的朋友和兄弟们，便要卫队长看他的暗号行事。"我亲吻谁，谁就是耶稣，你们赶快把他抓住！"

犹大飞快地走到耶稣跟前，对他说："请夫子安。"说着，就去吻他。卫队长的人立即举起灯笼，想把耶稣看个清楚。耶稣平静地对犹大说："朋友，干你想干的事吧！"这时，从耶稣背后跳出一个人来，用刀将大祭司的仆人砍了一刀，削掉了他的一个耳朵。耶稣喝住他说："收刀入鞘吧！凡动刀的，必死于刀下。"

耶稣看他们拥上来，就对他们说："你们带着刀棒出来抓我，如同捉贼一样吗？我天天坐在圣庙里教训人，和你们在一块儿，你们倒不来抓我！"

没有一个人能理解耶稣的话。门徒们大惊，看见耶稣镇定地站着待捕，并不抗拒。又看见那些殿警像要捉他们，就乘着黑暗从熟路慌忙逃走了，没有谁试图要救出他们的夫子。

他们全都背叛了他。

耶稣受难

大祭司们已下了决心，非杀了耶稣不可。第二天便是逾越节，耶稣在这天早晨必须死，迟了，在民众方面一定要发生变故。众祭司长和民间长老商议后，以"亵渎神"的罪名，治耶稣死罪；于是决定把耶稣交给罗马派来监视逾越节群众的巡抚彼拉多。

民众经大祭司的煽动，嚷嚷着要求把耶稣钉在十字架上。彼拉多怕闹出乱子来，只好下命令将耶稣拉去钉十字架。兵士把耶稣带了进去，打了他一顿，给他穿上了紫色的袍，又用荆棘编了一个冠冕戴在他头上，嘲笑说："犹太人的王啊，万岁！"又用一根苇子打他的头，把唾沫吐到他脸上，屈膝拜他。戏弄完了，又把紫袍脱掉，给他穿上他自己的衣裳。兵丁到齐了，足有一营，便把耶稣带向刑场。

公元30年4月7日上午，在耶路撒冷城北的髑髅地山坡上，耶稣被钉在十字架上。兵士把十字架的根塞在一个深深的地坑里，四周把石头填紧，将耶稣挂在空中。耶稣说："父啊，赦免他们吧，因为他们不知道他们自己在做什么。"

耶稣在痛苦中，大声地喊道："我的上帝啊！我的上帝啊！为什么离弃我？"他的使徒们都逃散了，不敢到刑场上来，其余的亲戚朋友都远远地站着。有许多加利利、耶路撒冷跟随他的妇女也守在远处，悲切地哭着。她们中间有抹大拉的马利亚，有耶稣的母亲，有撒罗米……

申初,天上起了黑云,日光淡了下来。此时,耶稣的血几乎流尽了。他垂着头,低声地说:"渴啊!"有一个人跑去用海绵蘸满了醋,绑在苇秆上递给他喝。耶稣喝完后,突然大叫一声:"成了!"便断了气。这时,正是犹太人祭祀之后,吃逾越节羔羊的时候。

彼拉多感到非常惊讶,因为从没有人在钉十字架六小时后就死了。他同意了耶路撒冷议会的会员亚利马太人约瑟的请求,允许他把耶稣的尸身从十字架上取走。在髑髅地附近有一片墓地,其中有一个石头凿成的新坟穴。约瑟等人照犹太人的规矩,将耶稣的身体,用细麻布加上香料裹好了,叫人抬到那个新坟穴里安葬。抹大拉的马利亚扶着耶稣的母亲,立在坟墓旁边,送他入穴,此时正是太阳落山的时候。

耶稣受难之后,他所有的门徒都有一个共同的体验,大家都觉得他们的夫子、他们的主,依然是存在的,如同他未死一样。这种体验一天深似一天,最后在他们的团体里燃烧起精神的圣火来,他们认为真理不死,正义不死,耶稣也不死。

精神分析学派创始人

——弗洛伊德

人物档案

简　　历：奥地利精神病医师、心理学家、精神分析学派创始人。1873 年入维也纳大学医学院学习，1881 年获医学博士学位。1882—1885 年在维也纳综合医院担任医师，从事脑解剖和病理学研究。然后私人开业治疗精神病。1895 年正式提出精神分析的概念。1899 年出版《梦的解析》，被认为是精神分析心理学的正式形成。1919 年成立国际精神分析学会，标志着精神分析学派最终形成。1930 年被授予歌德奖。1936 年成为英国皇家学会会员。1938 年奥地利被德国侵占，赴英国避难，次年于伦敦逝世。

生卒年月：1856 年 5 月 6 日~1939 年 9 月 23 日。

安葬之地：美国得克萨斯州休斯敦。

性格特征：自小聪明伶俐，勤奋好学，嗜书成癖，学业成绩非常优异，有很高的语言天赋，致力于研究工作，感情专一。最突出的性格特征是思维创意性高，胸怀大志，做事持之以恒，意志坚强。

历史功过：他的作品包括《梦的解析》《性学三论》《精神病理学和心理疗法新讲义》等。他开创了潜意识研究的新领域，促进了动力心理学、人格心理学和变态心理学的发展，奠定了现代医学模式的新基础，为 20 世纪西方人文学科提供了重要理论支柱，对人类思想和文化产生了深远的影响。

名人评点：美国心理史学家 E. G. 波林说："在西格蒙德·弗洛伊德身上我们看到一个具有伟大品质的人。他是一个思想领域的开拓者，思考着用一种新的方法了解人性……"

少年时代

西格蒙特·弗洛伊德1856年5月6日生于摩拉维亚的弗莱堡（当时是奥匈帝国的领土，今属捷克）。

弗莱堡是摩拉维亚东南部的一个小镇，居民约5000人。只有几条街道，几十家小型工厂。弗洛伊德一家是在德国革命期间由离这里不远的西里西亚迁到这里来的。

弗洛伊德的父亲叫雅克布·弗洛伊德，是一个拥有微薄资本的毛织品商人。1855年，他40岁，与比他小20岁的姑娘艾米莉·娜旦森结婚。艾米莉是雅克·布的第三任妻子。雅克布与他的前两任妻子各生有一个儿子。大儿子叫伊曼努尔，比弗洛伊德大23岁，二儿子叫菲利浦，比弗洛伊德大19岁。弗洛伊德是雅克布和艾米莉的第一个孩子。后来他们又生了6个孩子。

弗洛伊德的父亲诚实、善良、单纯。弗洛伊德在谈到他父亲时说，他像狄更斯的小说《大卫·科波菲尔》中的人物米克伯一样，是一个乐天派，"始终都充满希望地期待着未来"。

弗洛伊德的母亲艾米莉年轻时美丽、聪慧。原来住在德国东北部的加里西亚，后来在俄国的敖德萨度过童年，再后来随父母迁往维也纳。

弗洛伊德的父母都是犹太人。这一犹太民族的出身对于弗洛伊德一生的生活和科学研究发生了重要的影响。自公元70年犹太教的圣殿被破坏之后，犹太人陆续流落到中亚、西南亚、欧洲等地。他们保持着自己的宗教信仰、语言文字、生活方式，以不屈不挠的斗争精神、辛勤的劳动顽强生存着，发展着，与其他民族的人民一道，为世界的文明和进步做出了自己的贡献。但是，2000多年来，在欧洲这个民族遭受了太多的不公：来自异族、异教、统治者的轻蔑、侮辱、欺凌和压迫，就没有间断过。在弗洛伊德在世的80多年中，这一情况不仅没有改善，相反，在某些时期，还表现得格外突出。犹太血统在带给弗洛伊德诸多不幸的同时，也带给了他一些好的、有益的东西。这首先是积淀于这个民族精神深处的那种为正义事业而斗争的献身精神。他曾说："我经常地感受到自己已经继承了我们的先辈为保卫他们的神殿所具备的那种蔑视一切的全部激情；因而，我可以为历史上的那个伟大时刻而心甘情愿地献出我的一生。"此外，这个民族特有的受屈辱地位极大地激发了他的自尊心和正义感，培育了他那决不向邪恶势力低头、永不在逆境中退缩的斗争精神。他说："我永远不能理解为什么我得为我的祖先而感到羞耻，或如一般人所说的那样为自己的民族感到羞耻？！于是，我义无反顾地采取了昂然不接受的态度，并始终都不为此后悔。"这是一笔宝贵的精神财富，它在弗洛伊德一生的科学研究中结出了丰硕的果实。

弗洛伊德的父母笃信犹太教，生活和做事严格遵守犹太教的法规。弗洛伊德从小受到犹太教教育。在父亲的教育下，他很小就熟悉了《圣经》。使3岁以前的小弗洛伊德受到宗教熏陶的还有他的保姆。这位保姆信奉天主教，经常抱着小弗洛伊德到教堂去，给他讲有关天堂、地狱和《圣经》中的故事。弗洛伊德尽管自幼受到宗教的教育和熏陶，但他后来并没有成为有神论者。在生活中，他遵守着本民族的宗教信仰，而在科学活动中，他却坚持了无神论的世界观。

1859年弗洛伊德一家离开弗莱堡迁到萨克森的莱比锡去，1860年又迁往奥地利的维也纳。

维也纳从很早以来就是欧洲的文化名城。这里有古老的维也纳大学，欧洲乃至世界各地的知名学者云集于此。19世纪中叶到第一次世界大战期间，是维也纳发展的全盛时期，在音乐、哲学、文学、经济学、数学等方面，维也纳都取得了闻名世界的成就。维也纳深厚的文化沉积和文化氛围为弗洛伊德的学习、科学研究提供了良好的条件。

弗洛伊德一家在维也纳刚住下的一段时间里，家庭经济比较紧张，他和父母的情绪都不很愉快。弗洛伊德在谈到他3岁至7岁的生活经历时说，那是很艰难的时期，不值得回忆。

弗洛伊德的小学教育是在家中完成的。他父亲承担了教育他的任务。他父亲文化水平不高，他的知识一部分来自犹太教法典，一部分来自他的生活经验。弗洛伊德有很强的学习能力，对于父亲教给他的每一种知识，都能很好地理解。他从能读书的时候起，就表现出对文学和历史的浓厚兴趣。弗洛伊德9岁时具备了过人的智力，加上他平时努力自修，以优异成绩通过了中学入学考试。他就读的中学实行8年一贯制。除了一般中学所学的全部课程外，还包括大学预科的基本知识。弗洛伊德在整个中学阶段一直是优秀学生。他在《自传》中说："上大学预科（中学）时，我的学习成绩连续七年为全班第一名。我享有特别的待遇，几乎从不用参加班里的考试。"弗洛伊德17岁时，以"全优"的成绩中学毕业。

在中学期间，弗洛伊德表现出强烈的求知欲。他除了学好各门功课外，还喜欢看一些课外读物。他从不感到读书是负担，总是孜孜不倦地读书。他学习的范围包括历史、文学、地理、数学、物理、化学等。他尤其喜欢读歌德和莎士比亚的文学作品。他怀着很大的兴趣读了歌德的《浮士德》《少年维特之烦恼》。他特别注意发现和吸收这些作品中那些包含人生哲理的思想。弗洛伊德在《自传》中引用过《浮士德》中这样的句子："对科学的广泛涉猎是徒劳无功的，每个人只能学到他所能学到的东西。"弗洛伊德还经常大声朗诵歌德的如下诗句："怯懦的思想，顾虑重重的动摇，女人气的踌躇，忧心忡忡的抱怨，都不能扭转苦难，不能使你自由。对一切的强力，自己要坚持反抗；永远不屈服，表示出坚强，呼唤过来群神的臂膀！"诗句所包含的思想，不仅使少年弗洛伊德深获教益，而且惠及其终身。弗洛伊德一生追求真理、目标专一、信心坚定、百折不挠、一往直前，这些品格的形成恐怕不能不与歌德的思想有关。

弗洛伊德具有极强的学习语言天赋。中学期间他刻苦学习语言,为后来掌握多种语言打下了基础。弗洛伊德一生掌握的语言有:拉丁语、希腊语、法语、英语、希伯来语、意大利语、西班牙语等。

1873 年,弗洛伊德中学毕业前夕,面临着一生职业的抉择。后来他在《自传》中说:他的父亲坚持让他按照自己的爱好选择职业。弗洛伊德当时和后来对医生这一职业都没有特殊的偏爱。他受一位好友的影响,曾想研究法律,将来从事社会活动。当时正流行达尔文理论,他被它深深吸引住了。恰在这时,他听了卡尔·布鲁尔教授在一次讲演中朗诵歌德关于自然界的优美散文,对了解自然界发生了浓厚兴趣,于是,决定做一名医学院的学生。也许他以为,研究医学是认识自然界的一条途径。

大学时光

1873 年秋,弗洛伊德刚满 17 岁。他顺利地进入维也纳大学医学院,开始了紧张而有序的大学学习生活。

头两年里,弗洛伊德每周都要上 20 多节课,他学习的课程主要有解剖学、化学、物理学、植物学、动物学、生理学、矿物学等。生理学课是布吕克教授讲授的。布吕克是对弗洛伊德后来走上科学研究道路起过重要作用的人物。

按照维也纳大学当时的规定,维也纳大学的学生,即使是非哲学系的,也要学习哲学,在哲学方面达到较高的水平。医学院的学生要学习三年的哲学课。弗洛伊德从第三学期开始听哲学课。他听的是奥地利天主教哲学家弗兰兹·布伦坦诺讲的被中世纪经院哲学家托马斯·阿奎那歪曲和改造了的亚里士多德哲学。弗洛伊德在学习亚里士多德哲学的同时,还研究了其他哲学派别的哲学。弗洛伊德精通希腊文、拉丁文和英文,可以直接阅读各种文本的亚里士多德著作和其他哲学家的著作,这使他能够学到哲学家们本来的思想。

此时的弗洛伊德,心无旁骛,专心致志地学习各种知识。他总是努力弄清楚老师讲的所有内容,但并不以此为满足,还要尽量寻找一些有关的参考书来读,独立钻研。教授们严谨的治学作风深深影响了弗洛伊德。他在没有完全弄清楚某种观点之前,从不轻易做出肯定或否定的结论,在弄清了一种观点之后,也从不盲从,而是独立思考,创造性地加以理解。

弗洛伊德喜欢读书,总是力求多读一些书。当时他家经济上不宽裕,父亲劝他少买书。为此,弗洛伊德和父亲之间曾发生过一次小小的不愉快。不过,总的说来,弗洛伊德的父母还是全力支持他的学习的。弗洛伊德家里人口多,房间较少,在这种情况下,弗洛伊德还是得到了一个独立的小阁室作为卧室和书房,可以不受干扰地在这里读书和思考问题。当时还没有使用电灯,别的房间里晚上都是点蜡烛,为便于弗洛伊德夜晚读书,父母把全家唯一的一盏油灯放到他的房间,让他使用。弗洛伊德的母亲为培养女儿学习音乐,给女儿买了一架钢琴。钢琴虽放在离弗洛伊德的房间较远的地方,琴声还是干扰了弗洛伊德的读书和思考。他要求把钢琴搬走,父母虽不情愿,最后还是满足了他的要求,妹妹却因此失去了学习音乐的机会。

1875年暑假期间,弗洛伊德经父亲同意到英国旅游了一趟。访问英国是弗洛伊德多年来的夙愿。这不仅是因为,英国是他所景仰的莎士比亚、达尔文和克伦威尔的故乡,还因为,英国不像德国和奥地利那样排斥犹太人。再有一个原因就是:英国住着他的异母哥哥伊曼努尔和菲利浦。他想见到幼时的好友——伊曼努尔的儿子约翰和女儿保莲。在曼彻斯特,弗洛伊德受到大哥一家的热情接待。保莲,这位标致的少女勾起了他许多美好的回忆,他对保莲产生了一种奇特的感情:把她当成了他所迷恋着的弗莱堡少女吉夏拉的化身。

1876年,弗洛伊德上大学三年级了。他在克劳斯教授的安排下进行了一系列基础研究活动。首先,弗洛伊德分别于春季和秋季两次到里雅斯特动物实验站实习。这个实验站是1875年由克劳斯教授倡议建立的,它是当时世界上第一所动物实验室。克劳斯提议每年要从维也纳大学选派一些优秀的学生到那里去实习两次,每次几个周。弗洛伊德就是第一批被选派去实习的学生之一。

其次,从这一时期开始,弗洛伊德开始进入布吕克教授开设的生理学研究所。这在弗洛伊德的科学研究生涯中是具有重大意义的事情。因为,后来他的科学事业正是从研究一般动物的生理机能和神经系统开始的。弗洛伊德在这里的工作一直持续到大学毕业后的一段时间。在这里他不仅进行了为未来的科学研究奠定基础的工作,还遇到了学习的榜样:布吕克教授。从他身上学到了一个科学工作者应该具有的品格和精神。弗洛伊德在《自传》中说:"在恩斯特·布吕克的生理研究所里,我才找到了归宿和充分的满足,同时,也找到了我应该尊敬并可奉为楷模的人。他们是:伟大的布吕克本人,他的助手西格蒙特·艾克斯纳和恩斯特·弗莱斯契·冯·马克索。"

弗洛伊德在这里研究的第一个题目是雄鳝鱼的生殖腺结构问题。这是一个自古以来没有解决的生理学难题。弗洛伊德解剖了400多条鳝鱼,在显微镜下发现了一种小叶状的生殖腺结构。他认为这就是鳝鱼的睾丸。这一成果虽需进一步证实,但这却是当时这一问题上最高的研究成就。这对于一个三年级的大学生来说是了不起的。这一研究显示出弗洛伊德卓越的科学研究才能。

1876年秋,该是弗洛伊德升入四年级的时候,布吕克教授让他做了自己的正式助手,并交给他一个研究题目:神经系统的组织学。具体一点说,就是研究神经元的结构,探讨高等动物的神经系统的构成细胞与低等动物神经细胞的差别。弗洛伊德一边听别的课程,一边进行研究。在研究中,他改进了观察技术,取得了重要的研究成果。这项研究的最后成果是形成了一个长篇实验报告。这个报告,首先于 1878 年 7 月 18 日在奥地利科学院发表,接着又于 8 月份在生理学学报上发表。报告的论点没有引起任何疑义,其意义得到普遍认可。弗洛伊德获得了巨大成功。1879 年至 1881 年,弗洛伊德又研究了另一题目——蝲蛄的神经细胞。1882 年在一次学术报告中发表了他的研究成果。报告的题目是:《神经系统的基本结构》。

1879 年,德奥两国和俄国为争夺巴尔干半岛发生了战争,弗洛伊德应征入伍。服役期间有许多空闲时间,他利用这些时间把英国哲学家、经济学家斯图阿特·穆勒的五篇著作由英文译成德文。译文融会贯通极为流畅。这些著作中有一篇是论述古希腊哲学家柏拉图的。后来弗洛伊德谈到,这次翻译使他接触到了柏拉图的著作,柏拉图的"回忆说"给他留下了深刻印象。

1881 年 3 月,弗洛伊德以"优秀"成绩通过了医学院的考试,获得学位。弗洛伊德在《自传》中说:"医学本身的各个分支,除精神病学外,对我都没有吸引力。我明显地放松了我的医学课程的学习,因此,直到 1881 年,我才获得了那姗姗来迟的医学博士学位。"

开业行医

1881 年弗洛伊德从维也纳大学医学院毕业后,仍留在布吕克生理学研究所。他在从事研究的同时还担任了大学助教的工作。从 1881 年 5 月至 1882 年 7 月,他顺利地完成了研究项目和助教教职。

1882 年弗洛伊德生命中的另一件重要事情发生了:恋爱、婚姻提上了日程。这年 4 月的一个晚上,他下班回到家时意外地发现一位美丽的姑娘正坐在餐桌旁愉快地谈话。这次弗洛伊德没有像往常一样径直进入自己的书房继续他的研究,而是坐下来参与她谈话。弗洛伊德发现他爱上了这位姑娘。在经过一段时间的交往之后,于 6 月 17 日他和这位姑娘订婚了。

这位姑娘叫玛莎·柏内斯,生于 1861 年 7 月 26 日,比弗洛伊德小 5 岁。父母都是犹太人,虔信犹太教。父亲叫柏尔曼,是一位很有学问的商人。她的哥哥埃力曾是弗洛伊德的好友,1883 年同弗洛伊德的大妹结婚。玛莎一家是 1869 年从汉堡迁到维也纳的。玛莎十分聪慧,受过良好教育。弗洛伊德很满意玛莎的美貌,他跟玛莎说:你在你自己的面貌和身段方面所体现的,确实是很令人陶醉的。你的外表,表现出你的甜蜜、温柔和明智。我自己对于形式上的美,总是不太在意;不过不瞒你说,很多人都说你很美丽。

弗洛伊德是一个在爱情上十分严肃的人。他对玛莎的爱专一、热烈而深沉。自 1883 年 6 月起,玛莎一家迁往汉堡,在他们分居两地的三年中,弗洛伊德竟给玛莎写了 900 多封情书。

弗洛伊德在《自传》中说:"1882 年是我的转折点,我的老师——我对他充满最崇高的敬意——考虑到我窘困的经济状况,极力劝我放弃理论研究工作,从而纠正了我父亲高尚而毫无远见的想法。我听从了他的劝告,离开生理学研究所进入维也纳全科医院做了一名临床助理医生。"

这里弗洛伊德说的这位老师是布吕克教授。在他的劝告下,弗洛伊德于 1882 年 7 月底正式到维也纳全科医院上班。

在全科医院,弗洛伊德先在外科工作了两个多月,之后转入诺斯纳格诊疗所,在此工作半年之后又转入梅纳特的精神病治疗所。西奥多·梅纳特是著名的神经病学专家,弗洛伊德上大学时就听过他的课,从那时开始弗洛伊德就对神经病学发生了兴趣。弗洛伊德在这里工作 5 个月后又转入皮肤科,3 个月后又于 1884 年 1 月转入全科医院的神经科,他在这里工作了 14 个月,曾被任命为该科的负责人。后来由于与神经病科主任舒尔兹发生矛盾,只得于 1885 年 3 月从这里转入眼科。弗洛伊德在眼科工作了 3 个月又转入皮肤科。弗洛伊德在维也纳全科医院工作的 3 年里,频繁地从一个科转到另一个科,其实,他的主要兴趣却在神经系统的疾病方面,这一时期他诊疗之外的研究也集中于神经系统方面的问题。这一时期他发表的学术论文有:《蝲蛄之神经纤维及神经细胞的构造》《神经系统诸要素的结构》等。

弗洛伊德在神经科比在别的科表现出更大的工作兴趣和热情。他查阅大量资料,寻找提高治疗神经精神病疗效的药物,发现了可卡因这种植物的药用前途。1884 年 4 月 21日,他在给玛莎的信中表示,决心深入研究可卡因的药用价值,并把这项研究的成功看作他们结婚和在维也纳安家所需费用的担保者。1884 年 7 月,他把初步的研究成果写成《论可卡因》一文发表。他还要继续进行研究,目标是澄清可卡因的麻醉作用和证实它在局部外科手术中的麻醉功效。达到这一目标需要做一些实验。恰在这时,他得到了一个探望未婚妻的机会。他与玛莎已有 1 年 4 个月没有见面了,饱尝相思之苦。他把实验的计划交给了一位朋友,并提示他在眼科手术中试验可卡因的麻醉性。遂于 1884 年 9 月匆匆赶到汉堡去见玛莎了。4 个星期后他回到维也纳,发现可卡因的研究计划已属落空。因为 10 月 17 日卡尔·科勒在海德堡召开的眼科大会上宣读了他在牛眼睛上实验可卡因麻醉的效果。大会公认可卡因的局部麻醉作用是科勒发现的。弗洛伊德为了爱情而痛失了可卡因麻醉作用的发明权。他在《自传》中写道:我之所以在青年时代没有成名,正是因为我那时的未婚妻的缘故。

由于弗洛伊德在神经系统疾病的研究和治疗上已获得了显著的成果,1885 年春,他在他的三位老师布吕克教授、梅纳特教授和诺斯纳教授的推荐下,被任命为维也纳大学医学院神经病理学讲师。

弗洛伊德在担任维也纳大学医学院讲师之后不久,又由布吕克教授推荐享受一笔数目不小的留学奖学金。1885年秋,弗洛伊德结束了维也纳全科医院的工作,前往法国巴黎,成了沙尔彼得哀尔医院的一名学生。

这所医院有一位闻名世界的人物,他就是神经病学专家沙考特。由于他,这个医院当时有"神经病学圣地"之称号。做沙考特的学生当时被认为是一件了不起的事情。成为他的学生就等于获得了终生的"护身符",可以畅行无阻地出入于医学界而受到尊重。弗洛伊德有幸成了沙考特的学生。在这里,弗洛伊德主要学习的是神经病治疗学。

弗洛伊德在医院聆听沙考特的讲演,参加沙考特组织的实验,观摩沙考特对病人的治疗,还与沙考特进行个别的交谈。沙考特对工作的强烈责任心和高度热情、严谨的治学和工作作风使弗洛伊德深受感动。弗洛伊德深深佩服沙考特的杰出才能。弗洛伊德在写给未婚妻玛莎的信中说:作为一位老师,沙考特是极其完美的鼓舞者。他的每一次讲座都是结构方面和文章方面的典范。他的文体优美而高度完善,他的讲演是如此生动和深刻,以致久久地在身边留有回声,而他的实验操作过程则可以栩栩如生地在你的眼前保留很多天。

在这里,弗洛伊德第一次看到了催眠术的神奇功能,看到了精神刺激对于身体的控制作用,以致人的肉体可以不自觉地、无意识地接受精神刺激的摆布。从这时起,弗洛伊德开始思考无意识存在的可能性。

弗洛伊德在《自传》中说:"在我跟沙考特一起工作的日子里,给我印象最深的是他对于歇斯底里的最新研究,我亲眼见到其中一些研究的完成。例如他证明了歇斯底里的真正症状和规律性……证明了男性歇斯底里的经常发生,证明了催眠暗示可产生歇斯底里的麻痹和痉挛,并且这种人为的结果直到最小的细节上都显示出与自发性发作具有相同的特征,而且发作时还常常伴有外部创伤。沙考特的许多演示,一开始便引起我和其他访问者的惊讶和怀疑,这时我们便竭力用当时的某一种理论进行辩解。他总是既和善又耐心地处理这些疑问,同时也非常果断。正是在这样的一次讨论中……他说:'理论并不妨害存在。'这句话给我留下了不可磨灭的印象。"

在法留学期间,弗洛伊德主动地承担了把沙考特关于神经系统的疾病,尤其是歇斯底里症的新讲义译成法文的任务。沙考特对弗洛伊德的工作十分满意,特赠送给弗洛伊德一套他自己签名的著作全集以示感谢。

1886年2月,弗洛伊德完成了在法国的学习计划返回维也纳。他在返回途中去柏林拜访了著名小儿科专家巴金斯基。他在柏林逗留了几个星期,向巴金斯基学习关于小儿科疾病的知识。据说这事与种族歧视有关。凭弗洛伊德的学识和临床经验,他完全有资格到维也纳大学医学院所属的精神神经病诊疗所担任要职,但他得知维也纳的排犹情绪使他无望到那里就职。恰在这时,一位小儿科专家同意弗洛伊德到儿科疾病研究所的神经科工作。为适应未来的工作,才有弗洛伊德途中逗留之事。

弗洛伊德回到维也纳后开办了自己的诊疗所。1886年4月25日,在维也纳的日报上登出这样一则广告："维也纳大学医学院讲师西格蒙特·弗洛伊德博士,刚从巴黎留学6个月后归来,现设诊所于拉多斯特拉斯街 7 号……"这天是复活节,又是星期天。弗洛伊德之所以选在这天登广告,是因为他认为人们在节日里更有闲暇看报,更容易记住他的名字。一个多月后,弗洛伊德又被马克斯·卡索维斯邀请到他的儿童医院去兼职,让他任这个医院神经病科的主任。弗洛伊德在这里工作了许多年。

这段时间,弗洛伊德每天工作 18 小时。当他完成了一天的工作,夜深人静时,就给远在汉堡的未婚妻玛莎写信,向她描述病人及其病例,告诉她候诊室里座无虚席时的愉快心情。他与玛莎订婚已 4 年多了,他该结婚了,可是,此时的弗洛伊德身无分文,甚至还因留学而借了债。弗洛伊德不忍心让玛莎再等下去,同时他也希望快点结束这在不利的环境中长期"孤军奋战"的日子,他向玛莎提出了成家立业齐头并进的计划,玛莎同意了。玛莎的姑姑和叔叔赠了一笔不小的嫁资,1886 年 9 月 14 日他们举行了婚礼。1887年 10 月,他们的第一个孩子——大女儿出生。至 1895 年 12 月他们共生育了 6 个儿女。他们的日子不富裕,却是温馨的。

1886 年 4 月,在弗洛伊德忙于张罗开办诊疗所时,他挤出 10 天时间写了一份"留学报告",呈报给教育部,算是对教育部为他提供留学资金的一个交代。可是,几个月过去了,教育部却毫无反应。10 月份,弗洛伊德又把报告改写为一篇论文:《论男性歇斯底里症》,递交给维也纳医学协会。10 月 15 日,弗洛伊德在医学协会的学术报告会上宣读了这篇论文。出乎他的意料,他的报告受到了冷遇。原因是,他的报告中有关于男人患歇斯底里症、催眠疗法等内容,当时维也纳的医学界,包括一些医学"权威",尚不能接受这些新的知识和观点。医学协会主席巴姆伯格等人竟宣布弗洛伊德报告的内容"令人难以置信"。

尔后,弗洛伊德按照他学到的新知识和疗法进行诊断时,甚至招致医学"权威"们的嘲笑。新的知识和先进的疗法把弗洛伊德置于孤立的地位。他在相当长的时间里找不到可以讲授讲义的地方,于是不得不从学术生涯中退出来。当然,这一"退却"是暂时的。我们将看到,弗洛伊德科学研究兴趣的火焰很快就重新燃烧起来,而且愈燃愈旺。

在开业行医的头几年里,弗洛伊德用来治疗神经精神病的方法有两个:一是电疗法,二是催眠术。电疗法是他从德国神经病理学权威维·耳伯的教科书中学来的,在治疗实践中弗洛伊德很快发现这一方法毫无效果,于是果断地放弃了。至于催眠术,对于治疗有较好的效果,但他发现他对这一技术的使用还有不满意之处。为使这一技术更趋完善,他于 1889 年夏前往法国南锡,试图向多年运用催眠术的法国医生们求教。在那里,弗洛伊德亲眼看到了伯恩海姆在他的病人身上所做的惊人实验。弗洛伊德又一次受到深刻启示。他在《自传》中说:"当时我得到了一个最深刻的印象:很可能在人的意识之后,还有一个相当有力的思想过程尚未被人们发现。"这个"印象"非同小可,它包含着弗洛伊德一生伟大理论成就的萌芽。

弗洛伊德在《自传》中对其开业行医以来的头几年做了这样的概括:"在 1886 年到 1891 年这一期间,我没做什么科学研究工作,也几乎没有发表什么文章。我忙于确立我在这一新的职业中的信誉,并保障我自己的和迅速发展的家庭的物质生活。"

理论研究

1891 年 8 月,弗洛伊德一家搬到了柏格街 19 号,先是租了二楼的几个房间,次年又租了楼下的三个房间。二楼是弗洛伊德家人居住的地方,一楼是弗洛伊德的工作室,一间是诊所,一间是书房,另一间是接待室。弗洛伊德在这里住了 47 年。弗洛伊德那些创造性的伟大理论成果就是在这里诞生的。

柏格街是维也纳的一条著名街道。街道两旁是 18 世纪建造的古典式住宅,零星分布着一些店铺。弗洛伊德工作之余就沿这条街道散步。按照维也纳市的一贯传统,凡有名医居住的街道都要以名医的名字命名,1930 年市议会提议把这条街道命名为"西格蒙特·弗洛伊德街",但主要因为政治方面的原因,未获通过。直到 1949 年 2 月 25 日市议会才通过更命议案。1954 年,世界心理卫生联合会为纪念弗洛伊德还在他居住过的房子前立了一块纪念碑。

弗洛伊德的生活极简单,除工作外几乎没有别的什么。他每天工作 13 个小时以上。通常上午 7 点多别人把他叫醒,匆匆吃过早饭后,8 点开始看病,直至 12 点。下午 1 点左右吃午饭,休息几分钟后到街上散步。有时顺便到商店或邮局。下午 3 点至 9 点,又是看病时间。晚饭后与家人一起散一会儿步,回来后便钻进书房读书和写作。12 点或凌晨 1 点睡觉。星期天是休息日,他与一两个家庭成员去看母亲,有时去拜访朋友。假日里弗洛伊德喜欢和孩子们外出旅游,尤其喜欢到郊外去采蘑菇。

弗洛伊德有动笔的好习惯,只要有时间,他总喜欢写,写临床报告、写文章、写信……他文笔优美、朴实自然。他不刻意追求文章的形式,因为他认为文章是表达思想的,过分注重形式会影响思想的表达。

如果说弗洛伊德有什么特别的生活情趣的话,那就是他喜欢搜集古董。早在 19 世纪 70 年代,他还是大学生时,就趁到亚德里亚海滨作科学考察之机搜集了一些古董。这个习惯他一直保持着。在他的书房里,接待室里到处都摆放了他搜集来的古董。他把它们当作艺术品来欣赏,更重要的是,他要在对它们的鉴赏中追索那凝结于其中的人类精神。

19 世纪 90 年代的最后几年里,弗洛伊德很少有时间进行社交活动,也很少到戏院或者音乐厅去。他曾参加了维也纳的一个犹太人组织的"伯奈伯利兹社",约每两周参加一次这个社团的集会。他曾在这个社团的集会上做过关于梦的学术报告。在这里他听过他一向心仪的美国大作家马克·吐温的精彩报告。

1895 年以前弗洛伊德治疗精神病所采用的方法是催眠术。在维也纳使用这一方法的还有布洛伊尔。布洛伊尔是维也纳的著名医生，又是一位卓越的科学家。曾写了好几部关于呼吸器官和平衡器官的生理学著作，1868 年当了维也纳大学的荣誉讲师，从 1871 年起当私人医生，1894 年当上了维也纳科学院的通讯院士。他比弗洛伊德大 14 岁。弗洛伊德对他非常钦佩。19 世纪 70 年代末弗洛伊德与布洛伊尔在生理研究所首次认识，他们很快成了好朋友。在弗洛伊德经济上困难的日子里，布洛伊尔曾向他伸出援助之手。80 年代以来，他们在科学上有比较一致的兴趣和观点，在医疗实践中彼此交流经验、心得，共同切磋。

弗洛伊德在《自传》中谈到，在他去巴黎之前，布洛伊尔跟他谈过一个病例：布洛伊尔在 1880 年到 1882 年间用催眠术成功地治疗了一个女患者的歇斯底里病。这种方法使布洛伊尔对歇斯底里症状的起因和意义有了深入的了解。弗洛伊德当时有一种印象：布洛伊尔所叙述的情况比以前的任何观察都更接近于对神经症的理解。弗洛伊德对此很重视。他在巴黎学习期间把这个病例告诉了沙考特，但沙考特不感兴趣。弗洛伊德从巴黎学习回来后，又详细询问和认真研究了这个病例，找出了其中所包含的有科学价值的东西，打算进一步推进布洛伊尔的研究成果。弗洛伊德说："最紧迫的问题是：是否可能从他在单一病例上所发现的东西之中，概括出一般性结论来。"在以后的几年中，弗洛伊德结合自己的医疗实践，努力进行研究，证实了布洛伊尔在上述病例中所出现的东西具有普遍性，为把它贡献出来以丰富科学事业，弗洛伊德向布洛伊尔提议合写一本书。

1893 年他们首先发表了序言性的通信《关于歇斯底里现象的心理机制》，接着又于 1895 年出版了合著的《歇斯底里研究》。

弗洛伊德说，这本书"就其材料内容的全部要点来说，是布洛伊尔的思想成果"，"至于书中所提出的理论，我负部分责任"。这本书不是要确定歇斯底里的性质，而只是对歇斯底里症状的病因有所阐明。因此，它强调情绪生活的意义，强调区别无意识心理活动和有意识（或者确切地说是能够意识到的）心理活动的重要性；它采用了动力因素的概念，假设某种症状的发作是因为某种情感的抑制；它采用了经济因素的概念，认为同一症状实际上就是人体一定能量转换的结果，否则这种能量会通过某种其他方式而发挥作用（后面这一过程被描绘为"转换"）。

弗洛伊德还说，在这本书中，布洛伊尔把他们治疗神经病的方法称作"宣泄法"，他解释说，这一方法的治疗目标，是要把走错了道路而造成症状的一定量的情感，引上正确的道路，它只有沿着这条道路才可能得到释放（或发泄）。宣泄法的临床效果令人相当满意。直到后来才知道它的明显的不足之处和催眠疗法的不足之处是一样的。

弗洛伊德还指出，本书中讲的宣泄法理论并没有太多地论述性欲问题。在他本人提供的那些病例中，虽谈到性因素起一定作用，但是对于性欲的注意程度和对其他情绪刺激的注意程度基本上是相等的。而在布洛伊尔提供的病例中,他曾提到那个姑娘的性发育还很不成熟。这样一来,从这本书中就很难看出性欲在神经症病源学中到底起着多大的重要作用。

我们可以做出这样的结论:(1)在《歇斯底里研究》中,弗洛伊德已把心理活动区分为意识和无意识两部分,并强调二者的区别,而这就是他精神分析学的基本观念;(2)他已初步表达了心理能量、压抑等概念的思想;(3)他已接触到了性欲在精神活动中的作用的思想。因此,可以说,这本书是弗洛伊德精神分析学的诞生地。

1896 年弗洛伊德在发表的法语论文《歇斯底里的病因》中首次正式使用"精神分析学"一词。至此,精神分析学——一种崭新的学说在人类历史上出现了。可是,这还是一个很不健全、很不完善的学说。它的体系需要完善,它的理论需要丰富,它的观点需要论证。在尔后的约 10 年中,弗洛伊德顶住种种压力,克服重重困难,单枪匹马,奋斗不息,以罕见的创新精神和卓越的创造才能,建立起了自己独具特色的精神分析学理论大厦。

梦的解析

《歇斯底里研究》给弗洛伊德带来的不是名誉和地位的提高。书摆在书店的书架上,很少有人问津。(书共印 800 本,13 年中才售出 600 多本)医学界大多不接受书中的观点。当时德国一位著名的神经病学家阿道夫·冯·斯居姆佩尔对此书进行了严厉的批评。只有维也纳大学的一位文学史教授从文学艺术角度给予了肯定的评价。医学界把这本书讥讽为"一本侦探故事集"。总之,医学界兴起的是一片冷嘲热讽。弗洛伊德被推到了"密集的大多数"的对立面,成了孤家寡人。特别令弗洛伊德深感痛惜的是,他因此丧失了布洛伊尔的友谊。布洛伊尔对德国医生对本书的严厉批评感到沮丧,更受不了来自医学界的冷嘲热讽。况且,他与弗洛伊德在学术观点上本来就存在着分歧,随着弗洛伊德学术思想的进一步发展,分歧越来越大。布洛伊尔很快疏远了弗洛伊德,直至与之绝交。对此,弗洛伊德深表遗憾:我失去了他的友谊。付出这样的代价对我来说是很不容易的,但我对此无能为力。

弗洛伊德认为,写书是为了探索科学真理,而不是为了取悦别人。对于医学界的讥讽他并不很在意。对于斯居姆佩尔的严厉批评,弗洛伊德说,斯居姆佩尔对《歇斯底里研究》缺乏理解,因此他感到可笑。在严峻的境遇面前,弗洛伊德没有灰心、气馁,没有退缩。他要在已取得的成果的基础上,继续推进自己的研究。

促使弗洛伊德坚定信心进行研究的还有追求科学真理之外的因素:一是维持家庭生计;二是治疗自己的疾病。19 世纪的最后 5 年是弗洛伊德生活历程中一个黯淡的时期。自从他发表关于歇斯底里的著作和文章以来,到他的诊所就诊的病人数量骤减。这是因为,从前好友布洛伊尔常把病人介绍到他这里来,而现在布洛伊尔与他断交了,不再给他介绍病人了。另外,弗洛伊德的病理学和治疗方法涉及性的问题,这在当时是闯入了伦理领域的禁区,弗洛伊德作为医生的名誉严重受损,甚至简直是声名狼藉了。上流社会的女病人不再来就诊。弗洛伊德的诊所门可罗雀,经济收入锐减。然而,这几年恰是他的家庭最需要钱的时候。他的孩子相继出生,妻妹也因丧夫而投靠这个家庭,弗洛伊德还要赡养老母。弗洛伊德的经济负担实在太重了。学术上的不顺利、人际关系上的挫折、家庭经济上的压力一齐降临,弗洛伊德深陷于焦虑之中,他感到他的神经官能症加重了。然而,弗洛伊德没有被这一切压倒。他清楚地知道,走出困境的关键在于事业上的成功,在于他的歇斯底里症理论的正确和治疗方法的有效。欲走出困境,只有更深入地研究歇斯底里的病因和治疗方法,别无他途。这研究是从分析自我和解析梦开始的。

1897年9月21日弗洛伊德致信好友威廉·弗里斯,说:不朽的名声,稳靠的财富,充分的独立,旅游和切实地使我的子女免受我青年时代所受的种种忧虑,这一切,全在于歇斯底里病理的疗法研究的成败。为此,我必须保持平静,甘于淡泊,撙节度日,听任忧虑煎熬。接着,他表示要进行自我分析,请弗里斯充当他倾吐的倾听者。按弗洛伊德的精神分析法,医生是病人倾吐的倾听者。这回,弗洛伊德站到了病人的位置上,他需要一个倾听者。

弗里斯是德国医生,也属犹太裔。10年前曾到维也纳来学习,那时与弗洛伊德结为好友。而今,在弗洛伊德知音难觅的时候,他成了弗洛伊德几乎唯一的一位知音。弗洛伊德的自我分析大约开始于1896年10月。1897年9月他向弗里斯宣告正式开始进行自我分析,这项活动一直接续了6年。弗里斯耐心地倾听他倾吐了6年。

弗洛伊德自我分析的直接目的是治疗自己的神经官能症。更重要的是,他要从自己这个病例中获得一些经验,以检验、确证1895年以来他所提出的歇斯底里理论和精神结构、精神活动规律的理论。特别是这样几个问题:歇斯底里病的成因、无意识存在、抑制作用、幼儿性欲等。

在六七年的时间中,弗洛伊德对自己幼年的生活经历、思想感情进行细致入微地回忆,为弄清真实情况,他向母亲仔细询问。同时他每天记录自己的梦,然后对之进行仔细的分析研究。1897年10月3日,弗洛伊德致信弗里斯,说他连续进行了4天自我分析,收获很大。他仔细回忆了幼年时的经历和情感,认为他神经官能症的第一个诱发者是他小时候的保姆。他在2岁至2岁半之间他的里比多觉醒了,并转向母亲。"从莱比锡到维也纳的旅途中,由于我睡在她的房里,大概看到了她的裸体……"这封用词谨慎、闪烁的信所表达的意思是:他2岁多时他的里比多被他的保姆唤醒,他把母亲当作性欲对象,这一感情被压抑了,由此引发了他的歇斯底里症。弗洛伊德认为这一自我分析有力地证明了他的歇斯底里症和精神结构理论。他兴奋异常,声称这几天他感受到了自我分析工作的"理智美"。至于自我分析是否有益于他的疾病的治疗,据说起到了使他保持健康的作用。

梦的解析大约是从 1897 年 5 月开始的。弗洛伊德对梦的解析与他的自我分析事实上并没有什么严格的分界线。如上所述,自我分析的一项重要内容就是对自己的梦进行分析。作为解析梦的工作,除了分析他自己的梦外,还分析了别人,特别是弗洛伊德的病人的一些梦。解析梦的目的与自我分析的目的也有一致之处,这就是:弄清神经症产生的原因,揭示心理机制的真相和精神活动的规律。

1897 年 11 月弗洛伊德在给弗里斯的信中宣告,他要强迫自己写一本关于梦的书。在此后一年多的时间里,他分析研究自己的梦、家人的梦,结合治疗研究病人的梦,产生了关于梦的一些思想。他把这些关于梦的资料和思想写成了书的片段。1899 年 5 月,他忽然以高度的热情决定把所写的东西发表出来。他认为这是一件对己对人都有益的事。因为这样不仅可向人宣告自己关于梦的新发现,而且可挣一笔钱养家糊口。于是,他用了几个月的时间很快地对这些资料进行整理,又补写了部分内容,9 月末他就把书稿交到了出版社。11 月 4 日,《梦的解析》就摆上了书店的货架。出版商在书上注明的出版年份是:1900 年。

书出版后,弗洛伊德沉浸在成功的喜悦之中。然而,在相当长的一段时间里,维也纳报界寂然,学术界反应平淡,购书者寥寥无几。书共印了 600 本,用了 8 年才售完。弗洛伊德不仅没有挣到钱,反因无望收回工本而欠了一笔债。弗洛伊德思考书不为学术界和公众接受的原因,认为主要是书的内容庞杂,文笔晦涩。于是,他很快又改写出一个较简明的本子。这个本子保持了原书的全部思想原理,于 1901 年出版。在最初的一段时间里,本书仍未受到德语知识界的注意。1913 年本书被译为英文和俄文,尔后又相继被译为其他各种文字,遂在世界上广泛流传开来。10 年后,这本书在德语世界也流行起来。至 1929 年共出了 8 版。

《梦的解析》是弗洛伊德很看重的一部著作,认为它揭开了梦的秘密,相信它会长久流传。

在西方,对梦的传统看法是:梦似真似幻,其中仿佛传递着某种信息,因此,人们用它来测知未来的吉凶福祸。19 世纪末叶的心理学家大都认为梦是一种不健康的心理活动,与健康意识无关,是一种思想的"废料",不值得研究。对梦的这两种看法和态度,弗洛伊德都不赞同。他认为梦是一种有意义的心理现象,值得认真研究。在《梦的解析》中,弗洛伊德说:"梦,它不是空穴来风、不是毫无意义的、不是荒谬的,也不是一部分意识昏睡,而只有少部分乍睡少醒的产物。它完全是有意义的精神现象。实际上,是一种愿望的达成。它可以算是一种清醒状态精神活动的延续。它是由高度错综复杂的智慧活动所产生的。"

"梦是愿望的达成",是弗洛伊德梦的学说的基本原理。他是从分析大量的梦例中得出这一结论的。他举了这样两个例子:一个是他 8 岁小女儿的梦。一次,他带家人外出旅游，还带了邻居家的一个 12 岁的小男孩爱弥尔。一天早晨，小女儿告诉弗洛伊德，她梦见爱弥尔是他们家庭中的一员，也叫她的父母"爸爸""妈妈"，而且与她家的男孩子们睡在一起。弗洛伊德说这是一个典型的"愿望达成"的梦，它表达的是小女儿喜欢爱弥尔。另一例子是他自己的梦：年轻时，他常工作至深夜，早上就总想多睡一会儿。"因此，清晨时，我经常梦到我已起床梳洗，而不再以未能起床而焦急，也因此使我能继续酣睡。"

梦是愿望的达成。意思是说，做梦者的无意识愿望通过梦或者在梦中得到满足。按弗洛伊德在《歇斯底里研究》中对心理结构及其活动规律已取得的成果，无意识是种种本能欲望，性欲在其中占有特别重要的地位。在《梦的解析》中，弗洛伊德仍坚持了这一无意识概念。他认为，无意识的欲望冲动总想得到发泄，或要求获得实现。这首先就要进入意识领域，披上意识的外衣。但意识有一个检查机制，弗洛伊德形象地把它叫作"检查官"。它对无意识的欲望冲动实行严格检查，不允许大部分的本能欲望冲动进入意识领域，把它们牢牢地控制在无意识领域，这就是所谓"抑制"。当人进入睡眠状态时，意识活动减弱，检查机制的作用减弱，但并没有完全丧失。一些无意识欲望冲动便乘机乔装打扮，骗过"检查官"的检查，进入意识领域，这就形成了梦。弗洛伊德说：梦是一种（被压抑的、被压制的）欲望的（以伪装形式出现的）满足。

弗洛伊德揭示了梦的内在机制。他把梦中所浮现的意象（即梦境）叫作"梦的外显的内容"，即梦的显意；把隐藏在梦的意象背后的意义，叫作"内隐的梦的思想"，即梦的隐意或隐念。梦的隐意即无意识的欲望。它是产生显梦的动机，制造显梦的材料。由隐梦变成显梦的过程叫作梦的工作。通过外显的梦的内容去探求内隐的梦的思想，就是梦的解析。

梦的工作包括四个程序。一是压缩。所谓压缩，是说显梦的内容比梦的隐意简单。前者好像是后者的一个缩写本。在梦中一般都有压缩作用。压缩的方法大体有三种：（1）某种隐念的成分完全消灭；（2）隐梦的许多情结中，只有一个片段侵入显梦之内；（3）某些同性质的隐念成分在显梦中混合而为一体。例如，现实中的多个人物，在显梦中会合为一个人物。由于压缩作用，梦取得了最节俭的效果。因此，一个简短的梦，翻译出来的内容可以是它的许多倍。

二是转移，转移是作为梦的隐意的欲望逃避"检查官"检查的一种手段。有两种方式：一个是一个隐念的元素不以自己的一部分为代表，而以与它较无关系的另一物来代替。其性质有点像暗喻。另一方式是，隐意的重点由一个重要的元素移置到另一个不重要的元素之上。这样一来，梦就会呈现出另一个样子。

三是视象或戏剧化，即把隐梦中的抽象的思想转换成了知觉的具体形象，尤其是视觉的形象。

四是润饰，又叫二次加工。在把隐梦转变为显梦时，经过以上三个步骤，所形成的显梦（梦境）还是混乱的、不一致的、支离破碎的，还需要对它的片段进行编排、调整次序、连接，使之成为一个连贯的整体，这一过程就是润饰。经过润饰作用产生的显梦，仍有不清晰、不合理甚至荒诞之特性。这是梦这一意识现象和真正的意识的区别之处。

弗洛伊德在《自传》中说，他试图在《梦的解析》中解决的问题是："梦的形成是否有动力，它在什么条件下发生，梦的思想……通过什么方法才能转变成为梦……以及其他一些问题等等。"弗洛伊德以上述方式解决了他给自己提出的任务。

《梦的解析》对精神分析学建立的重要意义在于，它论证了一般人（而不仅仅是神经病人）精神过程中无意识的存在。而这是精神分析学的一块基石。当然，弗洛伊德还将从其他途径来论证这一点。

心理分析

19世纪的最后几年，弗洛伊德可谓时乖运蹇。其神经症病理学理论和治疗方法虽都处于领先地位，但却不被守旧的医学界所认可。由于他的理论和疗法涉及性，闯了伦理禁区，他在公众中的形象不佳。学术界轻蔑他、朋友们离他而去，对此他无可奈何，但他仍然无所畏惧。他自嘲曰这是"光荣的孤立"。然而，令他最伤脑筋的是医疗业务清淡，经济收入少，严重危及他家庭的生存。怎么办呢？放弃自己的神经症病理理论和治疗方法？不！那可是自己用心血浇灌出来的花朵呀！况且，那样做岂不是在探索科学真理的道路上退缩?! 他费尽心思，终于想出了一条或许能使他走出困境的可行之路。

他看到，他的一些同行们医术并不高明，却生意红火。原因何在？除其他原因外，他们都有教授头衔。于是，弗洛伊德决定弄个教授头衔。

1897年，他找到了维也纳大学教授诺特纳盖尔，说出了自己的想法。诺特纳盖尔表示同情与支持。他又找了两位教授联名向维也纳大学推荐弗洛伊德当教授。学校把弗洛伊德的报告报到了教育部，弗洛伊德静候佳音。然而，一连3年，弗洛伊德的盼望年年落空。弗洛伊德醒悟到这不仅是由于反犹偏见作祟，而是还有别的原因。后来，几位由弗洛伊德治好了病的贵妇人主动出来为他的事奔走。她们施展种种妙招，包括施"美人计"、送礼等，终于打通了教育大臣的关节，继而获得了议会通过。弗洛伊德得知消息后，喜不自胜，赶快写信告诉好友弗里斯："事成了……祝愿和羡慕的花朵像下雨般地霈降，事情竟这样地突然，就只为皇上已发现性欲的作用，内阁已肯定梦的意义，议会已经以2/3的多数通过：歇斯底里必须用心理分析疗法治疗。"显然，弗洛伊德认为，他的成功在于他的学说已为皇帝、内阁成员、议员们所首肯、接受。其实，这是一种误解。弗洛伊德很快就明白了这一点。当然，弗洛伊德也没有忘记这次成功的另外的原因，他和贵妇人们的那番"努力"。在信中，他继续写道："如果3年前，我就施展诸如这般手段，可省多少烦恼……但是，此事请勿为外人道也。"不久，弗洛伊德整衣正冠，去接受皇帝对新晋升教授的接见,此时他才知道,皇帝、议员们并不了解他的学说。

弗洛伊德获得的教授衔属编外教授,不领薪水,自然与改善家庭经济状况无多大助益。获得这一头衔后他的医务也未马上焕然生色。不过,这一年,即1902年,的确是他事业和生活中的一个新转机。从这一年开始,他逐渐走出了孤立的境地。

弗洛伊德在《精神分析学运动史》中说:1902年,几个年轻的医生来到我的周围,在确定的计划下学习,使用和传播精神分析学。这动力来自一位同事,他在自己身上实验精神分析学,取得很好的疗效。我们约定一个日期,在我的家里按一定的规则共同讨论在这一领域的科研方向,并引导其他人分享我们的利益。这个小组叫"星期三心理学学会",因为每星期三晚上它在弗洛伊德的接待室里举行活动。这个小组的成员中有后来有名的阿尔弗来德·阿德勒。这个小组是精神分析运动的萌芽,它于1908年改名为"维也纳精神分析学协会"。

弗洛伊德清楚地知道,教授头衔固然重要,但它毕竟不能增加他实际的能力,增加实际的能力靠的是踏实的科学研究。在他努力谋取教授头衔的时候,他一点也没有放松科学研究。

弗洛伊德在《歇斯底里研究》等著作中,着重研究了变态心理,其目的主要是寻找精神症的原因,以有效地治疗这种疾病。但即使这时,他的结论也没有仅仅停留在变态心理的范围内。后来他自觉地把研究的目标定在发现人类一般心理的规律上。这样,早期时变态心理的研究便成为这一研究的一个组成部分,一条特别的途径。《梦的分析》是他自觉地向着这个大目标前进的第一步。在《梦的分析》中,他既研究了变态心理,也研究了常态心理。在完成了对梦的研究之后,他意识到,梦,还是一种较特别的心理现象,它有着极其复杂的心理机制和程序,对梦的研究不具备可观察性。从研究梦中得到的关于一般人类心理规律的结论,还需要更强有力的支持。他认为还必须开辟常态心理研究的新途径。

在研究梦时,弗洛伊德就已注意到日常心理的活动规律,已较深入地触及"遗忘"和潜抑的问题。1898年他发表了《论遗忘的心理机制》一文,但对遗忘现象还没有进行深入的探讨。于是,在《梦的解析》一书发表后,他集中地研究了包括遗忘在内的日常生活中的各种心理现象。这是他的常态心理研究的一个重要内容。

1900年,他把几年来断断续续写的一组论文编辑成《日常生活的心理分析》一书,次年在一份杂志上发表,1904年作为单行本正式出版(德文原版题为《日常生活的精神病理学》)。这本书和《梦的解析》一样,是弗洛伊德的又一名著,其思想是他整个学说的又一基石。该书的命运比前两本书要好,书出后受到舆论界好评,弗洛伊德的形象在公众中有所改善。本书(德文版)弗洛伊德在世时共出版了11版,有12种文字的译本。

在《日常生活的心理分析》中,弗洛伊德对日常生活中的一些现象——专有名词的遗忘、外国字的遗忘、名词与字序的遗忘、童年回忆与遮蔽性记忆、语误、读误和笔误、"印象"及"决心"的遗忘、"误引行为""症状性行为"及"偶发行为""错误"、双重错失行为等——进行分析,探讨它们产生的心理根源,从中发现潜意识的存在,了解"潜抑"作用的基本功能。

弗洛伊德把上述日常生活中常见的现象统称为"过失"。认为它是常态心理表现形式中的一种。它和梦、神经病症一样,不是无意义的,而是有意义的。这就是说,形形色色的过失行为或现象都是某种应当被禁止的愿望或受压抑的愿望的满足。例如,澳洲众议院议长在致开幕词时说:"诸位贤达先生!……我就此宣布会议闭幕!"这一口误,"最可能的解释是,议长觉得这次会议于他本身殊无利益可言,原就希望它快点闭幕,而这种想法至少部分地透露出来……致使他将'开幕'误说为'闭幕',恰与原意相反。"再举一个弗洛伊德本人经验中的例子:一次,弗洛伊德妻子说了一句可笑的话,数小时后,他的一位好友来访,畅谈甚欢,弗洛伊德想重述她那句话让好友乐一乐,不料竟连一个字也记不起来了。妻子大方地重说了一遍,才解了弗洛伊德的窘境。对此,弗洛伊德的解释是:他潜意识中有一个尊重妻子不愿让她丢面子的愿望,这就是导致他这次健忘症的原因。

弗洛伊德认为,过失和偶发行为同梦、精神病症一样,都是潜意识中"那些最可厌的和被压抑了的心理因素"活动的产物,是这些心理因素竭力表现出来的结果。过失和偶发行为的机制,也和梦的形成机制相一致,二者都有"浓缩现象"与"妥协形成"或"混淆"。弗洛伊德研究过失和偶发行为等得到的一个重要结论,也是肯定人类精神中无意识存在:"在人心深处,有一股隐流存在;从前我们探究梦中隐藏的意义时,触及它惊人的力量。如今我们已拥有众多证据,发现它不是只在睡梦之间才大肆活动的——它在人的清醒状况下,也不时出现在错失行为里。"

在《日常生活的心理分析》一书中,还充分表达了他的严格的因果决定论即命定论思想。弗洛伊德早年接受了霍尔姆赫兹的机械决定论思想,多年来他一直坚持着这一思想。在这本书中他把这一思想推到了极端,使之具有浓厚的神秘主义色彩,令人难以置信。他坚持认为,我们日常生活中的任何一个行为或观念,哪怕它是最微不足道的,也都必定能在其潜意识中找到某种因素作为它产生的原因。他说,"在心智世界里,就如在其他领域中,命定论的伸张常出人意表"。一个人不可能凭着空穴来风的自由意志,去想一个数字或一个名字。

围绕《日常生活的心理分析》一书,弗洛伊德与弗里斯发生龃龉,1901 年 7 月此书脱稿时,两人矛盾已呈表面化。自此两人关系日渐淡漠,终于在 1902 年绝交。弗洛伊德为了科学又牺牲一位挚友。

弗洛伊德在发表《日常生活的心理分析》一书的那一年,还发表了一位女歇斯底里病人的病历报告,书名为《少女杜拉的故事》。书中展示了弗洛伊德用精神分析法治疗少女杜拉的歇斯底里病的具体做法和过程,展示了这一方法的特点。本书丰富和发展了弗洛伊德的歇斯底里症病理学和精神分析学理论,特别是其潜意识、压抑、俄狄浦斯情结等观念。

性学理论

关于性的理论是弗洛伊德精神分析学的一个重要组成部分。在建立精神分析学之初,弗洛伊德就已触及了性的问题。在写《歇斯底里研究》时,他就倾向于强调性因素是歇斯底里症的原因,只是由于迁就合作者布洛伊尔的不同意见,才没有把这一见解表述得很突出。后来,他不仅没有放弃这一见解,相反,对这一见解的信念日益坚定了。正如他在《自传》中说的:"我从我迅速积累的经验中认识到,在神经症现象背后起作用的,并不是任何一类情绪刺激,而常常是一种性本能。它或者是一种当时的性冲突,或者是早期性体验的影响。"他坚持认为:"神经机能病几乎毫无例外地都是一种性机能障碍。"在《少女杜拉的故事》中,他更明确地说:"歇斯底里病的症状不过是病人的性活动而已……我一而再、再而三地发现,性是开启心理症难题之门的钥匙。"在《梦的解析》中,更是大量地谈到性。他在这一著作中表达的一个基本思想就是:梦是一种被压抑的欲望经过改装的满足,多半是性欲望改装的满足。他发现,在梦中经常表现孩童时期的性动力和新近的性经验。

总之,弗洛伊德在早期的研究中已发现歇斯底里症和梦都与性有关,性欲望是潜意识的主要内容。精神分析学作为一种以无意识及其与意识、人的行为的关系为主要研究对象的科学,要得到充分的发展,必须深入研究性,建立完整、系统的性学理论。弗洛伊德在发表了《日常生活的心理分析》和《少女杜拉的故事》之后,便集中时间和精力来研究性,建立他的性学理论。1905 年他发表了自己的研究成果《性学三论》。这是一本赤裸裸地专谈性的书,此书一发表,在守旧的奥、德医学界和公众社会中立即引起一片斥责之声,弗洛伊德在公众中的形象刚刚有所好转,这一下又退回去了,甚至变得更糟。可是弗洛伊德为追求科学真理,根本不在乎这一切。

弗洛伊德和他的模特们

这本书在刚出版的头几年里,在德语世界反应冷淡,后来情况逐步有所好转。5 年以后,1909 年出版了第 2 版。在这版序言中弗洛伊德说:"再版本书的目的在于,期望其中的新颖题材能得到大家接受……"由此可以窥见,本书的"题材"还不大为大家所接受。又过了 5 年出了第 3 版,1920 年出版了第 4 版。此时本书所表达的思想已为一些同行专家深入研究并思考过,反对之声从未止息过,这几年更趋激烈。按说,弗洛伊德该听取反对意见,对自己理论的偏颇、不足之处做点修正了。可是他却执着地认为,他的理论是正确的。"我总不能迫使自己相信精神分析理论的这一部分较诸其他部分更远离事实。而发现事实之真相原是精神分析学的职志所在。"别人蛮有理由地批评他的精神分析学是"泛性主义",用性解释一切,他根本听不进去。他这样为自己辩护:精神分析学中最受到人们攻击的部分是这本书中的这样一个内容:"坚持性欲乃一切人类成就之泉源,以及性欲观念的扩展。"这一思想,其实与叔本华的人类活动受制于性冲动的思想以及柏拉图的"爱欲"观念十分相近。至于弗洛伊德所竭力捍卫的究竟是不是科学真理,那完全是另一回事。从这里我们看到的是弗洛伊德追求真理的那种执着精神:只要他认为是科学真理,他便不顾一切地去捍卫它,坚持它!

《性学三论》是由三篇相对独立的论文构成的,这三篇论文是:"性变态""幼儿性欲""青春期的改变"。本书讨论性变态的种种表现形式及其病理、心性发展过程、性动力及其在人类行为中的种种表现。阐明了性心理在人类心理活动中的重要影响及其活动规律,论证了性动力对潜意识形成的决定性作用。

性变态又叫性异常。包括性倒错和性错乱两类。性倒错是性对象方面的变异现象,主要指同性恋,此外,还有恋童症和恋兽症。性错乱是性目的方面的变异,表现形式有性虐待狂、性被虐待狂、暴露症、恋物症、窥视症等。照弗洛伊德的看法,性变态不是生殖器官及其附属器官的器质性病变引起的,而是性心理的某一特定因素的不协调、膨胀造成的。也即性心理的某一因素或多种因素逃脱意识的控制而宣泄的结果。性变态现象多数是由于正常的性欲望不能通过正常途径得到满足而发生的。弗洛伊德说:就许多例子而言,性本能或因暂时的受阻,或因永久的社会制度的障碍,而很难获得常态的满足,则倒错的状态便可引起。弗洛伊德通过对性变态现象的考察得出了这样的看法:性冲动是潜意识的诸本能冲动中最强烈、最难为意识控制的一种。

本书的另一个重要内容是性欲发展理论。为说明性欲的发展,弗洛伊德首先修改了传统的性欲概念。他在《自传》中说:"我希望大家将会很容易地理解我对于性欲概念的扩展……的实质。这一扩展具有二重性:第一,性与其最密切的联系物生殖器相脱离,而被看作一种更易理解的身体功能,追求快乐是其第一目的,其次才是为生殖目的服务;第二,性冲动被视为包括所有那些只是深情的、友好的冲动在内,可用'爱情'这一意义最模棱两可的词来表示这一用法。"

弗洛伊德认为,性欲不是像人们通常所认为的那样,是在生活史上被称为青春期的那个时候突然冒出来的,而是在婴儿时期就存在的,它的发展在人的一生中经历了三个主要时期:第一时期,从婴儿到 5 岁。这一时期又分为三个阶段:口唇阶段、肛门阶段、崇拜男性生殖器阶段(从 2 岁到 5 岁左右)。每个阶段各有不同的动欲区,儿童从这些动欲区的兴奋和活动中获得性快感。弗洛伊德认为,幼儿期性生活有两个特征:一是它是"自体享乐"的,它在自己身体上寻找对象;二是它的每一个部分冲动,通常各自为政,互不相干,但皆致力于快乐之求取。弗洛伊德把上述第三个阶段又叫作"俄狄浦斯情结期",因为在这一时期,儿童开始向外界寻求爱的对象,男孩找到的爱的对象就是自己的母亲,他把爱的感情集中在母亲身上,为独占母亲而排斥父亲,这种恋母斥父的感情就是"俄狄浦斯情结"。而女孩则对父亲深情地专注,想取代母亲的位置。这种爱父嫌母的感情叫"伊赖克辍情结"。弗洛伊德认为这种情结非常重要,它是"宗教和道德的最后根源",也是一个人心理失常的病因。只有这种情结得到解决或压抑之后,儿童的人格才能度过这一阶段而向下一阶段继续发展。

第二个时期是从约 5 岁到 12 岁。这一时期儿童的性欲进入潜伏期。潜伏期是儿童性生活发展受到外界影响和精神力量压抑的结果,并不是性生活发展的中断。

第三个时期是青春发动期,从 12 岁到 18 岁。这一时期,潜伏着的性冲动又复活,性生活又沿着早期发展的途径前进了。

弗洛伊德说:"青春期的开始带来了改变,幼儿的性生活改头换面,终于成为习见的常态样式。在此以前性冲动多半是'自体享乐'的,如今它开始寻找性的对象。从前每一个冲动都单独作战,快感区各自在其特定的性目的上寻求快感。一个崭新的性目的如今浮现,所有的部分冲动皆合作以求取之,而各快感区则臣服于生殖区的首要性之下。由于这个新的性目的在两性身上截然有别,他们的性发展也就唯有分道扬镳……性生活的正常性,必须借性对象与性目的这两道激流的汇合,才能得到。"

弗洛伊德认为,个体性发展如果能顺利地经过上述各阶段而进入青春期,有助于形成正常人格。如果发生"固置"或退化现象,使性生活滞留于某一阶段而不能正常进入青春期,就会出现性变态甚至精神病,产生出变态人格。

本书的第三个重要内容是性动力(原欲)理论,即关于里比多的理论。该理论是为说明性兴奋、性紧张、性冲动的起源和性质而提出来的。弗洛伊德不同意性紧张来自快感本身的意见,也不完全赞同一般人所持的性紧张产生于性物质积聚的见解。他比较赞同一种认为性兴奋拥有化学基础的理论,他说:"我们很可能相信,性腺的间隙组织会分泌特殊的化学物质,经血流的输送,造成中枢神经系统某一特定部分的变化,而带来性的紧张感。"但他同时表示,这种"化学理论"的某些内容是不能接受的。于是,弗洛伊德提出了"原欲理论"。

弗洛伊德说:"我们所提出的原欲概念,是一种多寡不定的力量,可以用来丈量性兴奋领域内诸过程及其转型……我们从其他的精神能之中区分出原欲能量来,意在表达这样的假设:机体的性过程是经由特殊的化学变化过程得之于营养历程的,性兴奋不仅来自所谓的性部位,而且来自全身各器官。"这里的原欲即 libido,又译里比多、性原欲、性动力,它是"性本能的能量"。它为性冲动、性兴奋、性紧张提供能量。当机体的性器官和全身的其他各器官中发生一种特殊的化学变化时,里比多增加,由此产生出性兴奋、性冲动。

弗洛伊德说:"我们为自己提供了一种原欲量子概念,我们称其精神表现为自我原欲。"人在儿童时期就有原欲或原欲量子,起初,儿童的性生活局限于自身,即自恋,原欲为自恋的原动力,因此叫"自我原欲"。后来,人的性生活转变为从自身以外寻找对象,原欲就成了"对象原欲"。弗洛伊德说:"只有当'精神能'用来投注于性对象上面,也即成为对象原欲时,精神分析的研究才能窥知这种自我原欲的情形。那时我们看到的是它的聚集、固置于对象上,或者它的离开那些对象而跨向别的对象,它就这样子地指引了个人的性活动;原欲也因而暂时地、部分地消失了……至于对象原欲的结局,我们也指出,它会再从对象撤回,一时飘浮于一种特殊的紧张状态,终于收回于自我之中,再度变成了自我原欲。"弗洛伊德把自我原欲比作一个"大储仓",说"投资用的能源从这里出发,又回到这里"。

总之,里比多(原欲)是性本能的能量,为一切性活动提供能量。它表现为精神能,是一切精神能的核心,是全部精神能的主要部分。它从幼儿时期就存在,伴随人的一生,支配着人的性活动及其他活动。

在《性学三论》中,弗洛伊德抱着追求"事实真相"的坚定信念,不顾世俗偏见,冒着被误解为"淫徒"的风险,淋漓痛快地讨论了有关性的一系列问题,创造性地提出了一些新见解,建立了自己的性学理论体系。当然,他的性学理论还不完善。后来他又写了一些专门论述性问题的文章,补充和发展这一理论。

至此为止,弗洛伊德已有了神经病学理论、梦的理论、性学理论,通过这些理论,他已确立了无意识存在,论述了精神生活的结构及其活动规律、无意识的核心内容,论述了潜意识对意识活动及其他活动(包括病态的和常态的)的关系,由此构成了精神分析学的理论体系。当然,精神分析学作为一种神经精神病的治疗方法和技术也已形成。总之,弗洛伊德精神分析学大厦已初步建立起来了。

走向世界

弗洛伊德在《自传》中说:自从同布洛伊尔分手之后,约10多年时间里,我一直没有追随者,完全是孤立的。在维也纳大家都回避我,国外也无人注意我。这说的是大约从1896年到1906年的情况。1906年以后的短短几年时间里,情况发生了根本的变化。弗洛伊德的学说开始走向世界,他的活动和声誉也开始走向世界。

其实转机早在1902年就出现了。那年秋天出现了世界上第一个精神分析学组织——"星期三心理学学会"。这个组织虽只有四五个成员,但一直在健康地发展着。每星期三,他们聚集在弗洛伊德的候诊室(兼客厅)里,围着一张椭圆形的桌子讨论精神分析问题。最初他们还将每次讨论的情况写成报告拿到《新维也纳日报》上去发表。1908年这个组织建立了自己的小图书馆。4月15日,该组织更名为"维也纳精神分析学协会"。弗洛伊德已不再孤独。令弗洛伊德欣慰的是,此时在国外也出现了他学说的追随者。瑞士苏黎世的荣格,原是布洛伊尔的助手,从1904年开始他就研究、应用弗洛伊德的学说,1907年2月27日从苏黎世赶来拜访了弗洛伊德。弗洛伊德深为感动,同时十分钦佩他的人格魅力。此后他们保持了6年的书信往来,在一段时间中曾表达了极亲密的感情,弗洛伊德曾一度设想把他当做"儿子和继承人"。接着,1907年12月荣格的助手和同事亚伯拉罕拜访了弗洛伊德,后来他也成了弗洛伊德的好朋友。布达佩斯人弗伦齐也于1908年2月远道来拜访弗洛伊德。他们建立了良好的友谊关系,至1933年他们之间写了1000多封信。这一时期,苏黎世的弗洛伊德追随者围绕着荣格形成了一个组织,取名为"弗洛伊德小组"。

在琼斯和荣格的提议和组织下,1908年4月26日在萨尔斯堡召开了"弗洛伊德心理学会议"。这次会议后来被认为是第一次国际精神分析学大会。参加者共有42人,其中有一半是专业精神分析工作者。他们分别来自奥、瑞、德、英、匈等国。会议只开了一天,会上宣读了9篇论文。弗洛伊德在会上宣读了题为《病症史》的论文。他从上午8点开始讲,一直讲到11点,与会者听得津津有味。弗洛伊德觉得已讲得太多,想就此结束,可是与会者一再要求他继续讲下去,他只好一直讲到下午1点。大会决定出版一份杂志,定名为《精神分析与精神病理研究年鉴》,由弗洛伊德和布洛伊尔指导,荣格任主编。该杂志一直出版到第一次世界大战爆发。

萨尔斯堡会议虽然规模不大,也不隆重,但对弗洛伊德学说的命运来说,却有十分重要的意义。这次会议之后,精神分析学开始在欧洲的广大范围之内受到重视,无可阻挡地传播开来。这真是令人欣喜的事!然而,还有一件更令弗洛伊德欣喜的事也接踵而至。1908年12月,弗洛伊德收到了美国克拉克大学校长斯坦利·霍尔的信,邀请他次年7月去参加克拉克大学庆祝建校20周年的讲学活动。弗洛伊德喜出望外,他想,这可是一次宣传自己学说的极好机会。况且,他早就对美国这个神秘的国家有浓厚的兴趣。这回可以亲眼看看纽约博物馆里陈列的塞浦路斯的古董了,还有那著名的尼亚加拉瀑布……然则,时间有点不巧,7月正是弗洛伊德医务的旺季,他还指望这时多赚点钱。他曾说:"美国应该让我发财,而不应让我破财!"幸好克拉克大学又来信告知校庆活动改在9月初,这下弗洛伊德称心如意了。

1909年8月21日,弗洛伊德与弗伦齐一起前往美国,荣格也受到了邀请,三人同行。在轮船上,弗洛伊德偶然发现一位船员手中拿着他的著作《日常生活的心理分析》,激动不已,他相信自己会闻名世界的。弗洛伊德在美国受到了热烈欢迎。弗洛伊德并没有准备好讲稿。荣格建议他讲梦的问题,而琼斯则建议他讲一些一般性的精神分析学问题。琼斯的理由是:美国人讲究实际,他们感兴趣的是精神分析学的基本原理及其实际应用。

弗洛伊德采纳了琼斯的意见。

弗洛伊德共讲了五次,首先,回顾了精神分析法的发明,讲了布洛伊尔对这发明的贡献;接着,讲自己对歇斯底里、梦、失误行为、幼儿性欲及歇斯底里病本质的研究,最后,讲了对本能压抑过分的害处,指出由于过分重视文化的健康而牺牲个人健康的弊端的严重性。

弗洛伊德的讲演,有人给予高度评价,也有人给予尖锐的批评甚至表示反感。据琼斯回忆,弗洛伊德讲完后,美国著名实用主义哲学家和心理学家威廉·詹姆斯曾揽过琼斯的肩膀说:"心理学的未来是属于你们的。"而多伦多大学的一位系主任则指着弗洛伊德的讲稿说:"在这里,任何一个普通读者都会概括出弗洛伊德在为纵欲辩护,而撤销一切限制,那就是倒退到野蛮状态去。"总的说,弗洛伊德的讲演还是成功的。校庆快结束时,克拉克大学校长授予弗洛伊德荣誉博士学衔。斯坦利·霍尔还与弗洛伊德师徒合影留念。弗洛伊德感动地说:"对于我们的努力,这是第一次正式承认。"

弗洛伊德访美期间结识了一些新朋友,其中有哈佛大学神经病学家詹姆斯·普特南。弗洛伊德在《自传》中谈到普特南时说:"他不顾年高,热心地支持精神分析,把他当时普遍受到人们尊敬的全部人格的力量,投入保护精神分析的文化价值及其目的的纯洁性之中。他是一个值得尊敬的人。"《自传》中更生动地谈到了他与詹姆斯的会见:"另一个给我留下永久印象的事件,是与哲学家威廉·詹姆斯的会见。我永远忘不了当我们一起散步时发生的一幕小插曲:他突然停下来,把他携带的一个小包交给我,让我前面先走,说他心绞痛又发作了,等这阵子发作一过去,他马上就会赶上来。一年以后,他死于那种病。我常常想,我如果面对死亡来临之际也能够像他那样毫无惧色,那该多好啊!"

弗洛伊德对这次讲学是满意的。最重要的是通过这次讲学他对自己学说的信心大大增强了。他在《自传》中说:"在欧洲,我感到大家好像都看不起我;但在那里(指在美国——引者)我发现那些最优秀的人物对我是平等相待的。当我走上乌斯特的讲台发表《精神分析五讲》时,我好像实现了一些难以置信的白日梦:精神分析不再是一种幻想的产物,它已成为现实的一个宝贵的部分。"

弗洛伊德的赴美讲学,对精神分析学在美国的传播和发展起了巨大推动作用。普特南编辑出版了弗洛伊德的克拉克大学讲演稿,书名是《精神分析五讲》,弗洛伊德其他著作的英译本也陆续在美国出版。布里尔、琼斯、普特南成了在美宣传弗洛伊德学说的最积极的中坚分子,他们分别在纽约、芝加哥、华盛顿、波士顿等大城市活动。由普林斯、霍尔分别主编的两本心理学杂志经常登载介绍精神分析学的文章。一般群众也对精神分析学产生了浓厚的兴趣。一些官方的精神病医生承认精神分析是医学训练的一个重要组成部分。总之,精神分析学在美国迅速流行起来。

1908 年弗洛伊德发表了五篇论文:《文明化的性道德与现代精神病》《诗人与幻想》《幼儿关于性的想法》《歇斯底里幻想及其两极性》和《性格与肛门爱》。1909 年的主要论文有:《歇斯底里发作概论》《一个五岁男孩恐惧症病例分析》和《一个强迫性精神病病例的备忘录》等。此外,他还将多年来的论文汇集成《短篇论文集》一书出版。

1910年3月30日至31日,在纽伦堡召开了第二次国际精神分析学大会。这次大会是两年前弗洛伊德赴美讲学时由他和荣格、弗伦齐在美国策划的。弗洛伊德在会上做了题为《精神分析治疗法的前景》的报告。弗洛伊德考虑,为了使各国精神分析学家紧密团结,更有效地推进精神分析学事业,需要建立一个共同组织。他委托弗伦齐去筹办此事。弗伦齐设想未来的共同组织的中心设在瑞士的苏黎世,荣格担任主席,他本人担任秘书。并提出这样的纲领:"精神分析的观点不能容忍民主平等;它必须有精华分子作中坚,遵循着柏拉图式的哲学家统治路线。"这样做旨在维护精神分析学观点的统一性。弗伦齐的这些想法得到弗洛伊德首肯。可是,当弗伦齐把这些设想在会上公布时,不少人表示反对。尤其是阿德勒和斯泰克尔(他们都是"维也纳星期三心理学学会"成员),更是激烈反对。他们不同意共同组织的主席和秘书都由两个瑞士人担任。认为"这是无视他们为心理分析学所做的长期而无私的工作"。但是弗洛伊德却认为,这样做就会"把精神分析学的事业建立在更宽广的基础上,要比摆在单由维也纳犹太人构成的基础上更稳当"。他从有利于精神分析学事业发展的根本目的着眼,极力说服阿德勒和斯泰克尔,要他们顾全大局。为平衡荣格和阿德勒的地位和权力,弗洛伊德主动让出维也纳分会主席的职位,让阿德勒担任。并决定新办一份杂志——《精神分析学中央学报》,让阿德勒和斯泰克尔分别担任正副主编。

根据弗伦齐的提议,经大会讨论,成立了"国际精神分析学协会",在各国设立分会。弗洛伊德安排荣格担任了协会第一任主席。

奥地利、瑞士、德国早已有自己的精神分析学会协会。纽伦堡大会以后,美国等一些国家也先后成立了精神分析学协会,并创办了自己的刊物。

与此同时,俄国、法国、意大利、澳大利亚等国出现了翻译、研究弗洛伊德著作的热潮。

1910年的纽伦堡大会,无论在弗洛伊德个人历史上还是精神分析学发展史上都是一个重要的里程碑。从此以后,弗洛伊德的学说迅速传播到世界各先进国家,弗洛伊德因而成了一位国际性知名科学家。从此,一个被称为"精神分析运动"的国际性学术活动在世界范围内迅速兴起。

1910年,弗洛伊德又发表了许多著作:《原始语言的对偶性意义》《恋爱生活对心理的寄托》《精神分析学论文集》《爱情心理学之一:男人选择对象的变态心理》《列奥纳多·达·芬奇对童年的回忆》等。

精神分析

弗洛伊德在《自传》中说:"在欧洲,1911年至1913年期间,精神分析中发生了两起分裂主义运动,领导者是以前在这门年轻的科学中起相当重要作用的阿德勒和荣格。这两起运动似乎威胁相当大,并且很快就得到大批人的响应。"

这两次分裂是在精神分析运动刚刚在世界范围内兴起的时候发生的,当时对弗洛伊德的震动是相当巨大的。当然,后来,10年以后,事情的发展表明这两起分裂并未给精神分析运动造成严重后果时,弗洛伊德再谈起这件事,就显得轻松而坦然了。

纽伦堡大会的成功召开,使精神分析运动在广阔的世界范围内蓬勃展开。可是,这次会议也最初暴露了精神分析运动中的矛盾。弗洛伊德安排荣格任国际精神分析学协会主席,激起阿德勒(还有斯泰克尔)的强烈不满,这明显地暴露了阿德勒等与弗洛伊德、与荣格等之间的裂隙。此外,弗洛伊德在会上所做的报告,自己认为其中包含"许多值得引起注意的问题",然而,事实上却反应平淡。弗洛伊德不知原因何在。是不是因为一些人不赞同弗洛伊德的某些观点? 总之,不论组织上还是理论观点上,纽伦堡大会已暴露了精神分析运动内部的矛盾。当然,这不是不久之后发生的两起分裂事件的全部原因。这两起分裂事件的原因是复杂的,是在较长的时期内形成的。

第一起分裂运动发生在1911年5月,首领是阿德勒。

阿德勒是较早加入维也纳精神分析学小组的成员之一。阿德勒和弗洛伊德在学术和政治观点上早就存在分歧,弗洛伊德对他的品质也早就颇有微词。但在纽伦堡大会之前一直未公开化。一次,阿德勒当着维也纳那个小团体的好些成员的面说,他不高兴把自己的一生埋没在弗洛伊德的阴影里。弗洛伊德以为师者的宽宏大量说年轻人公开承认自己有野心,并没有什么可责备的。因为不管怎么样,野心总是人工作的动机之一。但即使在这样的动机的主宰下,也应避免采取不正当的手段。然而,阿德勒却真有些"不正当"的做法:他与弗洛伊德争起关于神经官能症的"统一性概念"和"动力观念"等的发明权来。阿德勒说这是他的创见。这令弗洛伊德感到奇怪,他说这两个原理早在他认识阿德勒之前很久就已提出来了。另外,弗洛伊德一向对政治不感兴趣,尤其是早年更明显。阿德勒出身于知识分子家庭,关心政治,其妻子是俄国人,与流亡奥地利的俄国革命者,尤其是托洛茨基关系密切。他受妻子影响,更使他关心社会和政治问题,倾向于"社会主义",在维也纳小团体中就鼓吹"社会主义的"心理分析学。这使弗洛伊德对他反感,而更重要的分歧却在于学术观点方面。

弗洛伊德承认阿德勒的理论能力,却与其观点多有龃龉。1910年与1911年之际阿德勒发表两篇论文:《心理分析学的若干问题》和《男性的抗议是神经官能症的核心问题》。文中创造了"自卑情结""向上愿望""男性的抗议"等概念，表达了一个与尼采思想相似的"人的动机只是一个权力欲"的观念，反对弗洛伊德的理论。阿德勒在1911年2月的两次协会会议上发言，表明自己的观点并公开批评弗洛伊德的理论，说"俄狄浦斯情结"概念是"捏造"的，"压抑来自文明，文明也来自压抑"的说法，只不过是"玩弄词句"。弗洛伊德针锋相对地说，阿德勒的学说是错误的，对于精神分析学的发展是危险的。并要求大家对是否承认阿德勒的理论进行"决定"。结果，这次讨论会之后阿德勒辞去了维也纳精神分析学协会主席的职务。1911年5月，阿德勒彻底脱离该协会，带走了7个人，另立门户，他的团体名曰"自由精神分析学协会"。至于斯泰克尔，弗洛伊德认为他学风浮躁，对他编辑杂志的工作不放心。他也于1912年离开协会。

第二起分裂运动是指1914年荣格从精神分析学协会中分裂出去。荣格是瑞士人，1900年来到布尔格霍尔兹利精神病医院做著名医生布洛伊尔的助手。从1904年起开始全面研究和应用弗洛伊德的学说。自1906年4月起他开始与弗洛伊德通信，成为弗洛伊德学说的信徒。弗洛伊德赞赏荣格的人格魅力和理论能力，一度设想让他做自己事业的继承人。1909年9月，在美国，弗洛伊德和荣格应邀到普特南家做客，席间荣格引吭高歌，引来众人赞许的目光，弗洛伊德不禁心中暗喜："选对了，他正是我的约书亚！"

荣格和弗洛伊德的分歧开始时主要是学术观点方面的。1908年4月萨尔斯堡会议上，荣格和亚伯拉罕之间发生过一场争论。荣格依据布洛伊尔的学说，认为早发性痴呆症是一种器质性疾病，而亚伯拉罕则根据弗洛伊德的学说，认为这种病不是器质性的，而是由于情绪过程遭阻塞因而心理功能受损所致。当弗洛伊德知道荣格不赞同自己的观点时，并未计较。他相信荣格会改变观点的。弗洛伊德劝亚伯拉罕尽量与荣格和解，和睦相处。为的是使荣格留在自己的营垒中。他太看重荣格的作用了。他认为只要荣格走上精神分析学的舞台，这门科学就会不再被人们看作仅仅是犹太民族的科学了。1910年，纽伦堡大会上弗洛伊德力排众议，极力荐举荣格担任国际精神分析学协会主席。

可是，1912年，弗洛伊德发现他与荣格理论上的分歧是难以调和的，二人的关系开始冷淡下来。这一年，荣格发表了《论原欲的象征》，文中公开宣布与弗洛伊德的理论根本对立。荣格坚持认为原欲（里比多）这个概念只代表"一般的紧张状态"，而不只限于性方面的冲动。这年夏荣格在美国讲学的内容中也公开表示他在理论上与弗洛伊德对立。11月，弗洛伊德与荣格在慕尼黑会谈，两人理论上的分歧不仅没有得到解决，反而更趋扩大。

1913年10月，荣格写信给弗洛伊德，正式表示辞去《精神分析与精神病理研究年鉴》主编的职务，并直截了当地表示今后不可能再同他继续合作下去。1914年4月，荣格正式辞去国际精神分析学协会主席职务。不久又宣告退出精神分析学协会。同阿德勒一样，他也带走了一批人。尔后，荣格与其追随者另立门户。

萨尔斯堡会议之后的几年，弗洛伊德学说的影响才刚发动，他多么需要一些志同道合者同心勠力,共同推动精神分析学事业的发展啊!可是,就在此时,阿德勒和荣格离开了他。阿德勒和荣格,是弗洛伊德众多弟子中的两位高足,尤其是荣格,弗洛伊德在他身上寄托了自己事业的未来和希望,而今,他们毅然决然地离开了他,他们走得绝情。弗洛伊德受到了沉重的打击。他的心情糟透了。他失望、痛惜、心酸、无奈。他纵然懂得科学发展的道路不会一帆风顺,分分合合是常事的道理,此时他的心情仍难以平静和坦然。昔日对弟子的爱,此时,也许是由于心酸和委屈,变形了,竟变成了不满和"恨"。1914 年 2 月在荣格即将离去之际,弗洛伊德提笔疾书,一篇《精神分析运动史》很快写成了。在这里,他为自己的学说辩护,他揭露和批判"两股倒退的逆流"理论上的"谬误",手法上的"不正当",宣泄自己心中的怨气和不满……阿德勒、荣格批判弗洛伊德学说中的某些观点,弗洛伊德批判阿德勒和荣格的学说。究竟谁的学说更接近真理? 这个问题即使今天也没有公认的答案。

1913 年夏天,在阿德勒和荣格相继起来反叛弗洛伊德学说的时候,在弗洛伊德的弟子和追随者中也出现了一个捍卫弗洛伊德学说的运动。首先,由琼斯向弗洛伊德提出要成立一个"守护"弗洛伊德委员会,接着得到了兰克、查赫、亚伯拉罕等人的支持。这个委员会的主席就由琼斯担任。成员还有:艾丁根、布雷尔、斐斯特、冯·艾姆登、雷克等。至少在 10 年的时间中,它忠诚而卓有成效地履行着自己的使命——保卫弗洛伊德的荣誉与学说,反对对弗洛伊德本人及其学说的攻击。

在精神分析运动发生分裂的这段时期内,弗洛伊德完成了一部重要著作:《图腾与禁忌》。

1911 年 9 月国际精神分析学第 3 次大会在魏玛召开。弗洛伊德从魏玛开会回来后便着手写作此书。历经 20 个月,终于于 1913 年 5 月脱稿。他曾想,争取在国际精神分析学第 4 次大会在慕尼黑召开之前出版此书,为的是把书带到大会上作为同荣格派斗争的武器。

弗洛伊德对这本著作像对《梦的解析》那样看重。书接近完稿时他给弗伦齐的信中说:我的印象,它将是我最重要和最好的著作,甚至可能是我的最后一部佳作。书出前他曾这样预言这本书的"命运":"它必然会引起我和雅利安人的所有宗教狂徒之间的崩裂,这就是必然的后果。"这是他给亚伯拉罕的信中的话。他给弗伦齐的信中又说:"除了我最亲近的几个人,我想,其余人对待这部书,和对待《梦的解析》一样,将是风暴和狂怒。"

本书研究的是原始民族部落中的各种禁忌、图腾崇拜、原始宗教和原始文化。追溯这些现象的心理根源——原始人的心理活动规律。全书共分 4 章,分别论述:乱伦的禁忌;禁忌和矛盾感情;精灵说、巫术和思想万能;图腾崇拜现象在儿童时期的重视。

1914 年 7 月,第一次世界大战爆发。弗洛伊德厌恶这场战争。他在给自己的一个颇有才气的女弟子安·莎乐美的信中说:"人类将战胜这场战争。但我确实认识到我和我的同代人将再也不会看到一个快乐的世界。一切都是令人讨厌的。"的确,战争给弗洛伊德带来了诸多不幸。

战争爆发后不久，弗洛伊德的3个儿子就先后应召入伍，开赴战场。4年里，弗洛伊德每天都阅读4份报纸，关注战争的进展，牵挂着儿子们的生死安危。他的大儿子做了意大利人的俘虏，直到战争结束后又过了9个月才从意大利的医院里归来。

由于战争，国外的病人不能来弗洛伊德的诊所就诊，国内来就诊的病人也大大减少，他的诊所又冷清起来，他失去了大部分经济来源，家庭生活又陷入了困难。战争引发的通货膨胀，使他原有的价值15万克朗的存款几乎化为乌有。60多岁的人了，仍然一文不名。为了生存，他不得不再到维也纳大学讲课挣钱，不得不勤奋写作，赚取稿费，不得不借债。

1916年，由于战争，粮食严重缺乏，弗洛伊德的家人面临着缺粮的威胁。这年5月正是他60岁生日，没有足够的吃的东西，他患了重感冒，身体衰弱，儿子们都在前线，他的生日过得好凄惨！1918年冬天，天气严寒，买不到煤，没有炉火的房子里气温在零下十几度，弗洛伊德不得不穿着大衣戴着皮手套写作、阅读。弗洛伊德烟瘾很大，每天得抽20支大雪茄，可是战时常常买不到烟，无烟可抽，使他心情烦躁，难以忍受。

战争也给弗洛伊德的事业——精神分析运动的发展带来了许多不利因素。1914年冬，弗洛伊德在给琼斯的信中说：荣格和阿德勒摧毁不尽的我们的运动，已毁于国与国之间的冲突。我们的组织，名为国际，实则已无保持国际接触的可能。我们那些刊物，似在苟延，也许，我们还能使《年鉴》维持生命。凡是我们所耕耘和细心浇灌的，现在不得不任其荒芜。

两大阵营交战以来，国与国之间的边界封锁，交通通讯中断。这使精神分析运动的成员们无法联络。更有甚者，原来的一些同志，现在成了"敌人"。不同国家精神分析成员无法相互沟通，共同工作。《年鉴》本是荣格主编的刊物，他业已辞职，由于战争，只能任其荒芜着。《国际精神分析学评论》的两个主编分属英国和匈牙利，无法合作编辑。弗伦齐、艾丁根、兰克、查赫等已在军中服役，亚伯拉罕蛰居柏林，他们已难以和弗洛伊德取得联系。弗洛伊德实际上成了孤家寡人，对于国际精神分析运动的事务实在难以有所作为。

当然，弗洛伊德没有放弃为推动精神分析事业的发展而努力。此时，他所能做的就是在极其恶劣的条件下从事精神分析学理论的研究和宣传——写作、讲课。

弗洛伊德早就拟定了一个写作计划：写一组总题为《超心理学》的论文，共12篇，从1915年到1919年初完成。1915年春末夏初的6周内他写出了其中的5篇：《本能及其变化》《压抑》《无意识》《对梦的理论的超心理学的补充》和《悲痛与抑郁》。8月他给琼斯的信中说，他计划要写的12篇论文已全部完成了。但后来发表的只有上述5篇。

1916年弗洛伊德又到维也纳大学讲课。所讲的内容于1917年整理出版，即《精神分析学引论》。这是一本全面概括他的学说(到那时为止)的书，浅显易懂，对战后精神分析学的广泛传播起了巨大作用。

第一次世界大战结束前夕，1918 年 9 月 28 日，中断了 3 年多的国际精神分析学第 5 次大会在匈牙利首都布达佩斯召开。中欧同盟国派官方代表参加了会议。弗洛伊德在大会上宣讲的论文题目是《精神分析治疗法的前进方向》。

战争结束后，西欧各国政府、学者和普通人对精神分析学的兴趣大大增加。国际精神分析学协会在各国的分会都有了进一步的发展。

理论建设

战争，使精神分析运动遭受了挫折。但是，战争没有摧毁精神分析运动的组织，当然，它更不能毁灭精神分析学的理论。

战争结束了，社会生活又恢复了平静。精神分析运动的发展又走上了正轨。

弗洛伊德是精神分析运动的缔造者，也一直是它的实际领导者，它的灵魂。他不仅担负着指导这个运动实际活动的重任，而且更重要的是，他担负着从思想上领导这个运动的任务。运动的发展，不仅体现在更多的人参加到这个运动中来，不仅体现在这个运动的组织更加健全，更重要的是其思想要不断从一个高度提升到一个新高度，其理论不断产生出一些新的内容。弗洛伊德清楚地知道这一点。他必须不断进行理论探索、理论创造。

20 世纪 20 年代，弗洛伊德已经是六七十岁的人了，他的身体在衰老，可是，他的头脑依然清晰异常，创造力十分旺盛。他依然一如既往地保持着一位科学家所特有的那种严谨、勤奋精神。弗洛伊德争分夺秒地工作着。

这一时期，弗洛伊德理论活动的目标是，对业已建立起来的精神分析理论进行修订、补充，使之臻于完善。同时，用精神分析学理论的一些概念、原理说明文学艺术、宗教神话以及其他社会现象，使精神分析学有更深厚的基础和更广阔的应用范围。实际上是把精神分析学由一种心理学学说转变为一种哲学学说。

弗洛伊德认为，首先需要建立的是本能理论。他在《自传》中说："在心理学中，最紧迫的需要莫过于建立一种稳固的本能理论，然后才可能据此进一步向前发展。但是这种理论现在一无所存，精神分析只好被迫为建成这么一种理论做些尝试性努力。"为什么此时首先要建立本能理论？弗洛伊德早就建立了潜意识学说，但至今未解决"潜意识何以能发生作用"这一问题，这个问题实际上涉及潜意识的来源、性质及其发生作用的过程等一系列重大问题。只有解决了"潜意识何以能发生作用"这一根本问题，才会有完善的潜意识理论。而这一问题的解决有赖于本能问题的解决。

本能问题，弗洛伊德早在 1915 年写的《超心理学》论文中就进行过论述。不过，这时他已不满意那时关于本能的一些论点了，所以现在重新研究本能问题。

这一时期,弗洛伊德论述本能问题的著作主要有:《超越快乐原则》(1920年)、《集体心理学和自我的分析》(1921年)、《自我与本我》(1923年)、《文明及其不满》(1930年)等。

1915年弗洛伊德认为有两种不同的原始本能,即自我本能(自我保存的本能)和性的本能。这时他改变了这一看法,把形形色色的本能概括为两大类,一种是死的本能或自我本能,另一种是生的本能或性的本能。前者是"引导有生命的物体走向死亡的本能",这种"本能是有机体生命中固有的一种恢复事物早先状态的冲动。而这些状态是生物体在外界干扰力的逼迫下早已不得不抛弃的东西"。生的本能则"始终致力于使生命获得更新"。它包括"不受约束的性本能本身""发源于性本能的带升华性质的冲动"以及"自我保存本能"。生命呈现给我们的这幅图景是由于生的本能和死的本能共同存在而又相互对立的活动的结果。

这一时期弗洛伊德还提出了"三部人格结构"理论。这是对他以前提出的心理结构理论的重要补充。

心理结构理论(即意识与无意识理论)是精神分析学的基本内容。弗洛伊德在早期的一系列主要著作中都从不同侧面论述了这一主题。现在他又做了简明的表述:心理过程或精神系统由三部分构成:最表层的是意识,这是被知觉着的精神要素(如观念),它下面存在着一个非常之强有力的心理过程或观念,这就是无意识。就其潜伏在意识下面而言,可以叫它潜意识。无意识又可区分为两种:"一种是潜伏的,但能够变成意识;另一种被压抑的,在实质上干脆说,是不能变成意识的。"前者可以叫作"前意识",后者只能保留无意识的名称。前者与其说接近于无意识,不如说更接近于意识。无意识之所以不能变成意识,是因为有一种来自意识的力量的压抑。无意识是以性冲动为主要内容的种种本能的欲望和冲动。

弗洛伊德认为对心理过程所做的这种分析还有不足之处,所以他又提出另一种人格结构学说。这一学说认为,精神人格由自我、本我和超我三部分构成。自我是人格(心理)的表层,本我是人格的深层和主体,其内容是本能的欲望、冲动,性欲是其主要部分。本我是"里比多的大量储存器"。自我附着于本我之上,与本我的界限并不分明,其低级的部分并入本我。自我包含着知觉意识,本我则是未知的和无意识的。本我具有很强的心理能量、经常处于紧张状态,它总是在追求释放能量,减少紧张,获得快乐。它不管现实条件,也不考虑法律道德的要求,为所欲为。自我代表着理性和常识,有着对外部世界的清醒认识,以现实原则严格管束、控制着本我。自我不是要扼杀本我,而是为本我的活动寻找有利的时机,以保证其欲望的满足。人格系统的第三个部分是超我。超我是从自我中分化出来的一个高级的部分,是道德化了的自我。它是儿童时期父母对儿童进行教育时所代表的道德的要求和标准在自我中留下的积淀物。超我代表着道德的要求,以良心和理想的形式监督、指导着自我。自我同时为本我、现实和超我这三个"主人"服务,尽心竭力地调和这三者相互冲突的要求，使之达成妥协。

这一时期。弗洛伊德理论建设的另一个重要内容是，拓展精神分析学理论的适用范围。首先，他用精神分析学的一般原理和方法研究宗教现象，由此建立了精神分析学的宗教理论。

早在 1912 年他就发表了研究宗教问题的重要著作《图腾与禁忌》，提出了他关于宗教的一些重要思想。这时，他在已取得的成果的基础上，把研究工作又向前推进了一步。1927 年他发表了《拜物教》和《一个幻觉的未来》两篇论文，1930 年又发表了重要论文《文明及其不满》。

在宗教研究中，弗洛伊德首先提出了这样一个惊世骇俗的观点：强迫性神经症是歪曲的个人宗教，宗教是一种普遍的强迫神经症。这一说法无疑是对宗教的莫大亵渎，此论一发，立即引起宗教徒们的强烈愤慨和反对。可是弗洛伊德并不在意，继续研究宗教，继续发挥他的奇思妙想。

他对图腾制度有浓厚兴趣。通过对原始部落的图腾制度中禁忌的研究，他得出一个看法：图腾制度的两个禁律——不杀图腾、不与本图腾氏族内的任何妇女性交，与俄狄浦斯情结的两个要素——除掉父亲、娶母为妻——之间有明显的一致性。于是，他把图腾动物设想为部落成员的一个"父亲"（祖先）。他又研究了图腾餐，通过对图腾餐由来的推想，认定图腾餐与俄狄浦斯情结有关。弗洛伊德同意某些学者提出的基督教由原始的图腾宗教演变而来的观点。于是，他断定俄狄浦斯情结是基督教的心理基础。换言之，基督教归根到底起源于俄狄浦斯情结。这样，弗洛伊德就把精神分析学推广到了宗教领域。

与此同时，他还把精神分析学推广到文学艺术领域。弗洛伊德一向对文学艺术有浓厚兴趣。青年时代他就喜欢读歌德、莎士比亚的作品。20 世纪 20 年代他结合着精神分析学的研究读了大量文学作品，结识了许多著名的文学艺术家，与他们建立了深厚的友谊，与他们通信、交谈，探讨文学艺术问题。

弗洛伊德以精神分析学的观点对文学艺术的研究并非仅仅在 20 世纪 20 年代。1900 年发表的巨著《梦的解析》中就有不少地方谈到文学艺术问题，特别是第 5 章的第 4 节中论述《俄狄浦斯王》与《哈姆雷特》的部分，是论述文学艺术问题的名篇。20 世纪的头 20 年中讨论文学艺术问题的作品还有：《作家与白日梦》（1908 年）、《列奥纳多·达·芬奇对童年的回忆》（1910 年）、《米开朗琪罗的摩西》（1914 年）等。20 世纪 20 年代他发表的最重要的论述文学艺术问题的文章是《陀思妥耶夫斯基及弑父者》（1928 年），1930 年发表的《文明及其不满》中也涉及文学艺术问题。在这些著作中弗洛伊德广泛论述了文学艺术各方面的问题，如文学艺术的本质、起源、目的、文学艺术家、文学艺术的创作及文学艺术的功能等。由此形成了一个较完整的文学艺术理论体系。

这个理论的重点是：在文学艺术本质问题上持"游戏说"："一篇创造性作品像一切白日梦一样，是童年时代曾做过的游戏的继续和代替物"；文学艺术"起源于俄狄浦斯情结"。俄狄浦斯情结决定着作家艺术家的创作冲动、作品素材的选择、艺术形象的处理；艺术创作的目的不是纯粹为了艺术，而是"在于发泄那些在今日大部分已被压抑了的冲动"。作家艺术家是"被过分嚣张的本能欲望所驱遣着前进的人"。他从现实中脱离出来是因为他无法在现实中满足与生俱来的本能欲望的要求。于是他在幻想的生活中让他的情欲和雄心勃勃的愿望充分表现出来。但是，他找到了一种从幻想的世界中返回到现实的方式；借助于他的特殊的天赋，他把他的幻想塑造成一种新的现实；人们把它们作为对实现生活的有价值的反映而给予公正的评价。文学艺术作品是作家艺术家的白日梦。"他们创造的艺术作品，就像梦一样，是无意识愿望的想象满足。"艺术作品的创造活动与梦的形成过程相似。艺术作品的形成有类似梦的工作的那些程序：凝缩、转移、意象、二级加工。艺术的功能是很有限的。艺术不过是作为一种轻微的麻醉剂而作用于我们，它不会提供比一个使我们从生活的艰辛中逃脱出来的暂时的避难所更多的东西。它的影响不会强烈到使我们忘记真正的不幸。

拓展精神分析学理论适用范围的工作，弗洛伊德所做的主要在于宗教和文学艺术两个领域。至于在其他领域，弗洛伊德不过仅仅是开了一个头。弗洛伊德在《自传》中说：精神分析学"在德国和法国一出现，就被广泛地应用到文学和美学的各个部门，被应用到宗教史、史前史、神话学、民俗学以及教育界等中也随之开始……精神分析这些应用的大多数开端都可在我的著作中发现……后来，其他人（不仅有医生，还有各个领域的专家）步我后尘，深入到各个不同的主题之中。"

弗洛伊德独树一帜的文学艺术思想，引起文学艺术界的广泛关注、浓厚兴趣。从 20 世纪 20 年代开始，弗洛伊德的名声已远远超出了医学界和心理学界，在文学艺术界，他的声誉绝不亚于任何一位新崛起的作家或艺术家。他赢得了文学艺术界人士的景仰。不少著名文学艺术家与他建立了联系、友谊，或慕名造访。1915 年著名象征主义诗人李尔克拜访了弗洛伊德。1923 年法国著名作家罗曼·罗兰致信弗洛伊德，说他 20 多年来一直在读他（弗洛伊德）的作品。1924 年 5 月罗曼·罗兰与德国作家史迪凡·茨威格一起拜访了弗洛伊德。1925 年法国著名作家列诺曼拜访弗洛伊德。

弗洛伊德虽然没有创作过文学艺术作品，但他对文学艺术作品的研究深入细致，写的评论文章视角新颖，见解独特，思想深邃，得到文学艺术界的高度评价。弗洛伊德的文学艺术思想对文学艺术界的影响是巨大的。不少作家、艺术家从他的思想中吸取营养，用以指导自己的文学艺术创作。弗洛伊德对文学艺术的贡献是巨大的。1930 年 7 月，弗洛伊德在发表新作《文明及其不满》之际，获得了德国歌德协会颁发的文学奖金。

20 世纪的 30 年代，是西方现代主义文学艺术迅猛发展的时期。形形色色的文学、艺术新流派纷然涌现，有代表性的有达达主义和超现实主义文学、抽象派绘画、意识流文学、超现实主义电影、表现主义文学，以托马斯·曼为代表的现实主义文学等。所有这些流派都或多或少地受到弗洛伊德思想的影响。在西方文学艺术中，现代主义的崛起"终结"了传统的古典主义,这是历史发展的必然,也是历史的进步。当然,西方现代主义文学艺术中有不少荒谬的、腐朽的东西。这中间,弗洛伊德的功过该如何评价?这是需要认真研究的。但不管怎样,毫无疑问的是现代西方文学艺术深深打上了弗洛伊德思想的印记。

晚年生活

1921 年,弗洛伊德已经是 65 岁的老人了。此后的 18 年中,他一边顽强地同病魔搏斗,一边继续努力为精神分析事业而工作。

二三十年代是精神分析运动蓬勃发展的时期。弗洛伊德清楚地知道,尽管年老体衰,还必须为精神分析事业做许多工作:进一步发展精神分析理论并把它应用到更广阔的领域;结合科学的新成果改革精神病治疗方法;国际精神分析学协会领导机构的建设;争取国际精神分析学协会在更多的国家和地区获得发展。

1923 年,他患了口腔癌,手术后经常出血,疼痛难忍。祸不单行,同年他又失去了心爱的小外孙。这给予他的精神以沉重的打击。他以非凡的毅力默默忍受着肉体和心灵的巨大伤痛,顽强地工作、写作……

此时,国际精神分析运动又出现了新的分裂,与弗洛伊德合作多年的兰克和弗伦齐又因与弗洛伊德"正统"观点不一致,先后离去。

1925 年国际精神分析学大会在洪堡召开。弗洛伊德的女儿代父亲宣读了论文《论两性解剖学上的差异所产生的心理后果》。1925 年弗洛伊德发表了《自传》。

1926 年弗洛伊德的口腔癌恶化,并患了心绞痛。是年 5 月 6 日,是他的 70 岁生日,来了很多祝贺的人。维也纳和德国的许多报刊都登专文庆祝弗洛伊德的成就。然而,维也纳的官方学术和研究机关——维也纳大学、奥地利科学院和奥地利医学会却因排犹主义作祟而保持沉默。这天,弗洛伊德的几个学生捐给他 4200 马克的基金,弗洛伊德把其4/5 献给国际精神分析学出版社(该出版社是几年前由弗洛伊德治愈的一个病人——布达佩斯啤酒业巨子安东·弗伦德出巨资建立的),1/5 献给维也纳精神分析诊疗所。在谢辞中,弗洛伊德表达了从国际精神分析运动引退的愿望。

这年圣诞节,弗洛伊德与夫人访问柏林,造访了著名物理学家爱因斯坦。这是两位巨人之间的第一次会面。他们愉快地交谈了两个小时。

1930 年,弗洛伊德病情再度恶化,又做了一次手术。从他的手臂上割下一块皮移植到下颚部。并且术后不久他又得了肺炎。1931 年,英国伦敦大学赫胥黎讲座邀请弗洛伊德去讲学。这是给予弗洛伊德的一种崇高荣誉。然而由于健康原因,只得谢绝。

1933 年,希特勒在德国上台,开始疯狂迫害犹太人。许多精神分析学家纷纷逃离德国和奥地利。琼斯、玛丽·波拿巴特和弗伦齐纷纷劝弗洛伊德离开维也纳,他一概拒绝。

他表现得很镇静,同时表现出对法西斯的极度轻蔑。他在给玛丽·波拿巴特的信中说:"如果他们把我杀了,那也好。这不过和平凡的死去一样,没有什么了不起。"5月份柏林正式宣布弗洛伊德的书是禁书,并烧毁了所有的弗洛伊德的著作。弗洛伊德得到消息后无比愤怒,轻蔑地说:"看!时代的进步有多大!如果是在中世纪,那他们就得烧了我。现在,他们毕竟只烧掉我的书就满意了。"1933年6月,纳粹分子完全管制了法国精神分析学协会,原协会主席克列兹美被迫辞职,荣格取代了他的职位。荣格的行为遭到许多正直的科学工作者的谴责。也是这一年的3月,德国法西斯当局的"盖世太保"秘密警察宣布冻结国际精神分析学出版社的全部财产。

1934年,正值法西斯疯狂摧残弗洛伊德学说之际,国际精神分析学第13次大会在瑞士的卢塞恩召开,显然,弗洛伊德已无法参加这次会议。但他在关注着这次会议。

1933年6月以来,弗洛伊德开始构思、写作《摩西与一神教》一书。1934年9月已写成本书的三部分。9月20日弗洛伊德在给阿诺尔德·茨威格的信中谈到写这本书的缘由:"面临新的迫害,人们又开始问:这犹太民族是怎样形成的?为什么它会招上这样永世不解的仇恨?我很快就发现,正因为有摩西这个人,正因为是他创造了这个民族。于是我决定写名为'摩西其人的历史小说'。"书中表达了这样的观点:"宗教的威力不是由于真实的真理,而是由于历史的原因。"由于书中抨击了宗教,发表后肯定会引起天主教的不满,当时天主教已受到纳粹势力的大力支持,这势必招致纳粹的报复。自己遭殃事小,还会累及同事。"殃及会员人人失业,这个责任可负不起。"所以书写出后迟迟未拿出来发表。1938年6月,弗洛伊德到伦敦后,外部环境发生了改变,他才决定发表。本书1938年8月在阿姆斯特丹出版,并于1939年3月出版了英文版。

1936年5月6日是弗洛伊德80岁寿辰。他收到了从世界各地寄来的贺信和发来的电报。著名作家托马斯·曼、罗曼·罗兰、史迪凡·茨威格等都发来了热情洋溢的贺信。1936年4月21日爱因斯坦从美国普林斯顿寄来贺信。信中说:"我感到高兴的是,我们这一代有机会给你这位伟大的导师表示敬意和祝贺……迄今为止,我只能崇奉你的素有教养的思想的思辨力量,以及这一思想给这个时代的世界观所带来的巨大影响。"

1938年3月11日德国法西斯入侵奥地利。琼斯和玛丽·波拿巴特得知消息后立即赶到维也纳,劝弗洛伊德迅速离开维也纳。虽经琼斯一再恳求,弗洛伊德仍坚持留在维也纳。最后琼斯说:"在这个世界上,你并不是孤立的。你的生命对许多人来说是很珍贵的。"这句话感动了弗洛伊德。个人生死安危事小,精神分析运动的利益事大。弗洛伊德又一次从精神分析事业的大局着眼考虑问题,不顾自己年迈体衰,答应离开维也纳。

德国法西斯很快就没收了国际精神分析学协会出版社,解散了协会,冲锋队员抄了弗洛伊德的家。

琼斯等马不停蹄,多方奔走,费尽周折,终于为弗洛伊德办好了离境手续,安排妥了去处。其间利用了美国总统罗斯福和墨索里尼的关系。他们的干预对这件事情的办成起了积极作用。

1938 年 6 月 4 日,弗洛伊德同夫人、女儿安娜及两个女佣人离开居住了 79 年的维也纳,前往英国伦敦。伦敦是弗洛伊德久已向往的地方,然而,此时来伦敦定居,却是"别有一番滋味在心头"。

伦敦的报纸热情报道了弗洛伊德到达的消息。弗洛伊德在英国的朋友,还有一些陌生的崇拜者纷纷前来拜访、礼贺。有的人还带来了弗洛伊德喜欢的古董。英国的精神分析专家、著名科学家、犹太人协会的代表也接踵而至,慰问弗洛伊德。

弗洛伊德刚到伦敦不久,美国克利夫兰市还以"全体市民"的名义打来电报,邀请他去那里安家。

6 月 23 日,英国国王亲自来拜访弗洛伊德,秘书拿出一本英国皇家学会自 1660 年创立以来代代相传的珍贵纪念册,请弗洛伊德签名。弗洛伊德按捺不住激动的心情,用颤抖的手在上面写下了自己的名字。他知道,这本纪念册上有最伟大的科学家牛顿和达尔文的签字。

7 月 19 日,史迪凡·茨威格陪同西班牙画家萨尔瓦多·达利访问了弗洛伊德。达利是著名超现实主义派画家,是弗洛伊德的崇拜者,喜欢读《梦的解析》。他当场给弗洛伊德画了一幅素描画,画中尽显超现实主义风格。弗洛伊德深深叹服其艺术魅力。

1938 年秋天,弗洛伊德家里又来了三位著名学者:作家威尔斯、人类学家马林诺夫斯基、生物化学家魏斯曼。

8 月 1 日,国际精神分析学协会第 15 次大会在巴黎召开。会上有个问题没有得到解决。会后部分会员来到弗洛伊德家中,听取他对这一问题的看法。他们接受了弗洛伊德的观点,争论双方的意见终于达成一致。

1938 年《摩西与一神教》出版后,弗洛伊德又开始写另一部著作:《精神分析学纲要》。可惜这本书没有写完。

1939 年 8 月弗洛伊德病情迅速恶化。他已难以进食。9 月,他的下颚已全部烂掉。9 月 21 日,弗洛伊德已奄奄一息。他对医生舒尔说:"亲爱的舒尔……你答应过我,如果我不能坚持活下去的话,你将尽力帮忙。现在我万分痛苦,这样继续下去是毫无意义的。"舒尔理解他的心情。9 月 22 日,他给弗洛伊德注射了吗啡。次日午夜,弗洛伊德的心脏停止了跳动。

弗洛伊德走了。他给世界留下了一笔不菲的财产:伦敦版《弗洛伊德全集》共 18 卷。(詹姆斯·斯特拉奇等主编的《弗洛伊德全集》是 24 卷。)弗洛伊德还以实际行动告诉人们,作为一位科学家应当具有怎样的品格,应当怎样工作。他生前曾戏言:我从这个世界得到的很少,给予这个世界的很多。这不是戏言,而是事实。

精神分析学的创立者、精神分析运动的缔造者走了。他的学说还在传播,他的事业还在发展。

欧洲宗教改革的倡导者

——马丁·路德

人物档案

简　历:16世纪欧洲宗教改革运动发起人、基督教新教的创立者、宗教改革家。曾在埃尔福特大学学习法律,1505年入奥古斯丁会学习神学,1507年任神父。1512年获神学博士学位后在维滕堡大学任神学教授。1517年撰写《九十五条论纲》,反对罗马教廷出售赎罪券,揭开了宗教改革的序幕。他在神学上强调因信称义,宣称人们能直接读《圣经》获得神启。提倡用民族语言举行宗教仪式,将《圣经》翻译成德文,以《圣经》的权威对抗教皇权威。

生卒年月:1483年11月10日~1546年2月18日。

安葬之地:不详。

性格特征:虔诚、果断、坚毅、无畏、勇敢。

历史功过:发动的德国宗教改革席卷西欧并取得成功,建立了民族教会——路德教,为资产阶级反封建斗争的最终胜利有直接和间接的影响。

名家评点:马克思评价说:“马丁·路德战胜了虔信造成的奴役制,是因为他用信念造成的奴役制代替了它。他破除了对权威的信仰,是因为他恢复了信仰的权威。他把僧侣变成了世俗人,是因为他把世俗人变成了僧侣。他把人从外在的宗教中解放出来,是因为他把宗教变成了人的内在世界。他把肉体从锁链中解放出来,但又给人的心灵套上了锁链。”

宗教熏陶

马丁·路德 1483 年 11 月 10 日生于德国艾斯勒本,半年后全家搬到曼斯菲尔德。父亲汉斯·路德开始当矿工,以后成为小矿主、镇会议员。家庭宗教气氛浓厚。路德 7 岁进入当地一家拉丁文学校,以后在马格德堡、埃森纳赫读书。1501 年进入埃尔富特大学,1505 年拿到硕士学位后继续在校攻读法律。

一次遭遇改变了路德的一生,那是 1505 年 7 月的一天,他在埃尔富特附近的斯托滕海姆旅行,遇到一场暴风雨,雷电交加,路德恐怖地大叫:"救救我,圣安娜!我将去做一个修道士。"这时天空中出现希伯来女神圣安娜(圣母玛利亚之母),而不是法律保护神。路德平安回家后,不顾父亲的忧伤和同学们的劝阻,毅然决然地进入一家埃尔富特的奥古斯丁修道院,潜心修习神学。1512 年路德获神学博士学位,被聘为维登堡(一译维滕贝格)大学圣经学教授。在教学过程中,他反复研读《罗马书》,认为人的灵魂得救仅靠个人的虔诚信仰,而不在于遵行教会规条。这就是以后形成路德教义核心的"因信称义"神学理论。

1517 年教皇利奥十世借口修缮罗马圣彼得大教堂,派人到处兜售赎罪券,搜刮民财。其中一个叫特策尔的修士,特别卖力,他周游德国,在兜售中大叫:"只要购买赎罪券的钱一敲响钱柜,罪人的灵魂马上就可以从炼狱升入天堂。"他甚至要人们就是只剩一件衣服也应脱下来卖了买赎罪券。这种巧取豪夺、无耻欺骗的伎俩遭到各阶层群众的广泛谴责。1517 年 10 月 31 日,马丁·路德在维登堡教堂正门贴出用拉丁文写的《九十五条论纲》,反对兜售赎罪券,并要求在维登堡大学就他所提出的问题进行辩论。马丁·路德的行动揭开了席卷西欧的宗教改革的帷幕。

《九十五条论纲》一贴出,有如火星落入火药桶,引起极大反响。论纲被译成德文,争相传抄,两个星期内传遍全国。一个当时的人说:"它四个星期内飞传整个基督教世界,好像天使在传送它们。"马丁·路德得到广泛的支持,萨克森选侯腓特烈也庇护着他。1518 年 8 月,教皇命令路德到罗马受审,等待他的将是监禁或死刑。萨克森选侯利用自己的影响,使审判改在奥格斯堡。10 月,审判由红衣主教、教皇特使卡杰旦主持。法庭上,路德引经据典,慷慨陈词,驳得卡杰旦无言以对。他在事后对同伴说:"红衣主教像驴子弹竖琴。"当时有谣传说红衣主教将下令逮捕路德,朋友们劝他赶快离开奥格斯堡。路德给教皇和红衣主教各写了一封信后,乘着夜色在朋友的帮助下逃回维登堡。卡杰旦要求萨克森选侯送路德到罗马或将他驱逐出萨克森。1519 年,教皇派特使米尔蒂茨请求萨克森选侯支持,特使同意选侯在赎罪券收益中可获利更多作为条件。特使同时与路德周旋,企图把路德骗离萨克森以惩治他。路德一面表示对教皇屈从,但坚持自己是在拯救腐败的教会;一面拒绝离开维登堡。7月,路德与神学教授约翰·艾克在莱比锡就教皇权问题进行辩论。艾克是一位辩论老手。他将教会已定罪的案例如威克里夫、胡斯(两人为宗教改革的先驱)等案重新提出,把路德引入"异端罪"。路德毫不妥协,公开抨击教皇神权,肯定圣经权威,并为胡斯辩护。

1520年,马丁·路德先后发表3篇文章:《致基督教贵族公开信》《教会的巴比伦之囚》和《论基督徒的自由》,阐述了自己的神学观点及与此相适应的组织原则和礼仪规定,为路德宗的建立奠定了基础。12月10日,许多学生和教师聚集在维登堡城外,高唱赞美上帝的歌,路德当众烧毁了教皇限他60天内低头认罪,否则开除教籍的通谕以及各种支持教皇权的著作和教会法令集。1521年,教廷正式开除路德教籍。1521年初,皇帝查理五世在沃姆斯主持帝国会议,召路德到会。会上,各地诸侯纷纷发泄对教廷的不满,提出上百条意见。路德有恃无恐,拒不认错,还在会上宣传自己的宗教主张。查理五世面对如此形势,只好让路德先逃离沃姆斯,然后再下逮捕令。萨克森选侯则暗中派人"绑架"路德到瓦特堡,大家心照不宣。路德在瓦特堡避居期间,把圣经译成德文,这对宗教改革、新教传播和德意志语言统一都有重大贡献。

从1521年开始,群众性宗教改革运动风起云涌。在托马斯·闵采尔领导下发展为伟大的德国农民战争。1522年路德回到维登堡,连续8次讲道,反对暴力,阐述了不愿靠暴力和流血来维持新教福音的观点,呼吁和平,甚至要诸侯无情地镇压农民起义。农民起义很快地被诸侯残酷地镇压在血泊之中,正当其领袖闵采尔等人头颅被示众之时,路德正新婚宴尔,以力行自己的教义。1525年6月,他与一位修女博拉结婚,夫妻俩感情弥笃,共生有6个子女。

1529年,帝国会议在斯拜尔召开,会上天主教诸侯要求:天主教在新教地区享有全权,而新教在天主教地区将不受宽容;禁止教会财产进一步世俗化等。6个路德派诸侯和南德14个帝国城市提出抗议,以后路德宗和新教被称为"抗议派"。1530年,皇帝查理五世在奥格斯堡召开帝国会议,谋求天主教和路德派新教和解。会上,路德派提出信仰声明,天主教诸侯反对,路德的好友梅兰希顿答辩。皇帝支持天主教会,路德派以拉丁文、德文公布此声明,这就是梅兰希顿起草的《奥格斯堡信纲》《路德仍受通缉,未能到会》。

1531年2月,7个新教诸侯和11个帝国城市组成施马尔卡登同盟,与皇帝及天主教诸侯作战。1537年新教诸侯与神学家再次在施马尔卡登开会,由于路德因病缺席,大会由梅兰希顿与黑森的新教诸侯菲力普主持,会议采纳了梅兰希顿起草的《奥格斯堡信纲》及奥格斯堡帝国会议上的答辩,路德起草的《施马尔卡登信纲》未被采纳。后来路德将自己未被采纳的信纲加以修改,并于1538年出版。此文共21条,主要列出新教与天主教之间的区别,成为路德宗脱离罗马天主教的正式宣言。

1538年施马尔卡登同盟由于丹麦参加力量增强。同年皇帝与天主教诸侯组成天主教同盟。双方时战时和持续了10多年,1555年达成妥协,在奥格斯堡帝国会议上确认:

各邦诸侯有权决定其臣民的信仰（即"教随国定"），但教会诸侯一旦改变信仰就丧失其教会职位；帝国城市允许两种信仰等。路德本人未能看见路德宗的胜利，他于1546年2月18日卒于艾斯勒本（他的出生地），安葬在维登堡教堂。

在德国宗教改革的推动下，路德宗逐渐传播到挪威、丹麦、瑞典各国并向世界各地发展。目前路德宗信徒总数近8000万人，约占新教总数1/4，是新教诸派中信徒最派，世界上有百余个国家有该宗信徒。

著作贡献

路德一生著作很多，后世陆续整理出版。包括论文、讲道词、圣经导论、注释、圣诗和笔记，以及圣经释文、桌上谈和书信等，内容涉及神学、灵修、伦理、教育、社会、政治和经济等各个方面。路德为路德宗奠定了基本神学理论，归纳如下：1.因信称义。信徒只要信仰基督就可得救。这也成为新教各宗的理论基础。2.圣经权威。圣经是信仰的最高准则，否认教皇的权威。3.廉俭教会。仅保留两项圣礼：洗礼与圣餐。4.平信徒皆祭司。反对教阶制，反映了资产阶级的平等要求。5."灭职"观。路德重视现世生活，反对修道、禁欲，提倡教士自由结婚。主张完成日常工作即可达到最高道德准则。6.建立民族教会。与罗马天主教会断绝组织联系，以德文传教与举行仪式。但路德把教会管理交给了新教诸侯。

路德发动了德国宗教改革，并使宗教改革在德国取得成功，建立了民族教会——路德宗，打破天主教会一统天下的局面。路德翻译圣经成德文，不仅为宗教改革运动的斗争提供了理论武器，也为德国语言的统一做做出重要贡献。诚然，由于农民战争的失败，建立统一德国和消灭封建制度的任务未能完成。但路德发动的宗教改革席卷西欧，为资产阶级反封建斗争的最终胜利有直接和间接的影响。

古典自由主义思想家

——约翰·斯·穆勒

人物档案

简　历:19世纪英国著名的哲学家、经济学家、逻辑学家。支持边沁的功利主义。生于伦敦,14岁派居法国,研究化学、植物学和高等数学,并精通法文;1821年回国研究心理学和罗马法。此后曾在东印度公司工作,并从事学术活动,出版过有关逻辑学和政治经济学方面的专著。1865—1868年在威斯敏斯特区当选为下议院议员,1868年成为世界第一个妇女选举权协会创办人之一;1873年死于阿维尼翁。

生卒年月:1806年5月20日~1873年5月8日。

安葬之地:不详。

性格特征:信奉自由主义思想。

历史功过:经典之作《论自由》被认为是对十九世纪维多利亚社会中弥漫着的强制性道德主义的反抗。

名家评点:思想家们给予了高度的评价:"自从穆勒去世后过去的五十年中,还没有出现一位学者,对同代人的思想的影响有象他那样深远。……对于变革,除了达尔文外,他比任何其他思想家发挥了更大的影响。……没有人能怀疑,穆勒提高了与他同时一代人的精神境界,这是同代人中没有其他人能做到的。"

人物生平

约翰·斯·穆勒是19世纪英国资产阶级哲学家和政治思想家,自由主义思想的主要代表人物。从小便受其父的极力栽培和熏陶,很早就开始信奉自由主义思想。继承了边沁的自由主义思想和功利主义学说。其政治思想的中心是以个人自由为基础的资产阶级自由主义,主张既要维持个人主义所包含的政治自由和公民自由权,又要使之适应于社会整体利益的要求。他把功利主义原则作为人们行为的道德基础,并作为国家政治生活的准则。主要著作有:《自由论》《论代议制政府》《功利主义》《政治经济学原理》。

思想著作

《论自由》通篇强调的宗旨是个人的自由。在穆勒看来,个人的权利和自由应该没有限制,除非侵犯了他人的权利或危害了团体的安全。他指出:"唯一名副其实的自由是指以我们自己的方式追求我们自身的好处,只要我们不企图剥夺他人之事,或阻碍他人获得此事……人类似乎是对互相有利而允许各自生活的获利者,而并非对他人有利而迫使个人生活的获利者。"

穆勒深切关注所谓的"多数派人的专制"。就民主本身而言,他认为它并没有保证个人的自由,虽然其限制似乎比独裁统治稍好一些。穆勒论及"流行看法和感觉的专制",即社会试图将其广为接受的观念和行为强加于那些拒绝接受的人身上。在他看来,社会专制比暴政更难抵制,因为其受害者"极难逃脱,(它)深入到日常生活中去,奴役了灵魂"。穆勒认识到人类本性的特点是一个人会设法将自己的观点强加于别人,他提出除非对科学、道德和神学问题有绝对的言论自由,不然人是不可能完全自由的。同时,他认为少数派的人数多少无关紧要:"如果全人类除了一人意见都一致,而这个人持相反意见,全人类要让此人保持沉默并不比此人(如果有权的话)让全人类保持沉默更有理。"

穆勒认为,政治和社会进步大部分取决于思想的自由。从思想和观念的自由竞争中会产生接近"真理"的东西。既然对任何论题的盛行看法并不一定完全精确,"只有通过与相反意见的冲突,才有可能去伪存真"。甚至错误意见也有社会价值,可以用来澄清正确的意见。他认识到,新的思想总是由少数派和个别天才提出的,因此,我们应允许它在"自由的气氛"中开花结果。

"真理总会战胜迫害"这一盛行的信念被穆勒驳斥为"一种人类代代相传的善意……而一切经验予以否定的谎言"。他说,历史上"迫害产生了真理的例子比比皆是"。文中引用了宗教迫害的众多事例——表明"迫害总是成功的,除了异教徒是很强大的团体而无法予以迫害之外……这是种一厢情愿:真理,仅仅是真理,有排斥流行的错误、反对地牢和火刑的遗传力量。"

对自由有没有合理的限制?穆勒对用来煽动暴力的言论自由给予明确的限制。他宣称,"没人会妄称行为应与看法一样自由……当粮商使穷人挨饿,私有财产就是偷窃行为等观点在报纸上流传时,这是无关紧要的;但用来鼓动群众在粮商家门口闹事的话就应该受到惩罚。"穆勒认为,重要的区分在于,"无论对个人还是大众肯定造成的损害、或有肯定损害的倾向时,事情就离开了自由的范围而进入道德或法律的范围。"

《论自由》初版于1859年。它是西方民主政治最重要的阐述之一。该书以文理清晰、论证有序而著名,作者对人的幸福与权力的关注以及对政府当权者滥用权力而威胁人的幸福的担忧贯穿全文。需要指出的是,穆勒并非赞成绝对的自由,干涉别人自由、破坏他人幸福的"自由"是他所不能允许的。这些,使他的观点看起来执着而又中肯。

穆勒的这部著作在当时就受到了人们的赞扬和推崇,给予了极高的评价。在当今世界的许多地方,个人的自由比中世纪更具危机,或完全被抑制。现代极权主义者无视公众和个人生活的区分,一味地使个人成为一部庞大的、非人性的机器上的一个小齿轮,其一言一行皆受国家的控制。因此,穆勒坚信的人类通过思想自由而进步的内涵,对历史的任何时期和对19世纪中叶一样重要。这使《论自由》历久常新,看起来倒像是为我们的时代而写的。

政府究竟是,自然存在还是凭约定而存在? 这个问题关系到政府形式的选择范围。如果政府完全是约定的,那么选择是无限的;如果政府完全凭自然而存在,那么选择是不可能的。穆勒不同意这两种主张,他认为要使人民支持某一政府,就必须满足三个条件:人们乐意接受这种政府形式;愿意并且能够为维持它存在所必需的事情;愿意并且能够作为使它能实现其目的而需要他们做的事情。检验政府好坏的一个标准是政府在增加被统治者的好品质的总和方面所能达到的程度,另一个标准是政府机构对大众的良好品质加以利用的程度,因此政府的目的就是造就更好的人民,而手段就是教育和利用人民达到最高的品质。穆勒认为人类社会中存在一个人民从被奴役到自治的过程。最好的政府就是能提供必要的条件,以教人民学习他们为了过渡到下一个更发达的社会阶段而必须学习的课程。在这种观念的指引下,穆勒认为代议制政府是最好的政府。

代议制政府只有一个竞争对手,那就是专制政体。但是专制政府有两大弊端:在仁慈的专制政体中,个人的权利得不到保障。虽然个别的专制君主在某些情况下能保护个人权利,但是整个专制政体"在这方面是不可靠的"。历史证明,自由的民族比专制下的民族更为繁荣昌盛。二是专制制度要求公民的服从,即要求全体公民具有消极被动性。但是国家应该努力培育智力的、实践的和道德方面的优秀,却都是一种积极能动品格的产物。人民已经学习了为进步到更高的文明阶段而必须学会的服从,一旦人民学会了这一课,就应该鼓励他们积极参与,而这就不是君主专制所能认同,而只能依赖民治政府。代议制政府之所以是理想政府,正因为它维护个人权利,并促进他们道德和智力的最高发展。

穆勒相信专家治国,认为政府的职能是需要高度技能的活动,因此需要有经验和受过良好教育的人来从事这些活动,而民众没有资格选择这些人。但每一个政府都有一个掌握在人民手中的"最终控制权",人民不直接运用这一权力,而是通过定期选举的代表来制约政府的运作,使其为公众利益服务。这样人民就在实际效果上掌握了这一权力。总之,穆勒认为代表并不是政府,而是代表人民制约政府。议会成为一个协商机构,是一

思想圣哲

个表明人民各种需求的机关和有关大小公共事务的所有意见进行辩论的场所。在代表机构和实际行政机构之间应保持一种微妙的平衡，达到平衡的途径就是专家进行统治，但是必须受到人民代表的制约。

《论代议制政府》是穆勒最有影响力的作品之一，被认为是关于代议制政府形式的经典之作。该书发表于1861年，由于适应了英国工商业资产阶级的政治需要，在当时就受到了社会的热烈欢迎，并且迅速广为流传。它曾被翻译成几十种文字，对世界的政治理论都产生了重大的影响。该书的论述全面而系统，严谨而又科学，语言生动形象，作者的观点与论述极为公正，使得该书成为同类著作中的一部精品，是较好地理解代议制理论和了解西方国家政府运作的最好读物。

英国分析哲学创始人之一

——伯兰特·罗素

人物档案

简　历：英国哲学家、数学家、逻辑学家、历史学家、文学家，分析哲学的主要创始人，世界和平运动的倡导者和组织者，出身于曼摩兹郡一个贵族家庭。1890 年考入剑桥大学三一学院，后曾两度在该校任教。1908 年当选为皇家学会会员。1950 年获诺贝尔文学奖，并被授予英国嘉行勋章。1967 年组织了斯德哥尔摩战争罪犯审判法庭，谴责美国在越南的政策。1970 年在威尔士的家中去世。

生卒年月：1872 年 5 月 18 日~1970 年 2 月 2 日）。

安葬之地：骨灰被撒在威尔士的群山之中。

性格特征：好学，聪慧，认真，感情丰富。

历史功过：不仅在哲学、逻辑和数学上成就显著，而且在教育学、社会学、政治学和文学等许多领域都有建树。他前后期哲学思想变化很大，早期信奉新黑格尔主义，深信绝对、共相的存在，把数学视为柏拉图理念的证据。后来与摩尔一起叛离了绝对唯心主义，转向新实在论。1950 年获得诺贝尔文学奖。著有《西方哲学史》《数学原理》等著作。

名家评点：英国哲学家艾耶尔评价说："罗素在历史上的地位应该说是由于他的哲学著作，特别是他在青年时期和中年时期的早期所完成的著作而赢得的。"

人物生平

伯兰特·罗素是英国著名哲学家、散文家和数学家，20 世纪声誉卓著、影响深远的思想家之一，同时也是具有丰富多彩个性的人。生于英国威尔士的特雷克，年轻时曾在剑桥大学学习数学和哲学，毕业后先后担任剑桥三一学院评议员、哲学讲师，因反对英国参加一战被迫辞职，以后依靠写作和演讲生活。1944 年重新在三一学院任教，被选为英国科学院名誉会员,并在 20 世纪 50 年代获诺贝尔和平奖。罗素学识渊博,著作等身,主要著作有《莱布尼茨的哲学》《数学原理》《哲学问题》《数理哲学导论》《人心的分析》《幸福之路》《西方哲学史》《西方的智慧》等。

哲学思想

《西方哲学史》包括三个部分。

第一部分为序言。在序言中,罗素主要阐述了自己写作这本哲学史的目的。他说:"我的目的是要揭示哲学乃是社会生活与政治生活的一个组成部分;它并不是卓越的个人所做出的孤立思考,而是曾经有各种体系盛行过的各种社会性格的产物与成因。"这本书的目的不是为了阐述历史而阐述历史,而是证明哲学是时代要求和社会需要的产物。

第二部分是绪论。在绪论中,罗素主要解决两个问题,第一个问题即"何谓哲学"。罗素认为,哲学是介于神学和科学之间的一个学科。神学的领域是思考人们无法用确切的知识加以肯定的事物,科学的领域则是解决确切的知识,哲学则是用理性而不是用权威来思考人类无法用确切知识加以肯定的事物,所以哲学的内容接近于神学,但方法则是科学的。第二个问题即"何谓哲学史",这个问题紧承前一个问题而来,罗素认为,既然哲学掌管的是科学与神学之间的领域,那么,哲学史就应当从公元前 6 世纪的米利都学派开始,并经历三个阶段:第一个阶段是"古代哲学",从米利都学派开始到基督教的兴起和罗马的灭亡;第二个阶段是"天主教哲学",从 11 世纪到 14 世纪,这一时期基本上是以天主教会为主的神学阶段;第三个阶段从 17 世纪至今,这一阶段的哲学思想更受科学的支配,但宗教仍然占重要地位。

第三部分是正文。正文按照绪论的描述分为"古代哲学""天主教哲学""近代哲学"三卷。"古代哲学"包括三篇,第一篇是"前苏格拉底哲学家",论述了苏格拉底之前希腊的哲学思想,例如米利都学派等;第二篇是"苏格拉底、柏拉图、亚里士多德";第三篇是"亚里士多德以后的古代哲学",论述的是斯多葛主义和犬儒主义等思想。"天主教哲学"包括两篇,第一篇是"教父",论述的是基督教的历史,特别论述了奥古斯丁的哲学思想;第二篇"经院哲学家",重点论述的是阿奎那的思想。"近代哲学"包括两篇,第一篇是"从文艺复兴到休谟",第二篇是"从卢梭到现代"。

罗素一生著作非常之多,而且文笔优美,所以许多作品都受到人们的喜爱。罗素享有哲学家的名声,原因就在于他的《西方哲学史》。罗素《西方哲学史》的特点是在学术评论中融入了自己的哲学思想,因此,尽管该书是一本哲学史的著作,但实际上却是罗素趁机阐发自己哲学观点的著作,这一点在阅读《西方哲学史》时应加以注意。

世界名人百传

探险名人

王书利 ⊙ 主编

导　读

　　克里斯托弗·哥伦布、瓦斯科·达·伽马和费迪南德·麦哲伦……这些早期著名的探险家都拥有娴熟的航海技术，当时他们手持精确的航海图，扬帆出海，开始了各自的探险之旅。这些探险家和他们的船员都是英雄般的勇敢人物，对新鲜事物的好奇与热情，以及对贸易利益的渴求点燃了他们探险的激情。

　　让我们沿着时间的线索，穿越时空隧道，跟随世界上从古至今的伟大先驱去开拓和探险从最早的发明到科学技术的最新进展，从高耸的山脉、广阔的海洋到深邃的宇宙，一起分享他们的发明故事和探险经历吧！跟随意大利旅行家马可·波罗带你重回中国香都，然后跟随哥伦布一起发现新大陆，跟着库克船长去看看美丽的夏威夷，和阿姆斯特朗在月球漫步……在尊重历史真实性的基础上，本卷《探险名人》向读者立体地凸现人物的生平和杰出的事迹，达到了史实叙述准确，融知识性与可读性于一体，揭示人物的精神经历和心灵升华，给读者以深刻的启迪和感悟。

确认新大陆的第一人

——亚美利哥

人物档案

简　历：意大利的商人、航海家、探险家和旅行家，美洲（全称亚美利加洲）是以他的名字命名的。从1499年到1501年，曾参加了由阿伦索·德·奥维达领导的探险，他的第二次航行是从1501年到1502年，是代表葡萄牙出航的。1512年在西班牙的塞维利亚去世。

生卒年月：1454年3月9日~1512年2月22日。

安葬之地：不详。

性格特征：为人正直，是个很好的人。

历史功过：他参加了去大西洋西岸的航行，发现哥伦布发现的新陆地不是亚洲，而是一块以前人们从不知道的新大陆；而这块新大陆和亚洲之间，一定还有一个大洋。他最重要的两封信：《新大陆》和《第四次航行》被出版并广为流传。

名家评点：德国地理学家马丁·瓦尔德弥勒在1507年出版的《世界地理概论》中，将这块新大陆标为"亚美利加"。

航海名家

历史的风霜曾给这位英雄带来了诸多鄙夷不屑与责难谩骂，而佛罗伦萨市民于18世纪初刻在维斯普奇家宅的铭文则更客观些，正确些，称他为"一位高尚的佛罗伦萨人，以发现美洲而使他自己和国家的名字光荣显赫，他是世界的开拓者"。为了纪念他，在佛罗伦萨的国家博物馆门廊上，雕有他的全身塑像，意大利还发行过印有他头像的纪念币。

历史的玩笑使他在17世纪一度被描绘成"骗子""盗贼"，拂去历史厚重的尘埃，展现在我们面前的是完完全全真真实实的亚美利哥·韦斯普奇。

亚美利哥出生于1454年3月。父亲塞尔纳斯塔西奥·韦斯普奇，是个经纪人，母亲叫伊萨贝尔·米尼。他们出身于望族之家,但到他父亲时家境败落。亚美利哥的教育是由叔叔安东尼奥·韦斯普奇承担的。安东尼奥·韦斯普奇是意大利圣马可教堂的修士,很有学识,不少年轻人在他的足下学习。亚美利哥天资并不聪颖,但很好学,在叔父的教导下,接受了人文主义的教育,学习了拉丁文,还学习了数学、天文学等科学知识。塞尔纳斯塔西奥·韦斯普奇膝下有三个儿子,亚美利哥排行第三。由于家境困难,后来亚美利哥没有像他两个哥哥那样上大学,接受高等教育,而是到罗伦索·德·美第奇家的银行当了一名从事贸易工作的职员。在这里他平平庸庸、默默无闻地工作,一干就是几十年。

美第奇家族是中世纪意大利佛罗伦萨的著名家族。原是托斯卡纳的农民,以经营毛织业起家,13世纪跻身有钱贵族行列。在1340年开始的全欧经济萧条中,许多豪门大户破产,美第奇家族不仅安然无恙,反而大发其财,后来成了欧洲最大的银行家之一。美第奇家,族从1434年起在佛罗伦萨建立了自己的政权,成了这里的统治者,他们的信条是:"不掌握政权就不能过富裕的生活。"其家族对佛罗伦萨的统治一直延续到18世纪。

亚美利哥在美第奇家族银行工作的年代,正是欧洲,特别是葡萄牙、西班牙竭力想打开一条从海上到东方去的通道、积极进行地理探险的时代。美第奇家族的银行和当时的韦尔舍·富格家族银行以及德国的商人一样,为了搜集东方国家的情报和赚钱,他们在西班牙的塞维利亚,葡萄牙的里斯本等地都设有分公司,直接为各国的探险活动提供资金和设备。1492年,美第奇银行在西班牙塞维利亚的分公司里有一个职员,因犯有不轨行为被革职。为了表示对亚美利哥多年来工作的信任和鼓励,美第奇银行派他去西班牙接替那人的工作。这一年5月,年过40岁的亚美利哥来到了塞维利亚分公司。这家分公司的主要任务是为探险船队提供航海设备和必要的补给品。分公司的负责人阿诺托·贝拉尔迪,是亚美利哥的同乡。亚美利哥作为贝拉尔迪的助手,工作认真负责,办事仔细谨慎,博得了贝拉尔迪的好评。虽然分公司经营得并不算好,但两人工作协调并结下了深厚的友谊。为此,1495年贝拉尔迪在临死时留下遗言,指定亚美利哥为其遗嘱执行人,并要他做好分公司的清点工作。

但是,贝拉尔迪死后不久,亚美利哥便改变了继续经商的志向。这大概有三方面的原因:第一,可能是塞维利亚分公司的经费不足,继续维持它的业务有一定困难。特别是多年来的经商活动,使他产生了一种厌恶情绪,认为经商危险,财产很不稳定,"今天居人之上,明天可能被挤垮破产",因此他不愿再经商,这可能是主要原因。第二,可能是受到当时探险热的影响。他认为"周游世界,观其壮观景色"是最光荣、最崇高的工作。第三,也可能是想以加入寻找黄金的探险活动,来摆脱他那贫困而不得志的窘境。总之,长期从商的亚美利哥决定投入正在欧洲兴起的航海探险事业。

15世纪,欧洲一些国家的资本主义经济得到发展。随着商品经济的发展,货币越来越成为普遍的交换手段,黄金便成了一切国家和个人追求的目标。因此,马可·波罗的中国之行向欧洲人揭示的东方文明和财富,特别是东方的黄金,极大地吸引了欧洲人。于是人们纷纷东去寻找黄金,从而开始了欧洲地理探险的黄金时代。当时欧洲航海实力和技术较先进的国家应首推葡萄牙,其次是西班牙。葡萄牙早在1143年独立以后,就建立了自己的海军,训练了不少船长、水手,还聘请了经验丰富的领航员。15世纪,为了打破阿拉伯人对东西方贸易的垄断,为了到东方去寻找黄金、珠宝、香料,葡萄牙人决定另辟一条新的到东方去的海上通道。他们确定的航线是自里斯本出发沿非洲西海岸南下,绕过非洲南端再向东到达印度和中国。从1418年起,葡萄牙王室组织了多次探险航行,一批批航海家为了打开这条航线付出了巨大的代价,甚至献出了生命。经过70年的奋斗,到1488年葡萄牙的探险者们才到达了非洲南端的"好望角"。1497年经验丰富的航海家达·伽马,受葡萄牙国王的派遣,率4艘船只自里斯本出发,沿着前人开辟的航线绕过好望角,进入印度洋,顺利到达了印度西南海岸的中心港口——卡利库特港,终于打开了海上到达东方的通道。

与此同时,一条自欧洲出发向西航行,穿越海洋直达东方的探险活动也在进行。这就是意大利的克里斯托夫·哥伦布提出的航海计划。1484年,哥伦布曾向葡萄牙国王提出过向西航行的主张。他认为,为了去东方,必须先向西,而不应先向南。但是,葡萄牙国王没有采纳他的建议,于是哥伦布带着自己的独生儿子愤愤离开葡萄牙来到刚刚成立的西班牙,并向国王递交了自己的计划。但由于西班牙王国正忙于统一大业,根本无暇顾及哥伦布的计划。直到1492年西班牙王国正式统一后,随着西班牙向海外扩张的需要,哥伦布的计划才被采纳。王室和哥伦布签订了协议:封他为远征军司令、新发现的土地的总督和行政官,并决定把新土地上的金银、珠宝、香料等财产的1/10归哥伦布,9/10上交王室。1492年8月3日,哥伦布率领3艘大船离开西班牙,开始了他的第1次远征。他先后进行过4次航行,曾到达过巴哈马群岛中的华特朴岛、古巴、海地以及南美大陆的北部。尽管他几次航行中到达的地区都与马可·波罗东方之行描述的情景完全不同,而且他也未曾找到黄金、珠宝、丝绸和香料,但他始终认为已经到达了东方的亚洲,他说他的双脚已经踏上了中国的土地。直到死他还认为古巴就是中国,海地就是日本。当时不少人也都相信哥伦布的这种说法。

亚美利哥的航海生活,几乎是与哥伦布·达·伽马的探险活动同时开始的。由于他在塞维利亚分公司工作期间结识了不少船长、船员、水手,不仅对航海产生了兴趣,而且积累了不少航海知识。同时,他还有一定的天文、数学知识。因此,当一位西班牙船长受西班牙国王差遣组织探险船队时,便选中了他。这就是亚美利哥航海生活的开始,也是他的第1次航行。亚美利哥开始参加航海探险活动时并无明确的职务,后来在为葡萄牙国王服务时才有过领航员,船长的身份。在几次探险中,亚美利哥到达过中美洲的洪都拉斯一带、南美洲的巴西海岸和阿根廷,发现过拉普拉塔河口。他经常把自己在航行中的见闻记录下来,并以书信的形式发给自己的朋友。后来,当这些书信被公开发表,尤其是那封宣布自欧洲向西航行到达的陆地不是印度,而是一块新大陆的书信一发表,立即轰动了整个欧洲。亚美利哥便成了人们议论的中心,人们称他为著名的航海家。

四次航行

关于亚美利哥四次航行的记载是以书信的形式公诸社会的。但目前信的原件已无法找寻,现有的一些信件,有的说是手抄本,有的说是复制品,真伪难辨,而且也都不完整。亚美利哥曾有遗嘱把他的航海日记交给他的侄子胡安·韦斯普奇保管。胡安·韦斯普奇在亚美利哥死后曾担任过西班牙国王的导航员,但他没有保管好他叔叔这唯一有价值的遗产,手稿已经散失,致使有关亚美利哥的很多事情至今也弄不清楚。

从现有一些材料看,当时轰动欧洲的亚美利哥的信件,并没有记载 4 次航行的组织机构和具体人员的情况,也没有阐述有关航海的技术问题,更没有叙述对刚刚发现的新大陆的具体考察路线,主要是描写了他的一些见闻,特别介绍了新大陆原始居民的生活状况。当时参加探险的人不少,但有知识的人却不多,很多船员,水手没有文化,有的甚至连自己的名字都不会写。因此,很少有人像亚美利哥这样详细描述探险见闻和经历,包括航海家哥伦布也没有做这方面的工作,所以,尽管亚美利哥受其观点和知识的限制,记述难免有失公允和准确,但无论如何,这些信件仍是研究当时拉丁美洲社会的极为难得的材料。

本文介绍的有关亚美利哥的四次航行,是根据墨西哥国立自治大学 1941 年纪念哥伦布发现新大陆 449 周年时,印发给全体教师的资料写成的。那份材料译自原版本,即直接从意大利文译成西班牙文的。

1497 年,在西班牙国王的支持下,亚美利哥·韦斯普奇参加了由比森特·亚涅斯·平松船长领导的向西部海域进军的探险队,这是他的第一次航行。

1497 年 5 月 10 日亚美利哥等参加远征的船员分乘 4 条大船自西班牙加的斯港出发,径直向幸运岛(今称大加那利岛)驶去。在岛上他们休息了 8 天,加足了水、食物和其他必需品以后,继续向西南航行,37 天后他们发现了一块陆地,具体方位在加那利群岛以西,西经 75°,北纬 16°,距加那利群岛 1000 西班牙海里,属热带地区,据认为是现今中美洲洪都拉斯一带。他们在这一地区停留数月,对这里的土著居民的生活情景,做了详细的观察和记述。

这一带的人,中等身材,长得很匀称。皮肤近似于红色,脸很宽不漂亮,头发又黑又长披散在肩上。他们的身体很健壮,走、跑都很轻快,尤其擅长游泳,女人比男人游得还要棒。无论男人还是女人都是裸体。

他们的生活方式十分原始。吃饭无固定时间,无论白天黑夜,只要想吃就吃。食物放在自己制作的泥罐或瓢中,随时可取。他们的主要食物是用被称为"木薯"的一种树根做成的木薯饼子以及水果和鱼。他们过着群居生活,房子是用茅草盖成的。用大树干做柱子;用棕榈叶子遮顶,既挡风又挡雨,很结实。有的房子盖得特别大,一间房能住200人,有一个村子只有13间房,但却住了400人。晚上他们睡在吊在空中的用棉线织成的大网子里,看样子很不舒服,但他们却喜欢这样睡。这里没有国王,没有领主,没有祭司也无教堂,无所谓犯罪,当然也没有惩罚。这里没有夫妻制,每个男人都可以和他喜欢的女人睡觉,但又可随时抛弃她,这不意味着男人对妇女的侮辱,女人也不为此感到羞耻。

他们没有财产观念。虽有土地,但不懂耕种,只靠庄稼自然生长。但他们懂得在一个地方住久了庄稼长不好,人也容易得病,因此他们每隔8~10年就要变换一个居住地。他们的财富的标志是各色各样鸟的羽毛以及挂在脸上、嘴唇上、耳朵上的一串串的鱼骨和白的、绿的石头。

他们手中的武器是做得很精致的弓箭,但不是用铁或其他金属做成的。个别地区用经过火烧制的标枪和制作得很好的木棍当武器。这里的男人女人都称得上是优等射手。不同部族之间也经常发生战斗,但不是由于权欲或扩张领土的野心,而是为了报仇。他们常常因为本部族的人被其他部族杀害或俘虏而相互格斗、残杀。打仗时男女一起上阵,男人厮杀,女人背东西。俘虏一般都是先杀死,然后吃其肉。

这里的人一般很少说话。他们的语言很简单,音调很低。由于他们很少和附近的部族交往,所以在方圆100里之外就有不同语言的部族。彼此很难交流思想。

他们的生活习惯是粗野的。当一个人生病快要死的时候,他的亲人便把他带到森林里,让他睡在一个挂在两棵大树中间的网子里,并在病人的头前放上能够维持五、六天的水和食物,然后便返回村子。如果病人靠自己的能力吃、喝,活下来,回村后人们便热烈欢迎他,如果病人死了,谁也不再去理睬他,那儿就是他的坟墓。

他们治病的方法也让人惊奇。探险者多次看到,他们给一个发烧的病人用冷水从头浇到脚,然后在他周围生起一堆火,让病人在火堆旁来回转身,大约经过两个小时,待病人疲劳以后,便让他去睡觉。就这样居然治好了很多人的病。其他的治病方法还有忌食,让病人3天不吃饭;放血,在大腿或胯或腿肚子上放血,有时还把野草放在病人嘴里,引起呕吐来治病。

这一带的人待客热情,慷慨大方,只要他们把你当成朋友,你要什么他们都肯给,很少拒绝。他们对友谊的最高表示,是把他的妻子和女儿献给客人。一位父亲和母亲最骄傲的是,你愿意和他的女儿,哪怕是处女一起睡觉。他们认为这是最深厚的友谊的表示。

亚美利哥一行在这里与土著居民打了多次交道,也经过几番较量,人生地不熟的西班牙人几次几乎成了这群强悍居民的箭下鬼。这里的土著骁勇好斗,虽没有铁制武器,但却有用一种奇异的植物制出的精良的弓箭,个别地区还使用经过火烧而制成的尖锐无比颇具杀伤力的标枪和木棍等武器。这里的男人女人一样身手矫健,箭无虚发,勇敢善战。每逢对阵,总是一拥齐上,一起上阵,一番混战。

有一次,探险者们发现了一个像威尼斯那样的水上村庄,大约有44间大茅屋,地基是埋在水下的大木桩。每家都有吊桥相连,村前设有一座大吊桥。一遇危险,吊桥可同时拉起,免得使全村各户同遭不测。当探险者们来到村边时,村民们立即拉起了所有的吊桥。正当探险者们为此感到奇怪时,只听从村边海上传来一片喧嚷声,人们看到有22条独木舟向他们划来。探险者们立即用各种手势向他们表示友好,并要他们靠过来,他们没有靠近,只是用手势告诉探险者们不要走开,然后把船迅速划走。过了一会,独木舟又驶回来,船上还带着16个女孩子,他们来到探险者的大船中间,像朋友那样与探险者互相交谈。在他们交谈的同时,又有许多人从海上向这里游来。突然,一座大房子门口出现一些老年妇女的大声呼喊,并从头上摘下一种什么东西扔掉(这大概是战斗信号)。霎时间,船上的女人跳进海里,独木舟迅速离去,弓箭一齐向探险者们射来,游在海里的人举着长矛不停地喊杀。探险者们举枪猛烈向他们射击。村民们丢下十几具尸体,仓皇逃走。当探险者们押着几个俘虏走进村子时,里面已空无一人,也无值钱之物。为了给这里的人留下一个好印象,他们没有放火烧毁这个水上村庄。

离开了这个水上村镇,船队向西北挺进,沿着蜿蜒曲折的海岸,他们边航行边领略这一带的自然风光。在约4000公里的航途中,他们经常登上海岸,用一些小玩物换来了黄金。可令他们失望的是,在整个航行中,换来的黄金寥寥无几,宝石、香料更是不用提了,更糟糕的是,航船出了毛病,亟须修补。

1498年7月,他们终于航行到一个"世界上最好的港湾"。为了及时修理船只,他们在此逗留了一个月的时间,这里的居民语言、习惯与前者完全不同,在海滩,约有三四千人瞪着好奇的双眼看着远远驶入的庞然大物。而当船靠近岸边时,人们立即向森林逃去,一会儿便无影无踪了。亚美利哥他们在森林深处发现了他们的茅屋,但空无一人。好不容易在一座茅屋里看见两人正悠闲地烧烤着一种食物,样子有点像蛇,还用鱼和面烤成面饼,样子像面包,香气扑鼻,令亚美利哥们垂涎三尺,食欲大增。好在这里的土著们对这些白皮肤的人很友好,按照他们的生活方式无偿地供给船员们食品和饮水,使饥肠辘辘的西班牙人饱餐一顿,享受了一下伊甸园的美馔。为了取得村民的信任,船员们吸取了以往的教训,不仅没有顺手牵羊屋里的任何东西,还予以小利,留下不少玻璃珠、铃铛等小玩意以示友好。果不出所料,此招收到奇效。当地的土著像迎接故友一样热情款待,并以一种难以描述的古怪而粗野的仪式欢迎他们,又是唱又是跳又是叫又是闹,令亚美利哥他们丈二和尚摸不着头脑,猜不透弄不清。像是高兴又像是哀号,那种异样的气氛令他们手足无措,无所适从,他们只是耐心地看着这群土著唱够跳够玩够表演的结束。为了表示友谊,当天晚上,土著还把村里的妇女献了出来。因为对他们来说,对友谊的最高表示就是将他的妻女献给客人。父母最骄傲的是客人愿意和他女儿哪怕是处女共度一宿。若客人欣然接纳,他们将喜出望外,感觉无上荣光,因为这是最深厚友谊的表示。

以后的一些日子，亚美利哥一行与当地居民建立起了"友谊"，他们宣称自己是从天上降临人间周游世界的。天真无知的村民们信以为真，对他们肃然起敬，并称他们是"卡拉维"，即非常有学问的男人。

不久，大船修复后探险者们又踏上远征的航程。1498 年 10 月 14 日，亚美利哥一行终于归来，回到了西班牙加的斯港，结束了第一次航行。

当他们回第 1 次航行结束回到西班牙加的斯港时，受到了热烈的欢迎。

亚美利哥的第 2 次航行是 1499 年 5 月 16 日开始的。他和船员们乘上 440 吨位、三桅帆的三艘大船，自加的斯港出发直奔绿角岛。穿过大加那利岛以后，来到人们称之为火岛。他们来到一块陆地，属热带地区，据认为是巴西海岸。这里到处是沼泽地和大的河流。他们考察了多处地方，企图沿河流登上大陆，但发现河流宽阔，水量大，流速急，小船根本无法驶入。据后来人们认为这是亚马逊河。

探险者们在一处海湾里曾经看到一只雕刻得非常好的独木舟，长 25 米，宽 2 臂，能载很多人。不过船上的人并不友好，探险者们表示愿意和他们交朋友，他们不予理睬，拼命将船划走。探险者们的大小船只一齐追赶，包围了独木舟。这时岸边上的许多名村民见此情景立即跳入海中，前来营救独木舟。探险者们和他们在海上周旋了差不多一整天，最后他们弃舟而逃。独木舟上除了两名俘虏，还有 4 个异族少年，他们是被弄来供吃人肉的，4 名少年已被阉割得没有男性特征了，样子惨不忍睹。探险者们为了取得当地人的信任，放走了他们被抓的一名俘虏，还给了他们很多铜铃之类的东西。第 2 天倒是来了不少人，足有几百名，还带着不少妇女以示友好。但当探险者们把另一个被抓的人和独木舟归还给他们时，他们立即跳入水中挟舟逃之夭夭了。

在海湾的另一处，探险者们遇上了不少好客的人，他们和善，乐于交谈。他们向客人介绍他们怎样捕鱼，怎样生孩子。这里土地肥沃，满地长的都是粮食作物，还有很多好吃的水果。这里的人会酿酒，用橄榄树的呆子酿成的酒，很像啤酒。这里还盛产珍珠，用一个铃鼓就可以换 150 颗珍珠和一点金子。

当探险者们继续往南行一段时间以后，他们在一个小岛上看到一些很丑的人。他们每人嘴里都塞满潦草，不停地咀嚼着。只见男人脖子上挂着两个葫芦，一个装满了绿草，一个装满了像石膏粉似的白色粉末。他们用蘸有唾液的小棍子，蘸点白色粉末放在嘴里，接着又把绿草放在嘴里咀嚼，这样不停地重复这个单调的动作，十分滑稽好笑。后来才知道，这个岛上缺水，人们用这种办法解渴。不过女人和男人不同，每个女人只有一个水葫芦。这里的人要喝水，只能靠接晚上落在树叶子上的露水。这里有一种大树叶，晚上可用它接露水。人们外出捕鱼、捉龟也用这种树叶遮阳。他们吃东西很简单，主要是海鱼和海龟，这里的鱼和龟又肥又大。该地没有村庄和房屋，人们在大树下遮阳，过夜，但无法避雨，不过岛上很少下雨。

有一天,探险者们为了寻找食用水,沿着在海滩上留下的大得出奇的脚印,走进了一个谷地。那里有 5 间茅屋,在一间茅屋里发现了 5 名妇女;2 名老年人和 3 名青年,她们和其他地方的人一样,也都是裸体,但他们的身材之高大使探险者们惊叹不已。妇人们待他们十分客气,给他们东西吃,并和他们亲切交谈。探险者们产生了邪念,很想把那三位女青年带回西班牙。正当他们研究带人的办法时,门外突然进来了 30 多个男人,他们比那些女人还要高大,长得既结实又匀称,身上带着弓箭和棍子。他们用敌视的目光盯着这些陌生人,探险者们只得放弃带人的念头,离开了茅屋。巨人们和他们保持着一段距离,一直跟在后面。当探险者们上船时,巨人们跳到海里向船上射箭,船上开了两炮,才把他们吓跑了。探险者称这个岛是巨人岛。

他们在这个炎热的地区几乎航行了一年,还到过几年前哥伦布发现的小安的列斯群岛中的一个小岛。在岛上他们待了两个多月,还曾与哥伦布留在岛上的天主教徒因为互相忌妒发生过冲突。1500 年 7 月 22 日,他们离开该岛,航行一个半月于 9 月 8 日回到加的斯港。

亚美利哥的第 3 次航行,是遵照葡萄牙国王曼努埃尔的命令进行的。当时亚美利哥住在西班牙的塞维利亚,葡萄牙国王先派了一个信使送给他一封信,邀他去里斯本商谈出航去找珍珠、香料产地之事,国王拟委任他为船队大副。亚美利哥碍于西班牙国王对他的器重,不愿去葡萄牙,于是便推说有病,婉言谢绝了葡萄牙国王的邀请。但曼努埃尔国王并未就此罢休,又派亚美利哥的一个朋友去塞维利亚,要他无论如何也得把亚美利哥带到里斯本。亚美利哥只得从命去葡萄牙。

1501 年 5 月中旬,在国王的亲自安排下,一个由三艘大船组成的探险队从里斯本港浩浩荡荡地出发了。

经过大加那利岛,朝佛得角方向驶去,然后沿非洲西部海岸向南航行再折向西南。亚美利哥以"天文地理学家和数算家"(天文学家)的身份参加了这次探险。天公不作美,时而飓风,时而暴雨,船队在恶劣的天气下寸步难行,在惊涛骇浪里颠簸,在骤雨急流中徘徊,在茫无边际的大海上,与险恶的风浪搏斗了整整 61 天。终于峰回路转,柳暗花明。1501 年,8 月 10 日,水落石出,陆地在远远地向他们招手,希望的曙光就在前方。这一陆地就是南美的圣罗基岛。

他们上岸时正是黎明时分。亚美利哥一行一踏上这块土地,顿时被这里优美的自然风光、秀丽的迷人风景历陶醉。和风软语轻柔拂面,心旷神怡,沁人心脾,全体船员为之神清气爽,精神抖擞,筋骨舒活,难道这就是世外桃源? 数不尽的花草树木,芳香的瓜果以及五彩缤纷的禽鸟,激发起人们对人间天堂的幻想,亚美利哥由衷地感叹,"如果人间有天堂,天堂就在这里"幸甚至哉!"对于非常之多的野兽,狮、豹、野猫,都不像是西班牙的品种还有那么多狼、红鹿、猴子、猫科动物、各种山猴以及无数巨蟒,我能说什么呢?"亚美利哥只能得出异端的结论说:"诺亚方舟是装不下那么多的品种的。"

然而,这里的居民却凶悍残忍,可怕可怖,亚美利哥以恐惧的心情称他们为"残暴的食人者",还记述到:"他们没有国王,没有庙宇,没有偶像神,他们之间没有商业贸易,也不使用金钱。他们相互敌对,以最残酷的手段毫无秩序地进行搏斗。他们吃人肉。我碰到一个好吹牛的家伙,他好像把吃人看作最高荣誉,他一个人就曾吃了300多人……。"

8月底,航船抵达南纬8度的圣——奥古斯丁角,海岸线由此向西南弯转。探险船队继续向西南航行,于11月1日在南纬13度发现了巴伊亚·德·托杜斯·乌斯·山度斯,今称圣徒海湾。1502年1月1日,在南回归线附近,一个优良的港湾(瓜纳巴扎湾)出现在他们面前,他们误以为这是一条河的河口,于是把它称作里约热内卢即"一月河"。

2月15日,船队抵达了南纬32度处。在这个新的地方,小熊星座已完全看不见了;大熊星座也很低,几乎就到了地平线上,只得靠南极的星星来导航。在这一带,他们也没发现什么有价值的东西,决定尽快离开此地带。他们开了一个重要会议,经过一番讨论,一致同意亚美利哥提出的航行路线,并将指挥权交给了他。亚美利哥没有推却,命令全队船员备足6个月的水和食物,继续向东南航行,向新的未知地进发。夜变得越来越长,4月初的一个夜晚竟达15个小时,船队似乎抵达了南纬52度,在这里小熊与大熊星座都看不见了,天气极其恶劣,狂风巨浪袭击着船队。他们只得降下所有的桅帆,顺着风浪滑行。风暴肆虐了整整4天4夜,船员们几乎精疲力尽了。在遥远的前方,朦胧出现了某个陆地的一条模糊不清的海岸线,他们便沿着海岸航行了100公里。但是,由于浓重弥漫的雾气和狂暴猛烈的风雪的阻拦,迟迟未能靠岸登陆。气温无情地在一天天下降,队员们实在寒冻难耐了。冬季即将来临,于是,亚美利哥命令船队立即调头向北疾行,他们一鼓作气,齐心协力,同舟共济,以惊人的速度连续航行了33天,走了7000公里路程,以充沛的精力和坚强的意志,战胜重重难以想象的困难,终于到达了几内亚。船只由于长时间航行与跋涉已破烂不堪,其中一条因无修复的可能被付之一炬。凭借两条剩下的也是伤痕累累的半破船,拖着沉重缓慢而蹒跚的脚步,疲惫不堪、苦不堪言的队员经过亚速尔群岛,向东北方向回航,再沿非洲西海岸返回葡萄牙。1502年9月7日,他们安全回到了里斯本。

凭着这次航行,亚美利哥宣称他到过的这片大陆是"新世界",他在给美第奇的信中(1503)谈到他从"新的地区"返回时的情况说:"应当把这些地区称作新世界……大多数古代著作家说,在赤道以南没有陆地,只有海洋,即使他们中的一些人承认那里存在着大陆,他们也不认为这是一个有人居住的大陆。然而我的最后一次旅行(指第三次)证明了他们的看法不仅是错误的,而且是全然违背事实的,因为我在南部区域发现了一块大陆,这块大陆上的人口和动物之稠密程度比我们的欧洲、亚洲和非洲有过之无不及,除此之外,那里的气候比我们所知任何一个地区都更为温和宜人。……"

亚美利哥的第4次航行是于1503年5月10日起程的。船队由6条船组成。船队设有总船长,亚美利哥是船长之一。这次航行的主要目的是寻找东方的被称为梅拉克查的岛屿。据说那里不仅富有,而且是一个交通要道,是所有来往于东西方船只的供应处,就像西班牙的加的斯港一样。

船队自里斯本出发以后,径直向绿角岛驶去,在那里休整了13天,再转向东南。总船长是个自负而固执的人,由于他执意要去塞拉里昂观光,结果使船队遇到了旋风的包围,船队在汪洋大海中与狂风巨浪搏斗了整整4天。然后他们不得不改变航向,折向西南。他们来到了巴西沿岸的一个称为费尔南多·诺罗尼亚的小岛。该岛长2西班牙里,宽1西班牙里。岛上风景秀丽,但无人居住。由于总船长指挥失误,他们乘坐的500吨位的大船触礁沉没。人们无暇观赏岛上的风光,只得投入紧张的抢险工作,因为整个船队的重要物资和装备都装在这艘船上。结果除了救上来3个人以外,什么也没有捞到。在大家抢救大船时,总船长命亚美利哥寻找一个能停泊船只的港口。亚美利哥离开自己的船,带一个小船去完成总船长交给的任务。他们后来找到了一个很好的港口,可以停泊整个船队的全部船只。但他们在那里等了七八天也没见总船长来,都十分着急,结果等到第80天时,才发现海上驶来一只船。大家喜出望外,但刚来的船员说,总船长已葬身海底,其余出事人员虽已获救,但未能聚集在一起。亚美利哥只好率领来船向另一个岛屿驶去,他们在这个无名岛上没有看见一个人。这里除了无数可爱的小鸟和大鼹鼠以及有两个尾巴的蛇和蜥蜴以外,别的什么动物也没有。他们加足了水和食物,还捉了一小船的鸟才离去。后来他们又在一个他们起名为万圣湾的港口停泊,一面休整,一面等待散失船只的到来。两个月过去了,连一个人影也没等到。他们又驾船沿着海岸去寻找,结果也一无所获。船员们在一个港口修建了一个据点,留下了24名基督徒,并留下两门大口径大炮和其他许多武器以及够半年吃的食物,让他们管辖那里的土著居民。由于人少、船少,无力再进行新的探险,于是他们决定返回里斯本。

1504年6月18日,亚美利哥等人顺利回到了葡萄牙。船只驶进里斯本港时,受到了人们难以置信的热烈欢迎。因为里斯本人以为他们也和总船长一样,早已葬身大海,所以对这些幸存者的归来又惊又喜,欢迎也格外热烈。

也有材料记载,1505年初,西班牙国王曾在塞维利亚召见亚美利哥要他组织一次航行,去发现香料产地。亚美利哥和另一个航海家比森特·亚涅斯·平松同时担任船长,两人一起共同做了准备工作。但后来因为宫廷的王位之争,此次航行未能实现。1508年荷兰一个印刷厂厂主曾创造了亚美利哥5次航行之说,而400年后,即1892年伦敦地理协会主席团曾郑重宣布有史料证明亚美利哥进行过5次航行,大概是以此为依据的。

4次航行以后,亚美利哥已年过半百,体力越来越差,也厌倦了航海生活。这位一直过着独身生活的航海家,晚年才结婚成家。1505年他被接纳为西班牙公民,1508年西班牙宫廷任命他为总领航员,负责西班牙国家的航海工作,年薪为75,000马拉维迪。1512年2月22日亚美利哥死在西班牙塞维利亚,终年61岁。政府为了表示对他生前为西班牙所做贡献的褒奖,他的遗孀玛丽亚·塞雷索,每年可以领取10000马拉维迪的抚恤金。

美洲命名

　　"亚美利加洲"是美洲大陆的全称。它是以意大利航海家亚美利哥的名字来命名的。但为什么不以先于他到达这块大陆的意大利航海家哥伦布的名字命名而却以亚美利哥的名字来为美洲命名呢？这要从16世纪初在欧洲发生的一件事说起。1503年，一封题为"新大陆"的书信，几乎同时在巴黎、佛罗伦萨等城市发表，信的作者就是亚美利哥。信虽不长，只有几页纸，但信的内容却使读者为之震惊。他一改过去人们旧有的观念，说穿越大西洋向西航行到达的陆地，不是印度和中国，而是欧洲和亚洲之间的一块前人未曾发现的、对她一无所知的"新大陆"。这顿时轰动了整个欧洲，使人们对世界的认识为之一新。以后这封信从意大利文译成拉丁文多次再版，并很快被译成德文、荷兰文，法文，收入各种文本的航海集子里。它被誉为里程碑式的信函。

　　这封信是1501年亚美利哥按着葡萄牙国王曼努埃尔的命令航行到达南美大陆时，给他的朋友写的。在信中他所以称自欧洲出发一直向西航行到达的大陆是一块新大陆，理由是前人没有谈起过这块土地，更没有人到达过那里。过去很多人认为这一地区没有陆地，只有无穷无尽的海洋，即大西洋，或者说即使有陆地，也用各种理由说明它无法居住。通过他的航行证明这种看法是不符合实际情况的，是错误的。在这一地区不仅发现了大陆，而且在它的某些山谷中居住着的人和动物要比欧洲、亚洲、非洲的山谷中的还多，那里的气候要比我们已知的大陆更温和宜人。亚美利哥还说，那里土地肥沃，风景秀丽。茂密的大森林里栖息着各种各样的动物，尤其鸟类的品种繁多，树木无须管理便能结出累累的美味果实。那里的河水、泉水清澈透底，海边游动着鲜嫩肥美的鱼……那里的人是铜色的皮肤，生活在完全不开化的状态之中。人们没有衣服，没有珠宝，更没有任何私有财产，一切都是公有，甚至包括妻子在内。那里没有镇压。羞愧、强制、道德等名词对那些纯朴的心灵都是陌生的。如果没有动物对人类的杀伤，那里的人可以活到150岁。亚美利哥说，如果人间有天堂，天堂就在这里。这世外桃源的景象，与充满动乱、镇压，奴役以及为金钱，权力争斗不止的欧洲，形成了鲜明的对比，它吸引着无数的欧洲人。尤其这一新大陆之说，更使欧洲人惊奇，因为直到那时人们一直认为哥伦布自欧洲向西航行到达的是亚洲大陆。这封信把人们带到一个新的领域，促使人们改变以前的观念，来重新认识世界。广大的学者、地理学家，天文学家乃至印刷厂厂主对这封信都产生了浓厚的兴趣。

　　在欧洲积极开展探险活动的年代，印刷厂厂主们常常以在报刊上发表探险者们的新发现和他们的惊险经历，来吸引读者，获取更多的利润。1504年意大利佛罗伦萨的一家印刷厂，为了摆脱自己的困境，出版了一本16页的有关航海的小册子。编者是威尼斯人阿尔贝尔蒂诺·贝尔塞列塞,他是第一个把所有能搞到手的叙述航海的文章汇集成册的人。本书包括这·加马以及哥伦布的第 1 次航行,同时还把亚美利哥的 4 次航行也收集在内。书名是《亚美利哥在 4 次航海中,从新发现的岛屿寄出的信件》。该书在序言中扼要介绍了亚美利哥的生平,接着叙述了他的 4 次航行,并详细介绍了亚美利哥 4 次航行中见到的新大陆上那些陌生人部落的生活状况以及他们在航行中遇到的各种艰难险阻。这本小册子销路很好,买者甚多。为了与其他同类书相区别,以吸引更多的读者,这位印刷厂主把书名定为:《佛罗伦萨人亚美利哥·韦斯普奇发现的新世界和新地区》。但是这个书名很容易给人一种误解,即认为亚美利哥不仅是认定那块土地是新大陆的人,而且还是新大陆的发现者。随着这本书的多次再版,这种误解在成千上万人中迅速传播开来。以后,这位印刷厂厂主竟毫无顾忌地把这本航海集的书名改为《亚美利哥·韦斯普奇》,这就更使人得出这样的印象——新大陆的发现者就是亚美利哥·韦斯普奇。

同一年(1507 年),在法国东北部的一座小城市圣迪埃出版了一本《宇宙志导论》,该书以更肯定的方式提出用亚美利哥的名字为新大陆命名,称新大陆为"亚美利加"。

圣迪埃当时是洛雷纳公国的一座小城市,公爵雷纳托二世主管该国的一切政务。他喜爱科学和艺术,这里的人民也以搜集世上的奇闻轶事而著称。公爵的牧师兼秘书高铁列·卢德,还是一个印刷厂的厂主。他组织了一个写作小组,准备修订出版一本新的《宇宙志》。因为直到那时欧洲最有名的地理书,还是托勒密(约公元 100~170 年)著的《宇宙志》,也称《地理学》。托勒密是古希腊著名的天文学家,地理学家和数学家。他的主要研究成果都是在埃及亚历山大城完成的。他所发表的地心宇宙体系(托勒密体系)使其在天文学和地理学上占统治地位长达 1300 年之久。其天文学著作是《天文学大成》,共分 13 卷。其地理学著作是《宇宙志》,共分 8 卷,载有如何根据经纬度绘制地图以及用经纬度标明的欧、非、亚三洲某些地方的地理位置等。此书既有文字又有地图。欧洲的学者们一直认为这是一本完美无缺的地理书。1475 年被译成意大利文出版发行后,作为地理知识的百科字典,意大利有文化的人几乎人手一册。然而欧洲掀起地理探险热潮以来,虽然时间不长,但是一批批航海家,探险家以他们的新发现,不断扩充了人们的天文和地理知识。在这短短的时期里,人们关于这方面知识的积累远远超过过去的几个世纪。因此人们迫切希望出版一本新的既有文字又有地图的地理书籍。许多学者也都试图编辑出版新的《宇宙志》,在原有内容的基础上,进行修改和增补,并在地图上标出那些在西半球刚刚发现的海岸和岛屿。这件工作首先由高铁列·卢德领导的写作小组,在圣迪埃这座小城中完成了。这个小组里有精通拉丁文的翻译,有人文学家,有地理学家、数学家,还有诗人。需要特别指出的是,德国的马丁·瓦尔德塞弥勒,在这个小组里发挥了很大作用。他当时只有 27 岁,是个大学生,富有活力和勇气。他知识渊博,特别有绘图天才,几十年以后人们还肯定他的绘图水平在历史上属第一流。后来,他成了德意志的地图绘制家。

写作小组的作者们为了使他们这本新编的《宇宙志》富有新意以吸引更多的读者，把亚美利哥的4次航行作为主要素材，进行加工，整理，还虚构了一些情节。比如他们为了表达对雷纳托公爵的恭维之情，编造说，杰出的地理学家、新大陆的发现者亚美利哥是公爵最亲密，最敬佩的朋友。因为公爵年轻时也曾在亚美利哥的叔父安东尼奥·韦斯普奇的足下学习，所以从那时起公爵和亚美利哥便成了朋友。因此，亚美利哥把自己的航行见闻只寄给西班牙国王和公爵雷纳托。为了强调这种说法的真实性，他们还说亚美利哥曾用法文直接给公爵写信，后来有人把它译成了漂亮的拉丁文。经过这个小组的精心工作，1507年4月25日，他们编著的《宇宙志导论》问世。该书首先应用几何学和天文学知识，对宇宙结构做了必要的介绍，然后对亚美利哥4次航行中的发现以及近期其他人的新发现，均以平面和球形图画了出来。书的第1章是一篇用拉丁文写的献给国王的短诗和由马丁·瓦尔德塞弥勒写的序言。书的第2章在叙述了托勒密的原作之后，便介绍了亚美利哥的4次航行。由于人们对托勒密已十分熟悉，所以本章特别强调了认识和了解亚美利哥的重要性。书的第5章作者明确肯定亚美利哥是新大陆的发现者。第7章当谈到那块新发现的占世界1/4的大陆时，作者提出建议，以亚美利哥的名字为新大陆命名。马丁·瓦尔德塞弥勒在第9章用整章的篇幅阐述他的这一观点，他说：目前，欧洲、非洲和亚洲这些地区已被考察过了，而世界上另有1/4的部分是被亚美利哥发现的，因而这一地区应该以他的名字命名。既然无论是欧洲还是亚洲都是以女性名词（阴性名词）来称呼的，因此亚美利加（America）可作为新大陆的名字。同时，马丁·瓦尔德塞弥勒在该书附页的地图上印上了"亚美利加"的字样，这样亚美利哥的名字第1次印在了地图上。从此，"亚美利加"（America）便成了新大陆的名称。

1507年，他们对"亚美利加"的理解是指巴西北部及南部海岸和阿根廷地区，即当时称为下布拉西利亚的地区（远不够地球陆地面积的1/4）。在当时的地图上，这个地区的形状类似于澳大利亚，是一个大而圆的岛屿。几年后，随着对南美地区探险活动的开展，把亚美利哥本人都未到过的巴西、阿根廷和智利等地区，也全部称为"亚美利加"了。《宇宙志导论》出版15年以后，整个南美洲都用"亚美利加"的名称了。当时所有著名的地图绘制家，在他们绘制的地图上都采用了这一名称。如，西蒙·格里内乌斯在他的著作中、塞巴斯蒂亚·蒙斯特尔的平面球形地图中都采用了这个名称。以后随着科学考察工作的向前发展，证实了南北美洲是连在一起的一块大陆，因此北部大陆也用"亚美利加"来称呼了。1538年，绘图之王墨卡托，把南北两块大陆画得连在一起，并注上"亚美利加"的名字：在北部写着"亚美"，南部写着"利加"。从那以后，"亚美利加"作为美洲大陆的名称得到世界的公认，并一直沿用至今。

同行交友

亚美利哥与哥伦布是同时代的人,也是好朋友。亚美利哥在西班牙塞维利亚与贝拉尔迪一起经商时,认识了哥伦布。塞维利亚分公司为哥伦布的探险航行提供了不少物资和设备。在工作中,亚美利哥与哥伦布建立了友谊。虽然没有很多材料充分说明他们之间的关系的密切程度,但从哥伦布给其儿子的信来看,哥伦布对亚美利哥的为人比较了解,也很敬重。他认为亚美利哥"为人正直","很有才干","是一个很好的人"。晚年他还曾请亚美利哥在事业上帮过忙。有人认为,哥伦布的性格有些古怪,特别是他那不相信人的性格,使他和所有同时代的同行发生过冲突,但他却称赞了亚美利哥,这足以说明他们之间的关系并非一般。

但是,当人们围绕着美洲大陆的命名问题进行辩论时,却把这对好朋友对立起来了。哥伦布是个伟大的航海家,探险家。他奉西班牙国王之命,自西班牙出发向西横渡大西洋,于1492年10月12日到达佛罗里达东南820公里处的巴哈马群岛中的华特林岛,以后的几次航行又到达过南美大陆,这都是人们公认的事实。而亚美利哥到达美洲的时间比哥伦布要迟,即使1497年他的第1次航行并到达南美洲是确凿的事实,也是在哥伦布之后。然而,美洲没有以哥伦布而是以亚美利哥的名字来命名,这就在学者中间引起了一场激烈的争论:到底谁先发现了新大陆? 到底应该以谁的名字来为美洲命名? 人们一直争论了几个世纪。

率先提出取消用"亚美利加"来命名美洲的正是《宇宙志导论》的编著者之一,那位执意主张用"亚美利加"命名的马丁·瓦尔德塞弥勒自己。因为他的本意是只想把第一个提出新发现的陆地不是亚洲,而是一块新大陆的历史功绩归于亚美利哥,并以他的名字为这块陆地命名以资纪念。而当时他对新大陆的理解仅仅是指亚美利哥所到达过的巴西,阿根廷地区。但不知为什么,没过多久,他便认为自己的这种行动,对哥伦布太不公平了。所以在1513年,即《宇宙志导论》出版后6年,他出版的一幅地图中对美洲就未用"亚美利哥"的名称。但是,他的反对已经无济于事了。《宇宙志导论》一书出版后,"亚美利加"的名字已传遍世界。有人说这个词像一个征服者,一经出现,便一扫过去书上、地图上的旧名称,什么鹦鹉之地、圣克鲁斯岛,布拉西尔,西印度等都被"亚美利加"取而代之。"亚美利加"出现在所有有关的文章、书刊,地图和地球仪上。随着历史车轮的滚动,这个名称也一代一代地流传下来。

1535年意大利人米格尔·塞尔贝托对以"亚美利哥"的名字命名新大陆也提出了异议。他一向勇于对周围事物提出批评和异议,由于他对医学、地理学乃至神学都提出过不同的见解,而被革除了教籍,后来不得不隐名避居法国里昂,但这并未改变他的秉性。

他把托勒密的著作根据自己的见解加了批注之后,于 1535 年重新出版。塞尔贝托认为:亚美利哥作为商人到新大陆比哥伦布晚得多。当然,他声明提出这个问题并不是想抹掉亚美利哥的功绩,也不是要把哥伦布和亚美利哥对立起来,只是想提醒人们不要忘记哥伦布。他确切的意思是,新大陆的发现者应该是亚美利哥和哥伦布两个人。

对用"亚美利加"命名美洲提出最强烈反对意见的是西班牙拉斯·卡萨斯主教。在哥伦布探险时期,为了向新大陆传教,他作为神父到过海地等许多拉美地区。后来荣任主教,几乎在新大陆度过了自己的大半生,到 73 岁才回到西班牙。他参加了对古巴和加勒比地区的征服,可以说是整个发现时期的见证人。他写的一本《西印度毁灭述略》,书中记载了西班牙征服者统治,压迫和欺凌新大陆殖民地土著居民的种种罪恶。他的父亲曾参加哥伦布的第 2 次航行,他以权威者的身份对用"亚美利加"命名美洲提出了强烈的反对意见。尤其当他看到当时非常流行的文章说,哥伦布仅仅发现了亚美利加海岸附近的一些岛屿和安的列斯群岛,而亚美利哥曾到达过现在所说的真正的大陆,因此完全应该把发现的新大陆用他的名字来命名时,非常气愤地说,只有哥伦布才是第一个打开这么多世纪以来闭锁着的大洋,踏上新大陆的人。他仔细研究了《宇宙志导论》中有关亚美利哥对新大陆的描述,特别对亚美利哥的第 1 次航行时间及其到达的地点提出了疑问。在最早的意大利文的版本中说,亚美利哥的第 1 次航行开始于 1497 年,到达了"拉里亚布"(Lariab),但在圣迪埃出版的拉丁文书中,由于有意的篡改或者印刷错误,把"拉里亚布"写成"帕里亚"(Paria)。拉斯·卡萨斯指出,这样会使人们认为,亚美利哥 1497 年就已经到了帕里亚,就是说他比哥伦布早一年踏上了南美大陆,从而说明亚美利哥先于哥伦布到达南美大陆,所以用亚美利哥的名字来为美洲命名是顺理成章,无可厚非的事了。但是拉斯·卡萨斯认为,亚美利哥是 1499 年才开始向新大陆航行的,1497 年之说不可信,因为没有任何历史文献证明。而哥伦布 1498 年在南美洲的帕里亚登陆,是有 100 多位同行者可以作证的。拉斯·卡萨斯还发现,在亚美利哥的信中,关于他航行的目的,航行的时间,到达的地点等都叙述得含糊不清,而且也从未肯定地提及船队和船长的名字。同时在不同的版本中,所叙述的时间也不尽一致。这些都使人怀疑材料的真实性。

1601 年,著名西班牙学者埃雷拉著的《西印度历史》一书出版,书中作者利用拉斯·卡萨斯末发表过的资料,再次说明亚美利哥是 1499 年而不是 1497 年开始的美洲之行。有材料说,1499 年 5 月阿隆索·德·奥赫达船队受西班牙国王的差遣,进行发现新大陆的航行。奥赫达看到塞维利亚分公司的商人亚美利哥既懂天文、数学,又懂制图和丈量法,还熟悉航海知识,因此便选他参加了船队。所以,1499 年才是他的第 1 次航行,1497年是有意的虚构。作者由此得出的结论是,亚美利哥狡猾地,别有用心地伪造了第 1 次航行的时间,以便盗窃美洲的发现者——哥伦布的荣誉。这一披露在学术界产生了巨大影响。1627 年,佩德罗·西蒙修士十分严肃地建议:"禁止使用标有亚美利加名字的地理书和地图册。"在整个 16 世纪,亚美利哥被誉为新大陆的发现者、航海家,其美名到处传诵，但到了17世纪他却被描绘成一个"骗子""盗贼"、别有用心的"癞蛤蟆"、胆小鬼。说他是一个满怀妒忌之心的小商人奢求变成一个学者，探险家，但又没有勇气进行航行，只想把别人的荣誉据为己有。有人从根本上否认他的航行生活，说他的航行见闻只是从一些船长、水手那里道听途说来的，根本不是他亲眼所见。这使亚美利哥受到极大侮辱，甚至事隔几百年之后，到1856年一些学识渊博的学者读了这样一些说法的材料之后，还认为，广阔的美洲以一个盗贼的名字来命名实属罕见，用他的名字来代替哥伦布十分不光彩。

在亚美利哥遭到人们的指责，失去美好的声誉时，被人们遗忘的哥伦布又重新受到了颂扬。哥伦布晚年的处境十分尴尬，因为他的几次航行并未像他在西班牙女皇面前保证过的那样，踏上"世界上最富有的王国"，"带回金子、珠宝和香料"。尽管他宣布，他已踏上了大汉国的土地，到达了中国和日本，但除了带回一些瘦骨伶仃的奴隶和梅毒等疾病外，其他一无所获。特别是当达·伽马，卡布拉尔印度之行带回来大量的金、银、宝物之后，哥伦布完全处于一个失败者的境地。他失去了女皇的宠信，遭到了冷遇，人们开始嘲笑和奚落这位热那亚人了，说他是个狂妄之徒，是个胡思乱想、脱离实际的幻想狂。学者们蔑视他，说他的地理知识荒谬、浅薄，殖民者们则因为他没有找到金山而感到受骗不浅，商人们由于他的过失丢掉了金钱……，总之对他是一片怨恨之声，人们再也不愿理睬这位航海家了。然而当一些学者们指出是哥伦布第一个敲开了新大陆的大门，光荣应归于哥伦布时，哥伦布又成了一个英雄，一个伟人。从前对他的指责不仅一扫而光，而且还给予了过去从未有过的评价，甚至那些被指责的事又都成了好事。那些反对哥伦布的文章，现在又变成了反对亚美利哥的作品了。

到了18世纪，亚美利哥的同乡们首先提出要为他恢复名誉。他们公布了一些文件并发表了文章，赞美这位著名的航海家，反对那些诽谤之词，说光荣应该属于亚美利哥。于是人们又开始翻阅西班牙、葡萄牙以及意大利档案馆中的各种文书档案，进一步考证亚美利哥的航海事迹。在葡萄牙档案馆中没有发现关于亚美利哥航行的任何材料。尽管他曾说过他的航行日记交给了葡萄牙国王曼努埃尔，但在文书档案中没有找到过一字一句。当然这也不能足以说明问题，因为许多著名的航海家在葡萄牙档案馆中也没有任何记载。

在意大利档案馆中曾发现过亚美利哥写给银行家罗伦索·德·美第奇的三封信的手抄本，信中叙述了他的新大陆之行，特别还有确认新大陆不是亚洲的那封信，有些人为此欢呼雀跃，如获至宝。但有人指出这些信件是伪造的，经研究佛罗伦萨人也不得不承认这一事实。

在西班牙档案馆里发现的材料，尽管对亚美利哥及其航海业绩的记载有自相矛盾之处，但对他也有许多肯定之处。据西班牙有关文件记载，鉴于他过去对朝廷的忠心和以便其今后更好地为朝廷效劳，1505年4月24日西班牙接纳这位意大利佛罗伦萨人加入了西班牙国籍。1508年3月22日他被西班牙宫廷任命为总领航员，成为整个西班牙航海事业的领导者，负责训练和考核舵手们对量具、星盘、指示盘等航海工具的掌握，以确认他们的理论与实践相结合的程度。在此期间，他还制作了一幅新的世界地图，把已发现的所有海岸都明确地标了出来。他成了塞维利亚的托勒密，是受国王尊敬的官员之一。起初他每月的薪俸是50000马拉维迪，后来增至75000马拉维迪。晚年过上了安逸、舒适的生活。人们认为，这是对亚美利哥的最好肯定。如果像有人指责的那样，亚美利哥从来没有指挥过一条船，更没有率领过探险队，是一个奢望变成学者，探险家，但又不敢参加航行的小商人。那么当时航海事业很发达的西班牙，绝对不会如此重用亚美利哥把整个国家的航海事业都交由他负责。航海之国葡萄牙国王也不会再三邀他为葡萄牙航海探险。因此，事实证明亚美利哥不仅是一个商人，更是一个航海家。

关于亚美利哥的航行次数和第1次航行的确切时间，人们一直争论不休，到现在也没有一个一致的意见。不过多数人的意见认为1499年进行第1次航行比较可信，因为西班牙档案馆的材料中证实，阿隆索·德·奥赫达奉西班牙国王之命进行发现新大陆的航行，在组织船队时他选中了亚美利哥。他们的第1次航行是1499年5月18日或20日离开西班牙的。至于有人指责他故意把第1次航行时间改在1497年，恐与事实不符。那时印刷工作很混乱，也很随便，因而由于印刷错误把日期弄错的可能性是存在的，另外就像《宇宙志导论》的作者那样，为了说明他们建议的正确性，而故意改动他第1次的航行时间也是可能的，更何况亚美利哥对1507年在法国小城圣迪埃出版的《宇宙志导论》的作者建议用他的名字命名一事一无所知。因此不存在亚美利哥想贬低哥伦布航海探险的功绩并把哥伦布发现新大陆的荣誉据为己有的问题。这一点也可以从哥伦布的儿子迭戈·哥伦布看亚美利哥"4次航行"的小册子以后的态度中得到一定的证明。最先得到有关记述亚美利哥"4次航行"的小册子的人之一，就是哥伦布的儿子迭戈·哥伦布。他不仅读了这些材料，而且还对与事实不符或不妥之处，如亚美利哥在他父亲之前踏上新大陆并以"亚美利哥"为新大陆命名等，都做了自己的批注。迭戈·哥伦布从不容忍任何人损害他父亲的声誉，在他的著作中总是强烈指责那些伤害他父亲的人和事。但是在谈到亚美利哥的时候，迭戈·哥伦布没有说过一句不友好的话。这使当时极力指责亚美利哥窃取哥伦布荣誉的拉斯·卡萨斯主教都为之吃惊。这位主教清楚，迭戈·哥伦布是远征军司令的儿子，而且是神志清醒的人。根据材料看，他拥有关于亚美利哥航行的书，但他没有对他尊贵的父亲所受到的不公正待遇发表任何意见。

不过也还有人坚持1497年是亚美利哥的第1次航行时间之说。直到目前还有些著作仍然采用这种提法，他们说：从各方面的情况看，亚美利哥确实于1497年参加了比森特·亚涅斯·平松组织的航行。

不同的记载，意见的分歧，并未影响人们对亚美利哥和哥伦布的历史功绩做出公正的评价。正如有的人所说：亚美利哥已经永远不能从人类最光荣的史册中抹掉了。……

确切地说,可以概括为这样一句话:哥伦布是新大陆——"亚美利加"的发现者,但是他没有承认她。而亚美利哥不是她的发现者,但却是第一个把她作为新大陆"亚美利加"来承认的。因此人们认为,如果说1492年10月12日那天,哥伦布从圣玛利亚号船的甲板上遥望到华特林海岸的亮光,从而确定这一天是"新大陆"的诞生日的话,那么1507年4月25日《宇宙志导论》出版之日,应该被看成是"新大陆"的命名日。

闯荡世界的探险家

——马可·波罗

人物档案

简　　历：世界著名的旅行家、商人。生于意大利威尼斯一个商人家庭。他在中国游历了17年，曾访问当时中国的许多城市，到过西南部的云南和东南地区。回到威尼斯之后，他在监狱里口述旅行经历，由鲁斯梯凯洛写出《马可·波罗游记》。

生卒年月：1254年9月15日～1324年1月8日。

安葬之地：威尼斯圣罗伦佐教堂的波罗家族墓地。

性格特征：敢于冒险，具有勇敢的精神和坚强的意志；品行端正，有勇有谋。

历史功过：马可·波罗的中国之行及其游记大大丰富了欧洲人的地理知识，对15世纪欧洲的航海事业起到了巨大的推动作用。

名家评点：《马可·波罗游记》对东方世界的描述大大促进了中西交通和文化交流，从此中西方之间直接的政治、经济、文化的交流的新时代开始了。马可·波罗是时代的象征。

少年期待

公元1254年，马可·波罗出生在美丽的水上城市——威尼斯。威尼斯是由120多个大大小小的岛屿组成的城市，岛屿之间架设着彩虹般的桥梁。远远望去，威尼斯就像浮在水上的海市蜃楼一样，神奇而可爱。它的水上交通四通八达，运河穿梭在鳞次栉比的大小建筑群之间,就如同马路一样。威尼斯的居民乘着凤尾舟在运河里自由自在地行驶,可以到达城市的每一个角落。

威尼斯不但以优美的水上风光而驰名,而且还是商人会聚的地方。马可·波罗出生的这一年,大约公元 1254 年,他的父亲尼可罗·波罗又出海去做生意了,小马可也就没能看到亲爱的爸爸。正当波罗家族为添了一个活泼可爱的小男子汉高兴的时候,马可·波罗的妈妈却面对孩子黯然垂泪。因为孩子的父亲杳无音信。

"多么可怜的孩子呀,若是你爸爸也在身边那该多好啊!"

就这样,伴随着母亲日复一日的担忧,马可·波罗的幼年时光如水般悄悄地流逝。马可·波罗在妈妈的精心爱护下渐渐长大了,成了一个六七岁的小男子汉。他对爸爸的渴望相见的亲情一天比一天强烈。

"爸爸和你叔叔马窦·波罗到很远很远的地方去做买卖了,他们要赚很多很多的钱给马可·波罗呀!"妈妈在回答马可·波罗问询的时候总是不失时机地对马可·波罗进行教育。"威尼斯的男子汉个个都是好样的,他们不仅有健壮的体魄,而且会做买卖……小孩子长大以后都要跟前辈学习,远渡重洋到很远很远的地方去赚大钱。马可将来长大了也要像你爸爸和叔叔那样,做一个精明的商人,为我们波罗家族带来荣誉。"

马可的妈妈虽这么说,可眼里却隐隐地含着忧虑和与亲人不能相聚的痛苦。

马可听完妈妈的话,打心眼里为有一个好爸爸而高兴。他两眼里放出奇异的光,兴奋地说:

"妈妈请放心,将来马可一定做个出色的大商人,给妈妈赚好多好多的钱回来!"

母子两个紧紧地坐在一起,相互依偎着,怀着不同的真挚盼望着。

三年过去了,马可常和妈妈到港口打听海外的情况,询问马可父亲的消息,可是每一次都很失望。

这一天刚过中午,马可和妈妈又驾驶着凤尾舟来到港口。火辣辣的太阳给码头平添了一份酷热。马可和妈妈却没有顾及这些,他们只管放眼向茫茫的海水尽头望去。连一艘船的影子也没有,马可失望地看着妈妈说道:

"我们还是见不到爸爸,他究竟去了哪里呢?"

妈妈看着可怜兮兮的小马可,她不愿让沮丧的情绪影响孩子,伸出手慈爱地抚摸着小马可的头,尽量抖擞精神安慰孩子:

"我的孩子,爸爸一定会回来的。"

这个,小马可相信,因为他不止一次地听人讲起过关于父亲的故事,都是如何称赞他父亲广博的知识的。何况,他父亲的航海技术是威尼斯的骄傲。

的确,当时马可·波罗的父亲是走得最远的商人。

又一个夕阳落山了,西边天空上的云彩被烧得火红火红的,晚霞的光彩映在马可愁懑的脸上。海风凉凉地吹打着马可破旧的衣衫,甚至掀起了他几缕头发。孤零零的马可向着大海,向着远方的圣·乔治岛,也向着遥远的爸爸默默地流着泪水。

"也许,爸爸已经不在人世了……"

他发觉自己近来常常会产生这个念头,今天也不例外,但每次都被他否定了。不会的,爸爸一定会回来的。妈妈曾经告诉过马可,爸爸的航海技术是威尼斯一流的,而且也是世界上最聪明最勇敢的人,无论遇到什么样的困难,都会迎刃而解。爸爸迟早会回到我们的身边来。

马可回首瞧见码头旁边的圣·马可教堂,正被笼罩在一片金光闪闪的晚霞之中。他心中一动,为了爸爸能够平安回来,应该为爸爸祈祷一番。

马可面向教堂,脸上现出一副虔诚和恭敬,手指在胸前规规矩矩地划了一个"十"字,然后嘴里就开始小声为父亲祈求:"万能的主啊,您可怜可怜小马可吧!我已经忍受了失去父亲的 15 年的痛苦,请您念在马可受苦的份上,宽恕父亲的罪过,让他早日归来吧!"

圣·马可教堂的钟声响了起来,算是给予马可的慰藉。仿佛,在那缓慢而充满神秘的钟声里马可·波罗听到了一个来自远方的声音:

"不要担心,爸爸会有一天回到我们身边的。"

黄昏时分,太阳也像充满了愧疚,觉得对不起马可母子俩的殷切期望似的。海风也从海上徐徐吹来,给她们带来丝丝凉爽。马可望着妈妈消瘦憔悴的脸,心里也很不是滋味。马可大了,应该体谅妈妈,安慰妈妈,马可心想。在他为父亲祈祷的时候他就这么想。

"妈妈,我想爸爸一定会回来的,基督会保佑他平安的,你说对吗?"

妈妈的脸上掠过一丝宽慰:"可是,你爸爸往日做买卖,顶多出去一年半载,可这次他们已经出海 15 年的时间了,怕是……"

妈妈说到这里停住了,她不敢再往下说,也不愿往下想。

终于,马可的母亲在她那间黑暗、潮湿的屋子里病倒了,并且与往次生病不同。

卧房是长形的,天花板很高。在围墙板上方的灰泥墙上,画着渔猎的情景,其间被几幅花卉和海中生物的挂轴画隔断了。

马可·波罗呆呆地注视着病中的母亲,他不敢移动。直到她的干枯的嘴唇张开了,这才使他安心地喘了口气。

以前,她也常常生病,可每次都恢复了健康,这次也会一样的。这些年来,自从仆人被遣散以后,这座老房子只有她一个人亲自照料,又拉扯着马可·波罗,她实在是太劳累了。他知道,他父亲早先寄来的钱差不多早已花光。

现在,这个小小的有心计的孩子站在妈妈的身边,他决心要更好地帮助妈妈。

母亲越来越衰弱了,但还是终于找到了微笑的力量。她说话很困难了,但还是说:

"你………完全像你父亲。"马可对之报以微笑。"这个家对你来说太小了……威尼斯太小了……"

　　她的双眼由于一阵痛苦发作而暂时闭上了。当她再次睁开双眼时，她又微笑了。"有一天，他(指父亲尼可罗·波罗)会……你会看到的，"她对马可说，"威尼斯人人都会尊敬他。'欢迎你回来，波罗先生。你多么富有呵，波罗先生……'"马可没有忘记这些话，许多年后都没有忘记这些话。"他会给你送礼物，给每一个人。你会为他感到骄傲的。"

　　她努力从枕头上抬起头来，环顾四周，其实这只是一种愿望。她的头动了动，马可立刻就明白了。

　　放在床边的是她结婚时置办的油漆大柜，上面摆着一堆奇形怪状的玩意儿：有珍禽异兽的木雕、牙雕和石雕，也有穿着异国服装的人物雕像，还有些鬼脸和异教徒神像。在这些玩艺当中，有一个小小的裸体波斯舞女玉雕，是马可心爱之物。在这小玉雕下，压着一封折叠的信。

　　他从玉雕下面抽出信，转身回到床边。他打开一张单纸羊皮信纸。因为经常反复读了又读，以致这封信纸折叠的地方都破裂了，纸也发脆了。他重新拉住母亲的手，大声念道：

　　"我最亲爱的妻，这封信是要让你知道我很好。当你接到这封信时，我将比那些远离亲人和故乡的人走得更远，到他们任何人都未曾去过的地方了。我不想说我们的生意是多么成功，因为说来真是难以叫人相信。昨天和前天，我们骑马整整走了两天。前天，我们通过炽热灼人的浩瀚沙漠，最后才来到现在这个城市。这个城市好像全是由喷泉和金顶宫阙修建成的。"马可低头看了看母亲，她在凝神倾听中闭上了眼睛：

　　他和她都非常熟悉这封信，不止读了千遍万遍，也不止听了千遍万遍。

　　"……我知道你思念我，如同我经常想念你并祈祷圣母玛利亚保佑你平安一样。"

　　"我们的孩子现在该已抱在你手上了吧？奇怪的是，我还不知道是男是女。只要一有可能，我就会回家和你在一起。但是，威尼斯人生来就注定要远游……"

　　马可忽然停下来，他不再听到母亲的轻微喘息了。他怀着突然的恐怖，捏压着母亲的手，但是没有反应。随之，他一直与之挣扎的眼泪倾涌而出。

　　他唯一的真正同伴，他的梦想的制造者和分享者已经悄然离去了。

　　1269 年 8 月的一个周末的中午。

　　虽然没有烈日当空，但低低的云层似乎将闷热的空气罩在了威尼斯的上空。树叶懒懒的耷拉着，平日在空中翱翔的鸽子也不知躲到什么地方去了。街上行人寥寥无几，整个城市仿佛都睡着了。只有教堂附近传来的阵阵呼喊，打破了浓浓的沉寂。原来小巷子里一群半大小子分成两拨，每人手拿一根木棍作为长剑，正杀得昏天黑地。

　　马可手叉着腰，大声命令着自己这一边的小伙伴们。马可正打得酣畅淋漓之际，忽听背后有人在叫他的名字，他一个分神，对方的木剑直劈下来，正好敲在脑袋上。马可也顾不上还击，回头一瞧，原来是姑父。

"马可，快回家，去看看谁来了。"姑父说道。

马可乖乖地放下手中的木棍，跟着姑父往家走去。姑父没有像往常一样教训他几句，只是闷头走路，马可心里忐忑不安，不时偷偷地瞄上一眼姑父，试图从他的脸上找出什么答案，可惜一无所获。无言的沉默，随着家门的临近，变得愈发沉重起来。

还没走近家门，就听到屋里一阵阵的欢声笑语，马可推门进去，发现桌旁坐着两个陌生的中年男子。他们穿着破旧的粗布衣服，皮肤被晒成了褐色，满脸的沧桑告诉人们他们往日的艰辛。他们中的一个高大挺拔、仪表堂堂，另一个很魁梧，个子略矮一些，头发已经有点灰白了，线条粗犷的脸透出一种坚韧。他们是马可的父亲尼可罗·波罗和马可的叔叔马飞阿·波罗。

跋涉东方

15 年的时间对于一个孩子来说是极其漫长的。如今马可终于实现了他梦寐以求的愿望，与亲爱的父亲尼可罗相聚了，这使他感受到了有生以来的最大的欢乐。马可觉得自己简直变成了一只快乐的小鸟。

白天马可跟在爸爸和叔叔的身边，高兴地跑过来跳过去。他们三个还一起上街去推销从海外带回来的商品。夜晚他们则聚会在灯火通明的家里畅谈离愁别绪和尼可罗兄弟俩的旅途见闻。

马可对他们的东方见闻最感兴趣了。他每天晚上都缠着爸爸讲那神奇刺激的旅途见闻和经历。

"爸爸，快把你跟叔叔的旅行经过讲给我和婶婶听嘛！"

"很难用里来计算路程，我们用了三年的时间才到达大汗的都城，回来的时间就更长了。"尼可罗简单地讲述起他们的旅程。"我们的生意一直做得不错，我们想继续往前走，神秘的东方会带来更大的利润。那时正是鲍尔温二世当君士坦丁堡皇帝的时候，威尼斯共和政府还派了一名代表常驻在君士坦丁堡，完全是我们威尼斯的天下。1260 年，我们自备了一艘商船，很顺利地到达了君士坦丁堡，经过长时间的考虑，准备渡过黑海，到克里米亚半岛去。我采办了许多货物和美丽的珠宝，起锚出航了。没想到热那亚人和尼西亚皇帝夺回了君士坦丁堡，奇迹般地复兴了拜占庭帝国，威尼斯人的通商特权一下被剥夺了。感谢上帝，我们的运气真不错。"

"那后来呢？"马可手托着腮，急切地问道。

"后来我们到达一个叫索尔得亚的港口，然后骑马走了好几天，到了位于窝瓦河畔的城市萨拉，这是鞑靼人强大的钦察汗国的都城。当时别尔哥汗正在城中，他对两位远方来的游客表示极为高兴，给予了隆重的接待。我们就将自己带去的珠宝献给了别尔哥汗,他对这些威尼斯风格的珠宝首饰爱不释手,对于我们的慷慨非常地惊讶和赞赏,结果他赏赐给了我们两倍于献礼的宝物。"

尼可罗一口喝干了杯中的葡萄酒,接着说起了他们经商旅途中的一次奇特的遭遇,而这次遭遇彻底改变了他们的一生。

1259 年,大汗蒙哥突然去世,其弟忽必烈与阿里不哥之间爆发了一场争夺汗位的长期战争,海都乘机称雄割据,察合台后王依违于两者之间自行其是,往东方的道路已经几乎完全中断了。别尔哥对于这场大汗谁属之争没有什么兴趣,这时他的注意力集中在高加索地区,而旭烈兀对此也是垂涎已久。1262 年,在西方的这两家蒙古统治者之间爆发了激烈的战争,波罗兄弟恰好赶上了这次大战,战乱使得波罗兄弟俩束手无策。

"很巧,有位当地的商人知道另一条路可以直达君士坦丁堡。"尼可罗继续着他们的历险记,"我们由乌克尔市渡过窝瓦河,横过里海和盐海之间的沙漠南下,用了 17 天的时间来到中亚的大都市布哈拉城,因为战争还没有结束,我们只能耐着性子等待。有一天,在驿站里,我们正好碰到了伊利汗国君主旭烈兀的使节,他奉命去元朝晋见忽必烈。"

这位使节在布哈拉看到西方人,非常吃惊,他竭力鼓动我们去元朝,说忽必烈大汗很喜欢和西方人见面。"

"你们就去了。"蒙娜有点不以为然,"那肯定是个很恐怖的地方。"

"恰恰相反。"尼可罗语调一下有点激动起来,"从威尼斯一直跟随我们的几个仆人都愿意往东方去。我们很艰难地走了整整一年,终于见到了忽必烈大汗。"尼可罗和马飞阿在讲述这一切时,脸上满是自豪和骄傲。

但当时出乎尼可罗兄弟俩意料之外的是,忽必烈不像别尔哥那样对他们的礼物表现出多大的好奇之心,他非常详细地询问了西欧基督教的情况,以及地中海的争霸,神圣罗马帝国和教廷的事情。他对教会的作风、拉丁人的风俗习惯同样表现了极大的兴趣,波罗兄弟受过一定的教育,他们简明准确的回答显然就使忽必烈非常满意,而且忽必烈对波罗兄弟流利的蒙古语感到惊讶。

忽必烈沉吟了片刻,非常果断地说他准备任命他们为访问教皇的专使,陪同一名特使立即出发。他们的任务有两个,一是带一封信给罗马教皇,同时请求教皇选派 100 名既通基督教教义,又熟谙修辞、逻辑、文法、数学、几何、天文、音乐等七艺的学者;二是要求波罗兄弟返回元朝复命时,带一点耶路撒冷墓前的圣油回来。为了保证他们行程的安全,忽必烈特意赐给他们一枚金牌,凡持有这种金牌的人和他的所有随行人员,在元朝境内,一切地方官吏都必须保证他们的安全,按站护送;他们行程所经之地,无论大小城镇、寨堡村庄,都必须保证供应他们的一切必需品。

1266 年,经过了充分的准备之后,波罗兄弟和特使及随行人员启程了。谁知走了不到 20 天,特使就一病不起。波罗兄弟进退维谷,一筹莫展。最后商议的结果是,波罗兄弟俩接过特使的任务,告别其他人,踏上了回乡的路途。由于波罗兄弟带着忽必烈的金牌,沿途省去了很多的麻烦。但是,恶劣的自然环境给他们制造了巨大的困难,严寒、风雪、洪水,让他们疲惫不堪。一共花了三年的时间,才到达了亚美尼亚的海港城市来亚苏斯。

波罗兄弟在向他们的亲人们描绘这一切时,兴奋异常,激动之情溢于言表。谁能想到去的时候,他们只是两个满脑子黄金梦的威尼斯商人,回来时居然成了肩负重任等待谒见教皇的特使。别说是波罗兄弟俩,就是家里的亲人们也为之欣喜欢呼,至于马可更是高兴得忘乎所以。

"可惜好运不可能一直走到头。"尼可罗的这句话给大家劈头浇了一瓢冷水。

原来教皇克莱门特四世已经于1268年去世了。波罗兄弟刚到达阿克城就听到了这个噩耗。他只好去找在阿克城内的教皇派驻巴勒斯坦的特使特巴尔多·威斯康德。威斯康德非常仔细地听取了波罗兄弟的报告,他既兴奋又有几分无奈。兴奋的是这个消息对于基督教国家来说无疑意味着一个很有利的机遇;无奈的是新教皇即位,起码得等上相当一段时间。如果没有教皇的许可,这件事就无法进行下去。于是,威斯康德劝波罗兄弟先回到威尼斯,静候新教皇的诞生。别人听了这番话兴许觉得有点扫兴,但马可依然信心十足,他不停地为父亲和叔叔鼓劲打气。

就这样,马可天天缠着爸爸和叔叔讲述他们的东方见闻。他从中知道了许多地中海以东直至遥远的蒙古帝国的事情。

"将来如果有机会,我一定要亲眼去看一看东方是个什么样子;我也要去东方做一次充满刺激充满乐趣的旅行!"

波罗家族遗传下来的勇敢冒险的精神在马可的血管里一次又一次地涌动。渐渐地,马可产生了一种强烈的甚至连做梦都向往到亚海去旅行的愿望。

爸爸和叔叔回到威尼斯已经将近两年了,可是还没有听到新罗马教皇确定下来的消息。新罗马教皇定不下来,就实现不了对忽必烈可汗的允诺,就不能到东方去旅行。这使马可非常焦急。他有时恨不得一下子飞到东方,飞到亚海去。

这一天晚上,爸爸和叔叔又摇着头叹息着从外面回到家里。马可一望就知道他们又去打听罗马教皇的事了,肯定还没有确定下来。马可也变得沉默寡言闷闷不乐了。他萎靡在床上,无心听爸爸和叔叔的抱怨,独自想着心事。不知不觉地进入了梦乡。

尼可罗和马窦正谈话间看到马可安然地睡着了,他的脸上还浮现着满足的笑容。

"恐怕这孩子将来也想随我们一起去亚海呢………"

临行的日子终于到了,马可一行三人在亲人们的眼泪和叮咛中离开了码头,马可站在船尾,默默地望着渐渐远去的威尼斯,心里暗暗念着:"别了,威尼斯,愿圣马克保佑我们。"刚才菲亚的热烈拥抱,朋友们羡慕的目光似乎就在眼前。

船飞快地向亚约里亚海驶去,他们沿着达尔马希亚海岸,经过尤利西斯岛,希腊的伯罗奔尼撒,克利特,塞浦路斯。在该途的几个重要的商业海港,他们都做了短暂的停留,一边做些买卖，一边了解近东最近的形势，沿途的社会风情，人文地理，使得马可为之激动不已，他庆幸自己坚决要求随父亲同行的决定是多么正确，否则就会像一只井底之蛙坐井观天。

每一个新的事物，每一次新的发现，都让马可惊叹，他特意买了不少羊皮纸，专门用来写旅行日记，尼可罗看着马可天天晚上在灯下埋头笔耕时，总是显出一副不屑的神情。

经过匆忙跋涉，他们终于到达了地中海东岸的阿克港，然后又取道莱西斯城几经波折来到了西莫尼亚（今天的土耳其），然后进入波斯穿过了灼热的沙漠地带，赶到了北边的克尔曼城。

对于旅途的艰险，马可他们有着充足的心理准备。他们经过艰难的跋涉穿过克尔曼，越过科比南城，又先后经过巴尔赫、巴尔赫尚等地，一路东行来到了帕米尔高原的山脚下。

马可随父亲第一次进行长途旅行，虽然有着坚强的意志，但是毕竟投有经历过大风大浪的洗礼，他的身体逐渐被拖垮了。

来到帕米尔高原根部的时候，人们发觉马可的身体极度虚弱，脸色灰暗。

马可病倒了，一病就是半月有余。尼可罗和马窦看到马可的身体虚弱已不适于长途旅行，就决定在这里好好地休养一番。

马可休养身体期间，他并没有让时光白白地浪费掉，而是以一个商人的习惯了解了这一带的风土人情及物产等。他注意到这一带出产珍贵的红宝石和金银等矿产，还了解到这里的人们种植小麦和芝麻等农作物，并出产核桃等。

马可对这里最感兴趣的是，当地人经常用弓箭到野外狩猎野生动物，然后就用狩猎到的动物的皮毛制成柔软漂亮的衣服。马可非常喜欢这些衣服，穿在身上舒适温暖。于是他同尼古拉商量买下了几件。

"我们翻越常年积雪的帕米尔高原可能用得着这些皮毛衣服呢。"

尼可罗非常欣赏马可的远见卓识，对马可大加赞赏了一番。

经过一年的休养，马可的身体完全复原了。由于他经常锻炼的缘故，看上去他的身体比以前更健壮了。

终于他们决定翻越帕米尔高原了。

马可站在高高的山巅之上，白云在身边缭绕。不远处的两山之间，卡拉库鲁湖像一面明镜镶嵌在大地上，又像一位美丽的少女默默含羞不语。一条美丽的河流从湖上发源，蜿蜒地穿越一块辽阔的平原。平原上绿草如茵，一群群野羊正在撒欢。马可抬起头来，极目远眺，四周崇山峻岭，高接云天。

一片白云从他的眼前飘过，马可真想伸手把它抓过来，当纱巾围在脖子上。这就是世界上最高的地方！我征服了它，他把手伸向蓝天。是征服了吗？身处在真正的天地之间，马可突然感到了自然的不可战胜，感到了它博大的胸怀，感到自己真像是一粒芥草，在它面前是如此的渺小无力。要认识它都这般艰难，何谈征服二字，马可暗自叹息着。

马可意识到问题的严重性，不再去研究地形地势和动植物了，和两个向导专心赶路。

海拔越来越高，山势也越来越险峻，崎岖的山路蜿蜒曲折，高山的巅峰之上是一片银色的世界，寒风在山谷中呼啸，隆冬似乎在一夜之间就降临在他们面前。向导告诉马可，这才是真正的帕米尔高原。

高原上极为荒凉，渺无人烟，甚至连一只飞鸟都见不到，马可觉得简直像被扔进了地狱，生命气息的飘失令他恐惧。

万幸的是，他们带足了路上食用的一切物品，否则除了石头和泥土，没有任何东西。

山在变高，空气在变稀薄。每个人的腿都像灌了铅似的，只听得阵阵呼呼的喘气声。马可看着父亲和叔叔那惨白的脸，看着他们迈着无力的步伐向前挪动，心里非常焦急，谁要是在这鬼地方生病，真是一点办法都没有。由于氧气含量少，燃烧点低，食物永远是半生不熟的，水也是温吞吞的，他们本已衰弱的体力，更无法得到补充。

十二天之后，马可终于感到是在向下走了。他们攀越连绵起伏的莽莽群山，涉过弯弯曲曲的河川细流，穿过人烟绝迹、寸草不生的茫茫沙地，足足用了40天时间，来到了帕米尔高原南方的吉吉特。

苍茫的灰色在逐渐隐去，片片绿色洒在大地上。万物复苏，重回人间。马可骑在马上大声地喊叫，他第一次感到绿色就是生命。

块块农田，片片葡萄园，袅袅炊烟，隐隐传来的牧羊人的歌声。

到了，这就是著名的西域，蒙古帝国的发源地和中心。

正当马可一行人满怀着憧憬向着元朝快速前进的时候，却突然发现正前方有异常情况。只见前面的大路上烟尘飞扬，马蹄声声。一大队人马飞快地朝他们奔来。

马可他们都很紧张，一个个剑拔弩张的样子。尼可罗见状，大声地告诫人们；

"如果是强盗，他们要什么就给他们什么，谁也不许反抗！"

马队越来越近了，连骑马人的模样都能看清楚了。原来是元朝的一队骑兵。队伍前面金黄色的大旗迎风飘摆，猎猎作响。马背上是一个个身穿金盔金甲的武士，他们都雄赳赳气昂昂的样子，亦发显出他们的勇武和剽悍。马队来到近前，见马可他们都是外国人的打扮，便勒住马停止前进。从马队里走出一个军官模样的人，催马来到马可他们的面前问道：

"你们是从威尼斯来的波罗家族的人吗？"

"正是！"

"我是奉了忽必烈皇帝的圣旨前来迎接你们的，快随我登程去拜见忽必烈皇帝吧！"那个军官高兴地催促着马可一行。

马可他们弄清了马队的来意，心里的恐惧感立刻就烟消云散了，代之而来的是满心的欢喜。因为这样一来，马可他们就再也不用担心会有强盗来骚扰他们了。

马可虽然为以后再也不用过担惊受怕的日子而高兴,可他心里还有一个结没有解开,那就是伟大的忽必烈皇帝怎么知道他们来到了元朝的地界了呢?

原来,自从尼可罗和马窦离开元朝返回威尼斯以后,忽必烈皇帝就经常派人打探他们是否又赶回来的消息。当马可他们到达甘特以后,甘特的官员早就把他们的消息派快马千里迢迢地报告了忽必烈。忽必烈皇帝闻听大喜,即刻派了一队人马赶来甘特接应马可一行。凑巧的是,两拨人马在半路相逢了。

马可一行在元朝军队的保护下,顺利地到达了元朝的上都(即现在的内蒙古自治区的多伦),见到了元朝的皇帝忽必烈。

异乡为官

马可一行历时三年半的时间,经过了千辛万苦的跋涉,终于在 1275 年到达了元上都,见到了忽必烈。这一年,马可满 21 岁。

元朝的上都被高大的城墙围绕着,足有 25 公里长。皇帝的宫殿都是用大理石砌成的,美丽雄伟壮观。马可被东方的美妙建筑艺术惊呆了,他认为这简直就像仙楼琼阁一般。走进宫殿,房屋装饰得金碧辉煌。尤其是房间里悬挂着的书法、绘画艺术品,透着一股沁人心脾的墨香味,让人流连忘返。

殿阁之间有回廊曲苑相连,这些走廊也被装饰得美妙非凡。从走廊向外望去,庭院里青松古柏,修竹异草,处处显示出环境的幽雅与高贵。

马可、尼可罗和马窦三人,很快被领去见忽必烈皇帝。宫殿的走廊里铺着红色的厚厚的地毯,走上去柔软舒服。他们被领进一座最宏伟的宫殿。只见忽必烈皇帝高高地坐在龙椅上,两厢站满了文武大臣。

马可他们急忙跪倒在大殿之上,双手举着献给忽必烈皇帝的贵重礼物——水晶杯、五彩玻璃球和圣灯油等。

忽必烈高兴地收下了他们的礼物,并赞赏了他们一番,并且很感兴趣地询问了沿途的情况。可是尼可罗和马飞阿除了路途如何艰险外,说不出多少东西,因为他们心思多半放在生意上了。倒是马可用简明易懂的语言,条理清晰地叙述了一切的经过情形。阿雅斯的情况、玛木路库的史坦丁·拜巴鲁与小亚美尼亚的战争、阿津甘的喷油井、大不里士的商业、起而漫的军工制造业、忽里模子港、巴拉香宝石、帕米尔高原的险峻、西域风情以及罗布大沙漠的恐怖,等等,甚至于沙洲的殡葬仪式、哈密以妻女陪客的怪俗,几乎所有的人都被吸引住了。沿途的地形、军事要塞、行路所用时间,马可表述得清清楚楚。

忽必烈的眼里溢出柔和的笑意,他对马可惊人的记忆力和语言能力、对人文地理精确的判断力极感满意。马可告诉了他许多急于想知道的情况,因为当时海都举兵叛乱,军事威胁日益加甚,就在这年的正月,诸王火忽响应海都,南疆一带几乎失控,东西交通常常断绝。而伊利汗国和元朝关系密切,旭烈兀曾在忽必烈的汗位争夺战中坚定地站在他一边,有效地牵制住了阿里不哥及窝阔台汗国诸王。但是,伊利汗国与撒拉逊人的交战情况因交通不畅而一直不甚明了。马可的详细报告,解除了他心中很多疑问。

忽必烈高兴地对站立在下手的宰相安童说:"宰相者,明天道,察地理,尽人事,兼此三者,乃为称职。马可先生堪称是一个活地图,有几个人能走过朝廷如此多的疆域而详察地理人情呢?"他对马可说:"你要尽快把这些情况写出来,交给安童大人。朕很满意你的忠诚、热心和勤奋,特命你为怯薛,随侍朕的左右。"他又对尼可罗和马窦赏赐了很多珠宝。马可他们立刻跪下谢恩。朝堂上响起一阵轻微的议论声,所有的人对忽必烈给予这些威尼斯商人的重赏感到有点惊讶,尤其是对马可的重用。

怯薛是由蒙古贵族和其他民族的高级官僚以及地方官之子弟充质子者充当,是世袭制。怯薛是宫中近侍,最接近皇上,并公开活动于内廷与外朝之间,口传圣旨,出使地方,甚或出任高官重职。马可可算是一步登天了。

马可得以重用,一方面是因为他出众的才干;另一方面也是由于前几年发生的叛乱,忽必烈对汉人心生猜忌,转而重用色目人。

秋天来临的时候,忽必烈皇帝带着马可他们一起迁回了南边的大都(即今天的北京)。大都比上都更雄伟更壮丽,世界上的任何一个首都都没法和元朝的大都相比。

在忽必烈皇帝过寿的那一天,马可和爸爸、叔叔都被赐予了描着图腾的官服,这预示着他们也在元朝享受了官员的待遇。

马可在皇宫里亲眼看到了忽必烈皇帝赏赐手下的文武百官的场面。那场面才真叫宏伟呢!皇帝把无数的金银财宝、绸缎贡品赏赐给贵族、将军和侍臣们,一点儿都不心疼。这要放在欧洲,无论哪个国王都不敢这么做,他们简直与忽必烈皇帝没法比。马可心里说。

就这样,马可他们留在了忽必烈皇帝的身边,住了下来。

忽必烈通过多次对马可进行观察,他发觉马可·波罗是个品行端正、有勇有谋的人才,而且是个让人信赖的人。忽必烈决定让马可以游者的身份到全国明察暗访,以摸清国情。

马可高兴地听从忽必烈的命令,带了几个随从就上路了。

出京城往南约十七八里有一条河,叫芦沟河。马可带着人来到这条河的时候,被河上架设的一座石头桥深深地吸引住了。

这座桥由大理石砌成,桥面非常宽,可以容几辆车同时并进。这座桥尤为引人注目的是桥两侧的石柱上,雕刻着数不清的石狮子。这些石狮子神态各异,大小不同,塑造得活灵活现。

马可在这座桥边观察了很长时间。他深深地惊诧于中国人的创造力,他被中国人的高超的雕刻艺术陶醉了。这简直是世界上的一大奇迹。

（马可在他著述的《东方见闻录》里记述了此桥。欧洲人为纪念马可的功绩，把该桥叫作"马可·波罗桥"。但是这座桥有它自己的中国名字——卢沟桥，而且经过专家们详细研究，知道这座卢沟桥上千姿百态的石狮子共有 485 个。）

北京卢沟桥

越过卢沟桥，马可·波罗又先后游历了太原和平阳，然后渡过黄河到了古都西安。

在西安，马可也游历了中国历代的古建筑和西安优美的风光。同时他还看到了老百姓安居乐业的生活。

之后，马可又巡游了成都、昆明和大理等城市，然后一路向西，走入了西藏。

从成都往西藏，山高路远，荆棘丛生，异常难走。而且常有狼虫虎豹出没，走路要特别小心。最危险的是夜晚，若宿在野外，就要防止野兽的袭击。马可在跟随父亲来中国的途中，学到了用篝火预防野兽袭击的办法。这次，他也如法炮制，点起了熊熊的篝火。火焰跳跃着，火光照亮了周围很大的一块地方。马可觉得这样就可以放心了。没有料到的是亮亮的火光，却招来了狮子的怒吼和熊的咆哮。马可他们机智地躲开了凶猛的野兽。

平常的方法用不上，这使马可有些发愁。马可在行进途中，曾遇到牧民，他向牧民讨教了对付狮子的办法。他们随身带上了许多竹子。晚上休息的时候，他们就把竹子扔到火堆里，或用火烤竹子。竹子立刻就发出噼里啪啦的声响。这一下可好了，再凶猛的野兽也只能躲得远远的，不敢靠近他们。

马可经过四个月的明察暗访，了解到元朝西南方向的许多风土人情和人们的生活状况。马可把了解到的事情都做了详细的记录。回到大都以后，他如实地把自己的所见所闻向忽必烈皇帝做了汇报。

等马可讲完，忽必烈拍了拍手，一名内侍捧来一个托盘上面金光闪闪，马可不敢细看。"马可，为了褒奖你的勇敢，朕特赐你一套子孙服。"

此后，马可越来越受到忽必烈的赏识，并且经常作为皇帝的使者到元朝各个地方去视察。

由于忽必烈对马可的信任，他交给他一个使命。对马可来说，这可真算是一个美差。他奉命要到南方去进行一次调查，去了解南方的生产、工业及农业的生产能力概况。

这时，南宋遗臣吴生，这位含蓄而博学的老人已成了马可的私人助手，他们带着一支强有力的护送队启程了。

因为要走遍南方地区要花上许多年，马可就决定考察东部地区。他们向东南方向出发，从汗八里（即大都）到了卡拉莫伦大河——汉人称为黄河——最后渡过黄河，到了江南的淮安洲。这是一个繁荣的海港和贸易中心。是早年宋元的边界，再向前就进入了富丽的蛮子省了。这一带，战争的影响似乎没有全部消除，不时可见一批批全副武装的军队守卫着道道关卡要塞。马可沿宝应、高邮、通州、真州，直抵商业城市扬州。也许是因为前两年战线推进很快，也许是因为南宋放弃抵抗，越向前，城镇保存得越加完好，尤其是扬州城，由于全国的统一，反而更为繁盛。真是天下三分明月夜，二分无赖是扬州。

马可第一次看到了长江，从前，他看到过底韬里斯河，看到过黄河，看到过许多河流，但从没有看见过一条江的江面有八里宽。

它真像大海。江面的水路交通十分拥挤繁忙，有些帆船也是他们有生以来看到的最大的船只。在东面的河港真州，马可数了一下，这一天当中就有5000只船在港口停泊，装卸货物。有一个水上官吏告诉他，这儿每年有20多万只船往上游行驶。

扬子江，是中国的主要水上商业通道，被称为长江。马可亲自做了核实。长江长3500多里，发源于神秘的吐蕃雪山，汇合700多个支流，流经16个省份，两岸有200多个城市。它浩浩荡荡，向东流去，是上天赐予中国的最珍贵的礼物。它还有一个特点也极其珍贵，那就是常年刮着逆风，船可以借风力逆流而上。

马可接着又花了三个月时间，勘测南京和襄阳府到重庆长江中游这一带工业中心。重庆上游的长江称为金沙江，淤泥中盛产金沙。马可在重庆坐船顺流而下，穿过了两岸高耸入云，史前时期就已存在的峡谷。两岸有神龛古庙，栖于悬崖绝壁之上。可爱而富于蛮荒气息的自然景色，宏伟壮观，深深印入马可的脑际，使他不能忘怀。

他乘船行驶了30天之后，又到了开阔的长江下游地区。他们一行下了船，骑马往南，到了贸易中心的镇江府。从这里，取道于盛产丝绸和生姜而驰名的美丽城市苏州，最后到达南宋的京城，汉人称为杭州的地方。苏州的意思是"地上之城"，而杭州却有"天国之城"之称。博学的吴生告诉马可说，这名字不是随便取的。同样，马可也认为的确到了天堂，他足迹遍天涯，其后数年间，他多次访问过杭州，但他始终对"天、地"之称号深表赞同。

多少世纪以来，杭州就是江南的首府。它位于广阔的长江和巨大的淡水湖之间。因为杭州是和印度、阿拉伯进行贸易的首屈一指的中心，所以，从珠宝、酒类、时装到波斯地毯和舶来香料等，所有的东方财富全都在这儿陈列着。满面胡须和缠着头巾的商船船长到处可见。

杭州城为宋朝所建。宋人富有文化教养，爱好游乐。市内建有许多宏伟的府邸和宫殿，书院，庙宇，和一些公共建筑。

六月的西湖，山色叠翠，水光潋滟。他们倾盆大雨在一艘画舫里，徜徉在接天莲叶无穷碧的荷海中。推窗远望，把酒临风，环湖瑰丽的宫殿、寺庙和亭台楼阁尽收眼底，湖上三三两两的画舫载着游湖行乐的人们穿梭往来,此情此景,怎不令马可心旷神怡,醺醺欲醉。

时光飞逝,转眼间马可在杭州已住了十几天了。这天,总管派人告总诉他,大汗前来检查赋税的钦差大臣已到,请他一同前往衙门一叙。

杭州的官员逐一向钦差大臣禀报了一年来的赋税征收情况,钦差大臣边听边不时地翻阅呈交给他的各类账册。

市舶司官员开始禀报关税情况,接着又是盐税、农产税、粮赋等等,一天核对下来,马可发现,除了年收入640万德克(金币名)以外,杭州的其他收入竟然高达1680万德克。这天文数字令马可目瞪口呆,他简直不敢想象大汗有多少财富。同时,马可也发现市舶对商船的什一税比较稳定外,其余虽有标准,但执行起来随意性很大,于是他准备回大都后建议大都制定合理的标准,参照南宋朝廷的档案,这样既使百姓安居乐业,而赋税又可以得到保证。

杭州视察结束后,马可一行骑马向东南方行进,经过衢州、福州,到达重要的商港泉州。与历史文化名城杭州相比,泉州是地地道道的商业世界。街道两旁满是茂盛的刺桐树,花开时节,如火一般的刺桐花将全城染成一片红色的世界。

印度的香料、宝石,波斯的地毯、银器……泉州就像一个巨大的商品博览会。来自海外的商人汇集于此,交换或购买各自的商品。港湾内,桅杆如林;码头上,货物堆积如山。市舶司的官吏们每天都忙得焦头烂额。马可对泉州最深的印象,就是整座城市像大汗的聚宝盆,说它日进斗金绝不夸张。

考虑到东南沿海似有残余的南宋军队在活动,马可准备在泉州结束这次的使命。他告别了热情相送的泉州各官员,带着三名随从匆匆北返。

1282年,忽必烈的十二宠臣之一阿哈马遇刺身亡。

这次事件平息后,忽必烈经过仔细的调查研究,发现自己宠爱的大臣阿哈马原来是个欺下瞒上,恃弄专权的横征奸佞小人。阿哈马背着忽必烈对百姓横征暴敛,积攒了无数的财富,却置百姓于水火而不顾,使百姓处于饥馑之中;然而他在忽必烈面前,却百般献媚讨好,而且屡进谗言,搬弄是非,消除异己;并任用心腹之人,结党营私。

忽必烈知道了阿哈马的为人之后,非常后悔自己重用外邦之人,弄得朝政腐败。由于一时激愤,忽必烈下令处死阿哈马家族所有的人,并且对外邦之人逐渐变得不信任了。

马可基于忽必烈皇帝的这种态度,感到自己的处境也令人担忧了。

由于马可平时为人谨慎,处事圆滑,并没有被人抓住什么把柄。虽然如此,从皇帝忽必烈对待他们的态度也可以看出,忽必烈对待马可他们冷淡了许多。出于对马可卓越才能的欣赏,忽必烈让马可当了管理扬州的官员。

扬州地区生产出的财富是惊人的。然而,对大部分老百姓却无利可言。财富都直接进入可汗的国库和落入蒙古贵族手中。他们拥有许多工场和巨大的庄园。中国是统一了，但江南并未得到治理，而是作为奴役劳动力的来源，单纯进行着剥削。

有一件事一直在马可的脑际萦绕着。他和马窦有一次站在港口上，看到一条货船装载大米。农民们爬上一根竹子搭的跳板，把背的大米，从袋中倒进船头很高的船舱里面。他们劳动的样子，就像辛勤的蚂蚁，排成连绵不断的行列。可汗的卫兵在监视着他们。没有暴力行动，只有无尽无休的苦役。有一个农民倒空了米袋，又从跳板上走下来。当他到了河岸边时，一个卫兵拦住了他，拿过那个空瘪的米袋，又倒了一遍。有一些米粒掉在地上。那个卫兵二话没说，打着手势，就有另一个卫兵走了过来。他们两人用长矛推搡着那个农民，把他赶进了竹林中，毫不留情地将他痛打起来。理由是，他很可能一直在计划着要藏起一些大米。那个农民默不作声。马窦这时不得不拖住他，马可才没有去干涉。

自此以后，每当马可想起那个农民，他就记起了他在蒙古人统治江南这个过程中所起的作用。他对自己过去的作为，越来越感觉不到有什么可以值得自豪的了。

此外，由于蒙古人怀疑汉人文职官员是暗地组织反抗势力的中坚，所以把他们统统黜退了。有许多本应由他们来完成的工作，现在都落在马可身上，加上还要接受诉讼，进行仲裁，做出奖赏、赈济和惩办的决定，他实在太忙太累了。但无意中他却卷入了上面提到过的"政治刺杀事件"。

这期间，由于忽必烈的重臣阿哈马被刺事件的原因，他还是受到了影响。这时节，汗八里成了死亡的都城。忽必烈的另一个重臣八思巴被授权执行对这一事件的野蛮的镇压政策。马可的几个朋友都被斩首了。他不断地恳求八思巴帮助，但是八思巴总是反复地回答他："我没有别的办法。我必须服从大汗的旨意。他没有因为你跟刺杀阿哈马的人关系不错而惩罚你，你足够幸运的了。"

1281 年，马可又领到了命令。这时，他除了服从，别无选择。

大汗命令他率领帝国出使印度和锡兰。

马可拜别了大汗，辞别了父亲和叔叔，匆匆南下，于 1289 年春率领一个小小的船队悄然出航了。

此次出使东南亚，马可还是很有兴趣的，因为可以全面领略一下这条航线。上次来元朝时，没有从忽里模子坐船，对他一直是个遗憾。虽然这次航程可能只会到印度，但毕竟最艰险的路就是这一段。

海蓝蓝，宁静而温柔。春风吹送着他们飞快地向南方驶去。

马可一行一帆风顺就到了印度大陆的东南端马八儿王国。马八儿的珍珠宝石、炎热的气候、狂热的宗教信徒和复杂的宗教仪式都让马可难以忘怀。当然，他和察罕不会放弃这次良机，每个人的囊中都装了不少马八儿的珍珠。

在马八儿时，马可还专程去玛德拉斯城瞻仰了圣托马斯墓。圣托马斯是耶稣的十二门徒之一，公元一世纪时，他从巴勒斯坦出发到东方传教，最后被人误杀，死在马八儿。

作为罗马教皇使节的马可自然不会放过这次千载难逢的机会。

马八儿国王拒绝向忽必烈献贡，但又很担心，不想冒犯这样一个强大的君主。他发誓要和元帝国签订永久友好条约，给马可的船装上了大量珍珠和稀有的布匹。

马可感到满意后，就动身北行，到达媚妇女王黛维统治的默感菲里王国。自从她所崇拜的丈夫死后，她拒绝再婚。由于她以公正平等治国安邦，政绩斐然，成了有名的女王。她也发誓要和忽必烈修好，赠送给他一大箱子从葛康达矿采来的华丽钻石。

马可又乘船向南航行，朝拜殉道者圣·多默之墓，圣·多默受到基督徒、回教徒和婆罗门教徒的同样崇拜。他从墓地周围，拿走了一些红土。据说，这里的红土是包治许多疾病的绝对灵验的特效药。他继续向南旅行，来到这片辽阔大陆最南端的乔拉和科摩林角，最后，转向东南方向，到了神话般的锡兰岛。

他们乘着风，在归途上航行着，直接取程回汗八里。他们的安全抵达和出使成功的消息，已经事先到达了，但是当他骑马走向京城的城门时，他看到出来迎接他的欢迎行列，不禁大吃一惊。欢迎行列由忽必烈徒步领队，后面跟着八思巴和中书省、枢密院的文武王公大臣、宫廷贵族。他们徒步走在人山人海的行列前面。他们赤着脚，穿着秦衣秦袍，不戴任何饰物。

马可下了马，从鞍马袋中取出佛碗，八思巴、贵族和随从人员，以及群众中的每一个人都跪倒在地，马可小心翼翼地捧着碗，迎着忽必烈向前走去，走到他跟前跪下，将佛碗献给忽必烈。忽必烈的敬畏地接到手中，将碗递给八思巴，八思巴的手触到佛碗时，一个劲颤抖着。忽必烈扶起马可，拥抱着他，在这一霎间的激情中，过去的一切争论和分歧全部烟消云散了。

马可回到家中，尼可罗和马窦非常高兴。

一番畅饮之后，三个人又不约而同地谈起了回家的打算。

马可早就知道，父亲和叔叔急于要回去，可是大汗对他们，尤其是自己恩宠日隆，他难以启齿。但大汗毕竟年事已高，如果不在他逝世前回去，也许就得不到沿途的照应，而这对于克服长途跋涉的无数困难，保证平安地返回家乡，是十分必要的。必须趁大汗健在时，求得他的恩准。马可准备找机会一试。

谁知没多久，忽必烈动了故人之思，召见了许久未见的尼可罗和马窦。尼可罗看忽必烈心情很好，就跪伏在他面前，恳求恩准他们归国探亲。但是，忽必烈非但没有同意他们的请求，反而伤感地问尼可罗，为什么甘冒那么多的危险，而去进行这样艰难的长途跋涉？忽必烈说，如果回去的目的是为了求利，那么他马上加倍赏赐给他们现有的俸禄，并可以享尽荣华富贵。望着年老固执而又开始恋旧的忽必烈，他们还能说什么呢？尼可罗和马窦只得诺诺而退。

看来除了在家喝闷酒之外，别无良策。

山重水复疑无路，柳暗花明又一村。正当他们彻底绝望之际，一个绝好的机会来了。

1286 年,伊利汗阿鲁浑王妃卜鲁罕去世。她在遗言中说,继承王妃之位的必须是同族之中的女子。于是,阿鲁浑于 1287 年特派使臣兀鲁解、阿卜失哈、火者等三人专程来元朝,请大汗选赐卜鲁罕同族之女为妃。忽必烈很高兴地答应了他们的请求,将卜鲁罕族女 17 岁的阔阔真赐予阿鲁浑为妃。忽必烈想到阔阔真远嫁他乡,为能让她愉快地前去,也为了显示朝廷对伊利汗的礼遇,不仅专门精选了一批宫女和内侍,还准备了大量的图书典籍、金银珠宝等物,又举行了一次盛大的朝会,欢送新王妃的鸾驾启程。

1290 年兀鲁解、阿卜失哈、火者率领大队人马浩浩荡荡地出了京城,准备从中亚陆路返回伊利汗国。在西域,一切都很顺利,驿站供应极为丰厚,照顾也非常周到。但进入中亚地带后,恰好伊利汗和海都发生战争,而他们又很难绕开海都的控制区域,战火纷飞,带着这位 17 岁的准王妃风险太大。三个人商议之后,决定暂时先回元大都。八个月之后,一行人回到了皇城。

在八思巴的帮助下,在朝野选特使护送阔阔真公主到波斯这件事中,马可·波罗圆了回乡梦。

1292 年,马可一行告别了元朝皇帝忽必烈,带着公主阔阔真,率领着一支由 13 艘高大结实的组成的船队,从泉州港出发了。

扬帆回国

船队缓慢地开始驶离泉州港。

马可站在船头,向岸边送行的泉州路官员们挥手致意。马可凝望着渐渐远去的一切,望着那熟悉的山和水,那港湾中如林的桅杆,潸然泪下。这里有他的青春年华,有他的憧憬和事业,有他的爱和恨。他把自己 17 年的生命留在了这片神奇的国土上,而且是最好的时光。

别了,伟大的元朝!

马可站在船尾面对元朝方向,默默地向元朝告别。他心内激荡着一股恋恋不舍地惜别之情。直到元朝的大陆消失在视线之中,马可父子三人才含着眼泪返回船中。

马可他们率领的这只庞大的船队,由 13 艘高大豪华的船只组成,共有 60 多个船舱和 250 多名水手,船中满载着远航所必备的各式各样的物品,其中仅食物就够他们足足吃两年的。

船队离开元朝,一路乘风破浪,沿着印支米岛顺利地南下。

海上汹涌澎湃的波浪不断撼动着大船,也撼动着马可的思绪。

船队在马可父子的指挥下,绕过马来半岛来到了马六甲海峡。此时马六甲海峡的天气坏极了,强烈的逆风呼呼地刮着,引得大海也发怒了,咆哮着简直要把人吞没似的。马可见船队无法继续前进,就命令船队驶进了苏门答腊的港口避风。

长时间在热带地区航行,加上精神高度紧张,很多人得了病,这主要是阔阔真的随行人员。

从安加曼岛到锡兰,是一段枯燥漫长的航程,单调的生活乏味已极,除了常常为死去的人举行海葬,似乎没有别的事干。死无葬身之地,是一句恶毒的骂人话,现在真的要降临在这些宫女、内侍、官员们身上,不禁让他们为之胆寒。

出于对大家安全的考虑,马可只得在锡兰长时间停留。沉重的责任感令马可喘不过气来,幸好尼可罗和马窦默默地担负起了全部内务,才使他稍微轻松一些。

驶离锡兰,向西航行 100 公里,来到了印度大陆的马八儿。在这个炎热的佛教之国,马可遇上了一个新问题,马八儿的房屋都是用牛粪涂刷的,无一例外,地上铺着地毯,席地而坐,阔阔真怎么也不愿住进这牛粪屋,马可费尽口舌也没用,最后只好又回到了船上。

船队顺着印度海岸前进,沿途经过俱兰、马拉巴、克斯马科兰等,除了补充饮用水和给养,几个人商定,一般不再靠岸。尽可能加快速度,因为他们发觉,停留越久,反而死去的人越多,这样不如以速度来战胜死亡的威胁。

到克斯马科兰为止,都是马可、察罕走过的路。再向前,虽说情况不熟悉,但是看得出来,波斯商船越来越多,这给了大家以巨大的鼓舞。

1293 年春,经过长达近 26 个月的旅行,他们终于越过了辽阔的印度洋,到达了波斯东南端的忽里模子港。

大家都高兴地忙着收拾行装,准备下船。

马可独自站在船舷边,望着列队上岸的人们,"一,二,三……"加上自己,上船时的 600 人,此刻只有十八个人活了下来。三位波斯使臣,就火者安然无恙,阿卜失哈终于没能坚持到终点。阔阔真的那么多侍女,仅剩一位。感谢上帝,阔阔真没事,父亲和叔叔没事。马可只觉得眼前一片模糊。

代价实在太大了。马可转过身,遥望着无边无垠的大海,从内心发出呼喊,安息吧,长眠于荒岛和大海中的人们。

落日的余晖将港湾染成了玫瑰红色。堤岸后的小树林肃穆地站立着,只有树叶在风中发出沙沙的响声,诉说着幸存者心中难以言述的情感。

马可他们上了港口,迎面碰上了波斯来迎接的官员。他们在波斯官员的引导下,来到了霍尔木兹城。霍尔木兹的大街上商号店铺林林总总,异常繁华,各色人种熙来攘往,川流不息。马可看到这些唏嘘不已,赞叹不止。

来到霍尔木兹的官署,马可他们却听到了一个意料不到的坏消息——波斯王驾崩了。

阔阔真公主闻听这个噩耗凄惨地哭了起来。

这怎么办呢？

霍尔木兹的官员告诉马可他们，国王驾崩后，由国王的弟弟作为王子的保护人，现在正驻在大不里士城。

马可决定先把公主送到大不里士城再做打算。在波斯军队的保护下，马可他们穿越沙漠安全地抵达了大不里士城。

波斯国王的弟弟把马可他们迎进城里，并提议让已故国王的儿子卡桑王子与阔阔真公主结为一对鸳凤。

阔阔真公主闻言也由悲转喜，被羞得满面通红。

马可作为忽必烈皇帝的使者，亦非常赞同这个建议。如此一来，阔阔真公主终身有了依靠，自己也可以交差了。

马可又把阔阔真公主送到了卡桑王子所在地西土耳其斯坦。

卡桑王子对阔阔真公主和马可的到来表现出异乎寻常的高兴，盛宴款待了马可一行。

之后，马可他们又回到了大不里士城，在那里休养了一个时期。

可马他们在大不里士城居住期间，详细地研究了返回威尼斯的路线。由于波斯和埃及正在进行战争，因此向西经地中海的归程不能走；而经特拉布松、伊斯坦布尔的归程却控制在热那亚人的手里，对于威尼斯人来说也是相当危险的。

经过深思熟虑，马可决定化装经伊斯坦布尔回威尼斯。他们把从元朝带来的物品换成了珠宝和宝石，然后又缝在了随身穿的衣服里面。就这样他们告别大不里士城向黑海海滨城市特拉布松走去。

在波斯军队的保护下，马可一行顺利地赶到了特拉布松。然而在特拉布松，马可又听到了一个令人震惊的噩耗——忽必烈皇帝驾崩了！

"忽必烈皇帝陛下！……"

马可和父亲尼可罗、叔叔马窦一齐面向东方，跪倒在地。

最后人生

少小离家老大回，乡音已改鬓毛衰。

他们重新站在圣马可广场上时，已是 1295 年了，在离开威尼斯 26 年之后，终于又回家了。

晨曦中，总督府屋顶上那面巨大的圣马可雄狮之旗在风中飘扬，雄伟的威尼斯大教堂光彩依旧，海风唤起了他们沉睡的记忆。一切是那么熟悉，那么亲切。

三个人背着行囊，穿街过巷。没有一个人说话，心中的激动全部化成了匆匆的脚步。

家,就在眼前。一切都没有变化,只是旧了些,这就是岁月留下的痕迹。

马可上门叩开了房门,里面站着一位年轻人,他吃惊地望着三个面黄肌瘦、穿着破烂的异国服装、操着怪腔怪调的口音的陌生人,愣了好一会,才彬彬有礼而又冷淡地问他们找谁。

姑父已经故去了,芙洛拉姑母已经非常老了,所以,她看了好几分钟,才认出了他们。人们多么为他们难过,最后像叫花子一样回来了……

他们的亲戚和从前的朋友接到他们重返故里举行招待会的邀请,出于宽厚仁慈前来参加。他们看见波罗父子依然穿着破旧、风尘仆仆的衣服,桌上只有面包和清汤。尼可罗、马窦和马可脱掉外衣,露出蒙古帝国王公贵族们穿戴的华贵金衣、银制腰带和宝石项链时,人们真是惊奇万分。这简直像是一个神话。

马可回到威尼斯以后,威尼斯与热那亚之间的战争越来越激烈了。马可出于对威尼斯的热爱,毅然参加了威尼斯的军队,开始与热那亚人展开了战斗。

不幸的是马可坐的战船在亚得里亚海被击沉了,马可落到热那亚人的手里,成了他们的战俘。

随后,马可被关进了热那亚的监狱。在监狱里,犯人们总喜欢马可讲他的东方之行,直到马可讲累了为止。

与马可同牢监禁的有一个比萨的俘虏,名叫鲁斯梯凯洛。他是一个小说家,尤其对写游记很在行。马可与鲁斯梯凯洛投缘,遂答应了他的要求,一同合作完成东行旅游的记录《东方见闻录》。

热那亚的官方知道了这件事后,也非常支持他们的这一行动,还特意派人从威尼斯马可的家里取来了马可的旅行日记。

马可和鲁斯梯凯洛经过几年的合作,终于完成了闻名世界的旅行日记《东方见闻录》。

尽管有这样或那样的缺陷,《东方见闻录》仍然是一部伟大的著作,是研究元朝历史和地理、文化的重要典籍,它为欧洲知识

中尊寺——马可·波罗的《东方见闻录》
中描述的"日本国(Zipangu)"

界开辟了一个崭新的天地,为欧洲人正确认识东方世界,特别是中国的真实情况,起到了巨大的作用。《东方见闻录》在社会、地理、自然环境、动植物、民族、宗教、古文明、语言等学科上,具有极高的价值。

转眼间,马可在热那亚监狱中被囚禁了快一年。

1299 年 8 月,热那亚和威尼斯正式签署了和平协定,所有的威尼斯战俘即将获释。监狱长亲自告诉了马可这一喜讯。在这段时间里,不仅是狱卒,就连这位冷酷威严的监

狱长也常常来到马可的牢房听他讲神秘的东方。

几天后，马可被释放出狱。他跨出监狱大门，忽然停下了脚步，抬头望着蓝蓝的天空，贪婪地吸了一口新鲜的空气，"自由真好。"马可发出深深的感叹。

马可和其他威尼斯人一起坐船回到了家乡。

码头上挤着一小群人，多半是妇女和孩子。他们怀着渴望的喜悦，在船靠岸抛锚的时候，引颈翘望。吉阿凡尼终于看到了他在热那亚夜夜梦想的人。人群的边上，站着一位圆脸、神情欢悦但却饱经忧患的妇女，她领着两个孩子。吉阿凡尼转向马可，好像是要告诉他什么事情，但是他只默默地张着嘴，一句话也说不出。他抓起自己的行李卷儿，就头也不回拼命冲向自己的家人。他的妻子看见他，喊叫起来，他们投入了彼此的怀抱。

马可为朋友的幸福感到高兴。当吉阿凡尼抱起他的孩子，尽力地吻着他们，想要消除他们对他离家的思念时，马可扭过头去。久别重逢的欢乐情景，只能使他感到格外地孤独。他没有妻子和孩子来迎接他。当他回过头来，目光扫过圣马克广场时，他看见威尼斯一如往昔，熙熙攘攘，好像根本就没有注意到他的归来。

他要凭吊的下一个地方，是那个被废弃不用的船坞。它现在似乎完全荒芜不用了，但是仍然可以认出，这里是他童年常常嬉戏逗留的地方。朋友们的笑声，一如遥远的往日，似乎在空中绕着。他几乎又听见了笑声。接着，他注意到了那条旧的长凳，吉里奥常常喜欢蹲在上面。他追忆着昔日的竹竿战和街头巷尾的嬉戏，回想着那只大家一起修补的、后来沉没在大湖中的船。他思念着绝望的、气喘吁吁、发着高烧死在自己怀抱里的朋友。

壁画大部分剥落了，已经模糊不清。然而，所保留下来的巴托洛米欧的艺术，就足够点燃起对上百件历历往事的回忆了。当他仔细观察他朋友画的一些神话人物时，他回想起，巴托洛米欧曾多么相信这些神话般的人物都是存在的，因为那都是他的想象力所能召唤出来的。当马可过去细细看一幅画时，他顷刻之间着了迷。那是一幅画着一个小小的，像鱼样的生物，有着美丽的流线形体态，和一副可以蛊惑和引诱圣者的花容月貌。

他发现自己又一次处在广场的喧闹生活的漩涡中了。生活在他的周围沸腾着，而他如此长久地客居他乡，人们完全忘记了他的存在。马可对此毫不介意。当一小群土耳其贵族走上广场，向巴塞里卡大公官邸前进时，马可没有跟上去和人群一起看热闹。他突然忆起了战败的南宋的一行行旌旗，他在注视着向大汗前进朝拜的伯颜，他在倾听着雷鸣般的万众欢呼声。

马可·波罗独自站在空荡荡的广场中央。他就是从这里出发，离开故乡，踏上了持续将近1/4世纪的旅程。这些旅行把他带进了西方从未听说过的异国他乡和不同的民族中。他本身的一部分已经留在了那些地方，和旅行者一起被埋葬在异乡了，送给真金了……。

他是威尼斯的公民，但又是全世界的儿子。

1299 年,热那亚人为表彰马可的贡献释放了马可和鲁斯梯凯洛。他们共同著成的《东方见闻录》很快地风靡了欧洲,并被译成了多种文本,流传于世界各地。

一年后,尼可罗去世了。临终前,他紧紧拉着马可的手:"漂泊半生,赶快安定下来,也免得我挂心。"马可含泪答应了。

遵照父亲的嘱咐,马可很快结了婚。妻子多娜是小户人家的女儿,沉静而文雅,马可第一次享受到温馨的家庭生活。很快,马可就有了凡蒂娜、贝莲拉和莫雷塔三个女儿。

因为大部分财产在特烈比宗被抢,装备战舰又花去了一大笔钱,现在一下又添了四口人,马可陡然觉得拮据起来。1318 年,长女凡娜嫁给了马可·布拉格登;两年后,二女儿贝莲拉也出嫁了。两次婚礼虽然让马可破费了不少,但他的负担也有所减轻。

1323 年冬,一场罕见的寒潮击垮了马可。病魔折磨着他。马可感到自己越来越虚弱,看样子熬不了多久了。他把妻子喊到床前:"多娜达,你去请公证人贾凡尼·尤斯迪尼亚先生来,我想立个遗嘱。"

"马可,会好的。你经历过那么多磨难,这一次也会挺过。"马可的一些好友得知人重病在身,纷纷前来探访。他们不约而同的要求他为了灵魂的安宁,务必取消他游记中的一些似乎不可相信的事情。马可看看这些好心而无知的朋友们,苦笑了一声,但他的回答是坚定的:"很可惜,我还没有说出自己所见所闻的一半。向上帝发誓,我说的一切都是真实的。"1324 年,马可 70 岁的时候,在众亲朋的陪伴下,安然走完了他人生最后一段路程,永远地离开了人间。

马可死了,但他给后人留下了一笔巨大的财富——《东方见闻录》。《东方见闻录》仍然是一部伟大的著作,是研究元朝历史和地理、文化的重要典籍,它为欧洲知识界开辟了一个崭新的天地,为欧洲人正确认识东方世界,特殊是中国的真实情况,起到了巨大的作用。《东方见闻录》在社会、地理、自然环境、动植物、民族、宗教、古文明、语言学科上,具有极高的价值。

可以说,马可·波罗在当时架起了欧亚两大文明之间的桥历尽劫波话沧桑,赢得不朽身后名。

新大陆的发现者

——哥伦布

人物档案

简　　历：生于意大利热那亚，卒于西班牙巴利亚多利德。一生从事航海活动。先后移居西班牙和葡萄牙。先后4次出海远航到达了西欧人认为的美洲大陆，他也因此成为名垂青史的航海家。

生卒年月：1451 年 10 月 31 日～1506 年 5 月 20 日。

安葬之地：遗骸多次被迁移。

性格特征：好奇心重，机灵聪明，富有正义感，固执，古怪，不相信人。

历史功过：开辟了横渡大西洋到美洲的航路。先后到达巴哈马群岛、古巴海地、多米尼加、特立尼达等岛。在帕里亚湾南岸首次登上美洲大陆。考察了中美洲洪都拉斯2000多千米海岸线；认识了巴拿马海峡；发现利用了大西洋低纬度吹东风，较高纬度吹西风的风向变化。他误认为到达的大陆是印度，并称当地人为印第安人。

名家评点：(美)莫里逊评价说："即使不谈哥伦布所建功勋巨大意义，就论人品性格特征，这位伟大航海家也引人入胜，发人深省。他有坚定的宗教信仰，爱好科学知识与幸福理想，向往新生事物，富有审美感。……有向往与发展我们文化教育事业的一切抱负。所以，他是各个历史时期最伟大的航海探险家之一。"

成长历程

　　15世纪意大利的热内亚是个繁华的国际港口城市，来往于地中海的船只大多要停靠在这里装卸货物和整修。港内码头上帆船密集，桅杆林立，五颜六色的旗帜迎风飘扬。

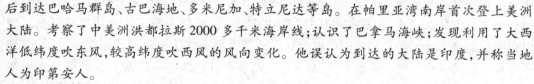

披着大红披肩的船长们威风凛凛,双手叉腰地大声吆喝着水手们干活。刚到陆地的水手们在忙着卸货,装船,冲洗甲板,显得兴奋异常,工作十分卖力,嘴里还不停地大声唱着歌,还有的水手敏捷地在高高的桅杆上爬上爬下,惊险的动作让看的人汗毛倒竖。码头上,三五成群的水手们聚在一起,讲述着各自遨游四海的传奇经历和见闻,混杂着好几国语言的欢笑声传出好远好远。这一切都使热内亚这个港口城市显得生机勃勃。

热内亚的街道都是用碎石子铺成的,显得平坦而整洁。两旁的房屋密密麻麻,鳞次栉比。这里风景秀丽,居民富庶安乐。1451 年,世界伟大的航海家克利斯朵夫·哥伦布就诞生在这里。

热内亚的毛织品久负盛名,毛织品生产是这个城市的主要经济来源之一。热内亚街道两旁的居民房屋里,每天从早到晚都传出震耳欲聋的织布声、克利斯朵夫家也经营着一家小织布店。楼口中一家人吃饭和睡觉的地方,楼下便是堆满厂羊毛的工作场所,整日充满了令人作呕的闷臊气味和隆隆的机鸣声,羊毛尘埃到处飞扬。全家 5 口人,爸爸多米尼加·哥伦布,妈妈苏珊娜,弟弟巴托罗缪,妹妹比雅卡,身为长子的克利斯朵夫,除了襁褓中的小妹妹外,全家人都得参加织毛布的工作。克利斯朵夫和弟弟们的任务是把棉毛团用铁刷梳开成一根根的毛纱,送到隔壁房间里,爸爸和工人们把梳好的毛织穿进织布机中,咔嚓咔嚓地织成布。然后由妈妈负责把织好的布染上各种各样的颜色,才能拿出去卖,换回全家人维持生活的费用。小小年纪的克利斯朵夫做着自己的工作已经是非常常熟练的了。

小家伙从小体格就很好,比同龄的孩子们又高又壮,小脸红扑扑的,短发弯曲而有弹性,最让人喜爱的是他那双机灵的大眼睛,不停地东看西看,什么东西都想看个透。花花绿绿的世界有那么多新奇的事物。不过父亲却不太喜欢小克利斯朵夫好奇心重,他倒希望孩子能学点什么技术,就是那些扎扎实实的功夫,以便将来能过得比他自己好些。所以小克利斯朵夫比年纪轻轻的时候就坐在那纺羊毛纱的作坊里学习使用纺纱机了,他老子总觉得要当一个出色的毛纺商人就一定要先学会自己纺纱。每次小克利斯朵夫坐在纺纱机前,作坊里那些肮脏的、浑身是羊毛的帮工和学徒门就逗他:"喂,克利斯朵夫,肯定有人雇佣你的。小克利斯朵夫,哈哈……"确实,又黑又热的作坊里羊毛乱飞,呛人得很,真的不大适合小孩子,于是克利斯朵夫干脆听了那些帮工和学徒的话,偷偷溜到港口那里瞧新鲜去了。

如果不是家里人来找,小男孩从早看到晚也舍不得离开,这就是童年时代的克利斯朵夫·哥伦布。每当坐在家里那令人窒息的羊毛堆上,手里机械地梳理着肮脏的羊毛时,小克利斯朵夫无法抑制对这项工作的憎恨,心中充满了那与生俱来的对大海的热切向往,幼小的心灵无时无刻不在幻想着,有朝一日自己能在浩瀚的海洋中航行的情景。

每天他都想方设法从那飘满羊毛纤维的家中溜出来,跑到海边来看船。码头上的一切都让他如醉如痴,百看不厌。每当一艘满载而归的船儿出现在海平面上,小克利斯朵夫总是能从它的颜色、速度、形状，第一个喊出它的名字来，每每让水手们惊叹不已，大家都非常喜爱这个聪明的爱海的孩子。

小克利斯朵夫恨不得马上跟着水手上船，到那肉眼看不见的地方去。

他常常追着身边的人问："那些东西是从什么地方弄来的？"水手们身上脏又臭，却神气十足地从他身边高谈阔论着走过，根本不搭理这个小孩子，这是小克利斯朵夫唯一对水手们不满的地方。间或有人抛下一句简简单单的答案："亚历山大"或者是"丹吉尔"等等。但如果想接着问亚历山大和丹吉尔在哪里的话，那就人影都抓不着了。克利斯朵夫到港口上去了好多次，知道了一大堆地名，却一点儿也不清楚这些地方是在热那亚的哪个方向。他问过一次他的父亲多米尼加，可老多米尼加不但没告诉他，反而对他疾言厉色，以后克里斯托弗就再也不敢问他了。可怜的多米尼加自己没有商船，也几乎没有和商船上的人打交道的经历，因为他们比他富得多，多米尼加顶多是利用一些敞篷小船，就近做些交易。所以他对那似乎永远碰不到的东西有一种既尊敬、又妒忌，因而又蔑视的态度。小克利斯朵夫可不懂这些，他和别的小孩子一样，好奇心得不到满足就没完，就不服气。有什么了不起！将来我自己去，我自己开船去！

老多米尼加·哥伦布毕竟不傻，他发现克利斯朵夫的确机灵聪明，应该让他去受受教育。不过多米尼加想让他受的教育也就是学学数学、拉丁文，还有必不可少的宗教知识。

好学校当然去不起，这不光是钱的原因；请老师到家里上课似乎又不必，1465 年克利斯朵夫被送进了他父亲一阶层和职业的人所推崇，并且是最可行的学校：维科洛·帕维亚学校。维科洛·帕维亚是热那亚城的一条小弄堂，15 世纪中叶的时候，呢绒工人行会为其会员的孩子在这条弄堂里办起了一所学校，居然办得很出色，热那亚人都知道它。克利斯朵夫的老师是一个 60 多岁的老神父，个子不太高，花白头发，满脸皱纹里夹着一双混浊的老眼，他经常弯下腰来不停地咳嗽，他又瘦又干枯的脖子上挂着大十字架，似乎就是那金属十字架把他的腰坠弯的。

克利斯朵夫深知家里拮据的经济条件和父亲的良苦用心，他特别珍惜这来之不易的学校生活，刻苦地学习。对于数学、天文学、拉丁语、地理学、航海学等课程，他更是表现出极大的兴趣，加倍用心。他一直没有忘记自己的梦想，这些知识会给他的梦想插上翅膀的！

学校里的老师吃惊地发现，这个刚入学的孩子所涉猎的知识面竟如此之广，且又如此精通。这个孩子身上所表现出来的坚定信念和顽强毅力也让老师们惊叹，可是，令他们惋惜的是，这个聪颖好学的孩子不久就退学了。家里织布厂需要他回去帮忙，而且经济条件已不允许他继续念下去了。

虽然短暂的学校生活有如昙花一现，但它对于克利斯朵夫的一生，却有着莫大的影响。

克利斯朵夫现在的工作是帮助家里推销织好的毛布。

在他14岁的时候,去了波尔托菲诺做少年见习水手。那时候每条船上都有少年见习水手,他们什么都干,在烈日炎炎或寒风凛凛中跪在甲板上用力擦洗,帮厨师做饭,给船上所有的人跑腿,被支使得团团转,累得很收入却不多。但克利斯朵夫还是去了。一方面是出于自小以来对港口和船只的迷恋,另一方面也是神父的劝导所致,神父认为他应该出去历练历练,因为航海最能锻炼人的意志与体魄,再说他希望克利斯朵夫能有所发现,以便把上帝福音传播到那里,于是克利斯朵夫在"已经长大了,应该出去闯一闯"的时候去当少年见习水手了。

那主要是在地中海内的航行,运载各种货物到东方去,再回西方,或在西方各国间贸易,几乎跑遍了环地中海各个有名的港口。有一次穿越了直布罗陀海峡,克利斯朵夫头一次见到大西洋,立刻被它的浩瀚与神秘莫测给吸引了。谁也不知道穿过大洋会有什么结果,有人说能遇上基督教徒的岛,有人说会在半路上饿死、渴死,甚至还有人说能绕到东方去,结果招来一阵嘲笑。克利斯朵夫可不在乎这些,他什么都信,又什么都不信,因为他想最好能自己驾船去试试看。

在次数众多的航行中,他很快适应了海洋的风浪和各种恶劣气候以及生活条件的艰苦,他吃最差劲的饭,干最多的活,睡在甲板上而不是船舱里。他除了尽他少年见习水手的责任外,还尽量多学些航海知识。他谦虚的外表和好学精神感动了一些人,于是他学会了掌舵、使用各种帆、使用各种仪器,并因此而掌握了许多实用的天文、地理学知识,例如他学会了使用罗盘,通过观测日蚀和月蚀确定经度(他只懂这个方法而没实践过),使用并校正沙漏计时器,还有夜星计时器等等。最重要的,是他开始粗通制图与绘图,意大利技艺高超的制图让他获益匪浅。后来克利斯朵夫又来到科西嘉,在这里的船队做了少年见习水手。

在年复一年、日复一日的风吹浪打中,克利斯朵夫长大成人了,由原来聪明好学的少年长成了一个高大结实的成年人。他有一副中等偏高的身材,红红的面孔,浅红色的头发,又高又长的鹰钩鼻子,显得高傲而倔强,再配上一双浅蓝色的炯炯有神的大眼睛,显得很威严和强悍。艰苦的海上生活和坚定宗教信仰磨炼了他的性格,他的自制力极强。他学会了与各式各样的人打交道,既看到了各种平庸,也看到了各种无知,特别是加上他对上帝少有的虔诚,使他说话矜持而自信,"仿佛他是上帝的使者似的。"有人这么评价他。但不管怎么说,他往任何人面前一站,那个人都要被他的气势逼人所打动,听他滔滔不绝的演讲。

四、五年的海上生涯中克利斯朵夫基本清楚了东西方的贸易关系,这使他对金钱有了更深层次的认识和观念。黄金白银的大量外流令他极为不安,这无疑是对欧洲基督教世界的沉重的经济打击,对将来收复控制在东方异教徒手里的圣地无疑是很不利的。克利斯朵夫不但从自身需要,而且从宗教需要上思考黄金,他觉得有极迫切地需要去发现新的黄金产地,这恰恰同当时整个欧洲的最大需要不谋而合了。

虽然有2/3的时间在海上,但在家中的1/3时间里克利斯朵夫绝不完全休息,除了给父亲帮忙外,全用来看书,这时主要看制图和数学,接着还学拉丁文、西班牙语和葡萄牙语。一个有丰富知识的航海家初长成了。

命运转折

从整个欧洲文化传统来看,大海培育了欧洲文明。有人把世界上主要的物质文明分为两类:以欧美为代表的海洋文明和以中国为代表的大陆文明。并对它们做了进一步对比,前者凭借海洋建立了商业经济模式,在氏族制度消灭之后重新组合为适应商业经济发展的社会组织形式;后者则一直把江河孕育下的农耕生产作为全部经济生活的基本方式,以血缘关系为纽带联结而成宗法社会。在哥伦布生活的海洋文明中,逐渐形成了探索进取的精神、重视观念反思的思维活动和以进取创新为核心的价值尺度。撇开这种论点是否是一种地理环境决定论不谈,我们认为,哥伦布的探索冒险精神应该归结于此,并且常年在海上航行,哥伦布获得了航海技术和与之发现美洲的合作者。据他说:"这种职业,似乎使所有干这一行的人,都产生了一种想知道世界奥秘的心情。"

总之,现实的需要和民族的特性使哥伦布的航船扯满了风帆,等他立志出海探险后,他便能够有能力扬帆出海,享誉海外。

20岁过后他参加了去马赛、突尼斯的远航。有人认为哥伦布是"海盗出身",这种说法引起过一番争论。但在《英国大百科全书》(1964)中确有这么一段文字:"无论如何,1472~1473年间,他曾在为安茹王国勒内二世服役时当过海盗。"有一种说法是:1470年他在一艘海盗船上效力。根据当时的惯例,这种船一边打仗,一边做生意,一边抢掠财物。这艘船被安茹王国勒内二世所租用,被编入海军舰队,参加安茹王国和阿拉贡王国的战争。1474~1475年,哥伦布转到热那亚大商人兼银行家黑人保罗的船队工作,航行到过热那亚当时的殖民地——希沃思群岛中的希腊岛,以及地中海东部一带,还到过西班牙、葡萄牙、英国、法国、冰岛和北海。

哥伦布继续不断到各地航行,经验越来越丰富,驾船技术日臻熟练。他从来没有为寻找航海机会而伤脑筋,邀请他出航的船长和船主一个接着一个。他的弟弟巴托罗缪一直对他十分崇拜,到处跟随着他。但他弟弟的特长似乎不在船上,他对绘画制图十分入迷。当他了解到葡萄牙的里斯本聚集着世界各地的绘图能手以后,他就赶往那里去了。

1476年,哥伦布时年25岁,在葡萄牙拉古什附近海面上发生的一场战斗,戏剧性地改变了他一生的命运。哥伦布从希沃斯群岛回到热那亚不久,参加了热那亚出动的一支武装护卫舰队,护送一批珍贵的货物去北欧。这支舰队由一艘武装军舰、三只大帆船和一只小船组成。小船为佛兰德人所有,船名"贝查拉",由哥伦布任船长。船上乘客大多数是热那亚附近的居民。当时地中海各国相互敌视,关系紧张。护航舰队的主要任务就是防备葡萄牙和法国的阻拦和抢劫。1476 年 5 月 31 日,船队从诺利出发向西航行,经直布罗陀海峡沿葡萄牙南部海岸前进。两个多月以后,8 月 13 日,在拉古什海域快要到达圣·文森特海角时,突然遭到一支葡法联合舰队的攻击。葡法联合舰队由 13 艘战舰组成,装备精良,占有绝对优势。热那亚船队坚持顽强抵抗,战斗十分激烈,持续了一整天,海面上浓烟翻滚,火焰腾空。将近黄昏时,三只热那亚船和四只敌舰均被击沉。哥伦布驾驶的"贝查拉"号船中弹起火,他负伤落水,幸好抓住了飘浮在海面上的一条船桨,经过长时间的奋力挣扎,泅水前进,在漂流六英里之后才在拉古什附近的海边爬上了岸。虽然哥伦布奇迹般地活了下来,但他的处境极其狼狈,衣衫褴褛,身无分文。于是从拉古什流落到里斯本,幸好被居住在那里的一位热那亚同乡收留。后来又和已经在那里经营书店并绘制地图的弟弟巴托罗缪会合,从此开始了一段新的生活。

里斯本是葡萄牙的大都市,也是欧洲的重要大港。航海王子亨利曾在这里办了一所航海学校,对印度新航线的发现做了不少贡献,是培养航海家的摇篮。可惜的是王子的愿望还没实现,就离开了人世。新国王约翰二世继承亨利王子的遗愿,继续积极发展航海事业。这样一来,里斯本的航海学校名声远播,许多国家的水手都纷纷慕名而来,寻求发展。这里的港口朝气蓬勃,呈现出欣欣向荣的新气象。

哥伦布满心欢喜自己到了一个可以继续航海事业的好地方,他决心利用这个大好时机,发展航海工作。对于一个将要出海航行的船长来说,寻找到最新而可靠的航海图是非常重要的,哥伦布在航海学校附近租了个房间,每天都十分忙碌,积极为他以后的航海事业奔走。然后,他又把弟弟巴托罗缪从热内亚叫到里斯本经营地图的生意。

在里斯本,爱情神箭射中了这位雄心勃勃的年轻人。

哥伦布是个虔诚的基督徒,无论怎么忙,星期天总要到教堂做礼拜。就在这里,他结识了一位后来成为他妻子的女孩——胡薇·莉巴。

胡薇·莉巴的父亲巴雷司特早已去世,他生前曾在亨利王子手下当过航海员,最后升为总督,统治着圣港岛。也许是深受航海家父亲的影响,胡薇·莉巴渴望着能在大海中勇敢搏击、敢于冒险的白马王子。当他们每个礼拜天在教堂见面,互相了解到眼前的这位英俊挺拔、胸怀大志的青年、这位美丽而有良好修养的姑娘正是各自心中渴盼的对象时,爱情便在两颗年青的心中萌发了。他们终于结为良缘,这是哥伦布最为幸福的时刻。他租了一个小房子,胡薇·莉巴的母亲也搬来和他们住在一起。

婚后,哥伦布惊喜地发现了故去的岳丈巴雷司特留下的许多航海日记以及海图和地图!这对哥伦布有着极大的帮助,这正是他以前所苦苦寻觅的有价值的资料。

胡薇·莉巴的母亲热爱丈夫的事业,她见女婿有志于航海探险,便把丈夫遗留下来的航海资料,全借给了哥伦布。同时,还把丈夫常讲给她的许多出海航行的种种经历,统统讲给他。由于岳母的帮助,哥伦布又获得了不少的知识,这些新知识对于哥伦布以后的航海都是极为有用的,这使他非常高兴。

不久,哥伦布一家搬到胡薇·莉巴小时候曾住过的圣港岛。这也是胡薇·莉巴的父亲曾任总督统治过的地方,现在它的总督是胡薇·莉巴的妹夫寇利亚。寇利亚是个很出色的船员,曾经多次率领船只出海航行,去过很多国家,积累了丰富的航海经验。因此,他和哥伦布一见面,便觉得说话特别投机,两人都有相见恨晚之感。他赞同哥伦布的理想,支持他的事,一有空闲时间,两人总是谈起以后的探险航行。同时,在生活上,他也处处给予哥伦布帮助和照顾。哥伦布在圣港岛的日子过得非常快乐。

首次西航

婚后,哥伦布仍然十分重视参加航海实践活动。1477 年,他随一条葡萄牙商船航行去了冰岛和爱尔兰。1478 年,一位住在里斯本的热那亚商人委托他驾船去马德拉群岛购买食糖运往热那亚。1480 年以后,哥伦布再度多次出海。后来,在王室御医和一位朋友的帮助下,他被介绍给葡萄牙未来的茹安二世——约翰王子。这次见面时间很短,但他给王子却留下了良好的印象,后来就任命他为一艘皇家帆船的副船长,沿非洲海岸线去几内亚,到达了葡萄牙国王在黄金海岸建立的贸易站和圣·乔治·德·米纳要塞。在去非洲航行的过程中,哥伦布花大量时间详细记录了海岸线上的各个细节,在他的地图上补充了许多说明。

帆船回到里斯本,带回黄金、象牙、香料、胡椒,还有一批奴隶,收获很大,但哥伦布似乎并不满足。宁静舒适的家庭生活并没有泯灭哥伦布的雄心壮志,他的心就像大西洋冲击着圣港岛的波涛那样躁动难平。

1481 年,葡萄牙的阿方索国王驾崩,茹安二世即位,这位国王在位期间把葡萄牙推上了帝国顶峰的边缘。他强行把非洲海岸并入葡萄牙并加紧剥削,因为当他还是王储的时候,就规定国王的商行要独霸对非洲的贸易。在行加冕礼的 1481 年,他降旨在非洲加纳沿海为一座要塞奠基,即后来有名的圣乔治达明纳要塞。这座要塞成了葡萄牙在非洲的支柱,它是保护和保障贩运奴隶和黄金的赚钱生意的,它能阻止欧洲和阿拉伯竞争者到这些地方来,也能视需要而制服当地居民。

1481 年深秋,去修建这座要塞的舰队启航了,克利斯朵夫在一艘军舰上。第二年,他参加了要塞的建设,随后返回葡萄牙。在接下来的两年里,他频繁地随船来这里,与当地居民和驻军做生意。在这 3 年的航行中,克利斯朵夫熟悉了热带海洋。

在哥伦布的时代,人们都认为地球像一个盆子,而且认为世界只有欧亚非三大洲。欧洲西边的大西洋,被传说成是个恐怖的魔海,它的水平线是一个大瀑布,船一到那里,就会被漩下去。这样，西行的船只，都紧靠海边来往，不敢驶到大西洋里去。

也有人说在大西洋那边曾看到过岛屿，而且还有人曾在大西洋上捡到被西风吹来的刻有图案的木板。根据这些传闻，哥伦布心想，"我觉得地球应该像球一样是圆的。一般的船到印度和震旦国都是一直向东行驶，可我认为往西边行驶，也应该能同样到达。有人在大西洋上看到的岛屿，说不定就是这两个国家呢，这样的话，西行的路线就要比东行近多了。"

圣港岛的总督寇利亚也说，他曾看过在刮强西风时，有在欧洲完全没有见过的树木漂流过来，而且还有两个面貌、皮肤和欧洲人完全不同的亚洲人种男人曾被浪打到海滩上。

欧洲和亚洲是连成一片的，即所谓的欧亚大陆(Eurasia)。它包括从葡萄牙到堪察加半岛，从挪威到马来亚这一大片陆地。西班牙和葡萄牙处在这片大陆的最西边——远西，而中国和日本则处在这片大陆的最东边——远东。这东西两端的距离是如此之遥远，路途是如此之艰险，在哥伦布以前时代，很少有人能穿越它从一端平安地到达另一端。意大利威尼斯商人马可·波罗(1254~1324)是少数完成这一壮举的杰出人物。但据现有资料，在意大利以西的国家，即西班牙和葡萄牙，在哥伦布以前，迄今未发现有人到过远东。而哥伦布却立志于走一条和马可·波罗方向相反的路线，经海上从远西到远东。

也就是在1481年，一个名叫马丁·贝汉姆的德国人来到里斯本。此人博学多才，在航海术、地理学、制图学方面有很高的造诣。约翰国王任命他为一个专门委员会的顾问，要他深入钻研航海技术。他编制的海路图比以往的精确，他改进了造船术和航海仪器，其中包括以铜质星盘代替此前一直使用的木质星盘。哥伦布与贝汉姆的会见使他受益良多，此后不久，他就把西航的梦想逐渐变成了略具雏形的计划了。

1483年，哥伦布从黄金海岸返回不久，他的妻子在里斯本因肺病溘然去世，对他的感情是一个沉重的打击。他对西航计划的专注使他从丧妻的悲痛中逐步得到解脱。

1484年，葡萄牙向非洲的黄金海岸派出了一个探险队，其中一个船长叫作第奥古·坎。他在越过南纬1度后向东南航行了大约700公里，发现了刚果河口，他又向南航行了2000公里，沿途立碑为记，一直到达地处南纬20度线的西南非洲地区。消息传到里斯本，葡萄牙国王茹安二世手舞足蹈，欣喜若狂。现在胜券在握，绕过非洲到达印度的日子指日可待了！

哥伦布和他的计划立刻被置于一种极为不利的境地，事实上已被抛弃了。国王及其顾问被南方传来的好消息吸引了全部注意力，根本无暇理睬一个外国佬的冒险计划了。

哥伦布立刻陷入了绝境，计划完了，钱没有了，债主开始逼上门来。原先期待着哥伦布发大财的债主们，像豺狗一样扑向无助的猎物，甚至有些人扬言要用他的命来抵债。

葡萄牙住不下去了，也不必住下去了，这个滋养了他的才能和计划的国家，不再需要他了。

哥伦布走了。

他去西班牙。

1485年初的西班牙王国,正处于鼎盛时期。早在1469年初,卡斯蒂利亚女王伊莎贝拉和阿拉冈王国费迪南王子在塞尔维拉城结了婚,两国合并后采用西班牙国名,费迪南和伊莎贝拉联合执政。1480年,西班牙成立了宗教裁判所。1482年4月,国王夫妇御驾亲征,抵达科尔多瓦指挥对摩儿人的战争,但是,摩儿人战斗力很强,两人被围,幸亏加的斯侯爵及时赶到,两人才得以脱险。不久,费迪南和伊莎贝拉征服了苏丹篡位王子。1485年4月15日,费迪南国王从科尔多瓦率大军浩浩荡荡开赴前线,这一次取得了重大的军事胜利,收复了很多失地。这样,在两人的努力下,短短16年,西班牙强化了王室权力,打击了贵族势力,实现了政治上的统一;巩固了基督教的统治地位,建立了宗教的权威;对外收复失地,争取实现和平;国家日趋强盛。

在这种情况下,哥伦布的伟大事业在西班牙才得以被真正重视。但是,尽管阿拉冈的费迪南拥有像伽泰隆和巴伦比亚这样具有航海习惯和经验的地区,然而,一方面他很固执己见,把注意力集中在濒临地中海的东部地区;另一方面,他把兴趣只是放在外交事务上,对于航海冒险不以为然,所以,他对哥伦布极为冷淡。不过,人们对费迪南的其他印象并不坏,这位国王身材不高,五官端正,目光锐利,体格健壮,日常生活十分简朴,他也是一位英明的君主。只是那位伊莎贝拉女王才是最为英明的,她清楚地知道,摩儿人还未被完全征服,可国库空空,无以为继,要扩充军备就必须有像哥伦布那样能够因探险而为国库增添黄金的人。看来,双王对待哥伦布的态度是有分歧的,这种分歧的产生使哥伦布的计划挫折丛生,几乎夭折。

1492年8月3日,哥伦布为之奔波筹办了6年之久的探海航行终于开始了。

东方的天边刚刚露出曙光,"起锚了!"哥伦布大声发布着出发的命令,声音响彻了晨曦中的巴洛斯港。

三艘帆船满贯着季风离开了港口。码头上送行的人们一面目送着船队缓缓离开,一面议论纷纷。"这些船再也不能回来了,他们会被魔海吞掉的!哥伦布执迷不悟,一意孤行,可怜的是那些水手。他们都要跟着他葬身大海的呀!"

拉那米达僧院的山坡上,有一个黑衣牧师正朝着大海的方向,目送着渐渐远去的船队,默默地为他们祈祷。这位牧师就是斐斯司教。

这次远航共有三艘帆船,最前面的一艘叫圣母玛利亚号,重100吨,有52名水手,由现在担任提督职务的哥伦布指挥;航行在中间的是可达号,由马露金宝逊任船长;殿后的是尼娜号,由金宝逊的弟弟宝逊托率领。

船先朝着南面前进,而后再转向西航。在哥伦布的海图上,日蚌谷的位置还要偏西些。

从远航船离开巴洛斯港开始，哥伦布的心里就没有一刻轻松过。他一直在提醒自己，一定要以身作则，给水手们做出表率，尽力使这些成分复杂的水手们能够和睦相处，通力合作，共同完成这次的探险航行。

对于西班牙和整个欧洲来说，新的时代开始了，开始了恢复精神独立、唤醒和革新理性的时期。暂时还不算万能的资产阶级的好时光到来了，只是那些按照实际事物来评价宗教和世俗权威的人们的好时光到来了。实验和试验成了科学发展的主要尺度。轮到那些人了，他们被遏止了几代的精力，能以重新获得的力量，冲向大有可为的天地。这被称为文艺复兴时期，而缔造这个时代的名人之一，现在人们可以称他为可敬的克利斯朵夫·哥伦布海军上将。

10月1日，星期一，一场暴风雨冲洗了船队，成了多风区的终结者。船队跨过了多风区，此时哥伦布公布的航程是 584 里格，而实际上是 707 里格，离他预言到达印度的 750 里格相差不多了。这时，哥伦布的心一直浮浮沉沉，让他充满信心的是，只要地球是圆的，只要有印度大陆存在，向西航行一定能发现陆地，这是毫无疑问的。让他所担心的是船队在即将航达陆地时，假使计划功败垂成，毁于一旦——有人挺不住了，以至于开小差，破坏了计划。另一种担心是从西班牙到印度大陆之间的距离可能远远大于估算。如果那样的话，船员们不但要付出大量的体力，而且到达大陆的心理预期也要延长。

航船继续艰苦地破浪前行，悄悄的量变正迅速转化为质变。10月7日，星期日，当太阳快要落山之时，有人发现了陆地的征兆。以前当这种征兆与自己头脑中的希望契合时，就形成了一种条件反射，人们就惊呼"陆地、陆地"，但这一次，人们只是私下里议论纷纷，窃窃私语。原因是，在这以前出现过同样的情况时，这些喊声只带给人们虚幻的高兴，一些调皮者还轻率地以此事来戏弄人。哥伦布很生气，他规定，对于喊发现了陆地而3天不能兑现者，不但剥夺国王给的赏金，即使他所说的陆地后来又果真见到了也照罚不误。这样，再没有人不见"兔子"就放"鹰"了。但是，突然，航行在最前面的"尼娜"号这时却鸣放了大炮，炮声告诉人们，前面有陆地。但是，即日下午，陆地的征兆消失，一群飞鸟从北向西南飞去引起了哥伦布的注意。这群飞鸟有可能是到陆地过冬的，由于哥伦布听说葡萄牙的许多岛屿都是顺着群鸟飞行的方向发现的，于是，他决定命令按西南方向连续航行两天再说。10月8日，星期一，海面出现了新鲜的海藻和大量田野的小鸟，船员们抓住一只，刚一脱手就朝西南方向飞去，此外，还发现了小嘴乌鸦、野鸭和信天翁，但多少次发现陆地的希望都破灭了，船员们陷入了绝望的境地，以至于他们不再提起发现陆地的事情了。

船队跟着鸟群飞翔的方向行驶。10月10日，信风加强，船速达到七节。10月11日，船队碰到强大的顺流，船速更快。陆地的迹象——树枝、绿叶、花草不断地在海面上出现。一个水手向哥伦布报告说前面发现了一根树枝样的东西，哥伦布命令舵手向它靠近，但海流太急没打捞起来。哥伦布派人驾小船把它带到船上，原来是一根粗大的带有叶子和果实的树杆。看样子是不久前折断的，"平塔"号又传来消息说捞起一根足有三英尺长的木棍，奇怪的是像一根空心的管子，上面还刻有花纹，涂有颜色。船员们的情绪因为驶近陆地而重新高涨，他们现在对海洋统帅完全信服了。

10月11日傍晚，东北信风变成了风暴，哥伦布命令保持全速前进。时限已经迫近了。晚上10点，月亮还没有升起来。哥伦布站在"圣·玛利亚"号高高的船艉上，看见有一点光亮在移动着，好像是岸上有个人拿着火把在奔跑。哥伦布叫来宫廷侍从佩德罗·古蒂埃尔雷斯，对他说，那像是火光，令他细看。宫廷侍从看后表示确实如此。第二天，1492年10月12日，星期五，清晨两点钟，"平塔"号走在三条船的最前面，在前甲板上一个目光锐利的水手——胡安·德·特里阿纳看见了在船的右前方，西边地平线上一个石灰色的悬崖似的东西。他大声高喊："嗬，陆地！陆地！"这一次确实是见到陆地了。水手们卸下炮衣，装上火药，急于点火开炮，但有人叫等一等。这时云雾降下来，陆地又变得模糊起来。一直在测深的水手喊道："水深二十米。"而且随着船的前进深度越来越浅。马丁·阿隆索看清了确实是陆地以后才命令吹号、鸣炮、升旗以示庆祝。此时天色依然昏暗，虽说已经接近陆地，但岸边水下布满珊瑚礁，哥伦布不敢贸然靠拢，下令卷帆，三条船时走时停耐心等待天亮。这时厨师罗德里戈熬了一锅鱼汤，见习水手罗尔丹扛来一桶马拉加酒，让大家暖暖身子，准备上岸。见到陆地的兴奋使水手们喝起鱼汤来似乎觉得味道特别鲜美。夜色逐渐消退，天空由黑变灰，现在即使在晨雾的笼罩中也清晰地看见长长的海岸线了。船队来到一个小岛的背风面，然后绕道西行靠近一个河湾才安全抛锚。人们看见长满灌木的高耸的悬崖，河流的入海口有一片宽阔的沙滩。靠北有一块陆岬伸入海中，靠南的树林中一缕缕炊烟在升腾。鸟群被突然惊起。树林中影影绰绰，似乎有一群人向着海滩奔来。

哥伦布的船队从帕洛斯港起锚到达新世界岸边抛锚，整整十个星期过去了。历史翻开了新的一章！

哥伦布首先率领一队带着武器的水手登陆，接着宾逊船长兄弟和其余的人也在欢呼中争先恐后地跳上岸。大家又围绕着哥伦布一起跑在沙滩上，虔诚地感谢主庇护这次航海的安全和成功。同时，又有一些人跑在哥伦布面前，请他原谅过去曾企图背叛他的罪过。

哥伦布把西班牙王国的大旗一挥，大声宣布："从今天起，这岛就属于西班牙王国了！我把它命名为圣萨尔瓦多岛。""圣萨尔瓦多"，就是"救世主"的意思。土人们本来把它叫作加拿合尼，哥伦布为了感谢上帝，把它更名为圣萨尔瓦多之后，它便成了巴哈马群岛中的一个岛屿的名称。

当哥伦布他们出现在沙滩上，岛上的土人惊恐万状，吓得躲到树林中，只从树干后面偷看他们的行动。土人们赤裸着身体，有着棕红色的皮肤和短而粗的头发，身上和脸上都刺着或涂着红红绿绿的花纹，外形非常吓人。

慢慢地,见哥伦布他们的态度很友好,有些胆大的土人从林中跳了出来,七嘴八舌地嚷着,朝人们靠近。哥伦布便把从西班牙带来的玻璃首饰和各种帽子送给土人们,博得他们的欢心。土人们得到这些东西,高兴得又蹦又跳,逐渐地和哥伦布他们亲近起来了。他们好奇地摆弄着白人的衣服和剑,并拿来了不少水手们多日没吃到的水果和新鲜活鱼。

第二天,哥伦布带领大家深入岛中开始实地调查。虽然岛上风光非常美丽,让大家惊叹不已,但却看不出有出产黄金的迹象。哥伦布询问了一个鼻子上戴着黄金饰物的土人酋长,才知道出产黄金的王国还在南边。

12月24日夜,船队乘微风从圣托马斯海到圣角,即从今天的阿库尔到卡拉科尔港航行途中,"圣玛丽亚"号搁浅了。事件发生在晚上11点左右,包括哥伦布在内的全体船员都因连日劳累奔波进入了梦乡,只留下一个见习水手操舵。哥伦布是严禁在这充满暗礁和浅滩的海中让见习水手操舵的,但那晚舵手违反了这个原则。当见习水手惊呼搁浅时,哥伦布快步如飞踏上了瞭望台。哥伦布命令船长和一些船员奋力拉住后面拖着的驳船,给它下一个锚,使其固定在船尾,然而,船长和海员却驾船向"尼娜"号逃窜,"见死不救"。"尼娜"号船长做得很对,他不但没有收留这群败类,反而派来小船营救哥伦布。这时,"圣玛丽亚"号破裂,大量海水涌入。在危急关头,酋长带领众人赶来,迅速地帮助搬走了物品,其速度之快令人咂舌,其态度之认真令哥伦布感动。

酋长们用大块的黄金与哥伦布换取不值一文的铜铃等物,他们还给哥伦布送来一个大面具,面具的耳朵、眼睛和其他部位都挂着金块。哥伦布因祸得福,梦寐以求的黄金终于出现在眼前的现实中。由于旗舰"圣玛丽亚"号遇难,哥伦布决定违反初衷,在此地留下一批人,构筑一座炮楼和要塞,外围用堑壕保护,同时提供足够的给养、辎重和构筑要塞的物资装备。这样做的目的是一方面"尼娜"号不可能装载这么多人回国,只能留下一部分人,另一方面构筑炮楼作为力量的象征,用来征服整个岛屿。哥伦布对岛民表面上使用怀柔政策,暗地里却痛下杀手的做法似乎很成功。但是,他可以欺骗那些没有武装,具有无可救药的怯懦的印第安人,却无法使他的手下在黄金欲中服从他。"圣玛丽亚"号的失事,应归咎于两个原因,一是帕洛斯造船者的粗制滥造。哥伦布已命令将"圣玛丽亚"号残骸整理到岸边,以作将来对造船者惩罚的物证。一是旗舰船长和船员背叛了哥伦布的指挥,没有及时在船尾抛锚时把它固定住,而"平塔"号的不受指挥更令哥伦布恼火。所有这些,都是可耻的王国人员在背后挑唆支持所致。

哥伦布决定返回西班牙向国王报告此次航行的收获。他相信一年后当他回到这里时,留下的这些人通过与印第安人的贸易一定会赚得一桶一桶的黄金,便更指望他们能发现金矿,保证源源不断的黄金的供应。这样,只要三年时间,西班牙君主就有财力组织起新的十字军东征,以便最终将圣地从异教徒手中解放出来。哥伦布在致国王的信中写道,我向陛下保证,这项事业中取得的所有利润都将贡献给耶路撒冷的征服。这当然是遥远的将来的事情。

哥伦布和剩下跟随他的 38 人登上"尼娜"号船,取道东北方向航行,以便赶上持续不断的强劲的西风,顺利返回西班牙。

1493 年新年第二天,瓜卡纳加利和哥伦布举行了隆重的告别宴会。酋长款待了哥伦布和全体船员,气氛热烈友好。人们互相拥抱告别。哥伦布没有想到的是,留在纳维达德的 39 人同瓜卡纳加利酋长及其臣民之间的友谊只维持了一段很短的时间,随之而来的是对黄金的争夺。对土著女人的凌辱,打架斗殴,"印度"流行病以及同一些印第安部落的战争,断送了这些人的性命。哥伦布苦心孤诣建立起来的纳维达德几乎被夷为平地。

哥伦布率领船队首次返回西班牙的开航时间一般认为是 1 月 16 日。

3 月 3 日,航行中的帆船又遇旋风,将所有桅杆全部折断,帆船只有光桅航行了。此时,天空电闪雷鸣,狂风暴雨一齐袭来,情形十分危急。万幸的是,黎明时分,哥伦布已到达了里斯本市附近,市民们争相来看这些幸存的船只,因为当地海员从未见过如此暴躁不休的冬天,已有 25 条船在附近沉没,幸存的哥伦布写信给葡萄牙国王,告诉他自己是从印度大陆而非几内亚湾来的,希望国王允许他进入里斯本。

3 月 8 日,葡萄牙国王要求哥伦布去王宫一叙,目的是探探情况。3 月 9 日,哥伦布如约而去,国王用盛大仪式隆重迎接,一方面表示对哥伦布的敬意,一方面又想让哥伦布把胜利果实交与自己。尽管葡王把哥伦布当作像本地最高贵的人物克拉托修道院院长一样的贵客看待,尽管葡王在与哥伦布谈航海情况时总是请哥伦布落座,并表现出毕恭毕敬的神情。但是,一切都晚了,经过千辛万苦磨难的哥伦布绝不可能再事二主,他要把最好的东西交给赏识他的人。葡王到现在更觉得自己当初决策失误,不但伤了哥伦布的心,而且丢失了本该获得的黄金和新的领土,他追悔莫及,只好于 3 月 11 日,准许哥伦布回西班牙,哥伦布依次同王后、公爵和侯爵辞行,得到了隆重的接待。3 月 12 日,葡萄牙国王又耍花招,支持哥伦布从陆路回国,结果被哥伦布严词拒绝。

3 月 13 日,船队趁涨潮之机,于上午 8 时扬帆驶向塞维利亚。3 月 15 日中午时分,到达去年 8 月 3 日远航出发港附近的萨尔特海港。至此,首次探险胜利结束。

苦难历程

哥伦布发现新陆地归来之后许多国家的君王也都准备组织远航队向西航行,希望能发现新陆地来扩展领土,开采金矿。而西班牙因为第一次航行收获很大,因此国王和女王早就为哥伦布的第二次远航做准备了。

1493 年 9 月 23 日,哥伦布的第二次远航船队告别了西班牙,从加地斯港口鸣笛出发。这一次，他把弟弟巴托罗缪也带去了。

第二次的探险船队规模非第一次时所能比，这次的船队由 3 艘大帆船和 14 艘小帆船组成，大约有 1,500 多名水手。船上还有许多马、牛、猪等牲畜，它们便是现在中美洲牲畜的始祖。此外，船上还带了许多农作物的种籽。

第二次探险船队的规模虽然如此之大，但无论是人力还是物资，征集工作却进行得非常顺利，甚至还有一些富豪人家的子弟也主动要求参加。许多传教士也都积极加入这个行列，准备到新陆地去向土人传教。

1493 年 9 月 25 日，在哥伦布船队从加的斯港开航，数千名群众送行，气氛十分热烈。10 月 2 日抵达加那利岛，船队在戈梅拉岛的圣塞瓦斯蒂安港停泊。

当完成补给后，10 月 13 日，船队离开费罗岛，向"西偏南"方向驶去。因为他认为沿此方向航行，定能在中途发现陆地，但海军上将没能发现陆地，却缩短了至少一个星期的航程。这次航行历时 21 天，航行 820 里格，折合 2608 海里，非常接近海员梦寐以求的完美航行。因为船队只是在 10 月 26 日前夕受到一次强烈的雷暴风的袭击，被撕裂了一些船帆，摧折了少量的桅杆，但仅过 4 小时后，风暴就过去了，船队损失比较轻微。11 月 3 日早晨 5 点左右，黎明将至的时刻，"玛丽亚加朗特"号上的一位年老的舵手在左舷船头发现了陆地。这一天正是主的安息日，海军上将把这片陆地命名为多米尼加，土著人称它为凯雷。在右舷出现的陆地称为圣玛丽亚拉加朗特岛。天亮以后，船队陆续发现了瓜德罗普岛、德西拉德岛和拉桑特群岛等。令人惊疑不已的是，德西拉德岛两边的任何一条航道都是以后历史上船队通行的咽喉要道，因为，任何错离此岛的附近航线都因信风和暗礁的影响可能使航船倾覆，这不能不说是海军上将的极大幸运，而海军上将在这次西航中发现了这样一条从欧洲到西印度群岛最远和最短的航线，更是航行探险史上的一个奇迹。

谣言和这道命令传到哥伦布这里，他既感到非常吃惊，又非常委屈。于是，他决定立刻回西班牙，向国王和女王陈述实情。

1496 年，归国的船队出发了。随行的人除了老弱病残船员外，还有 30 多个土人，高拉波酋长也在内。哥伦布没把他当俘虏看待，而是一心想用基督教义感化他。回航时，由于强烈暴风雨的阻隔，行程受误，当粮食不够，乃至后来断绝时，哥伦布坚决拒绝了有的船员杀死土人当粮食或把他们扔下海里的建议。

三次远航

经过 3 个多月的航行，他们终于回到西班牙。但再也没有了上次那样的热烈欢迎场面，而且哥伦布晋见国王时，国王也对他表现出极冷淡的态度，不少大臣还在背后讥笑他，只有女王还对他仍然很客气。哥伦布虽然非常伤心，但不久，他又再次鼓起勇气进宫晋见女王，请求准许他第三次远航。女王被他的真诚和热心所感动，终于答应设法为他筹款。

又经过不知多少波折，哥伦布第三次远航探险所需的船只、物资和费用，终于筹办齐全了。这一次远航的规模比前两次都大，船队由8艘大型帆船和40艘小型帆船所组成。

1498年5月30日，第三次远航开始了。这次船队从圣卢卡港出发，他们的目标首先是阔别两年多的希斯盘纽拉岛。

航行的最初几天，虽然海上风平浪静，但天气却非常炎热，船上携带的许多食物都已变坏，食用淡水也逐渐减少，水手们的情绪也因此变得非常暴躁。好不容易克服了天热的考验，航行了两个月以后，他们才抵达了一个大岛的东南岸。岛上的景色和其他的岛屿一样，到处长满了茂密的树林，郁郁苍苍，直插云天，令第一次前来的人赞叹不已。哥伦布的船队沿着海岸慢慢航行，大家都陶醉在美丽壮观的景色之中，却绝对没有想到这座岛的对岸就是南美洲大陆。哥伦布再一次失去了直接发现美洲大陆的机会。

6月7日，船队到达马德拉群岛。多年前克利斯朵夫曾在这里生活过，并且经商赚了钱。老朋友们给他举行了一个象样的欢迎会。2次航行结束后两年来一直处于失落和孤单中的哥伦布第一次满足了虚荣心。而他则率队击溃几艘法国海盗船作为报答。

离开马德拉群岛后，分出3条船给伊斯帕尼奥拉岛送给养，克利斯朵夫领另3条船向南驶去。这次克利斯朵夫决定到赤道附近去，根据一位地理学家兼珠宝商的建议，赤道上某些热带国家有黑皮肤和棕皮肤的人，他们有数不尽的珠宝、黄金和香料。

从佛得角向南，驶去了大约100公里，船队正处于信风区中间的赤道无风区。这是一个其热无比的地带，热得好象船只和人一起被烤焦了，木桶干裂，腌肉腐烂，粮食变得像火一样灼人口舌。大家都陷入了半昏迷状态，找不到一个人能有力气到甲板下去取点水。酷热持续了8天，然后是雷阵雨。但是受尽煎熬的船员们却没有体力去收集宝贵的雨水。没被烤焦的神智还在运动，大家惊恐万状，因为中世纪的宇宙志学家们断言，太阳在遥远的南方能烤死一切生物，这里肯定就是那个地方。7月31日，克利斯朵夫知道再也熬不下去了，只好下令转向西方。

中午，他们发现了陆地，在这个岛上取水时，看见了远方长满浓密森林的海岸，那里就是南美洲大陆。统帅命名为特立尼达岛。大家高兴极了，欢乐地吟诵和歌唱起《万福啊，慈爱的圣母》，以赞美上帝和圣母玛利亚的恩赐。在欢歌声中，船队胜利走完了第三次向西航行的全部路程。

8月13日，船队通过北部的狭窄海峡驶离帕里亚湾，这里浪高流急，哥伦布称它为龙口。连续两天，船队一直沿帕里尼半岛北边航行。这里的海岸线一直延绵好像没有尽头，哥伦布此时又修整了他的看法。猜测这里可能是"一个很大的大陆的一部分"。但是他的头脑中充满了荒诞的地理概念，疾病妨碍他做出正确的判断。他中止了这一次极其重要的探险。他认为此时回到伊斯帕尼奥拉对他来说是头等大事。在船队即将到达一个他叫作玛嘉丽塔的岛屿时,他命令转向朝北行驶。他没有察觉这里是一块盛产珍珠的宝地,如果他能派人在此开采的话,所获珍珠的价值将超过伊斯帕尼奥拉所产黄金的数百倍,

在哥伦布长期不在伊斯帕尼奥拉的情况下,他的弟弟巴托罗缪下令,在岛的东南岸边奥扎马河口上建立新的首府,叫作圣多明各。这里比伊莎贝拉条件优越得多,土壤肥沃,卫生状况良好,有固定的淡水供使用,还是一个可避风暴的良港。时至今日,圣多明各仍然是加勒比地区最古老的城市,是多米尼加共和国的首都。

8月31日,哥伦布一行到达新的首府。由于缺少劳力,城市建设只进行了一半。更为重要的原因是巴托罗缪·哥伦布必须把精力集中在别的事情上。作为代理总督,他未能赢得人心。对他的不满情绪逐渐增长,后来终于爆发了由岛上大法官弗朗西斯科·罗尔丹领导的叛乱。哥伦布到达时,罗尔丹和他的追随者正在岛屿的西南边省份哈腊瓜和当地的酋长贝西奇奥拉关系,其中还有贝西奇奥的妹妹——漂亮的安娜考纳。她是死在去西班牙的船上的酋长卡奥纳波的遗孀。

哥伦布从加纳利派出的三艘快帆船由于计算的错误未能直达圣多明各,错开的距离竟达好几百里。更为糟糕的是他们到达的地方竟是罗尔丹现在所在处。船长们不知道罗尔丹发动的叛乱,欢迎他登船,交给他给养和武器,还让自己的船员上了岸。这些人中间许多都是罪犯,罗尔丹轻而易举地把这些人收编,结果是他率领的这伙约70多叛乱分子组成的队伍大大地增强了威慑力量。

罗尔丹在哈腊瓜扎下营寨,在那里形成了一个由他发号施令的独立王国。为了壮大自己的声势,罗尔丹公开宣布全面"保护"印第安人的政策,以此来和伊莎贝拉城的巴托罗缪分庭抗礼。他所谓的"保护"实际上是把印第安人分给西班牙殖民者个人所有,成为附属于他们的私有财产。哥伦布从西班牙弄来的是劳动者,而他们在得到印第安人以后个个都当了主人,过着强迫印第安人劳动并让他们服侍自己的王公贵族般的生活。罗尔丹的这一项政策既缓和了与印第安人的全面冲突,又赢得下大多数西班牙殖民者的拥护。

这时,在西班牙国内,不断地有人在国王面前诽谤哥伦布。由于哥伦布从第三次远航以后,一直没有什么收获献给朝廷,没再讨得国王的欢心,宫廷里的大臣就乘机利用一切机会诬告他。说他和弟弟们已经独占新陆地,另立新王国啦,说他要把新陆地卖给外国啦,各种谣言不断涌到国王的耳边。听得多了,国王也就开始对哥伦布起了疑心。于是,国王便派遣全权大臣法兰西斯驾船西行,负责了解情况。

法兰西斯是个有名的残暴刚愎的人,而且他一直反对哥伦布。如今他成了国王的钦差大臣,大权在握,一些正直而同情哥伦布的大臣私下里议论此事,都不禁替哥伦布捏着一把冷汗,为他的命运担心。

哥伦布虽然深知自己并没有什么罪过，但是，法兰西斯既然是受国王之命前来逮捕他，那么他就不愿违背这命令。于是他一动不动地静静地站在门口，两眼坦然自若地看着法兰西斯。他心想：国王肯定是被小人的谗言所惑，才下令派人来抓我。自己既然身为国家海军总提督，服从国王的命令就是遵守国法。无论是什么，都不该违抗。只要回国见到了国王，问明白原因，再向国王表明自己的心迹，那么，今天受到再大的耻辱，也就不算什么了。

想到这里，哥伦布毫不犹豫地伸出双手，自动等着士兵来把自己铐住。

1501年9月3日，终于有了结果，但是，结果却令哥伦布心冷，因为国王已决定任命堂尼科拉斯·德·奥万多为印度诸岛及陆地（比森特·亚涅斯·平松和阿隆索·德·奥赫达所辖陆地除外）的总督和法官。不过，国王没有授予奥万多为副王和海洋统帅，使哥伦布略感宽慰。他所获得的是，双王命波巴迪拉对统帅的财产作一清算，让哥伦布派一位代理人到奥万多船队里去收集从贸易和采金得来的应归于他的收益。统帅这次选的人非常英明，他的代理人是原巴萨市市长阿隆索·桑切斯·德·卡瓦哈尔，此人能力强，使统帅富裕终生。

1502年2月13日，从哥伦布头上摘走总督王冠的奥万多率一支庞大的船队从加的斯港开航，船队拥有35艘载重150吨的帆船，24艘轻快帆船和一艘普通船只，共有2500人参加了这次航行。奥万多的西航，打碎了哥伦布心中的希望，因为丢掉了总督，就意味着失去了荣誉，他的耻辱达到了顶点。现在，他必须重新做出决定，选择自己的生活方式，是急流勇退、养尊处优，还是中流激水、勇往直前？哥伦布心中十分矛盾和痛苦，他似乎失去了对此做出最后抉择的信心。

征服天堂

于是，统帅又一次把航行报告明白无误地寄给了双王。尽管双王出尔反尔，但哥伦布不能这样，他必须用百倍的忠诚来取得双王的信任和支持。他的忠诚正直、有福不享而甘愿受苦受难的性格使双王哭笑不得，以至于笑骂他老糊涂了。然而，双王知道，要摆脱这样一个富有正义感、纠缠不休而固执的恳求者的办法是只好同意。

1502年3月14日，双王批准了哥伦布的第4次、也是最后一次西航。令统帅欣慰的是，他的特权不但重新得到了保护，而且他的后嗣也可继承享受，不受侵犯。双王批给了他10000金比索，用于装备船队及添置他所需要的枪炮弹药的费用，并希望他尽快"遗"往西方，双王用"遗"这个粗俗的字眼，让他赶快离开，实在是因为哥伦布纠缠不休，令双王既喜欢又不耐烦他的固执和老朽。此外，双王还希望哥伦布注意金、银、珠宝香料；不许买卖奴隶；找到通往印度的海峡；双王还附了一封给巴斯科·达·伽马的介绍信，希望他俩在航路上相逢;若不能环球一周,在返航时可造访伊斯帕尼奥拉岛等等。这一切都会使统帅心花怒放,因为,他的特权已被确认,航海计划已被批准。欣喜之余,他把特权书抄写了4遍,分别托人收藏,足见他对此有多么珍惜和重视。他在一份新遗嘱中,对阿特丽丝·恩里克思·德·哈腊纳的生计给予了安顿,而他自己将带着小儿子费迪南德,进行他称之为"高级的航海",因为这次航海是收益最小、最危险因而也是付出最多的、最昂贵的一次贵族之旅。

得到女王同意后,国王就开始挑选能够平息殖民地暴乱、压制住法兰西斯恶势力的人选,去担任新领地的总督。最后,他任命了一个叫尼古拉斯的将军。不久,尼古拉斯就出发前往伊莉莎白城了。消息传到正在盼望国王下令的哥伦布耳边,他实在想不明白,国王为什么出尔反尔,不守诺言。自己受苦受难,一心想博得国王的信任,可现在等来的却是这样的结局。可是国王命令已下,已无法逆转,哥伦布也只好默默忍受。

一连串的打击和失望,使哥伦布的精神坏到极点,整日郁郁寡欢,闷闷不乐。再加上长年海上漂泊的风吹日晒,身体在逐渐地衰弱。年仅49岁的哥伦布头发已经花白,身体也如风烛残年的老人一般。

虽然体力不如从前,但哥伦布勇于冒险、克服困难的精神仍然不减当年。而且,他那渴望再次远航探险的雄心反而更加强烈了。

哥伦布始终以无比坚定的信心,相信总有一天,他会克服一切困难,再次到大海上一展雄姿,开拓一片崭新的天地,把基督教的精神传播到全世界的各个角落。

他满怀发现更多新陆地的雄心壮志,苦苦寻找着能够再出大海探险的机会。他一直默默地为下一次的航海做各种筹备。

不久,这个机会果然来到了。1448年,有一个振奋人心的消息传遍了整个欧洲。葡萄牙航海家巴斯克达,发现了一条绕过非洲南端好望角到达印度的新航线,而且还从印度带回了许多的珍奇物产。

这个消息对于最早派船队出海探险的西班牙来说,无疑是个强烈的刺激。虽然哥伦布早就发现了许多新陆地,但并没有给西班牙带来显著的利益。而巴斯克达的新航线一经发现,就会给葡萄牙带来源源不断的财富。哥伦布决定力谏国王和女王让他再次率船出海。

7月末,门德斯租用的一条船来到,哥伦布和余下的人上了船。返回圣多明各的航行由于逆风逆流漫长而又艰难,一直到8月13日才到达目的地。奥万多表面上十分热情地欢迎哥伦布,但也只是场面上应付,他并没有为帮助他们做任何实实在在的事情。

此次航行是最艰难困苦的一次,被围在牙买加共一年零五天。哥伦布付出了沉重的代价,他的健康被彻底损坏了,免疫能力完全丧失。痛风病迫使他长期卧床,双眼红肿,视力几近于零。

哥伦布的第四次西航也是有成绩的,除了带回许多有关新大陆的信息外,还发现了一批新的岛屿，带回了大量的黄金。1504年11月7日，哥伦布历尽千辛万苦回到西班牙，在瓜达尔基维尔河口桑鲁卡尔德巴拉梅达港上了岸。在这里没有什么人迎接他，人们似乎已经把他忘记了，朝廷的人对他一再不能兑现许下的诺言感到厌烦。他的身体状况已经十分糟糕，由于伤痛的折磨，走动都非常困难，只能让人抬上驮轿，送往塞维利亚他的住所休养。他无法北上去晋见国王和王后，但盼望着国王和王后赐见，听取他的报告，这是远航归来的每一位船长应该受到的起码的礼遇。但宫廷迟迟没有传见的消息。对他十分不利的另一件事是一贯对他持同情态度的王后伊莎贝拉此时也卧病在床，哥伦布返回西班牙后不过十几天，11月26日伊莎贝拉便与世长辞。哥伦布本来希望伊莎贝拉王后能在她的遗嘱中"恢复他对印度群岛的所有权"，时间仓促，现在也没有指望了。这对他的精神和身体都是一个极其沉重的打击。他只好给他在宫廷禁卫军中任职的长子迭戈写信，要他在费迪南国王身边的人中寻求帮助。他决心要得到1492年他与西班牙君主达成的协议中规定他应得的利益和荣誉。迭戈是一个有责任心的人，而且作为继承人，事关他的切身利益，他确实是尽心尽力，但仍然没有什么结果。哥伦布又派他的弟弟巴托罗缪、儿子费南多和他的代理人卡瓦哈前往当时设在塞哥维亚的朝廷交涉，都没有什么进展。

1505年5月，哥伦布奉召北上塞哥维亚，得到费迪南国王的接见。国王对他仍然是那么优礼相加。他的长子迭戈已经被任命为国王的侍卫官。他的次子费南多此次从新大陆返航归来也被授予宫廷侍卫的职务，而且领得了参加第四次远航期间的全部薪饷。哥伦布要求国王恢复"我的尊严的源泉，我对印度群岛的统治和占有"。国王对他理解，但却不愿做出任何承诺，国王对他在第一次远航以后被授予的权益的解释上与他存在严重分歧。的确，如果完全按照协议执行，哥伦布将会成为当时世界上最富有的人。国王为了与哥伦布达成妥协，曾经允诺如果哥伦布放弃他的种种要求，在莱昂省赐给他一块封地作为补偿，被哥伦布拒绝。国王把有关哥伦布的事务委托给塞维利亚大主教德萨全权处理。国王对他的态度与王后显然判若两人。德萨要对国王负责，他也没有权力重新任命这位雄心不减当年的海洋统帅为印度群岛的总督。德萨决定，关于海洋统帅的财产和年金，由律师来办，不必交给政府。这样一来，哥伦布的要求只能诉诸法律程序。

哥伦布的晚年一直是在为争取对他的荣誉和利益的认可的艰苦斗争中度过的。王室仍然不停地从一地迁徙到另一地，先是萨拉曼卡，后是巴利阿多利德。哥伦布只能拖着病残的身躯紧紧跟随。他在给国王的信中抱怨说："这就是我的命运。在20年的服务中，我经历了这么多的磨难和危险，而我的收益为零。""我尽了我的一切努力，剩下的只有仰仗上帝了，上帝总是在我需要的时候伸出援助之手"。

1505年间，哥伦布不顾病痛，跟随朝廷先迁至萨拉曼卡，后又迁到巴利亚多利哥，这时的哥伦布生命垂危，伴随着他的请求正奄奄一息，但是，上帝似乎又亮起了希望之光。按照女王伊莎贝拉的遗愿，她的女儿胡安娜公主和她的丈夫奥地利大公爵应该坐上卡斯蒂利亚王国的宝座。费迪南这个老狐狸打算娶法王路易十二的 18 岁侄女为王后,将来生个儿子来继承卡斯蒂利亚王位。1506 年 4 月,胡安娜公主夫妇抵达科鲁尼亚,继承了王位,粉碎了费迪南的阴谋,由于统帅自己有病在身不能前去,他就派巴塞罗缪去请求这位新女王答应哥伦布应得到的一切,因为她毕竟是老女王的女儿。

此时,统帅正如一盏快要耗尽了油的灯一样,疾病加剧使他处于弥留之际。1506 年 5 月 19 日,哥伦布批准了他的最后遗嘱和遗书,命迭戈为他的财产和权利的继承人,偿还掉父亲的旧债和自己在热那亚及里斯本的道义债务;捐款在伊斯帕尼奥拉岛兴建一座教堂,在教堂里举行弥撒使他的灵魂永远安息;拨一笔偿债基金用以收复耶路撒冷圣墓;使所有直系亲属包括继配阿特丽丝·恩里克思·德·哈腊纳蒙受他的仁慈福荫等等。

5 月 20 日,耶稣升天节的前夜,哥伦布与世长辞。

葡萄牙著名探险家

——麦哲伦

人物档案

简　　历：葡萄牙著名航海家和探险家，发现麦哲伦海峡。1519年~1521年率领船队首次环航地球，死于与菲律宾当地部族的冲突中。虽然他没有亲自环球，但他船上余下的水手却在他死后继续向西航行，回到欧洲，完成第一次环球航行。麦哲伦被认为是第一个环球航行的人。

生卒年月：1480年~1521年4月27日。

安葬之地：菲律宾宿雾。

性格特征：坚强，高傲倔强，自尊心强，顽强不屈，有自我牺牲精神。

历史功过：麦哲伦的突出贡献不在于环球航行本身，而在其大胆的信念和对这一事业的出色指挥，以及他顽强拼搏的精神。他是第一个向西跨太平洋航行的人。他以3年多的航行改变了当时流行的观念：从新大陆乘船向西只需几天便可到达东印度。麦哲伦船队的环球航行，用实践证明了地球是一个球体，这在人类历史上，是永不可磨灭的伟大功勋。

名家评点：英国作家理查德·伊顿评价说："（麦哲伦的航行）毫无疑问，它是如此奇特和令人惊叹，这样的壮举从未有过，未来似乎也不会再次发生。西班牙人的航行超越了伊阿宋和阿尔戈英雄们到达科尔基斯地区及之前所有的成就。"

行伍生涯

当哥伦布打着西班牙国旗横越阴暗的大洋，往西航行五周后发现大陆，消息传来，狂如晴空霹雳震动了里斯本宫廷。这简直是一个奇迹。

哥伦布史无前例的成就，先在欧洲引起一片震惊，继而发现狂和冒险狂空前风行起来。一个英雄人物的成就往往会激起一代人的热情和勇敢。凡是在欧洲对自己处境不满，而又不愿坐失良机的人——年幼的少年、没有晋级的军官、达官贵人的私生子、吃官司的落魄人——都渴望到新世界去找出路，官吏、商人、投机者都竭其所有尽量多装备一些船舰。

探险队一个接一个应运而生，仿佛骤然间烟消云散，东南西北，四面八方到处都出现了新岛屿、新地区：有的地方是冰天雪地，有的地方是椰影婆娑。在二、三十年间，数百艘小舰船驶出海湾，驶出加的斯、帕洛斯、里斯本；发现的无名土地，超过了人类有史以来几十万年期间发现的地域。

这个时代地理发现进展之神速真令人难忘，无与伦比！1498年伊曼纽尔国王骄傲地宣布，"效忠葡萄牙王国的"达·伽马已到达印度并在卡利卡特登陆。同年在英国供职的船长卡博特发现了纽芬兰岛以及北美海岸沿岸。一年之后，平松打着西班牙国旗，卡勃拉尔打着葡萄牙国旗不约而同一起发现了巴西。一个发现接一个发现。在世纪之初有两支葡萄牙探险队——其中一支由亚美利哥、斯维普奇护送——沿南洲海岸南下，几乎到达拉普拉塔；1506年葡萄牙人发现马达加斯加，1507年发现毛里求斯岛，1509年他们到达马六甲群岛，并在1511年占领该岛。这样一来，通往马来群岛的咽喉要地已被他们掌握。1512年列昂到达佛罗里达，1513年欧洲人巴尔菩亚第一个在达连湾的高地上看到了太平洋。

从此，世上人所不知的海洋不复存在。在短暂的100年中，欧洲舰队经过的地方增加了不是100倍，而是1000倍！世界的面貌变化如此之快，真可谓日新月异。

地图刻版师在奥格斯堡昼夜不停地工作，宇宙志出版商满足不了大量订货。此类书籍油墨未干，还未装订成册就一抢而光，印刷工人印出的图书和地球仪在书市上供不应求——人人都渴望知道新世界的消息。但是宇宙学家刚刚根据新资料精确地绘制的世界地图，新资料、新消息又接踵而至，一切都得推翻重来，因为被认为是岛屿的地方，原来是大陆的一部分，被认为是印度的地方，却原来是新大陆，只好再把新河流、新海岸、新山脉填到地图上。这有什么办法呢？不等刻版师把新地图刻好，就得去刻制另一幅经过修改、变动和补充的地图。

古往今来的地理学、宇宙学和制图学从未见过像这50年如痴如狂，硕果累累的发展速度。在这期间，人类自生息、思维以来第一次最终确定地球的形状和大小。在这期间，人类第一次认识到地球是圆的，而人类从古至今就随着这个圆球在宇宙中旋转。所有这一切辉煌成就都是这一代人取得的，这些航海家为后辈承担了勘察无名海洋的一切艰险，这些征服者开辟了一条条新的航路，这些英雄解决了所有的，或者说几乎所有的难题。

仅仅还有一项功绩尚待完成——最后的、最壮丽的、也是最艰巨的功绩,那就是乘同一艘船环绕地球一周,证实地球是圆的,从而驳倒过去一切宇宙学家和神学论著。这成了费尔南·德·麦哲利扬什,史称麦哲伦的毕生为之奋斗的理想和事业。

自从瓦斯科·达·伽玛在印度登陆那天起,葡萄牙立即着手把其他民族从它的土地上排挤掉。它谁也不顾,把整个非洲、印度和巴西完全看作自己的财产。从直布罗陀到新加坡和中国这一区域之内,从此不准有一条外国船只航行。在半个地球上,除了小小欧洲中的一个最小国家的臣民之外,没有任何人敢从事贸易。所以,1505 年 3 月 25 日,离开里斯本港,出发去征服世界上这个最大的新帝国的第一支武装舰队场面非常壮观,因为这个舰队的出航,不是为了使某个国家、某个民族归属葡萄牙,而是要征服整个世界。20 艘艨艟巨舰停在港湾里,张起了篷帆,等候国王下达起锚的命令。这已不是亨利时代的船只,不是敞篷的大划船,而是宽阔的、船头船尾都有建筑物的笨重的大帆船,有三四根桅杆和许多船员的海船了。除了几百名受过军训的水手之外,船上至少还有 1500 名穿着甲胄和全副武装的士兵,两百来个炮手,此外还有木匠和各色手艺匠,只要一到印度,他们就立即开始修造新的船只。

在 1500 名跪在祭坛旁边举手宣誓效忠的战士中间,有个 24 岁的青年人,名叫麦哲伦,他当时还是个无名小卒。我们只知道他诞生于 1480 年左右。

24 岁的麦哲伦进入舰队时只不过是一名预备兵,他同水手和见习水手一起住在底舱,同吃同住,他只不过是为征服世界而出发作战的几千“无名小卒”中的一名。他们成千成千的死亡。士兵中死里逃生的人数不多,而往往最后只有一名能享受到大家共建的功绩的不朽荣誉。

这次远征中的麦哲伦仅仅是 1500 名普通士兵中的一员,如果想在印度战争史中找到他的名字,那是徒劳无益的。但有一点我们可以肯定,在印度的这几年对这位未来的伟大航海家是必不可少的学校。

一个预备兵是不会受到特殊礼遇的。今天派他去攻城,明天让他顶着烈日在要塞工地上挖沙子;他搬运货物,守护商栈,在海上和陆地上作战;他必须学会灵巧的使用测深锤和长剑,学会服从命令和下达指示。由于他无所不干,而且逐渐开始对他所从事的一切工作进行观察和思考,他终于成了一个多面手:他是军人、水手、商人,又是熟知各类人物、各个地区、海洋和星座的专家。

后来,命运使这个青年参与了许多伟大事件。在经过数次小冲突后,麦哲伦在科那诺尔战役中才算真正接收到战斗的洗礼。

科那诺尔战役是葡萄牙“光荣”征服史中的转折点。实力雄厚的卡利库特统治者曾经慷慨地接待了初次登岸的达·伽马,并愿意同这些不速之客建立贸易关系。但他很快就明白了,数年之后乘着装备更加精良的大型舰船卷土重来的葡萄牙人是想夺取统治整个印度的最高权力。印度教和伊斯兰教的商人吃惊地看到,这条凶恶贪食的梭鱼已闯进了他们宁静的河湾。要知道，这些外国人弹指之间就征服了所有的海洋，所有的舰船都被这些残忍的海盗吓得不敢离港出海。香料贸易骤然中断，商船队不敢驶往埃及，直至威尼斯的里阿利托港，到处都感到一只冷酷的手扯断了连接东西方的线路。

1506年3月16日，200艘卡利卡特船只企图对11艘葡萄牙船发起奇袭时，它们已做好充分的战斗准备了。

这是总督遇到所有战斗中最大的一次流血战斗，葡萄牙人为胜利付出了沉重的代价：80人被打死，200人受伤（对最初的殖民战争来说，这是一个巨大的数字）。当然，这一胜利最终确定了葡萄牙人对印度全部沿海地区的统治。

在200名伤员中也有麦哲伦，他在索法尔住了一段时间，后来就护送香料运输队回国了。1507年他与瓦尔捷玛同船回到里斯本，但是，遥远的异乡已使这个航海家神驰心往，他觉得葡萄牙并不值得留恋。在整个短暂的休假期间，他迫不及待地渴望参加下一次去印度的舰队。他将来到真正的祖国——世界。

麦哲伦重返印度时参加的这只舰队，负有特殊任务。瓦尔捷玛把有关马六甲丰富资源的情况报告给葡萄牙宫廷，并提供了他们长久以来竭力寻求的"香料群岛"的详细情况。他的叙述使里斯本宫廷深信，在没有夺取香料群岛这一宝库之前，印度并不算彻底征服，它的资源也不算完全到手。因此，必须先占领通往"香料群岛"的咽喉要道，夺取马六甲海峡和马六甲城（即新加坡）。

在1510年10月，当新任葡萄牙总督阿尔布克尔克询问皇家船长们，据他们看来，该如何包围果阿的时候，在发表意见的人当中也提了到麦哲伦。由此可见，经过五年的服役，这个普通士兵和水手终于得到了军官的头衔，并以军官的身份随着阿尔布克尔克的舰队出航。这一舰队的任务是为塞克拉在马六甲的可耻失败报仇。

1512年麦哲伦又出发去遥远的东方，去新加坡海峡。19艘巨舰组成的精锐舰队于1511年7月杀气腾腾地排列在马六甲港入口处，开始了对背信弃义的殷勤的东道主的残酷战斗。六星期之后，阿尔布克尔克才胜利地挫败了苏丹的抵抗。然而，这一次掠夺者们获得了他们甚至在天赐的印度都不曾得到的猎获品。由于征服了马六甲，葡萄牙就牢牢控制了整个东方世界。从而穆斯林贸易的主要动脉终于被切断了！几个星期之后，这条动脉已失去了血液。所有的海洋，从直布罗陀——赫拉克勒斯的两大石柱到新加坡海峡，都成了葡萄牙独占的海洋。这一前所未有的对伊斯兰最具毁灭性的打击的轰轰巨响传到中国和日本，在欧洲引起了狂热的反响。

1512年，这个因作战而疲惫的士兵返回祖国，看到里斯本和葡萄牙同七年以前迥然不同的面貌之后，感到一种十分独特的，也许是不愉快的惊讶。

远航前夕

麦哲伦不得不等了几乎整整一年。

1513 年夏天，当曼努埃尔国王刚着手装备一支庞大的舰队去对付摩洛哥，给毛里塔尼亚的海盗以最后的毁灭性打击的时候，麦哲伦作为一名远征印度的久经考验的战士立即自动报名效劳，这一决定只能用被迫苦于无所事事来解释。因为麦哲伦一向在海军里服役，经过七年锻炼，已成为当时最有经验的水手之一，而在陆地战争中，不可能充分发挥他的才能。于是，在开往阿扎莫尔的庞大军队里，他又重新变成了一名最低级的军官，没有职衔和独立的地位。又像在印度时那样，他的名字没有出现在报告里，然而他自己，又像在印度时一样，总是出现在危险的地段。麦哲伦在肉搏战中，第三次受了伤。枪头刺中了他的膝关节，损伤了神经，左脚不能再屈伸。麦哲伦终生成了瘸子。

瘸腿的战士，既不能快走，也不能骑马，已不适宜在前线服役。现在麦哲伦本可以离开非洲，有权以伤残者的身份要求提高抚恤金了。但他固执地希望留在军队里参加战争，身处危险之中——这是他真正的天地。当时，有人要麦哲伦和另一个伤号担任押运军官，把从摩尔人那里掠夺来的大量胜利品——马匹等护送回国。这时，发生了一个相当卑鄙的事件。一天夜间，有数十只羊从无数的畜群里消失了，于是，立即就传出了恶毒的流言蜚语，说麦哲伦和他的伙伴把从摩尔人那里夺来的部分胜利品偷偷地卖给了敌人，要不，就是由于疏忽大意，使敌人得以在夜间从畜栏里偷走了牲口。用这样的方式指控麦哲伦做出了损害国家利益的不名誉行径是卑鄙的。这一指控同几十年后葡萄牙的殖民官员对另一个大名鼎鼎的葡萄牙人——诗人卡蒙斯的诽谤和侮辱奇怪地如出一辙。这两个人在印度服役期间，有数百次发财的机会，但他们从这个埃尔多拉多回到祖国时却穷得像叫花子。然而，他们却受到了同一可耻指控的玷污。

幸而麦哲伦比温顺的卡蒙斯更坚强。他根本不想给这些可怜的讼棍提供什么口供，也不想象卡蒙斯那样一连几个月从这个监狱被押送到那个监狱，他没有像《卢济塔尼亚人之歌》的作者那样，畏畏缩缩地任由敌人去抽打他的脊背。诽谤性语言刚开始传播，早在有人敢于公开指控他以前，他就离开军队，回葡萄牙要求雪耻去了。

麦哲伦一颠一瘸地走到国王跟前，躬身送上一叠呈文。这些材料无可反驳地证实对他的指责全是无中生有。接着他提出自己的第一个请求：由于他二次受伤失去作战能力，所以请国王给他增加月薪——半个克鲁萨多（约为现在一个英国先令）。他要求的钱数简直少得令人发笑，似乎这个高傲、倔强、自尊的军人，不值得为这几个钱卑躬屈膝。但麦哲伦提出这一要求绝不是为了价值半个克鲁萨多的银币，而是为了他的社会地位，为了他的尊严。

可是国王伊曼纽尔面色阴沉，紧皱眉头看着这个纠缠不休的年轻人。对于这个最富有的帝王来说，事情自然不在一枚小小的银币。使他生气的是麦哲伦的做法，这个人态度强硬，不是谦恭的等国王开恩加封，而是固执地一味要求升级晋爵，就象他理所应当得到似的。好吧！一定要教训这个顽固的青年人，让他学会请求和等待。平素落落大方的伊曼纽尔国王一时因为心情烦恼，竟然拒绝了麦哲伦加薪的要求。他并未料到，不久他将为省下半个克鲁萨多付出数千杜卡特金币。

此时，麦哲伦本应告辞离去，因为国王面带愠色，根本不会给他恩惠。但高傲的麦哲伦并没有就此告别，他不动声色地站在国王面前，陈述来此晋见的本意，他问国王是否能在王室给他谋个一官半职。他还很年轻，精力非常充沛，怎能靠施舍虚度一生。当时每月，甚至每日都有船只从葡萄牙港口驶往印度、非洲和巴西，让他这个熟知东方海洋的人担任其中一艘的指挥，是理所当然的事。除了老航海家达·伽马之外，在首都和整个王国再没有比麦哲伦学识渊博的人了。

但这个年轻人越往下说，伊曼纽尔国王对他那严厉的挑衅的目光就越发感到讨厌。他冷冷地拒绝了麦哲伦的要求，没有他的职位，而且今后也不会有。

麦哲伦遭到拒绝，自不待言。可是他又向国王提出第三个请求——其实也算不上请求，只不过是一个问题。麦哲伦问，如果别国为他提供优厚条件，他出国任职，国王是否怪罪。国王一脸不高兴，冷冰冰地表示这件事跟他毫不相干。不管什么地方，只要那里能找到差事，麦哲伦就可以去。

在麦哲伦像叫花子似的被赶出国王宫廷的刹那间，他恍然大悟，再不能等待和耽搁了。

麦哲伦忠诚地为自己的祖国服务多年之后，在生命的半途上才认识了自己的天职。而因为他的祖国拒绝给他实现理想的可能，他只好把理想作为自己的祖国。他坚决地毁掉了自己一时的名声和公民的荣誉，把躯体溶化在自己的理想和不巧的功绩之中。

期待、忍耐和周密思考的阶段，对麦哲伦来说已经结束。1517年秋，他勇敢地把决定付诸实施。暂时让不够勇敢的伙伴法利罗留在葡萄牙，麦哲伦自己则越过了生命中的鲁比肯河——西班牙边界。1517年10月20日，同他很久以来就形影不离的奴隶恩里克一起来到了塞维利亚。

这里万商云集，船长、经纪人和各种代理人摩肩接踵。于是，国王命令在塞维利亚建立了特别的贸易公司，著名的东印度公司或一些商会里保存着一切密报、地面要图以及商人和海员的笔记。国王在这个城市里建起了专门进行海外贸易的公司，来往海外的客商都汇集在这里。

印度公司既是商品交易所，又是船务经理处——最确切地说，可称之为海上贸易管理局问讯咨询处。这儿，在当局的监督下资助海洋探险队的实业家同希望率领这些探险队的船长们谈判签订协议。凡是想率领挂着西班牙国旗的船队从事新的探险的人都得首先设法取得东印度公司的许可和支持。

麦哲伦并不急于走这必不可少的一步，这足以证明他不同凡响的沉着和善于沉默、善于等待的天才。麦哲伦讨厌凭空幻想和朦胧含糊的乐观主义或徒骛虚荣的自我陶醉，他总是准确地计算一切，是个心理学家和现实主义者。他预先权衡了自己的种种可能，认为条件还不够成熟。他知道，只有当别人的手为他按住门把手的时候，东印度公司的大门才会对他敞开。麦哲伦本人——这里有谁知道他？至于他在东方海洋里航行过七年，在阿尔梅达阿尔布克尔克指挥下打过仗，在这个所有大小酒馆里都挤满退休的冒险家和亡命徒的城市里，在哥伦布、科尔特——雷阿尔和卡博特手下进行过航海的船长们还活着的城市里，是没有多少价值的。至于说他来自国王不愿安排他做事的葡萄牙，他是流亡者，严格地说，甚至是叛逃者，这也不能多少提高他的身价。不，东印度公司里的人，对这个来历不明、默默无闻的外国移民是不会给予信任的，因此，麦哲伦决定在时机没有成熟之前根本不跨它的门槛。他有丰富的经验，他知道，此刻他必须这么办。像一切推荐新计划的人一样，他首先必须找到关系和"保人"。在跟握有权力和金钱的人谈判之前，必须赢得有财有势者的支持。

他的保人就是奥古巴·巴尔彼查，西班牙武器库长官，也是麦哲伦的岳父，这时麦哲伦可以毫不犹豫地跨越东印度公司门槛了，但东印度公司没有给他协助，就在绝望中，东印度公司经理胡安·德·阿朗达帮助了麦哲伦晋见国王查理五世，通过这次接见，获得了一切。

麦哲伦施展他的外交技巧摆脱了法利罗，法利罗自己观了星象，断定他不可能从这次航行中活着回来，便自愿放弃了航行。表面上，被客客气气打发走了的法利罗的离去安排得倒像是提升——皇帝的御旨任命他为率领第二支船队（只是纸面上有船舰和风帆）的唯一的海军上将，交换条件是法利罗把自己的地图和天文图表让给麦哲伦。这样，无数困难中的最后一个困难排除了，麦哲伦的事业重又变成了原先的样子。现在，一切重担和操劳都将落在他一个人的肩上，但他也将得到创造性个性的最大的精神愉快，因为他只对自己负责，去完成他自己选定的终生事业。

告别仪式是在"圣玛丽亚·维多利亚"大教堂举行的。

当着全体船员和肃敬地观看这一场面的群众，麦哲伦跪下宣誓，然后，从圣马尔季涅斯·列瓦总督手中接过国王御旗。此时此刻他回忆起自己第一次启航去印度前在大教堂下跪宣誓的场面，不过当时他面对是葡萄牙国旗，不是向西班牙国王查理，而是向葡萄牙国王伊曼纽尔宣誓尽忠，不惜流血牺牲。过去这个年轻的普通水兵也曾怀着虔诚的心情观看阿尔麦达上将打开旗帜，让他飘扬在跪拜的人群上空。现在，265名船员怀着同样虔诚的心情注视着他们命运的主宰者——麦哲伦。

1519年8月10日，未来新世界的统治者查理签署协定后一年零五个月，5艘船只终于全部离开塞维利亚港，沿瓜达尔基维尔河下行至圣路卡巴拉麦达港。舰队将接受最后一次检验,装载最后一批粮食。

这里,在圣路卡尔迪巴拉麦达港,麦丁·西多尼大公的宫廷对面,麦哲伦正在进行航前最后检查。尽管他对所有这5艘船只早已了如指掌,但他仍象一个怀着欣喜而不安的心情在调弦的音乐家一样,一次又一次地检查自己的舰队。

麦哲伦结束了自己的巡查。他可以问心无愧地对自己说,凡人能估计和预料的一切,他都估计和周密考虑过了。然而,海洋征服者的大胆航行向上苍的力量提出了挑战,这种力量是凡人无法计算和估量的。一个竭力预先准确判断一切成功可能性的人,同时也必须考虑这种漂泊的十分可能的结局——一去就回不来了。因此,麦哲伦把自己的意志化为尘世的事业之后,在启航前两天也写下了一份遗嘱。

1519年9月20日,星期二黎明,船队轰隆隆地起锚,篷帆孕满了海风,炮声——向即将隐去的土地鸣放的告别礼炮声震撼着海空。一次伟大的漫游,一次人类整个历史上最勇敢的航行开始了。

环球航行

1519年9月20日,麦哲伦的船队驶离了大陆。在那些年代,西班牙的国土远远超出了欧洲的疆界。启航六天之后,船队的五艘船开到加那利群岛的特内里费上水加粮的时候,他们仍然处于皇帝查理五世的统治范围之内。在继续开往不知何处的航程之前,勇敢的航海者们又有最后一次机会踏上祖国的可爱土地,再一次吸一口祖国的空气,听一听祖国的语言。

但这最后一次途中休息转眼就结束了。麦哲伦已准备扬帆,突然间出现了一只西班牙的轻快帆船,老远就向船队发出了信号。它给麦哲伦送来了他岳父迪奥古·巴尔波查的一封密信。秘密消息一般都是坏消息。巴尔波查通知女婿:他从可靠方面了解到西班牙船长的阴谋——在途中违背服从麦哲伦的义务。阴谋的首领是布尔戈斯主教的堂兄弟胡安·德·卡尔塔海纳。麦哲伦没有根据怀疑这一警告的真实性和正确性,但决心已经下定,面临的明显的危险只不过使麦哲伦的坚定决心变得更加坚定罢了。他往塞维利亚写了一封骄傲的回信:无论发生什么情况,他都将无条件地为皇帝效劳,他的生命就是保证。关于这封他一生中收到的最后一封信,给他带来了多么阴郁而又真实的警告,他只字未提,便命令起锚。几个小时以后,特内里费峰的轮廓便渐渐隐没在远方的天际。大多数船员最后一次看见祖国的土地。

在这次航行的一切困难中间,对麦哲伦来说,最困难的任务是率领船队中排水量和航速差别很大的所有船只紧密编队前进。只要一只船掉了队,对于船队来说,它就丢失在没有航路、茫茫无边的海洋里了。早在启航之前,麦哲伦征得东印度公司的同意,制定了一套保持船只之间经常联系的特别方法。不错,船长们和舵手们了解大体的航向,但在大海里他们必须执行一项命令:跟随领队的旗舰"特立尼达号"前进。白天,遵守这一命令完全可以办到;甚至在狂风大作的时候,各条船之间也不会失掉联系;夜间,要在五条船之间保持不断的联系就困难多了。为此目的,发明和周密设计了一套信号系统。天一黑,"特立尼达号"的船尾的灯笼里便点燃一个浸过树脂的火炬,使跟在后面的船只不至同旗舰失去联系。如果在"特立尼达号"上除了浸过树脂的火炬,又点起两盏灯,这就表示,遇到了不顺之风,其余船只应当减速或者曲折前进。点起三盏灯就是预示飓风即将降临,因而应当系紧辅助帆;如果点起四盏灯,就必须落下所有的帆;如果旗舰燃起许多忽亮忽灭的灯火或者鸣炮,就是警告要提防浅滩或暗礁。

11 月 29 日桅楼上传来了欢呼声:巴西海岸已经在望了。

12 月 13 日,舰队经过 11 周航行驶入里约热内卢湾。

在那遥远的时代,里约热内卢港恬静多娇的自然风光比之当代的都市繁华毫不逊色,对疲惫不堪的船员来说,它当然是真正的天堂。沿岸绿树成荫,郁郁葱葱,美丽多姿的小岛星罗棋布,西班牙船只在这里抛锚停泊。

他们的小舰刚一靠岸,从茅舍和树林里面迎面跑出许多土著居民,好奇而毫无惧色地观望这些全身披甲的军人。看上去他们很和蔼可亲。

几小时以后,实物交易热热闹闹地开始了。现在比加费德有了用武之地。11 周的航行没有给这位渴望成名的历史学家提供多少素材,他只不过写了几篇关于鲨鱼和野禽的小故事。逮捕卡尔塔海纳的情形,他错过了机会,未能目击其事。可现在要把新世界的所有奇观怪闻都写进日记,恐怕随身带来的羽笔是勉强够用了。他对美丽风光毫无描述,他最感兴趣的是从未见过的水果——菠萝,"好象又大又圆的松球果,但味道甜美可口";其次是红薯——其味道类似栗子;还有甘蔗,使这位善良的好心人真是欣喜若狂。

当地居民卖给外国人的食物便宜得惊人,一根色竿可以换五、六只母鸡,一把梳子换两只鹅,一个小镜子换 10 只五颜六色的鹦鹉,一把剪刀换来可供 12 人吃的鱼……那里的姑娘也不值钱,比加费德羞愧地写道:

"她们唯一的衣服是长长的头发,用一把斧子或一把小刀可以换到两三个姑娘终身使用。"

船队经过 30 天停泊,于 12 月底离开这难忘的辽阔海湾的时候,麦哲伦比同时代的其他南美洲征服者可以更问心无愧地继续自己的航行。因为,即使他在这里没有为自己的国王夺得新的土地,但作为一个善良的基督教徒,他为上帝增加了臣民的人数。在这些日子里,没有使任何人受到一点侮辱,没有强使一个土著人离开家庭和祖国。麦哲伦和平地来到这里,又和平地离去。

舰队在恶劣的气候下,从拉普拉塔湾至圣胡立安海湾行驶了两个月。船员们几乎每天都同飓风搏斗,同这一带闻名的巨大风暴争斗。暴风一起,能吹断桅杆,撕毁船帆,周围一切日渐荒凉、晦暗,海峡却依然渺无踪影。失去的几周时间正在为自己的徒然虚度而毫不留情地进行报复。

日益猛烈和寒冷的暴风雨不断袭击船只。船队同可怕的自然力进行着不倦的搏斗,勉强地向前行驶,用于整整两个月的时间才向南前进了 12 个纬度的距离。3 月 31 口,在荒凉的岸边终于又出现了一个海湾。海军上将第一瞥视线里就蕴含着他最后的希望。这个海湾是否通向纵深,是否就是梦寐以求的海峡?不对,这是个封闭的海湾。然而,麦哲伦命令船队开进去。因为根据粗略的观察就可以判断,这里不缺乏泉水和鱼类,他命令停泊。当船长们和船员们得知,他们的海军上将(不预先通知,也不与任何人商量)决定在这里,在圣胡利安湾过冬时,不仅十分惊讶,而且无不感到恐惧。这是一个地处南纬49°无人知道、无人居住的海湾,从来没有一个航海家到过这里,这是地球上最阴郁、荒凉的地方之一。

圣胡立安湾的乌云低垂,而且寒冷阴暗。面对这些心灰意乱的船员,麦哲伦不怕火上添油,竟然采取了节粮减酒的措施,来充分证明麦哲伦刚毅不屈的性格。全舰队只有麦哲伦一人明白,要到达富饶的热带地区,最早也得数月之后,所以他下令节约粮食,减少每日定量。已经满腹牢骚的船员,一听到骤然节粮减酒的命令,顿时便大闹一场。

事实上,后来正是这一果断的措施拯救了舰队。要不是竭力保存下一定数量的粮食,舰队怎能在太平洋上坚持赫赫有名的 100 天航行?可当时船员们对他的意图既不清楚,也不过问,只是坚决反对和限制。一种相当正常的本能使这些疲惫不堪的水兵意识到,即使这次航行能使他们的上将扶摇直上,他们至少也得有 3/4 的人为他的胜利挨饿受冻,历尽艰难而惨然丧生。他们怒气冲冲地说,如果粮食不够,就该立即返航;即使这样,他们比任何人往南走得都远了,回国后也不会有人谴责他们半途而归。他们中间已经有人冻死,而且当初受雇是去马鲁古群岛,而不是去南冰洋。

对这些叛乱者的鼓噪,麦哲伦的回答和他镇静沉着、不动声色的形象很不一致,实在令人难以置信。他说,他万万没有想到,这些卡斯提利亚人竟然如此懦弱,忘记了他们接受这次航行任务,就是要效忠皇帝,效忠祖国。他还说,他受命指挥舰队时,原指望能在他的同伴身上看到自古以来鼓舞西班牙人民的那种勇敢精神。至于他本人,他决定宁可去死,也不辱命回国,所以他希望大家耐心等待,度过严冬,他们的牺牲越大,将来国王给他们的报酬就越高。

但娓娓动听的语言从来也不能充饥。在这千钧一发之际,拯救麦哲伦的不是他那几句漂亮话,而是他不投降、不做丝毫让步的坚强毅力。

他故意挑起人们的反抗,以便用铁腕立刻将其摧毁。因为使事态迅速明朗化,要比令人难耐地长期拖延要好得多!向隐藏的敌人主动出击,胜过坐以待毙!

寒冷把船队滞留在凄凉、不祥的圣胡立安湾将近五个月了。在这个可怕而令人苦闷的远离人烟的地方待得太久了。但海军上将知道,无所事事最容易引起不满情绪,所以从一开始就让船员们不停地、紧张地工作。他命令从龙骨到桅杆仔细检查、修补损坏了的船只，大量砍伐木头，锯成木板。他甚至想出一些也许根本不必要的活计，来保持船员们心里的迷惑人的希望——航行将重新开始，他们将离开这凄凉、寒冷的荒漠，前往南海富饶的群岛。

1520 年 10 月 18 日麦哲伦下令起锚，航行至三天，前面终于出现了一个海岬，在弯弯曲曲的海岸上白色的山岸高耸入云，过了海岬，眼前展现出一个很深的海湾，海水呈暗黑色。舰队驶近海湾。

这里的景色庄严、雄伟，别具一格。悬崖陡峭，怪石嶙峋，远处则是一年多来未曾见过的景象——白雪覆盖群山。但是周围的一切多么缺乏生气啊！四野空无一人，偶尔可见稀稀拉拉的几棵小树和灌木丛，只有呼啸不息的风声，打破了这个满目荒凉的海湾的沉寂。

嫩绿还没有悦人眼目。无人居住的海岸荒凉，干坦，阴郁，冷漠，展现在他们面前的只有一片黄沙和光秃秃的岩石，只有光秃秃的岩石和一片黄沙。1520 年 10 月 21 日，航行的第三天，前方终于呈现出一个海角，异常弯曲的岸边耸立着白色的岩崖。那天正逢伟大的女殉教者的节日，为了纪念她们，麦哲伦把这个海角命名为"圣女角"。绕过这个突出的海角，眼前展现出一个深深的海湾，海水呈暗黑色。船渐渐向前驶进。那是一幅多么独特、严峻而又雄伟壮观的自然景色！险峻的山岗形状怪异，参差错落，远处是白雪覆盖的山峰，他们已经一年多没看见这种景象了！但周围的一切又多么毫无生气！没有一个人影，有的地方长着几株稀疏的树木和几丛灌木，海湾空阔荒凉，只有海风不停地呼啸打破这死一般的寂静。船员们阴郁地凝望着深深的发黑的海水，设想紧紧夹在两山之间、像地狱里的河流一样阴森的道路会通向绿荫覆盖的海岸，或者至少通向光明灿烂、洒满阳光的南海，在他们看来是荒唐的。舵手们异口同声地断言，这个凹挡只不过是北方国家常见的那种峡湾，用测深锤勘测这个封闭的海湾，或者四出侦察，那是白费气力，是毫无意义地浪费时间。勘察巴塔哥尼亚的所有这类海湾已经耗费了好多星期的时间，但在任何海湾里都没有找到所期望的海峡的出口。够了，别再拖延了！要赶紧前进，如不能很快发现海峡，就要利用有利的季节返回祖国，或者走通常的航道，绕过好望角，进入印度洋。

但是，麦哲伦在萦绕不断的关于一个无人知晓的海峡的念头的驱使下，命令对这个海湾同样进行纵横的考察。船员们执行他的命令并不热心，他们更愿意继续前进，因为他们都认为并且说过这是一个四面封闭的海湾。两艘船——旗舰和"维多利亚号"——留在原地，对海湾连大海的部分进行勘测。给另外两艘船——"圣安东尼奥号"和"康塞普西翁号"——的命令是：尽可能地进入海湾的纵深，但最多五天必须返回。现在时间十分宝贵，而且食品也快吃完了。麦哲伦已经不能像从前在拉普拉塔河河口附近那样给予两个星期的期限。用五天时间进行侦察，这已是最后的赌注，是他还能拿来为这一最后尝试进行冒险的仅有的一切了。

于是，伟大的戏剧性瞬间到来了。麦哲伦的两艘船——"特立尼达号"和"维多利亚号"——开始在海湾的前部洄游，等待"圣安东尼奥号"和"康塞普西翁号"侦察归来。然而，整个大自然，似乎对有人想夺走它的秘密宝藏而感到愤怒，再一次进行拼命地抵抗。突然风越刮越猛，顷刻间，风狂雨暴，接着就变成一场常在这些地方逞凶肆虐的骇人飓风。在西班牙古老的地图上，可以看到这样一些警告性的字句："这里没有好的季节。"海湾顿时白浪滔天，旋风大作，一片混沌。头一阵飓风就把两条船的锚链扯断了，毫无自卫能力的船只降下篷帆，听任自然力的摆布。幸好，不停息的旋风并没有把它们刮到岸边的岩石上。这场可怕的灾难继续了一个昼夜又一个昼夜。但麦哲伦担心的不是自己的命运；他的两艘船虽然被暴风雨吹打颠簸，但毕竟处于海湾的开阔部分，可以使它们与海湾保持一定的距离。而另外两艘船——"圣安东尼奥号"和"康塞普西翁号"可怎么办！暴风雨在海湾的内部抓住了它们，可怕的飓风在隘谷里、在狭窄的通道里向他们袭击，在那里既不能洄游躲闪，又无法抛锚避难。如果不是出现了奇迹，它们早就被抛上了陆地，在岸边的岩石上撞成千万块碎片了。

这几天是对麦哲伦生死攸关的日子，充满了寒热病似的可怕而焦急的等待。第一天，没有任何音信。第二天，它们没有回来。第三天、第四天，仍然不见踪影。麦哲伦知道，假如两艘船连同船员都遇难沉没，一切便都完了。剩下两只船，他无法再继续航行。那么，他的事业，他的幻想就都撞碎在这些岩石上了。

最后，桅楼上终于传来了一声呼喊。但是——多么可怕啊！观察哨看见的不是返回停泊地的船只，而是远处的烟柱。多么可怕的时刻！这个信号只能表明，遇难的船员在呼救。这就是说，他最好的两艘船——"圣安东尼奥号"沉没了，"康塞普西翁号"也沉没了，他的整个事业葬送在这个还没有名字的海湾里了。麦哲伦已在下命令放下舢板前往海湾内部去援救那些还能够拯救的人。但情况立即发生了转折。这是胜利的一瞬，就像是《特利斯坦》中牧人号角逐渐停息的、哀伤凄楚的死亡的调子突然间高昂起来，变成了兴奋、欢乐和充满幸福的旋转舞曲。风帆！看见船了！一艘船！谢天谢地——总算保住了一条船！不，是两条，两条！"圣安东尼奥号"和"康塞普西翁号"都安全无恙地回来了。但这是什么意思？逐渐驶近的两艘船的左舷有灯火在闪亮———一下，两下，三下，山间的回声响亮地重复着大炮的轰鸣声。发生了什么事？为什么这些平时爱惜每一撮火药的人竟耗费火药一再鸣放礼炮？为什么——麦哲伦几乎不相信自己的眼睛—为什么升起了所有的长旒和旗子？为什么船长和全体船员都在叫喊，挥手？什么事情使他们这样激动，他们在喊什么？隔着一段距离，他还分辨不清每一句话，谁都还不知道它们的含义。但是大家，首先是麦哲伦，感觉到：这些话报告的是胜利的喜讯。

确实，两艘船带来了极好的消息。麦哲伦怀着欢快跳动的心，听取谢兰的报告。开头，两条船处境都很困难。他们远远地进入海湾深处之后，刮起了这场可怕的飓风。他们立即降下了所有的风帆,但激流不断把船往下冲呀,冲呀,一直冲到海湾的最深处,他们已经准备不光彩地死在岩石陡峭的岸边了。但突然间,在最后的一刻,他们发现,屹立在他们面前的一排险峻的岩石并不是紧紧闭锁的。在一块最突出的岩石后面呈现出一条像是运河一样狭窄的河岔子。

他们穿过这条风暴不太厉害的通道,进入了另一个海湾。这个海湾也像第一个一样,开头很窄小,而后越来越宽。他们走了三昼夜,仍然没有望到这条奇怪水路的尽头。他们没有到达海湾的出口,但这不寻常的水流绝不是一条河,水到处都是咸的,岸边来潮和退潮均衡交替。这神秘的水流,不像拉普拉塔那样离河口越远就变得越窄,相反变得越来越宽。越往前走,浩渺的水面就越加宽广,而水的深度却始终如一。因此十分可能,这条水道通向期望中的 Mardelsur,到过这些地方的第一个欧洲人努尼耶斯·德·巴尔波阿几年前曾经从巴拿马高山上看到过它的海岸。

饱经苦难的麦哲伦整整一年没得到过这样令人高兴的消息了。一听到这令人鼓舞的消息,他那阴郁的、已变得冷酷的心当然欣喜若狂。因为他已开始动摇,已在考虑经过好望角返回的可能性,但谁也不知道,他跪在地上向上帝和它的神圣侍者做过多少祷告。而现在,正当他的信心已开始消失的时刻,神圣的理想就要实现了,他的幻想就要变为现实了!一分钟也不能再迟延!起锚!扬帆!鸣最后一排礼炮向国王致敬,向海员的保佑者做最后一次祈祷!然后,勇敢地向迷宫前进!如果他能在这条阿刻戎河里找到通往另一个海洋的出口,他将成为发现环球航路的第一个人!麦哲伦的四艘船勇敢地向这个海峡急速前进。发现海峡那天适逢圣徒节,因此将其命名为"所有的圣徒"海峡,以资纪念。但后代人出于感激之心,把它改名为麦哲伦海峡。

他在小心、紧张的探索中度过了整整一个月。尽管他急不可耐地渴望找到出口,最终看到"南海",但他仍有条不紊,绝不贸然前进。每次碰到岔道的时候,他总是兵分两路。他仿佛知道自己命多乖蹇,不能指望侥幸成功。他在选择纵横交错的诸多水道时,从不靠运气瞎碰。为了找出唯一正确的航线,他探索、勘察了所有的水道。他之所以能成功,除了他天才的想象力之外,还靠他那最冷静、最突出的性格——顽强不屈。

胜利在望。他们征服了一个个峡谷,又穿过了一个个隘路。麦哲伦又碰上了岔路口,宽阔的水道在这里分成了左右两支,谁知道这两条水路哪一条通向大海,哪一条是堵塞无用的死路?麦哲伦又把小舰队分成两路,"圣安东尼奥"号和"康塞普逊"号被派往东南方向探察。他本人则乘旗舰和"维多利亚"号一起驶往西南方向,约定 5 天后在沙丁鱼河口相会。这是一条小河,因为盛产沙丁鱼而得名。经过周密计划的指令已经下达给各船船长,已经该扬帆起航了。但这时发生了一件突如其来,全体船员未料到的事。麦哲伦命令各船船长到旗舰集合,他们要在继续探察前向他们了解一下口粮储备的情况,并听取他们的意见;是继续航行,还是等侦察任务一完,便回去。

麦哲伦询问军官,并非要考虑他们的意见,只不过是为了日后能证明他曾经征询过大家的意见而已。他知道时至今日,不可能再走回头路,除非凯旋荣归,否则只能葬身异乡。即使花言巧语的星卜家算出他的灭顶之灾,他也不会停滞不前,中断自己的事业。

1520 年 11 月 22 日,三艘船遵照麦哲伦的命令驶出了沙丁鱼河口,数日后穿过了麦哲伦海峡。欧洲船只从未到过的另一个大海终于出现的地平线那面,将是"香料群岛",万宝之岛;而在这些岛的那面,就是东方大国——中国、日本、印度;再过去,在一望无际的大海那面就是祖国西班牙,欧洲!

1520 年 11 月 28 日抛锚下锭升起旗帜!三艘孤独的舰船向这个陌生的海洋鸣炮致意。这位勇敢的骑士就这样向他强大的对手表示欢迎,他将和这对手进行一场你死我活的较量。

圆的地球

"在这浩瀚无垠、人类难测其奥秘的无名海洋上的首次航行,是人类的不朽功勋之一。"这是马克西米里安·特兰西里万奴斯在他的札记中评论麦哲伦的环球旅行的。

哥伦布在一望无际的大洋上航行,曾被时人乃至后人视为史无前例的业绩。但就是哥伦布的功绩,单就其所遭受的牺牲来看,也无法与麦哲伦经过千难万险而取得的胜利相提并论。哥伦布率领的 3 艘新船,装备精良,食物充足,而且途中才行驶了 30 天。在他登陆前一周,海浪冲来的芦苇,水上漂浮的未曾见过的树枝以及飞来的野鸟,都向他预示,有一块陆地已近在咫尺。哥伦布的船员个个身体健壮,精力充沛。船上粮食充足,万一发生意外,到不了目的地,他满可以安全返回祖国。虽然他对前面的一切茫无所知,但他背后却是可靠的避难所和安身处——祖国。

而麦哲伦要去的大洋是人所不知的,他出发的地方不是故乡欧洲,不是旧居故里,而是陌生的、寒冷的巴达哥尼亚。他的船员数月以来备尝忧患,已经虚弱不堪。他们过去经历了饥饿和苦难,现在正在忍受饥饿和苦难,将来还要受饥饿和苦难的威胁。他们衣衫褴褛。篷帆破碎,绳索也磨损得不堪使用。他们好几个月未见过一张新人的面孔,好几个月未见过女人、酒、新鲜肉和新鲜面包。也许他们暗中羡慕那些比较果断的伙伴,能及时逃回家去,不在这浩渺无际的大洋上漂泊。

就这样,航行了 20 天、30 天、40 天、50 天、60 天,始终未见到陆地,而且没有任何接近陆地的迹象!又过了一个礼拜,然后又一个,又一个,又一个——100 天了,这比哥伦布横渡大洋的时间多了 3 倍!麦哲伦的舰队在荒漠无垠的汪洋大海上航行了成千上万个寂寞的小时。从 11 月 28 时起,也就是从"希望角"在雾中消失的那天起,他们便一无地图,二无测量数据了。法利罗在国内计算的那些路线没有一个是正确的,麦哲伦认为早已驶过了日本,而实际上只渡了无名大洋的 1/3。

由于洋上风平浪静，他把这个大洋称为"太平洋"，并一直沿用至今。

这支由三艘船只组成的船队，孤零零地在汪洋大海里总共漂泊了三个月又二十天，尝尽了可以想象的一切苦难。甚至一切痛苦中最可怕的痛苦——希望受到欺骗时所感到的痛苦，也成了船队注定的命运。好像沙漠中干渴难忍的人看见绿洲的幻觉一样，仿佛翠绿的棕榈已在随风摆动，仿佛凉爽的绿荫已沿着陆地渐渐伸展，一连数日照得他们睁不开眼的强烈而毒辣的阳光似乎变得柔和了。他们好像已经听见了潺潺流水声——可是，当他们鼓足最后一点力气，摇晃着身子，向前扑去的时候，幻境顿即消失了，周围依旧是一片使人更加厌恶的茫茫大洋。有一次，从桅楼上传来了嘶哑的喊叫声——警戒员看见了陆地和岛屿。在度过了令人苦闷的漫长时光之后，这是第一次看见陆地。这些快要饿死和渴死的人，像疯子一样，全都涌到甲板上来了。连那些像被人抛弃的麻袋一样随地躺倒的病人也勉强站起身，从自己的窝里爬出来了。真的，真的，他们正在向一个岛屿靠近！赶快，赶快，赶快上舢板！他们兴奋地想象着清澈的泉水，幻想着河水，幻想着经过这么长时间漂泊之后得以在树荫底下休息的愉快情景。他们渴望踩在自己脚下的终于是坚实的土地，而不是在起伏不停的波浪上摇摇晃晃的木板。但这是可怕的幻觉！靠近该岛的时候，他们发现它和附近的另一个岛屿一样——原来是一座光秃秃的荒无人烟的岩礁，是没有人和动物，也没有水和植物的沙漠。变得绝望的水手们给它起名叫"不幸的岛屿"。哪怕在这座阴森的岩礁旁停靠一天，也是白白浪费时间！于是，他们又继续在蓝色的大洋里航行，老是向前，向前。在我们称之为历史的自古以来写满人类苦难和人类坚韧精神的记载里，这次航行也许是最可怕和最折磨人的航行，日复一日，周复一周，不知要延续到哪一天！

1521年3月6日，自船队从麦哲伦海峡驶入大海以来，太阳从荒凉、平静的蓝色水面上升起过一百多次，又从这荒凉、平静而又无情的蓝色水面上消失一百多次。白天和黑夜、黑夜和白天交替了一百多次；就在这一天，从桅楼上终于又传来了喊声："陆地，陆地！"是该听到这种喊叫声的时候了。这喊叫声来得正是时候！要是在这汪洋大海上再过两三个昼夜，这一英雄功绩恐怕就不会留给后代了。载着死于饥饿的全体船员的船队就会变成水上棺材，在海面上随风飘荡，听任波涛将它们吞噬，或将它们抛在岩礁上撞个粉碎了。但是，这个新的岛屿——感谢上帝！——上面有人，也有水。渴得要死的人有救了。

一开始麦哲伦高兴极了，以为他此次旅行的真正目的地——"香料群岛"已经到达。事实上他到的并不是马鲁古群岛，他抛锚下锭之前并未弄清这是什么地方。如果这是马鲁古群岛，那么他带来的那个奴仆亨利就该懂得当地土著的语言。但这不是他同部族的人，就是说他们偶然来到了另一个地方，另一个群岛。

又由于计算上的错误，麦哲伦在太平洋上行驶的航线距离应走的路线偏北10度。这一失误却使他有所发现。正是由于这条太偏北的错误路线，麦哲伦没有找到马鲁古群岛,然而却找到一群无人知晓的岛屿,这些岛屿在他之前没有一个欧洲人提到过,谁也不知道有这么一群岛屿。

在寻找马鲁古群岛的过程中,麦哲伦发现了菲律宾群岛,从而为查理国王开辟了一个新领地。这块领地较之哥伦布等人所发现和征服的所有其他土地,由西班牙国王管辖的时间最久。

麦哲伦这个意外的发现也给他自己弄到了一块领地。因为根据协定,他如果能发现6个以上的岛屿,其中两个就归他和法利罗所有。昨日的乞丐,挣扎在死亡线上的冒险家,一夜之间竟成了自己领地的世袭总督,而且今后的这些新殖民地提供的全部收益也将永远有他一份,也就是说,他成了世界上最大的富豪之一。

经过几百个黯淡无光、徒劳无益的日子之后,这奇妙的一天,这奇妙的命运转折,终于来临!除了土著每天从苏鲁安岛给这个临时医院送来的丰富、新鲜、有营养的食物以外,安然无虑的心情也具有治疗作用,使病人精神焕发。在这个静谧的热带群岛上经过9天的精心护理,几乎所有的病人都恢复了健康,麦哲伦可以着手对临近的马索华岛进行考察了。

在最后一刻,还发生了一件令人沮丧的事件,几乎使麦哲伦幸福的喜悦黯然失色。麦哲伦的朋友、历史学家比加费德酷爱钓鱼,他在俯身垂钓时,不慎落水,而且无人察觉,环球航海的历史也差一点葬身海底,在千钧一发之际,他抓住船上垂下来的一根缆绳,随即大声呼喊,大家才赶快把他救上船来。

三艘张满帆的外国大船,刚刚靠近马索华岛,成群的岛民就涌到了岸边,好奇和友好地等待它们再次光临。麦哲伦出于谨慎,在亲自登岸之前派了自己的奴隶恩里克作为调停者先行上岸,他的考虑是很有道理的,土著人更相信黑人而不大相信长着大胡子、服装古怪、佩带武装的白人。

但这时却发生了一桩料想不到的事。半裸身子的岛民们,边嚷边叫,团团围住了刚上岸的恩里克,这个马来亚奴隶顿时警觉地听了起来。他听懂了个别的单词,他明白了,这些人是在对他说话,他也明白了他们的问话。许多年前他从故乡的土地上被人带走,现在他又听到了家乡话的片言只语。多么值得纪念的难忘时刻,这是人类历史上最伟大的时刻之一:自从地球在太空自转以来,人,一个活人,在绕行地球一周之后,第一次重新回到了家乡!他是一个毫不出众的奴隶,但这一点并不重要,这里的伟大之处不在于人,而在于他的命运。因为我们只知道这个微不足道的马来亚奴隶,在失去自由之后才叫恩里克,他是被鞭子从苏门答腊岛赶上遥远的征途的,他经过印度和非洲,被强行运往里斯本,到了欧洲。他是地球上数十亿人中的第一个人,经过巴西和巴塔哥尼亚,越过所有的大海和汪洋,如今又回到了人们用他的母语说话的故乡;他去过几百几千个民族、种族和部落聚居的地方,那里的每一个概念都有自己独特的词汇来表达。而现在,他是绕过不断转动着的地球一周之后,又回到了他唯一能听懂其语言的民族那里的第一个人。

这时，麦哲伦全明白了：他的目的达到了，他的事业完成了。他从东方出发，现在重又进入了马来亚语地区，而在12年以前，他就是从这里向西航行的；要不了多久，他就可以把健康无恙的奴隶恩里克送回买下他的马六甲了。是明天，还是更晚一些时候实现这个愿望；是他本人，还是由别人代替他到达这个朝夕思慕的群岛，已经无关紧要了。因为他的功绩已基本完成，他第一次一劳永逸地证明：谁能始终不渝地在大海上向前航行——无论背着太阳，还是迎着太阳——谁就必然会回到他出发的地方。

几千年来，大智大慧的人们所预计的，科学家们所幻想的，现在由于一个人的勇敢已变成了不容置辩的真理：地球是圆的，因为已经有人绕地球走了一圈！

启碇返航

马萨弋是菲律宾群岛中一个不知名的芝麻小岛，在普通地云雷电业已消散的时候，他的功绩便放射出灿烂的光芒。多年来麦哲伦为之付出了全部思索和劳动的无与伦比的伟大事业终于完成了。麦哲伦找到了从西面通往印度的航路，哥伦布、维斯普奇、卡博特、宾松以及其他航海家也寻找过这条路，但都失败了。麦哲伦发现了在他以前从没有人见过的许多国家和海洋。他不只是开天辟地以来第一个成功地横渡这个无人知晓的大洋的欧洲人，也是人类中的第一个。在广袤的地球上，他深入的地方，比任何一个凡人都要远。对他来说，剩下的不多路程，与业已英勇完成和胜利达到的这一切相比，又是多么微不足道，多么轻而易举。有了可靠的领水员，总共只需要几天路程就可以到达马鲁古，就可到达世界上最富的群岛了。到那时，向皇上立下的誓言就可以实现了。到了那里，他将感激地拥抱鼓起他勇气、指给他航路的朋友谢兰，然后他将给每艘船的船舱装满各种香料，——启碇返航，经过印度和好望角，沿着熟悉的海路回家；这条路上的每一个海湾、每一个港口都已铭刻在他的记忆里了！回家去！他将戴着水不凋谢的光荣桂冠，作为一个胜利者、凯旋勇士、富翁、省长和总督，穿过地球的另一半地区，回到西班牙去！

因此，不必匆忙，不必着急；现在终于可以休息一下，享受经过几个月漂泊到达目的地之后的真正幸福了。胜利的海上冒险家们正在怡人的港湾里静静地休息。奇妙的景色、美好的气候、尚未度完自己黄金时代、和蔼可亲的土著人，他们热爱和平、无忧无虑、悠闲自在。这些部族人生活在公正、幸福、恪守中庸的世界里，爱好和平、休憩和安宁。

1521年4月14日，麦哲伦的幸运闪出了落日的霞光——西班牙人欢庆自己最伟大的胜利。城里的集市广场上支起了富丽堂皇的帐篷，帐篷下铺着从船上卸下来的地毯，上面放着两把有丝绒罩的座椅———一张给麦哲伦，另一张给拉吒。帐篷正面布置一个很远就看得见的烟火缭绕的祭坛，数千名皮肤黝黑的土著人围站在祭坛四周，等待有趣的场面出现。麦哲伦把自己的出场故意安排得像演戏那样豪华。在这以前，他出于周密细致的考虑,从未上岸,一切谈判均通过毕加费塔进行。40名士兵全副武装走在他的前面,后面是一名高举查理皇帝绸旗的旗手。这面旗帜是在塞维利亚教堂交给海军上将的。此刻,在西班牙一个新省上空第一次飘扬。旗手后面才是麦哲伦。他在几名军官的陪同下迈步而来,他从容不迫、镇定自若、神态威严。他一踏上岸,几艘船上就响起了大炮声。被礼炮吓坏了的观众顿时四散逃窜,但由于拉吨(事先已把这次雷鸣审慎地通知过他了)依然端坐在椅子上。所以他们又赶紧跑了回来,又高兴又惊奇地观看在十字架前接受"神圣洗礼"的场面。在广场上树立着高大的十字架,他们的君主、王储和其他人深深低着头,麦哲伦行使教父的权利,为他取名卡洛斯——用以代替他过去用的异教名字胡马波纳,以纪念他强大的国君。王后则叫胡安娜,她长得十分美貌,即便在今天也完全可以出入于上流社会之中。她的双唇和指甲涂着鲜红的颜色,因而比欧洲和美洲姐妹先进了400年。两位公主也被授予西班牙王国的名字:一个叫伊丽莎白,一个叫卡捷林娜。不言而喻,宿务岛和邻近诸岛的贵族们也不甘落在拉吨和首领的后面,船队的神父两手不停地为纷纷前来找他的人画十字,一直忙到深夜。关于这些神奇外来人的消息不胫而走。第二天,其他岛上的居民听说了外来魔法师举行的玄妙仪式,也成群结队地涌向宿务岛。几天之后,这些岛上的所有酋长都宣誓效忠西班牙,都在洒圣水的刷子下低过脑袋了。

麦哲伦的所有目的均已达到。海峡找到了,地球的另一面也考察了。新发现的一些最富饶的群岛已归西班牙国王所有,无数多神教的信徒改信了救世主;所有这一切——一个接一个的胜利——没有流一滴血就得到了。

这是上帝保佑他的奴仆。上帝使他摆脱了任何人都未曾经受过的沉重灾难。现在他充满一种近乎虔诚的信心,在备受磨难之后,他还会遭受什么痛苦?在大获全胜之后,还会有什么能使他的事业毁于一旦?他谦逊地深信,他为上帝和国王的荣誉而承担的一切任务定能完成。

正是这一信念才使他难逃劫运。

即1521年4月26日这一夜,当麦哲伦和6名士兵分别乘坐几只舢板,渡过把各岛分割的窄长海峡时,有一只样子很像乌鸦的神秘黑鸟歇在一座茅屋顶上,真的,所有的狗一下子都吠叫起来。迷信程度并不亚于天真无邪的自然之子的西班牙人,纷纷害怕地画起十字来。但是,一个进行世界上最勇敢航行的人,难道会因为附近有一只什么乌鸦在乱叫,就不去同光着身子的啰酋长以及他那些卑贱的喽们较量了吗?

但是,遇到了一件不幸的事:特殊的海岸线竟成了这位酋长的可靠盟友。密集的珊瑚礁挡住了舢板,使它们无法靠岸。这样一来,西班牙人能给人留下深刻印象的一手——枪声一响就能迫使土著人狼狈逃窜的火枪和前膛火枪的致命火力——从一开始就失去了作用。没料到会失去这一掩护的60名士兵,背着沉重的武装(其余的西班牙人都留在大船上),在麦哲伦的带领下——用毕加费塔的话来说,他"是个从不离开自己羊群的好牧羊人"——纷纷跳进水中,他们在齐大腿深的海水里走了好一段距离,才走到岸边。而一大群土著人的军队，正在岸上疯狂地吼叫着，挥舞着盾牌等着他哩。敌对双方一下子就打开了。

战斗持续了一个多小时，一个土著用竹矛刺中了麦哲伦的脸。他勃然大怒，立即把自己的长矛刺进了这个野人的胸部，矛头扎在死者身上拔不出来了。他正要拔剑再战，但已来不及，敌人用梭镖打中了他的左手，再也不能动弹。

土著们见此情景，蜂拥而上。一个岛民用刀砍伤了他的左腿。麦哲伦倒在地上，这些岛民们向他猛扑过来，用长矛和其他各种武器一齐向他刺来。他们就这样杀死了麦哲伦。

这位历史上最伟大的航海家，在最光辉的伟大胜利时刻，在同一群赤身裸体的岛民的小冲突中，毫无意义地牺牲了。这位征服了大自然，抗住了暴风雨，并具有战胜敌人才能的天才，却被一小撮野人、西拉布拉布的"军队"打垮了。

但是这一荒谬绝伦的偶然事件，只能夺去他的生命，并不能夺去他的胜利，因为他那伟大的事业即将完成。在他这番超群绝伦的事业之后，个人的命运已无多大意义。

可惜的是，在这场英勇牺牲的悲剧之后，接踵而来的却是一出讽刺剧——几小时以前还以教徒自居，傲视马坦岛土王的那些西班牙人，竟堕落到如此卑躬屈节的地步：他们不但不立即派人增援，夺回自己首领的遗体，反而吓得丧胆落魄，向西拉布拉布派去一名使者，要求赎回尸体，他们想用几串小玩意儿或几块花布买回上将的尸体。

但是这位赤身裸体的胜利者却比麦哲伦这些胆怯的战友懂得尊严，他拒绝了这笔交易，不论是镜子，还是玻璃珠子，或是美丽的天鹅绒，他都不换。他坚决不卖这件胜利品。因为各岛都在议论纷纷，说伟大的西拉布拉布轻而易举地，象打一只鸟或捕一条鱼一样，打死了有雷霆万钧之力的异族首领。

无人知道，这些可恨的野人是怎样处理麦哲伦的遗体的，是火烧的，水葬了，土埋了，还是放在那儿任凭其烂掉了。没有给我们留下一点遗迹，连一座坟墓都没有。这个探索出茫茫大洋最后一个秘密的人的踪迹，就这样神秘地湮没无闻了。

1913年秋季的一天，威尔逊总统在华盛顿一按电钮，打开了巴拿马运河的水闸，把大西洋和太平洋这两个大洋永远连接起来。麦哲伦海峡更是多余的了。它的命运已注定无可挽回，它的价值降到只不过是一个历史和地理上的概念而已。

麦哲伦朝思暮想的这个海峡，并没成为成千万条船只通过的航路，也没有成为通往印度去的最近、最短的航道。海峡的发现没有使西班牙致富，也没有使欧洲的势力强大；而且直到今天，从巴塔哥尼亚到火地岛一带的美洲海岸，仍然以世界上最荒凉、最贫瘠的地方之一而闻名。

但是历史上一桩伟大功绩的精神意义，从来不能用其实用价值来衡量。只有帮助人类认识自己，提高其创造自觉性的人，才能使人类的知识不断丰富起来。就此意义而言，麦哲伦建立的功绩，胜过当时其他一切功绩。

麦哲伦的功绩之所以使我们觉得伟大,还因为他不像大多数领袖人物那样,为了自己的信念牺牲千万人的生命,而他仅仅牺牲了个人的生命。由于这种英勇的自我牺牲精神,5 艘破旧不堪、孤零零的小船敢于去向无人知晓的海域挑战。这种非凡的胆略是不会被人忘记的,他本人也不会被人忘记。

他是第一个提出环球航行这个最大胆想法的人,而且是他的最后一艘船实现了这一理想。

几千年来,人们一直在探索地球的形状,但始终一无所获。现在人类查明了地球的形状,同时第一次看清了自己能量的大小。麦哲伦征服了如此辽阔的海域,第一次帮助人类愉快而勇敢地重新认识自己的伟大。这个人的成就可算是登峰造极,堪为后代楷模。虽然麦哲伦的事业行将被人们遗忘,但它却有力地说明:一种思想,一旦受到天才的鼓舞,一旦得到激情的不断推动,它的威力足以战胜自然界的一切力量。而一个人在他短暂一生中,能把数百代人看来难以实现的梦想变成现实,变成永恒的真理。

俄罗斯海军中的丹麦探险家

——白令

人物档案

简　　历：维图斯·白令，原籍丹麦。1704年起在俄国海军服役。由于他才能出众、效忠沙皇而深受彼得大帝的赏识。

生卒年月：1681年8月25日~1741年12月19日。

安葬之地：科曼多尔群岛的一个无人居住的小岛上，即现在的白令岛。

性格特征：耿直，镇定自若。

历史功过：他是一位卓有贡献的航海探险家。尽管他的探险活动和沙皇俄国的扩张政策紧密联系在一起，但他为人类认识北极而做出的贡献，还是应该充分肯定的。

名家评点：后人为了纪念他，把他去世所在的那个小岛命名为白令岛，把他发现的海峡取名为白令海峡，把阿留申群岛以北，白令海峡以南的海域命名为白令海。

加入探险队

　　1681年，白令出生在丹麦的一个叫霍尔森斯的风光如画的海边小镇。它三面环山，一面临海。镇上的居民多数以捕鱼为生。每当他们扬帆出海的时候，总有一大群孩子跑前跑后，欢呼雀跃。维图斯·白令似乎对打鱼没有多大兴趣，他喜欢一个人坐在海边的峭壁上，望着茫茫大海出神。没人知道小白令在想什么，只觉得他有点郁郁寡欢，不太合群。殊不知这个不愿做渔民的孩子，孤僻的内心世界对大海却充满了神奇的幻想，他憧憬着海那边该是怎样的一个世界，渐渐地萌生了一个愿望……

白令从小就不是一个循规蹈矩安于平淡的人，他的心中充满了激情和渴望。虽然在霍尔森斯这个丹麦偏僻的海边小镇，白令平平淡淡地日出而作，日落而息，捕了多年的鱼，做了多年的渔夫，但白令的内心是不平静的，对于大海，对于朝阳，他都充满了渴望，他更热爱那不怕风雪、不惧浪涛、勇敢顽强的海鸟。在白令眼中它们代表一种精神，一种对待生活的态度。

1700 年，19 岁的白令一心想看看外面的世界是如何精彩，他来到了荷兰，参加了荷兰海军。当时号称"海上马车夫"的荷兰拥有强大的海军力量，军舰在各大洋上巡弋。白令的舰队不久就开到了印度，多年的海上征战，使白令练就了一身娴熟的航海技术。他很快由一名见习水手升到了大副、船长，直至总指挥。可白令并没志得意满，他反而陷入了无尽的烦恼之中，因为这并不是他所向往的生活。无休止的东征西战、烧杀劫掠，呈现在他面前的只是人与人之间残酷无情的倾轧和弱肉强食。他渴望的是征服自然，征服穷山恶水，而不是去征服异族，征服自己的同类。

三年后，白令不顾上级的竭力挽留，毅然退役，回到了荷兰，在阿姆斯特丹海洋学院做研究员。在他眼里，大海的蔚蓝已渐失其纯净，而变得殷红似血。百无聊赖的白令，工作之余只有混迹于酒肆之中，借酒浇愁。

1724 年 12 月对于白令来讲是他人生的转折点，也是他日后被载入史册的光辉起点。

1724 年的彼得大帝身体已大不如以前了，常年的征战、繁忙的公务以及无情的岁月，都削弱了彼得大帝的健康。在深秋，彼得大帝为救芬兰湾一艘搁浅的战船上的士兵而受了风寒，病情日益严重了。当时的俄国，经过他强有力的改革之后，国势已大大增强。政治、经济、文化教育各方面都呈现出前所未有的繁荣，军事力量也得到了强化，他按欧洲国家军队模样进行改组，建立陆军和海军，到这时，已发展成一支庞大的常备军，拥有 20 万陆军和由 48 艘军舰和 800 只小型战船组成的海军。他凭借强大的军事实力，发动过一系列战争，占领了芬兰湾、里加湾、卡累利阿等地区，从而夺取了波罗的海的出海口，使俄国从一个内陆国家变成了濒海国家。

但是彼得大帝并没满足于他所取得的巨大成绩，在这重病缠身的晚年，他还想到了俄国更远的发展前景。他打算同中国、印度建立直接的海上关系，准备在库拉河口建立大型基地，同东方各国进行贸易，而这必须寻找一条经北冰洋通往东亚的航道。彼得大帝是深信有一条名叫"安尼恩"的航道的，于是他发起了一场大规模的地理考察活动。

1724 年底从俄国到阿姆斯特丹为彼得大帝组建海军选拔人才的克鲁斯上将相中了他，并带他到了俄国。白令成为初创的俄国海军一员。白令热情高涨，他清楚地认识到在这改革的浪潮中，凭他的才干是一定能获得些什么的。白令一直努力着，他从一名普通士兵升到了波罗的海舰队中最大一艘战舰的舰长，而且彼得大帝也知道了他的情况。正当白令在舰长的位置踌躇满志，希望获得更大的荣耀时，他却受到了冷遇。不知是海军部里的人对这个来自外国的军官有成见，还是因为有人嫉妒，从中搞鬼，反正白令再也没得到过提升。白令耿直的性格受不了任何歧视和无端的冷遇，愤然辞了职。

1725 年 1 月，一生致力于开疆拓土的彼得大帝已病入膏肓，弥留之际，他突然想起一件未尽的心愿。他对病榻旁的近侍说："我想寻找一条经过北极海通往中国和印度的道路。我面前这幅地图上标明有一条名叫安尼恩的通路，这其中一定有些道理。"（弗·阿·戈尔德《俄国在太平洋的扩张 1641～1850 年》）为了证实这条通道，彼得大帝亲手起草了一项关于堪察加探险的敕令，来考察美洲与亚洲之间的那片未知的神秘世界。

维图斯·白令听到这个消息后，欣喜不已，他预感到自己又将面临人生中又一次重大的抉择。一个神秘的世界撩拨着一颗沉寂已久的心，白令连夜写就一份言辞恳切的申请书，主动请缨，要求参与探险，并向海军部递交了科学翔实的考察计划。他的申请很快得到了批准，在海军中将西维尔斯的极力保荐下，白令被任命为探险队的总指挥，并给他派了丹麦人斯潘贝格做副手和俄国人阿·奇里科夫。谕旨是在 1725 年 1 月签署的。自此，白令担当起了这个使他名垂千古并让他为之付出生命代价的伟大使命。

穿越西伯利亚

白令接受命令时的兴奋与激动很快便被烦琐的准备工作替代了。首先，探险队员的招募费了白令的很多心思，要任命有关的海军军官，招募有经验的水手，决定随团出征的各类专家，如大地测量学家、造船家和领航员。其次，得准备大量的物资、粮食、武器等。幸好，由于海军部等部门的大力支持，经过一个月的准备，白令于 1725 年 2 月 5 日率领着探险队从圣彼得堡出发，向那遥远而神秘的未知地方前进了。

白令的计划是穿越西伯利亚，到达堪察加半岛，再以堪察加半岛为探险队的大本营。

西伯利亚幅员辽阔，气候寒冷，冬季许多地方都结着坚固的冻土层，而其北部更是遍布着永冻土层。一到夏季，冻土层纷纷融化，加上夏季的暴雨，泥土中的水分含量过高，于是成为一片片泥泞而危险的沼泽，人一不小心陷进去将很难逃脱厄运。沼泽地还生满了蚊子、苍蝇，让人招架不住。西伯利亚险恶的自然条件制约了勤劳的人民对它的开发。这片荒芜的土地，只有被历代统治者当成天然的大监狱，用来流放许多所谓罪大恶极的罪犯。这一人为因素更增添了西伯利亚的恐怖色彩。

可想而知，白令所遇的困难有多么大。9 月 29 日，历经磨难的探险队到达了伊利姆斯克。时令已届寒冬，天寒地冻，冰封的河床使白令的船只无法航行，漫漫长路上没有村庄，物资补给也极为困难。没有办法，白令只好下令在此过冬。

西伯利亚冬天冗长乏味，白令经常到当地居民家中做客，以闲聊作为消遣，同时也让他获得了不少关于堪察加的情况。竟然有传说说勇敢的俄国人早在上世纪中叶就发现了亚洲与美洲之间的海峡。这多少让他有些欣喜，只是传说太久远、太模糊了，对于白令没什么实际价值。

第二年 5 月,春天才降临到伊莉姆斯克,白令下令船队沿勒拿河向雅库茨克前进。经过一个冬天的休息,探险队员们士气都很高昂,对于所遇的困难毫不在乎。等顺利到达了雅库茨克,已经是 6 月中旬了,离鄂霍茨克只有一千俄里了。白令和他的探险队员们没料到巨大的打击在等着他们了。

真正的磨难现在才刚刚开始。从雅库茨克到鄂霍茨克这段路虽然只有一千俄里,但斯潘贝格所率领的二百多条铁打汉子却险些饿死当途。

原来,这一年的冬天来得特别早,8 月中旬,已是大雪纷飞,天寒地冻。白令将探险队分成三个分队,斯潘贝格率领一支分队乘船沿勒拿河行驶,中途便被浮冰冻住,寸步难行,只好弃船上岸,又花了 1 个月时间,做了 100 多个手拉雪橇,来搬运那些笨重的考察器材和粮食。人拉着雪橇,在膝深的雪地里蹒跚前进,速度之慢可想而知。为了节省体力,他们只得扔掉一些用处不大的器材,轻装前进,但速度并未因此加快多少。因为他们的粮食已消耗殆尽,许多人不得不靠吃自己的长皮靴筒、草根和马肉来维持生命。一些人掉队走散,永远地消失在茫茫雪原。还有一些索性打道回府,折回雅库茨克。直到 12 月中旬,仅剩的 90 多名队员和白令派来的接应队伍会合,才死里逃生。

与斯潘贝格相比,白令率领的分队要幸运得多。他们走的全是陆路,只用了 45 天的时间,就到达了鄂霍茨克,并开始着手建造仓库和过冬的住房。只是他们带的 200 多匹马冻死饿死,已所剩无几,全部辎重和所需建材只得用人力从十里远的地方背来。

到达鄂霍茨克,白令的探险队损失了一些物资和辎重,也牺牲了一些队员,但主力还存在。于是他们在鄂霍茨克一边补给物质,一边着手建造横渡鄂霍次克海的船只。1727 年 6 月,探险队乘刚修建的“幸运”号渡过鄂霍次克海,在堪察加半岛登陆,并花了一个冬天将所需物质用狗拉雪橇运到了堪察加河口,准备从那儿下海。

1727 年 8 月,白令和他的探险队员乘坐幸运号和洛季亚号船,渡过鄂霍茨克海,在堪察加半岛的博利沙亚河口登陆,并花了一个冬天来将他们探险所需的物资用狗拉雪橇运到东海岸的哥萨克村子奥斯特洛格——这是他们这探险的大本营和起点。

与美洲失之交臂

1728 年 7 月 13 日,新建的“格布里尔”号下水了,经过三年半的准备与跋涉,白令的探险队终于航行在这陌生而又新奇的大海上了。

年近半百的探险队队长独自屹立在船头,海风吹动着他那花白的头发。只见朝阳染红了整个海面,海鸟在船的周围盘旋、鸣叫,仿佛在欢迎这陌生的伙伴。白令深深地被这壮丽的景观所感动了,他觉得希望就像这轮朝阳,不知什么时候就会突然地从地平线上冒出来。

　　"格布里尔"号沿着亚洲东海岸航行,沿岸陡峭高耸的山脉披着皑皑白雪,不断向后退去。7月的大海友善地对待了白令一行,但转眼就到了8月份。这时的大海性情暴躁,它一会儿刮起强劲的风掀起巨浪,一会儿又下起暴雨,一会儿漫起弥天大雾,探险船只俨然成了他手中的玩物,不能自已。幸好,白令及全体船员都是航海好手,对这种局面已司空见惯。他们团结一心,一丝不苟地执行白令的命令。他们感觉到在与大海的斗争中白令是个可靠的指挥官。白令以他的镇定自若,精湛的航海技术赢得了船员的尊敬。

　　在与风暴巨浪的斗争中,"格布里尔"号缓慢地向北方前进。路上他们发现了两个海湾,把它们命名为圣十字湾和圣像湾,并在圣十字湾补充了淡水。8月8日,探险队到了楚科奇岬——西伯利亚的边陲,并与当地的土著——楚科奇人进行了接触。楚科奇半岛位于北极圈内,半岛上是广阔的冻土层,没有森林,只有苔原。楚科奇人以捕鱼和捕捉海豹为生,善于饲养驯鹿。驯鹿既是他们在冰原上极好的交通工具,又是他们的衣食来源。楚科奇人友好地款待了这些远道而来的客人,他们还告诉白令,大海上有个岛上面居住着一些楚科奇人。

　　8月11日,在浮满了巨大冰块的海域上,探险队发现了一个岛,白令把它命名为圣劳伦斯岛,并派人到岛上考察。岛上冰雪覆盖,只有苔原才显示着它们顽强的生命力。一些海豹在礁石口懒散地晒着太阳,海鸟云集在浅海。被派去考察的队员回来报告,岛上没有发现楚科奇人,但留有几处火烧的痕迹和一些鱼骨头,大概楚科奇人怕见生人都躲起来了。白令有些失望,因为他一直希望岛上的楚科奇人能提供一些关于海峡的情况。

　　8月13日,船上仪器显示,格布里尔号已经来到北纬65度30分的地方,可四周除了阴晦的海就是灰蒙的天,找不到丝毫陆地的迹象。连续数天的阴雨雾霾,使不少船员的情绪一落千丈。白令也很沮丧,因为根据他从楚科奇人听到的判断,他们已经到达并越过了楚科奇人聚居地的最东头,可陆地依然了无踪影,冬天就要来了,他得为全队人员和船只停岸过冬早做打算。于是,他决定召开一次会议,征求大家的意见。会议出现了明显的分歧。斯潘贝格认为希望已经很渺茫,再往北找也不会有什么收获,不如索性折回。而另一个副手契里科夫不同意,他坚持认为:"假如我们还未到达科雷马河的河口,或者只是被一些浮冰挡住,谁敢断言,美洲与亚洲是被海洋相隔的,要知道,在北太平洋,浮冰简直数不胜数。"(弗·阿·戈尔德《俄国在太平洋的扩张1641~1850年》)

　　真理与谬误往往是一墙之隔的邻居,可惜,白令却走了偏门,他倾向于斯潘贝格的意见。

　　当"格布里尔"号到达北纬67°18′、东经193°07′的地方时这是白令首次勘察探险时达到的最北端。黑沉沉的大海依旧茫茫无边,漫天大雾使"格布里尔"号举步维艰。船帆和桅杆都遭到了很大的破坏,难道就让船只在这样的环境下乱闯吗?白令下令返航,他认为北方不可能有大陆存在。

白令的这一决定令后人为他扼腕不已。因为他当时离美洲阿拉斯加海岸只有几海里。如果天气晴朗，白令甚至可以看到令他朝思暮想的阿拉斯加高耸入云的山峰。仅仅因为老天爷的恶作剧，使得白令与之失之交臂。

探险队带回了许多资料，绘制了俄国东海岸的地图，搜集了大量有关西伯利亚、远东、堪察加和楚科奇等地的情报，更重要的是他们穿过了分隔亚美大陆的海峡。后人为了纪念他就把该海峡命名为"白令海峡"。

1730 年白令回到圣彼得堡，在他向女皇叶卡捷琳娜二世递交的航海报告中称："8 月 15 日，我们来到北纬 67°18′的地方，我根据所有的迹象断定，光荣不朽的皇帝敕令已经完成了。我根据事实做出的结论是：北边再也没有陆地了，也没有任何陆地同楚科奇半岛相连，但是，一条东北向的航线是确实存在的，倘若人们没有受到北冰洋的阻隔，那么可以从勒拿河驶向堪察加，再从那儿驶向日本、中国。"

后人评价说，白令第一次海洋探险解决了亚洲与美洲是否相连的问题。

发现北美大陆

圣彼得堡的春天依然透着寒冬的丝丝凉意。1730 年 3 月，白令回到了阔别五年的圣彼得堡。没有鲜花，没有掌声，白令自己也有些遗憾，毕竟他没有亲自看到或踏上北美大陆来证明海峡确实存在。但他仍坚持认为自己是一个胜利者。

回到圣彼得堡后不久，白令就去莫斯科向枢密院汇报探险经过，把他的航海日志交给了海军学院，并向新继位的安娜·伊万诺夫娃女皇和海军部呈递了他的考察报告。在报告中，他对这次北太平洋探险做了总结，他说："8 月 15 日，我们来到北纬 67°18′的地方，我根据所有的迹象断定，光荣的不朽的皇帝敕令已经完成了。一条东北向的航线是的确存在的。倘若人们没有受到北冰洋的阻隔，那么可以从勒拿河驶向堪察加，再从那儿驶向日本、中国和东印度。"

但是，枢密院对白令的探险经过丝毫不感兴趣，那些彼得大帝从西欧招募来的老学究，关心的只是堪察加半岛外面那块臆想出来的"耶索之地"和"茹安·达·伽马之地"，因而只是一味地责问白令为什么没有找到。海军部对白令的报告也不满意："为什么不从东南角继续向西北航行，去寻找那可能存在的陆桥？"白令只得一再解释道："我是根据这一事实做出结论的，即北边再没有陆地了，也没有任何陆地同楚科奇或东北角连接在一起，所以我才回来了。假如我再朝前走而遇见逆风的话，那年夏天恐怕就回不来了。要在那地方过冬简直不可思议，当地的土著人野蛮剽悍，又不属俄国管辖。"可那些官员仍喋喋不休地指责他的失误，1000 卢布奖金两年后才发给他。

"世事短如春梦，人情薄似秋云"，满腹郁闷的白令在圣彼得堡度日如年。他可以慨然面对自然的一切险风恶浪而无所畏惧,却无法忍受人间的世态炎凉,污浊不堪的官场更使他倍感窒息。何时能冲出这樊笼,奔向自由的海阔天空? 白令期待着能再次扬帆出海,来证明自己并不是一个仅有丰富想象力的船长。

在一些朋友的劝说和帮助下,白令终于决定再度出山。他倾尽毕生学识,拟出一项庞大的探险考察计划。它包括从堪察加出发去探寻美洲的海岸;探索和寻找通往日本的航线;查明俄国北部的海岸线和海域情况以及探察西伯利亚的广阔腹地。这项计划不仅反映了白令个人的壮志雄才,更与安娜女皇的殖民扩张野心不谋而合。因为当时俄国势力已向东扩张到了太平洋沿岸,但中间这片绵延数千英里的疆土并未得到认真的考察和开发,甚至在当时的地图上,西伯利亚北部的海岸线还是一条直线。所以,当计划送到上级部门审批时便被层层加码,进一步扩充,包括在沿途建立炼铁厂、造船厂,创办海洋学校,推广畜牧业等等,从而使白令的计划带上了地理发现、殖民扩张、科学考察等多重意义。

1722 年 12 月,枢密院正式批准了这个"为了女皇陛下的利益和俄罗斯帝国的荣誉"所进行的规模空前的探险计划。白令被授予海军中校衔,统领这次探险,并给他派了两名助手斯潘贝格和契里科夫,组成了一支 800 余人,5 支小分队的庞大探险队,称为"白令——契里科夫堪察加第二探险队"。他们吸取了第一次远征的教训,除一些重要仪器由圣彼得堡运出,其余一般性物资和辎重均由沿途当地政府供给。

西伯利亚仍如上次一样冷酷地迎接了白令一行。斯潘贝格运气总是那么坏,他又损失了大量的物资和一些队员。当奇里夫遵照白令的指令运送大批粮食物资到达鄂霍茨克时,这位军官不由为眼前狼藉的景象怒火万丈。在去年夏天就已到达霍茨克的斯潘贝格把整个准备工作搞得一团糟,甚至连探险队居住的营房都未建好,到处是低矮破旧的帐篷。而用来储放物资的仓库更是建造得粗糙无比,许多房子连房顶都没盖上。太阳下,探险队员三三两两地躺着晒太阳,他们见到奇里科夫,竟相围上诉苦。奇里科夫以他带来的充足物资安抚了愤愤不平的队员们,并着手建造船只。1735 年秋,当白令带领更庞大的探险队到达时,对眼前的景象十分满意。而斯潘贝格对白令却日渐不满,甚至还给圣彼得堡写了控告信。

在鄂霍茨克紧张忙碌的白令意料不到有一种危险正悄然向他们袭来,并差点断送了这次伟大的探险活动。事情是这样的,1738 年 9 月,女皇秘书厅对探险队事务进行了审查,他们对探险队缓慢的行动大为不满,认为 5 年多的准备工作几无进展,而国库亏空,加上一些人的诽谤,他们感到白令不适合领导探险队,改由斯潘贝格来担任会更为合适。幸亏奇里科夫及海军大臣等人顶住了女皇秘书厅的压力,成功地捍卫了这次探险活动。

1740 年,探险队建成两艘探险船"圣彼得"号和"圣保罗"号。白令率领船队来到阿瓦恰湾过冬,在那儿修建了营房和教堂,并把它命名为彼得罗巴甫洛夫斯克。1741 年 6 月 4 日,当海面上刮起西风,堪察加半岛外的海面解冻时,白令的船队出发了。

"圣彼得"号和"圣保罗"号穿越堪察加与千岛群岛之间的海峡,绕过洛帕特卡角,驶入太平洋。太平洋上的天气坏透了,阴雨绵绵,而且风向也不稳定,狂风卷起巨浪毫不留情地向两艘船撞击。情况危急!白令下令收拢风帆,以保持船身稳定,他坐镇驾驶室,亲自掌舵。镇定的脸上每条皱纹都紧紧地拧着,冷峻的目光紧盯着翻滚的大海,双手有力地掌着舵,不失时机地控制着船向左向右航行:并不时发出急促、坚定的命令。60岁的白令,此时俨然如一名骁勇的战将。

几个星期过去了,他们一无所获,白令隐隐有一种不祥的预感,他仿佛又体会到上次探险时那种无功而返的焦虑和沮丧。"这才刚刚开始,千万不能丧失信心!"白令心里暗暗告诫自己。他决定不再浪费时间。航线折向东北,去寻找美洲大陆,这才是这次探险的主要目的,也是白令一直梦寐以求的理想。想到这儿,他的情绪又逐渐高涨起来。

同白令的心情正好相反,天气却越来越糟。起先是南风肆虐,接着东风更加嚣张,变幻的飓风挟着巨浪,城墙般向两艘船涌来,一浪更比一浪高。船就像木片一样在浪峰翻滚,在浪谷盘旋。白令顽强而熟练地指挥他的船员投入了战斗。狂风恶浪,对他来说并不算什么。正如将军不能没有战场一样,40多年的航海生涯,他已习惯了这种场面,并且把这桀骜不驯的大海当作了他生命中不可缺少的部分。此时此刻的白令,已不再是一个白发依稀、已近暮年的老人,而俨然如一位横刀跃马、驰骋疆场的骁将。

几天后,风暴终于过去了。可风平浪静的海面上,白令怎么也找不到圣保罗号的影子,两艘船走散了(后来圣保罗号成功地到达美洲,并顺利返回)。

圣彼得号继续他孤独的旅程。7月,一些陆地的迹象开始出现:波涛的微妙变化,海水中不同寻常的海草和海藻,飘浮的木头以及陆岸才有的野鸭。白令据此判断,北美大陆已近在眼前。他设置了瞭望哨,不断用铅锤探测水深。船在夜间也只张小帆,随风漂流,缓速前行。

7月18日,对瞭望员切特列夫来说,是一个值得纪念的日子。这天清晨,他第一个发现了美洲大陆——锯齿状的海岸伸入海面,突兀的崖壁陡然耸立,远处逶迤的群山上覆盖着皑皑白雪,一座山峰(圣伊莱亚斯山)巍巍直冲天际,片片针叶林从山腰一直延伸到海边。

白令对这胜利的到来显得有些不知所措,他不敢相信眼前这块土地就是他魂萦梦牵的美洲大陆。几年前,当他因拿不出证据证明美洲大陆的确切方位而备受指责时,他就开始期盼这一天的到来。如今成功了,白令反而有种茫然若失之感。也许对他来说,真正的喜悦不在胜利本身,而在于取得胜利的过程之中。喜悦只是瞬间的事,紧接而来要面对的则是更加残酷无情的现实——淡水!蔬菜!仓库里这些东西正一天天少下去。当初在阿瓦恰湾所埋下的隐患——运输船沉没,劳工逃跑,因时间紧迫而没有带上足够的新鲜蔬菜和淡水,与贮藏有大量蔬菜和肉类的圣保罗号失去了联系,现在终于爆发了出来。

回到大海的怀抱

　　"圣彼得"号沿着北美海岸缓缓行驶,为的是寻找一个停泊的海湾。近在咫尺的北美大陆是这么的壮美,夕阳中归巢的海鸟"呱呱"地叫着,整群整群地飞向绿树覆盖的小岛或海边峭壁。探险队员们在甲板上举行庆祝会,他们拿出一瓶瓶珍藏的烈性酒互相喝上一口,倚在船舷上对北美大陆指指点点,时而爆发出一阵阵快乐的笑声。

　　对白令来说欢乐是短暂的,现实是严峻的。现在不知道船航行在哪里。沿着海岸西行,后来,他们发现了一个可供停泊的小岛,白令派人到岛上侦查情况。军官很快返回,他发现岛上有淡水和动物可供食用。还发现有篝火及茅草房,茅草房里陈设着野兽的头骨和鸟羽毛。这说明岛上有印第安人居住,但因为他们惧怕"圣彼得"号这庞然大物都躲开了。探险队到岛上补充了淡水,又留下一些小礼物:绿色的玻璃珠串、小铁刀、亚麻布。探险队将该处命名为伊里角,标在地图上,继续西行。

　　小船一直在星罗棋布的小岛中穿行,在这陌生而危险的航线上,"圣彼得"号如履薄冰。船上的粮食只能定量供应了,队员们每天只能得到几片发了霉的硬黑面包片及一小杯发臭了的淡水。严重的营养不良和艰苦的工作损害了探险队员的健康。坏血病在船上蔓延开了。第一个被坏血病夺去生命的水手叫舒马金。为了纪念这位勇敢的水手,探险队把刚发现的群岛命名为舒马金群岛。

　　在"圣彼得"号准备起锚离开舒马金群岛时,多变的海洋又耍起了坏脾气。汹涌的波涛和强劲的风雨瞬间向小船铺天盖地打来。"圣彼得"号危在旦夕,幸好及时驶进一个海湾才躲过这场灾难。也许应该感谢这次风暴,在它肆虐的几天里,也给在海湾中避风的探险队带来了意外的收获。

　　一天早上,值班人员发现海岛上冒起了滚滚浓烟,一会儿又传来阵阵叫喊声。不久,海湾里出现了两只用海兽皮做的小船,每条船上各坐着一位印第安人。小船围着"圣彼得"号好奇地转来转去。探险队员们打着手势邀请他们上船,可他们不敢贸然上去,士兵们就扔了一些小礼物给他们。拿了礼物他们就划着小船,高高兴兴地回去了。

　　印第安人回到岛上后,白令派一位军官率领一些士兵也乘一艘小船上了岸。不料海边的丛林中一下子钻出一大群印第安人。他们身材矮小,但强悍无比,且个个手持长矛、盾牌。他们着海兽皮,脖子上挂着一串串用兽骨、贝壳、石头做成的项链,脸涂着黑、蓝、红的颜色。缀满小石头和贝壳的头上戴着海兽皮做帽子。当"圣彼得"号上的外来人和舒马金岛上的土著碰面时,双方都吓了一跳。探险队员连忙拿出许多小礼物表示友好。

　　这时从印第安人中走出一个装束更奇特的人,从其神态上以判定他应该是酋长。他显然已得到刚才回到岸上的那两个印第安人的汇报,他友好地邀请探险队员们上岛做客,两名队员和一楚科奇人翻译被派遣去和印第安人接触。他们为酋长呈上一杯烈性酒,酋长接过酒好奇地喝了一口,怪叫一声跑走了。印第安人拿出许多美味的食物招待客人,还陪客人在岛上散步游玩。黄昏,返航了,可印第安人舍不得让楚科奇人翻译回去,甚至抓住了小船的缆绳。领队的军官无奈之下举起火枪朝天开了两枪。印第安吓跑了,队员们安全地返回了"圣彼得"号。

以后几天,圣彼得号完全被风牵着鼻子在阿拉斯加湾的海面上四处飘荡。天上还飘着细雨,白令拖着病体,艰难地指挥圣彼得号沿海岸线蹒跚西行,并发现了阿拉斯加湾上最大的科迪亚克岛。

一个星期后,圣彼得号在浓雾中再次驶达美洲海岸——狭窄的阿拉斯加半岛。岛上群山在雾中若隐若现,宛若仙境。但水手们已无心欣赏这美景,已有 26 人染上了坏血症,白令自己也浑身软绵绵的,淡水供应再度告急。

此后一个多月的时间里,阴雨、狂风、迷雾和病魔始终伴随着白令和他的船员们,圣彼得号在一串串岛屿组成的迷阵中徘徊挣扎。这些"几乎无法数清的岛屿群"星罗棋布地散落在海面上,十分集中。白令先后命名了雾岛(后改为契里科夫岛)、塞米迪群岛、纳盖群岛,并将其中的岛屿用圣徒的名字命名。到后来,岛屿群越来越多,数不胜数,圣徒的名字也用完了,只好作罢。这些岛屿群在北太平洋上组成了一条群岛链,后来被称为阿留申群岛。白令也因此成为世界上第一个发现阿留申群岛的探险家。

9 月,"圣彼得"号仍旧没走出由数不清的小岛屿组成的迷宫。探险队员曾经饶有兴趣地把给这些新发现的岛屿命名当作一件快乐的事,可是岛屿数不胜数,随着士兵们健康的恶化,渐渐不再去关心它们了。探险队甚至为不能摆脱小岛的纠缠而烦恼。因为水底多暗礁,给他们带来了危险。可白令他们根本想不到他们发现了一组新的大群岛。

高纬度地带的冬天来得特别早,天气变得愈加恶劣和反复无常。坏血病更加流行了,队员一个一个地死去,他们的尸体被抛入茫茫的大海。

"圣彼得"号惨不忍睹。冰雹、海风早已把风帆撕得破烂不堪,但船上已没有几个人能够工作了。船像一段漂流的腐木,任凭风浪摆布。此时的探险队已到了山穷水尽的地步。白令早已被坏血病折磨得卧床不起,但是只要精神稍微好点他就叫人把自己扶到工作室。他说他是船长,他必须对得起大家。他还安慰大家,只要发现陆地,就靠岸并在那儿过冬。这时的白令是全体队员们的精神支柱,他们非常信赖他,也许正是这种信赖才使探险队闯过一个个鬼门关,坚持到最后吧!

11 月 4 日,水平线上显露出一片陆地的轮廓。那高耸的山脉,那曲折的岬湾,就像是彼得罗巴甫洛夫斯克郊区!全体队员欢呼雀跃,以为温暖的营房、可口的食物和甘甜的淡水都已近在咫尺,他们可以不再惧怕死亡,不再遭受大海的欺凌了。有人甚至拿出珍藏的一小桶酒来庆祝。然而,第二天当船只驶近这片陆地时,沮丧、失望如当头一棒狠狠地打击了探险队。这片陆地并不是堪察加,也不是阿瓦恰湾的彼得罗巴甫洛夫斯克,这是一个陌生荒凉的岛屿。

人心大乱，白令决定弃船登岸。他清楚，他们再也没力量航行了：主桅杆已断，风帆破碎，且即将断粮！

岛上的荒凉让探险队员的心变得冰冷了。冰雪覆盖的小岛上长满了苔藓，没有树林，没有人烟。幸好岛上有很多北极狐和肥硕的海豹、海獭。队员们在冰冻的土地上挖出一个个地窖，上面用破船帆搭成帐篷，就算一个窝了。白令身上紧紧地裹了几层布，被安放在一个土窖中。他已经病入膏肓，常常昏迷不醒，在岛上痛苦地挣扎。

1741 年 12 月 8 日早晨，荒岛上空阴密布，劲风怒吼。在白令看来，这天的天实在糟糕到了极点，这是他 40 年航海生中从未经历过的。"好冷，啊！"躺在土窖里的白令的身体剧烈地颤抖着，风将土窖四周冰冷坚硬的沙土刮落不少，薄薄地覆盖在的身上。用"圣彼得"号上破旧的船帆搭建起来的帐篷对于荒岛暴戾的风雨和冷酷的严寒来说简直是形同虚设。风呼啸着，白令的耳中除了风声，听不到任何其他的声音；气温已经降到零下四十几度了，但白令感到，它还在下降，下降……

几天以来白令常常处于昏迷状态，但今天，他反而有些精神了。几个军官走进帐篷，给白令带来了一小块海豹肉和几片僵硬的黑面包及一小杯水。白令竟然产生了食欲，这对他来说是个奇迹，因为这几天他几乎滴水未沾。但虚弱的白令已咬不动食物了，他不无惋惜地放下了海豹肉和黑面包片。一个军官拿起杯子给白令喂了点水，白令感到很满足。但他也看到了军官们脸上深重的忧愁。是呀，在这天寒地冻，陌生荒凉的地方，又怎能不让人忧愁白令根本没感觉到军官们眼光中的另一种忧愁，那是对他们可敬的指挥官的忧愁啊！

透过帐篷的破洞，白令的目光久久地停留在巨浪滔天的海面上。那因寒冷而变得发黑的海水那么桀骜不驯，一刻不停歇滚着。"真像年轻时的我"，白令想，我总是这么鲁莽冲动，不平淡的生活。40 年来，我出生入死在大海中奔波，斗争，斗争，一直与大海斗争着，我胜利了吗？是的，我已完成了女皇的命令，我带回了那片大陆的许多资料，可是我病了，老了，再也没力量去征服大海了，可恶的坏血病一定要让我留在荒岛上了。彼得罗马甫洛夫斯克，我可爱的家园……。在最后一刻，白令突然明白了他心中那种与生俱来的热情和渴望，那是对理想对有价值的人生的渴望，他微笑着，永远地合上了双眼。

许多年以后，这个荒岛被命名为"白令岛"，以纪念长眠在岛上的那位叫白令的探险家。

"圣彼得"号幸存者于 1742 年 8 月 27 日在军官斯台勒等人指挥下返回堪察加。而另一艘失散的曲奇里科夫率领的"圣保罗"也于 1741 年 7 月 15 日到了北美，并于 10 月 10 日回到堪察至此，白令领导的两艘船都成功地到达了北美大陆。

一个人与海的最完美的结合，莫过于白令了。白令生于海边，长于海边，奋斗在大海，献身在大海。海与人，人与海，最后就这样再也分不开了……

逝者如斯。已化为地理坐标，与大海、岛屿永存的白令指引着更多的人为理想去探索，去冒险，去奋斗。

西班牙征服者

——艾尔南·科泰斯

人物档案

简　历:西班牙征服者,1504~1519年在古巴任职,1519~1521年率领远征侵略军抵达墨西哥,建立西班牙统治。1522~1528年担任总督,1529~1540年担任新西班牙(墨西哥)船长。

生卒年月:1485年~1547年12月2日。

安葬之地:他的遗体被埋葬在塞维利亚,但后来又被多次埋葬。

性格特征:过于任性妄为,血气方刚,粗鲁暴躁。

历史功过:1524年为寻找太平洋至大西洋的海上通道横穿中美洲。

他参加了镇压印第安人起义的军事行动,征服了古巴等地。

名家评点:编年史作者贝尔纳里·迪亚斯这样描写科泰斯:"他是个优秀的拉丁语专家,同学者们交谈时可以同他们讲拉丁语。显然,他也是个法学博士。他还是个小有名气的诗人,写过一些好诗,以及一些相当出色的文章。"

勇敢非凡

西班牙征服者,1504~1519年在古巴任职,1519~1521年率领远征侵略军抵达墨西哥,建立西班牙统治。1522~1528年担任总督,1529~1540年担任新西班牙(墨西哥)船长。1524年为寻找太平洋至大西洋的海上通道横穿中美洲。晚年显示出自己的殖民天才。

两个著名的征服者都是西班牙埃什特雷马杜拉省人。艾尔南·科泰斯出生于麦德林市;弗朗西斯科则出生于特鲁希略市。他们两个人之间还有亲缘关系:科泰斯是马丁·科泰斯·德·蒙罗和卡塔琳娜·毕萨罗·阿尔塔马利诺太太的儿子,科泰斯、蒙罗、毕萨罗、阿尔塔马利诺都是古老的贵族姓氏,因此科泰斯的父母都属于西班牙贵族。按照西班牙习惯,这位未来征服者的全名是艾尔南·科泰斯·毕萨罗。

科泰斯家族和毕萨罗家族都以勇敢非凡著称,两家都出天才的领袖人物和冒险家,此外,两家都从生活条件严酷的高山之国埃什特雷马杜拉招募优秀人才。

喜爱冒险

艾尔南·科泰斯的父亲本想让独生子当律师。小伙子14岁时被送进萨拉曼卡市立大学。但是,两年之后,艾尔南回到了家中。

编年史作者贝尔纳里·迪亚斯这样描写科泰斯:"他是个优秀的拉丁语专家,同学者们交谈时可以同他们讲拉丁语。显然,他也是个法学博士。他还是个小有名气的诗人,写过一些好诗,以及一些相当出色的文章。"

离开大学之后,科泰斯无所事事,虚度光阴。他过于任性妄为,不能容忍别人领导自己。这位血气方刚、粗鲁暴躁的年轻人,那个时候就已经在向往戎马生涯,打算当一名职业军人了。但是他还得在塞维利亚再等上两年。

1504年,19岁的科泰斯到了埃斯帕尼奥岛。在该岛的海地,科泰斯向圣多明各申请给予他公民权,并分给他土地。他到这块新大陆来,并没有落地生根成家立业的打算。但是,由于环境的原因,他不得不碰碰当自治市镇官吏和地主的运气。奥万多总督分给他一块土地和一批印第安人劳工。此外,科泰斯作为一名律师,还得到了新设立的阿苏阿市议会书记官的委任,他在那里待了六年。然而,科泰斯抑制不住自己喜好冒险的天性,他参加了镇压印第安人起义的军事行动。

古文明遗迹

1511年,迭戈·维拉斯科斯开始征服古巴。科泰斯放弃了自己的自治领地和安稳平静的地主生活方式,投入了充满冒险的征服者生涯。在远征古巴期间,他凭着自己开朗乐观、充满朝气的个性和勇敢大胆,结识了许多朋友。科泰斯受到新任总督维拉斯科斯的赏识,甚至当上了这位靠山的私人秘书。他定居在古巴的第一个西班牙城镇圣地亚哥—德巴拉瓜,两次当选为法官(市审判员)。当地主时,他在繁育羊、马、牛方面成绩斐然。在往后的岁月中,他全力以赴投入自己各处庄园的工程建设,依靠分给他的印第安人,从山上和河里淘到了大量的黄金。

他的个人生活也发生了变化:在圣地亚哥,由总督主持,科泰斯同出身于格拉纳达小地产贵族的卡塔琳娜·苏亚雷斯举行了婚礼。

在古巴度过的那些年头中,科泰斯学到了很多东西。他懂得了出卖西班牙官衔在殖民者职业中起着重要作用。尽管不时发生男女私情和其他的恶作剧导致同维拉斯科斯的口角冲突,他依然继续得到性格怪僻的地方官的垂青,这种状况充分说明这位未来的征服者善于随机奉迎,外交手腕灵活。

率队远征

维拉斯科斯任命科泰斯为中美洲远征军总司令。艾尔南·科泰斯毫不迟延,立即动手组建船队。他倾家荡产,并向圣地亚哥的几位富翁举债,当借款也消耗殆尽时,又用上了他的朋友们提供的贷款。科泰斯的声望,以及有关新开发的国家遍地生财的消息,促使大批冒险家纷纷聚集到他的旗下。终于装备妥六条船,有300多人应征参加远征军。

但是,维拉斯科斯想限制远征军的规模,人员和舰船的数目都不要大,而远征军的目的则是继续发现,好让他以后亲自向那些国家殖民。准备工作的规模引起了总督的不满,于是他解除了科泰斯的远征军指挥职务。

在这次不同寻常的变故中,科泰斯表现出了快速决断的才能。他的这种才能后来不止一次挽救远征军免遭灭亡。尽管船上人手不齐,装备也不全,艾尔南·科泰斯还是秘密下达了张帆的命令,小船队于半夜起锚。科泰斯冒着杀头的风险,只有远征成功才能挽救他。

11月18日,舰队到达马卡卡。这个小港位于圣地亚哥以西约80公里。远征军成员都认为这个小港让总督鞭长莫及。科泰斯在特立尼达补充了给养,命令升起自己的黑天鹅绒军旗,旗上绣着一个白色和蓝色火舌环绕的红十字,上书一行拉丁字"Inhoc signo vinces"("高举这面大旗我无往而不胜")。已经有一批声名显赫的西班牙贵族汇集到了科泰斯的麾下,因此,前来参加远征军的人络绎不绝。最终,在征服墨西哥时,参战的西班牙人大约有两千人左右。科泰斯率领这支队伍踏上最冒险最艰难的征途,开启了自己的时代。

1519年2月10日,船队前往既定的集训地点圣安东尼奥。远征军有11艘大船。2月18日在开往尤卡坦途中,负责记述远征的士兵贝尔纳利·迪亚斯·杰利卡斯提略这样描写自己34岁的总司令:"至于科泰斯的外貌,他长得很有魅力,体格匀称,强壮有力。他的脸呈浅灰色调,非常漂亮,脸型略长……面部表情大致说明他性情快乐。他的眼神大多是严肃的,不过如果他想的话,他能让自己的眼睛充满礼貌和热情……他是一个高明的骑手,无论在徒步或者马队战斗中,都会熟练使用任何兵器,然而最主要的是他具有勇敢精神,面对任何强敌或者艰难险阻都不退却……如果科泰斯具备了某种信念,那就不可能迫使他背弃它,特别是在军事方面……"

　　他就是这样一个人,西班牙骑士们都愿意把自己的身家性命托付给他,他有能力成为他们的领袖,率领他们投入最伟大,他们在自己最大胆的想象中都无法想象的冒险。

　　小船队出发时天气晴好,接着就碰上了加勒比海每年这个时期常有的飓风。船队被刮得七零八落,科泰斯乘坐的旗舰"船长"号最后一个到达集训地点——科苏梅尔。

　　远征军终于到达里奥塔巴斯科河口,这条河又叫里奥格里哈里瓦,以纪念它的首位发现者。西班牙人占领了塔巴斯科省的首府,很快他们就后悔投入这次冒险,因为大批印第安人队伍正在向城市逼近。

　　科泰斯经过反复考虑,决定同敌人开战。在远征一开始就退却,会败坏他手下人的士气,从而鼓舞印第安人。1519 年 3 月 25 日是报喜节,远征军成员做完弥撒,接着就投入了战斗,虽然土著居民的力量大大超过西班牙人,西班牙人还是取得了胜利。以前从未见过马的印第安人,惊惶失措地夺路逃跑,而科泰斯亲自率领的骑兵发出"圣地亚哥!"的吼叫声,追在他们身后冲杀过去。后来在胜利之地建起了一座新省城,名叫圣玛利亚—维多利亚。

　　西班牙人的损失不大。牺牲了几千人的塔巴斯科居民同西班牙人缔结了和约。首领们献上礼物,其中有 20 名印第安姑娘。给她们授过洗礼之后,科泰斯把姑娘们分给了各船的船长。其中有一个叫马琳娜的为科泰斯生了一个儿子。为了纪念祖父,给孩子起名叫唐·马丁·科泰斯。后来这孩子当了骑兵团长,获得雅各骑士勋章……

　　远征军继续前进。在圣胡安—德乌卢阿同势力强大的墨西哥统治者孟特祖马举行了第一次会谈。据印第安使臣讲的情况,可以判断出阿兹特克帝国的伟大和权力。要用一支 600 人的队伍,以武力去征服一个有 200 万军队的国家,这种想法狂妄至极,根本行不通。要征服墨西哥,只能运用政治外交手段,灵活利用印第安人内部的裂痕。

　　一个星期之后,孟特祖马的使者又一次来到西班牙人的营地。一百名壮丁向征服者送上了主人的礼物。让印第安人大吃一惊的是,科泰斯竟然对一种取自矿山的黄色金属大感兴趣。印第安人自己把黄金称作"天帝的垃圾"。

　　孟特祖马指望靠这种贵重金属,企图使这些外来人放弃占领墨西哥首都的计划。统治者没有料到,正是他的贵重礼物更加吸引西班牙人向着这些宝贝的源头前进。黄金制品所能排除的威胁墨西哥的危险,并不比孟特祖马派来的一批批巫师术士的咒语多。

　　在向墨西哥腹地深入之前,艾尔南·科泰斯在海边修建了一个小镇——委拉克路斯。为了维持合法的外表,科泰斯赋予由他自己指定的市议会全套权力,并请求辞去总司令职务。迭戈·维拉斯科斯总督的权力由委拉克路斯议会所取代。为了遮人耳目,先讨论了一段时间,接着科尔特斯来到议会面前,由议会向他宣布,他们找不到比他更出色的候选人来担任远征军领导人。科泰斯成了最高法官和大将军。但是,为了让这一决定具有合法效力,必须得到西班牙国王的首肯。艾尔南·科泰斯利用自己善于辞令的天赋,把维拉斯科斯的盟友都争取到了自己的一边,在他的远征军里,这种人为数不少。

在决定进入墨西哥帝国神秘首都的过程中,科泰斯找到了意外的却又是求之不得的同盟军——墨西哥人的敌人托托纳克人。这个部族的印第安人建议科泰斯访问他们的首府森波阿鲁。

为了把托托纳克人拉得更紧,科泰斯命令扣留 5 名墨西哥税务官。在这当中他耍弄两面手法,因为他又命令自己的人悄悄释放了这几名阿兹特克官员并要他们给孟特祖马带去一封表示友好的信件。这样,科泰斯博得了托托纳克人的好感,另一方面又赢得了墨西哥人的感激之情,使他们不再怀疑西班牙人有什么阴谋诡计。

然而征服者还必须事先取得西班牙国王的支持,才能避免维拉斯科斯可能的制裁。科泰斯放弃了他应该得的所有战利品的五分之一,也劝说士兵们放弃自己的份额,全部献给国王。

1519 年 5 月,船队中最好的一条船,乘着顺风抵达西班牙。艾尔南·科泰斯的使者在王宫受到接见,就是他的巨大成功。国王表达了感激之情,并同大臣们一起交口称赞新大陆的艺术品。国王承认征服者的行为合法,同时下旨再装备三条船去增援科泰斯。

1519 年 8 月 16 日,西班牙征服者同托托纳克人一起向墨西哥首都特诺奇蒂特兰进发。在科迪勒拉陡坡下安营扎寨。

第四天,队伍终于进了山,开始向防御坚固的城邦艰苦攀登,迪亚斯在自己的笔记中把这座城市称作索科奇马。有两条在陡坡上开凿的阶梯小路通向山下,非常易于防守。但是当地的酋长接到孟特祖马的命令放西班牙人上山。

接下来的三天,西班牙人行走在"由于贫瘠、缺水和严寒而空无人烟的沙漠上"。走出沙漠,他们到达一排小山岗。山口有一座小神庙,"像一座路边小教堂",整整齐齐垛着一捆捆木柴。科泰斯把这个地方称作普埃尔多列尼亚(干柴门)。很快,军队到达一座大城市,城内的石头房子用石灰涂得一片雪白,在阳光下炫目刺眼,让这些异乡人想起他们的故土西班牙的南部。贝尔纳里·迪亚斯写道,他们给这座城市起名叫卡斯基里布兰科(白色要塞)。现今它叫萨乌尔塔。在托托纳克印第安人的城乡不遗余力传播信仰的随军首席神甫巴尔托罗密欧法师,不允许在这里立十字架:他被祭祀仪式的规模震惊了。这里有 13 座印第安神庙,每座庙中都堆着一堆白森森的人头骨。贝尔纳里·迪亚斯估计这里作为供奉而牺牲的人数在一万名以上。

科泰斯需要同盟军,而森波阿鲁居民又向他保证特拉斯加兰人的亲善意愿,他们的家园就在前面。科泰斯派了四名印第安人作为使者先行,他自己则进入伊赫塔卡马赫奇特兰城。三天之后,队伍穿过山谷向山地进发。

进入山口,征服者们踏上了敌意如火的土地。往后的事件,贝尔纳里·迪亚斯这样写道:"两支人数约在六千名左右的军队,长声大叫着擂响战鼓迎面而来。随着号角响起,他们放箭矢,掷梭镖,斗志踊跃,勇猛异常。"土著人少有的战斗开始时没有遇到反击——科泰斯有时间用手势表示自己的和平意图,甚至通过翻译向印第安人解释。然而土著人最终还是发起了冲击,这时科泰斯自己率先喊出了原先的战斗口号"圣地亚哥"!在第一次强攻中,杀死了大批印第安人,包括三名首领,接着他们退入森林,特拉斯加兰首领希科坚卡特尔带领四万名士兵埋伏在森林里。起伏不平的地形不利于使用骑兵。可是当西班牙人把印第安人驱赶到开阔地段时,形势立即大变。于是科泰斯把他们的六门大炮投入战斗。然而即使使用了大炮,战斗还是持续到日落。印第安人比西班牙人及其同盟军的数量多出许多倍,而且在希科坚卡特尔的手下有五名首领,他们每个人都指挥着上万名士兵。

据贝尔纳里·迪亚斯报道,科泰斯同特拉斯加兰人的第一次冲突发生在1519年9月2日,三天之后又爆发了一场大的战斗。科泰斯在写给国王的信中一再确认,印第安人共有13.9万之多。战斗在平原上进行,骑兵和炮兵都可以展开。特拉斯加兰人一群一群地发起冲击,用炮火轰击他们一轰一大片,如同割草一样,而经受过战斗锻炼的西班牙士兵突入敌人群中有如罗马军团。但是,西班牙人很快只剩下12匹马。全靠步兵锋利的刀刃为科泰斯赢得了胜利。此外,这一次特拉斯加兰人的营垒出现了裂痕:希科坚卡特尔的两名军事指挥官拒绝同他一起出战。结果四小时的战斗以彻底粉碎印第安人而告终。

贝尔纳里·迪亚斯写道:"我们感谢上帝。"西班牙人只牺牲了一名士兵,虽然有60人受伤,但是伤势并不能动摇征服者的军心。

后来,特拉斯加兰人改用小队形进攻,各小队相互比赛,以生俘西班牙人为荣。然而外围的首领们已经开始到营地来议和了。战斗过后两天,50名印第安人来到营地。他们向士兵们推销他们的玉米面饼、火鸡肉和樱桃。科泰斯接到警报说,来者都是间谍,而且他自己也发现,来人对防御哨位部署很感兴趣,于是下令把他们全都抓起来。审讯时他们承认,他们来进行侦察的目的是为夜间偷袭做准备。砍掉他们的双手之后,科泰斯放他们返回特拉斯加拉,随即开始准备反冲击。

夜间偷袭营地的大约有一万人。祭司们向希科坚卡特尔担保说,西班牙人一到夜间就会失去英勇精神。不幸这与事实不符:科泰斯把自己的军队调到野外的玉米地里,等着迎击印第安人。特拉斯加兰人不习惯夜战,顷刻之间便被打得落花流水。连遭败绩的首领不仅向西班牙人保证永远友好相处,而且还邀请他们进城,同时还抱怨长期以来饱受孟特祖马的欺压。

这时,孟特祖马又派了一个使团来找科泰斯——六位首领带着200名随从,给科泰斯带来了黄金作为贺礼,祝贺他旗开得胜,更重要的是带来了一个消息:在西班牙人不进入墨西哥首都的前提下,孟特祖马不仅准备成为西班牙国王的附庸,而且岁岁纳贡。

这既是贿赂,又是交易。这样,科泰斯得到了玩微妙游戏的机会。他仍然不信任特拉斯加兰人,却承认,"对双方都会继续给予关照,暗中感谢每一方的友好,表面上却装出对孟特祖马比对特拉斯加兰人更热乎的样子,反之亦然"。

科泰斯进入了特拉斯加拉,从而不仅占领了这个有三万人口的城市,而且占领了整个民族区"周围的90个部落",因为特拉斯加拉是这个可以称为共和国的国家的首府。用科泰斯的话来说,这个城市"比格拉纳达更大,而且也更坚固得多",位于丘陵的低处,环绕在首都周围的山丘如同屏障。为了先得到西班牙人的友情,首领们提出送给他们几名人质,而且为进一步巩固友情起见,送去的是自己的女儿——五名处女,但是要抛弃自己的偶像,停止祭祀仪式,他们则不愿意。

科泰斯在特拉斯加拉收集有关墨西哥首都和墨西哥人的情报。特拉斯加兰人告诉他,大坝上有多少座吊桥以及湖水有多深。他们估计墨西哥军队的人数,仅仅孟特祖马一支就拥有15万兵力。特拉斯加兰人相信,西班牙人是他们反抗孟特祖马的唯一指望。因此,科泰斯得到举国一致的支持。

不清楚哪些心思和疑虑缠绕着征服者:他总是刻意掩饰自己的情感。但是清楚的是,他一定要顾及民心向背,在没有得到他们支持的情况下,千万不可轻举妄动。

科泰斯又一次处于何去何从的十字路口。特诺奇蒂特兰位于正西方,是直接去,还是听从孟特祖马使者的建议绕道乔鲁拉?特拉斯加兰人担心地提醒他乔鲁拉有陷阱。正在科泰斯绞尽脑汁拿不定主意的节骨眼上,又来了一群孟特马祖的使者,四位首领带着礼品——价值两千比索的黄金饰品。他们也警告科泰斯说,特拉斯加兰人在等待恰当的时机,要抢夺西班牙人的财物,把西班牙人全部杀死。这种离间他同新同盟者关系的企图,是显而易见的,科泰斯将他们的警告置之不理。

1519年10月12日,西班牙军队加强了5000名特拉斯加兰人之后,开进了40公里之外被认为是特诺奇蒂特兰忠实同盟者的乔鲁拉。这座城市里有许多气象恢宏的神庙,艺术和各种手工艺非常发达。

10月13日早晨,乔鲁拉居民列队欢迎西班牙人。这些从出现之日起就被奉若神明的异乡人身边弥漫着熏赶蚊虫的树脂香味。根据首领的请求,科泰斯的辅助队伍印第安人在城外安营,而西班牙人则被安排在乔鲁拉城内驻扎。但是科泰斯怀疑这是给他们设下的圈套。

他请来了当地的首领,装出打算明天离开城市的样子,请他们派出两千名脚夫。首领们欣然同意。

一大早,脚夫以及应邀接受辞行的当地首领来到西班牙人驻扎的院子里。科泰斯把首领们叫上前来,指责他们耍阴谋诡计。特拉斯加兰人收到信号,涌进城内,四处放火抢劫。乔鲁拉遭到残酷惩罚的消息传遍阿兹特克帝国各省。孟特祖马的担忧得到了证实,墨西哥统治者决定在首都接见征服者。

1519年11月1日,西班牙人排着严整的队列向墨西哥首都方向进发。号称"阿兹特克人的威尼斯"的特诺奇蒂特兰,给欧洲人留下了规模宏伟的印象。然而惊讶之余,欧洲人的不安也越来越强。据贝尔纳里·迪亚斯记道:"偌大一座墨西哥城耸立在我们面前,而我们才有不到四百名士兵。"

孟特祖马鞠躬欢迎这批异乡人，接着相互交换礼品。西班牙人的队列由孟特祖马的父亲阿萨亚克特尔陪同开向王宫，接见将在王宫举行。

科泰斯明白，一旦切断吊桥，城市将变成他的部队的陷阱。因此，他的当务之急是要建造四条帆船，以便他不致非依赖大坝上的这条路不可。

科泰斯既利用政治手腕也利用军事手段来实现自己的计划。印第安人在委拉克路斯杀死了几个西班牙人，其中包括指挥官艾斯卡兰特。1519 年 11 月 14 日，科泰斯下令直接在宫内逮捕自己殷勤好客的主人孟特祖马，指责这位统治者策划了委拉克路斯的袭击。西班牙军官们把住王宫所有的出口，接着，孟特祖马被一乘没有任何装饰的普通轿子由一群武装士兵押送着抬到了自己已故父亲的宫中。这样，这位"世界主宰"成了西班牙人的阶下囚。

在向卡尔五世的报告中，科泰斯把自己的暴力行为称为保证西班牙人安全和维护国王利益的必要措施。被俘的君主成了他的士兵的安全保障，要知道在这个专横独断的国度里，没有孟特祖马的许可，任何人都不能做出反对欧洲人的决定。

"世界主宰"吩咐自己的臣民保持平静，他声称宁可居住在离自己的欧洲朋友更近的地方。实际上是科泰斯在发号施令，献给阿兹特克君主的贡赋也由他转交。西班牙人表面上依旧尊敬孟特祖马的国王称号，承认他有权对外象征最高当局。

科泰斯的下一步是要孟特祖马正式退位。1519 年 12 月，帝国上层要人参加通过了一个正式决议，向西班牙君主宣誓尽忠，经过公证人庄重证明向卡尔五世的最高当局称臣。鉴于国王不能到场，由艾尔南·科泰斯代表。

大权交给科泰斯之后，孟特祖马两手空空一无所有，只好把父亲的珍宝拿来赏赐异乡人。印第安人只珍爱做成了精巧饰物的黄金，西班牙人则把珍贵的艺术品化成金锭并打上国王的印记。

1520 年 5 月初，在到达特诺奇蒂特兰六个月之后，从海边传来一条让科泰斯不安的消息，一支由潘菲罗·纳尔瓦埃斯指挥的讨伐队来到墨西哥。讨伐队受迭戈·维拉斯科斯派遣，前来惩罚不驯服的科泰斯。

征服者面临着两线作战的威胁。同纳尔瓦埃斯谈判的尝试没有取得结果。

科泰斯知道纳尔瓦埃斯的军队在数量上占有很大的优势，然而他还是把自己本来就为数不多的部队分出一部分。小小的支队神不知鬼不觉地潜入讨伐支队盘踞的托托纳克首府，给了对手一个措手不及。古巴总督的军队放下了武器。从而，不久前还只是个捣乱分子、一小撮冒险家的头头的科泰斯，成了迄今为止新大陆上前所未有的一支独立军队的首领。

然而这时，科泰斯接到一条特诺奇蒂特兰传来的令人扫兴的消息，阿兹特克人袭击了驻防部队，况且，墨西哥人趁科泰斯不在的时机进攻特诺奇蒂特兰的西班牙人有足够的理由：俘虏他们的元首、毁坏宫殿、掠夺金银财宝、亵渎庙宇并损毁神像，他言而无信，拒不兑现在船队抵达后离开城市的诺言，以及他同不共戴天的死敌特拉斯加兰人沆瀣一气，这一点大概最让特诺奇蒂特兰人视为奇耻大辱。

1520 年 6 月 24 日，正当西班牙人在特诺奇蒂特兰处于绝境的时候，科泰斯又一次来到墨西哥首都。他率领自己的队伍进入阿萨亚卡特尔的宫殿，便陷入重围。留在特诺奇蒂特兰十分危险，然而所有的吊桥都已经拆掉，如何突围出城呢？

科泰斯命令制造一座可以用来渡过护城河的便携式木桥，在证人的监督下，他下令把他献给国王的五分之一的战利品用麻袋装好，并指定心腹军官妥为押送。

1520 年 6 月 30 日，科泰斯下令突围出城。7 月 1 日凌晨，西班牙人正在过桥时，印第安人向征服者发起了攻击，给了他们致命的打击。在这个不堪回首的"悲伤之夜"，西班牙人损失了全部武器、80 匹马和 459 个人，失去了全部辎重和大部分仓促抢夺的财宝。科泰斯也差一点性命不保。

1520 年 7 月 7 日，在奥托姆潘，或者是如西班牙人所称的奥图姆巴附近，科泰斯遭遇一支墨西哥大军，大约有 20 万兵力。可是西班牙人已经没有一件火器，然而，西班牙人和特拉斯加兰人却斗志如虹，争先恐后地冲向占绝对优势的敌人。科泰斯率领骑兵队突入密集的敌群，用长矛扎穿了穿着华丽服饰的阿兹特克人首领。印第安人看见自己的军旗被西班牙人夺到手，顿时阵脚大乱，惊惶失措地拼命夺路逃窜。

受成功的鼓舞，科泰斯决定重新占领墨西哥首都。他下令建造 13 条帆船，试过水后再拆开，由印第安人脚夫走山路运到特斯科科湖边。在距岸边 800 米处将帆船重新组装；同时有四万名左右印第安人赶着开挖一条通向湖边的水渠。这些准备工作几乎延续了七个月。

1520 年 12 月 28 日，科尔特斯率领自己的军队浩浩荡荡开往墨西哥。他在荒山野岭上选择了一条荆棘丛生，但是安全无虞的道路。进攻特诺奇蒂特兰之初，科泰斯有 650 名步兵，194 支步枪，84 名骑兵和有 24000 人的印第安人辅助部队，以及 15 门野炮。

1521 年 5 月 20 日，攻击墨西哥王城开始。帆船消灭了所有的印第安独木舟队。然而，攀登大坝时却损失惨重，因此科泰斯决定团团围住特诺奇蒂特兰，在有生力量上拥有强大优势的墨西哥人继续反抗。科泰斯两次奇迹般地从印第安人手中逃脱，靠的是自己士兵的勇猛。但是他继续建议阿兹特克人缔结和约。

1521 年 8 月 13 日，西班牙人打垮守军的抵抗，进入城内。据统计，有 24000 至 70000 墨西哥人死于饥饿和疾病。西班牙人的牺牲也无法确切统计，至少有 100 人被俘并当做牺牲祭神，死亡者大约也在此数。同盟军的牺牲将近一万人。

包围持续了 75 天，据科泰斯报告，没有一天不同印第安人作战。阿兹特克人首领考特莫克逃跑时被西班牙人俘虏，戴上镣铐后被带到科泰斯面前。

但是，这场大战役的目标——财宝却消失得无影无踪。大概，印第安人把自己的一部分财宝沉进湖里,其余的藏到了别的什么地方。考特莫克甚至在严刑拷问之下,也拒不招认孟特祖马将自己的宝物藏在何处。

到1524年,西班牙征服者在墨西哥建成了几座城市。科泰斯大部分时间在考尤阿坎,亲自领导特诺奇蒂特兰重建。在这些年中,他显示出一个天才的殖民者的能力。按照西班牙人的意愿,通过古老的美洲文明同基督文明的融合,应该产生一种新的伊比利亚—美洲文明。在推动印第安人改信基督教方面取得了巨大进展,科泰斯请求国王派遣大批"善良和模范生活"的传教士来。

科泰斯本人一生都受到当地土著人的信任,他经常为他们当辩护律师,据目击者证明,当地人非常尊敬他崇拜他。但是,西班牙宫廷对这位征服者的不信任,以及国王派驻墨西哥的官吏对他根深蒂固的猜忌,不容艾尔南科泰斯实现自己的理想——把西班牙的权力扩展到南方的海洋和亚洲去。就在那时,他把一个强大的国家作为战利品敬献给国王,却被一批心怀嫉妒的人指责为企图同西班牙王冠分道扬镳。

返回祖国

科泰斯动身返回西班牙晋见国王。1528年5月末,科泰斯带领一大群随员在帕洛斯港上岸。在王宫按照全套礼节接见了他。科泰斯发誓对国王忠贞不渝。1529年7月6日,国王封他为"德瓦勒·瓦哈卡侯爵",授予他一枚圣雅科夫大十字勋章,并赐给他大片的墨西哥土地。但是,这一次他没有得到新西班牙总督的职位。科泰斯被任命为新西班牙和南海群岛大将军,他没有看错,今后新的远征军只有在首先发现者拥有总督全权的情况下,才能取得成功。

1530年7月,又在瓦哈卡首府划给征服者一片新土地。科泰斯成了拥有22处庄园和23000名附属印第安人的领主。他婆了阿基拉尔伯爵的女儿、贝哈尔公爵的侄女胡安·苏尼加之后,艾尔南就打开了进入西班牙上层贵族豪门的通道。他送给年轻的新娘的礼物中有一件是一对雕刻成玫瑰花形状的祖母绿(墨西哥工匠的手艺),简直巧夺天工,让整个宫廷惊叹不已。征服者声名远播,传遍全欧洲和新大陆,因此在科泰斯同时代的人看来,其荣耀可与亚历山大·马克顿斯基统帅媲美,其财富可与克勒兹匹敌。

1530年春天,他在夫人和自己年迈的母亲卡塔琳娜太太的陪同下,回到墨西哥,他在那里主要是致力于殖民使命。他从古巴带去了甘蔗,推广繁养美利奴细毛羊,开采金矿和银矿。但是这些和平事业不能满足他崇尚冒险的本性。

1532年、1533年,他装备起两支小舰队。他企图在加利福尼亚建立居民点。但是做这种事情需要大量的金钱,而且没有任何回报。1535年,科泰斯亲自参加远征军,深入加利福尼亚湾到北纬30度。他在加利福尼亚半岛南部建起了圣克鲁斯市,即今拉巴斯。

1539 年有三艘船没有回来,给科泰斯造成的财产损失总共约 20 万金杜卡特。

但是地理发现相当可观。由此确证,加利福尼亚不是一个岛,而是大陆的一部分。科尔特斯终于查清了美洲大陆西海岸的大部分地段和加利福尼亚湾。尽管困难重重,他有意让自己的儿子堂·路易斯指挥新的远征军。但是新大陆第一任总督安东尼奥·门多斯自己想争这方面的发现权,不赞成这件事。科泰斯满心气愤,决定去见国王。

1540 年,他由自己的儿子堂·马丁·科泰斯陪同回到西班牙。国王不在国内,但是首都隆重接待了科泰斯。在印度事务委员会举行仪式亲切欢迎他,然而侯爵没有取得明显成效。

1541 年,科泰斯同儿子一起参加了卡尔五世征讨阿尔及尔的战役。这次战役令人难忘。在导致部分战船沉没的风暴中,侯爵的大桡战船也成为大自然的牺牲品,科泰斯幸免于难。

科泰斯父子在西班牙多方活动,但是在贵族中间找不到一个知音,这令他们十分遗憾。刚刚返回国内的国王也不支持他把西班牙帝国的疆界扩张到新发现的大陆全部领土的计划。经过三年的期盼等待,艾尔南决定返回墨西哥。

但是他只走到塞维利亚就病倒了,他得的是痢疾。科泰斯还有时间处理完自己的尘世事务,在 10 月 11 日签署了遗嘱。他死于 1547 年 12 月 2 日,终年 62 岁。临终前不久,他从市里搬到比较安静的村镇卡斯捷略哈·德拉库埃斯塔。

起先,这位征服者被埋在麦迪那·西多尼公爵家族墓室。15 年之后,他的遗骸被迁往墨西哥,埋在特斯科科一座圣芳济派教堂里。1794 年,他的石棺被迁到拿撒勒由科泰斯创办的伊苏萨医院。坟前的普通墓石上放有一尊青铜半身雕像。1823 年为免遭毁灭曾秘密取出其遗骨。最终安放在那不勒斯,征服者的曾孙女的后裔特拉奴奥夫—蒙特利昂公爵家族的墓室中。科泰斯遗嘱所述想在考尤阿坎找到一个栖身之地的最后愿望未能实现。墨西哥伟大的征服者,安葬在远离他功成名就的地方,远离与他的名字永远相连的国家。

十六世纪英国航海探险家

——弗朗西斯·德雷克

人物档案

简　　历:英国航海家,海军中将(1588 年),西印度海盗远征军领导人。出生于德文郡,由于疾病死于 1596 年 1 月 28 日凌晨。

生卒年月:1540 年~1596 年 1 月 28 日。

安葬之地:海葬在波托韦洛附近海域。

人生信条:奋勇向前、克服、掠夺,然后繁荣。

历史功过:1565 年从几内亚向南美转运奴隶。成功地组织并参加了一系列赴西印度洋拦截西班牙奴隶贩运船和海盗船的海上远征行动。完成了继麦哲伦之后的第二次环球航行(1577~1580 年)。1588 年英国海军摧毁西班牙无敌舰队战役的实际指挥者。

相关纪念:1937 年~1970 年的三十三年,英国的钱币半便士(Half Penny)上一直以德雷克的金鹿号为图案。英国文化中有一首民谣叫做"德雷克的鼓(Drake´s drum)",大意是说如果英国蒙难,只要德雷克的鼓又响了,他就一定会回来为英国解难。

脱颖而出

英国航海家,海军中将(1588 年),西印度海盗远征军领导人。1565 年从几内亚向南美转运奴隶。成功地组织并参加了一系列赴西印度洋拦截西班牙奴隶贩运船和海盗船的海上远征行动。完成了继麦哲伦之后的第二次环球航行(1577~1580 年)。1588 年英国海军摧毁西班牙无敌舰队战役的实际指挥者。

弗朗西斯出生于德文郡的泰维斯托克附近,是 12 个孩子中的老大,其父亲是个狂热的新教徒,于16世纪50年代初迁居肯特郡,那里有许多贫穷家庭住在东倒西歪而且漏水的海船上。从德雷克记事起,海船是第一个家。12岁时,他成为一名少年水兵。靠远房亲戚、大贵族兼著名航海家约翰·郝金斯的资助,德雷克受到良好的教育。1567年,他已经指挥"尤迪夫"号船,同郝金斯的其他船只一道,在美洲沿海进攻西班牙人了。有一次,郝金斯的分舰队遭到伏击,全军覆没,德雷克乘坐"尤迪夫"号得以逃出海湾,把船驶回了家。船长决定回家,郝金斯中将只说了一句话:"他在危难时刻抛下了我们。"但是后来,德雷克重新赢得了这位位高权重的亲戚的好感。

1572年,德雷克带着两条小船返回美洲海岸,完成了首次海盗登陆行动——他夺取了西班牙城市诺布雷德迪奥斯,抢劫民舍,毁坏教堂。但是突然降临的风雪浸湿了火药,而且德雷克本人的脚也受了伤,只好逃走。后来他去旅行,就是这次旅行使他从普通的探险者中脱颖而出。为了进入太平洋,他组织了横穿巴拿马的行动。

旅途中,他顺道打劫了几支西班牙陆上驮运队,于1573年8月9日回到普利茅斯。由于认识通往不设防的西班牙领地的道路,他获得了胆大的声誉。不能说德雷克发了财,但是他还是不愿叫同伴们扫兴:他以后远征能否成功在很大程度上还要靠他在人们心目中的印象。

德雷克个头不高,肩膀宽厚,体格壮实,显得比自己的实际年龄年轻。他长着一头剪得很短的栗色卷发,留着尖翘的胡子和浓密的唇髭。圆圆的脸上最好看的是一对大大的蓝眼睛。英格兰传记作家本松指出,这位冒险家所有的肖像,都是"一副吃惊同时又警觉的眼神,似乎他刚刚得知一件极其重要又非常可笑的事情,正准备不计一切代价采取行动"。无独有偶,另一位英格兰学者威尔金逊也说:"毫无疑问,这是伊丽莎白时代的肖像画中最传神最坦诚的一张脸。"

远航之旅

德雷克的远征军需要支持。他以可能找到通往马鲁古群岛和其他尚未对英国人开放的土地为借口,游说女王和她的近臣们。对他指望为自己的远航投资的人,德雷克则诱之以美洲太平洋海岸有神话般的收益(战利品)。而在其他的人看来,德雷克船长是准备起航前往亚历山大。德雷克为自己的行动挑选的股东,都是些有名望的人,其中大概有几个人知道旅行的真正目的。

德雷克本人投资1000英镑,占实际所需资金的三分之一。人们原以为女王会将自己的船拨给他一艘。但是女王不想让自己的名字同终点可能根本不是非洲海岸的"亚历山大商贸之旅"沾边。于是,股东们买下了"伊丽莎白"号船。德雷克装备了一条"佩利坎"号、一条小一点的"金玛丽"号,以及两条远征军日用的小辅助船,日用品用完之后,将辅助船沉掉即可。

1577 年春天，正当航行准备紧锣密鼓全速进行的时候，中将（实际上，德雷克尚未晋升中将，这样称呼小舰队的总负责人不过是出于习惯）突然从英国消失。很少有人知道，这几个星期之中，他去了葡萄牙，在那里会见了一批最负盛名的制图员和航海长。他需要搜集葡萄牙人和西班牙人秘密领航图的情报，同时核实有关麦哲伦海峡强大的洋流允许大船从大西洋进入太平洋，却不能原道返回的消息是否确切。

德雷克在葡萄牙没有搜集到有关太平洋航道的秘密领航图，但是他见到了制图大家杜拉德，从他那里搞到一幅最新的详图。他还弄到一本葡萄牙领航员通用教程，然而，教程对麦哲伦海峡的情况只是寥寥带过，语焉不详——因为几十年来已经没有人穿越这条海峡了。

等德雷克从葡萄牙回来，远航准备遂告就绪。他的股东们都是些务实的人，亦非首次装备远征军。被葡萄牙的阳光晒黑的中将，置身于一种新的生活环境，心情轻松愉快，对大家说刚从南方某个地方休假回来。

德雷克认为，豪华的外表有利于增强权威。因此他下令精心装修自己的舱室，找技术最好的裁缝定做了几件无袖短上衣以备庄重会晤时穿。除了少年侍从（他自己的堂弟约翰）、黑奴和听差各一名之外，又加上了这类远征军都有的小号手和鼓手，还雇来三名乐师，一可供中将娱乐，二可振奋船员的情绪。

五条船上共有 164 人。

到达绿岬群岛时，他们避开葡萄牙人，在一个海湾悄悄补充了淡水。尔后，他们进入公海，等到两艘葡萄牙船。德雷克抓住这个机会，重施海盗故技，同时实际考验一下自己的新伙伴。不过，他主要是想通过攻击葡萄牙人在船上找到秘密海图，并俘虏一名好舵手。后一个目的达到了。舵手西尔瓦开始拒绝驾驶英国船前往巴西和南方，然而经过一番鞭笞，变得比较好商量了。

让全体船员知道航行目的地的时机到了。他把要用的口令、全套信号以及船队万一被风暴打散后的集合地点都知会了各船船长。主要集合地点在南纬 30 度的智利近海。

弗朗西斯·德雷克一到达美洲海岸，就把自己的船"佩利坎"号改名为"金鹿"号，这个船名载入了史册。

穿越大西洋的航程用了 54 天。德雷克得知，他的老朋友汤姆·道奇在泰晤士河上为期一个月的逗留期间，同反对这次远航的巴格利勋爵进行过一次密谈。不受他信任的还有"伊丽莎白"号的船长文特，他是一名股东的儿子，是被合伙人硬塞进来的。

1578 年 7 月 20 日，航海家们看见了麦哲伦在他镇压暴乱处决不满分子的地方树立的标记，在附近还找到了人骨。德雷克也宣布他揭穿了一起阴谋。船长的朋友道奇被指责为叛逆，当即在岸上被斩首。德雷克指望，现在船长中没有人再敢不听他的话。

8 月 20 日，船队驶入麦哲伦海峡。德雷克命令靠岸，找到一棵树抬进船舱，要把它作为他通过海峡的证据献给女王。接着，德雷克登上海峡群岛中的一个岛屿，宣布该岛归女王所有。

1578年9月7日，第一批英国船只穿过麦哲伦海峡，对德雷克和他的同伴们而言，新的考验开始了。船队刚刚进入太平洋两天，就遇上了风暴。风暴过后，"金鹿"号单独继续天涯孤旅。

由于离西班牙人控制区已经不远，德雷克命令在距当时的康塞普西翁城不远处靠岸，同时让船员们休整休整。

12月5日，"金鹿"号在印第安人的帮助下，进入圣地亚哥湾。港口停着一条平底帆货船"船长"号。德雷克派一条小船去见西班牙人，"船长"号上击鼓以示欢迎——他们还以为进港的是一条西班牙船，因为英国人到访似乎不大可能。德雷克带领18名英国人登上货船，未费一枪一弹就把船夺到自己手中。

入夜，"金鹿"号上举行宴会庆祝海盗生涯开始。德雷克向自己的同伙发誓，不攒够100万杜卡特，决不离开这片水面。在"船长"号上搜到3700瓦尔迪维亚金杜卡特，还有2000桶优质葡萄酒。

"金鹿"号继续航行。遇到西班牙人的小居民点便登陆上岸将它们抢得一干二净。

德雷克进入一个西班牙港口，得知有一艘装载白银的货船将要进港。港内锚泊着12条船，船员都在岸上。英国人搜遍每一条船，砍断桅杆，以便摆脱追赶。原来，装载白银的货船已经离港。德雷克立即组织追赶，并许诺奖给第一个发现货船的人一条金项链。

此前不久，驻利马的秘鲁总督听说了德雷克在太平洋沿岸一带出没的消息。他很长时间不能相信这不是吓破了胆的商人们虚构的谣言。但是，关于英国海盗袭击的消息接二连三地送达总督，促使他组织起一支2000人的队伍来保护自己的人，并派出两艘大型军舰去追赶德雷克。这两艘军舰在拂晓时分都看见了英国人。然而追踪也只能在拂晓前结束，因为他们仓促之际既没有带淡水，也没有带食品。此外，西班牙人在给总督的报告中写道："我们许多人都有晕船的毛病，在海上连站都站不稳，更不用说搏斗了。"

不过，与此同时，德雷克搜寻运白银的货船一路北上，顺便打劫遇到的商船。他截获了两条装运绳索的船，在船中找到一个沉重的黄金十字架，上面饰有许多祖母绿。返回英国后，德雷克命令把这些祖母绿镶到一顶黄金王冠上，把这顶王冠献给了女王。

1579年3月1日，少年侍从约翰·德雷克闯进中将的舱室叫道："地平线上有一艘货船！"中将一听，当即取下脖子上戴的那根粗重的项链，套到少年的脖子上。项链一直垂到少年的膝盖。

货船如同一座浮动宝库，从上面搜出了14箱银币，80磅黄金，1300块银锭，至于宝石和异国货物就别提了。据德雷克计算，这一次抢劫的财物总共价值25万英镑。即相当于德雷克远征军投资成本的100倍。一位现代学者认为，这些东西相当于5000万美元。

搜查船员个人财物时,在西班牙舵手的箱子中发现了两只银杯。德雷克看见后,对西班牙人说:"您有两只杯子。其中一只可能适合我用。"舵手鞠了一躬,把一只银杯交给了德雷克的跟班。中将点点头,又转向另一只箱子。

因为高兴,德雷克放走了货船。总的说来,除了为名节捐躯的人之外,他为没有杀伤一个西班牙人而骄傲。德雷克制定了一个巧妙的战略:他命令砍断所截获船只的桅杆,任其随波逐流。

德雷克还没有抢够战利品,但是已经在考虑如何把战利品送回家了。截住麦迪那大公的堂兄弟弗朗西斯科·德·扎拉特的船,他不仅给他留下圣地亚哥勋章,还留下了其余的东西,只挑出了中国瓷器和丝绸。德雷克为此表示歉意,他的借口是,他拿这些东西是为了妻子,她央求他带回中国瓷器。德雷克还同西班牙贵族互赠礼物,然后分手。

据扎拉特回忆,德雷克开朗快活,虽然因为中了西班牙火绳枪的子弹而有点跛。扎拉特后来写道:"德雷克所有的部下在他面前都小心翼翼,提心吊胆,当他从甲板上走过时,他们都靠上前来,摘下帽子,弯腰鞠躬头都快要贴到甲板……与他在同一条船上的有九名或者十名贵族,均出身于英格兰名门,然而当他在场时,如果德雷克不亲自请他们戴上帽子或者坐下,那他们任何人都不敢坐椅子。他进餐时使用纯金餐具,还要乐队伴奏。"大概,这只是德雷克的一个侧面,他的讲究十分多。

当时,中将一出现在马鲁古群岛的岸上,巴布拉苏丹的日子就很不好过,他的仓库中积存了大量尚未卖出的香料:因为这一地区的贸易事实上都是由葡萄牙人垄断,只有个别的印度船或中国船能突破葡萄牙人的垄断。

第一个登上英国船的人是苏丹的弟弟,他带来了自己王兄的礼物。第二天德雷克回报苏丹同样的礼敬。幸好,他的船上也有一个弟弟,可以派他带领使团登岸。

苏丹的接见给客人留下了强烈的印象。苏丹高坐在大厅的宝座上,宝座的华盖用黄金装饰,周围有上千名侍臣和 60 名谋士。宝座后面站着一排威武严肃的保镖,宝刀出鞘,寒光闪闪,一名少年侍从给苏丹打着用蓝宝石装饰的扇子。接见时,宝座旁边站着穿大红长袍缠头高耸的土耳其使节,更衬托出气氛庄严:战胜了葡萄牙人的苏丹成了穆斯林世界的希望。

德雷克很为自己的远见高兴——宽大的无袖上衣。他命令军官们把无袖上衣放进箱子,妥为保管勿使长霉,在服装上可不能输给葡萄牙人一丝一毫。英格兰人用抢来的金银向苏丹购买香料,他们付钱很大方,而双方彼此满意,这在当时亚洲人同欧洲人的关系中非常少见,双方都希望这种关系将来也能延续下去。不错,船员们曾经担心发生意外,不放德雷克上岸。

几天之后,"金鹿"号重新启航。德雷克在爪哇会见了当地的统治者们。葡萄牙人的敌人到来的消息不胫而走,传遍了各个海岛。这又一次证实,在印度洋和南海上对葡萄牙人的仇恨有多深,当地对他们的竞争者展现了多么好的机会。关于"金鹿"号的传言很快传到了葡萄牙人的耳朵里,他们为它张开了天罗地网。德雷克缩短在爪哇的停留,尽量靠近通商的航道直奔印度洋,严禁进行海盗打劫和冒险。此刻的当务之急是回家。1580 年 9 月 26 日,经过两年 10 个月 11 天的航行,"金鹿"号平安抵达普利茅斯。德雷克成了绕地球一周同时保全了大部分水手生命的第一位船长。

伊丽莎白女王给予德雷克特殊荣宠,称他为"我亲爱的海盗"。"金鹿"号成了崇拜的对象。德雷克本人受到英国人的尊敬崇拜,自然也为西班牙人恨之入骨。西班牙驻伦敦大使直言不讳称他是"天字第一号小偷"。对此,女王的勋爵们只是报之一笑。

次年早春,在一次盛大接见时,女王把自己"疼爱的兄弟"西班牙国王的大使招到身边,握着他的一只手,另一只手放到跪着的德雷克肩上说:"赐你平身,弗朗西斯·德雷克爵士!"

这样,德雷克成为一名骑士,大使不敢抽回手,授予骑士称号被认为是莫大的奖赏,英国一共只有 300 名骑士。

再次远征

1585~1586 年,弗朗西斯·德雷克爵士又一次指挥英国舰队前往西班牙殖民地西印度群岛作战。同上次一样,凯旋时带回了大批的战利品。德雷克首次指挥这种大型兵团:他辖有 21 艘军舰、2300 名士兵和水手。

由于德雷克积极活动,无敌舰队的出海日期被推迟了一年,这使得英国人的战斗准备更加充分。1587 年 4 月 19 日,德雷克指挥由 13 艘小舰组成的分舰队,进入无敌舰队的卡的斯港湾。在港湾停泊的 60 艘军舰,被他消灭了 30 艘,其余的部分则被他夺取并顺手带回,其中包括一艘排水量为 1200 吨的大型货船。

1588 年,弗朗西斯爵士把重拳放到彻底摧毁无敌舰队上。然而,这是他荣誉的顶峰。1589 年的里斯本远征以失败告终,他失去了指挥权和女王的宠信。他没有拿下城市,他手下的 18000 人只剩 6000 人生还。此外,皇家国库出现亏损,这不可能让女王喜欢。

而最后一次远航美洲海岸,中将连遭败绩。登陆地点被西班牙预先侦知并做好了回击的准备,没有财宝,给英格兰人造成减员损失的不仅有战斗,而且还有疾病。德雷克中将本人也得了回归热,他感觉大限将至,从床上坐起来,挣扎着穿上衣服,让自己的仆人帮助他披上盔甲,他要死得像一名斗士。中将于 1596 年 1 月 28 日凌晨去世。几个小时之后,分舰队驶进诺姆布莱德迪奥斯。新任司令托马斯·巴斯克维里命令将弗朗西斯·德雷克爵士的遗体装入铅制的棺材,按照军礼沉入大海。

英国海盗船长

——托马斯·卡文迪什

人物档案

简　　历:英国海盗。在英国同西班牙的海上掠夺战(1585—1603 年)中名利双收。是继德雷克之后完成环球航行的第二位英国船长。

生卒年月:1560 年~1592 年。

安葬之地:不详。

性格特征:集合了发现者的猜想和财富追求者的贪婪。

历史功过:1588 年 9 月 9 日卡文迪什用 2 年零 51 天完成环球航行,带回了大量财宝。他的地理发现和绘制的地图受到赞扬,在当时被视为无价之宝。

名家评点:卡文迪什成就斐然,有人甚至将他称作是牛顿之后,英国最杰出的科学家,事实证明,这样的评价丝毫不过分,因为在卡文迪许在物理、化学上的多方面成就都对后世产生了深远影响。

绅士船长

英国海盗。在英国同西班牙的海上掠夺战(1585~1603 年)中名利双收。是继德雷克之后完成环球航行的第二位英国船长。

1586 年 7 月 21 日,三艘军舰从英国普利茅斯港出海,除旗舰"希望"号外,还有"满足"号和"美少年·休"号。英俊年轻的船长托马斯·卡文迪什站在旗舰驾驶台上。他作为受过贵族教育的绅士,毕业于剑桥大学,同那个时代的许多人一样,热衷于发现遍地黄金的新土地。

获取黄金的另一条途径是:从拥有黄金的人手里掠夺。当时,这位黄金拥有者就是西班牙。它的船队运载的贵重金属出自南美,准确地说是出自秘鲁,那个地方在加勒比海以远,与欧洲隔着大西洋。仅在 1521 年至 1530 年间,西班牙人就从那里运回了 5 吨黄金,尔后又运回了 25 吨黄金和 178 吨白银。在往后的 10 年中,西班牙自秘鲁得到了 47

吨黄金和 300 吨以上的白银。

然而,喜爱黄金的不仅仅是西班牙人。很快,海盗就变成了利润丰厚的行当。西班牙平底货船——当时最大的船——装载贵重货物航行就不再安全了。从 1537 年起,西班牙人向欧洲转运财宝开始实行严格的程序。

每年春季从西班牙向新大陆派出一支大区舰队——装载给养和货物的数十艘平底货船。在驶往西印度群岛的途中,船队分成"白银船队"和"黄金船队"。卖完货物,装上黄金和白银,各船在古巴岛的一个港湾会合,从那里返回欧洲故土。一路上,货船由军舰全程护航。只有从卡亚俄(位于秘鲁太平洋沿岸)到巴拿马的这一段路程,货船没有军舰护航。知道这个情况的还有弗朗西斯·德雷克。卡文迪什也记得这个情况。同伟大的海军中将一起驾驶"金鹿"号完成环绕地球全程的战友们没有白参加远征军。

冒险远航

同诸如德雷克的其他海盗一样,卡文迪什的身上集合了首先发现者的狂热和财富追求者的贪婪。老实说,正是这种结合促使他投入冒险远航。做远航准备时,他不吝惜钱财(指望投入得到高额回报,甚至不惜变卖自己的家产),往船里装上大量的储备品和淡水,招募了 129 名经验丰富的水手和军官当船员。参与装备远征军的还有其他所谓的股东,即冲着从打劫的战利品中分得更多红利而出钱的人。

就像德雷克曾经遇到的那样,女王伊丽莎白一世本人也为他的远征出过一些钱。她也给卡文迪什下了一道上谕,要他环绕地球航行,在海图上增添尚未发现的岛屿、适宜的洋流和顺帆风向,并把这些资料都详细记入航海日志。舰船临出海前,信使送来了女王愿他们一路顺风的祝福。

因此,除了航海日志外,弗朗西斯·普里提还要撰写旅行报告。在那个时候,这种报告的名称通常都非常华丽:《敬仰上帝的航海大师托马斯·卡文迪什神奇美妙的旅行》。

就这样,三条船在托马斯·卡文迪什指挥下起航出海。当时他 46 岁,已经有了在辽阔的海洋上航行 20 年的经验。他说:"我同海洋有 26 年的交情。我希望,在 70 岁之前不离开海洋。"(他没有活到这个岁数,他在 52 岁时去世。)风向适宜航行。他们必须越过赤道,并乘着秋风快速穿过"波涛汹涌的东经 40 度"。

他们的船队顺利通过绿岬岛,驶过非洲海岸,终于进入前往巴西的航线。一路行来,波澜不惊。趁着相对的平静,卡文迪什照着女王的训谕,在海图上标注海岸,测量水深和流速,把数据记在日志上。渐渐地,渴望干正事发财的水手们开始发牢骚。卡文迪什安慰他们说,过了麦哲伦海峡,他们肯定会有事可做,必须再稍稍忍耐一些时候。靠近海峡时正赶上圣诞节,这时储备品已经耗尽,只能吃腐败的腌肉,喝有霉味的水,加之还有一种灾难降临到海员们头上。在里奥加耶戈斯地区,他们遇上了风暴。幸好,他们躲进了一个安静的港湾,等待风暴过去。风暴过后,1587 年 1 月 6 日,卡文迪什大胆地进入海峡。他没有准确的航路指南,只好沿着弯弯曲曲的航道缓缓航行。连一些优秀舵手驾驶的航船都没能驶出这片迷宫。只有伟大的德雷克曾经侥幸闯了过去。西班牙人有航路图,但是根据国王颁布的法令,这些资料被列为国家机密。在德雷克成功闯过之后,西班牙国王下令在海峡修建了一座堡垒,以封锁海峡。当时有 400 名士兵登上岩岸施工。地面难刨,气候恶劣。但是西班牙人还是建成了堡垒,修起了工事。堡垒和工事加在一起名叫菲利普王城。除了士兵,城里还有移民,甚至还有妇女。

这块海峡殖民地总共存在了两年。后来食品用尽,在多石的土壤里什么也种不出来。海峡之中既不能打猎也不能捕鱼,也没有树木,连生火也没有东西。只能拣拾风暴刮到岸上来的木头,因此每一块劈柴都价比黄金。

然后就开始生病——坏血病和阿米巴痢疾。同时还加上一重灾难——印第安人的袭击,西班牙人得时时反击他们。头一个冬天就有一大半居民死去,接着又死了 70 个人。总共剩下 20 多个人。祖国忘记了他们——当时欧洲正在打仗,西班牙正忙着组建无敌舰队。

当卡文迪什从这座所谓的菲利普王城旁经过时,不幸被遗忘的 20 名饥饿、赤裸(衣服早已烂掉)的西班牙人没有给予他丝毫反抗。他们绝望地挥手下跪,苦苦央求把他们带走。于是卡文迪什决定带上这群衣不蔽体的人,他们可以充当向导。他们的遭遇甚至使见多识广的海员也为之动容。他们将这个地方称为饥饿港,至今地图上标的还是这个地名。

2 月底,卡文迪什的船队进入太平洋,他们马上就碰上极为倒霉的事。强风暴出其不意地降临到海员们头上。看样子,船舷都要被波涛打翻。风浪冲散了船队。待风暴过去,他们会合到一起,朝智利海岸驶去。

可以说,50 年前就已来到的西班牙人,已经站稳了脚跟。他们建起的城市有阿里卡、圣地亚哥、卡里俄、利马。城里的仓库装满了货物,但是防守却非常薄弱,因为这里没有来自任何方向的威胁。由于这个原因,美洲西海岸没有西班牙海军舰队。西班牙人以为,太平洋是他们一家的世袭领地,不值得在这里保留昂贵的军舰。至于德雷克能够闯到这里来纯属偶然。

卡文迪什在智利海岸同西班牙人发生了最初的冲突。他们俘获两艘船,卡文迪什当即一把火点着——要知道英国正在同西班牙交战。接着攻下派塔市,也将它付之一炬。卡文迪什还不止一次显示自己的无情,残酷地处置抓到的船只及其船员。他喜欢重复一句话:"死人的口风最紧。"

7 月初的一天,在加利福尼亚近海,又抓到一条西班牙船。他从船长口中打听到,一两天之内这一带水面上将有一艘马尼拉货船经过。但是过了几个星期,期待中的战利品也没有出现。直到 1587 年 11 月 4 日,在卡文迪什的船队继续在加利福尼亚近海漂移时才发现了船帆。很快大家都看见了一条大型货船——全体海盗盼望已久的战利品。这条船是"桑塔·安娜"号,排水量在 700 吨以上,据西班牙人自己说,是"最富有的船之一"。

弗朗西斯·普里提这样描写这次交锋:"傍晚,我们追上它,所有的炮一齐开火,接着又用火枪射击。然后我们靠近这条船——竟然是西班牙国王的私产。"

第一次夺取货物的尝试没有成功。弗朗西斯·普里提继续写道:"于是,我们重新扬帆,再一次枪炮齐射,打死打伤多人。然而他们的船长是个勇敢的人,坚持战斗不投降。因此,我们的卡文迪什将军下令大声喧哗,以此鼓舞我们人的士气。我们又一次用所有的炮开火,打穿了船舷,击毙多人。"

激烈的战斗持续了五个多小时。最终,卡文迪什船上的重型炮弹穿透了货船吃水线下的船帮,直到这时货船"遭到沉没的危险,挂出了投降旗,乞求宽恕,让我们的将军拯救他们的性命,搬走他们的货物,因而他们向我们投降"。——弗朗西斯·普里提写道。

海盗们从"桑塔·安娜"号上夺取了一大批战利品:一万二千多枚金币,几盒宝石、银锭、中国丝绸、珍珠和瓷器,香料及其他贵重物品。而从船上抓到的所有西班牙人,总共有 200 名,其中有妇女和儿童。卡文迪什按照他对"桑塔·安娜"号船长的承诺,放他们上了岸。货船本身已经没有用处——过于笨重,速度也太慢,只好把它烧掉。可怜的西班牙人挤在岸上眼看着大船焚毁,他们失去了获救的指望。当然,卡文迪什下令为沉没的大船鸣最后一响礼炮并不能对他们有所安慰。

然后开始瓜分战利品。这时发生了争论。原来,瓜分原则不是所有的人都乐意接受,本来,原则是在离开英国之前就商定好的。反应特别强烈的是"满足"号的船员。不过,据弗朗西斯·普里提记载,将军提高了他们的份额,平息了他们的抗议。每个人都得到了应得的一份货物,但不是黄金。根据协定,卡文迪什得到了八分之一,而且是黄金。留给国王的一份,可以想见不会少。

卡文迪什为自己确定的目标已经实现,对富足的马尼拉货船的打劫已告结束,远征军的全部投资收到百倍的回报,可以回家了。

弗朗西斯·普里提写道:"我们欢快地升起风帆,为了尽快乘顺风抵达英国。然而当夜幕降临后,我们看不见'满足'号的踪影……我们以为他们超过了我们,但是从此我们再没有看见他们。"这样,卡文迪什的三条船只剩下一条(他早已失去了"美少年·休"号)。当时,"希望"号上一共只有 48 名水手。

返回英国

卡文迪什决定经德雷克开辟的路线回家:经关岛、菲律宾,走爪哇,苏门答腊,然后穿越印度洋,绕过好望角,顺非洲西海岸返回英国。

　　船航行了三个月才到达好望角。在这里,又遇到一场可怕的风暴……怪不得这个地方最初名叫风暴角。但是,到过各地的水面之后,这场正在肆虐的风暴已不显可怕,何况家就近在眼前。大家都明白:再费点力气,最多两个月,他们的双脚就能踏上坚实的土地。等折磨人的饥饿、渴望过去,他们将能享受到阔气排场的生活:吃新鲜的肉和真正的面包,不仅是淡水还有葡萄酒也可以开怀畅饮。打劫的财物干什么都够。

　　离英国越来越近,卡文迪什着手准备远航报告。他在报告中写道:"我经过智利、秘鲁和新西班牙近海,给所到之处都造成重大损失。我焚毁凿沉了大大小小 19 条船。沿途经过的城市和村庄,都被我烧光抢光。我也积累了大量的财富。我的战利品中最富有的是一艘王家大船,它从菲律宾出来,在加利福尼亚附近被我截住,这是这一带海面上装载货物最值钱的一条船……"

　　1588 年 9 月 9 日,"希望"号在普利茅斯港抛锚。码头上为卡文迪什和他的同伴们举行了盛大的欢迎仪式。伦敦的欢迎也同样隆重,不过接受欢迎的只有卡文迪什一个人。伦敦理解他远航的意义,不仅看重他带回来的财宝,而且赞扬他的地理发现和他绘制的地图,当时他的发现和地图被视为无价之宝。

　　人类历史上第三次环球航行至此结束。卡文迪什绕地球一周用了 2 年零 51 天。

死亡之旅

　　1591 年 8 月,卡文迪什出发进行又一次远航。他装备了"莱斯特"号货船和另外四条船前往南美。可惜,这一次他与成功失之交臂。由于风暴阻挠他没能通过海峡。卡文迪什乘坐旗舰脱离其余几条船,返回巴西。卡文迪什死于这次航行途中,临死还在咒骂自己的人是叛徒。

冒险演员

——鲍利斯·维克托罗耶维奇·萨温科夫

人物档案

简　　历：俄罗斯政治活运家，作家，社会革命党人，"战斗组织"领导人之一，许多恐怖活动、反对苏联阴谋和叛乱的组织者。

生卒年月：1879 年 1 月 19 日～1925 年 5 月 7 日。

性格特征：能言善辩，虚荣心强，冷漠，聪明又自尊自大，贪图虚名。

历史功过：组织多起恐怖活动，反对苏联的阴谋和叛乱。波兰人都称他为"正直的法官"。

名家评点：卢那察尔斯基称他是"冒险演员"。

思想转变

俄罗斯政治活动家，作家(B.罗普申)，社会革命党人，"战斗组织"领导人之一，许多恐怖活动、反对苏联阴谋和叛乱的组织者。十月革命后逃亡国外。1924 年在偷越国境时被捕，后被判刑。据官方称，他后来自杀身亡。卢那察尔斯基称他是"冒险演员"。

1879 年 1 月 19 日(31 日)萨温科夫出生在哈尔科夫，在华沙一所中学里上的中学。他的父亲维克托·米哈伊洛维奇是华沙的一位法官。家里有三个男孩——亚历山大、鲍利斯和维克托，和三个女孩——娜杰日达、薇拉和索菲娅。他们一家过着无忧无虑的生活。萨温科夫的父亲，按妻子的话说，是一个有知识的人，是一个对公正的和深奥的法律解释十分敏感的人。为此，波兰人都称他为"正直的法官"。

后来，他的两个儿子回到彼得堡。亚历山大进入矿业学院，鲍利斯·萨温科夫进入彼得堡大学。萨温科夫兄弟俩不久就卷入了大学生运动的风暴之中。

鲍利斯·萨温科夫后来娶作家格列巴·乌斯别斯基的女儿为妻。在萨温科夫当了父亲后,由于发表同情大学生集会的言论被学校开除,并且无权进入其他学校学习。他不得不去德国继续学业。1899 年回到彼得堡以后,他在要塞里被关了五个月,在那里他第一次尝试从事文学创作。

从要塞里出来后,鲍利斯·萨温科夫被驱逐到沃洛格达。母亲和被驱逐到更远的地方雅库特的哥哥亚历山大来这里看过他。母亲发现,鲍利斯一家在流放地的生活很苦。他的案子还正在法院审理,像亚历山大一样,鲍利斯·萨温科夫有被流放到西伯利亚的危险。这时,他的思想发生了根本改变……

鲍利斯·萨温科夫留在了沃洛格达,因为他成为一名普列汉诺夫派的社会民主党人,属于"社会党人"小组,后来属于"工人旗帜"小组。在沃洛格达,他撰写了《彼得堡工人运动和社会民主党的现实任务》一文。用列宁的话说,这篇文章感情真挚、充满活力。但是……

这段时间,萨温科夫开始接触其他一些观点。在国外,他认识了未来的社会革命党领导人维克托·米哈伊洛维奇·切尔诺夫。

在沃洛格达,社会民主党和社会革命党经常聚集在一起讨论革命斗争的理论和实践问题。一次,目空一切,面色苍白的萨温科夫出席这样的讨论会,他言简意赅地说,是结束空谈的时候了,行动高于语言。为此他博得人们的普遍称赞。

1903 年 6 月,萨温科夫与早在中学时代就认识并结束流放生活的伊万·卡利亚耶夫一起从沃洛格达跑到雅罗斯拉夫尔。他们到达阿尔汉格尔斯克并坐上轮船。他们没有出国证件,可当时竟没有一个人盘问过他们。经过挪威的瓦尔德港、克里斯蒂安尼亚和安特卫普,萨温科夫来到日内瓦,受到著名社会革命党人米哈伊尔·戈茨的热情接待。萨温科夫对他说,自己想"从事恐怖活动"。但是,戈茨建议他"等等,过一段时间,观察观察"。他把萨温科夫介绍给渴望参加政治暗杀的朋友。社会革命党战斗组织接纳了他。

加入组织

战斗组织领导人的真正名字叫叶夫诺·菲舍列维奇·阿泽夫。他就是瓦连金·库兹米奇,他也叫维诺格拉多夫,他还叫……早在 1893 年,阿泽夫就开始在沙皇暗探局担任一个普通的情报员,月俸 50 卢布。在 10 年的职业生涯中,他的薪水长到 500 卢布,他经常在自己给上司的报告中提到那些被驱逐出境人员的情况。

萨温科夫对阿泽夫说,准备在伊万·卡利亚耶夫的帮助下暗杀内务大臣普列韦。两星期后,阿泽夫向萨温科夫介绍了暗杀计划——用炸弹炸掉普列韦乘坐的马车。为确定内务大臣马车的行走路线,时间和警卫情况,他们建立了一个很大的行动小组。小组成员装扮成马车夫、报贩和叫卖小贩行动……

这样,一部"不是生活,而是一部关于战斗队员的受欢迎的电影"开始了——20 年代萨温科夫在日记里这样写道。

阿泽夫任命萨温科夫为所有小组的总负责人,从此以后他成为负责实施恐怖活动的主要人物,虽然投掷炸弹的并不是他。这个角色由伊万·卡利亚耶夫担任。对萨温科夫来说,他从童年时代起就是最适合干这种事的人。

1904 年 3 月 18 日暗杀小组的人被部署在普列韦乘坐的马车将要经过的路上。当传来爆炸声时,萨温科夫正在夏园里……但这是彼得罗巴甫罗夫要塞中午时分的鸣炮声。由于阿布拉姆·博里尚斯基胆小,尽管内务大臣乘坐的四轮马车在离他很近的地方,几乎是从鼻子底下急驰而过,但暗杀行动并未成功。

这样,阿泽夫又开始制定一个新的计划。

萨温科夫乔装成英国公司富有的代表,住进茹科夫斯基大街一座豪华的住宅里。与他同行的还有装成他情妇的多拉·弗拉基米罗芙娜(武尔福芙娜)·布里连特,其丈夫是奇尔科夫。她是一位出身于富裕犹太家庭的女革命者。他们的仆人是年轻的、脸色绯红的叶戈尔·萨佐诺夫。阿泽夫建议他们买一辆汽车,但萨温科夫拒绝了。

7 月 15 日,在实施暗杀行动的这一天,萨温科夫在尼古拉耶夫车站等候身穿铁路制服的萨佐诺夫。萨佐诺夫手拿一个用报纸裹着并用绳子捆得严严实实的大圆筒。这枚炸弹足有 5 公斤重。

几个小时后,这枚炸弹爆炸了。

萨温科夫来到爆炸现场,但没有发现普列韦的尸体。他以为现场几块血迹斑斑的东西是萨佐诺夫的遗体。他非常懊恼,猜想到这次又没有成功,于是就去洗澡了。在澡堂休息一会儿后,他在大街上买了一张报纸,惊奇地看到普列韦的相片登在报纸上,而且镶在黑框里,他死了。当天,萨温科夫前往莫斯科同阿泽夫见面。他们经常见面,但每次都在不同的城市。后来,人们称他俩是"恐怖将军",但他们并没有亲手杀过人。

萨温科夫作为组织者,其能力并不逊色于暗探局工作人员阿泽夫。况且,他能言善辩,他招募了萨佐诺夫和卡利亚耶夫。这两个人对他忠心耿耿。

1904 年暗杀普列韦以后,鲍利斯·萨温科夫来到国外,经过密谋决定在彼得堡暗杀Д.Ф.特列波夫总督、在莫斯科暗杀谢尔盖·亚历山德罗维奇大公和在基辅暗杀克列伊格尔斯总督。

萨温科夫"负责"谢尔盖·亚历山德罗维奇大公。他持英国护照来到莫斯科。贵族的派头使他丝毫没有引起人们的怀疑。他伺机行动。

萨温科夫穿梭于莫斯科和彼得堡之间。他的精力让人吃惊。他认识了贵族小姐塔季扬娜·列昂季耶娃,并劝说她在宫廷一个慈善舞会上暗杀沙皇。这是他自己做出的决定。

1905 年 2 月 2 日,伊万·卡利亚耶夫又向四轮马车投掷了炸弹,谢尔盖·亚历山德罗维奇大公遇刺身亡。后来卡利亚耶夫在施吕瑟尔堡被绞死。

莫斯科发生暗杀后,俄罗斯才知道这个"战斗组织"的存在。这时,萨温科夫同伊万·尼古拉耶维奇(阿泽夫)已来到日内瓦。阿泽夫把他介绍给格奥尔吉·加蓬。萨温科夫很欣赏加蓬颇具魅力的演说才能。如果说几个月前加蓬还是一个率领工人去冬宫请愿,要求正义、公道的工人领袖的话,那么在社会革命党人收留他之后,社会革命党人对他产生了巨大的影响。加蓬开始宣传全面恐怖主义理论。

但是一个疏忽大意的话却要了他的命。"……在国外的所有委员会里所有事务都由一些守财奴掌管,无论是社会民主党人,还是社会革命党人。甚至担任社会革命党战斗组织的人也是大腹便便的守财奴……"。阿泽夫和萨温科夫给鲁滕堡下达指令,利用加蓬和拉奇科夫斯基在饭馆里碰头商议招募密探事宜的机会将他们干掉。不久,社会革命党的工人用绳子把加蓬吊死在挂衣钩上。

1905 年革命后,数十名社会革命党人进入国家杜马,而他们的战斗组织仍继续暗杀国务活动家。社会革命党中央委员会命令阿泽夫和萨温科夫除掉内务大臣杜巴索夫海军上将和莫斯科总督杜尔诺沃。

1906 年 4 月 23 日沙皇生日这一天,杜巴索夫去克里姆林宫参加隆重的祈祷仪式。一切都在萨温科夫的预料之中。他指派大学生、波兰贵族鲍利斯·弗诺罗夫斯基执行暗杀行动。但是杜巴索夫只是受伤,他的副官科诺夫尼岑被炸死。

萨温科夫的虚荣心极强。他确信,他在创造历史,他的名字一定会载入史册。因此,尽管他过着漂泊不定的生活,他仍仔细保存着文件、笔记本、摘录本和信件。调查人员花费了大量时间才读完数千封人们写给他的信件,其中有吉皮乌斯、梅列日科夫斯基、阿尔齐巴舍夫、沃洛申、爱伦堡、列米佐夫、菲洛索夫、谢戈廖夫和普列汉诺夫给他的信。也有阿泽夫和社会革命党其他活动家、他的妻子、孩子、兄弟和许多小有名气的人给他的信件。他特别看重自己在战斗组织的战友临死前的自白,这说明鲍利斯·维克托罗耶维奇·萨温科夫赢得了像卡利亚耶夫和萨佐诺夫这样出色的人的信任。

第一次世界大战爆发时,萨温科夫正在法国南部。巴黎陷入一片惊慌之中。政府迁出了首都。萨温科夫通过自己的关系(也通过共济会的关系)没费周折就领到军事记者证。他从巴黎向俄罗斯发出自己的第一批报道,这是他伴随着来自圣但尼的隆隆的炮声写下的。他知道,俄国的读者想了解什么。当他写道:对他来说,这个世界上没有哪个城市比巴黎和莫斯科更重要时,他并没有说谎。1906 年 B.罗普申给国内寄回一本书,名为《在战争岁月里的巴黎》。此书并没有获得成功。因为当时俄国国内正笼罩着另一种情绪。

萨温科夫对俄国正在发生的一切并不完全清楚。布尔什维克的反战宣传和社会革命党提出的"土地和意志"的要求促使数百万青壮年穿上军装参加革命。资产阶级渴望改革,建立以民主为基础的政权。然而,对所有人来说革命仍然是始料不及的。

告别妻子和小儿子列夫后,萨温科夫来到彼得格勒。1917年社会革命党党员的数量达到100万。该党在立宪会议的选举中获得多数票。作为民粹党人的继承者,社会革命党不仅得到了农民的支持,而且还得到工人和知识分子的支持。但是,当局好像害怕什么似的,把他们与孟什维克和立宪民主党人分别安排在各委员会和政府里。除克伦斯基外,进入临时政府的社会革命党人只有切尔诺夫、阿夫克先季耶夫和马斯洛夫。

1917年4月萨温科夫来到彼得格勒。1917年5月他陪同克伦斯基来到西南方面军大本营。

精力充沛、喜欢发号施令的萨温科夫欣然接受担任第7集团军委员的任命,并前往布加奇。他指责彼得格勒是非国家思想迷雾的源头。

但是,他的情绪很快就变得低落下来。因为士兵并不想战斗到最后的胜利。而且他们根本就不想战斗。

追求权力

6月底,萨温科夫同克伦斯基会晤,并成为西南方面军委员。

在此前不久,萨温科夫注意到拉夫尔·格奥尔吉耶维奇·科尔尼洛夫将军。两人都认为,为拯救俄罗斯需要采取最坚决和最强硬的措施。萨温科夫使这位将军相信,只有他这样的人才能拯救俄罗斯。7月17日经萨温科夫推荐,科尔尼洛夫被任命为最高总司令。鲍利斯·维克托罗维奇·萨温科夫对克伦斯基的影响越来越大。他觊觎军事和海军部长的职位,克伦斯基对此心领神会。但是"彼得格勒议会"从中作梗,于是部长的职务与这位前恐怖分子失之交臂。

尽管如此,萨温科夫仍不失为一个有影响的著名的人物,英国大使比根尼在自己的日记中写道:"我们来到这个国家,碰到令人奇怪的情况,当我们对曾是暗杀谢尔盖·亚历山大大公和普列韦的主要组织者之一、恐怖分子萨温科夫的任命表示欢迎时,我们同样希望,他的精力和意志力能够拯救俄国军队……"

邓尼金将军在《俄国叛乱随笔》中写道:"萨温科夫的同党和各委员会关系破裂。"他支持科尔尼洛夫采取断然和坚决的措施。而对克伦斯基施加不间断和强有力的影响,如果只是说新的意识形态的话,这种影响也许会取得成功。

与此同时,萨温科夫的观点与克伦斯基的观点也并非完全相同。鲍利斯·维克托罗耶维奇·萨温科夫把自己的简单而残酷无情的观点隐藏在"为革命奋斗"虚伪的外衣之下,他把持着军事革命机关——委员会部和委员会的大权。虽然,他将这些机关视为军界的异类,在正常情况下这些部门是不能容忍的。但是很明显,他希望在他当政后,能够任命自己"信任的人"担任委员,而把委员会"也控制在自己的手中"。当时,这些部门的存在只是用来对付那些军事指挥官的工具,没有这些部门的帮助,萨温科夫就不能达到自己的目的。但他并不十分相信这些部门对自己的忠诚。

萨温科夫同克伦斯基一起反对科尔尼洛夫,也同科尔尼洛夫一道反对克伦斯基,他冷静地权衡力量对比和与自己所追求的目标。他称这个目标是拯救祖国;其他人认为这个目标是他个人对权力的追求。科尔尼洛夫和克伦斯基持后一种看法。

但是,萨温科夫贪图虚名的计划并没有实现。

1917年8月8日,在莫斯科国家会议举行前夕,萨温科夫向克伦斯基和内务大臣阿夫克先季耶夫提交了一份根据反间谍部门的情报拟定的应逮捕的人员名单。其中有布尔什维克党人。萨温科夫请求与克伦斯基单独商谈此事,他表达了对布尔什维克的仇恨,让克伦斯基在自己关于执行死刑的报告书上签字。克伦斯基拒绝签署这份文件。于是萨温科夫就递交了辞职报告。

克伦斯基收到科尔尼洛夫的电报:"我听到消息说,萨温科夫递交了辞职报告。我认为我有责任向您陈述自己的看法。像鲍利斯·维克托罗耶维奇·萨温科夫这样临时政府中的大人物辞职,不可能不损害政府在国内的威望,特别是当国家处于这样严峻的关头。8月14日我在发言中曾指出,萨温科夫出席国家会议以及让他支持我的观点是必要的,这一观点由于鲍利斯·维克托罗耶维奇·萨温科夫这个伟大的革命者的名字和他在广大民主群众中的威望一定会获得一致的认同……"克伦斯基没有接受萨温科夫的辞职。他任命萨温科夫为彼得格勒总督。他完全赞同科尔尼洛夫关于整顿国内秩序的电报。

1917年8月底,爆发科尔尼洛夫发动的旨在国内建立军事独裁的叛乱。叛乱被镇压。科尔尼洛夫被逮捕。

萨温科夫坚决否认参加这起阴谋,像"政治上的错误一样",他不相信武装行动会取得成功。

克伦斯基大为震惊。大臣们惊慌失措,纷纷逃出冬宫。克伦斯基甚至对士官生卫队也不相信,命令他们每小时换一次岗。

失去信任

萨温科夫也失去人们的信任。他的一举一动都受到切尔诺夫、戈茨和社会革命党其他人的监视。全俄中央执行委员会的代表来到他的司令部,要求他下令解除军事院校的武装。

8月31日,克伦斯基通过电话通知萨温科夫说,他被解除彼得格勒总督的职务。萨温科夫递交辞职报告,辞去军事部主管的职务。切尔诺夫在自己办的报纸《人民事业》上要求逮捕萨温科夫。他被传唤去参加社会革命党中央委员会会议,以便对自己的问题做出解释。萨温科夫拒绝在纳坦松(有情报称,此人与德国人保持密切往来)在场的情况下这样做,于是他被开除出社会革命党。

在那些日子里,萨温科夫对各种阴谋诡计和军官们无节制的狂饮感到十分震惊,当保皇党在大街小巷高喊出"上帝,保佑沙皇"时,他那颗民主的心在流血,虽然白俄军队领导人同意他关于未来的俄罗斯必须实行民主制度的观点。曾经有军官来到他的住宅想暗杀他,但面对萨温科夫具有魔力的目光,军官变得软弱无力,并招认是谁派他来的……

罗曼诺夫王朝被赶下台后,军队不再举行宣誓效忠。1917年12月底,萨温科夫离开顿河。他后来写道:"我天真地相信,那些将军们真的热爱俄罗斯并将真诚地为俄罗斯而战斗。"他答应要同普列汉诺夫和柴可夫斯基等商谈关于他们加入顿河地区政府机构的有关事宜。在彼得格勒他没有找到柴可夫斯基,而普列汉诺夫已经死了。不久,萨温科夫动身去莫斯科,打算继续往前走,到顿河去。可是他接到来自顿河的消息说,在布尔什维克的压力下,阿列克谢耶夫和科尔尼洛夫同白俄军一起逃到草原,在"冰天雪地里游荡"。

于是萨温科夫留在了莫斯科,他寂寞凄凉,经常饥饿难忍。这时他疯狂地进行活动,组织地下军官组织。有人把他引荐给按团建制组建起来的近卫军的军官。虽然萨温科夫讨厌他们的保皇主义主张,但他们有800多人,小看不得。于是他以阿列克谢耶夫和科尔尼洛夫的名义向他们提出一个简短的纲领:祖国、立宪会议、土地归人民。与此同时,他建立了由拥护共和体制的军官、普列汉诺夫派社会民主党军官、社会革命党军官、孟什维克和以前的恐怖分子……等组成的左翼战斗组织。建立民族中心,将右翼和左翼军官联合起来。于是萨温科夫又陷入怪圈,在立宪会议、独裁和强硬政权问题上转圈子。

炮兵上校佩尔胡洛夫成为他忠诚的助手。保皇党人雷奇科夫负责指挥军队。后来,在法庭审理时萨温科夫是这样描述秘密组织的:

"自下而上,组织的每名成员只知道一个人,也就是说,班只知道排,等等;自上而下,组织的每个成员只知道四个人,也就是说,师长知道四个团长,等等。这样就使组织非常牢固。领率机关是司令部,我负责司令部的工作。"

据萨温科夫统计,该组织有近5000人,并控制了除莫斯科外的30多座城市。该组织叫作"保卫祖国和自由联盟"。

这样的组织存在需要钱,而且要数目不少的钱。萨温科夫通过各种办法筹集钱款。他通过克列察德将军从捷克国家委员会主席马萨里克那里得到20万卢布。这笔钱是用于从事恐怖活动的。虽然没有明确说出被暗杀者的名字——但实际上是指列宁和托洛茨基。

4月,当白俄军在叶卡捷琳诺达尔附近时,萨温科夫派一名军官到阿列克谢耶夫那里向他报告自己的"联盟"的情况,并得到他的称赞和一笔钱款。组建了没有士兵的架子团后,他照样给军官发放薪水。他的情报人员进入了各人民委员会、肃反委员会……不管怎么说,萨温科夫对此常常引以为荣。他的人马在德国人的后方组织游击战,并准备一旦德国人进入彼得格勒,就炸毁德国舰队的军舰。

资金的第三个来源是法国领事格列纳尔和武官拉韦尔将军。萨温科夫从他们那里得到200多万卢布和7月初法英陆战队在阿尔汉格尔斯克登陆的保证。那时,萨温科夫的"联盟"应当发动起义,夺取雅罗斯拉夫尔、雷宾斯克,科斯特罗马和穆罗姆。

5月,萨温科夫的许多下属被枪决。萨温科夫本人不止一次遭到伏击,他的保镖弗列贡特·克列皮科夫也不止一次杀死巡逻的士兵,使萨温科夫死里逃生。萨温科夫说:"这只是日常生活中的小事而已,真正的危险是在德国大使米尔巴赫伯爵来到莫斯科以后才开始的。随着这位德国大使的到来逮捕开始了。"他相信,米尔巴赫暗中帮助了布尔什维克的行动,出卖了萨温科夫的同伙。有时,德国士兵还与捷克士兵协同行动。这类例子,他可以列举许多。依照经常提到的"联盟责任义务",他负责收集所有关于布尔什维克与德国人合作的情报。为此他失掉了一百多名"联盟"成员。现在,为了保护他的安全,克列皮科夫不得不整天手持左轮手枪,而不是把它放在口袋里。

萨温科夫在位于加加林斯基胡同的作家亚历山大·阿尔卡季耶维奇·季戈夫·捷连达尔家住了一段时间。早在他们结婚前,萨温科夫就认识亚历山大和他的妻子柳芭。后来,他们在彼得格勒见过一次,当时任军事部主管的萨温科夫的亲信弗列贡特·克列皮科夫找到了捷连达尔夫妇。对萨温科夫来说,与捷连达尔夫妇的见面是一件一举两得的好事。对于他的事业来说,他又找到一位坚定的支持者;对于他的虚荣心来说,他得到一个女性的爱慕。萨温科夫个子虽然不高,但他身体非常健壮,更不用说他作为一个冷漠的和充满冒险经历的人,他的名望和影响对女人产生的诱惑力。法国反间谍部门的一名间谍向上司报告萨温科夫的情况时说:"他对女人的性欲望并不强烈,但是女人是他强烈的虚荣心和自尊心的一部分。"

萨温科夫分子举行暴动及获取此次行动所需钱款与法国人日后进行的所有谈判都是由这个捷连达尔负责的。萨温科夫说:"6月制定出武装暴动的最后计划。计划在莫斯科暗杀列宁和托洛茨基,为此,开始对这两个人的行踪实行跟踪监视。曾经有一段时间,这一监视跟踪取得很大的成效。与此同时,我通过曾经在他身边工作的第三者与列宁交涉。列宁详细向这位中间人询问'联盟'和我的情况,我答复了他,并详细询问了他的计划。我不知道,他是否像我一样对所做的答复都谨慎小心。

暗杀列宁

在计划暗杀列宁和托洛茨基的同时,萨温科夫还计划将自己的部队部署到雷宾斯克和雅罗斯拉夫尔,以切断莫斯科与盟国应登陆的阿尔汉格尔斯克之间的道路。"

这个计划失败了。萨温科夫与社会革命党的老关系取得联系,但他不得不绝望地同他们中断了联系。暗杀列宁的计划没有实施。马萨里克的钱是白给了。与法国人约定的计划虽然完全付诸实施,但是盟国的登陆部队迟到一步。

萨温科夫派一支大部队去雅罗斯拉夫尔和穆罗姆,而在雷宾斯克已有一支400人的部队在等待他、捷连达尔和克列皮科夫。这些城市曾一度被攻占,但很快就被红军解放,佩尔胡罗夫在雅罗斯拉夫尔坚持了17天。萨温科夫跑到诺夫哥罗德省,在那里躲藏了一段时间,并于7月底偷偷回到彼得格勒,他仿佛觉得这是一座死城。后来,他在法庭上承认,伏尔加河沿岸几个城市的人们都不支持他,而他派到顿河去的军官向他报告说,那里的人对他发动叛乱怀有极大的仇恨。

列宁

有人给他搞到有卢那察尔斯基签名的伪造的证件,他"化装成布尔什维克"——身穿短上衣,腰扎皮带,脚蹬高简皮靴,头戴摘掉帽徽的大檐帽,动身去喀山,那里是他为自己的组织确定的万一不成功时的集合地点。他在途中的各种惊险经历就足够他写一部小说。萨温科夫曾被红军抓获。而他却成功地从他们手中逃脱,而且还搞到更可靠的证件。由于这本证件,他差点被让红军征粮队的苛捐杂税折磨得痛苦不堪的农民拉去枪毙。这时,他的如簧巧舌救了他一命……他说服了这些农民,怂恿他们起义。

离喀山越近,他就越发觉得离他农民起义的理想就越远。也许,正是因为这个原因,在到达喀山和碰到弗列贡特·克列皮科夫、雷奇科夫将军、佩尔胡罗夫上校和"保卫祖国和自由联盟"的其他成员之前,他以在不受布尔什维克控制的地区不需要秘密团体为名,解散了自己的组织。在起义的捷克斯洛伐克士兵、马萨里克和别涅什的保护下统治喀山的立宪会议社会革命党委员会对萨温科夫心存芥蒂。像沙皇时代一样,喀山的街上时刻都有暗探跟踪监视他。昔日党内同事的行为令他十分气愤。他向他们声明说,谁也别想阻挠复兴俄罗斯。他意识到,社会革命党人建立一支由农民组成的"人民军"只是一种不切实际的梦想,这些"人民的保护者"不会向农民说,哪些人四处逃命了,哪些人被枪决了。只有一个捷克团、为数不多的志愿人员和曾是萨温科夫"保卫祖国和自由联盟"的成员在喀山城下阻击红军。

绝望的萨温科夫做出了一个对许多人来说不理解,甚至后来被称作是他一生中近似疯狂的戏剧性的举动之一,即以普通士兵的身份加入卡别尔上校的部队,袭击红军部队的后方。卡别尔的部队非常残暴，他们撤离时留下了被拆毁的铁轨、被锯断的电线杆和被枪决的身穿黑色皮外套的布尔什维克政治委员……

社会革命党未能建立自己的军队，布尔什维克做到了，并夺取喀山，然后是辛比尔斯克、萨马拉、塞兹兰……

萨温科夫决定去巴黎。但通向这座城市却是一条异常复杂的路途。他从乌法启程，这里正在酝酿成立以前社会革命党部长阿夫克先季耶夫为首的"西伯利亚执政内阁"。正在为争夺职位而激烈竞争的"西伯利亚政府"建议他加入政府内阁。他想最好不要卷入这场权力的争斗，于是请求肩负特殊使命去巴黎。阿夫克先季耶夫同意了。正当萨温科夫同捷列达尔夫妇经弗拉迪沃斯托克（海参崴）和日本前往欧洲时，高尔察克发动政变，执政内阁寿终正寝。但这位海军上将批准了对他的任命。鲍利斯·维克托罗耶维奇·萨温科夫还负责领导"乌尼奥克"——出版局的工作，不久就担负起高尔察克在国外的宣传工作。

各国游说

萨温科夫开始过起一种完全不同的生活。他在欧洲各国首都旅行。与这些国家的政治活动家会见，请求他们为高尔察克和认为是最高执政者的邓尼金提供武器弹药。萨温科夫还参加"俄罗斯国外代表团"会议，在讨论凡尔赛条约时维护了俄罗斯的利益。

同劳合·乔治交谈时，萨温科夫从这位英国首相的话里嗅到石油的气味。这位英国首相暗示，要在高加索建立"独立的"国家，以换取向邓尼金的部队提供皮靴和军装。

在会谈过程中，丘吉尔就邓尼金的军官对犹太人实行恐怖政策向他提出警告。然后把萨温科夫带到一张俄罗斯地图前，用指头指着俄罗斯南部标明邓尼金部队前线的小旗傲慢地说："这就是我的军队。"

每前进一步都要受尽屈辱。"革命者"萨温科夫在西方主子的接待室里久久等候，为邓尼金乞求钱款。可从邓尼金那里来的德拉戈米罗夫将军来到这里后说："让萨温科夫到我们这里来，我要枪毙他。"

萨温科夫非常聪明而又自尊自大。他早就知道，他们最后的结果肯定是一无所获，因为他们把农民抛在一边。然而为了钱他不得不忍气吞声。他也非常清楚，关于盟国帮助布尔什维克的敌人的传闻并不会比掩盖了真正目的的官方的废话多。1924年他在法庭上陈述这一目的时说："至少，那是为了石油，那是必不可少的东西，特别是石油；最多，那该怎么说呢，俄国人之间打仗的话，这就更好了；俄罗斯人越少，俄罗斯就越脆弱。尽可能让红军与白俄军继续打下去，国家就会更加虚弱，没有我们就无力应付，那时我们就会回来管理这个国家。"

1920 年 1 月，萨温科夫的老朋友文德扎戈尔斯基来巴黎看望了他，将毕苏斯基邀请他去华沙的信函转交给他。毕苏斯基这位波兰独裁者也曾是一位社会党人。也许，萨温科夫与这位波兰民族政府首脑、波兰军队最高总司令毕苏斯基有过短暂的交往。

毕苏斯基建议萨温科夫在波兰建立一支俄国武装。萨温科夫表示同意。后来，萨温科夫含混地解释说，他们建议他这样做不是针对俄罗斯，而是针对共产党人。他认为，人们看待这一行动，会像许多为日本人"担心"的俄国革命者看待俄日战争一样。正如毕苏斯基在写给 Ⅱ.И. 米留可夫信中所说的那样，通过秘密协议将俄国武装置于萨温科夫的政治领导之下，从 3 月 1 日起拨给他钱款，这笔钱被视为俄罗斯欠波兰的国家债务。

4 月，尤瑟夫·毕苏斯基同西蒙·彼得留拉就让出加利齐亚和西沃伦的部分地区以帮助建立"独立的"乌克兰一事达成协议，5 月 7 日波兰人夺取基辅。当时，文德拉扎戈尔斯基再次把萨温科夫叫到华沙，由于历史原因，免除经萨温科夫借给高尔察克和邓尼金的债务。

刚刚被任命为波兰第一位元帅不久的毕苏斯基恩准萨温科夫召集寄居在波兰的尤登尼奇和邓尼金的残部，组建一支军队。在斯托卢日察住下后，萨温科夫带着少得可怜的钱着手组建军队，因为波兰人很快就被赶出了乌克兰，他们珍惜每一戈比。但是萨温科夫还是拼凑起一支 1025 人的队伍。他本想建立一支农民军队，但现在这支队伍却是一支由白俄军、带金色肩章的将军们组成的队伍。为首的是那些与在克里米亚积蓄起力量的弗兰格尔保持联系并得到法国人支持的将军们。

萨温科夫不得不寻找出路。他认为，为了同布尔什维克斗争，可不惜采取任何手段。于是，7 月 16 日他给弗兰格尔发去一封电报："为独立遂行作战行动，经波兰领导人（毕苏斯基）准许，我在波兰境内组建一支有三个兵种组成的独立俄罗斯分队。"这支部队由格拉泽纳普将军指挥，但萨温科夫对他并不满意，他请求弗兰格尔给他派一名助手。早些时候，7 月 3 日，萨温科夫致函弗兰格尔，认为他是"俄罗斯民族旗帜的唯一的代表者"，8 日，他在给英国国防大臣丘吉尔的信中说，他认为弗兰格尔是绝不向布尔什维克妥协的对手，并请求帮助波兰，然后是他，萨温科夫。

毕苏斯基要求萨温科夫立即行动，而弗兰格尔要求格拉泽纳普将军的部队到克里米亚去。

在红军的猛攻下，波兰人几乎退到华沙，后来在击退图哈切夫斯基的进攻后，波兰人才回到涅曼，之后签署了和约。就在那里，毕苏斯基让鲍利斯·萨温科夫，用他的话说，是"俄罗斯政治委员会主席"鲍利斯·萨温科夫到他那里去，他命令说："请在 24 点给我答复，您是否开始行动？"萨温科夫表示立即行动。

实际上，萨温科夫是光杆司令。一共只有 1060 人的队伍，而且，假如他们还没有出发，假如他们彼此之间不发生内讧的话，他们也许还是很有战斗力的。

萨温科夫回忆说："我感到，这是毫无道理和不明智的，由我决定，而我只有一种解决办法:挑选那些听我指挥的人开始行动。我决定作为一名志愿者同他们一起去征讨。"于是他又作为一名普通士兵加入巴拉霍维奇一支人数不多的部队,向莫济里方向进攻。但他是位奇怪的士兵,几乎整个部队都是他的保镖。

在这次征讨期间,尽管他的待遇超出常规,但他还是只能以最有威望的人的名义发号施令。他强烈的自尊心遭到来自波兰人、法国人和英国人等各个方面的打击……

萨温科夫不再在白俄军队那里设立大本营,而是在抗击白匪的农民武装中,他梦想发动俄罗斯农民反对布尔什维克。但其结果是,他建立的"情报局"和"俄罗斯后送委员会"实际上都是为他获得钱款的唯一来源——外国情报机关工作。他建立的"保卫祖国与自由人民联盟"也是如此。征讨以失败而告终。萨温科夫几乎是落荒而逃。

从事创作

整个 1921 年上半年,萨温科夫几乎每星期都在从事政治文学的创作,并发表在他在华沙创办的《争取自由》报上。

在这些文章中,他呼吁发动农民革命,建立人民军队,反对罗曼诺夫王朝复辟,恢复立宪会议。他反对复辟君主政体。萨温科夫为自己辩护,强调自己在俄罗斯历史上的地位,并一厢情愿地认为,国内局势发展并没有糟糕到形形色色的社会党人准备实施自己最后的破坏性活动的地步。

他相应制定了"保卫祖国与自由人民联盟"的纲领。简单地说就是:反对苏维埃政权、反对布尔什维克、反对拥护沙皇制度的人、反对地主,巩固革命时期交给农民所有的土地,建立民主法制制度,承认加入俄罗斯帝国的所有民族的国家独立。

所有这些"依靠俄罗斯人民的力量,而不是呼吁外国的武装干涉"。1921 年 6 月 13日,"保卫祖国与自由人民联盟"在华沙举行成立大会。参加成立大会的有波兰上校索洛古勃,法国少校巴盖尔和加克耶先生,以及英国、美国和意大利驻华沙军事代表团的军官。在通过"联盟"纲领后,选举出以萨温科夫为首的"联盟"全俄委员会。他们对各国钱款都有详细的登记,这些钱都是萨温科夫向外国情报机关提供他的情报人员从苏俄弄来的情报后从外国情报机关领取的。仅在莫斯科一个地方就逮捕了数百名"保卫祖国与自由人民联盟"的成员。

在"联盟"成立后不久,苏俄政府发来照会,揭露萨温科夫分子与波兰总参谋部保持联系的事实,其中包括波兰总参谋部提供两公斤毒药,以便在起义时给红军部队下毒,并要求从波兰驱逐所有反苏联组织的领导人。波兰人强忍心头怒火,于 10 月签署驱逐萨温科夫"联盟"所有领导人的备忘录……

萨温科夫没等到他们驱赶,就去了巴黎。他走了,轻松地长出了口气,因为他不用再为从前的两万多名"人民军"成员操心了,他们在军营的铁丝网里过着穷困潦倒的生活,也不再需要与波兰参谋部保持那种令人屈辱的关系。后来他在法庭接受审判时说,"我坐上火车后,心情变得愉快起来,因为离开了这个该死的国家,这是你们抛弃了我"。

但萨温科夫并不打算就此善罢甘休。他与一些人保持频繁的书信往来,他仍十分注重自己的仪表,还是那种十分讲究的样子,身穿时髦雅致的西服。总之他时刻检点自己的行为,在日记中他告诫自己:"绝对不要忘记,每天早晨读 5 页陀思妥耶夫斯基的书,用 1 小时修改手稿,修剪手指甲(3 天修剪一次)……"

他前往意大利,向墨索里尼寻求帮助。墨索里尼的保镖丹尼拉·阿姆菲捷阿特罗夫安排他与墨索里尼在疗养地列瓦托举行会晤。丹尼拉是已移民国外的当时俄国著名作家和记者亚历山大·阿姆菲捷阿特罗夫的儿子。当时,许多人都陶醉于法西斯主义,把它视为实现自己祖国民族复兴的必由之路。作为社会党人,第二国际前成员,墨索里尼仇恨布尔什维克,同时他清楚,他奉行的法西斯主义运动的成功应归功于人们对布尔什维克的恐惧,而他也从布尔什维克人那里学会了对民众施加影响的方法和以人民的名义实行独裁手段。现在墨索里尼可以卖弄,教育萨温科夫一番了。他把自己的书赠送给他,上面写道:"萨温科夫先生! 跟着我走,您不会错的!"但墨索里尼并没给他钱。

萨温科夫又一次在欧洲各国首都游说,为反对布尔什维克筹集钱款。但是,在萨温科夫的人暗杀前往参加热那亚会议的苏联外交人民委员契切林的行动失败后,他的行动引起西方情报机关的怀疑。后来,在解释失败的原因时,萨温科夫说:"只有人们确切地知道人民和他们在一起时,他们才会去从事恐怖活动……恐怖活动需要巨大的心理承受力,可现在他们不具备这种能力。"

不过,苏俄一些官员对他的态度是郑重,甚至是有点尊敬的。他们研究他的风度气质,因为许多布尔什维克在他们当时从事革命活动时,在流放地和国外不止一次同萨温科夫打过交道。萨温科夫曾收到过一封邀请他去位于留格列涅尔别墅的措辞谨慎的邀请信,克拉辛是驻那里的全权代表。克拉辛提起不久前萨温科夫那次企图暗杀契切林的行动,建议他向祖国负荆请罪,并暗示他说,革命者在国内会有所作为。虽然萨温科夫对于这一建议不置可否("我当时犹豫不决,确实非常犹豫"),但在侨居国外的人当中还是掀起轩然大波。

在协约国与日本和德国达成关于在热那亚召开有俄国参加的财经会议的戛纳会晤前,萨温科夫去了一趟伦敦,劳合·乔治、丘吉尔和其他大臣接见了他。英国首相问他:他如何看待英国承认苏维埃政权。萨温科夫小心翼翼地做了回答,并建议向布尔什维克提出三个要求:承认小私有者的自由,个人自由和苏俄管理机关的自由,即苏维埃自由选举。劳合·乔治答应了他,但在戛纳和热那亚举行谈判时他没有向苏俄提及此事。

当萨温科夫拜访布拉格时,马萨里克和贝奈斯施舍给他一点钱。捷克人从西伯利亚运来大量俄国的财物和黄金,并拿出部分钱款支持俄国侨民……

恭温科夫的情报人员仍然出入俄国,还有一些秘密关系和人员,但是这些关系和人员越来越少,因为取代肃反委员会而新建立的国家政治保安总局吸取以往的经验教训,开始对可能对布尔什维克统治造成威胁的人和组织进行全面反击。萨温科夫预感到自己一生的事业行将结束。1923年他曾打算发表声明,停止反布尔什维克的行动。像以往一样,他最后的慰藉是文学创作,在这些作品中他试图将自己的怀疑通过艺术形式表现出来。

早在1922年夏天,萨温科夫的副官、前军官ЛД.舍舍尼在偷越边境时就被逮捕。在国家政治保卫总局审讯时,他供出了其他萨温科夫分子。国家政治保安总局将他的家人作为人质,决定同"保卫祖国和自由人民联盟"玩一次大的赌博。他们有意制造在俄国有一个庞大的反布尔什维克组织的传闻,事实上这些成员都是肃反委员会人员。这个组织的秘密信使同"保卫祖国和自由人民联盟"驻华沙的代表菲洛索夫,甚至还同萨温科夫本人在巴黎见过面。信使向萨温科夫详细报告该组织的活动情况,向他转交用以维持他的报纸发行的钱款和伪造的情报。被逮捕的萨温科夫下属的信件和特意在报刊上刊登的关于他们进行破坏活动的消息,使信使的报告和提供的情报更加逼真。小心谨慎的萨温科夫于1923年9月派谢尔盖·爱德华多维奇·帕甫洛夫斯基回到俄罗斯。此人也被逮捕,并被拉入这场赌博。但是后来他不愿扮演这个"角色",杀死监狱看守,在企图逃跑时被击毙。

萨温科夫对在俄罗斯存在这样一个庞大的、有众多分支机构的地下组织充满美好的憧憬,他仿佛看到政变成功。他认为自己理所应当是这个国家的统治者。

萨温科夫决定同季戈夫·捷连达尔夫妇一道返回俄罗斯。尽管他对这次行动能否成功将信将疑,他还是认真地做着各种准备工作。他从布拉格叫来自己妹妹和她的丈夫,把自己的档案材料密封好后交给他们,叮嘱他们,一旦他死了应当怎样利用这些文件,同时他还写了遗嘱。他同梅列日科夫斯基和吉皮乌斯告别,把自己的诗作留给吉皮乌斯。在华沙他没逗留太长时间,8月15日同捷连达尔夫妇和"保卫祖国和自由人民联盟"华沙支部领导人福米乔夫一道前往边境"窗口"。他没有将自己离开的事告诉毕苏斯基,当波兰情报机关将此事报告这位元帅时,他在报告的边上写道:"我不相信这是真的。"

这实在叫人难以相信,因为有传闻说,萨温科夫与布尔什维克已经谈妥,布尔什维克将不追究他,而且参加工作后还可担任负责人。

波兰人没有阻拦他们过境。为引诱萨温科夫,提前赶到的扮成奸细的来自国家政治保卫总局的费多罗夫(他就是穆欣)带着一群装扮成反苏地下组织的肃反委员会人员在边境迎接他们一行人。采取"一些预防措施"后,他们一行人向明斯克出发。

逃过极刑

1924年8月16日,明斯克,在苏联街的一幢房子里,在萨温科夫与自己的同伙吃早餐的房间,一群肃反委员会人员冲进来,左轮手枪、毛瑟枪和卡宾枪一起指着他。"不许动!您被捕了!"据萨温科夫自己说,他只说了一句"干得漂亮……请允许我把早饭吃完!"

在进行仔细的搜查后,所有人被押往莫斯科,关进位于卢比扬卡的国家政治保卫总局的内部监狱牢房内。

8月21日调查人员接到萨温科夫亲笔写的供词。他列举了自己在沙皇时期组织的恐怖活动,后悔反对"工农政权"。他所说的一切只是想说明,他"一生都是为人民工作,而且只是为了人民",他曾是个革命者和民主党人并热爱俄罗斯。萨温科夫还要求,不要称他为犯人,而应称为战俘。

对萨温科夫的指控有整整"一堆",其中包括从帝国主义分子手中收取钱款,为波兰从事间谍活动及企图用氰化钾毒死红军战士。萨温科夫的案子8月26日开始审理。乌尔里希是主席。此案的审理既没有律师,也没有公诉人。萨温科夫萎靡不振地为自己辩护,几乎对自己的罪状不做争辩。

他逃过极刑惩罚,只被判处10年徒刑。因为"报复的心理不能战胜无产阶级群众的法制意识"。也许,这一表面现象欺骗了萨温科夫。仿佛在苏维埃机关内存在一支反对力量,部分人准备同社会党人结盟,甚至有人向他许诺说,将来要把他释放并加入政治领导人的行列。萨温科夫被准许向国外写公开信,但这些公开信明显不像萨温科夫的风格,虽然有传闻说是他写的。

"萨温科夫案"在报刊上做了广泛的报道。仅《真理报》就刊登了十多篇文章。一些文章对恐怖分子的评价很高。文章自豪地宣称,萨温科夫案将"入载史册",说"萨温科夫"这个名字是一个综合了几个人的假名字。

A.卢那察尔斯基9月5日发表的《冒险演员》一文达到登峰造极的地步。他回忆了沃洛格达的事情。称萨温科夫是戏剧性的、浪漫的和感情冲动的人。但对他的声望和勇敢给予了应有的评价。卢那察尔斯基在文章中说,萨温科夫是那么喜欢搞阴谋,是那么喜欢"玩弄宫中奸党的游戏"、喜欢撒谎和间谍活动……

在众人所知的萨温科夫于1925年5月7日写给捷尔任斯基的信中,他是这么说的:"……要么您枪毙我,要么您给我机会让我工作;我曾经反对您,现在我和您在一起……"

在给捷尔任斯基另一封信中他写道"我一直记着去年8月我们的谈话。您是对的:仅对白匪军和农民起义军失望是不够的,应当理解和重视红军。从那时起过了很长时间。我在监狱里反复考虑了许多,毫不羞愧地说,我学到许多东西。我请求您,捷尔任斯基。如果您相信我,就请释放我,给我一份工作,随便什么工作都行,只是让我在您的手下工作。也许,我还是有用的……"

5月7日早晨,柳博芙·叶菲莫芙娜来监狱探望了萨温科夫,她讲了些有关女人的琐碎事情。第二天,她接到萨温科夫自杀的消息。她用法语喊道:"这不是真的!这不可能!是你们杀了他!"

这天,鲍利斯·维克托罗耶维奇请求把他带到外面转转。在四名肃反委员会人员的押送下他被带到位于察里津的一个用于同秘密工作人员见面的工作别墅。他喝了些白兰地酒。晚上他被带回,为了等押送人员,他在五楼调查员的办公室里踱来踱去。办公室的窗户大开着,窗台很低,离地板只有20~30厘米。他从这个窗口跳出去,当场摔死。

后来死于科雷马劳改营的前肃反委员会工作人员阿尔杜尔·什留别尔1937年曾对人说,他是将萨温科夫从五楼窗户抛到卢比亚卡院子里的四个人之一……

这是一个非常重大的事件,比捷尔任斯基为首的一个工作小组为编写给报界的稿子忙了一整夜。整个世界都在议论这件事。苏联出版社出版了B.罗普申的著作。国外有许多人都在猜测,萨温科夫为什么要自杀。有些人在文章中幸灾乐祸地认为,他曾与苏俄秘密达成协议,但他被欺骗了。

最令人惊讶的冒险家

——克劳德·亚历山大·博内瓦尔

人物档案

简　　历:18世纪最令人惊讶的冒险家之一,以艾哈迈德帕沙之名著称。1675年6月14日诞生于库萨克,在耶稣会受过教,13岁进入海军服役。于1747年3月22日死在君士坦丁堡,埋在佩拉墓地。

生卒年月:1675年6月14日~1747年3月2日。

安葬之地:君士坦丁堡的佩拉墓地。

性格特征:脾气执拗,机智勇敢,勇猛过人,轻率无理,残酷无情,不知谨慎。

历史功过:参加过迪耶普、拉高格、卡迪克战斗,1784年因冒犯陆军部长被送交法庭,随后申请退伍,以后加入奥地利的外国军队同自己的祖国作战。

名家评点:墓碑碑文写道:"真主永在:至上伟大的真主让虔诚的已故艾哈迈德帕沙、先锋队长官得到安息。"

机智勇敢的战士

18世纪最令人惊讶的冒险家之一,以艾哈迈德帕沙之名著称。

克劳德·亚历山大1675年6月14日诞生于库萨克(利穆津)一个与波旁家族有血缘关系的贵族家庭。他在耶稣会受过教育。13岁时进入海军服役,然而耶稣会教徒也未能驯服他执拗的脾气。但是,克劳德·亚历山大·博内瓦尔伯爵差一点被海军部长德·赛涅尔侯爵除名,部长某次检阅准尉生时,把他当小孩子训斥了一通。

这个年轻人傲慢地反驳道:"不应该开除叫我这个名字的人,部长先生。"

部长当即明白,这小子不是泛泛之辈。

他答道:"不错,阁下,这种人一旦成为普通的准尉生,也会被除名,不过只是为了把他们提升为海军准尉。"

迪耶普、拉高格、卡迪克的几次战斗证明,博内瓦尔伯爵和德·赛涅尔部长都没有说错。博内瓦尔在这几场战斗中表现得机智勇敢。

一场决斗迫使博内瓦尔伯爵离开海军。1698 年他在卫士团中捐了一个职位。1701年，他当上了拉杜尔步兵团团长。他参加了卡京指挥的意大利远征军，在柳克森堡元帅军队的荷兰之战中表现突出。尽管作战英勇，但由于各种名目的勒索他未获提升。

加入奥地利军队

1704 年，他因此冒犯陆军部长沙米里亚尔，被送交法庭。博内瓦尔向万多姆公爵申请退伍。1705 年末至 1706 年初的整个冬天，他走遍意大利。克劳德·亚历山大同德·兰加列里侯爵交上朋友，侯爵离开法国人加入了奥地利军队。博内瓦尔在步他的后尘之前犹豫了很久。终于，叶甫根尼亲王在参加柳查尔之战的法国军队中发现了他，于是向他提出建议，克劳德·亚历山大同意以少将军衔加入奥地利军队。从此，勇猛过人的德·博内瓦尔供职于外国军队，在意大利和佛兰德残酷无情地同自己的祖国作战。

在都灵进攻法国边界时，他大出风头，同时还设法挽救了自己的兄弟博内瓦尔侯爵的生命，他偶然从敌人中认出了侯爵，而在此之前，他甚至没有想到过是在同兄弟作战。到处都有博内瓦尔的身影：第一个冲进亚历山大市；首批攻击教皇管辖的托尔托内城堡的人之一，他在该战斗中失去一条手臂；在萨瓦、在多芬。1714 年，克劳德·亚历山大在佛兰德出席了叶甫根尼亲王同威利亚尔元帅的会晤。

接受少将军衔之后，他参加了土耳其战役，在占领捷涅什瓦尔和彼得瓦尔德因的战斗中，他都立下赫赫战功，不过也身受重伤——下腹部被刀尖刺中，使他终生包着绷带。战争结束后他定居维也纳，但是他轻率无礼地介入叶夫根尼亲王的家庭事务，招致亲王不满，被派往荷兰担任元帅。在布鲁塞尔同总督德·普里埃交恶，

奥地利军队

与法国和西班牙公使暗中来往,因此被捕并在要塞囚禁一年,随后被逐出奥地利。

改革土耳其炮兵

他来到君士坦丁堡,皈依伊斯兰教,改名艾哈迈德帕沙,接受权杖获得帕沙的头衔,改革土耳其炮兵,在同俄国和波斯作战中表现英勇。因作战有功,被任命为希俄斯地方官,然而,他自己不知谨慎,加上宫廷倾轧很快导致苏丹迁怒于他,被贬到黑海边的一个小帕沙管辖地,算是体面的贬黜。

另一个著名冒险家卡扎诺瓦这样描写同博内瓦尔的会见:"到达的第二天,我吩咐带我去见奥斯曼帕沙卡拉曼斯基,这是博内瓦尔伯爵叛教后的名字。

"我递上自己的介绍信,我被带进一有法国情调的房间,看见一位上了年岁的先生,胖胖的,从头到脚法国装束。他站起身,笑着问道,他能为他已无权称为母亲的教堂红衣主教介绍的人在君士坦丁堡做些什么。"

"红衣主教的信中说我是个作家。帕沙站起来说,想让我参观他的藏书。我跟着他走,穿过花园,走进书房,柜子的铁栅格上挂着布帘,布帘之后应该是书。"

"当胖帕沙用钥匙打开柜锁,我看见的不是书,而是一排排长颈玻璃瓶,装满各种品牌的酒!我和他都大笑起来。"

"他说:'这里就是我的书房兼后宫,因为我年事已高,女人只会缩短我的生命,而美酒却能延长生命,至少让生活变得更美好。'"

"我看,阁下得到了穆夫提的许可?"

"您错了,土耳其教皇绝对跟你们的当局不一样:他无力允许可兰经禁止的事情。但是这不成问题,任何人都可以自愿毁灭自己的灵魂,如果他喜欢的话。笃信真主的土耳其人怜悯奸夫荡妇,但是不效仿他们。这里没有宗教法庭。违反信仰戒条的人,将如他们所希望的在另一种生活中遭受折磨,为了在今世让他受到惩罚。我请求准许也毫无困难地获准不遭受你们所谓的割礼,虽然当地不能把这称作割礼。在我这个年纪这很危险。一般都遵守这个仪式,但是它不属于戒条之列。"

"我在他那里待了两个小时,他详细询问了许多威尼斯人,自己的朋友,特别是马尔克·安东尼奥·迭多先生。我回答,大家都一如既往爱他,只不过为他叛教感到可惜。他反驳说,他是一个过去曾为基督徒的土耳其人,至今所知道的可兰经并不比福音书多"。

"他说道:'毫无疑问,我会平静地死去,即使在这一刻也比叶甫根尼亲王幸福得多。我需要说的是,真主就是上帝,而穆罕默德是他的代言人。我口头上这么说,而心里是否这样想,土耳其人对此并不在意。不错,我戴着东方人的丘尔邦,因为我必须着自己主人的服饰。'"

"他说,他除了从军没有别的路可走,只是在他明白完全没有生活资本时,他才决定到国王的军队中去当少将。他说,在我离开威尼斯之前,我喝光了我盘中的汤;如果犹太人决定让我指挥 5 万人的军队,我会去包围耶路撒冷。"

"他很漂亮,只是有些过分。由于刀伤,他在腹部带着一块银片,好挡住伤疤。他被发配到亚细亚,但时间不长,据他说,因为土耳其的阴谋不像欧洲特别是维也纳宫廷那样长久……"

暮年,克劳德·亚历山大特别想回欧洲,但是于 1747 年 3 月 22 日死在君士坦丁堡,享年 72 岁,埋在佩拉墓地,今天也能照着土耳其文的墓碑找到他的坟墓:"真主永在:至上伟大的真主让虔诚的已故艾哈迈德帕沙、先锋队长官得到安息。埃基尔历 1160 年(埃基尔历 1160 年相当于公元 1747 年)"

炼金士和冒险家

——圣热尔门伯爵

人物档案

简　　历：十八世纪炼金士和冒险家。大约是匈牙利著名的拉科西公爵之子。精通数门欧洲语言。

生卒年月：不详。

安葬之地：不详。

性格特征：有非凡的记忆力和抑制不住的想象力，善用骗术，爱好音乐。

历史功过：在意大利、荷兰和英国冒充大祭司，声称自己拥有点金石和不死药。被认为是十八世纪最神秘的人物。他写的诗词和"炼金术"论文透着神秘的意味。他创作了一系列音乐作品——奏鸣曲，咏叹调，小提琴演奏曲。他依靠自造草药汤即闻名的"圣热尔门茶"（代替神秘的"长命水"）活到高龄。有人称1939年还有人在巴黎见过他。

名家评点：他的太太莉丝评价说："他的物理学得不错，还是一个出类拔萃的化学家。我的父亲在这些科学领域是公认的专家，也对他的才华给予相当高的评价……他知道颜色真正令人吃惊的秘密，倚仗这个只有他才知道的秘密，他的画闪着不可思议的光彩……而且圣热尔门绝对不愿同别人分享自己的秘密。"

神秘人物

　　十八世纪炼金士和冒险家。出身、生年及其财产来历均不详。大约是匈牙利著名的拉科西公爵之子。18世纪40年代登上社会生活舞台，先是在意大利，后在荷兰和英国。所到之处均冒充大祭司，声称自己拥有点金石和不死药。精通数门欧洲语言，在法国利用路易十五及其情妇彭帕杜尔侯爵夫人的好感，结交了叶卡捷琳娜二世的老友奥尔洛夫兄弟。晚年定居卡塞尔直至去世。

　　开始他是德·蒙菲拉侯爵，到威尼斯时就变成了贝拉马勒伯爵，在比萨是舍宁格骑士，在米兰是威尔冯骑士（英国人），在热那亚和里窝那是索尔蒂科夫伯爵，在施瓦本和特洛伊斯多福是查罗基伯爵,在德累斯顿是拉科西伯爵,而在巴黎、伦敦、海牙、圣彼得堡是圣热尔门伯爵……

这个人被认为是十八世纪最神秘的人物不无根据,他的许多经历都被一层厚厚的神秘帷幕所遮掩。彻底揭开这层帷幕大概永无可能,因为能够确认真相的文件全都遗失了。

原因在于圣热尔门刚去世时,黑森的卡尔伯爵为了庇护他,显然是按照他的遗愿,烧毁了死者的笔记和信件。过了十来年,拿破仑三世认真地关注起圣热尔门的身世来,下令收集与他哪怕稍有关系的资料。为皇帝收集的一大堆专案文件也毁于一场火灾。

有关圣热尔门出身的消息很少。他不隐瞒他的名字是借用的,但是,他从不说自己的身世,只是闪烁其词地暗示,差不多是创造世界的时候就有他了。据他说,他出生在非常怡人的海滨气候中,常常回想起豪华的宫殿,他童年时奔跑的凉台。有时说,他是早在阿拉伯统治时代曾统治过西班牙、格林纳达的摩尔王的儿子和继承人。不过同时圣热尔门暗示自己认识莫伊西和亚伯拉罕。自然,他一生中曾经数次转世,在 18 世纪许多人都相信这种转世说……

有关他的肖像特征,当时的一位神秘主义者写道:"他看上去有 50 来岁,身材适中,面部表情显示出智力深邃,穿着很朴素,但是有风度,唯一的奢侈是鼻烟壶、表和鞋扣上几颗光彩夺目的钻石,他的身上所具有的神秘的魅力主要是他那真正帝王式的豁达和宽容。"

另一位在安斯巴赫就认识他的作家说:"他总是一个人单独用餐,而且特别简单,他的需求很有限,全安斯巴赫都不能说动他哪怕是到国王的餐桌上去用餐。"

大家公认,他集优美和文雅于一身。他会几种乐器,演奏得非常好,有时候又以自己超自然的神秘异术让周围的人惊诧不已,比如有一次旁人对他口诵了 20 行诗句,而他同时用两只手在一张纸的两面记了下来,在场的人谁也无法把两边的字分开。

圣热尔门的学识甚至让学者吃惊。他的确懂得炼金术,他阅读了大量中世纪巫师记录实验和研究的神秘著作,他自己也做了大量实验。

让莉丝太太写道:"他的物理学得不错,还是一个出类拔萃的化学家。我的父亲在这些科学领域是公认的专家,也对他的才华给予相当高的评价……他知道颜色真正令人吃惊的秘密,倚仗这个只有他才知道的秘密,他的画闪着不可思议的光彩……而且圣热尔门绝对不愿同别人分享自己的秘密。"

圣热尔门确实是贵族。显然,他有理由隐瞒自己的出身。这方面的推测很多。圣热尔门被当成葡萄牙维特马尔侯爵,西班牙耶稣会教士艾马尔、阿尔萨斯犹太人西蒙·沃尔夫、萨瓦收税人罗顿多的儿子。路易十五的首席部长舒瓦泽尔不怀疑圣热尔门是葡萄牙犹太人。伯爵本人也没少支持这种说法,几乎所有的欧洲语言他都说得十分纯正,不带口音,使用各种化名(不少于一打)周游列国,这些化名听起来有时像法国人,有时像西班牙人,有时像德国人。他 1770 年在热那亚和里窝那冒充俄国索尔蒂科夫将军。

人们在很长时间内都认为他是卡尔二世的遗孀西班牙女王玛丽亚的私生子。一个动人的故事广泛流传:傲慢的女王爱上了一个非贵族的普通人,并跟他生了一个儿子(在某些不太寒酸的故事中,这位"平民"变成了一个富有的马德里银行家)。比如,斯托什男爵在自己笔记中提到过蒙菲拉侯爵。这位侯爵是西班牙国王卡尔二世的遗孀同一位马德里银行家的私生子。斯托什肯定地说,他在 1715 年至 1723 年摄政时期,在巴约那见过他。维克多·雨果的话剧《路易·布拉斯》表现的就是圣热尔门影子父母浪漫的爱情故事。

最可信的说法是,圣热尔门是著名的领导反对加布斯堡王朝奥地利旁支的匈牙利民族起义的费伦茨·拉科西公爵的长子。除了外表酷似费伦茨·拉科西以及同时代的人所回忆的圣热尔门向朋友们的承认和暗示,使这种说法增添了以下证据。

1696 年 5 月 28 日,费伦茨·拉科西添了一个儿子,取名利奥波德·乔治(里波特·杰尔吉)。四年后宣布孩子夭折,但是有充分的理由认为,这样做是为了把他藏到一个可靠的地方。费伦茨·拉科西自己小时候差一点被人毒死,所以他决定保护自己的头生子免遭加布斯堡人派来的杀手谋害。后来的事件证明,这个预防措施是及时的,远非多余,因为 1701 年拉科西公爵夫妇都被逮捕。

在利奥波德·乔治之后,费伦茨·拉科西又生了三个孩子——一女两男。但是在其遗嘱中他提到还有一个儿子,照他说,对他的关爱委托给了波旁公爵和德·米因公爵、沙尔列卢阿伯爵和图卢兹伯爵。圣热尔门同这四位法国贵族特别亲近。值得注意的还有一点,在圣热尔门的化名中还有查罗基伯爵的头衔,查罗基是拉科西姓氏的字母倒位。

至于他其余的化名,显然是冒充那些与他的生活有关联的人或者是直接借用他们为公众所熟悉的名字。比如,有一位索尔蒂科夫长期住在国外,曾是共济会一位知名的首脑人物。真正的圣热尔门伯爵也实有其人,曾是知名人物——先是耶稣会教士,然后又成为法国、德国和奥地利军官,后来当过丹麦斯特鲁恩泽的军事部长,最后是法国路易十六的军事部长,他死于 1778 年。他同冒险家没有任何关系。

从 1737 到 1742 年,神秘主义者住在波斯奉行侵略政策的纳迪尔沙赫的宫中。大概,他在那里见识过许多钻石和宝石,因为,用他自己的话说,正是在波斯,他开始了解大自然的奥秘。

异国岁月

接着在雅各宾革命时期,神秘主义者出现在英国。1745 年 12 月 9 日,戈拉齐奥·沃波尔写信给不列颠驻佛罗伦萨公使戈拉齐奥·曼爵士说:"第二天逮捕了一个非常奇怪的人,他叫圣热尔门伯爵。他在英国已经住了两年,但是不知道他是何许人,从何处来,他自己说他使用的不是真名。他唱歌唱得非常好,小提琴拉得也很棒,其人古怪,不太明智。"

第二个关于他在英国的消息可以在 1760 年 5 月 17 日的《不列颠杂志周刊》上找到莫贝尔写的一篇报道:"我们从《布鲁塞尔报》记者处得到消息,不久前从荷兰来了一个人,名叫圣热尔门伯爵,1712 年出生于意大利。他的德语、法语、意大利语说得同样流畅,不过他的英语表达也很过得去。他对各种艺术和科学的认识都相当肤浅,但是对化学很在行,对音乐造诣颇深,是一个高水平的令人愉快的交谈者。1746 年(沃波尔说是 1745 年)在英国他差点处于毁灭的边缘。有个猜忌他同太太相好的人,偷偷往伯爵口袋里塞了一封伪造信,似乎是一个觊觎不列颠王冠的人写的,在信中感谢某种效力并愿意继续合作,然后马上向当局的代表指证他。但是,审讯证明他完全无罪。他被解除看管,当即应某勋爵邀请共进午餐。听说他竟然失去我们最宽宏大量的国王的宠信,认识他的人显然都感到不快。"

此后,圣热尔门去了维也纳。有人证明说,"他在维也纳从 1745 到 1746 年过着奢侈豪华的生活,经常出入社交场合,弗朗茨一世皇帝的总理大臣费迪南德·罗布科维茨亲王是他最要好的朋友。他甚至还介绍他同路易十五国王派到维也纳宫廷执行特别使命的贝尔伊里元帅相识。贝尔伊里是福克的孙子,很富有,对熠熠生辉、机敏过人的圣热尔门钦佩备至,急不可耐地邀请他造访巴黎。"

1755 年他再次在印度各地旅行。圣热尔门写信给兰伯格斯基伯爵说:"我的艺术常识,在很大程度上得益于我于 1755 年在克莱夫将军陪同下完成的第二次印度之旅,他曾在沃森海军中将麾下服役。第一次旅行期间,我只是怀疑竟存在如此奇妙的神秘。我在维也纳、巴黎、伦敦做的全部试验都没有产生这种结果。耐心细致的工作正好在我提到的那段时间中断。"

鼎盛时期

1757 年是神秘人物一生中最知名的时期。军事部长兼元帅贝尔伊里伯爵把圣热尔门介绍给巴黎上流社会。

路易十五大概知道圣热尔门出生的秘密,否则很难解释为什么他吩咐给予他血缘亲王的礼遇。圣热尔门消除了路易十五的一颗钻石上的裂纹,从而使其大大升值。此后,他赢得了法国国王的绝对好感。持怀疑态度的人认为,伯爵不过是用自己的钱买了一颗外表相似没有损伤的钻石,把它献给了国王。但是,当时的人经常提到他会用一种人所不知的神奇力量"修补宝石上的各种缺损和裂纹"。有一天，他穿着宝石扣的鞋出现在凡尔赛宫的舞会上，那对宝石非常名贵，以致德·彭帕杜尔侯爵夫人的目光就没有离开它们。

结果，传闻开始说圣热尔门会制作宝石，这被认为是他的财富来源。他自己则担保说，他只会"修理"宝石——除去斑点和裂纹，这门复杂的技艺他是在印度学会的。1758年，路易十五在卢瓦尔河畔一个最漂亮的城堡沙托山博尔给了圣热尔门一个大房间作为实验室。国王经常去那里拜访伯爵，他让国王看自己的炼金实验。神秘人的周围聚集了一群追随者，其中有德·格利亚亨男爵，德·尤尔菲侯爵夫人，俄罗斯女皇叶卡捷琳娜二世的母亲安加尔特·采尔布斯卡娅公主。

一个对他充满醋意的对手当时这样描写自己同圣热尔门的接触："侯爵夫人说她邀请了圣热尔门吃午饭，她知道，这个魔法师让我觉得可笑。他来后，像平常一样坐到桌边，不是吃饭，而是高谈阔论。他毫不难为情地说一些最不可思议的事情，必须把一切当真，因为他担保他自己就是见证人或者起了主要作用。然而当他想起来，曾经同特里登特会议的人共进午餐时，我不能不暗暗发笑。"

"德·尤尔菲太太脖子上戴着一块大磁铁。她一再说，磁铁早晚会引来闪电，她就会飞到太阳上去。"

"骗子答道：'无疑，但是比起那些平庸的物理学家来我是世界上唯一能使磁铁引力增长千倍的人。'"

"我冷冷地反驳说，我准备拿出两万埃居，他连让夫人脖子上的磁铁增加一倍的引力都办不到。侯爵夫人不让他接受打赌，然后她单独对我说，我会输掉，因为圣热尔门是个魔法师。我没有争论。"

"几天之后，这位魔法师前往王家城堡山博尔，国王在那里给了他一处住所和10万法郎，让他能不受干扰地研究染料，好让法国所有的呢绒厂发财。他在特里阿诺装备了一间实验室，这让国王非常开心，对他深信不疑——不幸，国王除了打猎，到处都觉得很无聊。德·彭帕杜尔侯爵夫人把炼金术士介绍给他，让他喜欢上了化学。自从他送给她还童水之后，她在各方面都信赖他。依照吩咐服用神水并不能返老还童——这位崇尚真理的人认为这是不可能的，——然而唯一避免衰老的方法是永远保持现状。侯爵夫人让国王相信，似乎真的感觉不会衰老。"

"国王给德·波恩公爵看手上戴的一颗重12克拉的水钻——为骗子的神通所迷惑的国王相信，是圣热尔门亲手制作的。他对人说，他拿了24克拉碎钻，碎钻合成了一颗，但是加工打磨之后减轻了一半。确信炼金术士的学说之后，国王把山博尔那几间归光荣的萨克森元帅终生享有的房子拨给了他。这段故事，是我有幸同他和瑞典列文胡波伯爵在梅斯的'达戈贝尔国王'小饭馆共进晚餐时听公爵亲口说的。"

如果说圣热尔门根本不会制造黄金和宝石的话，那么他无疑握有制作经久不变的纺织染料的秘方。此外,他发明了绘画用荧光颜料,他作画用的就是这种颜料。许多杰出的艺术家对这种颜料的效果都惊叹不已。

舒瓦泽尔在这一段时期的政策是竭尽全力缔结法国同奥地利的联盟。但是足智多谋的元帅贝尔伊里伯爵却与他意见相左,他憎恨意大利。路易十五同彭帕杜尔侯爵夫人也想要和平。圣热尔门积极地自荐效力,他说路易·布劳恩施韦格亲王是他的朋友,他们能全面达成协议。路易十五国王和舒瓦泽尔派圣热尔门前往海牙去见亲王,另一位法国使臣德·阿夫里伯爵已在海牙。但是,不知何故,他没有接到有关圣热尔门使命的通知。德·阿夫里心怀委屈,写信给舒瓦泽尔说,把和谈使命绕过他交给一个骗子,这对他太不尊重了。

回复出乎意料。舒瓦泽尔命令使臣要求荷兰政府交出圣热尔门,然后逮捕他,直接押往巴斯蒂亚。卡扎诺瓦的回忆录说,1760年,圣热尔门想在海牙出售一颗似乎是属于国王的大钻石,而且是受国王本人的委托。然而,国王并未给予这一委托,而且后来查明那颗钻石是假的。大概,巴黎知道了这个消息,于是要求交出圣热尔门。冒险家只好逃跑。

圣热尔门跑到英国,在英国很安全,因为当时英国与法国为敌。接着他又到了俄罗斯,显然,他在俄罗斯参与了叶卡捷琳娜夺位事件,即国家政变。阿列克谢·奥尔洛夫承认,"这个人在上述事件中起了重要作用"。不过,没有这方面的直接证据。

圣热尔门伯爵同奥尔洛夫兄弟阿列克谢和格里高利建立了友好关系。1772年,冒险家在特洛伊斯多夫的安斯巴赫侯爵勃兰登堡家做客。圣热尔门(察罗基)同阿列克谢·奥尔洛夫会面时的一位在场人回忆说:

"有一天,察罗基给侯爵看信差刚送来不久的阿列克谢·奥尔洛夫的请束,阿列克谢从意大利回来。信中通报了奥尔洛夫在纽伦堡的短暂停留,并请和察罗基伯爵见面……侯爵当即同察罗基伯爵赶到约定的城市,奥尔洛夫伯爵已经在等候。这两位客人到达时,奥尔洛夫亲自张开双臂迎接他们,向他们表示欢迎,并同首次身着俄罗斯将军服的察罗基伯爵紧紧拥抱。同时,奥尔洛夫几次称呼他为'亲爱的神父'和'亲爱的朋友'。阿列克谢伯爵对安斯巴赫侯爵勃兰登堡说了一大堆恭维话,不止一次感谢他给予他最尊敬的朋友的保护,中午,送上了午餐。在无拘无束的亲切气氛中开始了相当有意思的谈话。谈得非常多的是不久前的群岛战役(俄土战争期间俄国舰队远征希腊群岛),但是谈得更多的是各种有益的改良和发明。奥尔洛夫给侯爵看了一截不易着火的木头,这种木头在加热的瞬间不着火也不冒烟,变成一堆浅色的海绵状灰烬。饭后,奥尔洛夫伯爵把察罗基伯爵叫到隔壁房间,他们两人密谈了很长时间,笔者站在窗户边,可以看见奥尔洛夫伯爵的轻便马车,他的一名仆人走出房子,打开马车门,从座位下拉出一只红色的大皮口袋,扛到楼上他的主人所在的房间里。回到安斯巴赫,察罗基伯爵首次给了侯爵一份盖有帝国印章的证件,证明他是俄国将军。随后他向侯爵承认,他不得不使用察罗基这个名字,而真名应当是拉科西,他是这个家族唯一的代表,是曾在利奥波德王朝时期统治过吉宾比尤尔根的流放亲王的直系后裔。"

圣热尔门从俄国去了德国,接着又去了意大利。他认识了黑森的卡尔伯爵。亲王是炼金术和一般神秘学科方面的内行兼狂热的爱好者,而圣热尔门在这方面拥有大师的声誉。伯爵长时间利用圣热尔门为他效劳。大冒险家在他那里一直待到1784年死去。

圣热尔门从来没有缺过钱。当时的人对此并不感到惊奇,因为大家认为这位神秘的伯爵会制造黄金和宝石。事实上,他的收入基本来源是赏识他的国王路易十五的国库,他安排他住进自己的山博尔城堡,让他能从事要求大量资金的炼金术,无疑,圣热尔门从中捞足了好处。

其他的财产来源是他的外交功绩。大家都认为,伯爵是个高明的间谍,全欧洲的政治家都利用他为自己效力——舒瓦泽尔、考皮茨、皮特。机敏灵活、善于逢迎、彬彬有礼、巧于辞令、通晓欧洲所有的语言、洞悉当时政治的底蕴,他当然比其他任何人都更适合国际秘密政策奸细的角色。

不过,像卡扎诺瓦那样把圣热尔门称为间谍,当然是过于夸张,但是,法国宫廷不止一次交给他微妙的外交使命。如果赞同他是所谓的"金蔷薇十字兄弟会"会员并且跻身共济会高级职位的意见的话,圣热尔门的许多行为就清楚了。

显然,他1762年到达圣彼得堡也与秘密团体的活动有关。正因为如此,女皇的情夫格里高利才将伯爵视为"亲爱的神父"。唯有同共济会的关系,才容易解释圣热尔门总是灵验地"预言"何以对欧洲政治形势出奇的消息灵通。

伯爵中等个子,身材极好,活泼好动,富有魅力,有一张极富表情的面孔。一贯过分朴素,但衣着非常讲究。据我们所掌握的当时人们的评论,他有让听众着迷的出色才能。只要他一出现在社交场合,就会被充满好奇和崇敬的人群所包围。他比任何人都善于唤起人们对他自身的兴趣。

他有非凡的记忆力和抑制不住的想象力。他经常喜欢向听众说一些他所知道的前人往事的准确细节,似乎他就是目击者,让大家听得心惊肉跳。法国百科全书学派的弗·马·格里姆这样描写他的习惯:"圣热尔门伯爵被认为是一个相当聪明的人,他在化学和历史方面博学多才,他对古印加的一些重大事件,讲起来绘声绘色,气度高贵,像讲述现代的趣闻逸事一样。"

圣热尔门非常喜欢旁敲侧击地"谈论",欣赏内心产生的印象。比如,他能在谈到两千多年前死去的弗朗西斯科一世国王时,似乎偶然说出:"我记得,有一次弗朗苏阿对我说,'珍珠蚌的病太叫人向往了!我决不反对我们的女士们也得上这种富贵病'"。或者是不动声色地回忆起耶稣:"我们是朋友。他是我在世上认识的最出色的人,不过是个大幻想家,理想主义者。我总是提醒他会不得善终。"

圣热尔门能讲述12圣徒中任何一人的隐秘细情,让对话者听得目瞪口呆。伯爵还以适当的方式训练自己的仆人。有一次在德累斯顿有人问他的马车夫,伯爵是否真的有400岁,车夫答道:"我无法告诉你确切岁数,不过在我伺候我的主人的130年中,他一点也没有变。"由此便有了圣热尔门长生不老神通广大的传说。他自己笑着对格雷亨男爵说:"这些愚蠢的巴黎人以为我有500岁。我也就顺着他们听任其说,因为我发现,他们特别热衷此道。不过说老实话,事实上我的岁数比外表看上去要大得多。"

这些"偶然的"失言与众多事件的细枝末节一起,细节又很可靠(他从来不杜撰细节,而是确实知道),给轻信的听者留下了说话人是事件目击者的印象。

圣热尔门想把自己描绘成地球元老,差不多是自创造世界以来所有历史事件的目击者、见证人和参与者。他目光敏锐。他有一次对路易十五说:"为了了解人们,不一定要当听取忏悔的神甫、部长、警察所长。"他无论任何时候在任何人面前都不羞怯不腼腆。他轻松自如地同部长、主教、国王、交际花谈话,同其中任何一个人说话时都像一个一生都在同伯爵和国王交往的人一样。他与人对话时经常都拿着一副居高临下的腔调,他看起来想表现出同对方谈话是降低自己的身份。沃尔特是为数不多的不买他的账的人之一。老哲学家挖苦地取笑骗子,他不叫他圣热尔门伯爵,而把他称为笑话故事,并证明那个招摇撞骗的家伙对他说过,他曾经同普世会议的神父们一起共进晚餐。

他写的诗犹如"炼金术"论文,透着神秘的意味。圣热尔门一生爱好音乐。他创作了一系列音乐作品——奏鸣曲、咏叹调,小提琴演奏曲。有的研究人员甚至大胆设想,不是别人,而是圣热尔门戴着胜利者的面具扮演了大名鼎鼎的小提琴演奏大师兼作曲家焦瓦尼尼,他就是歌曲《把你的心给我吗?》的作者,这首歌曲很长时间都曾挂在约·赛·巴赫的名下。

1778年,德·伊·冯维金曾在巴黎同这位著名的冒险家会面:"我同圣热尔门友好地告别,对他提议许诺给我的金山,我表示感谢,对他说,如果他有这个适合于俄罗斯的计划,可以带着它到德累斯顿去见我们的代办。我的妻子收下了他的药,但是没有任何效果。"

毕竟圣热尔门对医学相当在行。他在东方旅行期间学了不少这方面的知识。他用一种有实效的草药汤即闻名的"圣热尔门茶"代替神秘的"长命水"。他玩笑式地对滥用长命水的现象提出警告说,他的一位女性老年患者,本想恢复青春美貌,结果回到了胚胎状态。

很遗憾,这种酊剂的处方不得而知。不过,既然圣热尔门依靠它活到高龄,毫无疑问,他有某种焕发精神的本领。临死前他声称,他不会死,只是在喜马拉雅山休息一段时间,然后还会回来让世界大吃一惊。

据说,圣热尔门走了好运——他熬好长命水装满了一只玻璃瓶。在他死后一年的一次共济会会员聚会上,竟然有圣热尔门到场。

又过了三年,沙龙伯爵驻威尼斯的使臣曾同他面对面相遇;又过了很久,1814年,暮年的贵夫人让莉丝太太在国会侧厅突然看见了他；数十年后，一位退休大臣同他谈过话；1912 年有人在圣彼得堡认出了他；1934 年，他到过巴黎；1939 年还有人在巴黎看见过他，他跟平时一样富有、优雅……

意大利大冒险家

——焦瓦尼·贾科莫·卡扎诺瓦

人物档案

简　历：意大利冒险家、作家、翻译家、化学家、数学家、历史学家，金融家、法学家、外交家、音乐家，以及牌迷、情人、决斗者、密探、蔷薇十字会员，炼金术士。出生于威尼斯，足迹遍及欧洲。出生于威尼斯。

生卒年月：1725年4月2日～1798年6月4日。

安葬之地：不详。

性格特征：他个性敏感知恩图报，但是容不得反驳，他迷信贪婪。

历史功过：足迹遍及欧洲，接见过他的君主有叶卡捷琳娜二世，大弗里德里希，路易十五。从1782年起钻研炼金术，著有历史文集和幻想小说《伊克萨梅隆》。其回忆录《我的一生》描写了大量的爱情和冒险经历，透彻地刻画了当时人的远见卓识和社会风尚。他曾买下少女进行培训然后高价转卖获取金钱，还曾凿出通道逃出监狱，在欧洲引起轩然大波，使其名闻遐迩。

名家评点：杰利尼亲王的回忆录说："他信誓旦旦地担保他精通或者擅长做某件事情，实际上他恰恰对这件事情一窍不通。他写过喜剧剧本，可是其中没有丝毫滑稽可笑的成分。他写过哲学论文，但是文中没有哲理。然而在他其余的作品中，他则显示出见地新颖，而且不乏幽默和深刻；他熟知古典作家，但他很快就厌倦了引用戈麦尔和戈拉奇。他迷信贪婪想要什么东西，但同时没有也能过。"

传奇人生

意大利大冒险家和情夫,足迹遍及欧洲,接见过他的君主有叶卡捷琳娜二世、大弗里德里希、路易十五。他兴趣广泛,在当时人的眼中,他是作家、翻译家、化学家、数学家、历史学家、金融家、法学家、外交家、音乐家,以及牌迷、情人、决斗者、密探、蔷薇十字会员、炼金术士。从 1782 年起住在捷克瓦尔德施泰因伯爵的城堡里钻研炼金术。著有历史文集和幻想小说《伊克萨梅隆》(1788 年)。其回忆录《我的一生》(1~12 卷,于 1791~1798 年用法文写成,1822~1828 年出版)描写了大量的爱情和冒险经历,透彻地刻画了当时人的远见卓识和社会风尚。

贾科莫·卡扎诺瓦回忆录的出版过程同他的一生一样神秘莫测,不同寻常。长期以来人们一直认为,他是在巴里阿利群岛旅行时死于翻船事故,死前不久,他在该群岛写完了旅行札记,并且有先见之明地将札记封在一个防水匣子里。时隔半个世纪,几位渔民捞到匣子,把它交给了自己的老板。老板则把它交给了莱比锡印刷厂,印刷厂让冒险家的札记首次问世。卡扎诺瓦的回忆录经"文学加工"于 1822~1828 年全文从法文译成德文出版,接着又于 1826~1832 年和 1843 年出了法文本。

首卷问世后受到青年海涅的高度评价。从此,卡扎诺瓦的回忆录声名远播,很快被翻译成许多欧洲语言文本。司汤达、缪斯、德拉克鲁阿,俄罗斯的阿赫马托夫、勃洛克、茨维塔耶夫对他的书都推崇备至。

1887 年,圣彼得堡出版了回忆录一卷俄文节译本。但是早在 1861 年,费·莫·陀思妥耶夫斯基就以编辑的名义在时代杂志上发表了出版序言"威尼斯监狱,贾科莫·卡扎诺瓦入狱与越狱奇迹,他的回忆录片段",他指出,俄罗斯读者对卡扎诺瓦的书十分陌生,"然而法国人评价卡扎诺瓦作为一名作家,比《瘸腿魔鬼》《日里·布拉兹的故事》的作者雷萨日高明,他鲜明、典型的描写当时他耳闻目睹的人和事,而且他的故事十分清晰,引人入胜。"

风流神甫

焦瓦尼·贾科莫·卡扎诺瓦·德·塞加尔特出生于威尼斯。不过许多年之后人们才把他称为卡扎诺瓦,他并非真正的贵族。他的父亲是谁不得而知,母亲扎涅提·卡扎诺瓦是一位讨人喜欢但是演技平庸的演员。

年轻的女演员不愿意长时间待在摇篮边,崇拜自己喜爱的人,渴望不论以什么方式被人喜欢——当时许多人都满足于此,不过现在依然如此——这是人类的共同规律。到处都装修豪华小客厅,在墙壁和天花板上画着在云彩中飞舞的小天使。这也算是崇拜,不过纯粹是表面现象。

萨克森国王的意大利宫廷戏班享有盛誉并非靠贾科莫的母亲,而是靠著名的喜剧演员佩德里罗演技高超。不久该戏班就接到安娜·约安诺芙娜女皇的邀请。当扎涅提在安娜宫廷歌剧厅的舞台上征服那些色眯眯的男人时,照看小贾科莫的远房亲戚决定送他入教。他受到了良好的教育,先是进了帕拉安大学,后来又转入教会学校。

年轻的神甫风度翩翩,不能不令女教民为之倾倒。回到寓所,卡扎诺瓦在自己的兜里发现了五十来张求爱纸条。他能拒绝那些用满篇甜言蜜语的信件表达自己热情的人吗?要知道当时他还不是真正的威尼斯人。约会一个接一个……

很难说卡扎诺瓦是否想过当教皇,或者至少当上主教。但是,他必须脱下长袍,因为主教发现他躺在女人的怀抱中。但是前神甫并不气馁,他找到靠山,去了罗马,经人引荐见到了教皇。他当了不长时间的神甫,在布道中刚崭露头角,但是突然失宠于教皇。于是贾科莫脱下教袍,穿上军装,前往科孚岛服役,然而军队纪律也不适合他。他离开科孚岛,到了君士坦丁堡,随后又回到威尼斯,开始赌博——赌博成为他大部分生活的基本收入来源,输光老本之后,他进剧场当了乐师。

不久就发现,卡扎诺瓦是个与众不同的人。市政顾问于 1760 年 6 月 21 日给自己的朋友、瑞士自然科学家阿·加列尔写信谈到卡扎诺瓦:"他的学识比您少,但是十分渊博。他谈起所有的事都精神振奋,他读书之多见识之广,令人惊诧。他对人说,他懂得所有的东方语言,对此我不去评价。他说法语时带着意大利口音,因为他在意大利长大……他宣称自己是个自由人,是世界公民,他住在哪一国,便遵从哪一国的法律。他的生活方式有条不紊,他主要的嗜好是自然学和化学……他所表现的占卜知识,的确使人惊讶,似乎是真的,让人觉得他跟魔法师差不多,但是我是唯一能判断他的话的人,简而言之,这个人不同寻常。他穿着非常考究。他想经贵处去见伏尔泰,礼貌地指出他的文章中的错误。我不知道,伏尔泰是否喜欢这位操心入微的人……"

卡扎诺瓦演奏小提琴,间或帮助著名的维瓦尔迪创作清唱剧,但是他的天分不是音乐,而是蛊惑人心的口才。他阿谀奉承,有时简直是纠缠,不达目的不罢休。他穿上仆役服装,无偿地从一个城市追到另一个城市,侍候心爱的女人吃饭。他同某些女人进行严肃的谈话,还给其中一个人送了一套丛书。同他上床的有女演员、妓女、修女、少女、他的一个侄女、可能还有他的女儿。但是在一生当中,似乎没有一个情妇指责过他,因为肌肤之亲对他来说不过只是打发闲暇时光的一种方式。

欧洲情圣

而且,对卡扎诺瓦而言,情爱不仅是生理的需要,也是职业的需要。他买下他看上的少女（最合他心意的是年轻苗条的黑发少女），教她们性爱技巧，文雅的举止，然后高价转卖给别人——银行家、达官贵人、国王。不必对他的无私保证信以为真，以为他是为了给贫穷的少女造福，这是他稳定的收入来源。

　　一天，卡扎诺瓦在威尼斯的楼梯上拣到一封信，信件封口人是元老布拉戈丁，便将他还给了原主。元老为表示感激，建议冒险家随他去旅行。尊贵的布拉戈丁中途生病，卡扎诺瓦十分关切地护送他回到家中。元老对神秘力量的存在深信不疑，把这位救命恩人视为神秘力量的使者，收留了他。卡扎诺瓦在恩人的家中住下来，利用闲暇时间露一手魔术。上当的人向当局告发了他的行为，然而他却有办法回避作答。卡扎诺瓦发了财，过上了醉生梦死的日子，最终发展到同司法人员公开冲突，他不得不逃离威尼斯。他开始四处流浪，到过米兰、费拉拉、博洛尼亚，到处赌博吃喝。后来他来到当时冒险家的乐园巴黎，但是很快又返回故乡。在故乡他终于被逮捕：威尼斯警方指责他以妖术惑众，把他关进了威尼斯元首宫铅灰色房顶下以恐怖著称的皮昂比监狱。但是一年零三个月之后，他逃出了这座被认为不可能逃越的监狱。

　　卡扎诺瓦没有自学巫术。很难说得清，超自然力量在其中起了何种作用，反正在10月31日午夜时分，卡扎诺瓦与同谋的巴尔比神甫走出了重重紧锁的单间囚室。他居然在无法接近的威尼斯监狱中，凿出通道爬上了铅灰色的房顶。卡扎诺瓦逃出皮昂比监狱，在欧洲引起了轩然大波，也使这位冒险家名闻遐迩。

　　巴黎热烈欢迎青年浪子。他博得舒阿泽尔部长的信任，接受他的委托并完成得非常漂亮。他试过自己做生意的能力，但是赔得精光，然而他仍然有钱。他又开始在德国和瑞士漂泊，见过沃尔特、卢梭。他从瑞士到了萨瓦，从萨瓦又回到意大利。他在佛罗伦萨结识了苏沃洛夫。但是，卡扎诺瓦在佛罗伦萨遭到驱逐，他移居都灵，但在都灵也遭到冷遇，他再次来到法国。

密探经历

　　他甚至尝试过当密探。阿巴特·拉维尔于1757年派他前往敦刻尔克视察锚泊的法国军舰，高价收买情报（可能需要验证，国王在敦刻尔克建造和保养船只的费用是否比私人船主贵两倍。据另一种说法，是检查他们拟议中的登陆英国之前的准备情况）。在威尼斯人看来，所有这些情报从任何一个军官手中都能搞到。

　　巴黎著名的德·尤尔菲侯爵夫人对他大大的黑眼睛和罗马式的鼻子痴心入迷。1762年初回到巴黎后，卡扎诺瓦对侯爵夫人说，她将变成他同一名贵族少女、某信徒的女儿孕育的婴儿（他请意大利舞蹈家玛丽安娜·科蒂切利担当孕妇的角色）。"魔法"在德·尤尔菲·彭卡勒在巴黎郊外的城堡里进行。法术失败，卡扎诺瓦归咎于自己年轻的助手德阿兰德(蓬皮亚迪)偷看,于是打发小伙子去了里昂。他转移到艾克斯拉沙佩尔市再次施法,但是科蒂切利却同他反目(卡扎诺瓦拿走了侯爵夫人送给她的宝石)。于是,卡扎诺瓦向德·尤尔菲夫人证明说,恶魔让少女丧失了理智,导致法术失败。侯爵夫人给月亮神写了一封信,在游泳池收到回信说,有伟大的蔷薇十字会员克维里林特相助,一年之后她将在马赛转世。

显然,侯爵夫人愿意相信卡扎诺瓦,他同时攫取了她的百万家产。为了免陷巴士底监狱,他赶忙到了伦敦,从伦敦转赴普鲁士,并被引荐给普鲁士王大弗里德里希。德·尤尔菲夫人的钱财对卡扎诺瓦不啻为及时好雨。

卡扎诺瓦以自己的冒险是否成功来评价欧洲各国。比如,他对英国就颇有微词,因为他在伦敦被法国女子沙皮昂骗了个精光,还差一点被她的丈夫打死。

卡扎诺瓦带着写给俄国上层官员的推荐信来到俄国,住进圣彼得堡米利昂纳亚街一套简朴的住宅里。

卡扎诺瓦写道:"彼得堡奇异的市容使我大为惊讶。我觉得我看见的是一个欧洲城市中的野蛮人移民区。街道漫长宽阔,广场空旷,房舍轩昂,全都又新又脏。它的建筑师模仿欧洲城市的建筑风格。同时在这座城市可以明显感觉到荒无人烟的北冰洋近在咫尺。涅瓦河与其说是一条河,莫如说是一个湖。我下榻的那家旅馆的老板是一位来自斯图加特的德国人,如果不是我事先知道德语在这个国家非常普及的话,他同所有的俄国人说话时的那份轻松自如会让我惊诧莫名,只有一些普通老百姓才说当地方言。"

卡扎诺瓦同一度领导科学院的达什科娃公爵夫人会见时,尖刻地讽刺道:"俄罗斯似乎是唯一的性别颠倒的国家。女人在科学界发号施令,参与行政和外交事务。她们只缺少指挥军队的特权了!"崇尚爱情的卡扎诺瓦不能苟同女人在科学和政治中扮演这种角色。

卡扎诺瓦描绘俄罗斯的风土人情时,经常闹出笑话,他对自己的同胞们说,俄国人喜欢在红莓苔子树荫下面喝茶,还嚼着一片片茶炊和油脂做的蜡烛。但是他对北帕尔米拉严酷气候的描写却与事实相符:"早晨不下雨,不刮风,也不下雪,是彼得堡难得一遇的天气。在意大利,我们计算好天气的日子,在俄国就要反过来计算坏天气,我都觉得好笑,我遇到出门的俄国人都爱说他们家乡的天空多么美好。至少,我看见的是一片奇怪的天空,彤云密布,鹅毛大雪漫天飞舞……"

在5月末的一个晚上到达莫斯科,其时彼得堡正是白夜。他说:"午夜时分不用点蜡烛就可以清清楚楚地读信。不过这最终也会让人生厌。玩笑持续的时间太长,也会变得索然无味,谁能受得了一个白天无休无止持续几个星期啊?"

后来,他同叶卡捷琳娜二世谈话时,把这种现象称为俄国生活的缺陷,因为欧洲与俄国不同,黑夜过去总是白天。女皇不同意他的看法。卡扎诺瓦讽刺地说:"陛下,请允许我认为我们的习惯比您的更好,因为我们用不着以放炮来提醒老百姓什么时候太阳下山。"

赞赏俄国

古老的国度殷勤迎接卡扎诺瓦。他断言:"谁没见过莫斯科,他就算没有见过俄罗斯;而只了解彼得堡俄罗斯人的人,不算了解真正的俄罗斯人。在莫斯科把涅瓦河边的城市居民看成是外国人,莫斯科的女士们特别可笑:应该把她们的习惯推广到其他国家去——想让她们亲您的脸,吻吻她们的手就够了。"很难想象卡扎诺瓦在这个古都逗留期间亲吻过多少只漂亮的小手。他写道:"莫斯科是世界上唯一的富人真正大摆开放酒席的城市,在那里不待邀请就可以登堂入室。莫斯科整天都在做饭,各家各户的厨师就像在巴黎的餐馆一样忙个不停……俄罗斯人是世界上最能吃又最迷信的人。"卡扎诺瓦对18世纪中叶的俄罗斯作如是观。

他想当女皇的秘书或者大公的老师,曾经三次荣蒙女皇接见。卡扎诺瓦开导女皇嫁接俄国的桑树,改革俄国的历法。但是幸运没有关照卡扎诺瓦,他在这里没有找到他寻找的肥缺。当年秋天冒险家离开了俄国。

他在华沙同布拉尼茨基伯爵的决斗引起了许多风波,决斗原因是女舞蹈演员卡扎契。卡扎诺瓦的一枪几乎将伯爵置于死命。"走进小饭馆,波德斯托利跌坐在宽大的圈椅里,伸伸懒腰,别人解开他的衣服,揭起他的衬衫,他才看见自己受了致命伤。我的子弹从他的右侧第七根肋骨下射进去,从左侧第十根肋骨下出来。两个弹孔相距10英寸。情景十分可怖:看来,内脏被穿透,他已经奄奄一息。波德斯托利看了我一眼,说:'您打中了我,快逃命吧,否则您将难以幸免,您是在我的庄园里,我是国王的重臣,白鹰勋章骑士。赶快跑吧,如果您没有钱,我的钱包在这里。'沉甸甸的钱袋落到地上,我拾起钱袋,道过谢,又把钱袋放回他的口袋里,我说,我用不着这只钱袋,因为我对他的死负有责任,一旦他死去,我会把自己的头放到国王脚下。"结果,伯爵的生命转危为安。

卡扎诺瓦取道德累斯顿转赴维也纳,在维也纳他找到一个机会见到了皇帝,结识了著名诗人梅塔斯塔齐奥,最终体面地被警察逐出维也纳。随后,他又来到巴黎,但巴黎也驱逐了他。他到了西班牙,由于各种巧合他进了监狱。出狱后他在意大利四处漂泊,一段时间内就住在威尼斯,与威尼斯政府言归于好,为政府做了一些事情。

卡扎诺瓦到底是何许人也? 这位著名的冒险家在不同时期有不同的身份,有时是天主教神甫,有时是穆斯林,有时是军官,有时又是外交家。在伦敦时,他有一次对一位认识的太太说:"我生性喜好追逐女色,所以您今天认识的是一个好色之徒。我一生中最重要的事情就是肉体享乐,我不知道有其他比这更重要的事情。"

卡扎诺瓦在给西班牙法院的供词中写道:"我,贾科莫·卡扎诺瓦,威尼斯人,喜欢做学问,习惯于独往独来,而且我家资富裕,也不需要任何人的帮助。我随心所欲,周游天下。在我长期的痛苦生涯中,我一直是恶势力阴谋的牺牲品。"他的回忆录竭力保证他一生都是个大哲学家,到死都是基督教徒。

这位各国君主的座上宾,欧洲监狱的阶下囚,赌场淫窟的经常客是个什么人,贾科莫·卡扎诺瓦的经历可以提供最好的回答。他得到过与他商谈国是的普鲁士王大弗里德里希的宠信;当过斯图加特大公的幕僚,使他的宫廷习惯于法国风尚;陪路易十五的夫人吃过饭;同彭帕杜尔侯爵夫人聊过天。这位冒险家并不总是招人喜欢:在波兰,国王因为决斗的事不得不把他作为骗子予以驱逐,而骗子在他宫中的一个月过得不差;在法国,他在国王情妇的家中无情地惩罚了害得他蹲监狱的卫兵。

简直令人难以置信,在这样频频旅行和各种风流韵事及其他的奇遇当中,卡扎诺瓦居然还能挤出时间来从事赌博。他在20岁时写道:"我需要挣钱糊口,最终我选择了赌博作为职业。"赌了一星期之后,他变得一文不名。但是,借到一点钱之后,他竟很快又赢回了输掉的本钱。他经常在阔气与贫穷之间升降浮沉。凭着卓越的智慧和根本不讲道德准则,每一次他总能找到完全恢复财力的办法,重新向命运之神福尔图娜提出挑战。总的说来,卡扎诺瓦在赌场上顺手的时候多,这使得当时他的许多传记作者有充分的理由毫不掩饰地认为,"只要一上赌场,大冒险家总是经常莫名其妙地如有神助。"

他喜欢用法拉昂纸牌赌博,其中并无异常之处。因为当时欧洲绝大多数爱好娱乐的贵族赌徒都喜欢赌法拉昂纸牌。比如1750年,如果"回忆录"可信的话,在里昂进行的一局法拉昂的赌注超过了30万法郎。当卡扎诺瓦坐庄时,他一般都能赢。但是有一次他在威尼斯走进一家贵族出身的赌徒在其中享有坐庄特权的赌场,他在一天之内输掉了50万采欣(金币)。不过,他很快捞回了全部损失。诚然,主要功劳属于他的情妇,她用自己的钱捞回了似乎永远失去的金币。

另一次,当幸运又离卡扎诺瓦而去时,也是一位太太帮了他的忙,只是方式稍有不同:"我赌马丁盖尔规矩(赌注加倍),但是命运之神福尔图娜却不理睬我,我很快就连一个采欣都没有剩下。我只好对自己的女伴实言相告赌场失手,在答应她的请求之后,我卖掉了她的钻石。但是背运这一次仍然紧紧缠着我,我输掉了卖钻石换来的全部赌资……我继续赌,然而接下来,我摆脱了背运,改下小注,耐心地等待幸运再次朝我微笑。"

赌博生涯

卡扎诺瓦赌博生涯的巅峰是18世纪60年代在巴黎参与组织国家抽彩。一位高官要求法国国王拨出2000万法郎由他出力为贵族子弟开办一所军事学校。国王早就梦想创建这样一所军事学校,但是同时又担心,即便是为了这个崇高的目标,也会耗空国库,或者提高本来就已不低的税金。卡扎诺瓦听说法国国王财政拮据,就向他提出了组织抽彩的建议(顺便说一句,这一救急的主张与其说是出自他本人,莫如说是出自他的一个熟人,后来成为合伙人的卡尔扎比吉)。

两个里窝那人,卡尔扎比吉兄弟建议按照"热那亚罗托"的方法(其规则同我们的罗托运动相同)抽取 90 个号码中彩。起初,当局觉得完全可以将对这个诱人计划可行性的疑虑解释清楚。然而卡扎诺瓦坚持说,民众已经做好准备,会将彩票抢购一空,收回的钱肯定会使国王大赚一笔,彩票应当以国家的名义发行,从而大大增强老百姓对它的信任,打消对组织者是否诚实正派的全部怀疑。建议最终被采纳,卡扎诺瓦被任命为国王的正式代表,负责发行彩票。开设了若干个出售彩票的事务所,其中一个事务所由卡扎诺瓦亲自经管。

"为了保证自己的顾客稳定增长,我到处宣布,所有由我本人签名的中奖彩票,都将在抽奖结束之后不超过 24 小时在我的事务所兑付。听到上述保证后,想买彩票的人把我的事务所挤得水泄不通,我的收入马上急剧上涨……其他事务所的办事员十分愚蠢,竟然向卡尔扎比吉诉苦,指责我耍手腕截断了他们的财源。然而他说,'假如你们想超过卡扎诺瓦,那么就照着他的样子去做,当然,如果你们有足够的资金的话。'便打发他们各回各的事务所。"

"第一天,我有四万法郎入账。开奖之后一个小时,我的办事员给我送来了中奖号码清单,并向我保证,兑奖支付在 17000 到 18000 法郎之间,这是我允许他做主的范围。"

"在法国出售彩票所得的总收入有 200 万法郎,而发行者的纯收入达到 60 万法郎,其中仅巴黎一地就不下 10 万。这是个很不错的开端。"

卡扎诺瓦一生中最喜欢三件事——美食、情爱和闲聊。一有奇遇,他便会立即绘声绘色讲给他认识的人听。("我有两个星期总在吃完午餐赶晚宴,餐桌上都是想听我讲决斗细节的人。")他对自己的口头创作跟对待艺术作品一样,即使为了权力很大的舒瓦泽尔公爵也不愿缩短逃出皮昂比的故事,足足讲了两个小时。

在同大弗里德里希皇帝谈话时,卡扎诺瓦的即兴创作天赋表现得最为精彩。他依次表演公园鉴赏家、水利工程师、军事专家、征税行家。但是他经常到处都是这样,往往越是他外行的话题越是成功。在米塔瓦,他自己都感到惊奇地提出了开办矿业的好主意,在巴黎竟然成为理财高手。在大多数场合保持沉默就够了——谈话者自己会把一切都讲清楚。这位不错的化学家卡扎诺瓦用这种方法向炼金术行家德·尤尔菲侯爵夫人"传授"炼金术秘诀,用这种方法同瑞士大生物学家兼医生阿·加列尔进行学术谈话,从问题本身提取信息用于必需的答话。他的处事原则是用对手的武器来攻击对手,因而他很为战胜波兰重臣布拉尼茨基而自豪,后者迫使他用手枪决斗而不是用他所习惯的长剑。不过卡扎诺瓦主要的武器是唇枪舌剑。他从青年时代起就擅长博得听众的好感,引得他们同情自己的不幸(正如他自己所说,这是他成功的一部分)。卡扎诺瓦说,他之所以没有留在土耳其,是因为不愿意背诵野蛮的语言,"克服虚荣心,失去我在所到之处备受称赞的能言善辩的声誉,这让我很难过"。

监禁流放

人到中年,盛极而衰,下坡路悄悄开始。他在情场上越来越不顺心。伦敦年轻的交际花沙皮昂把他折磨得痛苦不堪,没完没了地花钱,却拒绝亲热,于是风月老手决定引退。卡扎诺瓦把自己的一生写成一部冗长的回忆录。回忆录迟迟没有出版,因为出版商显然担心他过于坦率,令下一代的浪漫作家们不相信卡扎诺瓦实有其人。

从 1775 年到 1783 年,卡扎诺瓦曾经向宗教法庭提供情报,检举阅读禁书的人,放纵的习气和戏剧等等。他还有一个化名——安东尼奥·普拉托利尼。

……在捷克北部一个风景优美的地方有一座古老的城堡,城堡北侧三间宽敞的房间成为冒险家兼作家贾科莫·卡扎诺瓦最后的栖身之地。1785 年,遭驱逐的卡扎诺瓦在从维也纳前往柏林的途中遇到了瓦尔德施泰因伯爵。伯爵建议这位龙钟老人(贾科莫时年70 岁)到他的城堡去管理图书。

他在城堡里写出了《回忆录》、五卷集小说《伊克萨梅隆》,他同欧洲各城市的许多人保持频繁的通信联系。有时,这位传奇的冒险家选择附近的城市出游,1787 年 10 月,他在布拉格出席了莫扎特的《唐璜》首演。顺便说一句,他帮助自己的朋友,同是冒险家的达·彭特为大作曲家的这部歌剧写过剧本。

城堡的陈列馆中有一张圈椅,圈椅的小牌子上写着,1798 年 6 月 4 日,焦瓦尼·贾科莫·卡扎诺瓦长眠于这张圈椅上。而陈列品中的教堂死亡登记簿也记载着伯爵的图书管理员之死。

杰利尼亲王对卡扎诺瓦十分熟悉,写了许多有关他的趣事回忆,据他说,他个头高挑,身材匀称健美,长得像赫尔库勒斯。这位著名的冒险家的脸很黑,像非洲人,要不是他那张脸的话,他称得上是一个美男子。他的眼睛生动有神,但总是闪着惊恐和紧张,这双眼睛仿佛面临侮辱,较之乐观和善良,表露更多的是愤怒。卡扎诺瓦自己很少发笑,但是他能让别人笑得前仰后合。他的语言技巧酷似阿尔列金和费加罗,因此跟他说话任何时候都趣味横生。如果他信誓旦旦地担保他精通或者擅长做某件事情,实际上他恰恰对这件事情一窍不通。他写过喜剧剧本,可是其中没有丝毫滑稽可笑的成分;他写过哲学论文,但是文中没有哲理。然而在他其余的作品中,他则显示出见地新颖,而且不乏幽默和深刻;他熟知古典作家,但他很快就厌倦了引用戈麦尔和戈拉奇。他是个生性敏感知恩图报的人,但是容不得反驳。他迷信,贪婪,他想要什么东西,但同时没有也能过。

著名的普鲁士冒险家

——弗里德里希·特连克

人物档案

简　　历:著名的普鲁士冒险家,出身贵族,18岁时获得国王副官的职位,后受诬陷,被控叛国,两年后逃到俄罗斯,接着又逃到奥地利,后又在普鲁士被捕,在监狱的单人牢房里度过了九年(1754~1765年)的时光,其间多次越狱逃跑,但均未成功,后来他得到弗里德里希二世的赦免,从事商业投机活动。1794年在法国被处死。

生卒年月:? ~1794年。

安葬之地:不详。

性格特征:酷爱科学,博览群书。投身行伍,才华出众。

历史功过:16岁时,考进了柯尼斯堡大学。到过许多国家和地区,曾受奥地利政府指派执行过多种微妙的使命。

名家评点:多次入狱又多次越狱,有关出狱后的生活,特连克在自己的随笔里做过详细描述说:"这是他近乎传奇的狱中生活经历的继续。"

连连晋升

　　著名的普鲁士冒险家。出身贵族。18岁时获得国王副官的职位。后受人诬陷,被指控叛国,关进要塞。两年后逃到俄罗斯,接着又逃到奥地利。后又在普鲁士被捕。在监狱的单人牢房里度过了九年(1754~1765年)的时光。其间,多次越狱逃跑,但均未成功。后来,他得到弗里德里希二世的赦免,从事商业投机活动。

　　弗里德里希·特连克到过许多国家和地区,曾受奥地利政府指派,执行过多种微妙的使命。

　　特连克出版过《人类之友》杂志和报纸,撰写过引人入胜的自传,发表过诗歌和中篇小说。在法国大革命时期,在巴黎被处死。

　　巴龙·弗里德里希·特连克出生在尼斯堡(今加里宁格勒)。13岁时,就学会了多种语言,他酷爱科学,博览群书。16 岁时,考进了柯尼斯堡大学,不久,特连克作为大学最优秀的学生,被推荐给国王弗里德里希二世。国王建议他投笔从戎。这位年轻的大学生听从了国王的意见,投身行伍。在部队里,他没用多少时间,就跨过了低级军官的台阶,连连晋升。

国王给了这位 18 岁的年轻人前所未有的荣誉——把他拉入自己的圈子里。这样,特连克就能够同沃尔特、莫佩尔丘、约尔丹等名人接触,这些人都是国王身边的宠臣。年轻的军官特连克酷爱科学,博览群书。,受过良好的教育。因此,即使是在国王身边这个极其讲究的圈子里,他也举止有常,没有出现慌乱无措的情况。然而,正是这种使他官运亨通的出众品质给他带来了无尽的灾难。

1743 年,乌尔里卡公主与瑞典国王举行婚礼。宫廷里举办了舞会。在这种场合,特连克可是最耀眼的舞星之一。这位健壮的美男子一下子就赢得了国王的姐姐阿玛利娅公主的芳心。两人互相倾慕,没过多长时间,他们就把羞涩的盖头揭开了。用特连克本人的话来说,他俩"是整个柏林最幸福,幸福得要死的人"。这一对情人对他们之间的恋爱关系好长时间都秘而不宣。国王对特连克勖勉有加,赞不绝口,称赞他是一位有教养的军官,投身行伍,忠于职守,把他作为自己的儿子看待。

脱颖而出

1744 年,普鲁士与奥地利之间爆发战争。特连克来到作战部队,很快就在战场上脱颖而出,前程一片锦绣灿烂。然而,嫉妒他的人不能容忍他的飞黄腾达。这些人一有机会就收拾他。很快,特连克与阿玛利娅公主之间的艳闻就传到了国王的耳朵里。

这时,战争正处于白热化状态。特连克有一个堂兄弟在奥地利军队中服役。这是一位凶狠的奥军指挥官。当时,兄弟二人尽管各为其主,但保持着良好的亲戚关系。有一次,奥地利军队对普鲁士军队实施了一次大胆的奔袭,俘虏了特连克的勤务兵和战马。得知这一消息后,普鲁士国王立刻下令从御马圈里选两匹坐骑给这位宠臣爱将送去。可就在这个时候,被奥地利军队俘虏走的战马和勤务兵却回到了普鲁士军营里。原来,一名奥地利士兵奉命把战利品给送回来了。这名士兵还向弗里德里希·特连克转交了一封信。信是特连克的兄弟、奥地利军队的一名指挥官弗兰茨·特连克上校写的。上校在信中写道:"奥地利的特连克是不会同普鲁士的特连克,自己的同胞兄弟厮杀的。令人高兴的是,我能够从我军骠骑兵的手中把他们夺走的我兄弟的战马营救出来,并归还给自己的兄弟。"

特连克得到这封信后,就把这段不寻常的经历报告给了国王弗里德里希二世。国王听他讲完后,脸色阴沉地说:"既然您兄弟把马给您送回来了,那我的马您已经不需要了。"

阴谋袭来

特连克万万没有想到的是,一场阴谋正悄悄地向他袭来。他的上司在同他谈话时,诚恳地建议他给兄弟写封回信。在这个时候,特连克一点也没有觉察到这会是一个陷阱。

在给兄弟的回信中,特连克并没有涉及任何不应该涉及的事情,谈的尽是些家庭琐事。不过,弗里德里希·特连克并没有得到兄弟的回信。尽管如此,这件事却被传得沸沸扬扬。就好像特连克跟敌人书信不断,把军事机密都出卖给敌人了似的。国王下令逮捕年轻的军官特连克,把他关进靠近波希米亚边界的格拉茨要塞。

特连克后来才知道,正是他的那位长官把他同阿玛利娅公主之间的关系报告给了国王,并设下圈套,把他兄弟俩有书信来往之事公之于众。

国王打算教训一下自己的这位爱将。

特连克被安排在军官集体宿舍里。他可以在要塞区里面走动。换句话说,他享有一定的自由。然而,他却上书国王,措辞严厉地请国王把他交给军事法庭处理。

五个月过去了,普鲁士同奥地利签订了合约。特连克在近卫军中的位置已经由别人取代了。而国王就好像把他给彻底忘记了似的。

在要塞警备区里,许多官兵是特连克的朋友。特连克对朋友总是慷慨大方。因此,当他与朋友们说想越狱逃跑的想法的时候,马上就有人站出来帮助他。有两名军官甚至想同他一起逃走。不过,有一个叛徒出卖了他们。这两名军官中,有一名逃了出去,另一名则利用特连克给的钱打通关节,才幸免一死。几年后,特连克在华沙遇到了那个告密者。于是,他就采用决斗的方法把那个告密者给干掉了。

还是在特连克密谋逃跑之前,他的母亲曾请求国王赦免她的儿子。国王告诉她说,她的儿子关在要塞区里不会超过一年。然而,当国王接到关于特连克想逃跑的报告后,就下令对军官特连克严加管束。这样一来,赦免可就没有门儿了。当然了,对于这一切,特连克是一无所知的。只不过他要逃走的决心却是越来越坚定了。

特连克被关进了要塞的塔楼里。塔楼的窗户对着格拉茨城。要塞警备队里有一位跟特连克要好的军官,在城里偷偷物色了一位手艺人。只要给钱,此人就同意将逃犯藏到自己家里。特连克得到了一把折刀后,开始锯窗户上的栏杆。没过多久,又有人给他带来一把锉刀,这样一来,工作进度就加快了。窗户栏杆锯断后,特连克又用刀把一个大皮包割成皮带子,将这些皮带子首尾相接,做成了一根长长的皮绳子。接着,又把床单撕成布条条,与皮带系在一起,然后,就抓着这道软梯,从塔楼滑落到了地面上。当时,正是深夜,天上又下着雨。特连克摸黑向前走着,没走几步,就掉进了一个大坑里。这是这座城市的垃圾污水排放地,坑里形成了肮脏的泥淖。特连克绝望地挣扎着,试图爬出来。可是,他越是挣扎,陷得就越深。没办法,特连克只得扯着嗓子大声呼救。要塞里的哨兵听到了呼救声,就把情况报告了警备司令。

当时的警备司令是福克将军(可能是一个法国人),此人性情残暴,冷酷无情,是一个没有头脑的盲从者;他曾经与特连克的父亲、奥地利军队指挥官特连克进行过决斗,结果受伤败北。从那以后,只要一听到"特连克"这三个字,福克将军就会狂怒不已。现在,接到哨兵的报告后,他下令让逃犯在这个臭水坑里待到第二天中午,好让警备队的人都看到。

特连克再次被关进塔楼后,整整一天没得到水喝,更谈不上洗掉身上的污秽了。直到晚上,才来了两个士兵,帮他洗净了身子。特连克受到了严密的监视。不过,他身上还有钱,可以用于行贿。

一个星期后,多奥少校在副官的陪同下视察监狱,他来到了特连克的囚室,对特连克训导了好长时间。少校教训他说,如果逃跑的话,只能使自己的处境更加糟糕;少校说国王对特连克很生气。特连克回敬了许多没有礼貌的话,但多奥少校仍然耐心地劝说他。特连克瞅准一个机会,猛地扑向少校,一把拽出少校的佩剑,忽地一下子就冲出了囚室。哨兵还未明白过来是怎么一回事儿,就被打倒在地,一下子摔出去老远。这时,大批士兵闻声赶来了。他们扑到阶梯前,拦住了特连克的去路。特连克拼命地挥舞着宝剑,士兵们不敢硬拼,就给他让开了一条路,有四个士兵负了伤。

特连克冲到要塞的围墙上,一纵身,就从高高的围墙上跳了下去,他安然地落到了地上。接着,又迅速地跑到另一道围墙根下,一纵身又翻了过去。这时,值班的哨兵挺着刺刀向他扑来。特连克敏捷地躲过哨兵的刺刀,回手一剑劈在哨兵的脸上。特连克企图从环绕要塞的栅栏中爬出去,但他的腿却被栅栏的圆木给夹住了。这时候,士兵们追上来了。特连克像只发疯了的老虎一样,拼命地抵抗。然而,在枪托的沉重打击下,他很快就老实了,随即被带回监狱。

现在,特连克的囚室里加派了岗哨,一位军士带着两名士兵对他实施昼夜监视,而囚室外面的哨兵也奉命监视囚室的窗户。其实,这一切防范措施都是多余的,因为特连克需要的是认真的治疗。

筹划出逃

在伤痛中度过了一个月之后,冒险家特连克又开始筹划新的逃跑计划。

他认真地观察了在他房间里值勤的士兵。心里想,身上还有一点儿钱,可以用来收买这些士兵。他没话找话，不断地同这些士兵搭讪着。通过交谈，特连克弄清楚了，哪个士兵需要说服，晓之以理，哪个士兵需要收买，施之以钱，就可以拉拢过来。渐渐地，警备区里有三十多人成了特连克的盟友。这可是地地道道的阴谋。这些阴谋者们打算把要塞区里关押着的所有囚徒都放出来，发给他们武器，带着他们远走高飞。

特连克指派军士尼古拉担任首领。可是，一名奥地利士兵向要塞警备司令告密，出卖了尼古拉。一得到密报，警备司令立即下令逮捕尼古拉。尼古拉闻讯后，猛地窜进监狱，大声喊道："快拿枪，弟兄们！我们被出卖了！"这伙阴谋分子闻听此言，急忙抓起枪和弹药。他们企图救出特连克，但是，却怎么也打不开特连克囚室的铁门。于是，胸怀坦荡、豪气冲天的特连克坚持让他的朋友们别管他，让他们快点逃走。尼古拉带领着这伙人逃出了要塞，成功地跑到了边境地区，并在布劳瑙城附近越过了边界线。而特连克只能等待别的机会逃跑了。

在警备区里有一个叫巴赫的军官，就爱跟人赌命决斗，并以此而闻名。此人在打架斗殴时勇猛无比。凡是跟他决斗的人，很少有能囫囵着或是不带着伤就离开的。这个巴赫有时候也在特连克的囚室里值班。一天，巴赫在值班时大吹大擂，说他昨天晚上把舍里中尉给打伤了。特连克接过话头说："假如我是个自由人，你是绝对不会那么轻易就把我摆平的。"一听这话，巴赫气得暴跳如雷。

囚室里的这两位都是铁血汉子。特连克一句话捅到了巴赫的痛处。巴赫哼了一声，拔脚冲了出去。不一会儿，他又返回来了，在衣服底下藏着两把宝剑。巴赫说："让我瞧瞧，你到底有什么能耐！"这个巴赫真是胆大包天，竟敢在囚室里同犯人决斗。特连克很是为巴赫的命运担心。他试图劝说巴赫冷静一下，恢复理智，但巴赫什么也不想听，挺剑就向特连克扑过来。这样一来，特连克也只好起身自卫了。决斗的结果是特连克刺破了巴赫的胳膊。而受伤的巴赫一下子扔掉宝剑，冲向特连克，嘴里喊着："你是我的统治者，特连克朋友，你将获得自由，这件事全包在我身上了，这是真的，我拿我的名担保。"

这样一来，一场失去理智的决斗竟以喜剧的形式结束了。到了晚上，巴赫又来探望特连克，并同他探讨了逃跑的问题。巴赫建议特连克与在囚室里值班的另一名军官一起逃走。第二天，巴赫领着一个中尉来见特连克。这名中尉叫舍里，巴赫用剑刺伤的正是此人。舍里中尉与特连克当场敲定了行动计划。特连克有家亲戚住在邻近的城市里，巴赫负责去给他取钱。

1744年12月4日，这天，轮到舍里值班。特连克与舍里商定了细节，并决定在28日这天行动。

舍里中尉有一位要好的朋友。一天，这位朋友在警备司令家里吃饭时，偶尔听到了要逮捕舍里中尉的消息。于是，他就把这消息告诉了舍里。舍里跑到特连克的囚室里，递给他一把宝剑说，应该马上采取行动逃跑。

他俩跑出了囚室。舍里作为值班军官，告诉哨兵说要带犯人去审问。可是，他们还没有走出十几步，就迎头碰上了少校和他的副官。中尉心里一慌，跑到要塞的围墙上，纵身跳了下去，特连克也跟着跳了下去。在落地的时候，舍里中尉把脚给弄伤了。特连克扶着他爬过栅栏后，背起他向前走去。

半小时后，要塞区里开始了追捕行动。要塞里的大炮鸣响了，这是向当地居民发出的有犯人逃走的警报。舍里心里一紧：如果火炮在犯人出逃后两小时内就鸣响，那么，很少有哪位勇敢的逃犯能出逃成功。

特连克和舍里中尉挣扎着向前走，一夜都没有休息。他俩本指望在天亮时就能到达边境地区。但是，当天亮了的时候，他们听到的仍然是格拉茨城里传来的敲钟声。原来，他俩在原地打转转，白白走了三十多英里。

这两位逃生的人，尽管又饥又累，但仍然坚持着向前走。终于，他俩来到一座小村庄前。舍里中尉当时穿着军服。他们决定利用这一点。于是，特连克割伤手指，把全身弄得血迹斑斑，令人一看就知道是一名受伤的人。在一排房子前，舍里轻轻地捆住了特连克的双手，推着他向房门前走去。来到门前，舍里上前敲门请求帮助。很快，出来了两位农民。舍里命令他们把马车套好。他用手指着特连克说："我抓住了这个混蛋，他砍死了我的马，我从马上掉下来时扭伤了脚。不过，你们也看见了，我打昏了他，并把他捆了起来。你们快把马车赶过来，我要把他拉到城里去，在他还没有死之前，赶紧把他绞死。"

特连克装出一副站立不稳的样子。农民们很同情这位穿军服的人，给他拿来了面包和牛奶。忽然，一位老农在仔细端详了一下舍里中尉后，叫出了他的名字。原来，昨天晚上，这附近的居民都接到了通知，知道了逃犯的相貌特征。碰巧的是，这位老农的儿子就在舍里的手下当兵。特连克悄悄走进马棚，想去拉马出来。幸运的是，老人家并没想出卖他们，甚至还告诉他们怎样才能顺利到达边境地区。

特连克从马棚里把马拉了出来。

就在边界线上，两位逃生者与奉命前来追赶的策尔博特中尉不期而遇。万幸的是，策尔博特只是单人独骑，他的士兵远远地落在后边。"请往左边走，右边有我们的骠骑兵！"策尔博特说完，打马急驰而去。

几分钟后，特连克与舍里越境来到了波希米亚的布劳瑙城。

流亡岁月

就这样，特连克的第一次时间不太长的监狱生活结束了。当他来到国外时，已是身无分文了。复仇心切的弗里德里希二世派出了自己的特工人员，并下达了特别指令，一定要把逃犯特连克抓回普鲁士。

特连克几经周折，来到了波兰的厄里滨格城。他从邮局里取出妈妈和阿玛利娅汇来的钱后，就动身去了维也纳，指望在那里参军吃粮。而他的同胞兄弟、著名的奥地利军官弗兰茨·特连克终于等到了他。谁知，就在这个时候，兄弟之间却因财产分配问题发生了争执。弗兰茨暗地里指使一群暴徒收拾特连克。特连克只是由于力大惊人和刀枪娴熟，才幸免于难。终于，弗里德里希·特连克厌倦了朝不保夕的危险生活，辗转来到了荷兰。他想在荷兰的一个边远省份里谋取一份差使。然而，他并没有在这里找到幸福。于是，他又来到了俄罗斯。在莫斯科，他被接纳参加了龙骑兵团。他本来完全可以在该团步步高升，然而，平静的生活是不属于他的。在首都社交界闹出几起丑闻以后，这位冒险家于1749年被迫离开了俄罗斯。

就在这时，特连克的同胞兄弟弗兰茨在维也纳去世，留下了大笔遗产。特连克取道瑞士来到了奥地利。在瑞士，特连克拜访了阿玛利娅的姐姐乌里利卡皇后。

1750年，特连克来到了维也纳。首先，他不得不放弃对路德派新教的信仰，转而皈依天主教。因为不这样的话，他就没有希望接受弗兰茨的遗产。一时间，特连克与其他觊觎遗产的人打了六十多场官司，而最终他也只得到了6万荷兰盾。

再次入狱

在维也纳，特连克参加了军队。恰在这个时候，他的母亲在但泽（格但斯克）去世。假如说，他的母亲不是在这个时候去世，那么，很难说特连克后来的命运将会是个什么样子。尽管要冒很大的风险，但特连克还是决定去普鲁士祭母。在普鲁士，特连克让人给认了出来，被投入马格德堡要塞阴暗的单人囚室里。

特连克的囚室小得可怜：3米长，2米宽。三重铁门把囚室与走廊隔离开来，窗户上安装着三重铁栅栏。囚室的墙壁厚达2米。床固定在地上，放的位置很有讲究，恰好使囚犯站在床上也无法够着窗户。每天，特连克只能得到一点儿面包和水。面包很脏，恶心得他实在难以下咽。他终日里饥肠辘辘，饱受饥饿之苦。尽管这样，他也只能勉强吃下一半的份额（每份饭定量200克）。一年过去了，特连克的身体完全垮了。他请求折磨他的人可怜可怜他。但得到的回答却是：这是国王的旨意。

牢房的钥匙掌握在警备司令的手里。牢房每周三开一次锁，打扫房间。完毕后，警备司令和负责监号的少校要进行认真检查。特连克用了两个月的时间，仔细研究了监狱里的制度，并同警卫套近乎，使警卫对他产生了好印象。他从警卫的嘴里得知，隔壁的囚室空着，门没有上锁。也就是说，假如能进入隔壁这间囚室的话，那么，他就可以通过走廊，从监狱里逃出去，在渡过易北河后，萨克森的边界也就近在咫尺了。

于是，特连克行动起来。囚室里的碗柜和炉子用一些卡钉固定在石头地上。特连克用这些卡钉，从墙壁上把砖掏了出来。每次干完了活，他就把卡钉放回原处，把掏下来的砖编上号码,按顺序放回原处。他还用自己的头发做了一把毛刷,在手掌上搅好泥浆,把砖缝抹好。就这样,特连克从早到晚,拼命地干,一直干了半年。终于,他掏空了这堵两米厚的墙壁,只剩下最后一层砖了。囚室的看守们也尽其所能,千方百计地帮助他:他们给他带来了铁丝,带来了古老的木柄刀。有一个打算开小差的看守,名字叫海夫哈尔德特,甚至还给特连克画了幅监狱的平面图。后来,这个看守把一个叫埃斯菲利·海曼的女人带了进来,这女人的亲戚也在要塞里坐牢。海曼收买了两个士兵,并趁他俩值班的时候,同特连克进行了交谈。冒险家特连克把床板削成一根长长的像钓鱼竿一样富有弹性的棍子。他把这棍子从窗户中伸了出去,棍子的一端刚好够到地上。特连克用这种方法把刀、锉和纸弄进了囚室。

特连克交给埃斯菲利几封信:两封给他的亲戚,亲戚们会给他寄钱来;另外两封中有一封给国王宠臣普埃勃拉伯爵,此人帮特连克办了不少事情。

伯爵友好地接待了埃斯菲利,然后,叫她到秘书维恩加尔腾那儿去休息。秘书招待得更为殷勤周到,向她询问了一连串的问题。埃斯菲利不假思索地向秘书讲述了特连克的所有巧妙计划,讲述了特连克为了实现这个计划所付出的令人难以置信的劳动。没想到,送走了埃斯菲利后,维恩加尔腾马上向上司报告了这个秘密。

参加这次阴谋活动的人受到了残酷的镇压。海夫哈尔德特告诉特连克,很快要将他转移到别的囚室。国王来到马格德堡,批准了下属们为对付特连克这个危险分子而想出的所有办法。

一伙人闯进特连克的囚室,用布条蒙住他的眼睛后,把他拖出囚室,来到走廊。就在这个时候,特连克的心头油然升起了逃跑的念头。

蒙在眼上的布条被揭去了,特连克睁开了眼睛。他看到两个铁匠正在捣鼓囚室地上的一根粗大的铁链子。这根铁链子,一头拴在特连克的腿上,另一头扣在墙壁上的一个铁环上。沉重的铁链不太长,这使得特连克只能围着这个巨大的铁环左右移动两步的距离。特连克的衣服被扒掉了,腰上给套上了一个铁箍,铁箍上拴着一根铁链,铁链的另一头连着一根半米长的铁棍,而铁棍另一头连着的铁链子拴在特连克手腕上。

囚室里灯光昏暗,仅仅透出一丝微光。囚室长3米,宽2.5米,在一个墙角处,凸着一块石头,像个凳子。囚徒可以后脑勺贴墙坐在上面。连着粗铁链的大铁环所在墙壁的对面,是一个半圆形的窗户,窗户上是三道密密的栏杆。墙壁湿漉漉的,水从顶棚上不停地滴落下来。在头三个月的时间里,特连克的衣服就没干过。

这间新囚室是专门为特连克修建的,是在要塞壕沟的坡面上挖掘出来的。特连克在靠近窗户的墙壁上,用一块大大的红砖头写下自己的名字。而看守们想对他说的也正是这样的一句话:"读着你自己的名字,忏悔吧!"

囚室里修建了一座坟墓。坟墓上有一块石板,上面刻着特连克的名字和一幅图画。画面上画的是一个骷髅和两根交叉的枯骨。囚室的门是双层的橡木门,在门的外面也是一个小房间,也安着双层门。

这套设施的四周是一条壕沟,沟沿上建立了两道4米高的栅栏,这掐断了特连克与哨兵之间的交往。

换到新囚室的第一天,看守们给冒险家送来了木床、垫子和毛毯。负责囚室的少校许诺说,还将提供足够的面包。

特连克歇了口气,马上就开始思考如何逃跑的问题:门虽然是双层的,很坚固,但毕竟是木头的。也就是说,锁是可以锯断的……

不过,首先应该挣脱这身上的锁链。特连克使劲地从链铐里往外拽右手。手几乎都快被扯断了,也没有从铁铐子里拽出来。他又试着拽左手,但左手的铁铐更紧。特连克从"凳子"底下抽出一块砖头,把它打碎后,开始用碎片锉磨铁链上的铆钉。终于,特连克把铆钉从槽中拔了出来。这样,铁链被弄开了,特连克的两只手解脱了。当他挣脱了腰上的铁箍后,就一下子扑到了门边。他探摸着木门,从门的下面掏了一个不大的洞。根据小洞的深度,他断定,这门充其量不过一英寸厚。他需要打开四道门,两道门在囚室里,另两道门在囚室外面。尽管如此,特连克还是认为,这只需要一天的时间就能办成。他决定在星期三,也就是7月4日,在查房之后立即逃走。

来囚室查房的人刚走,特连克就扔掉了挂在身上的铁链,抓起刀子就开始切割门上的锁。第一道门,只用一个小时就打开了,而第二道门却费力不少。在太阳落山的时候,第三道门打开了。只剩下外面的最后一道门了。于是,特连克鼓足勇气开始破第四道门。万万没有想到,就在这个节骨眼上,刀子折断了,而且折断的刀刃部分落在了门外面。一切都完蛋了。特连克在绝望中抓起刀子,用残留的刀刃挑开了自己的胳膊和腿上的血管。他躺在地上,静静地等待着死亡的来临……对于他来说,在经历了种种磨难和恐惧之后,当一切希望最终破灭了的时候,临死前的这种昏迷,就成为一种步入天堂时的享受。忽然,他醒了过来,他分明听到有人在呼唤着他的名字:"特连克,特连克!"没错,这是他的朋友海夫哈尔德特。海夫哈尔德特悄悄地溜到壕沟的墙沿上,悄声说:"我给你把什么都带来了,所有的工具都带来了!别泄气,相信我,我一定会救你出去的……"想自我了断的特连克急忙捂住伤口,止住血流,把伤口包扎起来。

看守们来到囚室,他们感到很纳闷:门怎么会开了呢?过了好大一会儿,他们才发现了血泊中的特连克。只见他一只手拿着块砖头,另一只手握着刀,声音可怖地吼道:"滚开,滚开!告诉你们司令,我一切都准备好了。我不想再戴着这些铁链子生活!让他派兵来,让他们把我的脑袋打碎!我不会让任何人进来,我会杀死几十人,上百人,我决不让一个人进来!"

分管监狱的少校马上派人报告了司令。特连克指望他们不再给他套上锁链,会对他态度好一点。然而,闻讯赶来的司令下令抓住囚犯,但士兵们拒绝执行命令。于是,少校开始同特连克谈判。当谈判无法达成协议时,司令下令进攻。冲在最前面的士兵一下子倒在特连克的脚下,失去了知觉。终于,特连克筋疲力尽了,他投降了。看守们给他进行了包扎,使他清醒过来。头几天,没给他套铁链子,还允许他卧床休息几天,不过,后来又给他戴上了镣铐,又重新安装了包着铁皮的新门。

特连克在歇息着,他在养精蓄锐。突然,他想起来了,在外面还有一个可靠的朋友——士兵海夫哈尔德特。

这位忠诚的朋友搞到了一根细细的铜丝,他用这根铜丝往囚室里递送了许多有用的东西:锉刀、刀、纸、铅笔等。特连克给住在维也纳的朋友们写信,请求他们把钱寄到海夫哈尔德特的名下。钱寄来了,这个士兵把钱用水杯子装着,如数转交给了特连克。

特连克动作麻利地锯开了镣铐和铁链,从地板上拔出一根钉子,把它磨成改锥的样子。这样子可以很快拧开镣铐上和门上的螺丝了。他把锯末和面包屑搅和在一起,在每次查房前,用这种混合物把锯口抹上。海夫哈尔德特还给他送来了蜡烛和火镰。特连克决定掀开囚室的地板,挖一条通往要塞壕沟外的地道。

地板由三层橡木板构成,每层厚达 3 英寸,用 12 英寸长的钉子固定住。特连克找出钉子,开始撬动地板。他很幸运——木头板底下是松软的细沙。海夫哈尔德特给特连克带来了布片儿,特连克用它做成细长的如同肠子一样的口袋。他把沙子装在口袋里,交给海夫哈尔德特。当然了,这种交接工作只能在海夫哈尔德特站岗时才能进行,也就是说两三个星期一次。

海夫哈尔德特给特连克带来了一把手枪,还有火药、子弹、刀、枪刺。特连克把这些东西都藏在了地板下面。囚室的地基大约有一米深。特连克很快就在墙基下挖出了一个洞,然后,就向着要塞围墙的方向挖掘隧道。

8 个月过去了,特连克请海夫哈尔德特给发一封信。海夫哈尔德特就把信交给了自己的妻子。这个女人在邮局发信时神色慌张,受到了怀疑。信被扣住了。一切都明白了:特连克又在搞什么阴谋。囚室受到了严密检查。木匠检查了地板,铁匠检查了镣铐,但什么破绽也没有发现。于是,看守们把窗户又加了一层砖。囚徒特连克受到审讯,命其供出同谋者。这种审讯是当着警备队全体人员的面进行的。但特连克一言不发。官兵们对他的勇敢极为敬佩。不久又有一些官兵成了特连克的朋友。

审讯后不久,特连克的床被搬走了,而铁链子却增加了。这样一来,特连克只能靠墙休息了。他大病一场,在长达两三个月的时间内,他一直在生与死的边缘上挣扎着。

身体康复后,他做的第一件事就是买通了三名军官,他们给他带来了蜡烛、报刊和书籍。有一位军官给特连克戴上了一副看起来似乎很坚固的手铐,而实际上,这副手铐比以前的要宽松得多,这样,特连克就能毫不费力地把手挣脱出来。

由于有了要塞区的平面图,特连克决定开挖一条新通道,这条通道长不过 10 米,直通环绕要塞的壕沟。而原来挖的那条老通道正好经过哨兵的脚下,哨兵很可能会听到地下传出的声音,发现地道。而现在,特连克每天晚上都可以干活,因为从新通道挖出的沙子正好填塞到旧通道里去。

谁知，在夜深人静的时候，要塞围墙上的哨兵还是听到了地下发出的沙沙声，就马上报告了上司。特连克幸运的是，对他牢房的检查是在白天进行的，所以没有露出破绽来。哨兵因此受到训斥，说他大惊小怪，这只不过是地老鼠在活动。没过多久，哨兵又听到了脚步下的沙沙声。这一次当检查人员来到囚室时，特连克刚好结束了挖掘工作。他刚把手枪、蜡烛和其他物品藏到地板下，门就被打开了，检查人员发现了地板上堆成小山似的沙堆……

特连克再次当着全体警备官兵的面受到审讯，监狱的长官试图让他供出同谋犯。

"这很简单，"面对长官的吼叫，特连克回答说，"是撒旦亲自在帮我。他给我带来了我所需要的一切。每天晚上我都同他一起打牌。撒旦连蜡烛都随身带来！你们也知道，不论你们做什么，怎么做，撒旦总能把我从你们的监狱中拯救出去！"

对特连克全身进行搜查后，也一无所获，搜查的人竟然都没有想到去检查一下地板底下。这时，特连克的心里忽然产生了一种近似疯狂的冲动。他极想嘲弄一下这些残酷折磨自己的人。当检查人员走出办公室时，他对他们大声喊道："喂，你们把最重要的给忘了！"这些人转回身来，特连克把一把锉刀递给他们说："瞧，你们刚走，魔鬼，也就是我的朋友，就把新锉刀送到我的手上了。"当检查人员刚一出去时，他又向他们喊叫，并把刀子和钱拿给他们看。也许，这一次这些人真的相信这里有魔鬼了，他们都急急忙忙溜走了。而特连克，对着他们的背影哈哈大笑起来。

此后好长一段时间，特连克什么也不做。他受到了严密监视。终于，他有机会买通了警备区里的一些军官。他们告诉了他一件重要情况：在马格德堡的监狱里关押着好几千名克罗地亚人，他们是在普鲁士与奥地利的战争中被俘的。

特连克想鼓动这些克罗地亚战俘暴动，带领他们冲进军火库，夺取里面的武器，然后，进攻并控制要塞，把它作为礼物献给奥地利！特连克给在维也纳的朋友写了封信，简明扼要地讲述了自己的计划，并向他们借钱。万没想到的是，特连克的朋友们抓住了送信的人，并把这一阴谋报告了马格德堡要塞司令。要塞的长官决定不声张此事，否则的话，国王既不会原谅特连克，也不会原谅他这个当司令的……

特连克又开始偷偷挖掘地道。他的一位忠诚的军官朋友给他送来了必要的工具。这一次他决定搞点声东击西的玩意儿：他把真的通道认真掩盖好后，就在另一个地方动手挖洞。在挖的时候，他尽量把动静弄得很大，并在干活时敲敲打打。这样，他的喧闹声就让士兵听到了。检查人员来到囚室，发现他正在干活，囚室里推着山一样的沙土。然而，检查人员竟没有觉察到，这一大堆沙土与特连克故意挖出来的小洞是极不吻合的。沙土被运出了囚室，而这也正是特连克所希望的。

没过多久，马格德堡要塞司令疯了。接替他的是年轻的王储格森·卡谢里斯基。王储听到特连克的不幸经历后，吩咐去掉特连克身上的锁链，减轻他的苦难。特连克也保证,只要王储担任要塞警备区司令,他就不会采取逃跑的新举动。不过一年半以后,王储的父亲去世了,王储不得不离开。于是,特连克也就不再恪守自己的诺言了。

他在墙基下挖了个坑儿,开始挖掘起来。有一次,他用力去蹬墙基上的一块石头。没想到用力过猛,一块巨大的石头掉了下来,严严实实地挡住了通道。特连克被堵在里面,就像被关在一只箱子里。几分钟后,他开始呼吸困难,渐渐地失去了知觉。至于他为什么没有死掉,至今仍是个谜。在昏迷了一段时间后,特连克苏醒过来,又开始挖沙子,直至摸到了那块不祥的石头。他在这块石头跟前挖了一个坑,石头一下子就滚了进去,通道露出了一个孔洞,新鲜空气透了过来。剩下的活儿就是把这个孔扩大,能够从中钻过去。在经历了这次事故后,对于囚徒特连克来说,囚室可就算得上是真正的天堂了。

特连克在监狱里度过了八年。最后一条地下通道他费了好长时间也没能完成。这主要是因为要塞警备队的人经常换防,他不得不花费大量的时间去结识新的朋友。终于有一天,一切都做成了。特连克想以自己光明正大的高尚气度打动国王,迫使国王在一个可怜的囚徒的伟大精神面前低下头,并赦免他。特连克把管理监狱的少校请来,向少校发出以下声明:当着要塞司令和全体官兵的面,他特连克可以在任何时候走进自己的囚室,让士兵把所有的锁都锁好。只需一眨眼儿的工夫,他们就会看到,他特连克已经站在要塞围墙的顶上。他将能够证明,他随时都可以逃走,只不过他瞧不起这种逃法而已。他请少校把这件事报告给国王,并为赦免他而奔走。

特连克新的怪异行为使要塞司令费迪南·布劳恩施韦格斯基公爵大为震惊。公爵同特连克进行谈判,答应了他的条件,但希望特连克无论如何也不要跑到要塞墙顶上去。公爵还请特连克展示并说明他将采取什么方法跑到要塞顶上去。特连克犹豫再三,他不相信司令向他做出的承诺是出于真心。但最终,他还是决定把一切都讲清楚。他交出了自己的工具,打开了自己挖的地道。要塞司令呆若木鸡,好长时间回不过神来。他一遍又一遍地询问详情。他甚至争辩说:"这是不可能的事。"司令把特连克的事情报告了国王,请求国王赦免特连克。弗里德里希国王叹了一口气,答应予以赦免,但这个赦免要推迟整整一年执行。

走向末路

1763 年,特连克走出了监狱。当时他已 37 岁。有关出狱后的生活,特连克在自己的随笔里做过详细描述,这是他近乎传奇的狱中生活经历的继续。

走出马格德堡监狱后,特连克来到了奥地利。在这里,奥地利指挥官、他同胞弟弟的继任者把他关了一个半月,但后来宣布他无罪,并授予他少校军衔。

1765 年,他在亚琛市定居,并娶市长的女儿为妻。他经过商,出版过《人类之友》杂志和一些报纸,这些报刊都很畅销。除此之外,他还写过诗歌和小说。1774~1777 年之间,他在欧洲旅行,到过法国、英国,同著名的富兰克林结识。后者请他去美国,但特连克谢绝了这个热情的邀请,他决定继续从事当时兴旺的葡萄酒贸易。可是,他就连做买卖也得不到安生——他碰到了一群骗子,破产了。

特连克回到维也纳,他指望得到女王玛利亚·捷列季娅的垂青。可是,这位著名的女王不久就去世了。奥地利政府常常交给特连克一些微妙的任务,这位冒险家也因此获得丰厚的收入。另外,弗里德里希二世还把前国王没收的特连克在普鲁士的财产发还给他。特连克后来离开维也纳搬到了位于茨维尔巴赫的庄园。在这里,他六年苦心经营,事业终于有成。抱着恢复自己往日地位的想法,他出版了回忆录。这本书在读者中引起了强烈反响。1787 年,特连克终于回到了故乡。见到了柯尼斯堡和自己心爱的阿玛利娅公主。公主答应保护他,负责安排好他的子女。然而,特连克的孩子没过多久就死了。特连克笔耕不辍,出版了关于法国大革命的小册子。但在维也纳,这些小册子并不受欢迎,特连克因此被投入监狱,后来又被驱逐出奥地利。特连克来到巴黎时,正是 1791 年,法国大革命如火如荼。特连克原来想象的是,自己知名度很高。然而他错了:谁也不认识他。很快,他就陷入了贫困的窘境。而法国公共安全委员会的某个委员突发奇想,竟怀疑特连克是普鲁士间谍。特连克随即被关进了监狱。这是他最后一次坐牢。这次坐牢的结局是被送上了断头台。1794 年,特连克被处死,是与著名的诗人 A.谢尼耶同一天遇难的。

法国冒险家

——沙尔利·热涅维耶瓦·德·埃昂

人物档案

简　　历：法国冒险家，外交官，龙骑兵大尉，法国国王路易十五的秘密间谍，他曾男扮女装，肩负特殊使命，于1775年出使俄罗斯，博得俄国女皇伊丽莎白·彼德罗芙娜的好感，参加过欧洲的"七年战争"，他是一位机警的间谍，出色的阴谋家，优秀的击剑手，勇敢的军人，天才的文学家。

生卒年月：1728年~1810年5月10日。

安葬之处：不详。

历史功过：撰写了描写俄罗斯历史的书，在俄法条约的签订中发挥了巨大的作用，在俄国女皇伊丽莎白·彼得罗芙娜当政时代，他作为法国公使，对俄罗斯的政治生活具有无可置疑的影响。

名家评点：因扮演迷人女郎成名后，法国王后玛丽·安托瓦内特出于感激他，请法国最好的时装成衣匠罗扎·别尔腾为他定做了全套的女装。

颇具争议

于1775年出使俄罗斯，博得了俄国女皇伊丽莎白·彼得罗芙娜的好感。在俄法条约的签订过程中，发挥了巨大的作用。参加过欧洲的"七年战争"（1756~1765年）。撰写过描写俄罗斯历史的书。

法国骑士德·埃昂享年82岁。其中，有48年是男人，而另外34年被视为女人。在俄国女皇伊丽莎白·彼得罗芙娜当政时代，他作为法国公使，对俄罗斯的政治生活具有无可置疑的影响。

他是一位机警的间谍，出色的阴谋家，优秀的击剑手，勇敢的军人，天才的文学家……有许多关于他的传说，他是一位颇具争议的人物。

勇敢决斗

1728年,德·埃昂(德·博蒙)出生在托涅尔(法国耶恩省的主要城市),在他的出生证明里写的是男孩子。但他的一个传记作家德·拉富尔泰利却声称,后来的法国骑士德·埃昂生来是个女儿身,之所以让她像男孩子那样穿衣戴帽和接受教育,只是因为她的父亲只希望有个儿子。

父母把他送到巴黎求学。在这里,他进入了马扎连中学。在校期间,他成绩突出,后又转入法律学院。学业期满后,获得了民法和天主教宗规法博士学位。

还在年轻时,德·埃昂就曾经进行过文学创作的尝试。他留下了内容广泛的书信、札记和随笔。在巴黎,德·埃昂因射击和击剑艺术高超而闻名遐迩,结果,他获得了法国最勇猛的决斗者的美称。

年轻时,沙尔利·热涅维耶瓦不论是外表,还是声音和举止,都极像一个美少女。20岁时,他长着一头秀美无比的淡黄色头发,一双漫不经心的浅蓝色眼睛,面部皮肤白净细腻,线条柔和,足以使任何一位年轻女性羡慕不已。他个头儿不高,但灵活、匀称的腰身,可与最苗条姑娘的细腰相媲美。他的一双纤纤玉手和小巧秀足,似乎不应属于一个男人,而应属于一位贵族妇人。一位给他写传记的作家写道:"德·埃昂的嘴唇上、下巴上和面颊上,只长着淡淡的绒毛,就像一只熟透了的桃子上的绒毛一样。"

天生没有男人味

德·埃昂头脑聪明,受过良好教育,是一名身手敏捷的击剑手,才华出众的诗人。他人缘儿好,知名度高。尽管如此,他却是不幸的。他天生没有男人味儿。也就是说,他对女人提不起兴趣儿。他朋友很多,其中不乏因贪恋美色而出名的花花公子,如格列库尔·皮龙、圣特·福阿别岑瓦尔等等。他们试图在这方面帮助他,给他带来了各种各样的春药,把一个又一个性感迷人的女郎塞到他的床上。结果呢,别提了,一切都白费劲。

摆脱病态

不过,一次偶然的机会使德·埃昂摆脱了生理病态。一天晚上,这是1775年的事儿,德·埃昂与德·罗什福尔伯爵夫人坐在一起。这位迷人的夫人鬼使神差,竟不顾后果地用手抚摸他的头发。谁也没有想到,这一抚摸不要紧,却产生了强烈的刺激作用。

年轻的德·埃昂竟产生了一种此前从未体验过的冲动。于是,这种莫名其妙的感觉在他26岁时一下子迸发出来……德·罗什尔太太也一下子爱上了这位俊美的小伙子。

当时正是路易十五盛世,法国王宫里的假面舞会享有盛誉。在一次舞会上,德·埃昂邀请快乐的罗什福尔伯爵夫人跳舞。伯爵夫人劝说他穿上女人的衣服,男扮女装。结果,他一下子变成了一位美丽的女郎,引起了多情的国王的注意。当国王路易十五得知自己弄错了时,惊叹不已……

当时,路易十五正试图恢复同俄罗斯的友好关系。而俄国女皇伊丽莎白·彼得罗芙娜,深受崇拜法国的伊万·伊万诺维奇·舒瓦洛夫的影响,也很乐意看到圣彼得堡的法国大使馆正常运作。

就这样,国王想到了骑士德·埃昂。

在路易十五的近臣中,有一位叫孔季的王子。他出身于孔代家族。这一家族发迹于波旁王朝,因而也被视为皇亲国戚。孔季王子极想得到波兰王位。他喜欢写诗,但他作的诗很蹩脚,就连最有造诣的诗人也要费极大的努力才能找到诗的韵律。这样,德·埃昂就经常来帮助这位王子。

作家新秀

由于自己发表的一些作品引起了公众的关注,德·埃昂开始出现在法国最优秀作家的圈子里。

国王提出让德·埃昂男扮女装出使圣彼得堡,孔季王子非常赞成这个想法。国王的宠妇波姆帕杜尔侯爵夫人凭自己的经验,深知女人对国事的影响有多大。

侯爵夫人对德·埃昂说:"您和道格拉斯的使命是:设法进入皇宫,见到女皇本人,当面转交国王的信,并要设法赢得女皇的信任,成为法国国王与俄国女皇秘密信函往来的中间人,国王希望以此恢复两国的友好关系。"

应该加以说明的是:德·埃昂在出使俄罗斯时用的名字是里阿·德·博蒙。在出使俄罗斯的路上,他遇到了法国外交官道格拉斯·马肯济。此人是苏格兰人,被驱逐出国后在法国效力。

孔季王子为德·埃昂提供了一个奢侈的贵妇人所需的一切用品。王子之所以如此慷慨大方,原因很简单:德·埃昂在奉旨出使圣彼得堡时,王子还交给他一项特别使命。王子对他说:"您知道,德·索别茨基死后,我祖父当选为波兰国王。可没想到,奥古斯特二世篡夺了王位。他本是萨克森王的当选者,却在新当选的波兰国王从法国动身前,篡夺了波兰的王位。这对我们家族和国王来说都是巨大的不幸,因为国王已经决定同波兰秘密结盟。国王允许我给您下达第二项使命……也就是说,您要告诉伊丽莎白,就说我爱她。您要设法把我想与她联姻的想法告诉她。如果她拒绝的话,那么,您就尽一切努力,让她任命我为俄军总司令。这样就能使我接近波兰……"

外交使节

1755 年 6 月,一个晴朗的早晨。德·博蒙穿戴整齐,坐上了邮递马车。

一路上畅通无阻。德·博蒙穿越欧洲,在月底来到了圣彼得堡。道格拉斯已经在这里迎接她了。不幸的是,几天后,这位苏格兰人受到别斯图热夫手下的间谍的跟踪,被驱逐出了俄罗斯。在离开俄罗斯前,道格拉斯抓紧时间把里阿·德·博蒙介绍给了俄罗斯的高级文官米哈伊尔·沃龙佐夫伯爵,此人在法国凡尔赛宫里也有一定的知名度,正是这位俄皇重臣把德·博蒙引见给了俄国女皇……

很显然,有关道格拉斯和德·博蒙的使命的种种模糊传说,当时传到了外交界。尽管保密甚严,但在巴黎已经有传闻说,德·埃昂是装扮成女人出使俄罗斯的。奥地利驻彼得堡公使试图弄清法国外交官道格拉斯来俄罗斯的目的是什么。他向路易十五的这位外交官提了一大堆狡猾的问题,令其难以对答。比如说,奥地利公使问这位法国外交官打算在俄罗斯做什么。而外交官回答说,他是听从医生的建议才来俄罗斯的,这些医生给他开的处方是到寒冷的气候中锻炼……

当里阿·德·博蒙被沃龙佐夫引见给俄国女皇时,他的束腰紧身带里缝着法国国王的信,而他手里拿着孟德斯鸠的一本书。书皮是硬的,包括两层硬纸壳。书边的切口喷了金色。这本书是为俄国女皇准备的。

在书皮的两层硬纸壳之间夹着密信,纸壳外面包着牛皮纸,牛皮纸的边都缝合得严严实实,并糊上了一层带云石花纹的彩纸。德·博蒙就是用这本书把路易十五的密信转交给了俄国女皇伊丽莎白·彼得罗芙娜。这封信中设有密码,借助于该密码,女皇和他的高级文官就可以同法国国王进行秘密书信往来了。后来,德·博蒙得到了新的密码,一套用于跟国王、大臣特西耶以及布罗里伊伯爵进行联络,另一套用于跟女皇伊丽莎白,以及沃龙佐夫伯爵联络时使用。在接到新密码的同时,德·博蒙也得到警告,务必保住托付给他的秘密,既不能让凡尔赛的部长们知道,也不能让德·洛皮塔利元帅知道。这位元帅在 1757 年被任命为法国驻俄国宫廷公使。此外,德·博蒙还得到指示把他在彼得堡接收到的法国外交部的一切紧急通报,都转寄给国王。并要附带公使对这些通报的答复和德·博蒙个人的意见。

法国的这位使者常常逗得伊丽莎白开怀大笑,这种笑是发自内心的。德·博蒙在自己的回忆录中肯定地说,女皇为减轻他往来皇宫的车马劳顿,决定让他住进皇宫,并宣布他是为她读书读报的人。究竟是不是这么回事,并不重要。不过,这位法国骑士出色地完成了自己的任务。

作为秘密外交使节，德·博蒙在彼得堡发挥了极其重要的作用。沃龙佐夫公爵档案中的信件足以证明这一点。

德·博蒙赢得了伊丽莎白·彼得罗芙娜的赏识。她坦诚地给路易十五世写信，表示她准备接受法国的正式外交代表，基本条件是两国缔结联盟。

伊丽莎白·彼得罗芙娜拒绝了与德·孔季王子的婚姻，也拒绝任命他为军队总司令。于是，孔季王子就开始为在日耳曼获得此职位而奔忙。然而，王子因为与波姆帕杜尔侯爵夫人吵过架，在日耳曼也一事无成。

怒气冲冲的王子情绪低落，懒于政事。根据国王的旨意，王子把一切通信事务和密码都交给了国王的外交事务秘书，年老的特西耶。德·博蒙从彼得堡发送来的大部分密信也都是写给此人的。

德·博蒙带着俄国女皇写给路易十五的信回到凡尔赛。国王亲自接见了他。后来按照伊丽莎白·彼得罗芙娜的愿望，道格拉斯被任命为法国驻俄国皇宫代办，而德·博蒙则被任命为使馆秘书。

这一次，使馆秘书德·博蒙是穿着男装，使用德·埃昂这个名字赴俄就职的。为掩盖以前在彼得堡的神秘经历，德·埃昂假称他是少女里阿·德·博蒙的亲哥哥。说德·博蒙现在留在法国，而他则好像是第一次来俄罗斯首都。这样一说，他与少女德·博蒙模样极其相似的问题也就好解释了。

不久，骑士德·埃昂返回法国，他要把在彼得堡达成的已由女皇签署的关于共同对付普鲁士的行动计划和条约送到凡尔赛宫。这项计划的副本，他在维也纳交给了德·埃特列元帅。

中尉军衔

路易十五对德·埃昂十分满意，对他在俄罗斯所做的工作也赞不绝口，授予他龙骑兵中尉军衔，并赐给他一个镶有钻石，带有国王画像的香烟盒。

在德·埃昂的回忆录里，讲到了关于彼得大帝遗嘱副本的事。这个副本是德·埃昂利用他在俄国皇宫里享有的特殊地位，从位于彼得霍夫的最秘密的帝国档案馆里搞到的。他把遗嘱副本连同他自己编写的关于俄国事态的报告一起，只呈报给外交部长别尔涅斯基神甫和国王路易十五本人。这份遗嘱的本质在于，俄罗斯将通过接二连三的战争和熟练的策略手腕征服整个欧洲，并将会推进到伊斯坦布尔和印度。在肢解瑞典、占领波斯、征服波兰和控制了土耳其之后，俄国将毁灭奥地利。当奥、法两国被削弱后，俄国军队将开进日耳曼，并将唆使亚洲小国把目标对准法国。彼得大帝的这份遗嘱是伪造的,这无须置疑。可这是不是德·埃昂本人杜撰的呢?最有可能的情况是,这位法国骑士打算以此种方式表明自己在俄国女皇的皇宫里是多么的自由自在。再说了,这份副本真实与否,是无法核查的,而国王和外长对自己派出的特使的不良行为并不愿意声张。德·埃昂尽可放心,他弄虚作假的行为是不会被揭露的。

过了一段时间后,德·埃昂再次离开巴黎来到圣彼得堡。1758年2月,沃龙佐夫伯爵取代了别斯图热夫。这位沃龙佐夫对法国骑士德·埃昂可谓另眼看待。由于沃龙佐夫的偏爱,俄国女皇建议德·埃昂永远留在俄罗斯,但他谢绝了女皇的好意,于1760年离开了俄罗斯。在回忆录中,德·埃昂解释说,是浪漫的奇遇使他离开了彼得堡。其实,他离开彼得堡的真正原因是健康状况不佳,主要是因为他患有眼疾,这需要医术高明的医生诊治。

在凡尔赛,德·埃昂荣幸地受到了舒阿泽利公爵的接见,公爵已接替别尔涅斯神甫担任外交部长的职务。德·埃昂把俄国决定延长的俄法条约带回了法国,该条约是两国于1758年12月30日签订的。他还带回了俄罗斯、瑞典和丹麦三国签订的公约。德·埃昂先是作为一个"女人",后又作为男人在俄罗斯为法国效力的,为此,路易十五世对他极为赞赏,勘勉有加,两次接见了他,并奖励他每年2000利维尔(法国旧时的银币)的养老金。

后来,德·埃昂成了布罗利亚元帅的副官,他的外交生涯告一段落。他走上了战场,在吉克斯特尔城外英勇作战,右手和头部负伤。战伤痊愈后,他又重新站到了军旗下,并在梅因什洛斯和奥斯特尔维克附近的战斗中表现突出。

不过,德·埃昂很想重新走上外交的道路。后来,国王派他到圣彼得堡接替已离职到华沙赴任的布列泰利,担任驻办公使一职。可就在这时,巴黎得到消息,俄国于1762年6月28日发生政变,叶卡捷琳娜二世登上皇位。于是,布列泰利奉旨立即赶回圣彼得堡。俄罗斯退出了战争,这加速了法国的失败,于是,伤亡惨重的七年战争(1756~1763年),以极其有害的巴黎条约的签订而告结束。正是在这个时候,路易十五觉察到了德·波姆帕杜尔夫人的恶劣影响。人们不会忘记,正是这个女人挑起了这场战争。

路易十五产生了在不列颠岛南部沿岸地区登陆的想法。而且,他还打算让斯图亚特王朝复辟,并使爱尔兰复兴。为实现这一方案,国王再次想到了德·埃昂。于是,他再次得到国王的召见。

路易十五世任命德·埃昂为法国驻伦敦大使秘书。这使他能够自由地东奔西跑,为法国军队获取情报。国王明确规定,除了保密处处长德·布罗格利伯爵、特西耶和国王私人秘书外,不能让其他任何人知道这件事,包括波姆帕杜尔侯爵夫人。

德·埃昂领到写信密码后,就起程去了英国。在那里,他向索菲娅·夏洛蒂王后表达了自己的敬意。年轻的英国王后十分友好地接见了他,给他在王宫里拨出房间。

几个月后,到处都安插了密探的德·波姆帕杜尔夫人探听到国王与德·埃昂之间进行着秘密书信往来。这使她大为震怒:有人竟敢背着她处理政事!于是她决定除掉德·埃昂……

几天后,侯爵夫人的一个朋友德·格利被任命为法国驻英大使。刚一到伦敦,他就找到了德·埃昂说:"这里没您的事了。把国王给您的证件交给我,您就回国吧!"

德·埃昂拒绝离开英国,因为没有国王的命令。

于是,外交部长德·普罗斯连,他也是侯爵夫人的忠诚朋友,就给德·埃昂发来了一封由路易十五签署的信件,召他回法国。德·埃昂也没有服从这纸命令。他这样做是正确的:当天晚上,他就收到了国王的密信:"应该提醒您的是,今天,我已在召您回国的命令上加盖了签名章,但不是我亲手签的。我命令您在英国,并保存好一切文件,等待我的下一道指令。"

就这样,德·埃昂留在了伦敦。怒不可遏的波姆帕杜尔夫人吩咐德·格利把在英国混日子的年轻小职员特赖萨克·德·韦尔日派到德·埃昂的身边,让他偷出国王的秘密文件。德·韦尔日马上开始"工作"。当德·埃昂在熟人那里吃晚饭的时候,韦尔日给饭里偷偷下了安眠药,但这一企图没有成功。于是,韦尔日就破门闯入德·埃昂的房间,但他依然一无所获。德·埃昂愤怒了,他给凡尔赛宫的一位要好的朋友写信说:"波姆帕杜尔觉得,没有她的许可,路易十五就无法思考问题。凡尔赛宫里那些傲慢部长们认为,没有他们的帮助,国王就一事无成。实际上,国王根本就不信任他们,并且,还把他们视为一群盗贼和间谍。假如他们知道这一点的话,他们会大吃一惊。国王表面上允许他们跟踪像我这样微不足道的小人物,但他自己却是在不动声色地摆平一切。"自然,秘密警察把这封信报告给了波姆帕杜尔侯爵夫人。

夫人命令德·韦尔日设圈套处死德·埃昂。但是,年轻的冒险家韦尔日拒绝执行命令——法国驻英国大使和国王的宠妇的卑鄙行径令他厌恶。终于,他把这一切都告诉了德·埃昂。德·埃昂躲到了可靠的朋友家里。然而,十分微妙的使命在吸引着他:他的许多时间都是与索菲娅·夏洛蒂王后一起度过的,他成了她的情人。

1771 年的一个夜晚,当他正与王后一起待在房间里时,国王乔治三世突然闯了进来。德·埃昂离开后,英国国王与王后之间发生了激烈争吵。王后的典礼官科克列利赶忙跑来替王后开脱。他一再劝说国王,说德·埃昂实际上是一个姑娘:"陛下,在几年前,他是法国路易十五国王的秘密间谍,时而男装,时而女装。他实际上是一个女人,伦敦已经有这方面的传言了。"

乔治思考了一会儿说:"真是咄咄怪事。我要给驻凡尔赛宫的大使写信,让路易十五说清楚这件事。"

科克列利赶紧跑到王后那里,告诉她说,可以从国王的行动中找到挽回名誉的办法。于是,他们决定赶紧给路易十五写信。

法国国王同时收到了两封信,一封是英国国王的,另一封是英国王后的。这使法国国王左右为难。国王的宠姬久·巴丽打消了国王的疑虑,她表示要支持索菲娅·夏洛蒂。

乔治三世收到路易十五世的复信后,马上公开了信的内容。德·埃昂是个女人!几天的功夫,整个伦敦都谈论起这件事……

所有这些传闻令德·埃昂十分不悦。他不知道这是科克列利急中生智想出来的计谋。他来到王宫,要找怀疑他是男人的人决斗。

乔治三世惊呼上当,于是,就宣布准备与欺骗他的法国国王断绝关系。这样一来,为了不被英国国王指责为骗子,路易十五不得不请求德·埃昂承认自己是个女人。德·埃昂答应了。

然而,乔治三世声称,如果德·埃昂真的是女人,那就应穿裙子。德·埃昂与路易十五在伦敦与巴黎之间频繁地进行着书信往来,商讨此事。

这年9月,德·埃昂了解到,英国国王为自己的妻子安排了地狱般的生活。于是,他同意穿女人的裙子,但提出了一个条件:对于他的精神损失,法国王宫要在21年的时间里给予补偿,并恢复他的职务和政治地位。

法国派博马舍来进行谈判,此人后来成了一位著名的剧作家。谈判进行得十分顺利。法国国王的这位特使甚至没有想到他是在同过去的一位龙骑兵大尉打交道。一天晚上,他建议德·埃昂做他的妻子。

博马舍与德·埃昂即将举行婚礼的消息一下子就传开了,并传到了巴黎。一些凭个人经验知道德·埃昂男性本质的夫人们,笑得前仰后合,简直要透不过气来了。

魅力无穷

在厌倦了扮演迷人女郎的角色后,德·埃昂梦想着回到故乡奥涅尔城隐居起来。

刚刚回到法国,德·埃昂就接到命令,让他立即换上女人的裙子。法国王后玛丽·安托瓦内特出于感激,请法国最好的时装成衣匠罗扎·别尔腾为他定做了全套的女装。对于这位昨天的军人来说,新的生活开始了。在忘掉了过去之后,他学会了缝衣、做饭、织布等。在49年的时间里,他是一位坚毅的男子汉,而有33年的时间他是一个魅力无穷的女人。

1810年5月10日,德·埃昂去世。极其好奇的医生检查了他的遗体。女人裙子包裹着的是一位真正的龙骑兵大尉。

阿尔巴尼亚冒险家

——斯特凡·扎诺维奇

人物档案

简　　历:阿尔巴尼亚冒险家。冒名顶替者。出生在阿尔巴尼亚。受过很好的教育。

生卒年月:? ~1786 年。

安葬之地:不详。

性格特征:善用骗术。

历史功过:自称是俄罗斯皇帝彼得三世和阿尔巴尼亚王子。利用威尼斯的一封推荐信,从荷兰银行家那里骗走了 50 万荷兰盾的钱,差一点没引起一场战争。

名家评点:关于扎诺维奇的死,金斯顿公爵夫人说:"他是服用了藏在戒指中的毒药而自杀的。他承认自己冒用别人的名字生活,说他根本不是人们所认为的那个人。"

蓄势待发

阿尔巴尼亚冒险家。冒名顶替者。自称是俄罗斯皇帝彼得三世和阿尔巴尼亚王子。利用威尼斯的一封推荐信,从荷兰银行家那里骗走了 50 万荷兰盾的钱,差一点没引起一场战争。

斯特凡·扎诺维奇出生在阿尔巴尼亚。他的父亲安东尼·扎诺维奇于 1760 年迁居到了威尼斯。斯特凡·扎诺维奇在威尼斯长大,后来在帕东阿大学受到了很好的教育。1770 年斯特凡·扎诺维奇与他的兄弟普利米斯拉夫一起到意大利旅行。在这次旅行中,他们遇到了一位年轻的英国人。于是,就以赌博的方式从这个英国小伙子手里骗走了 9 万英镑。输了钱的小伙子的父母亲不愿意偿还这笔赌博债务。根据他们的起诉,这起赌博被列为一起刑事案件。结果,扎诺维奇兄弟被作为赌棍骗子,驱逐出托斯卡纳大公国,并禁止他们再回来。1770 ~ 1771 年间,扎诺维奇兄弟俩在法国、英国和意大利旅行,在赌桌上他们常常吉星高照。在威尼斯,在搞了一桩大骗局被捕后,他们还成功地从监狱中逃走,而威尼斯司法当局则命令刽子手在圣马克广场上公开对他们的画像施以绞刑。

兄弟俩懂得多种语言,读过许多书,舞跳得很好,还会使刀弄剑。此外,他们还与伏尔泰、达兰贝尔有交情,经常有书信来往。他们甚至还与大冒险家卡桑诺沃依有交往,甚至还荣幸地进入了他的"名单"。

从威尼斯逃出来后,兄弟两人分开了一段时间。斯特凡去了波茨坦,自称是阿尔巴尼亚国王,而他的兄弟则去了佛罗伦萨。

在波茨坦,斯特凡用自己虚张声势的名位和根本不存在的财富把普鲁士王子及其妻子骗了个晕头转向。他吹嘘说,他的年收入是 30 万个金币,手下还拥有一支 3 万人的常备军,并且,他以前所建立的"功勋"还曾见诸报端。

后来,普鲁士国王知道了斯特凡所干的勾当,当着几乎欧洲所有王公的面,下令逮捕这个骗子。即使是在这个时候,斯特凡也没有垂头丧气。他成功地躲过追捕,藏到了荷兰。在这里,他拿出了一封威尼斯驻那坡利(那不勒斯)公使的推荐信,就凭着这封信,贵族们的沙龙和银行家们的办公室都对他敞开了大门。而他对银行家们的办公室更感兴趣。在几个月的时间里,他从轻信的银行家那里骗得了 30 多万荷兰盾的金钱后,就携款逃走了。当银行家们清醒过来时,斯特凡已经跑远了。受害人就向举荐他的威尼斯公使提出了诉求,但公使回答说,推荐信并不是信用证,因此他并不打算支付赔偿金。荷兰政府出面为银行家们打抱不平,对威尼斯政府提出诉讼。但威尼斯方面回答说,并不想替他已经公开绞死的人付款。荷兰感到受了委屈,就向威尼斯宣战! 幸好有奥地利皇帝约瑟夫二世出面调解,才化解了敌对双方的矛盾。

斯特凡来到黑山,企图冒充前不久被打死的斯捷潘·马雷。二年后,斯特凡来到柏林,带着一封信来见普鲁士国王弗里德里希二世。他大肆吹嘘自己在同土耳其的战争中创下的根本不存在的功勋,还企图冒充斯捷潘·马雷(马雷曾自称是"彼得三世")。他说:"我的敌人和整个欧洲都认为我已经死了。送到察里格勒证明我已死的只是一只被砍下的头颅。"在这封信中,这个根本不存在的"斯捷潘·马雷"恬不知耻地自吹自擂说:以前,他利用了一个野蛮民族的轻信。他这样贬低黑山人。实际上,黑山人并不像斯特凡所形容的那样容易轻信上当。这个民族很好地记得自己的那位统治者,一位来自莫斯科公国的人。斯特凡遭受了彻底的失败,这位站不住脚的冒名顶替者又去了波兰。

斯特凡·扎诺维奇在波兰立陶宛王国与许多大地主进行了接触,同时,他还进行政论文学创作活动。1784 年,他用法语出版了一本关于斯捷潘·马雷的书。名字叫《斯捷潘·马雷,俄国皇帝——伪彼得三世》。斯特凡于 1786 年去世。在他去世前二年的时间里,他还在向人们证明自己就是斯捷潘·马雷。

斯特凡·扎诺维奇在黑山的欺诈行为没能带来实际效果。但令人感兴趣的是,这种诈骗活动是一场罕见的三重骗局:斯特凡冒充斯捷潘·马雷,而斯捷潘·马雷又曾冒充彼得三世,而最后,在 1784 年出版的画像上的人物都是假的:在标有斯捷潘·马雷的画像上,画的竟是斯特凡。

1776 年,斯特凡在德国旅行。他使用了多个名字:别利尼、巴尔比德松、切尔诺维奇、卡斯特利奥特—阿尔巴斯基伯爵等。就在这个时候,不知为什么,他收到了波兰贵族党寄来的大笔钱款。当时,波兰贵族党正力图使土耳其发动新的针对俄国的战争。

斯特凡来到波兰。有资料表明,一到波兰,他就开始使用新的名字——瓦特。不知是出于偶然的巧合,还是故意。金斯顿公爵夫人在巴伐利亚获得领地时,也用瓦特这个姓氏。很显然,斯特凡与公爵夫人认识得要早一些。在罗马的时候,他们就已经认识了。而命运又使他认识了拉吉维勒,此人是假冒的伊丽莎白二世,也就是冒险家塔拉卡诺娃的临时伴侣。

扎诺维奇第一次认识金斯顿公爵夫人时,穿着豪华的、装饰着金丝和钻石的阿尔巴尼亚服装,他自称是阿尔巴尼亚大公的后代。金斯顿公爵夫人被他的大胆机智和随机应变能力所吸引,向他赠送了珍贵的礼物。用公爵夫人的话说,此人"是上帝创造的最优秀的一个人",以至于他把她的心给俘虏了,使她忘记了汉密尔顿。她甚至都想嫁给扎诺维奇了。

1776 年金斯顿公爵夫人乘坐自己的快艇来到彼得堡,谋求女皇的最高女官的职位。因为要做到这一点,依据法律她应该在俄罗斯拥有不动产。于是,金斯顿公爵夫人就在爱沙尼亚从费津戈夫男爵手里购买了一份产业,建了一座造酒厂。最初俄罗斯女沙皇对这位英国冒险家很是客气。但是,金斯顿公爵夫人表演得太过分了,总是搞一些投机活动。

在政治冒险家的链条中

在政治冒险家们的链条中,扎诺维奇是关键的一环。在这个链条的一端是觊觎俄罗斯皇帝宝座的叶卡捷琳娜二世,实际上她也是一个冒充者,她冒充彼得大帝的"外孙女"和伊丽莎白·彼得罗芙娜的"侄女"。盗用这些人的名字,可以使自己获得权力。

从现存的有关斯特凡·扎诺维奇的个人简历资料中,很难说他是不是居住在什克洛夫的扎诺维奇伯爵兄弟中的一个。1781 年,扎诺维奇兄弟在什克洛夫会见了一位著名的人物:俄罗斯军队退役将军、塞尔维亚人佐里奇,此人得到神通广大的女沙皇宠臣波将金的庇护。并且,退役前有一段时间,还跟女皇本人关系密切。扎诺维奇兄弟表示愿意替佐里奇偿还债务,但条件是:将军要把什克洛夫连同产业交给他们管理若干时间,直至他们挣回他们所付出的资金。他们还向佐里奇承诺,每年给他 10 万卢布"生活费"。

然而,他们后来因涉嫌伪造票据而被揭露。于是,他们就用这些票据支付了佐里奇的债权人。扎诺维奇兄弟被永久关进涅什洛茨卡娅要塞,这是叶卡捷琳娜的命令。

而在 1783 年,斯特凡·扎诺维奇出现在阿姆斯特丹,化名察拉勃拉达斯。在这里,他因债台高筑而被投入监狱。波兰人把他从监狱里赎了出来。这样,他就化名扎诺维奇—阿尔巴斯基公爵,在荷兰开始积极参加反抗约瑟夫二世的起义。武装起义者慷慨地给他提供金钱,他也承诺说,他将发动黑山人起来打击奥地利的统治。没过多久,斯特凡遭到灭顶之灾:他因涉嫌冒名顶替,被投入监狱,罪名是招摇撞骗。他的前景十分不妙。1785 年 5 月 25 日,人们发现他在监狱的床铺上死去了。原来,他不知用什么利器割断了左手的血管。按照金斯顿公爵夫人的说法,扎诺维奇是服用了藏在戒指中的毒药而自杀的。死前他还给金斯顿公爵夫人写了一封信。在信中,他承认自己冒用别人的名字生活,说他根本不是人们所认为的那个人。因为他是自杀,所以在安葬时,没有举行宗教仪式。

法国著名侦探

——欧仁·弗朗索瓦·维多克

人物档案

简　　历:法国著名的侦探。生于法国里尔市附近阿拉斯的一个面包师家庭。年轻时从军,好冒险。1792 年参加瓦尔密和热马普战役。因偷窃多次入狱,1809 年在拿破仑帝国新设立的警察署任职,因工作出色任保安警察负责人。1827 年辞职经商,屡遭失败。1830—1832 年又出任七月王朝的警察署长。因被指控参与组织偷盗被撤职。以后组织私人侦探亦被取缔。与雨果、巴尔扎克、欧仁·苏和大仲马等作家关系密切。

生卒年月:1775 年 7 月 23 日~1857 年。

安葬之地:不详。

性格特征:无所畏惧,敢于冒险,憧憬未来。

历史功过:在警察局当过侦探的警队长。退休后写有《回忆录》一书(1826 年出版)。1838 年成立私人侦探所,后被当局勒令关闭。1844 年,出版了《巴黎揭秘》一书。

名家评点:维多克临死前喃喃自语地说:"他本来可以像法国元帅缪拉特那样手执元帅杖。只因为他太爱自己的妻子,太喜欢决斗了。"

渴望冒险

　　欧仁·弗朗索瓦·维多克是法国著名的侦探。当过兵,曾因临阵脱逃和叛变被判刑,因盗窃被判在船上服劳役六年。在警察局当过侦探和刑警队长。退休后写有《回忆录》一书(1826 年出版)。1838 年成立私人侦探所,后被当局勒令关闭。1844 年,出版了《巴黎揭秘》一书。

　　欧仁·弗朗索瓦·维多克于 1775 年 7 月 23 日出生在法国里尔市附近阿拉斯的一个面包师家庭。出生的那天夜里,天上下着大雨,接生婆因此断定这孩子不是凡人。

　　欧仁·弗朗索瓦长成一位英俊壮实的小伙子后,每天干一些给各家各户送面包的活儿。但是,小伙子渴望冒险。他从父母的钱柜里拿走了两千法郎,前往奥斯坦德,准备从那里去美国。但是,在奥斯坦德,轻信他人的小伙子被偷得精光,只好加入一个流动剧团。在这里,他的模仿天才得以发挥,并且后来不止一次拯救了他的生命。后来,他替一位流浪医生推销药品。吃尽了苦头的欧仁·弗朗索瓦回到了家乡阿拉斯。但是,他在家里待不住,于是就在1791年,也就是年轻的法兰西共和国最艰难的时候,冒充议员前往巴黎。

轻骑兵种

在巴黎,他报名当上了一名志愿兵,由于他身体结实,剑术精湛,被录用为轻骑兵。在同奥地利人作战前,他成了一名近卫军军人。不过,他经常同人吵架,半年中多次与人决斗,打死了两名对手。在同一名军士发生冲突后,维多克不得不投靠奥地利人。被奥地利人录用为穿护甲的士兵。但是,叛变后的维多克并不想打本国人。他装病住进了野战医院。出院后教当地的驻军军官击剑,赚了不少的钱。不久,他旧病复发,又和人吵架。这一次是同一位旅长吵架。因此,他被鞭打了十下作为惩罚。此后,维多克不再教授剑术,开始给一位即将奔赴前线的将军当勤务兵。后在中途逃跑,冒充比利时人,当了一名骑兵。法国宣布大赦后,他不再当兵,回到了故乡阿拉斯。

当时的法国笼罩在一片恐怖之中。国家开始使用断头台这种刑具。在家乡阿拉斯,维多克多次亲眼目睹过这种令人毛骨悚然的刑罚,于是他再度从军。

在服役期间,性情暴躁的欧仁·弗朗索瓦·维多克在与人争吵时,打了一名军官一个耳光,只是因为在同奥地利人作战时受伤(子弹打伤了他的两个指头),才使他免受严厉惩罚。不久,他从野战医院逃走。

在前往布鲁塞尔的途中,他被巡逻的警察拦住。由于没有证件,他被关进监狱。害怕暴露身份的维多克冒险逃出了监狱,躲到一位女友那里。他在女友那里待了没多久,就化装逃往阿姆斯特丹。

监狱服刑

1796年春季,维多克来到巴黎。即使到了首都,维多克也控制不住他那暴躁的性格。又同一名军官吵架。害怕被捕的他不得不离开首都,前往边境城市里尔。对于他来说,这是一个充满机会的地方。在这里,他爱上了一个叫弗朗西娜的女人。这是一位多情的姑娘,没过多久,她又与一名工程兵大尉相好。维多克毫不犹豫地把大尉揍了一顿。因此,被投入圣彼得塔监狱关押了三个月。后来那件决定他的命运的事件就是在这里发生的。

囚犯中有一个因偷面包被判刑六年的人，名字叫塞巴斯季昂·布阿台利。他是个农民，家中人口多。长期与妻子儿女分离，使他十分痛苦。两个因造假证件而被关在这里的人对布阿台利说，只要给钱，他们就有办法让他提前出狱。布阿台利满口答应。于是那两人就伪造了一份释放布阿台利的证书，买通监狱哨兵，由哨兵把释放布阿台利的命令交给监狱看守。看守把文书交给了监狱长。很快，文书被监狱长识破。监狱里开始追查。在审讯过程中，两名造假者、布阿台利和看守都众口一词咬定主谋是维多克。这样，维多克被判戴手铐脚镣监禁八年。

这时候，感到后悔的弗朗西娜来狱中探望维多克。维多克决定在弗朗西娜的帮助下，冒险逃出监狱。弗朗西娜再次探监时给他带去了一套监狱长穿的制服。维多克穿上这身制服，装扮成监狱长，大摇大摆地走出了圣彼得塔。但是，他很快就被抓了回来，重新被投入狱中。然而，他从来就没有放弃逃跑的念头。

有一次，维多克和另外两名囚犯被叫去审问。审讯室内除了囚犯外，还有两名卫兵。一名卫兵把大衣和帽子放在维多克附近就走出了审讯室。不一会儿，审讯室里响起了铃声，另一名卫兵也出去了。维多克穿上卫兵的大衣，戴上卫兵的帽子，拉起一名囚犯的手，装作押送囚犯上厕所的样子，大胆地走出了审讯室，并骗过走廊里站岗的哨兵，逃出了监狱。

拳师学艺

逃离监狱后，欧仁·弗朗索瓦·维多克去找弗朗西娜，被早已等候在那里的警察抓住，送往巴黎比谢特拉监狱，后又押往布雷斯特监狱服苦役。

维多克同一批戴着沉重刑具的苦役犯一道被押往比谢特拉监狱。途中，他与一位名叫雅克·古台利的拳师相识，从拳师那里学到了不少东西。

在比谢特拉监狱，囚犯们可以在牢内自由走动，干一些自己的事。许多囚犯乘机搞到了逃跑的工具。

维多克在比谢特拉监狱待的时间并不长，不久就被送去服苦役。犯人穿的衣服领子被剪下，戴的帽子被割掉了帽檐。每 26 名犯人被成对儿地铐在一起，固定在一根钢索上，使他们只能一起走动。

24 天后，这支由 500 名苦役犯组成的队伍抵达布雷斯特。到达目的地后，犯人们穿上印有"GAL"字样的红色大衣，戴上带铁制号牌的绿色帽子。每个犯人的肩膀上还被烙上了"TF"字样的印记，并被戴上了脚镣。

维多克好几次试图逃跑，都没有成功。后来，他锯断脚镣，穿上在狱中医院侍候他的修女的工作服，终于脱逃成功。维多克逃到南特后，才换上了一套农民的装束。

铁窗生涯

他回到了阿拉斯,谎称自己在外面混不下去了才返回家乡。但是,父母听出他在撒谎,知道独生子是个逃犯。于是就把他送到一个小村庄,让他去以前的卡尔美里特僧侣团当一名僧侣,帮助化缘和教孩子们做功课。维多克干得不错,谁也没有想到他是个逃犯。但是,维多克并不安分,开始私下里勾引女人。一天夜里在干草棚里被人抓获,被剥光衣服五花大绑地扔在街上示众。几天后,在身体稍好后,维多克逃往鹿特丹。

在荷兰,维多克受人雇用,在一条私掠船上当船员。没有人让他出示证件,所以他化名奥格斯特·德瓦利。当时,法国同英国交战,维多克所在的私掠船专门袭击英国船,他自己也从中获利颇丰,于是,他开始考虑自己的事业。在私掠船停靠比利时奥斯坦德港时,警方发现维多克没有护照,就让他上岸接受检查。在等待检查过程中,维多克曾试图逃跑,但是没有成功。后来他被押送到法国土伦,重新穿上了苦刑犯的囚服,被加刑三年,并且,警方还不让他与其他苦刑犯一起干活,使他彻底失去逃跑的机会。

在土伦的铁窗生涯要比在布雷斯特坐监狱难受得多。在这里维多克食不果腹,睡木板床,被铐在一条长凳子上,经常受到严刑拷打。维多克故技重演,装病住进了医院。有一次医生不小心把自己的衣服、帽子和手杖忘在了病房内,维多克马上就戴上早已准备好的假发,穿上医生的衣服,逃出了监狱。但是,这一次他没能逃远。

由于维多克多次成功地逃出监狱,关于他的神奇传说开始流传。人们管他叫"冒险大王",说他法力无边,会穿墙术,火烧不着,水淹不了。维多克确实有一次从牢房的窗户上跳入冰冷的河里,他冻得直打哆嗦,游得筋疲力尽,最后还是成功地游到了对岸。还有一次,为了逃避警察的追捕,大冷天里他不顾一切跳入一条水流湍急的大河,追捕的警察以为他必死无疑,而他却奇迹般地活了下来。

押解巴黎

维多克在法国芒特被抓获后押解到巴黎。负责押解的宪兵随身带着的一份文件上写着:"欧仁·弗朗索瓦·维多克已经被缺席判处死刑。该犯极不老实,十分危险。"在从芒特前往巴黎的路途中,宪兵们一路上都紧盯着他。维多克知道,这一回他凶多吉少,唯一的出路还是设法逃跑。

抵达巴黎后,维多克被关进位于罗浮宫钟楼附近的一座监狱。第一天夜里,这位"冒险大王"就锯断铁窗逃出了监狱。一开始,维多克换上一套奥地利战俘的服装东躲西藏,后来到海盗船上当船员,之后去当兵,取得了海军炮兵军士的军衔。不久,命运使他同秘密团体"奥林匹克人"的成员相识。

"奥林匹克人"是一个按照共济会的组织方式在法国布洛涅成立的秘密团体,其成员主要是水兵(从海军准尉到舰长)和步兵(从士官到校官)。其誓言是"互相帮助和保护"。成员的臂上纹刺的图案是:白云、宝剑和拿破仑的半身像。但是,这一秘密团体的活动并没有让当局感到不安。因为当局在"奥林匹克人"中安插了自己的奸细。维多克就是从一名醉酒的奸细嘴里知道有"奥林匹克人"这一秘密团体存在的。不久,"奥林匹克人"的许多成员被当局逮捕,这显然是这名奸细干的。

这名奸细建议维多克向当局提供情报。维多克本来不想多管闲事,因为他想问心无愧地生活。但是,他始终犹豫不决。后来,还是给宪兵上校写了一封信,信中说他知道最近一次抢劫是什么人干的。并描述了歹徒的模样。不久,这些歹徒被抓获。当然,维多克没有在信里署上自己的名字。

不久,维多克又得知有人准备抢劫和暗杀的消息。但是,这一次他直接找到巴黎警察局第一分局局长那里,受到局长的客气接待。但是局长告诉他,不能确保他的人身安全。维多克于是就放弃了告密的打算。

没过多久,维多克又落入比谢特拉监狱。犯人们把他当成公认的刑事犯罪权威,都服从他,讨好他。这时,维多克提出重新为警察局服务的建议,他提出的条件是免除他的苦役,在任何一座监狱里服刑。他给警察局第一分局局长写信,报告了一些重要情况,并说,今后还会有重要情况报告。分局局长向巴黎警察局局长汇报了维多克的情况,局长思索了一会儿,就同意了。

协助警方

后来,维多克被从比谢特拉监狱转到了福尔斯监狱。这个监狱的制度不那么严格。在福尔斯监狱的二十一个月中,警方依靠维多克的告密,抓获了许多危险的犯罪分子。由于他告密有功,被提前释放。此后,维多克就专门从事协助警方打击犯罪分子的活动。他经常化装成佣人、艺人、贩卖木炭的小贩和运水工人,出没于巴黎的大街小巷。或者,装扮成流浪汉或贵族显要,进入一些娱乐场所,寻找犯罪分子的蛛丝马迹。许多小偷、匪徒和骗子都待他当作自己人。因为他会说盗贼的黑话,了解犯罪世界里的规矩,善于为自己的经历编造一些离奇故事。他几乎每天都能帮助警察抓获一两个犯罪分子。而被捕者谁都不知道自己是因为维多克的告密才进监狱的。

警方在离警察局不远的圣安娜大街上为维多克提供了一处办公地点。维多克从以前的刑事犯罪分子中挑选了几名助手,一开始只有4名,后来扩大到了11名。维多克一年能协助警方抓获100多名凶手、盗贼和匪徒。犯罪世界对他恨之入骨,扬言要让他粉身碎骨。警察局里也有人嫉妒他，散布谣言说他接受犯罪分子的贿赂。

尽管如此，警察局领导对他还是十分赏识，把一些最危险、最复杂的案件交给他办。而他总是办得很出色。但是，维多克仍然被当作秘密侦探看待。尽管警方答应给他自由，但他却始终没有得到赦免。直到维多克当上刑警队长后，他才感到自己真正获得了赦免和表彰。

他开始考虑改革惩办犯罪分子的体制。他首先建议改善监狱里的监禁条件，因为他从亲身经历中体会到，残酷的监狱制度只会使人变得更坏，特别是那些罪行较轻的人。

1827年，德拉沃被任命为警察局长后，维多克同警察的关系恶化。新任局长老是找维多克的茬儿，指责维多克手下的工作人员给警察局丢脸。维多克最终忍受不了不公正的指责，在为警方效力18年后，提出辞职。

几天后，巴黎各大报刊报道说，警察局长已经任命拉古尔为刑警队长，取代维多克的职务。当天晚上，维多克回到了位于巴黎郊外的家中。警方一次性地付给他3000法郎的报酬。但是，他没能享受按月领取养老金的待遇。

退休之后，维多克马上开始写回忆录。一名叫台诺的出版商给他预付了24000法郎。1827年，维多克的回忆录问世。该书被译成多种欧洲文字。

成立私侦

维多克后来搬到了圣曼德居住。他在那里购置地产，建造了新住房，还建了一个造纸厂。他雇用的工人中，有许多是过去服过劳役生活困难的人。

维多克的私生活从此不再笼罩神秘感。有时候，他被描述成中世纪传说中的勾引过几百个少女、放荡不羁的唐璜。维多克确实爱过许多女人，尤其喜爱女演员和女服装设计师。45岁那年，他娶了30岁的寡妇让·维克图尔·盖朗为妻。四年后，妻子去世。维多克又看上了30岁的堂妹弗列里德·阿尔贝津·马奈，把她当作自己的真正助手和朋友。

1830年法国发生了七月革命。1832年又发生了一次起义。这一时期，法国国王路易·菲利浦的政权摇摇欲坠，处于危急关头。警方再次邀请维多克出任刑警队长。维多克犹豫不决，后来还是同意了。他挑选了20名从前的刑事犯作为工作人员。小小的刑警队在镇压起义者方面屡建奇功。维多克因此被称作国王的救星。但是，令人惊慌的日子一过，反对派就连篇累牍地发表抨击维多克的文章。在这种情况下，巴黎警察局局长撤销了维多克领导的刑警队，并建议维多克辞职。

"冒险大王"维多克决定成立一个私人侦探所，专门从事保护商人利益的活动。这个私人侦探所坐落在巴黎圣尤斯塔什夫大街，愿意接受保护的商人必须在侦探所登记并每年支付 20 法郎。

一年后,在维多克私人侦探所登记的商人、银行家和企业家达 4000 多人。侦探业务迅速发展。后来,又在外省和国外设立了分所。维多克的收入达数百万法郎,这引起了警方的不安。

1837 年 11 月 28 日,4 名警官率领 20 名警察冲进了维多克的事务所,没收了 6000 份文件,其中包括维多克的个人档案。

1830 年法国七月革命

维多克提出抗议,并不断给报纸写文章,向国王的检察长递交了申诉书,聘请了当时著名的律师夏尔洛·勒德罗,并将警察局告上法庭。法庭在审理这一案件时,传唤了 350 名证人。最后,维多克被判无罪。

年届 63 岁的维多克继续开办自己的私人侦探所。他的顾客中有王室的公爵、伯爵、世袭贵族和部长们。但就在这时,他的工作人员中出现了一位叫乌利斯·贝朗的人。他受警方派遣,打入维多克的侦探所,专门监视维多克的行动。

1842 年夏天,有几个被骗子谢佩坑害的人向维多克求助。维多克找到了骗子,劝他还钱以换取自由。但是,没过多久,骗子被捕了。维多克被指控越权行事。说他对谢佩进行了绑架。令维多克十分震惊的是,骗子竟然证实这一子虚乌有的指控。这样,维多克再度入狱,被关押了一年多。后来,法庭判他五年徒刑,罚款 3000 法郎。维多克提出上诉,在著名法官兰德里延的帮助下,他终于得到了公正的判决。

最后一次坐牢对维多克侦探所的生意造成了一定的影响。顾客一天比一天少。维多克终于明白,他已经处于破产的边缘。这发生在 1848 年革命时期。拿破仑三世执政后,维多克不再从事他的侦探事业,回到了自己的庄园。当局此后再也没有找过他的麻烦。后来,维多克的经济状况逐渐恶化,生活一天比一天拮据。他过着极其可怜的日子,不得不四处奔波,为自己争取享受养老金的待遇。终于,他领到了每月 100 法郎的养老金。

欧仁·弗朗索瓦·维多克死于 1857 年,享年 82 岁。他一生无所畏惧,敢于冒险,憧憬未来。据说临死前,他喃喃自语地说:"他本来可以像法国元帅缪拉特那样手执元帅杖。只因为他太爱自己的妻子,太喜欢决斗了。"

俄罗斯冒险家

——萨姆松·雅科夫列维奇·马金采夫

人物档案

简　　历：冒险家。俄罗斯军队的骑兵司务长。开小差后逃到波斯。

生卒年月：1776 年~1849 年。

安葬之地：遗嘱说把他埋葬在塔夫里兹附近的苏尔丘里村由他出资修建的教堂里。

性格特征：面容白皙，发色偏黄，眼眸略灰，中等身材，人长得很帅。

历史功过：1820 年~1821 年参加了波斯与土耳其的战争，促成了波斯人在托普拉克·卡拉战役中的胜利。在俄罗斯与波斯战争间，拒绝参战同俄罗斯人厮杀。后来，他参加了对霍拉桑地区发生的起义的镇压。

名家评点：库达舍夫公爵在 1828 年 10 月 5 日给帕斯科维奇伯爵的信中写道："俄罗斯士兵逃跑的原因是，龙骑兵团过去有一个司务长叫萨姆松·雅科夫列维奇·马金采夫。他逃跑后，在波斯人阿巴斯·米尔扎手下当差，深得信任和重用。他尽其所能，扩大俄罗斯逃兵的人数，并派逃兵来拉拢别的士兵逃跑。当我们的士兵出差时，他就给出差的士兵酒喝，并把他们拉过去。而我们的士兵深知，阿巴斯·米尔扎十分信任这个带着将军军衔的萨姆松，因而萨姆松能给逃到他那里的人好处，于是就同意在方便的时候就逃跑。"

招募逃兵

　　冒险家。俄罗斯军队的骑兵司务长。开小差后逃到波斯。乌克兰人。使用萨姆松·汗这个名字加入波斯军队后，开始为波斯军队招募俄罗斯军队的逃兵。因此，得以不断升迁。1820~1821 年参加了波斯与土耳其的战争，促成了波斯人在托普拉克—卡拉战役中的胜利。在俄罗斯与波斯战争期间，他拒绝参战同俄罗斯人厮杀。后来，他参加了对霍拉桑地区发生的起义的镇压。

　　俄罗斯下哥罗德龙骑兵团的司务长萨姆松·雅科夫列维奇·马金采夫于 1802 年逃

到了波斯。没有确切的资料表明,在异国他乡他是怎样度过最初的艰难日子的。在那里,他要适应炎热的气候,艰苦的生活条件,还要学会当地的语言。很可能,一开始他是靠制售皮革,或是给一位富裕的亚美尼亚人打短工来养活自己的。萨姆松·雅科夫列维奇决心一生都搞军事。波斯政府很愿意接收俄罗斯逃兵,因为这些人的特点是懂军事,守纪律。萨姆松·雅科夫列维奇·马金采夫的努力取得了成功。在认识了波斯王位继承人阿巴斯·米尔扎之后,他被提升为埃里温团的准尉。该团当时由马梅德—汗少将指挥。没过多久,马金采夫这位前俄罗斯军队的司务长就被提升为大尉。

萨姆松·雅科夫列维奇·马金采夫逃到波斯后就改名为萨姆松·汗。他特别看重从俄罗斯逃出来后分散在波斯这个东方国家的各个地区的其他逃兵。他们中的许多人忘记了祖宗,皈依了伊斯兰教。萨·雅·马金采夫开始到处搜罗并号召他们加入他的这个团队来,还答应说他将保护他们。阿巴斯·米尔扎在塔夫里兹检阅这个团时,连声称赞这些逃兵们的军容军姿,并把萨姆松·雅科夫列维奇·马金采夫提升为少校。

过了一段时间后,萨姆松·汗招募的逃兵已经达到了半个团的规模。阿巴斯·米尔扎说:"俄国,既是我们的邻居,又是我们的敌人,同俄国的战争迟早要发生,不可避免,因此,我们最好是熟悉他们的战斗训练,这比了解英国人的训练要好。"

萨姆松·汗在自己的同胞那里享有相当高的声誉,以至于当阿巴斯·米尔扎又一次检阅这个团时,这个团向他表示对现任团长马梅德—汗很不满意。不论是在信仰方面,还是在语言方面,都不满意。要求让萨姆松·汗取而代之,并晋升他为上校。

阿巴斯·米尔扎对这个团寄予厚望,他十分清楚萨姆松·汗的能力和他对这些俄罗斯逃兵们的精神影响力。于是,米尔扎就满足了这些逃兵们的心愿。由这些逃兵单独组建了一个特别勇士团。

现在,萨姆松·汗不仅招募逃兵参加他的团,而且,还从当地的亚美尼亚人和聂斯脱利派教徒中招募年轻人参军。萨姆松·汗很注意及时发放薪金,虽然当时波斯经常存在着特别的困难。他还让士兵按照俄罗斯的风格穿衣戴帽。此外,他还鼓励士兵们成立家庭。为此目的,他的这个团一会儿驻扎在马拉格,一会儿驻扎在乌尔米,一会儿又驻扎到萨尔马斯,因为这些地方有许多信奉基督教的居民。他的这一举措,除具有道德上的好处外,还有其他极其重要的意义:基督教家庭通过这种联姻,就在波斯人那里找到了靠山。萨姆松·汗还努力使士兵的子女接受良好的早期教育,他下令把所有孩子都送进亚美尼亚的学校里学习。同时规定,一些孩子将来要参军,而另一些则要进技工学校继续学习。萨姆松·汗还亲自监督孩子们的行为举止。

由于萨姆松·汗采取了这种政策,越来越多的逃兵都跑到了他的团里。库达舍夫公爵在 1828 年 10 月 5 日给帕斯科维奇伯爵的信中写道:"俄罗斯士兵逃跑的原因是,龙骑兵团过去有一个司务长叫萨姆松·雅科夫列维奇·马金采夫。他逃跑后,在波斯人阿巴斯·米尔扎手下当差,深得信任和重用。他尽其所能,扩大俄罗斯逃兵的人数,并派逃兵来拉拢别的士兵逃跑。当我们的士兵出差时,他就给出差的士兵酒喝,并把他们拉过去。而我们的士兵深知,阿巴斯·米尔扎十分信任这个带着将军军衔的萨姆松,因而萨姆松能给逃到他那里的人好处,于是就同意在方便的时候就逃跑。"

萨姆松·汗指挥这些逃兵在库尔德斯坦为波斯政府服务。特别是在1820年和1821年同土耳其的战争期间,为波斯军队在托普拉克—卡拉附近战胜土耳其军总司令乔旁一奥格雷起了重要作用。

然而,萨姆松·汗拒绝同俄国人作战。他说:"我们发过誓,在福音书前发过誓,不向与自己同信仰的人开枪,我们不能背叛自己的誓词。"萨姆松·汗借口保护塔夫里兹,防止该城陷落,想留在这里。但是,阿巴斯·米尔扎带着他一起出征。并保证说,让他的团做预备队,让他做顾问。从波斯军队攻占萨尔达拉巴德,直到俄军进攻塔夫里兹这一段时间里,萨姆松·汗不是住在马拉格,就是住在库尔德斯坦。

1832年,萨姆松·汗率领他的团随阿巴斯·米尔扎征讨赫拉特。在一次偷袭中,阿富汗人遭到了失败。被迫后退躲入罗泽一加赫堡垒里,这是阿富汗人敬仰的一座神圣古墓。攻占这个堡垒的任务交给了萨姆松·汗。他没费多大劲儿就拿下了这座堡垒。同时,他给陷入重围的敌人造成了恐慌。

阿巴斯·米尔扎继续待在赫拉特已经没有任何益处了。这样一来,他的这次征战也就和从前对这座城市的征讨一样,无果而终。在波斯,人们说:"赫拉特地区是我军的坟墓。"在从赫拉特回国的路上,阿巴斯·米尔扎在梅舍尔去世。这是1833年10月10日发生的事件。

马梅德·米尔扎继承了王位。他是阿巴斯·米尔扎的儿子,已故沙赫的孙子。不过,他却有了一个竞争对手,名字叫阿里·沙赫·吉里·苏丹。当沙赫去世时,此人正好在德黑兰。这使得他能够把国库里的珠宝和资金都掌握在自己的手里,而作为阿塞拜疆的统治者的马梅德·米尔扎当时还在塔夫里兹,这样,他就失去了财政能力。萨姆松·汗拥护年轻的国王,决心保卫国王的安全。当时甚至有传闻说,萨姆松·汗在森甘附近粉碎了率兵反抗马梅德·米尔扎的谢伊夫·乌里·穆里克·米尔扎。新继位的沙赫马梅德·米尔扎来到德黑兰,一路上没有遇到任何抵抗,因为吉里·苏丹派出的军队都倒戈转到了沙赫的一方,并与首都的民众一起承认合法的新国王政权。吉里·苏丹被捕入狱。

在新政府执政的情况下,萨姆松·汗的地位依然如故。而更令人吃惊的是,在政府总理哈吉·米尔扎·阿加西已经知道这位俄罗斯来的人仇恨他的情况下,萨姆松·汗的地位依然稳固。

后来,他们俩相互忍耐着对待对方。总理首先迈出了走向和解的第一步。1837年马梅德·沙赫效仿祖父和父亲,打算到霍拉桑去探险。因此,就把萨姆松·汗团调到德黑兰。在检阅时,这位国王亲自表扬了团长萨姆松·汗,说他对士兵训练有方。当然了,国王的随从们也都赞不绝口。只有总理哈吉一个人沉默不语。第二天哈吉派人去请萨姆松·汗，当萨姆松·汗来到后，哈吉是这样欢迎他的："你知道昨天在检阅时我为什么那样平静地对待你吗，萨姆松？那是为了不让我对你的感激和别人对你的感激混在一起，是为了今天能让我在这里，在自己家里感激你，也是为了使人们进一步看到我对你的尊重和好感。"

这种尊重不能不使萨姆松·汗的自尊心得到满足。后来，哈吉·米尔扎·阿加西邀请萨姆松·汗一起共进早餐。萨姆松·汗躬身表示感谢，但却推说没有吃早饭的习惯，就没有动饭菜。哈吉说："哪怕是洗洗手，用手指沾点盐，以此证明你对我的照顾也好啊！"

萨姆松·汗听从了总理的建议。

"现在，我确信，你是喜欢我的，我们还和从前一样是真心朋友。"

哈吉说罢，就命人拿来一件珍贵的克什米尔披肩，亲手披到萨姆松·汗的肩上，然后同他道别……

1837年，俄罗斯皇帝尼古拉一世在巡视高加索地区时，访问了埃里温。当时正在赫拉特的马梅德·沙赫专门派出一个代表团来欢迎至尊的邻居。俄罗斯皇帝接见了代表团，并表示希望波斯把由俄罗斯逃兵和战俘组成的那支部队解散，让俄罗斯士兵回到故乡，并且，在今后波斯的领土也不要再接纳俄国逃兵。俄罗斯皇帝还许诺说，如果萨姆松·汗把那支逃兵部队带到俄国边境，向当局投降的话，他将得到赦免，并获得金钱奖励。不过，鉴于萨姆松·汗已经在波斯生活了三十多年，他有权决定自己在什么地方生活。

鞑靼人欢庆传统节日

沙赫同意了俄国皇帝的建议，下令把越境跑过来的所有俄罗斯人都集合起来，移交给俄罗斯驻波斯领事阿尔布兰德大尉。这样一来，萨姆松·汗可能要失去自己在波斯的影响力。因此,阿尔布兰德赶来见萨姆松·汗,请他站到自己这一边来。

萨姆松·汗在自己富丽堂皇的家里接待了领事。他的房子的周围有他手下最忠诚的士兵把守。领事明白,要说服眼前这个在新的国家里拥有了新的名字、人际关系和财富的人回俄罗斯几乎是不可能的,因为一旦回到俄罗斯,他会失去优越地位。同时,领事发现,尽管在穆斯林中生活了这么久,但萨姆松·汗并没有背弃基督教信仰。此人牺牲自己的财产,甚至冒着引起波斯政府愤怒的风险,在阿塞拜疆的一个乡村里修建了基督教堂。在宗教感情方面,阿尔布兰德领事也很激昂。这次会谈的结果是,萨姆松·汗承诺不阻挠把这支逃兵部队撤出波斯,但也不促成这件事的完成,以免引起波斯政府的愤怒,因为他还要继续在这个政府里供职。要知道,沙赫很清楚,俄罗斯士兵撤走后,波斯军队的力量将被削弱,于是,就千方百计地阻挠俄罗斯军人的撤出。在同萨姆松·汗会谈后,阿尔布兰德的队伍急剧膨胀。最后,有 597 名俄罗斯逃兵带着妻子和儿女回到了俄罗斯。

俄罗斯军人撤走后,萨姆松·汗失去了相当大的一部分影响。令他心情极为沉痛的是同指挥官斯克雷普列夫上校的分别。斯克雷普列夫逃到波斯后,娶了萨姆松·汗的女儿为妻子。军衔一直升到了上校,每年有将近 1000 个金币的收入。然而,不论是地位还是亲情关系,都不能使他留在这异国他乡。在俄罗斯将军戈洛夫宁的帮助下,他被安排在一个哥萨克主力团里,被任命为中尉。

萨姆松·汗搬迁到了塔夫里兹,按照政府的授权,他开始在这里组建一个新团。一些决定留在波斯的俄罗斯逃兵加入了这个团队。

几年过去了,萨姆松·汗的生活里没有出现什么可圈可点的东西。他又多次参加军事行动,并且,和以往一样,给波斯政府提供了不可估量的帮助。

在马梅德·沙赫统治的最后几年里,最重大的事件就是霍拉桑地区发生的起义。统治者集结了一支 8000 人的部队,其中就有萨姆松·汗新组建的一个俄罗斯逃兵营。俄罗斯人的那个营刚到德黑兰,沙赫就把萨姆松·汗召去,同他商量委派谁担任讨伐部队的总司令最合适。

沙赫听取并同意了他的意见,马梅德·沙赫选定了自己的亲兄弟加姆扎·米尔扎,任命他为讨伐军部司令兼霍拉桑州州长。国王还吩咐他兄弟,在一切方面都要听从萨姆松·汗的指示意见,不同萨姆松·汗商量,不能采取任何重大措施。

值得称赞的是,加姆扎·米尔扎忠实地执行了王兄的意见。可萨姆松·汗不仅对加姆扎·米尔扎毫不谦让,而且还常常越权行事。不过,对这一切委屈,加姆扎·米尔扎都毫无抱怨地忍受了。

在向霍拉桑进军的时候,总司令把萨姆松·汗和他那支人数达 300、三分之二是俄罗斯逃兵的正规军部队留在了麦什德。而总司令自己则急匆匆地赶往布吉努尔德,政府军的防线在这里被萨拉尔的起义军截断。并且,首批阵亡的就有埃米尔·图曼·马梅德·

阿里·汗。

在那个时代的波斯,部队的任何移动都会给村庄带来浩劫。加姆扎·米尔扎的部队疯狂地抢劫前进路上的村庄。被激怒的百姓向麦什德派出了代表,想让萨姆松·汗给总司令写信,请总司令管束一下士兵,避免再发生抢劫事件。在代表团到达麦什德的同时,在布吉努尔德战死的马梅德·阿里·汗的遗体也被运到了这里。萨姆松·汗派出队伍出城迎接运送遗体的队伍。埃米尔的死不仅在霍拉桑的首都,而且在沙赫官邸里引起了悲痛。

麦什德的谢赫·乌里·伊斯兰企图成为该城的主人。当他看到这里的留守部队人数是那样少的时候,精神头儿就上来了。他向萨姆松·汗提建议说,有极其重要的问题需要商谈。然而,萨姆松·汗派西蒙·贝克带着一个面目丑陋的仆人去见谢赫·乌里·伊斯兰。

在谈正事时,谢赫·乌里·伊斯兰小心地探问,他们只有两三百人的队伍,驻在麦什德是否会害怕。

西蒙·贝克对此回答说:"不害怕,您搞错了。感谢真主,我们除了有三百人的正规军外,还有近千名杀人不眨眼的士兵,我们之所以没把他们放出来,是因为担心他们会吃孩子、妇女、甚至男人。更糟糕的是,他们连刚死去的人的新坟墓都要挖开。昨天你看见的那支送葬的部队还不是那些吃人的兵。"说着,西蒙·贝克还把自己那位丑陋的仆人拉过来作证。一看到这个人的丑陋面孔,谢赫·乌里·伊斯兰一下子呆住了,老半天连一句话都说不出来。

当只剩下一个人的时候,这位伊斯兰长者久久地思考着那可怕的吃人兵的事。不行,最好能博得萨姆松·汗的好感。他决定立即去拜访萨姆松·汗。

萨姆松·汗以适当的礼节,恰如其分地接见了他。虽说时间已近正午,但萨姆松·汗还是邀请这位长者共进早餐。萨姆松·汗走到餐桌前,给自己倒了一杯伏特加,在喝酒之前,摘下帽子,画着十字做祈祷。当他给自己倒上果酒时,也一再重复这样的礼节。当他发现客人很吃惊时,他解释说:"在我们那里,摘帽子意味着:上帝啊,我要在您的面前坦白自己的罪过,就像坦露出自己的脑袋那样。而画十字,是回忆耶稣为了替人类赎罪被钉在十字架上的情景。在画十字的时候,我们请求上帝为了他被钉死在十字架上的儿子,宽恕人类的罪恶,同时,我们还感谢上帝赐给我们健康,赐给我们幸福。总而言之,我们是在颂扬我们的主,就像您为你们的主祈祷一样。"

政府军占领了凯拉特,对这一消息感到十分高兴的沙赫,立即向加姆扎·米尔扎发出敕令,令他立即派萨姆松·汗带上凯拉特要塞的平面图到德黑兰,亲手交给国王,并把占领这一重要据点的整个过程详细讲述给他听。但是,加姆扎·米尔扎意识到,没有萨姆松·汗,自己将陷入非常艰难的境地,他决定把萨姆松·汗留在自己身边,由西蒙·贝克去执行沙赫的旨意。西蒙·贝克·到德黑兰,就马上去见沙赫。沙赫读了带来的加姆扎·米尔扎和萨姆松·汗的报告后,接过凯拉特的平面图,就开始听西蒙·贝克介绍攻占凯拉特的详细情况。他听得十分专心和投入。沙赫当场决定授予西蒙·贝克镶着宝石的"狮子和太阳勋章"、贵重的头巾,还有 60 图曼的金钱。沙赫说:"奖励西蒙·贝克,既是奖励他本人做出的贡献,同时也是奖励萨姆松·汗的贡献。"此外,沙赫还给萨姆松·汗亲笔写了一道诏书,内容如下:

为国分忧的萨姆松·汗,你把正义的链条从霍拉桑一直拉到了德黑兰的大门口(也就是说,你没有洗劫和掠夺村庄)。我们为你感到光荣!霍拉桑的情况,兵营里的情况,以及凯拉特的平面图,都已由西蒙呈报。真该感激西蒙,千百遍地感激他!为了褒奖他,我们给了他王侯的礼遇。对部队的指挥和对霍拉桑一切事务的管理,我全部委托给你。请提高警惕。我已经告诫加姆扎·米尔扎,不经你同意,不要决定任何事情。

1849 年 3 月初,德黑兰鸣礼炮 101 响,宣告霍拉桑地区的起义被平息。

政府军接到了返回驻地的命令。并且,命令规定要分批撤回。这引起了各团团长们的反对。因为每个团都想先撤退,好对沿途农村进行一番洗劫。只有萨姆松·汗团长一人不着急。对他这样做感到不满的军官和士兵制定了一项针对他的阴谋。然而,忠诚的仆人向萨姆松·汗发出了警告。萨姆松·汗换上女人的衣服,从房顶上逃出了城,骑上马,带着一小队人马向德黑兰跑去。在这里,他受到了沙赫的亲切接见,搞阴谋的主犯受到了严厉制裁。沙赫下令将霍伊团和马拉格团都交给萨姆松·汗指挥后,命令萨姆松·汗带领团队返回霍拉桑。

半年后,73 岁的萨姆松·汗去世。留下遗嘱说,把他埋葬在塔夫里兹附近的苏尔丘里村由他出资修建的教堂里。

戎马一生

萨姆松·汗一生共结过三次婚。他的第一个妻子是萨尔马兹附近的吉兹尔贾村里的一个亚美尼亚女人。她给他生了三个女儿。第一个妻子因为不忠诚被萨姆松·汗打死后,萨姆松·汗又娶了格鲁吉亚王子亚历山大的私生女伊丽莎白为妻。她给他生了儿子贾布拉伊拉和女儿安娜。萨姆松·汗的第三个妻子是一个迦勒底人,没有生儿育女就死了。

萨姆松·汗个子很高,人长得很帅。他能用俄语阅读,但书写常出错。用波斯语和土耳其语讲话很困难。有一次,萨姆松·汗的一个请求得到马梅德·汗沙赫的首肯后,他对沙赫表示感谢。本来他想说的是:"我很高兴,天地的主宰",但他却说:"我是猴子,天地的主宰。"沙赫听明白了他的话,就笑了起来。沙赫因为萨姆松给他带来了乐趣,当场奖励给他一件珍贵的头巾。

萨姆松·汗没有留下什么财产,因为在霍拉桑叛乱期间,为了用钱堵住民众对他的团的抱怨,他欠下了债务。但是政府不仅不替他的继承人偿还 12000 个金币的债务,而且,还下令拍卖他在塔夫里兹庄园里的房屋,用于偿还欠债。

俄罗斯政治密探的组织者

——彼得·伊万诺维奇·拉奇科夫斯基

人物档案

简　历:俄罗斯密探的组织者,警务厅国外间谍局负责人、警务厅副厅长兼政治处主任(1905～1906 年),1905 年 12 月逮捕参加莫斯科武装起义人员策划组织者。

生卒年月:不详。

安葬之地:不详。

性格特征:个性鲜明,同时又最为阴险毒辣。

历史功过:是一位经验丰富的政治密探专家,是沙皇和沙皇制度的忠实仆人。

名家评点:法国总统隆贝召见拉奇科夫斯基,建议他合作并说:"您帮助我们在俄国建立新的法国企业,您将是所有这些法国企业的股东。这些企业将在您的帮助下在俄罗斯开工生产。您是不会吃亏的。我们一定会重赏办事得力的人"。

世袭贵族

俄罗斯政治密探的组织者,警务厅国外间谍局负责人(巴黎、日内瓦,1885～1902 年)。警务厅副厅长兼政治处主任(1905～1906 年)。1905 年 12 月逮捕参加莫斯科武装起义人员策划组织者。

根据 1904 年被处死的俄罗斯帝国内务大臣兼宪兵司令冯·普列韦的档案资料记载:"彼得·伊万诺维奇·拉奇科夫斯基,世袭贵族,五等文官。在家中接受教育。1886 年进入基辅邮政所从事初级分检员工作时,他没有任何职衔。后来,他分别在敖德萨市长办公室,基辅、华沙、卡利什省长办公室以及参政院第十厅办公室任职。1877 年,他被任命为阿尔汉格尔斯克省法院调查员。1878 年根据他本人的请求,他被解除这一职务。由于没有生活来源,拉奇科夫斯基作为教师住在卡哈诺夫少将家里,并与其一起开始从事文学创作,给各种报纸撰写通讯稿件。

1879 年,沙皇私人办公室第三处获悉,拉奇科夫斯基与一个叫谢缅斯基的人交往甚密。谢缅斯基被指控窝藏暗杀侍从官德连捷林的米尔斯基。除此之外,有密报称,拉奇科夫斯基在大学生小组中享有著名活动家的美誉。为此,他遭到搜查和逮捕,并因被指控犯有反国家罪而被调查。此案在当年就结案,因为拉奇科夫斯基表示愿意为国家警务厅从事间谍工作。此后不久,在革命小组成员之一、就职于沙皇私人办公厅第三处的科列托奇尼科夫的协助下,革命小组揭穿了拉奇科夫斯基秘密间谍的身份,因此他被迫到加里齐亚躲避一段时间。在 1881 年 3 月 1 日事件之后(民意党人暗杀亚历山大二世),随着旨在保护新沙皇亚历山大三世生命安全的名为"神圣义勇兵团"的组织在圣彼得堡市的建立,拉奇科夫斯基加入该组织,并与该组织领导人之一——别洛谢尔斯基公爵建立密切的关系。1883 年,拉奇科夫斯基进入内务部工作,并被派到独立宪兵团任职。1884 年春,他被派到巴黎主管警务厅国外间谍机构的工作。就其性格而言,拉奇科夫斯基是一位冒险家和喜欢猎奇的人,为了自己加官晋爵,他甚至可以去从事种种罪恶的勾当。根据警务厅掌握的情报,国外间谍机构一名与拉奇科夫斯基有联系的间谍在巴黎暗杀了西里维斯特罗夫将军。这位将军是奉警务厅厅长之命前往巴黎检查拉奇科夫斯基工作的。可是西里维斯特罗夫将军对拉奇科夫斯基并不友好并持怀疑态度。但是,无法确定拉奇科夫斯基与暗杀西里维斯特罗夫一事有牵连。后来,暗杀西里维斯特罗夫将军的间谍自杀身亡。

沙皇亚历山大二世

沙皇仆人

拉奇科夫斯基是沙皇暗探局中个性鲜明,同时又最为阴险毒辣的密探。作为天生的冒险家,拉奇科夫斯基在永不休止地玩弄阴谋,并从中寻找真正的快乐。很快,他便感觉俄罗斯太小了,于是彼得·伊万诺维奇开始渴望从事国际冒险,这也许会给他带来荣誉和滚滚的财富。在另一位著名冒险家马努谢维奇·马努伊洛夫的大力举荐下,拉奇科夫斯基终于得到了警务厅驻巴黎间谍站主任的职务。马努谢维奇·马努伊洛夫与亚历山大三世及后来的尼古拉二世身边的亲信关系密切,其中包括在俄罗斯以卑鄙无耻而广为人知的缅谢尔斯基公爵。凭借自己在从事政治密探工作方面非凡的能力,拉奇科夫斯基在扼杀俄罗斯革命运动的过程中为沙皇专制制度立下汗马功劳。与拉奇科夫斯基共事的正是这样一些有着"君子风度"的奸细,如叶夫诺·阿泽夫、列夫·拜特纳和玛莉娅·扎戈斯卡娅(仅在一桩案件中,阿泽夫就向沙皇警察局出卖了 59 名革命者)。

拉奇科夫斯基深知,为了在仕途上平步青云,他必须办理一些有"轰动效应"的案子,对那些"造反者"和"捣乱分子"采取坚决行动,以讨得上司的欢心。因此,他心里盘算组织一次行动。该行动应向圣彼得堡的上司证明,他是一位经验丰富和成功的政治密探专家,是沙皇和沙皇制度的忠实仆人。

政治密探

当时,警务厅对"民意党"出版的反政府刊物在俄罗斯传播甚感不安。拉奇科夫斯基通过自己的间谍机构查明,民意党人的总印刷厂设在日内瓦。他不顾瑞士的国家主权,决定捣毁这家印刷厂。在弄清印刷厂的准确地址后,他向自己派驻瑞士的密探、骑兵大尉古林下达命令:在有犯罪前科的瑞士人当中寻找一个能在深夜帮助他们撬开印刷厂大门的人。几天过后,招募到一个名叫马利斯·舍瓦利耶的瑞士人,他是溜门撬锁的老手。

深夜 11 点,拉奇科夫斯基和他的手下古林、米列夫斯基、宾塔、秘密间谍"兰德森"和舍瓦利耶在日内瓦人民艺术宫旁会合。由于民意党人无钱雇人,印刷厂没有人看守。况且,他们也没有料到,秘密警察竟敢违反国际法准则,捣毁主权国家境内的工厂。听到拉奇科夫斯基的信号,舍瓦利耶轻轻打开印刷厂的大门。捣毁印刷厂的行动开始了。首先,他们销毁了已印刷完毕并准备发往俄罗斯的"非法出版物",掀翻已排好的活字印版,拆毁机器。大量印刷铅字被丢弃在日内瓦的大街小巷。

拉奇科夫斯基授意手下一个名叫戈尔什曼的秘密间谍——此人是一个笔头快,想象力丰富的记者,要求他尽可能绘声绘色地描述在日内瓦实施的行动。很快,报告被送到圣彼得堡警务厅。拉奇科夫斯基这一步走得真可谓是深谋远虑。捣毁民意党印刷厂的报告给警务厅厅长杜尔诺沃及内务大臣兼宪兵司令托尔斯泰伯爵留下深刻印象。

托尔斯泰伯爵亲自向沙皇汇报捣毁日内瓦印刷厂的情况。这位专制统治者对托尔斯泰出色地组织秘密警察工作表示满意。上级授予拉奇科夫斯基一枚三级安娜奖章,并任命他为当时最高级别的 12 级文官。拉奇科夫斯基手下的密探也受到奖励。同时,参加这次行动的所有成员都从沙皇私人基金中得到一笔不菲的奖金。拉奇科夫斯基得到5000 法郎。

当民意党人恢复在日内瓦的印刷厂时,拉奇科夫斯基一帮人再次将其捣毁。

1889 年,拉奇科夫斯基的生活发生巨大的转变。是年 4 月底,隆贝在巴黎市郊朗布伊埃法国总统别墅会见法国内务部长科斯坦和法国外交部长费德兰斯。隆贝说,长期以来,他一直在俄国政客中寻找一位可帮助他接近亚历山大三世的人。科斯坦推荐了在俄国驻巴黎大使馆担任参赞的拉奇科夫斯基。内务部部长补充说,事实上这位将军是俄国警务厅驻巴黎的代表和俄国驻外间谍机构主任,负责监视侨居欧洲的俄国革命者。

在仔细研究了法国内务部部长科斯坦掌握的有关拉奇科夫斯基的全部材料和在巴黎的各种关系后，隆贝认为，前法国外交部参赞——现在颇有影响的记者茹里·盖辛，除从事自己的主要工作外，还为拉奇科夫斯基工作。盖辛利用自己的影响在巴黎和其他地方报纸上刊登拉奇科夫斯基约定的由巴黎名牌记者撰写的诋毁侨居欧洲各国的俄国革命者的文章。的确，拉奇科夫斯基同巴黎警察局建立了牢固的联系，并且由于许多警察局长和他们的副手接受了拉奇科夫斯基的贿赂，不但没有阻止他的活动，而且还帮助他跟踪俄国革命者。对此，科斯坦一直视而不见。不过，这些情况隆贝不是从内务部长那里获悉的，而是通过自己在内务部的人了解到的。

法国总统隆贝召见拉奇科夫斯基，建议他合作并说："您帮助我们在俄国建立新的法国企业，您将是所有这些法国企业的股东。这些企业将在您的帮助下在俄罗斯开工生产。您是不会吃亏的。我们一定会重赏办事得力的人"。

拉奇科夫斯基一直都梦想有朝一日成为百万富翁。第二天，法国内务部部长转交给他一只黄色皮箱，里面有150万法郎。50万法郎作为给拉奇科夫斯基的预付金。隆贝和科斯坦推荐的法国工业家都是些财大气粗的人。他们并不担心把这么多的钱投到只是口头上说将来可获利几十亿法郎的地方。

从这时起，拉奇科夫斯基开始积极参与肮脏的阴谋勾当。回到家后，这位新的俄罗斯百万富翁反复思量隆贝交给他的任务：命运赐给他再好不过的礼物，可是到手的法郎是要偿还的。

拉奇科夫斯基决定利用亚历山大三世对阴谋和谋杀的恐惧达到自己的目的。彼得·伊万诺维奇·拉奇科夫斯基计划通过自己的间谍在巴黎组建一个由侨居这里的民意党人组成的小组，对外宣称该小组准备谋杀沙皇。并不断向亚历山大三世通报说，正在筹划逮捕该小组成员。之后，在法国警察的帮助下"破获"民意党人小组并粉碎谋杀沙皇的"阴谋"。毫无疑问，沙皇不仅将感谢他——拉奇科夫斯基，而且对法国总统也将心存感激。

间谍"兰德森"受命组建民意党恐怖小组。"兰德森"通过自己昔日在圣彼得堡的同事结识了三位在巴黎的民意党人——纳卡希泽、斯捷潘诺夫和卡申采夫。拉奇科夫斯基手下的话使他们相信，在亚历山大三世被暗杀后，俄国立即就会爆发人民起义。

后来，一切均按拉奇科夫斯基预先设计的进行。关于民意党恐怖主义小组准备暗杀沙皇的报告被送到亚历山大三世的案上，他急切地关注着"兰德森"和拉奇科夫斯基的一切行动。

不久，法国报纸上刊登法国内务部部长的通告。通告说，法国警察在俄国同行的密切合作下采取积极措施，一举逮捕俄国侨民纳卡希泽、斯捷潘诺夫和卡申采夫——他们是恐怖小组成员。该恐怖小组成员还包括在进行炸弹试验时被炸死亡的安里·维克多。他们是在起程前往俄国时被捕的。在逮捕恐怖分子时，从他们身上搜出大量自己制造的炸弹和几支手枪。

当然,恐怖小组领导人"兰德森"和小组积极分子、法国人宾特(他是法国警察局的暗探)早已及时躲藏起来了。

几天后,法国出版的报纸摆在亚历山大三世的桌上。俄罗斯皇帝有充分理由对挫败危险"阴谋"的自己的秘密警察的工作感到满意。拉奇科夫斯基因此得到一枚奖章和大笔赏金。1890年法国总统隆贝在巴黎组织轰动一时的对被捕的恐怖分子纳卡希泽、斯捷潘诺夫和卡申采夫公开起诉。宾特被缺席审判。阴谋分子被判服苦役。

正如拉奇科夫斯基所预料的那样,法国法院的判决明显改变了亚历山大三世对法国的态度。获悉巴黎法院判决的消息后,俄国沙皇御批:"事已至此,非常满意。"

拉奇科夫斯基不仅在俄国,而且在法国大大地加强了自己的地位。但是,在新沙皇尼古拉二世登基后,俄罗斯帝国内务大臣兼宪兵司令冯·普列韦终于找到除掉拉奇科夫斯基的机会。普列韦开始怀疑拉奇科夫斯基在玩弄双重间谍的把戏。根据普列韦的指示,成立了一个专门委员会,负责调查与拉奇科夫斯基有关的所有案件,哪怕有一丝一毫的关联。事实上,拉奇科夫斯基本人也被列入调查之列。结果,对拉奇科夫斯基来说十分危险的事实真相暴露出来,其中包括他与法国领导人的关系。然而,圣彼得堡那些有权有势的保护人救了彼得·伊万诺维奇·拉奇科夫斯基一命(在这些人当中,皇宫卫戍司令、侍从将军盖森起到了举足轻重的作用)。沙皇下令停止调查。但不允许拉奇科夫斯基返回圣彼得堡,而让他去华沙定居。

等待时机

对拉奇科夫斯基来说,解除他占据17年之久职务的决定实在是太突然了,他只能等待最佳时机的到来:他完全有理由相信,他会博得尼古拉二世对自己的赏识。从一位在警务厅供职的朋友那里得知自己失宠的真正原因后,拉奇科夫斯基对普列韦恨之入骨,发誓一定要跟他算清这笔账。

对政治具有丰富经验的拉奇科夫斯基意识到:俄国正孕育着一场革命;与日本进行的令国人蒙受耻辱的战争成为爆发革命的巨大推动力。

冒险家渴望获得刺激的感觉,渴望参加危险的阴谋诡计。彼得·伊万诺维奇·拉奇科夫斯基把有"间谍王"之称的叶夫诺·阿泽夫请到自己的住所。阿泽夫作为秘密警察的间谍,参与组织过28起暗杀沙皇显要官员的行动。

……在许多骑着自行车的保镖的严密保护下,普列韦乘坐马车前往皇村晋见沙皇。早就有人等候内务大臣的到来:在他的马车可能通过的每条路上都有阿泽夫的人。他们是:社会革命党人萨温科夫、索佐诺夫、西科尔斯基和勃利尚斯基。索佐诺夫将一枚威力巨大的炸弹扔到四轮马车下,普列韦当场毙命。普列韦从国库中领取80万卢布雇来的私人保镖也未能保住他的性命。

来到圣彼得堡后,拉奇科夫斯基见到自己的老熟人——内务大臣特别任务官马纳谢维奇·马努伊洛夫。他现在已成为对沙皇夫妇有重要影响的特列波夫将军的得力助手。仔细听完拉奇科夫斯基的诉说,马纳谢维奇·马努伊洛夫摇摇头,意思是,他重返秘密警察局工作并不那么简单。因为内务部有影响的人物又都想起了拉奇科夫斯基:为扼杀即将来临的革命,需要有经验的秘密警察。但是,有望当上内务大臣的内务助理大臣彼得·尼古拉耶维奇·杜尔诺沃表示反对拉奇科夫斯基复出。内务助理大臣不安的原因很简单。

整个18世纪80年代,占据警务厅厅长职务的杜尔诺沃一直试图用自己的人接替巴黎国外间谍站负责人拉奇科夫斯基。但是,每次都过低估计了拉奇科夫斯基。

得知杜尔诺沃的从中作梗后,拉奇科夫斯基成功地组织实施了一次由他精心策划的秘密行动。这次行动不仅使杜尔诺沃警务厅厅长的职务受到威胁,而且几乎毁掉他的前程。

拉奇科夫斯基得知,杜尔诺沃有许多情妇。这位警察头子特别迷恋一个妓女,并花大笔钱供养她,为此他甚至向人借了6万卢布。而这个妓女同时还与巴西驻俄国大使有染,经常给他寄去情意绵绵的书信。

拉奇科夫斯基首先设法让杜尔诺沃知道其情妇已另有所爱。因吃醋而失去理智的警务厅厅长命令秘密警察潜入巴西大使家中,偷走其情妇的书信。看完这些书信,杜尔诺沃暴跳如雷。在与情妇大吵大闹要求解释这一切时,杜尔诺沃把她打得半死。这个妓女浑身青一块,紫一块,红肿着眼睛去和巴西大使幽会,并把一切告诉了他。巴西大使给亚历山大三世写信告状。沙皇对彼得·尼古拉耶维奇·杜尔诺夫一案的批奏是:"把这头猪赶走。"但是,内务大臣恳求沙皇让杜尔诺沃留任参政员。

这样,杜尔诺沃与拉奇科夫斯基的官宦之路再度交织在一起……

"流血星期日"事件后两天,沙皇任命特列波夫少将为圣彼得堡总督,同时兼任内务部助理大臣和沙皇侍从警务官。特列波夫对秘密警察的工作知之甚少,他需要一位有经验的助手。马纳谢维奇·马努伊洛夫抓住这一天赐良机,请求特列波夫以加强警务厅为由,替拉奇科夫斯基在沙皇面前说情。

普列韦被暗杀后五个月,拉奇科夫斯基接到警务厅厅长加林的邀请前去拜见特列波夫。特列波夫将军非常热情地接见了彼得·伊万诺维奇·拉奇科夫斯基,并告诉他,沙皇陛下将亲自接见他。

第二天,尼古拉二世在皇村接见拉奇科夫斯基——沙皇喜欢亲自与秘密警察局的人员交谈。沙皇向拉奇科夫斯基宣布,任命他为警务厅负责秘密警察工作的副厅长。沙皇下令,在拉奇科夫斯基退职后将为其提供生活保障。

1905 至 1906 年,拉奇科夫斯基深得尼古拉二世的信任,甚至获权绕过警务厅厅长和内务大臣,定期直接向沙皇报告。这使拉奇科夫斯基成为俄罗斯帝国一位重要和有影响力的幕后人物。沙皇的许多官员不得不尊重拉奇科夫斯基的意见。大臣会议主席维特写道:"事实上,是拉奇科夫斯基领导警务厅……"

任命拉奇科夫斯基后不久,特列波夫辞去他担任许多的职务,改任"普普通通的"皇村卫戍司令的职务,负责领导沙皇的"影子内阁"——这实际上是尼古拉二世和身边的其他亲信为扼杀革命而建立的秘密军事—政治政府。

这次任命之后,拉奇科夫斯基的影响和作用进一步加强。特列波夫,这位普通的近卫重骑兵团将军,对警务厅的工作不甚了解,渐渐地完全受到拉奇科夫斯基的左右。

但这时杜尔诺沃当上内务大臣和宪兵司令。在一次每周例行的向沙皇汇报情况时,这位新上任的内务大臣谈起让拉奇科夫斯基退职之事。沙皇回答说:"你总是着急。再等等,让我们先对付革命,会轮到拉奇科夫斯基的。"

警务厅秘密警察副厅长拉奇科夫斯基在同自己的政敌的角逐中得以复仇,并开始疯狂镇压革命者。在阿泽夫的帮助下,他成功挫败一起由社会革命党战斗组织成员策划的针对特列波夫将军、弗拉基米尔·亚历山大罗维奇大公和尼古拉·尼古拉耶维奇大公的恐怖行动。为此他从沙皇那里得到数枚勋章和大笔赏金。

拉奇科夫斯基认为布尔什维克是俄国君主政体最大的危险。他在镇压莫斯科十二月起义中发挥了重要作用,并亲自指挥逮捕俄国社会民主工党(布)莫斯科委员会的成员。

受到奖赏

由于参与镇压莫斯科起义,沙皇慷慨地奖赏拉奇科夫斯基 7.2 万卢布。尼古拉二世深为感动,他摘下自己胸前的圣弗拉基米尔勋章,把它戴在彼得·伊万诺维奇的制服上。

法国人对俄国爆发的革命惊恐不安,并对投资到俄国的资本的命运甚为担忧。阿泽夫通报拉奇科夫斯基,社会革命党战斗小组准备暗杀内务大臣斯托雷平。彼得·伊万诺维奇·拉奇科夫斯基陷入沉思:近来,斯托雷平,还有其他一些沙皇的大臣们被人民运动的气势所吓倒,开始流露出一些自由主义思想。拉奇科夫斯基心里明白,社会革命党人的暗杀行动将会使针对革命者的镇压更加残酷。因此,他决定对密探的报告置之不理。

1906 年 2 月,警务厅得到有人准备暗杀莫斯科总督杜巴索夫的情报。斯托雷平责成拉奇科夫斯基核实该情报是否属实,而拉奇科夫斯基将调查引入歧途。

按照拉奇拉科夫的建议,警务厅厅长将所有力量集中在伊佐特·索佐诺夫的身上。他的兄弟叶戈尔暗杀了普列韦。后来才知道,伊佐特与暗杀杜巴索夫的阴谋没有任何关系。

结果,社会革命党人成功地实施暗杀行动。杜巴索夫的副官被炸死,马车夫受伤。总督本人只是受到点轻伤。

1906年8月12日,一枚炸弹在斯托雷平的别墅爆炸,24人死亡,25人受伤。其中包括内务大臣年幼的儿子和女儿。

后来,阿泽夫向俄国内务大臣特别任务官报告说,事发前他曾向彼得·伊万诺维奇·拉奇科夫斯基报告暗杀斯托雷平的情报。当天晚上,阿泽夫关于此事的报告交到斯托雷平的手上。内务大臣心里非常明白,惩治拉奇科夫斯基有可能断送自己的前程:警务厅特别处主任的秘密档案中说,拉奇科夫斯基担任警务厅主管秘密警察副厅长的职务是格里戈里·拉斯普京推荐的。同这位无所不能的"圣人"闹翻就如同死一样,应当妥协……

不久以后,拉奇科夫斯基在斯托雷平的办公室递交了辞职报告。斯托雷平在报告上写道:"因健康原因辞职。请恩准给予拉奇科夫斯基每年7000卢布的退休金。"

秘密警察中最出色的冒险家就这样结束了自己的冒险生涯。

19 世纪最伟大的冒险家

——罗曼·米哈伊洛维奇·梅多克斯

人物档案

简　　历：19 世纪最伟大的冒险家,有 36 年的光阴是在监狱里度过的,他多次被判处死刑,1830 年他住在首尔库茨克,在这里他揭露了十二月党人子虚乌有的阴谋诡计。三十年代,他被囚禁在施吕瑟尔堡要塞监狱里。1856 年获释,1859 年在兄弟的庄园里平静的去世。

生卒年月：？~1859 年

安葬之地：在兄弟的庄园里。

性格特征：有气魄、有胆略、讲究排场、有进取心。

历史功过：因他屡有艳遇,被称作俄罗斯的卡赞诺娃,1812 年,他冒充索科夫宁的名字,企图在高加索的山民中组织民兵,反抗法国军队,但是他的骗局被揭穿,1825 年,被作为列兵送到西伯利亚的军营里效力。

名家评点：当被流放的刑事犯梅多克斯的揭发材料呈报给了沙皇时,材料中有这样一句给梅多克斯的批语："若能为政府出力,可以得到宽大待遇。"

高加索之旅

　　梅多克斯是在 1812 年第一次引起人们的关注的。很难说他当时有多大的年龄。这位冒险家自己说他生于 1795 年,他的外甥说他生于 1789 年 7 月 8 日,而宪兵则说他生于 1793 年。梅多克斯的父亲是从英国迁来的,名字叫米哈伊尔·格里高利耶维奇·梅多克斯,是莫斯科一位著名的戏剧活动家,喜欢科学发明。不能排除的是作为莫斯科大剧院的创立人和多年的院长,他被邀请到女皇皇宫,表演他的机械实验和物理实验。他发明的奇怪的表还在 1872 年的莫斯科技术展览会上展示过。罗曼·梅多克斯因为生活放荡,老早就被父亲从家里赶了出去。不过,他在父亲那里受到了良好的全面教育。后来,梅多克斯参加了军队,在军队里他本来有着较好的升迁机会。然而,他继承了父亲的性格:有气魄、有胆略,讲究排场,追求新奇的变化和穿着打扮。罗曼把自己的一切进取心都用在了冒险和猎奇上。很快,他就从部队里逃走了,还把团里的资金储备都带走了。他用盗窃的钱给自己制作了一套令人产生深刻印象的近卫军制服,就这样,他开始了他的高加索之旅……

一路上,他把所有的钱都花光了。"您能借给我三百卢布吗?"每见到人,他就这么说,或者是大致这么说。他身着鲜亮的近卫骑兵军官制服,目光炯炯地看着对方。在说话前,他总是先给人看一下他的证明文件,证明他去高加索是为了办理重大的国家公务。

这位身穿骑兵团近卫军中尉制服的年轻人,一路上一再上演上面所说的那一幕。在坦波夫,在沃罗涅日,在他经过的其他大城市里都出现过如此场面。在当时的俄罗斯,这种制服常常使外省那些热情洋溢的夫人们一下子迸发出爱国主义感情。这位年轻人博得了许多人的好感和支持。要知道,当时正是不平凡的 1812 年。

来到高加索的行政中心格奥尔吉耶夫斯克后,这位年轻人自称索科夫宁,是俄罗斯帝国警察部长巴拉舍夫将军的副官。他向当地政府出示了一切证明文件。文件上说,本文件的持有人是奉沙皇和政府之命,在高加索山民中招募民兵,以进行抗击拿破仑的战争。

在格奥尔吉耶夫斯克,为了欢迎首都来的客人,总是要举行舞会和宴会。官员们都想以此向客人表示敬意,但他们内心里却盘算着这样做会对他们的升迁有好处。副省长在读了索科夫宁带来的文件后,依令而行,对索科夫宁予以全面协助。索科夫宁刚提出要求,副省长就马上下令绕过规定的程序,从国库里给他拨出一万卢布,用于为未来的军队置办军装。

高加索地区的警察部长波尔特尼亚金少将,同时也是该地区的军事长官,他以满腔热情,积极帮助这位年轻的副官。他亲自陪同索科夫宁视察高加索战线的要塞,举行检阅活动,向居民发出呼吁书,号召他们参军。

总而言之,一切都好得不能再好了。精力旺盛的索科夫宁在一片称赞声中,雷厉风行地开始了"保卫祖国"的行动。而当地的政府官员们则极力向彼得堡表明自己工作勤勉。

于是,一份份报告纷纷上报了国防部长、警察部长和财政部长。得知这一情况后,精明强干的警察部长副官索科夫宁来见邮政局长,他把手里拿着的一份什么"密件"向局长晃了晃,要求他务必把官方往来的所有文件——不论是向首都呈报的,还是从首都发下来的,都送给他过目。

这样一来,他就能够把那些最可能对他造成伤害的报告扣留下来。他并不仅仅满足于这一点。他要求对他毕恭毕敬的波尔特尼亚金将军给他派一名懂专业的军官,他要赶紧同这位军官一起去把他写的一份报告发送给警察部长巴拉舍夫、财政部长古利耶夫。他在报告中写道,他应该得到宽恕,因为他违犯法律并不是出于自私贪财的动机,而是出于在困难的时刻帮助祖国的愿望。同时,他还列举了法国民族英雄贞德、俄国人民民族解放斗争的组织者米宁和民族英雄波扎尔斯基的例子。他还很谦虚,没有说他的"先辈"没有使用假发票。

索科夫宁的这种绝无仅有的蛮横无理和他肆无忌惮的冒险投机行为,令见多识广的国家官员们大为震动。这件事闹得沸沸扬扬,提到了内阁会议上。当时正在作战部队里的俄国皇帝亚历山大一世也知道了这件事。从最初的震动中清醒过来后,彼得堡发出了警报。1813年2月,索科夫宁被捕。

在审问时,这位狡猾的冒名顶替者一开始就声称,他的真名叫弗谢沃洛日斯基。后来,他又供称,说他是戈利岑公爵,是名人之后。

梅多克斯被关押在要塞里,最初是在彼得保罗要塞,后来又转到施吕瑟尔堡要塞,再后来,又转回彼得保罗要塞。他在要塞里被关了不多不少,正好14年。只是由于亚历山大一世去世,才使他得以自由。1827年,新沙皇尼古拉一世满足了梅多克斯的请求,赦免他并允许他搬到维亚特卡,在警察局的监视下居住。

被关在施吕瑟尔堡要塞期间,梅多克斯在1826年结识了许多等待判决的十二月党人。普希金的同学、十二月党人普辛在1827年写的一封信中,提到了梅多克斯。他写道:"在这个地方我认识了一个叫梅多克斯的人,他在23岁时被关进施吕瑟尔堡要塞,至今已经被关押了14年。现在,这个人住在维亚特卡。我同他是在要塞里认识的……"

梅多克斯在维亚特卡住了不到一年,就带着别人的身份证逃跑了。三个月后,他在叶卡捷林诺达尔被抓获,被武装押送回彼得堡。在路上他又施诡计逃脱,很快就出现在敖德萨。在那里,他大耍无赖行为,两次给尼古拉一世本人写信。沙皇下令抓住这个无赖,把他押送到西伯利亚。于是,1829年被流放的列兵罗曼·梅多克斯出现在伊尔库茨克。

创建秘密团队

在伊尔库茨克,梅多克斯享受着充分的自由,这对于一个被流放的刑事犯来说是不可想象的。由于他才华出众,仪表堂堂,受过良好的教育,因而,在伊尔库茨克市市长穆拉维约夫上校的家里当了一名家庭教师。穆拉维约夫于1816年创建了俄国第一个秘密政治团体——"救国协会",维亚特卡步兵团团长彼斯捷尔就参加了该协会。后来,穆拉维约夫上校完全放弃了秘密团体的活动,因此,尼古拉一世在1825年的十二月党人事件发生后认为,把穆拉维约夫流放到西伯利亚就可以了,不必剥夺他的官职和贵族爵位。

机灵的梅多克斯很清楚,爱报复的尼古拉一世十分憎恨十二月党人,非常害怕出现新的阴谋。于是他决定利用皇帝的这一特点作点文章。他同宪兵的首脑本肯多夫频繁接触,向他告密说,他发现存在着一个"伟大事业协会",这个协会不仅跟被流放的十二月党人有联系,而且,同没有被流放的同伙也有联系。1832年,梅多克斯的揭发材料呈报给了沙皇。皇帝下令立即开展侦查。宪兵大尉沃欣立即带着梅多克斯的揭发材料来伊尔库茨克见本肯多夫。在这份材料中,有这样一句给梅多克斯的批语:"若能为政府出力,可以得到宽大待遇。"

依据精心拟定的行动计划,沃欣带着以书记员的身份陪同他的梅多克斯访问彼得罗夫铸铁厂。1830年,一批被判服苦役的十二月党人从赤塔监狱转到这家工厂的囚室里。梅多克斯在这家工厂的十二月党人中待了6天后,他拿出了存在阴谋的"确凿"证据——每天同这些"政治犯"及其家属进行坦率交谈的"记录",还有其他一些文件。其中,最能给人留下印象的是一份"座位号",这有点像秘密团体成员的称呼证明。似乎是十二月党人尤什涅夫斯基交给梅多克斯的,目的是同莫斯科以及彼得堡的"伟大事业协会"成员建立联系。为彻底查清这起威胁皇帝生命的阴谋的真相,梅多克斯很快就被召到彼得堡。他是在1833年11月到达彼得堡的,此前,他在莫斯科待了不长一段时间。梅多克斯感到十分快乐,因为他彻底恢复了自由。现在他地位显耀,常常受到部长们的接见。当然了,从他的角度看,警察局第三科对他如此大的功劳做出的评价并不高。但不管怎么说,他现在可以穿极其讲究的衣服,出现在社交场所,与女士们打俏调情了。

在上层社会的娱乐圈里鬼混,几个月很快就过去了。而对阴谋活动的侦查工作却毫无进展。最后,宪兵们开始怀疑这案件有问题。当时正在莫斯科鬼混的梅多克斯接到死命令,限他在8日之内结束这一案件。否则,他将承担最严重的后果。两天后,梅多克斯摆脱了对他的严密监视,从莫斯科消失了。他从一个城市逃到另一个城市,躲避警察的追捕。他这样躲躲藏藏地生活了三个月。1834年7月,他还是被抓获。他不得不承认自己编造了许多骗人的话,而最主要的是,他呈报的那份"座位号"是他自己编造的。然而,他还想继续玩这个把戏。在这个把戏里他走得太远了,他甚至还想见见"最慈善的国王"。

尼古拉一世得知自己干脆被人耍了一通,气得暴跳如雷。因为从一开始他就非常认真,并且越来越紧张地关注着梅多克斯的报告。

冒险家梅多克斯再次被关进彼得保罗要塞,后来,又转到了施吕瑟尔堡要塞。这一次梅多克斯被判监禁22年整。他总共在监狱里度过了36年的光阴。

和第一次一样,只是皇帝的更替,才改变了他的命运。1856年,梅多克斯被释放出狱。三年后,他在兄弟的庄园里平静地去世。但直到生命的最后一刻,他仍然处在警察的监督之下。

美国冒险家

——威廉·沃克

人物档案

简　　历：美国冒险家,生于田纳西州,毕业于宾夕法尼大学医学系,最初在欧洲行医,后来又做过律师和新奥尔良某报纸的编辑,1960年11月12日被判处以死刑。

生卒年月：1824年5月8日~1860年9月12日。

安葬之地：装入一个价值10比索的棺材里埋葬,地点不详。

历史功过：1855年组织了对墨西哥索诺拉州的远征。

名家评点：对大多数中美洲居民来说,沃克象征着毁灭和暴力。他被看作是一个海盗和冒险家。他的远征被认为是对主权国家内政的粗暴干涉。在很长一段时间内,尼加拉瓜的农民用沃克的名字吓唬自己的孩子。中美洲历史著作对他的评价也是如此。

左右为难

美国冒险家。生于田纳西州。毕业于宾夕法尼亚大学医学系。最初在欧洲行医,后又做过律师和新奥尔良某报纸的编辑。1855年组织了对墨西哥索诺拉州的远征,最后在圣迭戈向美国联邦军队投降。

1855年7月13日,一群美国海盗在尼加拉瓜的雷阿利科港登陆,他们的目的是在中美洲国家建立奴隶制,让这些国家都服从美国的统治。他们的首领是威廉·沃克。

沃克是一个极为矛盾的人。他有着截然不同的多重性格——时而善良时而残忍,时而勇于自我牺牲时而又对别人的生命极度漠视;他工于心计,冷酷无情的外表下有一颗躁动的心,正是这颗躁动的心促使他踏上一次次冒险之旅。沃克身体瘦弱,个头不高,但他有一双极富魅力的眼睛。传记作家和诗人曾多次描述过他的眼睛。

沃克的信仰也相互矛盾。在短暂的一生中,他从一个废奴主义者和社会主义者转变为一个坚定的奴隶制卫道士,后来出于政治目的,他又从一个新教徒转变为一个天主教徒。沃克爱惜荣誉,渴望权力,具有很强的号召力。他在文学方面也很有才华。他曾写过一本有关尼加拉瓜战争的书,这本书在他被枪杀的那年出版。

对大多数中美洲居民来说,沃克象征着毁灭和暴力。他被看作是一个海盗和冒险家。他的远征被认为是对主权国家内政的粗暴干涉。在很长一段时间内,尼加拉瓜的农民用沃克的名字吓唬自己的孩子。中美洲历史著作对他的评价也是如此。

1824 年 5 月 8 日,威廉·沃克生于美国田纳西州的内施维拉。他的父亲詹姆斯·沃克是一位银行家和商人,是苏格兰人的后裔。他的母亲玛丽·诺尔维尔出身于肯塔基州的名门望族。沃克有两个兄弟和一个姐姐。孩子们的家教非常严格。沃克长成了一个听话安静的孩子。他非常爱他多病的母亲,喜欢为她大声朗读斯科特的小说和拜伦的诗歌。

12 岁时,沃克考入了内施维拉大学。与当时美国的其他大学一样,这所学校实际上是一所中学。沃克学习成绩很好,两年之后转入了宾夕法尼亚大学医学系学习。最后他以优异的成绩毕业,毕业论文的题目是《对眼睛虹膜的研究》。

19 岁时,沃克获得行医资格证书。此后两年间,他一直在巴黎的医院实习,并到海德堡、伦敦和爱丁堡的医学院听专家们讲课,1845 年他返回祖国时,已决定改变职业,从事法律研究。这一决定使他的双亲感到震惊。沃克在新奥尔良刻苦钻研法律课程,两年之后,他成为一名律师。但他并未就此满足。这位医生兼律师又创建了《新奥尔良批评家报》,积极支持辉格党的活动。

据与沃克同时代的人回忆,《新奥尔良批评家报》的处境与马克·吐温在著名小说《田纳西州的新闻记者》中的描述极为相似。与马克·吐温笔下的人物一样,沃克不得不与某些人进行决斗,原因是报纸上的文章违背了这些人的政治观点,损害了他们的名誉。值得一提的是,沃克的报纸上曾刊登了当时还鲜为人知的沃尔特·惠特曼的诗作。

在新奥尔良,沃克经历了自己一生中唯一的一次爱情。5 岁时的一场重病使埃伦·马丁失去了听力和声音,但这并未有损于她的美丽,她的聪明活泼和迷人举止使她成为众人关注的焦点。沃克疯狂地追求埃伦,为此他学会了手语,他们经常用手语进行长谈。1849 年 4 月,正当他们准备结婚时,埃伦意外地死于霍乱。

这件事大大改变了沃克的性格和生活方式,他变得闷闷不乐,郁郁寡欢。1850 年,沃克离开了新奥尔良。他沿巴拿马地峡旅行,来到圣弗朗西斯科。应朋友兰多尔弗的邀请,他为刚刚成立的《圣弗朗西斯科杰拉尔德报》写稿,该报主要面向那些维护南部奴隶制的民主分子。在圣弗朗西斯科，扩张美国领土的计划吸引了沃克，这项计划是以当时盛行的"命运注定"理论为依据的。

沃克的荣誉感和表现欲无疑也起了一定的作用。这是可以理解的，因为在美国南北战争之前，南方的政治色彩十分浓厚，扩张主义情绪也极为高涨。在这段时期内，沃克与美国前驻西班牙大使皮耶罗·苏列联系密切，苏列主张美国购买或者吞并古巴。

购买或直接吞并古巴的方案是建立加勒比海奴隶制帝国计划的重要组成部分。南方的政治家认为，这一帝国的版图应始于墨西哥、经安德列斯群岛和加勒比海沿岸国家一直延伸到哥伦比亚。它将是个岛国，古巴和波多黎各也应脱离西班牙，并入该帝国的版图。奴隶主们还将扩张到一些独立国家，如海地、墨西哥、中美洲国家和哥伦比亚的一部分地区。

民族解放主义思想和扩张主义、革命理想主义和对致富的渴望、救世主学说和政治冒险主义奇异地交织在一起，构成了当时的时代背景。沃克投入到这个充满政治热情和经济野心的计划中，试图使美国的殖民统治扩张至整个中美洲乃至墨西哥。

不断扩张

沃克的第一次扩张行动是对墨西哥的远征。1854 年 11 月，沃克率领几百人潜入下加利福尼亚州和索诺拉州，宣布在那里建立一个新独立国家。沃克自己任总统，同时还组建了政府，确定了国旗。这支队伍对墨西哥农民、手工业者、商人和企业主横加掠夺。尽管墨西哥各地对此怨声载道，但总统比尔斯对沃克等极端分子仍持宽容态度。

后来，墨西哥政府聚集了力量，经过几个月的激战之后，1854 年 5 月，沃克和 33 名随从退回到美国本土，向美国联邦军队投降。由于触犯了美国 1818 年的中立法，沃克出庭受审，但他很快就被无罪释放，继续从事新闻工作。

1854 年，克里米亚战争爆发。战争持续的时间较长，英国不得不对此投入大量的精力。美国利用英国被困克里米亚战争之际，加紧改变两国在中美洲和加勒比海地区的力量对比。

尼加拉瓜成为扩张主义者的首选目标，该国政治局势的紧张为实现建立"加勒比海帝国"的计划提供了绝佳的机会。沃克对尼加拉瓜表现出很大兴趣。1854 年 12 月，他与美国大企业家库尔就远征尼加拉瓜以支持尼国内自由党的有关事宜签署了协议。

作为交换，尼加拉瓜自由党答应划给沃克及其士兵 21000 英亩土地，并同意在军事行动结束后定期从国库中向其支付薪饷。后在沃克的要求下，尼加拉瓜自由党将土地数目增加至 52000 英亩，同时赋予士兵合法移民的身份。这将使沃克免于美国法律对其违反中立法的制裁。

招募志愿者的工作进行得十分顺利。万杰尔比尔德公司为沃克的远征提供财政支援。

沃克精心策划了这次远征。他不仅在地图上查看了所要进行会战的地区，而且还翻阅了大量的相关文献（其中包括美国前驻尼加拉瓜大使斯库阿耶尔的著作）。有传言说沃克不懂西班牙语，这是不符合事实的。

克里米亚战争

1855年5月初，一切准备就绪。6月16日，沃克和57名装备精良的殖民主义者乘坐"维斯塔"号帆船抵达尼加拉瓜的雷阿利科港。

起初，沃克和万杰尔比尔德公司的关系融洽。该公司的船只不断向尼加拉瓜输送美国殖民者，这些人一到尼加拉瓜就立即投入战斗。秋天，殖民者已达1500人。1200名装备精良的志愿者是其中的主力，他们中的大部分人都有作战经验。

但是，1856年2月，沃克与万杰尔比尔德公司的关系恶化。沃克对该公司所扮演的保护者角色（纽约实业界称该公司为舰队司令）表示不满，而沃克的自行其是和大权独揽也引起了该公司的反感。根据沃克的建议，尼加拉瓜里瓦斯政府终止了与万杰尔比尔德公司的协议，将合同转给该公司的竞争者和过去的合作伙伴——科尔涅利乌斯·加里松和查尔斯·莫尔干。

万杰尔比尔德公司随即宣布不再为沃克运送人员和物资，同时要求美国采取打击海盗的措施。作为报复，该公司将人员和武器运往哥斯达黎加，支持当地对抗沃克武装的政府军。这些报复措施使沃克在战斗最激烈的几个月内处于孤立无援的境地。

万杰尔比尔德公司与伦敦方面进行谈判，希望获得海军部的支持，让英国海军包围尼加拉瓜海岸。该公司驻尼加拉瓜的代表正努力说服里瓦斯总统断绝与沃克的往来。

万杰尔比尔德公司没有忘记给背叛它的加里松和莫尔干以沉重一击。它以诈骗罪对他们提出诉讼，要求加里松赔偿50万美元，莫尔干和沃克共同赔偿10万美元。

最终，加里松和莫尔干在万杰尔比尔德公司的铁腕下屈服，承认与沃克的交易属非法行为。他们答应每月向万杰尔比尔德公司支付5.6万美元的违约金后，该公司承诺不与他们在巴拿马海上航线上竞争。

与此同时，沃克的情况越来越糟。1856年3月1日，危地马拉、哥斯达黎加、洪都拉斯和萨尔瓦多宣布共同开展打击沃克的军事行动。值得注意的是，此次军事行动只针对沃克本人，而不针对尼加拉瓜政府。盟军人数超过一万人。胡安·拉法埃里·莫拉领导的哥斯达黎加政府请求英国政府提供武器支援。伦敦方面立即对他的要求做出回应,一些必要的武器(几门炮、2000支枪和弹药)被运往哥斯达黎加。

在这种形势下,沃克急需外援。他对英国方面的援助不抱任何幻想,他本人对英国外交官在中美洲的活动也极为反感,他把希望寄托在自己的同胞——皮埃罗·苏列和美国驻尼加拉瓜领事约翰·威列尔身上。

早在1856年4月,当美国国务卿默西拒绝接见沃克的特使弗连奇上校时,弗连奇找到苏列寻求帮助。4月28日,在苏列的倡议下,人们在新奥尔良举办了支持沃克远征的集会。苏列在辛辛那提州的民主党大会上强烈表达了对沃克的支持。

1856年8月,苏列带领援兵来到尼加拉瓜。在尼加拉瓜的两个星期内,苏列与沃克举行了秘密会谈。沃克称,此次会谈具有重要意义。

会谈之后,沃克做出了一个重要决定——在中美洲恢复已于1824年被废除的奴隶制,想借此建立一个由军人执政的统一中美洲国家,由他本人担任国家首脑。沃克希望能得到美国南部政治家的支持。他写道:"奴隶制是我构想的核心,这一制度若不建立,美国在中美洲就只能扮演近卫军的角色。"

苏列向沃克转交了他在美国募捐到的50万美元,希望能够加快殖民化进程。

威列尔也是沃克的热心支持者,他完全赞成沃克的计划。他在国会发言称:"美国人的到来向尼加拉瓜人民宣告:无所事事应让位于勤劳肯干,无知应让位于科学,混乱应让位于法律和秩序。"

威列尔是"命运决定论"和"白人至上论"的坚定信徒。1854年12月,他刚到尼加拉瓜上任时就断然宣布:"中美洲本地人的行为已证明,他们完全没有管理自己国家的能力。"

就在沃克率部抵达尼加拉瓜的前一个星期,威列尔刚与尼加拉瓜政府签署了友好贸易条约,但这并未妨碍他热烈欢迎沃克的到来。1855年11月10日,国务院的指示还未到,威列尔就迫不及待地正式宣布承认里瓦斯—沃克政府。

美国国务院在表面上并不支持沃克的计划。前文已经提过,国务卿默西曾拒绝接受沃克特使递交的国书。

但是,由于沃克一再要求美国政府慎重审视尼加拉瓜的局势,1856年5月中旬,在民主党大会召开前夕,美国总统宣布将接见沃克的代表。他在宣布这一决定时说:"必须承认现已存在并已获得人民拥戴的政府。"承认里瓦斯—沃克政府的指示被发往尼加拉瓜。

而与此同时,尼加拉瓜的局势发生了重大变化。6月,沃克突然断绝了与里瓦斯总统的任何关系。一个月后他举行了总统选举,7月12日,他宣布自己为尼加拉瓜总统。这次选举非常奇怪,因为候选人只有一个——沃克将军,而选民则清一色地是他的士兵和殖民分子。尼加拉瓜人被剥夺了选举的权利。

沃克就职后不久,默西的指示便到达格林纳达。威列尔急忙向国务院汇报,他已按照指示与沃克政府建立了外交关系,签署了友好、贸易和通航条约。

幸运降临

幸运之神再度眷顾了沃克。但是,在英国的帮助下,沃克的敌人又对他发起了新一轮的进攻。沃克的特使维西利神甫受到所有拉丁美洲国家外交官的冷遇,而他的继任者也被美国总统拒之门外。哥斯达黎加总统莫拉派外交使团前往危地马拉、萨尔瓦多等国首都,与这些国家一起制定共同打击沃克的战略计划。倒霉的尼加拉瓜里瓦斯政府也加入了这一集团,成为反对沃克的坚定分子。

法国也采取了一系列外交措施,向丰塞卡湾派遣了军舰;英国舰队再次在北圣胡安湾出现。万杰尔比尔德公司截获了四艘沃克的船只。英国水兵对该公司的行动持纵容态度。英国舰队还包围了前往尼加拉瓜增援沃克的 400 名援兵,随后将这批人押往新奥尔良。

沃克对英国外交官日益增长的敌意表示担心,他试图使美国政治家相信,他正站在与英国扩张主义斗争的最前沿。在给参议员杜格拉斯(国会中扩张主义分子的领袖)的信中,沃克列举了大量美国利益遭到侵犯的事例,并呼吁对英国过去及现在的扩张行为进行惩罚。

沃克在尼加拉瓜活动初期,英国方面只将他看作是一个出色的冒险家,对他的活动一直持宽容态度。但是在沃克宣布自己为总统后,形势发生了变化。他的名字经常出现在英美外交往来信函中。英国外交界也开始密切关注他的活动。

沃克在对美国打反英牌的同时,也在竭力争取英国实业界的支持。为此他采取了一个出人意料的举措:任命著名的古巴民族解放运动战士多明戈·戈沃里阿为自己派驻英国的特使。1856 年 1 月,沃克答应戈沃里阿,尼加拉瓜的战斗结束后,他将率部支援古巴反对西班牙殖民者的民族解放运动,两人就此事签署了协议。沃克在给戈沃里阿的信中指示道:"您应当说服英国内阁,我们不是要进行扩张活动,而是要用军事手段建立起一个强大而团结的南部联邦,因为这是唯一可以限制北方民主运动的方法。"沃克试图利用英国政府支持美国南部的心态。

但是戈沃里阿并未能成功完成自己的使命,他被沃克召回。戈沃里阿对沃克的动机和政策深感失望。

1856 年 9 月,中美洲国家盟军开始对沃克武装实施严厉的军事打击。但是在战争期间,盟军中突然暴发霍乱,这对他们的行动造成了严重影响。

10 月 12 日,盟军在莫拉(哥斯达黎加总统的弟弟)的指挥下进攻格拉纳达,占领了城市的大部分地区。他们包围了美国领事馆,对建筑物开枪射击,要求交出威列尔。但是当时威列尔已被默西召回了美国,原因是他从事了外交领域之外的活动。威列尔于1857年3月退休。美国试图借此在拉丁美洲国家、英国和法国面前维护自己的威严。

12月,格拉纳达遭严重破坏之后,沃克的部队试图进入圣胡安河口,在那里凭借舰队的实力东山再起。但是,整个地区已被盟军和英国舰队包围,经过几个月的激战后,沃克不得不放弃自己的计划。他的部队现已是一支疲惫之师。1857年5月1日,沃克宣布投降,投降条件对沃克极为优惠:他率残余部队乘坐由美国总统布坎南指定的船只离开中美洲。美国政府就是用这种方式抢夺了中美洲人民的胜利成果。

英美文献常用一种不屑的口吻提及沃克对尼加拉瓜的第一次远征,仿佛这是一段滑稽可笑的历史,而沃克本人则是一个自视为拿破仑的小丑。但是休斯敦对此提出质疑:至少有12000人因沃克而死,难道可以将这样的人称做小丑?沃克的部队共有2518人,其中战死或因伤而死的至少有1000人,还有700人临阵逃脱,250人被俘。中美洲国家的士兵伤亡是沃克部队的4~5倍。有数字表明,仅霍乱就使1万~1.2万名士兵丧生。

沃克在尼加拉瓜的结局是预料之中的。

被押送回国之后,沃克再次被送上法庭,被控违反了中立法。美国南部再次发起了支持他的强大宣传活动,活动取得了成功。交了2000美元押金后,沃克获释。获得自由之后,他马上前往全国各地,宣扬自己的中美洲计划,积极为再次远征筹款。

1857年11月,美国政府正式承认了尼加拉瓜的里瓦斯政府。与此同时,沃克和270名士兵乘坐"法什"号帆船从莫比尔出发前往北圣胡安湾。美国舰队对此十分警惕,装有50门炮的"亚博什"号舰舰长波尔金克采取了果断行动,在哥斯达黎加的蓬塔雷纳斯港口包围了沃克的部队。他强迫沃克投降,保证他能安全返回美国。有消息称,波尔金克之所以采取果断行动,其原因是在受降仪式进行时,离美国军舰不远处停有一艘装有90门炮的英国"布兰苏克"号巡洋舰。

英国军舰出现在英美两国经常发生冲突的尼加拉瓜海岸,这一事实清楚表明,两国围绕沃克展开的大规模外交斗争还在继续。1858年11月8日,英国驻美大使洛尔德·纳比耶尔给美国国务卿凯斯的信中说,英国军舰接到命令,如果尼加拉瓜和哥斯达黎加政府向英国政府请求帮助,英国军舰将打击海盗向两国海岸的登陆行动。英国还建议法国向该地区派遣舰队以防万一,法国驻美大使萨尔季热立即向华盛顿通报了这一情况。

美国文献一般只提及沃克对中美洲的三次远征。远征实际上共有四次。1858年12月,沃克率部乘坐"休津"号帆船从莫比尔出发前往洪都拉斯。行进途中,在距伯利兹海岸60海里处遭遇翻船。沃克和他的部队在一个无人小岛上过了三天,直到附近一艘英国"瓦西利克"号军舰(这艘军舰并非偶然出现在这一海域)将他们救起并送回美国。

沃克发动的再一次进攻(也是最后一次进攻)以失败收场。这次进攻的对象是英美争夺的焦点——巴伊亚群岛。1859年11月,精明能干的英国驻中美洲地区特使查尔斯·瓦伊克与洪都拉斯政府签署了关于英国向洪都拉斯转交长年引起两国争议的巴伊亚群岛的条约。作为交换，洪都拉斯政府同意承认英国在伯利兹的权利。条约于 1860 年 5 月获得批准。

但是群岛中面积最大的罗阿坦岛上的一部分居民（主要是美国人）不愿加入洪都拉斯，他们向沃克请求帮助。

沃克决定将罗阿坦岛变为其在洪都拉斯扩张的基地，他希望能得到洪都拉斯前总统卡巴尼亚斯的支持。英国政府立即对此事做出反应。它与洪都拉斯政府签署了新的协议，协议规定，在海盗未撤出巴伊亚群岛之前，英国暂不向洪都拉斯转交群岛。

1860 年 6 月，"克利福顿"号和"约翰·泰洛尔"号帆船将沃克的部队及武器装备运至距罗阿坦岛 300 海里的科苏利尔岛。沃克希望英国能尽快撤军并将群岛转交给洪都拉斯。但英国舰队显然并不急于离开这个倒霉的岛屿，沃克于是决定采取行动。8 月 6 日晚，96 名士兵对洪都拉斯的特鲁希略港发动突然袭击。在短暂的交锋之后，沃克几乎未伤一兵一卒就占领了这个要塞。沃克命令在要塞上空升起原中美洲联邦的旗帜——莫拉桑之旗，希望借此表明他继承这位伟人事业的决心。

占领洪都拉斯海关大楼之后，沃克宣布特鲁希略港为自由通航和贸易港。后来事实证明，这一举措是沃克所犯下的一个重要的战略性错误。

两个星期后，英国军舰"伊卡鲁斯"号抵达特鲁希略港。舰长萨尔蒙在未得到上司指示的情况下自作主张，擅自行动。他致函沃克称，占领海关是非法行为，因为特鲁希略港的税收是由英国政府负责的，征集的税款用以抵偿洪都拉斯政府所欠的债务，从这个角度来说，沃克的行为带有明显的反英色彩。萨尔蒙要求沃克立即放下武器。

沃克在回函中为自己辩护道，他是应中美洲人民的请求来帮助他们的。萨尔蒙向沃克指出，他的行为违反了国际法。萨尔蒙还驳斥了沃克引用的国际法法规，建议他仔细翻阅一下威顿出版社出版的国际法全集。很难设想这样一个可笑的场景——一个海盗头子坐在断壁残垣的要塞中，耳边炮声隆隆，而面前则是一堆国际法书籍。

沃克急切地寻找出路。8 月 21 日，他丢弃了一些伤兵和重武器，率部突然离开特鲁希略港，向洪都拉斯纵深突围，希望与卡巴尼亚斯的队伍会合。洪都拉斯总统下达了解除沃克武装的命令，阿利瓦列斯将军率 200 名洪都拉斯士兵对沃克进行追捕。

"伊卡鲁斯"号进入了里奥廷诺河口，萨尔蒙希望能在此生擒沃克。他的估计没错。9 月 3 日，沃克的帐篷被团团包围。他明白自己已无路可逃，表示愿意投降，但条件是必须保障他和他的士兵平安返回美国。萨尔蒙答应考虑他的要求，沃克随即命令部属缴械投降。

萨尔蒙和洪都拉斯的官员举行了会谈，英国在伯利兹的教区长普莱斯也赶来参加了此次会议。沃克、他的助手拉德列尔上校以及 70 名士兵被交给洪都拉斯政府处置。沃克和拉德列尔被提交军事法庭审判。沃克被判死刑，拉德列尔被判长期监禁。

1860 年 9 月 12 日清晨，沃克出现在特鲁希略要塞倒塌的城墙边。看热闹的人很多。

沃克对他的死刑判决漠然置之。他用西班牙语做了最后的讲话："尼加拉瓜总统，尼加拉瓜人民……"士兵们一同向他开枪之后，一个士兵又朝死者的脸上补射了一枪。从这个海盗头子身上发现的唯一值钱的东西是一个肖像框——这是埃伦·马丁送给他的。这个梦想成为中美洲统治者的沃克被装入一个价值 10 比索的棺材里埋葬了（这个棺材是当地神甫买的，因为沃克是天主教徒）。

为英除害

沃克的死讯使英国政府备感轻松。有人指责萨尔蒙舰长违背了对沃克的诺言，萨尔蒙对此回敬道，当时没有明确的命令，他的所作所为都是为了维护英国和其他国家的利益，他之不受海盗的侵犯。

在给海军部的信中，英国北美和西印度舰队司令米恩通报了沃克的死刑，同时对萨尔蒙的果断行动表示赞赏。英国海军部赞扬了萨尔蒙的行为，英国外交大臣拉舍尔勋爵指出，萨尔蒙表现出了高超的洞察力。

沃克的冒险活动不仅使英美关系恶化，而且严重影响了美国东北部和西北部工业集团的利益。万杰尔比尔德公司在尼加拉瓜修建跨洋运河的工程被无限期地搁置，这在客观上符合美国的宿敌——英国在中美洲的利益。此外，一些新的国家——法国和德国也加入了争夺中美洲的行列。

美国大海盗

——威廉·亨利·汉斯

人物档案

简　　历：美国冒险家，海盗。他认为航海有利可图，说服商人们为他提供装备，达到目的后，却以此谋求私利，在诈骗活动中，他表现出惊人的机智，做过奴隶贩子、流浪歌手和新西兰金矿区剧院的老板，曾数次入狱，1877年3月31日被舵手杀死。

生卒年月：1829年~1877年3月31日。

安葬之地：不详。

性格特征：聪明能干，精敏机智，彪悍、自信、粗鲁、贪婪、无耻。

历史功过：汉斯的生活多姿多彩。他对金钱的渴求永无止境，但他却从不考虑获取金钱的手段是否正当，他爱财如命，进行各种诈骗活动，已46岁但依旧精明机敏的汉斯转信了天主教。

名家评点：法国《波斯特》报引用汉斯助手的话评论他的死亡原因说："船长与舵手谈论了航向问题。他们发生了争吵。船长走了下来。几分钟后当他再次登上甲板时，挪威水手用原木击中了他的头，他当即倒地死去。"

淘金高手

美国冒险家、海盗。他借口航海有利可图，说服商人们为他提供装备，达到目的后，却以此谋求私利。在诈骗活动中，他表现出惊人的机智。做过奴隶贩子、流浪歌手和新西兰金矿区剧院的老板。曾数次入狱。最后被舵手杀死。

1847年，18岁的美国小伙子威廉·亨利·汉斯在纽约——圣弗朗西斯科航线上的一艘帆船上做水手。汉斯的父亲在伊利湖上有一艘驳船，他从童年起就在这艘船上给父亲帮忙,那时加利福尼亚才刚刚涌起淘金热潮。长大后,汉斯做了水手,不久便被提拔为水手长。虽然没有文凭,但凭借自身的聪明能干,汉斯很快被提升为三副。两年之后,他已是"坎顿"号帆船的大副。这艘船在美国和澳大利亚之间运送乘客,那时澳大利亚也掀起了淘金热潮。

"坎顿"号将淘金者运至悉尼后,又开赴塔斯曼尼亚采购了些木材,随后决定返航。不幸的是,他们未能揽到发往圣弗朗西斯科的货运生意。大伙不得不决定将"坎顿"号卖掉,但一时找不到买主。汉斯不仅是大副,也是"坎顿"号的船主之一。他建议带着木材离开悉尼,到别处去碰碰运气。1854 年 5 月 27 日,"坎顿"号抵达关岛,48 天后到达新加坡。起初两个星期,"坎顿"号的船员们一直感到无所适从。在这段时间内,汉斯第一次见到了那些自己今后将大展身手的岛屿。

"坎顿"号在新加坡被卖掉了。汉斯随后奔赴圣弗朗西斯科去实现自己的梦想——买一艘远洋帆船。他找到了一艘旧的远洋帆船"阿兰托"。这艘船需要修理,汉斯倾其所有买下了它。他随后带着"阿兰托"加入了淘金者吉姆·克林斯的团伙。

汉斯的绰号是水牛,时年 26 岁。他高大英俊,蓄着红色的胡子,酷似杰克。伦敦笔下的淘金者——彪悍、自信、粗鲁、贪婪、无耻。

与船结缘

帆船整修之后,满载美国货向中国进发。按规定,卖完货物之后,汉斯应返回圣弗朗西斯科与他的合伙人共分利润。

在汕头,一个留着长辫的中国人在保镖的护卫下登上了汉斯的船。这位中国的董先生与汉斯谈了很久,他建议汉斯将一批中国苦力运往新加坡,因为这次短程航行非常有利可图。汉斯不假思索地答应了。三天之后,"阿兰托"号将苦力运到了新加坡。

第二年,汉斯来到澳大利亚。他在那儿干了一些不光彩的勾当,被债主到处追债。最后有关部门将他的船扣押拍卖以抵偿所欠债务。汉斯本人并不气馁。他结了婚,经常举办一些豪华的宴会。在长期拖延之后,法庭最终决定对这位已宣告破产的船长采取措施。汉斯悄悄买了两张开往美国的"阿德梅拉"号船票。他故意让朋友放出风说,他将乘坐另外一艘船离开。当他的债权人在另一艘船上搜查他时,他则坐在相邻的一艘船上静静观望。看着那艘船上发生的一切,他向周围的人解释说,这可是非同一般的场面——一艘海盗船被截获了。

汉斯在圣弗朗西斯科找到了一位不了解他的底细的船主,这位船主把自己的船交给他使用。几天之后,船主从一些熟人那里知道了汉斯的为人,他被吓坏了。尽管他的代理人在船上,他还是致函各家报纸,请求发布逮捕汉斯的消息。从仰光到火奴鲁鲁的所有报纸都刊登了这封信。汉斯夫妇在到达火奴鲁鲁之后立即被赶下了船。这对年轻夫妇不得不在夏威夷滞留了一段时间。后来一位神甫将钱借给他们,他们才得以返回圣弗朗西斯科。

1859 年初,汉斯再次在圣弗朗西斯科出现。人们不知道他靠什么生活,整整半年没有他的任何消息。春天和夏天,他都一直在港口徘徊。他与捕鲸者交谈,与渔夫们一起喝酒,与酒吧老板们打得火热。汉斯以富有淘金者的身份出现在这些新朋友面前,他正四处寻找一艘合适的船出海。

经济上的困难和对大海的思念促使汉斯用极低的价格(800 美元)买入了"爱伦尼塔"号远洋帆船。这艘船当时正躺在废料堆里。船主同意先收 500 美元的现金,剩下的部分先打个欠条。500 美元是汉斯的全部财产。但他还是贷款对船进行了全面整修,并且雇用了船员。汉斯显然没有任何还款能力,但是他对此并不担心。

在得知所有乘客(其中大部分是淘金者)将登上"爱伦尼塔"号后,汉斯的债权人试图查封这艘船。汉斯雇用了一名律师。他向这位律师许诺,如果律师能在一天内安抚所有的债权人,他将获得一大笔钱。第二天 9 点,债主们便奔向码头,可这时"爱伦尼塔"号已驶过金门桥。债主们立即召开紧急会议,决定雇用码头的拖船。但当时的风很小,拖船于傍晚时分无功而返,它没能追上"爱伦尼塔"号。

汉斯的律师向法庭提出的诉讼被刊登在圣弗朗西斯科的报纸上。这位律师非但没得到巨额报酬,反而因维护汉斯挨了一顿拳头。债主们向汉斯诉讼,要求他赔偿 4000 美元。诉讼在当天被发往澳大利亚,要求当地执法机关在悉尼将汉斯截住。但是,悉尼的执法机关并未截到"爱伦尼塔"号。

逃离圣弗朗西斯科后不久,"爱伦尼塔"号就遇上了逆风。航行 17 天后,它于 9 月 15 日抵达夏威夷的玛乌岛。汉斯将在圣弗朗西斯科购置的大豆、土豆和葱卖给当地人,从当地购买了糖和椰子油。随后,帆船向南航行,驶向新大陆。

如果不是遇上风暴,"爱伦尼塔"号或许已经到达澳大利亚。但不幸的是,船刚穿过赤道便遇上了风暴,海水迅速涌入船内。乘客和船员一起用水桶不停地向外倒水。

离船最近的陆地是萨摩亚群岛,汉斯命令向群岛的方向行进。帆船上无法容纳所有的人,于是船员们做了木筏应急。

帆船上除妇女之外,还有船长、船长助理和几名乘客。木筏通过绳索与帆船相连。

夜间的风暴使连接木筏与帆船间的绳索断裂。黎明时分,木筏已不知去向。四天之后,汉斯来到萨摩亚。萨摩亚群岛当时是一块独立的土地,几个欧洲大国都在争夺对它的主权。德国最终取得了胜利,将群岛变成了自己的殖民地。但在第一次世界大战之后,萨摩亚群岛又脱离了德国的控制。

1859 年 11 月 16 日,劫后余生的"爱伦尼塔"号船员和乘客来到萨摩亚的主要城市阿皮亚。在美国领事馆,汉斯信誓旦旦地讲述了翻船的经过和原因。他说,沿途中跟随"爱伦尼塔"号的村民抢走了他的钱袋。没有人知道这些话的真假。尽管面临多项指控,汉斯仍是谁的钱也不还,他甚至将乘客和船员委托他保存的钱也据为己有。

当汉斯从萨摩亚来到悉尼时,当地执法人员已带着没收"爱伦尼塔"号的文书在此恭候多时。随后的几个星期,汉斯忙得不可开交。他身负若干项指控(其中包括在旅行期间试图引诱 15 岁的女乘客以及拒绝归还乘客财物等等)。但他仍在报纸上为自己辩解,竭力否认对他的每一项指控。

由于缺乏证据,汉斯被免于刑事处罚。但债权人的指控却使他不得不坐牢。然而他在监狱里只待了两天。因为没有人肯替他还债,汉斯递交了破产声明,澳大利亚当局决定将他释放。

1860 年 1 月 19 日,汉斯出狱。他所剩的唯一财产是一只价值 30 先令的六分仪。这只六分仪没有被没收,而是作为一种劳动工具留给了汉斯。汉斯不得不暂时放弃海上致富的念头,去当了一名流浪歌手。他加入了一个乐队,在澳大利亚的各个城市巡回演出了一年多。1861 年初,汉斯与自己的老朋友会面时说,他渴望重返海上,并且已经想好了行动计划。

重返海上

一个名叫塞姆·克利福特的牧场主住在距悉尼不远的牧场内。1818 年,他作为苦役犯被流放到澳大利亚。而如今克利福特已成为业内最富有的牧羊专家,同时他还是当地上流社会的中坚人物。汉斯同克利福特拉上了关系。克利福特的女儿爱上了这位冒险家。汉斯也隐瞒了自己在圣弗朗西斯科已有妻儿的事实。汉斯同克利福特小姐订了婚。克利福特先生将"伦采斯顿"号远洋帆船送给他们当结婚礼物。

很快,汉斯在纽卡斯尔装上煤,乘"伦采斯顿"号前往孟买。但是他并未到达孟买。三个星期后,各港口的报纸都刊登了由巴达维亚商人集体签名的一封信。信上说,不久前,一艘来自澳大利亚的货船"伦采斯顿"号来到巴达维亚。它在巴达维亚卸下了煤,并承接了运往新加坡的价值 10 万美元的货物运输。"伦采斯顿"号刚离开港口,将货物交给该船托运的商人突然认出了汉斯,这不是那个一年前闹得满城风雨的骗子吗?人们开始追捕汉斯,想要回托运的货物。但是,这艘船却无影无踪了。没有人知道汉斯干了什么,人们只知道,他没有回悉尼,没有与克利福特小姐结婚,也没有将货物还给巴达维亚商人。这段时期内,汉斯可能在南中国海从事货物运输,借此逃避法律制裁。

汉斯从中国向澳大利亚北部的种植园运送了几百个苦力。除运费之外,他还每人多收 10 美元,用来支付海关的移民税。但是汉斯并不想支付移民税,他想出了下面的办法。

当"伦采斯顿"号靠近指定的港口时,汉斯吩咐船员向底舱灌水。被吓坏的苦力逃上了甲板。当地平线上有另一艘货船出现时（也有消息称是码头的拖船），把戏到此结束。船一靠近，汉斯就发出求救信号。他称自己的船很快就要沉了，他担心乘客的安危，请来船将他们接上船去，他将为每个乘客支付 3 美元。来船刚把中国人接到船上，"伦采斯顿"号上的抽水机就开始工作了，汉斯再度扬帆向公海驶去。这样一来，他既避免了与海关人员见面时的不快，又完成了将苦力送往指定地点的任务，同时还省了几千美元的税收支出。

没有人知道汉斯是怎样离开"伦采斯顿"号的，也没有人知道他为什么又重新回到岸上当起了流浪歌手。后来，汉斯先后在几艘帆船上干过，经历过几次灾难。他又结了婚，在一次翻船事故中，他的妻子和孩子丧生。不久后，汉斯又做了新西兰金矿区剧院的老板，最后，他当起了奴隶贩子，并为此专门购置了"罗娜"号帆船。

汉斯首次猎取奴隶的地点是纽埃岛。他以前曾经到过这个岛屿，在这里设立了办事处。岛上的居民生活得十分平静，当时迅速蔓延的敌视奴隶贩子直至敌视一切白种人的情绪在这里还未出现。因此，汉斯将这里定为自己的目标。

"罗娜"号停泊在纽埃岛。岛上的居民很快将船围住了。没有人阻止他们爬上甲板。当船上聚集了 60 个人时，汉斯命令开船，将船驶向公海。

一个星期后，传来一个惊人的消息：那个狡诈的船长回来了。全岛居民都聚集在岸边。从"罗娜"号上放下一只小船，汉斯船长在没有任何保护的情况下走向岸边。汉斯在岛上的代表海德先生也站在人群中，他在汉斯离开后遭受了许多盘问和指责。他质问汉斯发生了什么事。汉斯答道："我警告他们，我们要开船了。但是他们不愿离开。我可不能在这里呆上一个月，于是不得不带他们一起走。"汉斯的语气非常严肃。他对岛上的居民说："你们的兄弟现在非常健康。我把他们安置在一个很好的岛屿。我们航行了很久，干粮吃完了。我回来找些吃的，你们的亲人在等我回去。"他最具说服力的话是："如果我做错了什么，我还敢单独一个人来和你们谈话吗？"

汉斯懂得如何说服人，他成功了。村子里开始忙碌起来。人们把椰果、肉等食品送到了船上。随后村里举行了宴会。客人们离开村子以后，一个士兵跑过来向头领报告："那个大胡子船长带走了我们的姑娘。"

原来，在宴会期间，汉斯的水手大谈特谈异域风情，于是几个好奇的姑娘决定和他们一起逃跑。那些被掳男人的妻子和未婚妻也悄悄地来到了船上。当岛上的居民赶到岸边时，他们只看见"罗娜"号上遥远的灯火。这艘船带走了 30 位妇女和姑娘。从此以后，汉斯再也没登上过纽埃岛。

在前往塔希提的途中，汉斯从一个无人居住的珊瑚岛上接下了其余的俘虏，将他们一同赶入舱底。后来，他把这些人都卖了。

拉姆别尔克博士写道："汉斯常常将整个岛屿的居民都掳走，把他们送往澳大利亚、斐济和南美洲国家的种植园和矿井里做苦工，他们的命运都极其悲惨。汉斯还经常袭击珍珠养殖场，掳走那里的珍珠和女潜水员。在公海上，他经常改变船的外观，以防被巡逻船认出。他惯于利用漂亮姑娘做诱饵。在靠近远方岛屿时，他让一些漂亮姑娘站在甲板上吸引年轻人。一些无知的居民上了船，从此便失去了自由。"

除"罗娜"号之外，汉斯当时还有一艘双桅帆船"萨摩亚"号。"萨摩亚"号负责从汉斯设在各岛屿的贸易站上收集椰果肉和蚌肉。1869 年 5 月中旬，汉斯不得不将已彻底坏掉的"罗娜"号丢弃在海上，船员们乘坐两艘小船历经 12 天到达了最近的岛屿。汉斯虽然为失去货船而沮丧，但他还抱有希望，认为"萨摩亚"号会将一切损失都补回来。这真是命运的讽刺："萨摩亚"号正好撞上了汉斯所停靠的马尼希基岛的珊瑚礁上。这样一来，汉斯两艘船上的所有人员都在这个岛上聚齐了。他们用"萨摩亚"的碎片造了一艘大船，所有 40 名船员都乘坐这艘船在一个半月后到达了阿皮亚。

汉斯在阿皮亚包租了帆船"阿特兰季克"号，带领手下久经风浪的船员去寻找雇主。雇主找到了——他就是斐济的种植园主西维拉伊特。汉斯和种植园主一同前往马尼希基岛。他和这个岛上的居民和神甫都很熟，他们曾帮助他修过船。

岛上的居民很高兴再见到汉斯（他们认为他是一个快乐的好心人）。他们希望能到相邻的拉卡汉加岛去做客，并为此次出行准备了椰肉、帽子、草席等礼物。汉斯对头领说："你们对我非常好，我准备报答你们。我希望岛上所有的人都坐我的船去做客。当然，这可能有点挤，但是到拉卡汉加岛只有一天的航程。"

一切都进行得十分顺利。但汉斯高兴得喝多了酒，开始胡作非为起来。他侮辱了一个十岁的女孩子，船员们带他回船时他已醉得人事不省。第二天早上醒来后，他马上带了礼物去村子里道歉。但岛上的居民已不再相信他，他们虽然没有拒绝乘坐他的船出门旅行，却坚持把女人和孩子留在家里。

岛上居民带着 20000 只椰果（这几乎是他们所有的收成）和大量草席上了汉斯的船，有的人还带上了自己的妻子和孩子。

种植园主西维拉伊特对汉斯能够如此轻易得手感到震惊，他于是请汉斯在途中再掳 20~30 名奴隶。汉斯将船驶往普卡努卡群岛（或称危险群岛），该群岛是 1765 年由拜伦船长（诗人拜伦的爷爷）发现的。

汉斯在这个岛上采取了另外一种方法。他请当地的神甫说服头领，让头领派了 20 个男人和他们一同前往附近的岛屿。神甫到底是被蒙骗了还是本身就参与了这项阴谋——这不得而知。但这样一来，船上又多了 20 个奴隶。

在开往斐济的途中，船必须在帕戈帕戈岛停留取水。俘虏们被放下岸洗漱。他们中一位叫莫埃杰的老人悄悄地隐藏了起来，找到了这个岛上的头领。头领听说大批波利尼西亚人被汉斯掳去之后，立即跑去找当地的神甫。神甫劝头领冷静下来，放弃冲上船用武力解救岛上居民的想法，他称自己知道该怎么做。神甫实际上左右为难。如果让汉斯离开，他为让岛上居民转信基督教所做的一切努力就会付之东流。此后，谁还会相信他不是汉斯的同谋？但是与汉斯船长发生正面冲突也是他所不愿看到的……

这时种植园主西维拉伊特走了过来。他显然心情很好,觉得这次有利可图的航行即将结束。神甫问他,是不是把岛上的土著给骗到了船上?西维拉伊特认为没必要隐瞒真情就说出了一切。

　　汉斯被抓了起来。人们把他关在神甫的房间里,同时派人给英国驻图图伊拉领事报信,请求领事派人来把汉斯带走。汉斯被押往阿皮亚。事情已经被公开,连英国议会内都有人宣称,海盗的行为给英国的利益造成了无法弥补的损失。

　　汉斯被押至阿皮亚。阿皮亚没有关押欧洲人的监狱,至于如何处置汉斯,一直未有明确的结论。图图伊拉领事在官方报告中称,被掳的奴隶中有 7 名被虐待致死,其他人的健康状况也不好。对这份已由神甫证明的报告置之不理是行不通的。有人认为应将汉斯押送回悉尼,因为那里有对他的若干项控罪。当然,汉斯本人可不想返回澳大利亚。

　　几个星期过去了。为了摆脱干系,领事写信给英国巡逻艇的指挥官,请求他来阿皮亚带走汉斯。汉斯和三个(或许四个)妻子住在自己的房子里,他经常去别处做客,在家中招待过领事,同时也被领事接见过。汉斯非常担心英国军舰会在某天出现。他向自己所有信得过的朋友发信求救。

　　一家英国报纸写道:"海盗皮斯在波纳佩举行了庆祝成功掠夺奴隶的宴会。他在宴会后得知,自己的朋友汉斯被关进了阿皮亚监狱。他在桅杆上挂上美国国旗,冲向阿皮亚港。在一群暴徒的护卫下,他冲入监狱,击退警卫,救出了汉斯。"

　　事实上,事情并非如此。

　　皮斯只是将船停在阿皮亚港,他并没有进攻监狱。汉斯找到领事,请求领事准许他登上老朋友的船。领事同意了。汉斯在整个阿皮亚的注视下与妻子告别,随后上了皮斯的船。两个小时后,皮斯扬帆驶向公海。

　　在此后的几个月里,汉斯和皮斯在某些地区进行了一些小小的诈骗活动。比如说,在纽埃岛,皮斯伪造了文件,用 300 英镑的价钱把别人的椰肉弄到了手;在另一个岛上,他从一个英国商人手里买了 3000 块山药,没付钱便溜之大吉。丹巴宾在《南部海域的奴隶贩子》一书中曾对此有所描述。此后不久,皮斯因杀了一名叫库彼尔的商人在上海被起诉。后来他被无罪释放,但此时汉斯已开了他的船远航。某个商人雇用汉斯将大米运往香港。他将大米装上了船,却把商人忘在了岸上。他在香港卖了大米之后便溜之大吉。

　　人们并不知道皮斯是如何死的,但在 1872 年,这艘船的主人已经是汉斯了。他将这艘船改名为"列昂诺拉"(用来纪念自己的一个女儿),他居然敢驾船出现在阿皮亚海域(当然,只有在悬挂美国国旗时他才会这样做)。一天,一艘美国巡洋舰截住了"列昂诺拉"。三天的审讯结束后,巡洋舰的值班日志上出现了这样一段记录:"1872 年 2 月 21 日。对'列昂诺拉'号的审讯工作结束。汉斯被允许重新恢复和行使自己作为船长和船主的职权。"

爱财如命

汉斯的生活多姿多彩。他对金钱的渴求永无止境，但他却从不考虑获取金钱的手段是否正当。他再次发了财，结了婚，在许多岛屿上设立了自己的贸易站，这比贩运奴隶更容易赚钱。但汉斯无论如何也无法抗拒一夜之间暴富的诱惑。

一天，汉斯在当时西班牙的领地关岛将货物装上了船。他本应迅速前往阿皮亚，但他却在距港口不远处停了下来。第三天，他和几名水手一起上了岸，向树林走去。他还未走到树林，20多名西班牙士兵就从隐蔽处冲了出来，将他们包围起来。尽管汉斯发誓，他只是想上岸休息一下，但没有人听他的解释：有西班牙人亲眼看见，汉斯已与在关岛流放的政治犯谈妥，按照每人24美元的价钱将他们运出岛去。

汉斯以政治犯的身份被押送到了菲律宾的马尼拉。

著名的旅行家斯洛卡姆船长当时也在马尼拉（他后来驾驶"斯普赖"号帆船环游了世界）。他曾与汉斯有过一面之交。斯洛卡姆知道西班牙在菲律宾的监狱远非天堂，他决定去看望汉斯并鼓励他振作起来。但他却大错特错，汉斯根本无须同情。斯洛卡姆去看他时，他正坐在监狱长房间的阳台上，一边悠闲地喝着咖啡，一边与主教谈论着有关宗教信仰的问题。原来几天前，虽已46岁但依旧精明机敏的汉斯转信了天主教，这使他受到了马尼拉人的欢迎。

几天后，斯洛卡姆看见，在马尼拉庆祝宗教节日的游行队伍中，汉斯手持蜡烛，光着脚走在队伍的前列。他头发灰白，似乎被监狱生活已折磨得有些衰老。不久以后，在主教和一些知名人士的压力下，西班牙方面撤销了对汉斯的一切指控，并为他买了回圣弗朗西斯科的船票。

回到圣弗朗西斯科之后，汉斯很快又开始了自己的航海生涯。他说服了一位商人将"洛托斯"号帆船交给他使用，到南海去赚大钱。但是，有历史学家们怀疑汉斯此次航行的目的和动机。船上除了汉斯、助手埃尔松、挪威水手皮杰尔之外，还有船主的妻子，但船主本人不在船上。

航行是艰难的。汉斯常常对挪威水手吹毛求疵，他们之间不时爆发争吵。汉斯的拳头很硬，挪威水手经常被打得鼻青脸肿。

汉斯从阿皮亚开始巡视自己的领地。

1877年3月31日，船靠近了瓦兹涅塞尼亚岛。当时已是晚上10点，天黑得伸手不见五指。船主的妻子在自己的房间，汉斯的助手在船舱内。甲板上只有汉斯和挪威水手。接下来发生了什么事？法国《波斯特》报引用汉斯助手的话说："船长与舵手谈论了航向问题。他们发生了争吵。船长走了下来。几分钟后当他再次登上甲板时，挪威水手用原木击中了他的头,他当即倒地死去。"

凶手的命运不得而知。这位挪威水手是对汉斯的折磨已忍无可忍,一怒之下杀死了他,还是出于嫉妒等其他因素——没有人能够知道。

关于汉斯的死还有许多种说法。有人说,挪威人用左轮手枪向汉斯开了十几枪,但他一直试图站起来,不愿死去。还有人说,他是被鲨鱼咬死的……

特别提示：

本书在编写过程中,参阅和使用了一些报刊、著述和图片。由于联系上的困难,和部分作品的作者(或译者)未能取得联系,对此谨致深深的歉意。敬请原作者(或译者)见到本书后,及时与本书编者联系,以便我们按照国家有关规定支付稿酬并赠送样书。

联系电话:010-80776121   联系人:马老师